KB165870

심리학개론

Introduction to Psychology

박세영, 권혁철, 박창호, 강혜자, 이영순, 김호영, 강정석, 서장원 지음

심리학 개론

CENGAGE

Andover • Melbourne • Mexico City • Stamford, CT • Toronto • Hong Kong • New Delhi • Seoul • Singapore • Tokyo

심리학 개론
Introduction to Psychology

제1판 1쇄 발행 | 2017년 8월 10일
제1판 2쇄 발행 | 2020년 11월 27일

지은이 | 박세영, 권혁철, 박창호, 강혜자, 이영순, 김호영, 강정석, 서장원
발행인 | 송성헌
발행처 | 센게이지러닝코리아㈜
등록번호 | 제313-2007-000074호(2007.3.19.)
이메일 | asia.infokorea@cengage.com
홈페이지 | www.cengage.co.kr

ISBN-13: 978-89-6218-399-3

공급처 | ㈜사회평론아카데미
주   소 | 서울특별시 마포구 월드컵북로 6길 56
도서안내 및 주문 | TEL 02-326-1545 / FAX 02-326-1626
홈페이지 | www.sapyoung.com

정가 29,000원

'마음을 알아가는 학문, 심리학'

　우리는 종종 마음을 알고 싶어 하는 마음이 간절하다. 우리가 날마다 하는 일의 상당 부분이 사람을 만나고, 마음에 대해 이야기를 나누고, TV나 인터넷으로 사람들을 엿보는 일이 아닌가? 그럼에도 마음을 안다고 자신 있게 말할 사람은 거의 없을 것이다.

　최근에 심리학은 TV 프로그램이나 영화, 출판물, 그리고 인터넷 사이트에서 크게 주목 받고 있다. 여러 문화와 환경을 배경으로 한 사람들의 행동은 정말로 다양하고 그에 대한 설명도 제각각이다. 또한 많은 사람들이 삶이 변화하고 더불어 마음이 바뀌는 것을 경험한다. 이런 다양성과 변화를 보이는 마음의 배후에는 어떤 원인이 있는 것인가? 그리고 서로 다른 사람들을 한 가지로 이해할 수 있게 해 주는 원리는 무엇일까? 이에 대한 관심이 아마 독자 여러분이 심리학 수업을 듣고, 또 이 책을 사는 이유일 것이다.

　마음을 다루는 여러 분야가 있지만, 심리학은 과학적 방법을 동원하여 사람의 행동과 관련된 조건을 관찰하고 이론을 세우고 검증한다. 심리학의 발견들은 마음에 작용하는 배후의 힘, 혹은 마음을 춤추게 하는 여러 요인들을 보여 준다. 그리고 마음이 사회, 문화 조건에 따라 다르게 드러난다는 것을 보여 준다. 현대 심리학은 인간의 다양성, 그리고 보편성을 밝히기 위해, 다방면으로 관심의 촉수를 뻗고 있다. 심리학이 마음을 쫓는 걸음은 더디어 보이기도 하지만, 꾸준히 나아가고 있다.

　이 책은 대학생들에게 교양 심리학을 가르치기 위한 교재이다. 동시에 이 책은 한국심리학회에서 공인하는 일반심리사 시험 준비를 위하여, 심리학의 기초 및 응용 영역에 걸쳐서 각 시험 영역의 주요 항목을 중심으로 구성되었다. 각 장을 이루는 주제들과 이슈들이, 유관 영역을 전공하고 한국 사회를 함께 사는 전북대학교 심리학과 교수진에 의해 선별되고 논의되었다. 이 책이 집필진과 독자 간의 심리학적 대화를 이어줄 것을 기대한다.

집필진은 강단에서 수업을 진행하면서 학생들과의 교류를 통해 많은 것을 배웠다. 그동안 교류의 장을 통해 이 책의 밑거름을 준 여러 수강생들에게 감사한다. 그리고 이 책을 기획하는 과정에서 애쓴 여러 분들에게, 특히 저자들의 게으름에 속을 많이 태웠을 센게이지 출판사의 권오영 차장님께 감사드린다. 그리고 대화의 장에 집필진을 초청한 독자 여러분에게도 감사드린다.

2017년 7월

저자 일동

Chapter 03 인지심리학

Chapter 04 학습심리학

Chapter 07 사회심리학

Chapter 08 임상 및 이상심리학

Chapter 09 상담 및 심리치료

Chapter 10 건강심리학

Chapter 11 산업 및 조직심리학

Chapter 12 소비자·광고심리학

Chapter 13 **범죄 및 법심리학**

심리학의 본질과 연구방법

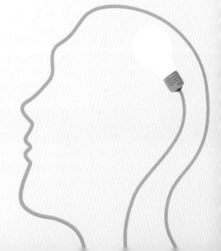

* 저자는 본 내용을 쓰는 과정에서 다양한 서적과 논문을 참고했다. 저자가 논문을 인용한 경우에는 해당 인용 내용에 논문 출처를 밝히고 참고문헌으로 제시하였다. 그러나 저자가 본 내용을 작성하는 과정에서 참고한 서적은 독자들의 가독성을 높이기 위해서 참고문헌으로만 제시했다.

최근 심리학에 대한 사회적 관심이 높아지는 추세이다. 이에 부응해서 많은 사람들이 심리학에 관심을 가지고 전공으로 또는 교양을 쌓기 위해서 심리학을 공부하고 있다. 본 장은 사람들이 심리학 공부를 처음 시작할 때 꼭 알아야 하는 기초 내용인 심리학의 본질과 연구방법을 다루고 있다.

1.1. 심리학의 정의와 목적

심리학이란 인간(세부 심리학 분야에 따라서 쥐, 원숭이 등과 같은 동물도 해당됨)의 행동과 정신 과정을 체계적이고 과학적으로 연구하는 학문이다. 행동이란 밥 먹기, 말하기, 책 읽기, TV 드라마를 보고 웃고 울기, 공중 화장실의 더러운 변기를 보고 얼굴 찡그리기 등과 같이 타인이 직접 관찰할 수 있는 인간의 활동과 외부 자극에 대한 반응을 말한다. 반면 정신 과정은 타인이 직접 눈으로 관찰할 수 없는 혼자 머릿속으로 생각하기와 상상하기 등과 같은 과정이다.

독자를 포함해서 많은 심리학자나 학부와 대학원의 심리학 전공자가 심리학을 배우고 인간 심리를 연구하는 이유는 무엇일까? 우리가 심리학을 배우고 인간 심리를 연구하면 인간의 삶에서 관찰되는 특정 인간 행동과 그 특징을 기술할 수 있다. 이때 기술은 해당 행동을 다른 행동과 분류해서 이름을 붙이는 과정이 포함된다. 그리고 특정 행동이 어떤 특징을 가지고 있는지를 기술한 이후 그 행동의 원인이 무엇인지를 설명할 수 있고 어떤 상황에서 그 행동이 발생할지에 대해서 예측이 가능하다. 특정 행동에 대한 기술, 설명 그리고 예측을 근거로 인간 삶의 질을 높이는 방향으로 해당 행동을 심리치료나 정책 등을 통해서 변화시키는 통제가 가능하다. 결국 우리는 특정 행동에 대한 기술, 설명, 예측 그리고 통제하기 위해서 심리학을 배우고 연구한다. 최근 사회적 이슈로 부상 중인 페이스북, 카카오스토리, 인스타그램 등과 같은 소셜 미디어에 중독되는 행동 사례를 이용해서 심리학의 공부나 연구 목적을 구체적으로 설명하면 다음과 같다. 최근 소셜 미디어의 사용이 증가하면서 많은 20대가 소셜 미디어 이용에 따른 부정적인 인지적(예, 소셜 미디어 이용만 생각함), 감정적(예, 불안, 우울) 그리고 행동적(예, 소셜 미디어를 이용하면서 지나치게 많은 시간을 보냄) 경험을 한다. 김수성, 이영순 및 강정석(2017)은 이와 같이 소셜 미디어에 집착하는 상태를 인터넷 중독과 분리해서 소셜 미디

Box 1.1.

한국심리학회 소개

한국심리학회는 1946년 2월 4일 7명의 심리학자가 결성한 조선심리학회가 모태이다. 조선심리학회는 1948년 11월 27일 학회명을 대한심리학회로 변경하였다. 대한심리학회가 1953년 3월 30일 학회명을 한국심리학회로 변경한 이후 지금까지 한국심리학회라는 명칭을 사용하고 있다. 한국심리학회는 1968년 10월 한국심리학회지 1호를 발간하였다. 1964년 11월 21일 임상심리분과학회를 필두로 분과 학회가 설립되면서 2016년 현재 총 15개의 분과 학회가 활동 중이다(BOX 그림 1.1. 참조). 2016년 4월 30일 기준 총 16,759명의 종신회원, 전문회원, 정회원 그리고 준회원이 한국심리학회와 15개 분과 학회에 소속되어 활동 중이다.

한국심리학회와 15개 분과 학회 소속 회원들은 세월호 참사 후 안산트라우마 센터 지원, 메르스 격리경험자 상담, 성폭력과 가정폭력 피해자를 대상으로 하는 심리 치료, 학교문제해결을 위한 위센터 운영 등을 통해 사회 문제 해결과 한국인의 삶의 질 제고 활동에 적극적으로 참여하고 있다. 한국심리학회와 15개 분과 학회의 역사와 활동에 대해 관심이 있는 독자는 학회 웹사이트(www.koreanpsychology.or.kr)를 방문할 것을 추천한다. 또한 영어로 된 심리학 용어를 어떻게 한글로 번역해야 하는지가 궁금한 독자는 온라인 심리학 용어 사전(www.koreanpsychology.or.kr/psychology/glossary.asp)을 이용할 수 있다.

Box 그림 1.1. 한국심리학회와 15개 분과학회

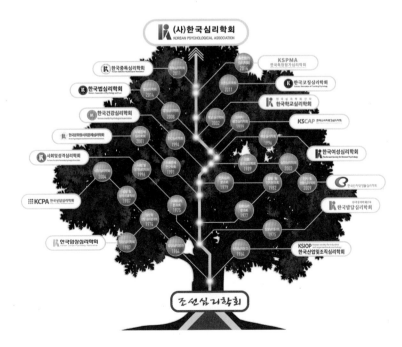

출처: 한국심리학회 창립 70주년 기념 History Wall, http://www.koreapsychology.or.kr

어 중독이라고 명명하였다(기술). 이들은 정서조절곤란이 소셜 미디어 중독의 한 원인임을 밝혔다(설명). 따라서 20대가 정서조절곤란을 많이 경험하게 되면 소셜 미디어 중독에 걸릴 가능성이 높다고 예상할 수 있다(예측). 이와 같은 결과는 20대 대상의 정서조절 프로그램의 실시가 20대의 소셜 미디어 중독을 예방하거나 치료할 수 있다는 점을 제안한다(통제).

1.2. 심리학의 역사와 현대 심리학의 주요 관점

주요 인물 중심으로 심리학의 역사를 간략히 살펴보면 다음과 같다. 심리학은 고대 그리스의 철학자인 소크라테스, 플라톤 그리고 아리스토텔레스 등으로부터 시작된다. 그러나 많은 학자들은 현대 심리학의 시작점을 분트가 독일 라이프치히 대학교에서 심리학 실험실을 차린 1879년으로 본다.

먼저 유럽에서 분트는 세상과 마음에 대한 사람들의 주관적 경험인 의식을 분석하는 데 관심을 가졌다. 분트와 그의 동료들(예, 티치너)은 의식은 객관적인 감각 요소(예, 시각, 미각)와 감정, 의지 등과 같은 주관적 느낌 요소로 분해해서 분석이 가능하다(구성주의)고 주장했다. 이들은 의식의 기본 요소들을 분석하기 위해서 내성법을 이용했다. 내성법은 연구 참여자가 자신의 의식적 경험을 스스로 관찰해서 그 내용을 연구자에게 보고하는 방법이다.

1912년경 일군의 독일 심리학자들(예, 베르트하이머, 코프카, 쾰러)은 분트가 주장한 인간의 의식이나 경험을 기본 요소로 쪼갤 수 있다는 견해에 반박하였다. 이들은 의식적 경험의 전체(독일어로 게슈탈트라고 함)는 부분의 합보다 크다고 주장했다. 이들의 주장에 따르면, 사람들은 자신이 지각한 복잡한 자극을 하나의 전체로 통합하고 분리된 자극을 의미가 있는 전체로 통합하려는 경향이 있다. 이들의 주장을 게슈탈트 심리학 또는 형태주의 관점이라고 부른다.

분트가 구성주의 연구를 진행한 1880년대 말 오스트리아에서 프로이트는 신경증 환자와의 임상적 면접(최면 방법도 함께 이용함)을 통해서 무의식에서의 내적 갈등, 욕망, 불안 등이 인간 행동(특히, 이상행동)에 미치는 영향을 연구했다. 그는 성적 그리고 공격적 본능이 사회 규범과 충돌하는 경우에 무의식적 갈등이 발생한다고 믿었다. 이후 프로이트는 자신의 생각을 수정하고 확장해서 정신분석 이론을 만들었다. 이 이론은 인간의 감정, 사고, 행동, 성격, 정신질환 등이 형성되거나 발현되는 과정에서 무의식적 정신 과정의 중요성을 강조한다.

한편 미국의 경우, 1870년대 후반 하버드 대학에 교수로 재직 중인 제임스는 의식이 기본 요소로 쪼개질 수 있다고 주장한 분트의 견해에 동의하지 않았다. 대신 그는 의식이란 감각, 기억 그리고 다른 정신 활동의 지속적 흐름이며 이 의식은 끊임없이 변하는 외부 환경에 대한 인간의 적응을 돕는다고 주장했다. 제임스의 주장은 의식의 적응적 기능을 강조하였기 때문에 기능주의 관점이라고 부른다.

지금까지 소개한 심리학의 구성주의 관점, 형태주의 관점, 정신분석 이론 그리고 기능주의 관점은 모두 의식적 지각, 사고, 기억, 감정 그리고 무의식적 갈등 등과 같은 인간의 정신적 경험에 관심을 둔다. 그러나 1910년대 존스 홉킨스 대학의 심리학과 교수인 왓슨은 이와 같은 정신적 경험은 사람마다 다르며 매우 모호하다고 생각했다. 그는 심리학자는 모호하고 각양각색인 정신적 경험 대신에 누구나 관찰 가능한 행동을 연구해야 한다고 주장하였다. 이와 같은 그의 주장을 행동주의 관점이라고 한다. 이후 미국 심리학자인 스키너가 왓슨의 행동주의를 더욱 발전시켰다. 스키너는 특정 행동에 이어서 제공되는 보상이 무엇인가에 따라서 해당 행동의 발생 빈도가 달라진다는 강화 원리를 제안하였다. 왓슨에 의해서 창시되고 스키너에 의해서 발전한 행동주의 관점은 1920년대부터 1960년대까지 미국의 심리학계를 강력하게 주도했다.

1950년대 컴퓨터가 출현하기 이전까지 대부분의 심리학자들은 행동에 많은 관심을 가지고 있지만 정신적 경험이나 과정에는 관심을 기울이지 않았다. 그런데 컴퓨터의 출현 이후 많은 심리학자들이 컴퓨터와 인간은 여러 측면에서 다르지만 둘 다 외부 정보를 내부적으로 부호화하고 저장하고 인출한다는 측면에서 동일하다고 생각하게 되었다. 이와 같은 생각은 행동주의 관점에서 무시했던 인간의 정신적 경험과 과정에 대한 관심을 다시 불러일으켰다. 결과적으로 1950년대 후반 지각, 느낌, 기억, 문제해결, 언어 사용, 추론 등을 포함한 고등한 정신적 경험과 과정을 과학적으로 연구하려는 인지주의 관점이 탄생해서 지금까지 지속적으로 발전하고 있다. 인지주의 관점에 따르면 정신적 경험과 과정이 행동에 영향을 미친다.

지금까지 소개한 과거의 다양한 관점은 현대 심리학의 주요 관점으로 이어진다. 학자마다 현대 심리학의 주요 관점을 분류하는 기준이 다르다. 본 장에서는 쿤과 미터러(2016)의 분류 기준을 채택해서 다양한 관점의 특징을 소개할 것이다. 이

때 독자들은 각 관점이 우리가 경험하는 느낌, 감정 및 행동의 원인을 무엇으로 보는지에 주목할 필요가 있다.

현대 심리학의 관점은 생물학적 관점, 심리적 관점 그리고 사회문화적 관점으로 크게 구분된다. 먼저 생물학적 관점은 뇌 활동 과정, 진화 그리고 유전학과 같은 생물학적 원리로 인간과 동물의 행동 이유를 설명하려고 한다. 이 관점은 인간과 동물의 행동을 뇌, 신경계, 내분기계 활동과 생리학, 유전학, 생화학의 원리로 설명하려는 생물심리학적 관점과 생존을 위한 적응 방법으로 설명하려는 진화론적 관점으로 나누어진다.

다음으로 심리적 관점에 따르면 행동은 각 개인의 심리적 과정의 결과이다. 이 관점은 행동주의 관점, 인지적 관점, 정신역동 관점 그리고 인문주의적 관점으로 세분화된다. 행동주의 관점은 사람이 살면서 보상과 처벌을 통해 배운 것이 그 사람의 행동을 결정한다고 본다. 인지적 관점은 인간을 적극적인 정보처리자라고 보고 인간의 사고, 인식, 지각, 이해, 기억, 의사결정 그리고 판단과 같은 과정이 인간의 주의, 지각, 학습, 기억, 신념 그리고 느낌에 미치는 영향을 연구한다. 정신역동 관점은 인간의 사고, 느낌 그리고 행동에 영향을 미치는 무의식적인 내적 충동, 욕망 그리고 갈등에 연구 관심을 두고 있다. 또한 이 관점은 아동기의 경험이 남은 생애의 성격을 형성하고 심리적 문제를 유발한다고 본다. 마지막으로 인문주의적 관점에 따르면 사람들의 행동은 그들이 본인의 자기 인식, 세상에 대한 주관적 지각 그리고 개인적 성장에 대한 욕구를 기반으로 내린 자신의 삶과 관련된 다양한 종류의 의사결정에 의해서 영향을 받는다. 이 관점은 한 개인이 본인의 미래를 스스로 개척할 수 있는 자유, 개인적 성장을 달성할 수 있는 능력, 내적 가치 그리고 자기 수행 능력을 충분히 가지고 있다는 점을 강조한다.

사회문화적 관점은 인간의 행동은 자신이 속한 사회적 그리고 문화적 상황에 의해서 결정된다고 본다. 이 관점은 한 개인의 행동은 한 개인이 태어나고 자라고 현재 살아가는 사회적 그리고 문화적 환경과 밀접하게 관련된다는 점을 강조한다.

1.3. 심리학의 연구방법

연구방법이란 연구자가 오류와 편향을 최소화하면서 자신의 연구 주제에 대한 답을 찾기 위해서 자료를 수집하는 절차 또는 기법을 말한다. 연구방법은 연구 목적에 따라서 기술 연구방법, 상관 연구방법 그리고 인과성 연구방법으로 구분할 수 있다.

연구자가 관심을 가진 주제나 현상의 현 상황이나 상태를 파악해서 체계적으로 기술하고 요약하고자 할 때 기술 연구방법을 사용한다. 조사법, 관찰법 그리고 사례 연구법이 기술 연구방법에 해당된다. 먼저 조사법은 사람들에게 특정 대상(예, 정치인, 사회적 이슈)에 대한 그들의 태도, 신념, 의견 또는 의향을 설문지나 면접을 통해 수집하는 연구방법이다. 이 방법은 비교적 짧은 시간 내에 적은 비용으로 많은 사람으로부터 자료를 수집할 수 있다는 강점을 가진다. 그러나 자료 수집 대상으로 선정된 사람들이 이들이 속한 전체 집단을 대표하지 못하는 경우에 조사 결과를 믿을 수 없다. 또한 경우에 따라서 자료 수집 대상인 사람들이 본인의 생각을 정직하게 답하지 않을 수 있고 본인이 응답한 내용과 동일하게 행동하지 않을 수 있다(예, 설문지로 알아본 대통령 선거 참여 의향과 실제 투표율이 다를 수 있음). 관찰법은 연구 주제나 현상을 과학적으로 분석하기 위해서 일상적인 환경에서 생활하는 사람들의 행동을 체계적으로 관찰하고 그 내용을 요약하는 연구방법이다. 이 연구방법은 다른 방법에 비해서 연구자가 관찰 대상인 사람들의 행동에 미치는 영향이 적다. 그럼에도 불구하고 관찰법은 다음과 같은 단점을 가지고 있다. 먼저 관찰 대상인 사람들이 연구자의 존재를 의식해서 평소와 다른 행동을 할 수 있고 연구자가 편향된 관점으로 사람들의 행동을 관찰할 가능성도 있다. 사례 연구법은 특정 개인, 집단 또는 상황과 관련해서 발생하는 현상(예, 사고, 느낌, 신념, 행동)에 집중해서 심도 깊은 자료를 수집하는 연구방법이다. 연구자가 관심을 가진 현상이 매우 복잡하거나 희귀한 경우에 사례 연구법이 매우 유용하다. 이와 같은 이유로 사례 연구법은 주로 임상심리학 관련 분야에서 많이 활용된다. 프로이트가 신경증 환자를 대상으로 실시한 임상적 면접이 사례 연구법의 한 사례이다. 그러나 소수의 사례(예, 프로이트가 면접한 신경증 환자)가 전체 집단(예, 모든 신경증 환자)을 대표하지 못할 수도 있고 한 사례에서 발견한 행동의 원인이 다른 모든 사례에 적용된다는 보장이 없다.

연구자가 추세를 분석하거나 자신의 연구가설을 검증하거나 다른 연구자의 이론을 평가하기 위해서 두 개 이상의 현상(또는 변인) 사이의 관련성을 알고자 할 때 상관 연구방법을 사용한다. 상관 연구방법을 쓰고자 하는 연구자는 흔히 설문지를 이용해서 자료를 수집한다. 이때 연구자가 밝힌 두 개 이상의 현상 사이의 관련성이 우연에 의해서 얻어진 결과일 수 있다. 또한 연구자는 상관 연구방법을 통해 두 개 이상의 현상이 서로 관련되었다는 결론을 내릴 수 있지만 그 관련성이 곧 인과성(한 현상이 다른 현상의 원인임)이라고 주장하기 어렵다.

연구자가 두 개 이상의 현상 사이의 인과성을 알고자 하면 인과성 연구방법을 사용한다. 대표적인 인과성 연구방법이 실험이다. 실험이란 연구자가 하나의 현상(또는 독립변인)을 조작한 후(예, 불안 치료 프로그램 실시) 그 조작이 다른 현상(또는 종속변인, 예, 불안 검사 점수)에 미치는 효과를 알아보는 방법이다. 이때 연구자는 두 현상 사이의 인과성에 영향을 미칠 수 있는 다른 모든 상황이나 조건을 무선 배정(실험 참여자를 무작위로 실험 조건에 배정함), 이중부지(double-blind, 실험 진행자와 실험 참여자 모두 실험 목적을 모름) 등을 활용해서 통제한다. 실험은 인과성을 밝히는 데 유용하지만 지나치게 통제가 되는 경우에 실험에서 얻은 결과를 다른 상황이나 조건으로 일반화시키지 못하는 단점이 있다.

연구 목적 이외에 수집된 자료의 형태에 따라서(엄격히 말하면 철학적 배경에 따라서) 연구방법을 양적 연구방법과 질적 연구방법으로 구분할 수 있다. 양적 연구방법은 실증주의 철학에 기반을 둔다. 이 방법을 채택한 연구자는 가치중립적 입장에서 연역적 접근방법(예, 이론을 설정하기 → 자료를 통해 이론을 검증하기)을 이용해서 연구 결론을 도출한다. 이때 연구자와 연구 대상인 사람들은 상호 독립적이다. 양적 연구에 주로 사용되는 자료 수집 방법은 실험과 조사법이다. 연구자는 실험과 조사법을 이용해서 수집한 자료를 수량화해서 통계분석을 실시한다. 반면 질적 연구방법은 자연주의, 구성주의, 상대주의에 철학적 뿌리를 두고 있다. 질적 연구방법을 채택한 연구자는 자신과 연구 대상인 사람들이 서로 상호작용하는 존재라는 점을 인식해야 한다. 질적 연구방법에서는 귀납적 접근방법(예, 자료를 수집하기 → 수집된 자료를 바탕으로 이론을 도출하기)을 이용해서 연구 결론을 내린다. 관찰법과 사례 연구법이 질적 연구방법에서 사용하는 대표적인 자료 수집 방법이다. 연구자는 관찰법과 사례 연구법으로 수집한 자료를 대상으로 내용분석을 실시하거나 현상학적으로 해석한다.

1.4. 심리학의 양적 연구방법

인간 심리를 양적으로 연구하는 절차(양적 연구방법의 적용)는 다음과 같다(그림 1.1. 참조). 먼저 연구자가 자신이 관심을 가지고 있는 연구 주제와 관련된 연구 가설(연구자의 예측에 대한 구체적인 기술문)이나 연구문제를 수립한다. 연구자가 자신의 주제와 관련된 많은 선행 연구를 검토한 이후 연구 결과에 대한 예측이 가능한 경우에는 연구가설을 설정하지만 연구 결과를 예측할 논리적 근거가 부족한 경우에 연구문제를 설정한다. 연구자는 해당 연구가설의 검증과 연구문제의 결과 확인을 위해서 어떤 종류의 연구방법을 활용할 것인가를 결정하고 이에 관한 구체적인 계획을 수립한다(연구설계). 이후 연구자는 연구설계에 따라서 일정 수의 연구 참여자를 선정해서(표집 또는 표본 추출) 그들의 인구통계 특성(예, 나이, 성별), 사회·경제 특성(예, 월 평균 가구 소득), 심리 특성(예, 우울증, 태도, 성격) 등에 수치를 부여하는 측정을 실시한다. 이때 연구 참여자의 특성은 개인이나 집단 수준에서 또는 연구 조건과 상황에 따라서 그 값이 변할 수 있기 때문에 변인(또는 변수)이라고 한다. 예를 들어서, 불안이라는 심리 특성을 측정하는 검사로 얻은 사람들의 개인 점수가 다를 수 있고 점수의 연령 차이도 발생할 수 있다. 대학생의 경우, 시험을 보는 날에 측정한 개인의 불안 점수가 다른 날보다 높게 나올 수 있다. 연구자는 측정을 통해 얻은 수치 자료를 조직화하고 요약하고 이를 근거로 연구가설을 검증하거나 연구문제의 결과를 확인하는 통계분석을 실시한다. 마지막으로 연구자는 연구 보고서나 논문을 작성한다. 지금부터 앞서 설명한 연구 절차의 주요 단계와 관련된 중요 개념을 소개하고자 한다. 상대적으로 설명의 양이 많은 통계분석은 다음 절(1.5. 통계분석)에서 소개한다.

그림 1.1. 심리학의 양적 연구 절차

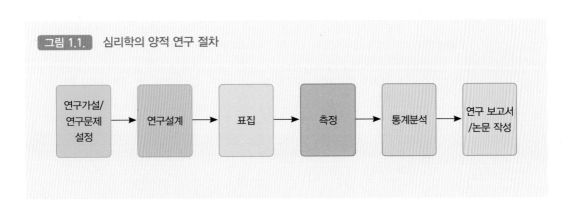

연구가설/연구문제 설정 → 연구설계 → 표집 → 측정 → 통계분석 → 연구 보고서/논문 작성

연구가설과 연구문제 설정

변인은 그 기능에 따라서 독립변인과 종속변인으로 구분할 수 있다. 여기서 독립변인이란 연구자가 관심을 가진 현상의 원인이 되는 연구 참여자의 특성이나 연구 조건(예, 공포를 유발하는 금연 광고 노출 vs. 유머를 유발하는 금연 광고 노출, 심리 치료를 받음 vs. 심리 치료를 받지 않음)으로 연구자가 이를 조작하거나 처치한다. 종속변인은 독립변인에 영향을 받는 연구 참여자의 특성이다. 이때 심리학 연구자가 주로 관심을 가지는 연구 참여자의 특성은 인구통계 특성, 사회·경제 특성 그리고 심리 특성이다.

연구자는 연구 초기에 독립변인과 종속변인을 이용해서 연구가설이나 연구문제를 설정한다. 연구자의 목적이 두 변인 간의 관련성을 밝히는 것인지 또는 집단 간 차이를 비교하는 것인지에 따라서 연구가설은 다르게 표현된다. 그리고 연구자가 방향성을 예측하고자 하는지의 여부와 방향성에 따라서 연구가설의 기술 방식이 달라진다. 표 1.1.에서 연구목적(관련성 검증 vs. 집단 차이 비교)과 방향성에 따른 여러 종류의 가설을 소개하고 있다. 여기서 관련성은 서로 상관이 있다는 의미와 인과성이 있다는 의미를 모두 포괄하고 있다. 표 1.1.에서 ( ) 안에 소개한 예시는 인과성을 검증하는 연구가설이다. 또한 집단 간 비교와 관련된 연구가설 예시에서 광고회의주의가 높은 집단과 낮은 집단은 개념적으로 독립변인에 해당되며

표 1.1. 연구가설의 분류와 예시

연구목적	방향성	예시
관련성 검증	정적	남자 아동이 공격적인 TV 프로그램을 많이 시청할수록(또는 시청하면) 공격적인 행동을 많이 할 것이다.
	부적	남자 아동이 공격적인 TV 프로그램을 많이 시청할수록(또는 시청하면) 공격적인 행동을 적게 할 것이다.
	방향성 없음	남자 아동의 공격적인 TV 프로그램 시청 시간과 공격적인 행동 빈도와는 관련성이 있을 것이다(또는 남자 아동의 공격적인 TV 프로그램 시청 시간은 공격적인 행동 빈도에 영향을 미칠 것이다).
집단 차이 비교	정적	광고회의주의가 높은 소비자 집단은 낮은 소비자 집단보다 광고에 대한 태도가 긍정적일 것이다.
	부적	광고회의주의가 높은 소비자 집단은 낮은 소비자 집단보다 광고에 대한 태도가 부정적일 것이다.
	방향성 없음	광고회의주의가 높은 소비자 집단과 낮은 소비자 집단은 광고에 대한 태도에서 차이가 있을 것이다.

광고에 대한 태도는 종속변인에 해당된다.

표 1.1.에서 소개한 모든 연구가설은 두 변인의 관련성이 있거나 집단 간 차이가 있다고 기술하였다. 이와 반대로 관련성이 없거나 집단 간 차이가 없다고 기술하는 가설을 영가설이라고 한다. 연구가설이 검증되었다는 말은 영가설이 틀리기(영가설 기각) 때문에 그 반대인 연구가설이 맞다(연구가설 수용)는 의미를 가진다. 이런 의미에서 연구가설을 영가설에 대립되는 것으로 보고 대립가설이라고 부르기도 한다.

연구자는 이전 연구 결과를 근거로 변인 간의 관계(관련성과 집단 차이)를 예측할 수 있을 때 연구가설을 제시하고 이를 검증한다. 그러나 변인 간의 관계를 설정하기에 이론적 근거가 부족하거나 이전 연구가 충분히 많지 않기 때문에 정확한 예측이 불가능한 경우에 연구자는 연구문제를 설정한다. 연구문제는 '남자 아동의 공격적인 TV 프로그램 시청 시간과 공격적인 행동 빈도는 관련성이 있을까?'와 같이 의문문 형식으로 기술한다.

연구설계

연구설계란 연구자가 자신의 연구가설 검증이나 연구문제의 결과 확인을 위해서 연구를 어떻게 수행하며 자료를 어떻게 수집할 것인지에 관해 연구방법(1.3. 심리학의 연구방법 참조), 연구대상, 측정, 처치나 조작 방법 등을 결정하고 기술하는 활동이다. 연구설계는 일종의 연구 수행의 가이드라도 볼 수 있다. 연구자는 연구설계 과정을 거치면서 다양한 연구방법 중 하나 이상을 선택할 수 있고 누구를 연구 참여자로 선정하며 몇 명을 표집할지, 어떤 측정도구를 사용할 것인지 등을 결정한다.

표집

전집(또는 모집단)이란 연구자가 관심을 기울이는 관찰 가능한 공통적 특성을 가진 모든 사건이나 사람들의 집합을 말한다(그림 1.2. 참조). 전집을 대상으로 연구하는 것은 많은 시간과 비용이 들어간다. 따라서 연구자는 전집에서 하위 집단을 추출해서 본인의 연구를 수행한다. 이때 전집을 대표하는 전집에 소속된 하위 집단을 표본이라고 한다. 연구자가 전집에서 표본을 추출할 때 표집대상인 사건이나 사람이 선정되는 확률을 동일하게 하면 확률표집법을 사용한 것이고 표집대상이 선정되는 확률을 다르게 하면 비확률표집법을 사용한 것이다. 전라북도 소재 4년제 C 대학에 재학 중인 대학생을 대상으로 적용한 다양한 표집법을 설명하면 다음과 같다. 이때 C 대학의 모든 재학생은 전집에 해당된다.

먼저 확률표집법은 단순무선표집법, 체계적 표집법, 층화표집법 그리고 군집 표집법으로 나누어진다. 연구자가 단순무선표집법을 사용하기 위해서는 먼저 C 대학에 재학 중인 모든 대학생의 명단을 확보해야 한다. 이 명단을 표집 프레임이라고 한다. 연구자는 표집 프레임에 속한 모든 대학생에게 일련번호를 부여하고 난수표(거의 모든 통계책의 부록에 제시되어 있음)를 이용해서 무작위로 원하는 수의 대학생을 선정한다. 이와 같은 단순무선표집법은 모든 대학생이 표본에 선정될 확률이 동일하기 때문에 선정된 표본은 전집을 잘 대표한다는 강점이 있다. 그러나 전집의 규모가 큰 경우(예, 전국 4년제 대학교의 재학생) 연구자가 표집 프레임을 확보하기 어렵다. 또한 표본의 규모(연구를 위해 선정한 재학생의 숫자)가 작으면 표집 프레임에 부여된 일련번호 중 앞쪽에 있는 재학생만 선정될 가능성이 높다.

예를 들어서, C 대학의 재학생이 총 3만 명인데 연구자는 이 중 300명의 재학생을 선정하고자 한다. 이때 연구자가 3만 명의 재학생 명단에 일련번호를 부여하고 이를 이용해서 300명을 선정하기 위해 난수표를 읽는 것도 어려운 일이다. 이때 활용 가능한 대안적 방법이 체계적 표집법이다. 연구자는 3만 명의 재학생 명단에서 난수표를 이용해서 첫 번째 재학생을 선정한다. 그리고 그 재학생에서 시작해서 매번 100번째(30,000명/300명＝100)에 해당되는 재학생을 표집 프레임에서 선정한다. 즉, 최초 대학생은 무선적으로 선정하고 나머지 대학생은 일정 간격을 두고 선정하는 방법이 체계적 표집법이다. 이 방법은 표집 대상이 표집 프레임에 걸쳐서 고르게 선정되기 때문에 선정된 표본은 전집의 특성을 잘 반영한다.

어떤 연구자가 C 대학 재학생 명단에서 총 200명을 선정해서 남녀 재학생의 학업성취도 차이를 비교하고자 한다. 그런데 C 대학의 남녀 비율은 2:8로 여학생의 비율이 월등히 높다. 이와 같은 경우에 단순무선표집법이나 체계적 표집법을 사용해서 표본을 추출하게 되면 남학생이 선정될 확률이 매우 낮을 수 있다. 이때 적용 가능한 표집법이 층화표집법이다. 먼저 연구자는 C 대학의 남학생과 여학생을 구분해서 두 개의 명단을 만들어야 한다. 이후 연구자는 각 명단에서 난수표를 이용해서 원하는 수의 남학생과 여학생을 무선적으로 선정할 수 있다. 연구자는 전집의 남녀 비율을 고려해서 40명의 남학생과 160명의 여학생을 선정할 수 있다(비례층화표집법). 또한 연구자는 남녀 비율을 고려하지 않고 각각 100명씩을 선정할 수도 있다(비비례층화표집법). 그런데 층화표집법은 연구자가 C 대학에 재학 중인 남녀 대학생 비율을 모르면(전집에 대한 지식이 부족하면) 적용하기 어렵다는 단점이 있다.

경우에 따라서 연구자가 C 대학에 재학 중인 모든 대학생의 명단을 구하지 못할 수도 있다. 이때 적용 가능한 방법이 군집표집법이다. 연구자는 모든 학과의 재학생이 동일한 특성을 가지고 있다고 가정하고 C 대학의 모든 학과 중 2개의 학과를 난수표를 이용해서 무작위로 선정한다. 이후 선정한 2개 학과의 모든 재학생을 대상으로 연구를 진행한다. 그런데 만약 C 대학의 모든 학과에 소속된 재학생이 동일한 특성을 가지고 있다는 연구자의 가정이 틀리는 경우(예, 소속 학과마다 재학생의 특성이 다를 수 있음) 선정된 2개 학과 재학생이 전집을 대표하지 못한다는 문제점이 있다.

대표적인 비확률표집법은 편의표집법과 목적적 표집법이 있다. 편의표집법은 연구자가 C 대학에 재학 중인 대학생 중 쉽게 접근이 가능한(연구자의 편의성이 높은) 학생을 연구대상으로 선정하는 방법이다. 예를 들어서, 연구자가 C 대학의 학생회관 앞에 서서 기다리다가 학생회관 근처를 오가는 학생을 선정해서 연구를 진행할 수 있다. 이 방법은 연구의 시간과 비용이 적게 든다는 장점이 있지만 선정된 대학생이 전집을 잘 대표하는가에 있어서는 한계점이 있다. 목적적 표집법은 연구자가 C 대학에 재학 중인 남녀 대학생의 비율이 2:8이라는 것을 알고 있지만 남녀 대학생의 명단을 확보하지 못하고 있을 때 사용 가능하다. 또 다른 예를 들어서, 연구자가 C 대학의 남녀 비율에 맞추어서 40명의 남학생과 160명의 여학생을 선정하고자 한다. 그런데 층화표집법과 달리 학생 명단이 없기 때문에 연구자는 무작위로 남녀 대학생을 선정할 수 없다. 대신 연구자는 C 대학의 학생회관 주변을 오가는 학생을 남녀 비율에 맞추어서 선정할 수 있다. 따라서 목적적 표집법으로 선정된 표본은 전집을 잘 대표하지 못할 가능성이 높다.

연구 결과의 일반화를 위해서 표본을 추출하는 과정에서 가장 중요하게 고려할 사항은 표본이 전집을 잘 대표하는가이다. 그러나 확률표집법과 비확률표집법 모두 표집 과정에서 전집의 특성을 반영하지 못하는 표본을 추출할 가능성이 있다. 연구자가 이와 같이 전집을 잘 대표하는 표본을 추출하지 못하는 이유는 표집 오차 때문이다. 표집오차는 표집 과정에서 발생하는 우연적 오차를 말한다. 총 9명으로 구성된 전집이 있고 이들의 학업 성취도를 1점부터 5점으로 답하는 단일 질문으로 측정했다고 가정하자(그림 1.2. 참조). 어떤 연구자가 이 전집에서 3명만을 표본으로 추출해서(표본 1) 이들의 학업 성취도를 측정한 후 전집의 평균을 추론하려고 한다. 그런데 전집의 평균은 3.00점인데 표본 1의 평균은 1.67점이다. 이 연구자가 표본 2(3.67점)나 표본 3(4.00점)을 이용해서 평균을 산출해도 역시 전집의 평균과는 다르다. 이와 같은 일이 발생한 이유는 표집오차 때문이다. 이때 연구자가 표본에서 얻은 평균을 이용해서 전집의 평균을 추론하기 위해서는 평균의 표집분포를 알아야 한다. 평균의 표집분포는 연구자가 전집에서 한 번에 3개씩 무선 표집한 후 해당 표본의 평균을 산출하는 과정을 무수히 반복했을 때 얻을 수 있는 평균의 상대빈도분포이다. 평균의 표집분포는 전집의 평균을 중심으로 좌우대칭의 종 형태로 여러 개의 서로 다른 표본에서 얻은 평균이 분포되는 특징을 가진다. 연구자는 평균의 표집분포를 기반으로 표집 과정에서 발생한 우연 오차인 평균의 표집오차를 추정할 수 있다. 이와 같이 추정된 표집오차를 평균의 표준오차라고 하며 평균의 표집분포의 표준편차(1.5.의 '기술통계' 참조)로 정의할 수 있다. 따라서 연구자가 평균의 표준오차를 알면 자신의 표본에서 얻은 평균이 전집의 평균과 얼마나 다른지를 확인할 수 있다.

지금까지 표집법과 표집 과정에서 발생하는 오차에 관해서 설명했다. 표집과정 이외에 연구 참여자를 연구 조건에 배정하는 과정에 대해서 다음과 같은 주의가 요구된다. 만약 2개 이상의 연구 조건 간 연구 참여자 특성의 차이를 비교하고자 하는 연구자는 각 조건에 연구 참여자를 무작위로 배정해야 한다. 만약 이와 같은 무

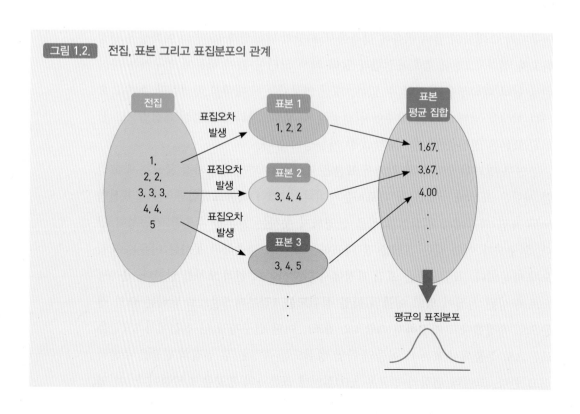

그림 1.2. 전집, 표본 그리고 표집분포의 관계

선배정을 하지 않는 경우, 연구 조건별 연구 참여자의 특성 차이가 실제로 연구 조건에 의해서 발생한 것인지 아니면 원래 각 조건에 속한 연구 참여자의 특성 차이 때문인지를 판단하기 어렵다. 예를 들어서, 공포감을 주는 금연 광고와 유머를 활용한 금연 광고가 성인 남성 흡연자의 금연 의향에 미치는 효과 차이를 알아보는 연구가 있다. 연구자는 실험실에 오는 선착순으로 30명의 연구 참여자에게는 공포감을 주는 금연 광고를 보여주고 다른 30명에게는 유머를 활용한 금연 광고를 보여주었다(우선 배정이 아님). 그리고 모든 연구 참여자를 대상으로 금연 의향을 측정하였다. 연구 결과, 공포감을 주는 금연 광고를 본 연구 참여자가 유머를 활용한 금연 광고를 본 연구 참여자보다 금연 의향이 더 높은 것으로 나타났다. 그런데 연구자가 연구 참여자를 모집하는 과정에서 측정한(두 종류의 금연광고 중 하나를 보기 전에 측정한) 연구 참여자의 금연 의향을 보니 공포감을 주는 금연 광고 노출 조건에 속한 연구 참여자가 유머를 활용한 금연 광고 노출 조건에 속한 연구 참여자보다 금연 의향이 높은 것을 발견했다. 이와 같은 경우 두 조건의 연구 참여자 사이의 금연 의향 차이가 금연 광고 종류의 차이 때문에 발생한 것인지 원래 해당 조건에 속한 연구 참여자의 특성(서로 다른 금연 의향의 차이) 때문에 발생한 것인지를 판단할 수 없다.

측정

연구자가 연구 참여자의 특정 특성(측정 영역에서는 속성이라고 부름)을 측정하기 위해서 척도를 사용한다. 이때 척도란 연구 참여자의 특성을 숫자로 나타내기 위한 점수 체계를 말한다. 측정 수준에 따라서 척도는 명명척도, 서열척도, 등간척도 그리고 비율척도로 분류된다(표 1.2. 참조). 먼저 명명척도는 연구 참여자의 특성을 분류하려는 목적으로 사용하는 척도이다. 성별, 인종, 심리학의 성격유형 등이 명명척도에 해당된다. 어떤 연구자가 연구 참여자의 성별을 분류하기 위해서 남성을 0으로, 여성을 1로 표기했다. 이때 1로 표기된 여성과 0으로 표기된 남성을 숫자의 크기로 크다거나 작다고 비교할 수 없다. 서열척도는 연구 참여자의 특성을 상대적인 양이나 크기의 차이에 따라서 하나의 연속선 상에서 순위를 매긴 척도이다. 운동 경기에서의 등수, 학급에서의 석차, 학력(예, 고졸, 대졸, 대학원졸) 등이 서열척도에 해당된다. 서열척도는 양적 비교는 가능하지만 서열척도로 얻은 점수 사이의 간격은 동일하지 않다. 예를 들어서, 수영 경기에서 1등은 2등보다 빠르고 2등은 3등보다 빠르다. 그러나 1등이 2등보다 빠른 시간이 2등이 3등보다 빠른 시간과 동일하지 않다. 등간척도는 연구 참여자의 특성에 부여하는 점수 사이의 간격이 동일한 척도이다. 섭씨 온도, 100점 만점의 수학점수, 지능 등이 등간척도에 해당된다. 섭씨 10도와 20도 사이의 온도차는 20도와 30도 사이의 온도차와 같다. 그러나 0도가 온도가 전혀 존재하지 않는 절대영점을 의미하는 것은 아니다. 즉, 등간척도에서는 절대영점은 없고 임의영점만 있다. 따라서 등간척도로 측정한 점수는 덧셈과 뺄셈만 가능하다. 마지막으로 비율척도는 연구 참여자의 특성에 부여하는 점수 사이의 간격이 동일하고 절대영점이 있는 척도이다. 키, 몸무게, 부피 등이 비율척도에 해당된다. 비율척도로 얻은 점수는 덧셈, 뺄셈, 곱셈 그리고 나눗셈이 모두 가능하다.

특정 심리학 연구에서 사용하는 척도가 어떤 종류인가를 결정하는 것은 생각보다 쉽지 않다. 또한 엄격한 관점에서 보면 심리학 연구에서 다루는 대부분의 척도는 서열척도나 등간척도이다. 그러나 여러 문항의 합산점수를 사용해서 서열척도를 등간척도로 바꾸거나 등간척도의 경우, 연구자가 임의영점을 절대영점으로 가정하고 비율척도처럼 사용한다.

표 1.2. 척도의 종류와 특징

	점수 간 크기 비교 가능	점수 간 동일 간격	절대영점 있음
명명척도	×	×	×
서열척도	○	×	×
등간척도	○	○	×
비율척도	○	○	○

연구자가 연구 참여자의 특성에 일관된 점수 체계를 부여해서 해당 특성을 수량화하는 측정 도구를 만드는 것을 척도화라고 한다. 심리학 연구에서 가장 많이 사용되는 척도화 방법은 리커트 척도화 방법과 어의변별 척도화 방법이다. 리커트

표 1.3. 충동구매행동 척도

질문 문항	전혀 그렇지 않다						매우 그렇다
1. 미리 계획한 물건 없이 취미삼아 쇼핑하는 경향이 있다.	① － ② － ③ － ④ － ⑤ － ⑥ － ⑦
2. 계획에 없던 물건도 마음에 드는 것이 있으면 사는 편이다.	① － ② － ③ － ④ － ⑤ － ⑥ － ⑦
3. 마음에 드는 물건이 있으면 여유가 없더라도 일단 사는 편이다.	① － ② － ③ － ④ － ⑤ － ⑥ － ⑦

척도화 방법은 연구자가 특정 대상과 관련된 여러 질문 문항에 대한 연구 참여자의 동의 정도를 등간척도 점수로 얻은 후 모든 점수를 합산하거나 평균을 내는 방법이다. 남승규(1999)가 리커트 척도화 방법을 이용해서 개발한 충동구매행동 척도를 하나의 사례로 제시하면 표 1.3.과 같다.

어의변별 척도화 방법은 연구자가 연구 참여자에게 서로 반대 의미를 가진 여러 형용사 쌍을 제시하고 이에 대한 연구 참여자의 응답 내용을 얻는 방법이다. 어의변별 척도화 방법을 적용한 사례로 김완석과 권윤숙(1997)이 개발한 광고에 대한 태도 척도를 소개하면 표 1.4.와 같다.

표 1.4. 광고에 대한 태도 척도

부정적이다	-3	-2	-1	0	1	2	3	긍정적이다
좋다	-3	-2	-1	0	1	2	3	싫다
마음에 안 든다	-3	-2	-1	0	1	2	3	마음에 든다
나쁘다	-3	-2	-1	0	1	2	3	좋다
호감이 간다	-3	-2	-1	0	1	2	3	호감이 안 간다

연구자는 리커트 척도화 방법, 어의 변별 척도화 방법 등으로 측정도구(예, 검사, 척도)를 만들거나 선행 연구의 연구자가 만든 측정도구를 사용해서 연구를 진행할 수 있다. 이때 연구자는 자신이 사용한 측정도구가 신뢰할 수 있고 타당한 점수를 산출할 수 있는가에 대해서 확인할 필요가 있다. 측정도구의 신뢰도와 타당도는 측정의 질을 평가하는 중요한 기준이다. 먼저 신뢰도란 측정 절차가 동일한 상황에서 측정되는 연구 참여자의 특성에 대해 매번 동일한 값이 부여되는지의 정도를 말한다. 예를 들어서, 표 1.4.에서 소개한 광고에 대한 태도를 측정하는데 동일한 광고와 동일한 연구 참여자를 대상으로 그제 측정한 점수와 오늘 측정한 점수가 다르면 해당 척도로 얻은 연구 참여자의 점수를 신뢰할 수 없다(검사-재검사 신뢰도). 또한 광고에 대한 태도 척도의 첫 번째 문항이 나머지 네 개 문항과 개념적으로(또는 의미적으로) 매우 다르다면 해당 척도로 얻은 연구 참여자의 점수를 믿을 수 없다(내적 일관성 신뢰도). 검사-재검사 신뢰도는 신뢰도를 측정도구의 안정성 측면에서 알아본 본 것이고 내적 일관성 신뢰도는 신뢰도를 측정도구의 내적 일관성 측면에서 알아본 것이다. 다음으로 타당도는 측정도구가 측정하고자 하는 것(예, 연구 참여자의 특성)을 정확히 측정하고 있는지의 정도를 말한다. 예를 들어

Box 1.2.

설문지 작성과 질문 문항 작성

설문지는 연구 목적에 맞게 신뢰할 수 있고 타당한 질문 문항을 개발하거나 선행 연구에서 개발한 질문 문항을 활용해서 만든 구조화된 질문 문항의 집합이다. 설문지 작성 과정은 일반적으로 다음의 단계를 따른다. 수집할 정보가 무엇인지를 명확하게 하기 → 정보 수집 방법(예, 우편, 인터넷)을 결정하기 → 개별 질문 문항의 내용을 결정하기 → 각 질문 문항에 대한 응답 유형(예, 범주형, 연속형)을 결정하기 → 각 질문 문항을 문장으로 만들기 (질문 문항 작성) → 질문 문항의 배열 순서를 결정하기 → 질문 문항의 응답 유형 제시 형태(예, 웃는 얼굴로 만족도를 측정함), 설문지의 크기와 레이아웃 디자인을 결정해서 작성하기 → 작성된 설문지를 검토하고 수정하기 → 소수의 연구 참여자를 대상으로 사전조사를 실시하고 필요한 경우 문항을 수정하기.

BOX 표 1.2.1. 질문 문항 작성시 주의 사항과 잘못된 사례

주의 사항	잘못된 사례
1. 한 질문 문항은 한 가지의 질문 내용만 물어야 한다.	Q. 방금 보신 제품 카탈로그는 양적으로 충분하고, 질적으로 만족스러웠습니까? A. 예–아니오
2. 질문 문항은 모호하거나 막연하게 표현하거나 혼동을 일으키지 않도록 구체적이고 명확해야 한다.	Q. 방금 본 영화는 좋았습니까? A. 예–아니오
3. 질문 문항은 짧고 단순한 문장이어야 한다.	Q. 나는 이 브랜드가 마음에 든다고 말하고 싶지 않은 것은 아니다. A. 7점 리커트 척도
4. 질문 문항에 응답하는 연구 참여자의 연령, 지적 수준 등을 고려해서 적절한 언어 수준으로 맞추어서 질문해야 한다.	Q. (유치원생에게) 투니버스 채널을 보는 것은 어린이 전인교육에 도움이 됩니까? A. 예–아니오
5. 질문 문항이 응답에 참여한 연구 참여자가 특정 답을 하도록 유도하지 말아야 한다.	Q. 흔히 사형제도 폐지는 인명존중을 위해 필요하다고 하는데 당신은 사형제도 폐지에 찬성하십니까? A. 예–아니오
6. 질문 문항에는 정서적 평가나 정서적 표현을 배제해야 한다.	Q. 당신이 이 열정적인 광고에 대해서 매우 강렬하게 긍정적으로 생각하십니까? A. 예–아니오
7. 질문 문항은 응답에 참여한 연구 참여자가 기억할 수 있는 것만 질문해야 한다.	Q. 당신이 작년 한 해 동안 마신 원두 커피나 인스턴트 커피는 총 몇 잔입니까? A. _____잔
8. 질문 문항은 응답에 참여한 연구 참여자가 답을 할 수 있는 질문이어야 한다.	Q. (사드의 한국 배치에 대해서 한 번도 생각해본 적이 없는 사람에게) 당신은 사드의 한국 배치에 대해서 찬성하십니까? A. 예–아니오
9. 가정 질문을 하지 말아야 한다.	Q. 만약 하늘을 나는 1인용 자동차가 시판된다면 당신은 구입할 것입니까? A. 예–아니오

설문지 작성 과정 중 상대적으로 중요도가 높은 질문 문항 작성, 응답 유형 그리고 질문 문항의 배열 순서와 관련된 주의 사항을 소개하면 다음과 같다. 먼저 질문 문항을 작성할 때 주의를 기울일 사항에 대해서 BOX 표 1.2.1.에 제시하였다.

설문지에 대한 연구 참여자의 응답은 범주형, 연속형 그리고 개방형으로 받을 수 있다. BOX 표 1.2.2.의 사례를 중심으로 응답 유형을 선택하고 개발할 때 주의할 사항을 소개하면 다음과 같다. 먼저 범주형 응답 유형의 보기 항목들은 연구 참여자가 응답할 수 있는 모든 항목을 빠짐없이 제시해야 하고 이 항목들은 서로 중복되지 않아야 한다. 예를 들어서, BOX 표 1.2.2.에서 '상대방의 종교'가 빠져 있다. 만약 연구자가 모든 보기 항목을 제시하지 못한다고 판단하면 '기타(자세히 적어주세요): _____' 항목을 활용할 수 있다. 그리고 연구자는 필요한 경우에 연구 참여자가 두 개 이상의 보기 항목을 고르게 하게 할 수도 있다. 연구자가 연속형 응답 유형을 사용한다면 몇 단계의 보기 항목을 사용할 것인가와 짝수나 홀수 중 어떤 수의 보기 항목을 사용할 것인가에 대해서 고려할 필요가 있다(BOX 표 1.2.2.의 2.에서는 5단계의 홀수

보기 항목을 이용함). 보기 항목의 단계가 많아지면(예, 4단계 → 10단계) 연구 참여자의 미묘한 응답 차이를 측정할 수 있지만 연구 참여자를 피곤하게 만들어서 부실 응답을 유발할 수도 있다. 또한 홀수 보기 항목(예, 5단계)은 연구 참여자가 불성실하게 또는 자신의 생각이나 느낌을 정확히 표현하는 것에 익숙하지 못해서 연구 참여자의 많은 응답이 중간 단계(예, 3단계)의 보기 항목으로 몰릴 가능성이 있다. 마지막으로 개방형 응답 유형은 연구 참여자에게 피로와 짜증을 유발할 가능성이 매우 크다. 또한 연구자 입장에서 취합된 개방형 응답 내용을 코딩하고 분석하는데 많은 시간과 노력이 들어간다. 따라서 규모가 큰 표본을 대상으로 설문조사 연구를 진행하는 경우에는 가급적 개방형 응답 유형의 사용을 최소화하는 것이 좋다.

연구자가 질문 문항의 배열 순서를 결정할 때 다음과 같은 사항을 고려할 필요가 있다. 먼저 질문 문항을 자연스러운 흐름에 따라 배열하는 것이 좋다. 예를 들어서, 설문지에서 과거 경험을 묻는 질문 문항을 먼저 배치하고 현재의 느낌을 묻는 질문 문항을 나중에 배치한다. 둘째, 응답 유형이나 질문 내용이 유사한 질문 문항은 함께 묶어서 제시하

BOX 표 1.2.2. 응답 유형과 예시

1. 범주형 응답 유형

Q. 당신은 결혼을 결정할 때 가장 중요하게 고려하는 사항은 무엇입니까? 한 가지만 선택해 주세요.

A. ① 사랑   ② 상대방의 외모   ③ 상대방의 학벌
    ④ 상대방 집안의 재력   ⑤ 상대방 집안의 사회적 지위

2. 연속형 응답 유형

Q. 당신은 대형할인마트의 주말영업금지에 대해서 찬성하십니까? 당신이 찬성하는 정도를 선택해 주세요.

A. ① 적극적으로 찬성한다   ② 찬성하는 편이다   ③ 찬성도 반대도 아니다
    ④ 반대하는 편이다   ⑤ 적극적으로 반대한다

3. 개방형 응답 유형

Q. 삼성전자하면 떠오르는 생각이나 느낌을 모두 적어 주세요.

A. _____

면 연구 참여자의 피로를 줄이면서 응답의 일관성을 유지할 수 있다. 예를 들어서, 광고에 대한 태도를 묻는 총 4개의 질문 문항과 광고 브랜드에 대한 태도를 묻는 총 3개의 질문 문항은 같은 질문 내용끼리 묶어서 제시한다. 셋째, 설문지에서 대답하기 쉬운 질문 문항을 먼저 제시하고 대답하기 어려운 질문 문항을 나중에 제시한다. 넷째, 민감한 질문 문항(예, 종교적 신념, 정치적 신념)은 설문지의 가장 끝 부분에 제시하는 것이 좋다. 마지막으로 일반적으로 개인 정보가 드러나는 인구통계 특성(예, 연령)과 사회·경제 특성(예, 월 가구 평균 소득)은 설문지의 마지막 부분에 배열하는 것이 좋다.

서, 어떤 연구자가 자신이 개발한 지능검사가 지능에 대한 타당한 측정도구인지를 확인하고 싶다. 이를 위해서 이 연구자는 자신이 지능을 무엇이라고 정의를 내렸는지를 확인하고 이 정의가 자신이 개발한 지능검사의 질문 문항과 부합하는지를 요인분석이나 상관분석 등을 통해서 점검해야 한다.

신뢰도와 타당도의 관계를 간략히 소개하면 타당도가 높으면 신뢰도가 높지만 신뢰도가 높다고 타당도가 높은 것은 아니다. 신뢰도와 타당도를 평가하는 통계절차 또는 통계분석 방법(예, 구성 타당도 – 구조방정식을 이용한 확인적 요인분석)이 있으나 심리학 개론서인 본 서적의 범위를 벗어나기 때문에 그에 대한 설명을 생략한다.

1.5. 통계분석

통계분석은 분석 목적에 따라서 기술 통계분석과 추론 통계분석으로 나누어진다. 기술 통계분석은 표본에서 취합한 자료를 조직화하고 요약해서 그 자료의 전반적인 특성을 이해하려고 할 때 사용하는 것이다. 반면 추론 통계분석은 표본에서 취합한 자료의 특성을 파악해서 이를 기반으로 해당 자료가 추출된 전집의 특성을 추정하거나 예측하려는 목적으로 사용되는 통계분석이다. 즉, 추론 통계분석은 표본의 자료에서 파악한 특성을 연구가설 검증과 연구문제의 결과 확인을 통해서 전집의 특성으로 일반화시키려는 것이 목적이다. 지금부터 각 통계분석과 관련된 주요 개념과 세부 분석 방법을 소개하고자 한다. 이때 수학이나 통계학 기호에 익숙하지 않은 독자를 위해서 수학이나 통계학 기호의 사용을 최소로 사용하고 말로 풀어서 설명할 것이다.

기술 통계분석

어떤 연구자가 전라북도에 소재한 S 고등학교의 3학년생을 대상으로 30점 만점인 총 30문항으로 이루어진 수리능력 검사를 실시했다고 가정하자. 그림 1.3.은 S 고등학교 3학년 2반 학생(총 30명)의 수리능력 검사 점수를 남녀학생별로 나누어서 오름차순으로 정리한 결과이다.

빈도분석과 히스토그램

연구자 입장에서 그림 1.3.의 30개 수리능력 검사 점수를 조직화하고 요약할 필요가 있다. 이때 가장 쉽게 검사 점수를 조직화하는 방법은 빈도분석을 실시하는 것이다. 이때 빈도(또는 도수)란 각 점수나 점수 급간에 해당되는 사례수(또는 연구 참여자의 수)를 말한다. 빈도의 종류에는 누적빈도와 상대빈도가 있다(표 1.5. 참조). 누적빈도는 낮은 점수에서부터 빈도를 누적한 결과를 말하며 상대빈도는 전체 사례수를 1로 보고 각 점수나 점수 급간에 해당되는 사례수의 상대적 비율을 의미한다. 표 1.5.의 (1) 단순빈도분포표는 S 고등학교 3학년 2반 학생의 수리능력 검사 점수별 빈도분석의 결과이다. 표 1.5.의 (2) 묶음빈도분포표는 수리능력 검사 점수를 10점 단위로 묶어서 총 3개의 급간으로 나누고 각 급간별 빈도의 합을 분석한 결과이다. 이때 연구자의 필요에 따라서 급간을 6점 단위 또는 5점 단위로도 나누어서 묶음빈도분포표를 작성할 수 있다.

연구자는 빈도를 이용해서 표 1.5.와 같은 표 형태가 아닌 히스토그램(막대 그래프와는 다름) 형태로 검사 점수를 시각적으로 조직화하고 요약할 수 있다(그림 1.4. 참조). 히스토그램의 경우, 연구자는 편포도와 첨도를 활용해서 전체 검사 점

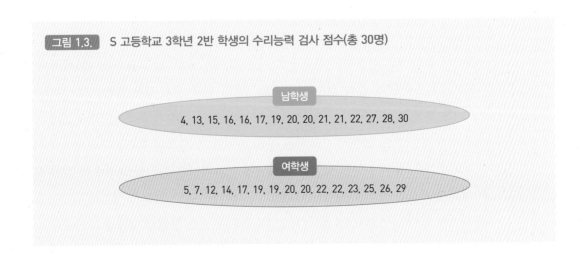

그림 1.3. S 고등학교 3학년 2반 학생의 수리능력 검사 점수(총 30명)

남학생

4, 13, 15, 16, 16, 17, 19, 20, 20, 21, 21, 22, 27, 28, 30

여학생

5, 7, 12, 14, 17, 19, 19, 20, 20, 22, 22, 23, 25, 26, 29

표 1.5. 빈도분석 결과

(1) 단순빈도분포표

점수	빈도	누적빈도	상대빈도
4	1	1	3.3
5	1	2	3.3
7	1	3	3.3
12	1	4	3.3
13	1	5	3.3
14	1	6	3.3
15	1	7	3.3
16	2	9	6.7
17	2	11	6.7
19	3	14	10.0
20	4	18	13.3
21	2	20	6.7
22	3	23	10.0
23	1	24	3.3
25	1	25	3.3
26	1	26	3.3
27	1	27	3.3
28	1	28	3.3
29	1	29	3.3
30	1	30	3.3
합계	30		100.0

(2) 묶음빈도분포표

점수 급간	빈도	누적빈도	상대빈도
1~10	3	3	10.0
11~20	15	18	50.0
21~30	12	30	40.0

수의 분포 특성을 파악할 수 있다. 편포도는 전체 검사 점수를 히스토그램으로 조직화했을 때 점수들이 중앙을 기준으로 대칭적으로 분포되지 않고 히스토그램의 좌측이나 우측으로 편중되는 분포를 보이는 정도를 말한다. 그림 1.5. (1)에서 정적편포(a.)는 다수의 검사 점수가 히스토그램의 왼쪽(낮은 검사 점수)으로 몰려서 분포되는 것을 의미하며 부적편포(b.)는 다수의 검사 점수가 히스토그램의 오른쪽(높은 검사 점수)으로 몰려서 분포되는 것을 의미한다. 첨도란 히스토그램에서 검사 점수들이 특정 점수나 특정 급간에 응집되어 분포되어 있는지를 보여주는 전체 분포 형태의 뾰족한 정도를 말한다. 그림 1.5. (2)에서 a.는 첨도가 정상분포보다 더 큰 뾰족한 형태인 반면 b.는 첨도가 정상분포보다 낮은 평평한 형태를 보여준다.

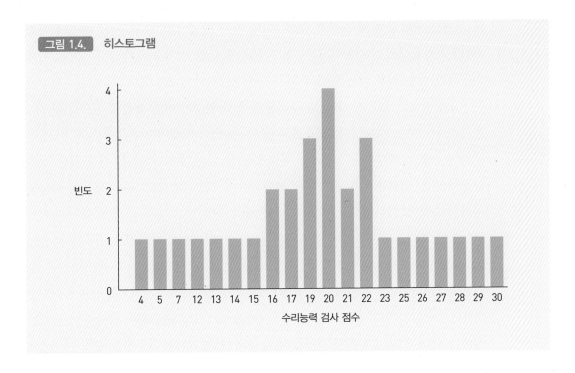

그림 1.4. 히스토그램

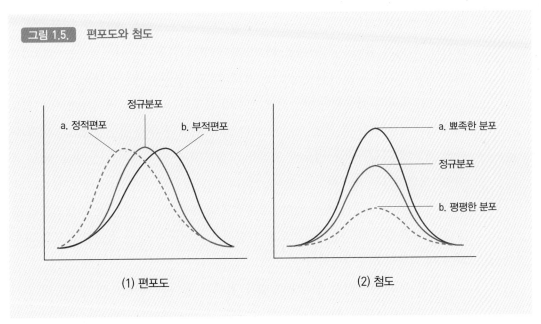

그림 1.5. 편포도와 첨도

(1) 편포도

(2) 첨도

집중경향치와 분산도

지금까지 어떤 연구자가 S 고등학교 3학년 2반 남녀 학생의 수리능력 검사 점수를 조직화하고 요약하는 방법으로 빈도분포표와 히스토그램을 소개했다. 이들 방법은 연구자가 S 고등학교 3학년 2반 학생이 받은 수리능력 검사 점수의 전체 분포 형태를 파악하는 데 도움을 준다. 이와 같은 방법 이외에 연구자는 S 고등학교 3학년 2반 학생의 수리능력 검사 점수 분포를 단일 수치로 요약할 수 있다. 이때 연구자가 사용할 수 있는 단일 수치는 집중경향치와 분산도이다. 먼저 집중경향치는 S 고등학교 3학년 2반 학생의 수리능력 검사 점수가 어떤 값을 중심으로 분포하는지를 알려주는 수치이다. 집중경향치에는 30명의 학생이 받은 수리능력 검사 점수의 총합을 사례수(연구 참여자인 학생 30명)로 나눈 수치인 평균, 가장 많은 수의 학생이 받은 수리능력 검사 점수에 해당되는 수치인 최빈값 그리고 모든 수리능력 검사 점수를 오름차순으로 배열할 때 전체의 50%가 그 점수 이하에 있는 수치인 중앙값이 있다. 그림 1.3.에서 평균은 30명이 받은 수리능력 검사 점수의 총합인 569점을 30명으로 나눈 18.97점이며, 최빈치는 가장 많은 학생(총 4명)이 받은 수리능력 검사 점수인 20점이다(그림 1.4.에서 가장 빈도가 높은 수리능력 검사 점수와 동일함). 중앙값을 알기 위해서는 먼저 '(사례수+1)/2'로 산출하는 중앙값의 위치를 알아야 한다. 그림 1.3.에서 중앙값의 위치는 (30명+1)을 2로 나눈 값인 15.5번째이다. 표 1.5.의 (1) 단순빈도분포표에서 누적빈도를 보면 19점을 받은 학생은 전체 30명 중 14번째까지에 해당되고 20점을 받은 학생은 전체 30명 중 18번째에 해당된다. 따라서 중앙값의 위치인 15.5번째 학생이 받을 수 있는 점수는 20점이기 때문에 중앙값은 20점이다(학자에 따라서 중앙값을 계산하는 방식이 다를 수 있음).

어떤 종류의 집중경향치가 전체 점수의 분포를 요약하는 데 적합한지는 척도의 종류(1.4.의 '측정' 참조)에 따라서 달라진다. 어떤 종류의 집중경향치가 어떤 종류의 척도에 적합한지는 척도의 특징을 고려하면 쉽게 이해가 가능하다. 예를 들어서, 성별이라는 명명척도(남자=1, 여자=2)는 평균과 중앙값에 해당되는 1.5라는 수치가 가진 의미가 전혀 없다. 결론적으로 명명척도는 최빈값, 서열척도는 중앙값 그리고 등간척도와 비율척도는 일반적으로 평균이 전체 점수의 분포를 요약하는 데 적합한 집중경향치이다.

한편 분산도란 전체 수리능력 검사 점수가 흩어진 정도 또는 수리능력 검사 점수가 평균으로부터 흩어진 정도를 말한다. 가장 높은 검사 점수와 가장 낮은 검사 점수의 차이를 나타내는 범위도 분산도의 한 지표이다. 그림 1.3.의 경우, 범위는 26점이다(30점−4점=26점). 가장 대표적인 분산도 지표는 분산과 표준편차이다. 먼저 분산을 산출하는 방법은 다음의 과정을 따른다.

1단계. (한 개인의 점수−평균) → 각 개인 점수와 평균의 차이인 편차를 구하기

2단계. (한 개인의 점수−평균)^2 → 각 개인 점수의 편차 제곱을 구하기

3단계. $\sum$(한 개인의 점수−평균)^2 → 각 개인 점수의 편차 제곱의 합인 자승화를 구하기

4단계. $\sum$(한 개인의 점수−평균)^2/사례수 → 자승화를 사례수로 나누기(평균 자 승화)   (공식 1.1.)

    이상의 과정을 거치면 그림 1.3.의 분산은 40.77점이다. 분산을 산출하는 과 정에서 세 가지 사항을 고려할 필요가 있다. 첫째, 1단계에서 구한 30명의 개인 점 수 편차를 모두 합하면($\sum$) 0이 된다. 이와 같은 문제를 해결하기 위해서 2단계에 서 30명의 편차의 제곱을 구한 것이다. 여기서 30명은 사례수(또는 연구 참여자 수) 라고 부른다. 둘째, SPSS 통계분석 소프트웨어를 사용해서 분산을 구하면, 4단계 (공식 1.1. 참조)에서 사례수 대신에 (사례수−1)로 편차 제곱의 합(자승화)을 나눈 다. 이와 같이 (사례수−1)을 사용하는 이유는 표본에서 얻은 수리능력 검사 점 수 중 최소한 1개는 전집에서 얻은 정확한 점수라고 가정해야 표본에서 얻은 평균 으로 전집의 평균을 추론할 수 있기 때문이다. 4단계의 분모에 (사례수−1)의 공 식을 이용하면 그림 1.3.의 분산은 42.17점이다. 마지막으로 (사례수−1)은 전집 평균 추정이 가능하면서 자유롭게 어떤 값이라도 가질 수 있는 사례수이며 이를 자유도라고 부른다. 한편 분산에 루트를 씌워서 분산의 제곱근을 구하면 그 수치 가 표준편차이다. 그림 1.3.의 표준편차는 4단계에서 사례수로 나누면 6.38점이고 (사례수−1)인 자유도로 나누면 6.49점이다.

Z 점수

    연구자는 종종 개별 연구 참여자에게서 얻은 점수가 전체 연구 참여자의 점수 집합에서 차지하는 상대적 위치를 파악해야 할 경우가 있다. 이와 같은 상대적 위 치를 가장 단순하게 파악하는 방법은 사분위 편차를 이용하는 것이다. 이때 연구 자는 모든 연구 참여자(또는 사례)의 점수를 내림차순이나 오름차순으로 정리하고 상위 25%, 상위 50%, 상위 75% 그리고 상위 100%를 기준으로 끊어서 각 연구 참 여자의 점수가 전체 점수 집합에서 차지하는 상대적 위치를 파악할 수 있다. 그러 나 이 방법의 단점은 상대적 위치의 정확성이 떨어진다는 점이다. 이 방법의 단점 을 해결하는 방법이 각 연구 참여자에게서 얻은 점수를 표준점수로 변환하는 것이 다. 여기서 표준점수란 개별 연구 참여자로부터 얻은 점수의 상대적 위치를 알려

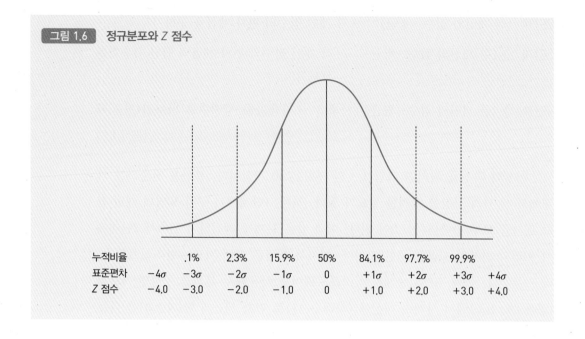

그림 1.6 정규분포와 Z 점수

누적비율		.1%	2.3%	15.9%	50%	84.1%	97.7%	99.9%	
표준편차	-4σ	-3σ	-2σ	-1σ	0	$+1\sigma$	$+2\sigma$	$+3\sigma$	$+4\sigma$
Z 점수	-4.0	-3.0	-2.0	-1.0	0	$+1.0$	$+2.0$	$+3.0$	$+4.0$

주는 점수를 말한다. 가장 대표적인 표준점수는 Z 점수이다. 각 연구 참여자의 Z 점수는 공식 1.2.를 이용해서 산출할 수 있다.

각 연구 참여자의 Z 점수

$$= \frac{\text{각 연구 참여자에게서 얻은 점수} - \text{전체 연구 참여자 점수의 평균}}{\text{전체 연구 참여자 점수의 표준편차}} \qquad \text{(공식 1.2.)}$$

예를 들어서, 연구자가 그림 1.3.의 S 고등학교 3학년 2반을 포함해서 모든 3학년 학생을 대상으로 수리능력 검사를 실시했다고 가정하자. 이 연구자가 S 고등학교 3학년의 전체 평균을 산출해보니 21.5점이고 표준편차가 5점이었다. 그런데 3학년 2반의 담임교사가 연구자에게 학생 지도를 위한 참고자료로 3학년 2반 학생들의 수리능력 검사 점수가 S 고등학교 3학년 전체에서 어느 정도의 위치인지를 문의하였다. 이에 연구자는 공식 1.2.를 이용해서 그림 1.3.의 첫 번째 남학생인 김철수 학생의 점수(4점)를 Z 점수로 변환하니 -3.5를 얻었다. 연구자는 이와 동일한 방식으로 S 고등학교 3학년 2반의 나머지 29명 학생들의 모든 Z 점수를 얻을 수 있다.

연구자가 산출한 Z 점수는 S 고등학교 3학년의 모든 학생이 얻은 점수를 평균 0과 표준편차 1을 가진 정규분포로 전환한 점수이다. Z 점수의 분포를 그림 1.6.과 같다. 따라서 Z 점수가 -3.5인 김철수 학생의 수리능력 검사 점수는 하위 .1%에 속한다.

추론 통계분석

추론 통계분석의 기법을 모수통계기법과 비모수통계기법으로 구분할 수 있다. 모수통계기법은 전집의 점수(모수)와 관련해서 다음과 같은 가정을 포함한다. 전집에서 얻은 점수의 분포가 정규분포이며 표본에 포함된 연구 참여자수(또는 사례수)가 많아야 하며 표본의 점수를 등간척도나 비율척도로 측정하고 집단 간 점수의 차이를 비교하는 경우 각 집단의 분산은 동질적이어야 한다. 그런데 이와 같은 가정을 할 수 없는 경우에 적용하는 기법이 비모수통계기법이다. 즉, 비모수통계기법은 모수에 대한 가정(예, 전집의 점수는 정규분포를 이루어야 한다)을 하지 않는다. 일반적으로 비모수통계기법은 전집의 점수 분포가 정규분포가 아니거나 표본에 포함된 연구 참여자의 수가 지나치게 작거나 표본의 점수를 명명척도나 서열척도로 측정하거나 집단 간 분산이 차이가 나는 경우에 사용한다.

대표적인 모수통계기법은 t 검증, 일원분산분석, 상관분석 그리고 회귀분석이 있다. 그리고 가장 대표적인 비모수통계기법은 카이제곱(χ^2) 검증이다. 지금부터 이들 분석 방법에 대해서 하나씩 설명할 것이다. 독자가 이후에 소개하는 추리통계 기법과 과정을 손으로 계산하기 위해서는 t 분포표, F 분포표, 카이제곱 분포표 등이 필요하다. 이와 같은 분포표는 거의 모든 통계책 부록에 수록되어 있으며 인터넷 검색을 통해서도 손쉽게 구할 수 있기 때문에 본 서적에는 제시하지 않았다.

t 검증

예를 들어서, 어떤 연구자가 자신이 개발한 대학생 대상의 불안 치료 프로그램이 효과적인지가 궁금하다. 이 연구자는 자신의 궁금증을 해결하기 위해서 전라북도에 소재한 C 대학의 남녀 대학생 60명을 모집했다. 이후 전체 60명 중 무작위로 30명씩을 뽑아서 두 집단으로 나누었다. 연구자는 한 집단을 대상으로 불안 치료 프로그램을 실시하고(처치집단) 나머지 집단에게는 불안 치료 프로그램을 실시하지 않았다(비교집단). 불안 치료 프로그램이 끝난 뒤에 두 집단을 대상으로 불안 검사를 실시했다. 연구자는 두 집단에서 얻은 불안 검사 점수의 평균을 계산했더니(불안 검사 점수가 높은 수록 불안 수준이 높음) 프로그램을 실시한 집단의 평균은 30점 만점에 23점이고 프로그램을 실시하지 않은 집단의 평균은 25점이었다. 그래서 연구자는 자신이 개발한 불안 치료 프로그램이 대학생의 불안 치료에 효과적이라고 결론을 내렸다.

독자는 이 연구자의 결론에 동의하는가? 아마도 독자는 다음의 두 가지 이유 때문에 연구자의 결론에 쉽게 동의하지 않을 것이다. 첫째, 해당 연구자는 전라북도에 소재하는 C 대학의 대학생 60명에게서 얻은 결과를 근거로 결론을 내렸다. 그런데 C 대학의 대학생 60명에게서 얻은 결과가 전국의 모든 대학생에게서 얻은 결과와 같다는 보장이 없다. 둘째, 불안 치료 프로그램을 실시한 집단의 점수인 23점과 실시하지 않은 집단의 점수인 25점은 2점 차이이다. 이 점수 차이는 사람에 따라서 큰 차이라고 생각할 수도 있고 작은 차이라고 생각할 수도 있다. 즉, 두 집단의 불안검사 점수 차이값이 불안 치료 프로그램이 효과적이라고 결론을 내릴 수 있을 만큼 충분히 크다고 판단할 객관적인 근거가 없다.

결론적으로 이 연구자는 표집오차가 발생하기 때문에 표본의 평균과 전집의 평균이 다를 수 있다는 점을 고려하지 않았다. 또한 연구자는 불안 치료 프로그램을 실시한 집단과 실시하지 않은 집단의 평균 차이값이 우연에 의해서 발생할 가능성이 있는지를 고려하지 않았다. 따라서 연구자가 자신이 개발한 불안 치료 프로그램이 효과적이라고 결론을 내리기 위해서는 다음과 같은 가설 검증 과정을 거쳐야 한다.

첫 번째 단계, 연구자는 '불안 치료 프로그램을 실시한 전집의 평균-불안 치료 프로그램을 실시하지 않은 전집의 평균=0'라는 영가설을 설정한다. 이때 대립가설은 '불안 치료 프로그램을 실시한 전집의 평균-불안 치료 프로그램을 실시하지 않은 전집의 평균≠0'이다. 이때 평균이란 불안검사 점수의 평균을 의미한다. 또한 전집은 전국의 모든 대학생을 말한다. 두 번째 단계, 연구자는 영가설이 사실이라는 가정하에 두 집단 평균 차이값의 표집분포를 구한다. 이 표집분포에서 두 평균 차이값은 0일 경우가 가장 많고 절댓값이 클수록 적어지는 좌우대칭의 정규분포 형태로 분포된다(그림 1.7. 참조). 이와 같은 두 평균 차이값의 표집분포를 t 분포라고 한다. 이미 '총 연구 참여자의 수-2'(자유도)에 따른 다양한 종류의 t 분포는 수학적으로 산출되어져 있다(많은 통계서적의 부록에 자유도에 따른 다양한 종류의 t 분포가 제시되어 있음). 자유도를 구할 때 2를 뺀 이유는 두 집단에서 얻은 평균을 비교하기 때문이다. 따라서 연구자는 여러 종류의 t 분포 중 '총 연구 참여자수-2'의 자유도를 가진 t 분포를 선택하면 된다. 연구자가 선택한 t 분포에서 곡선 아래의 면적은 해당 t 값을 표집 과정에서 얻을 확률을 의미한다. 세 번째 단계, 연구자는 t 분포를 토대로 표본에서 실제로 얻은 두 집단의 평균 차이값을 얻을 확률이 전집에서 5% 또는 1% 미만인지를 확인한다. 이를 위해서 연구자는 공식 1.3.을 이용해서 표본에서 얻은 두 집단의 평균 차이값을 t 값으로 바꾸어야 한다(보다 일반적인 공식의 형태는 BOX 1.4.의 a를 참조할 것). 이때 두 평균 차이값의 표준편차는 '실시집단의 분산/(실시집단의 연구 참여자 수−1)+비실시집단의 분산/(비실시집단의 연구 참여자 수−1)'에 루트를 씌어서 구한다.

$$t \text{ 값} = \frac{\text{우울 치료 프로그램을 실시한 집단의 평균} - \text{실시하지 않은 집단의 평균}}{\text{두 평균 차이값의 표준편차}} \qquad \text{(공식 1.3.)}$$

그 다음으로 연구자는 정규분포 형태를 가진 *t* 분포에서 표본에서 얻은 *t* 값이 어느 위치에 있는지를 확인한다. 만약 해당 *t* 값의 위치가 상위 5% 초과 또는 1% 초과(그림 1.7.의 b 참조)에 해당되면 두 집단의 평균 차이가 발생할 확률은 전집에서 5% 또는 1% 미만이라고 해석한다. 이와 같은 경우는 두 집단의 평균 차이가 우연에 의해서 발생한 것이 아니라 실제로 우울 치료 프로그램의 효과 때문에 발생한 것이라고 95% 또는 99%의 확신을 가지고 결론을 내릴 수 있다. 이때 표본에서 얻은 *t* 값을 *t* 분포(두 평균 차이값의 표집분포)에서 얻을 확률이 크거나(우연히 발생한 차이) 작다고(효과에 의해서 발생한 차이) 판단하는 기준을 유의수준(또는 *α*)이라고 하는데 관례상 .05(5%)나 .01(1%)을 사용한다. 연구자는 자유도에 의해 결정한 특정 *t* 분포에서 5%나 1% 초과와 미만을 구분하는 기준점인 *t* 값을 임계값(그림 1.7.의 a 참조)이라고 하며 거의 모든 통계책의 부록에 제시되어 있다. 따라서 연구자는 자신이 표본에서 얻은 *t* 값이 임계값보다 큰지 아니면 작은지를 비교해서 *t*

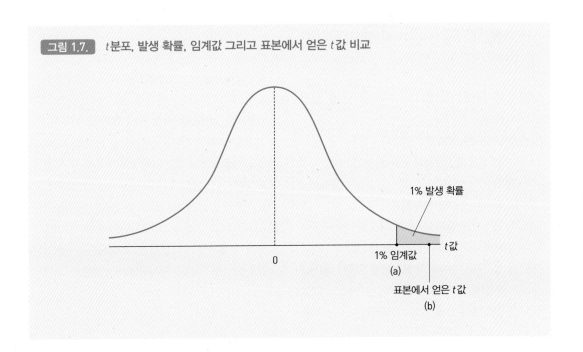

그림 1.7. *t*분포, 발생 확률, 임계값 그리고 표본에서 얻은 *t*값 비교

1% 발생 확률

1% 임계값
(a)

표본에서 얻은 *t*값
(b)

*t*값

0

값을 얻을 확률이 5%나 1% 미만인지를 확인할 수 있다. 즉, 그림 1.7.에서 a(임계값에 해당되는 *t* 값)와 b(표본에서 얻은 *t* 값)의 크기를 비교한다. 마지막 단계, 세 번째 단계에서 얻은 분석 결과를 기반으로 영가설을 기각하거나 수용한다. 관례상 *t* 값을 전집에서 얻을 확률이 극히 적은 경우는(5% 또는 1% 미만) 영가설을 기각하고 큰 경우는(5% 또는 1% 초과) 영가설을 수용한다. 만약 영가설이 기각되면 대립가설이 수용된다.

지금까지 소개한 가설 검증 절차는 독립집단 *t* 검증에 해당된다. 연구자가 서로 독립적인 두 집단을 대상으로 변인(또는 연구 참여자의 특성)을 등간척도나 비율척도로 측정해서 두 집단의 평균을 비교하고자 한다면 독립집단 *t* 검증을 실시한다. 만약 연구자가 한 집단을 대상으로 동일한 변인을 두 번씩 등간척도나 비율척도로 측정해서 두 번 측정한 평균을 비교하고자 한다면 상관집단 *t* 검증을 실시한다. 또한 서로 관련성이 높은 두 집단(예, 부부, 어머니-딸)을 대상으로 등간척도나 비율척도로 측정한 변인의 평균을 비교할 때도 상관집단 *t* 검증을 실시한다. 상관집단 *t* 검증의 가설 검증 절차는 독립집단 *t* 검증과 동일하지만 자유도를 다르게 산

Box 1.3.

가설 검증 과정

추론 통계분석에서 가설을 검증하는 일반적인 단계를 요약하면 다음과 같다.

1단계. 연구자는 전집을 대상으로 영가설을 설정한다.

2단계. 연구자는 영가설과 관련된 *t* 분포나 *F* 분포와 같은 표집분포의 종류를 결정한다.

3단계. 연구자는 표본에서 얻은 점수를 이용해서 *t* 값이나 *F* 값을 산출한다.

4단계. 연구자는 유의수준과 자유도를 고려해서 *t* 분포나 *F* 분포의 임계값을 확인한다.

5단계. 연구자는 임계치와 표본에서 얻은 *t* 값이나 *F* 값의 크기를 비교해서 *t* 값이나 *F* 값을 전집에서 얻을 확률이 우연인지 아닌지를 결정한다.

6단계. 연구자는 영가설의 기각 여부를 결정해서 대립가설(연구가설)을 수용하거나 기각한다.

연구자는 SPSS나 SAS 등의 통계 소프트웨어를 이용해서 가설 검증을 손쉽게 할 수 있다. 이때 통계 소프트웨어는 표본에서 얻은 *t* 값이나 *F* 값을 표집분포인 *t* 분포나 *F* 분포에서(또는 전집에서) 얻을 확률인 *p* 값만 제시한다. 연구자는 해당 *p* 값을 보고 이 값이 .05(유의수준, 확률=5%)나 .01(유의수준, 확률=1%) 미만이면 영가설을 기각하고 대립가설(연구가설)이 지지되었다고 결론을 내린다.

출한다. 독립집단 *t* 검증에서 자유도는 '(집단 1의 연구 참여자수−1)+(집단 2의 연구 참여자수−1)'인 '총 연구 참여자수−2'이다. 그러나 상관집단 *t* 검증은 한 집단을 대상으로 두 번씩 측정한 평균을 비교하거나 서로 관련성이 높은 두 집단에서 얻은 두 개의 평균을 비교하기 때문에 집단을 1개로 가정한다. 따라서 상관집단 *t* 검증에서 자유도는 '총 연구 참여자수−1'이다.

일원분산분석

만약 연구자가 3개 이상의 집단을 대상으로 변인을 등간척도나 비율척도로 측정해서 집단의 평균을 비교하고자 한다면 일원분산분석을 실시할 수 있다. 예를 들어서, 어떤 연구자가 광고 모델의 시선을 정면, 우측 그리고 좌측으로 향하도록 하는 서로 다른 세 개의 광고를 제작하였다. 이후 연구자는 대학에 재학중인 90명의 남녀 대학생을 무작위로 각 30명씩 세 집단으로 배정한 후 각 집단에 세 종류(정면 응시 조건, 우측 응시 조건 그리고 좌측 응시 조건)의 광고 중 하나씩을 보여주고 연구 참여자가 광고 모델에 대한 매력도를 7점 척도로 평가하도록 안내했다. 연구자는 3종류의 광고 모델 시선 조건 중 어떤 조건에서 광고 모델 매력도가 가장 높은지를 알고 싶다. 이때 영가설은 '집단 1(정면 응시 조건)이 소속된 전집에서 얻은 광고 매력도 평균=집단 2(우측 응시 조건)가 소속된 전집에서 얻은 광고 매력도 평균=집단 3(좌측 응시 조건)이 소속된 전집에서 얻은 광고 매력도 평균'이다. 이 영가설을 검증하기 위해서 연구자는 서로 다른 광고 모델의 응시 조건에 노출된 세 집단에서 얻은 광고 모델 매력도의 분포를 그림 1.8.과 같이 그렸다.

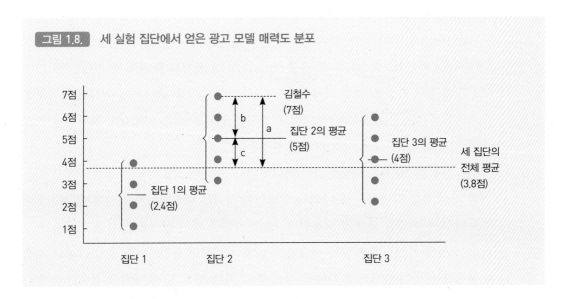

그림 1.8. 세 실험 집단에서 얻은 광고 모델 매력도 분포

　　그림 1.8.을 보면 집단 2에 속한 김철수란 학생이 평가한 광고 모델 매력도는 7점이다. 이 학생의 점수와 세 집단의 전체 평균 사이의 편차는 3.2점이다(7점 - 3.8점). 이 편차를 전체 편차(그림 1.8.의 a)라고 부른다. 그리고 김철수 학생의 점수와 이 학생이 속한 집단 2의 평균 사이의 편차는 2점이다(7점 - 5점). 이 편차를 집단내 편차(그림 1.8.의 b)라고 한다. 마지막으로 집단 2의 평균과 세 집단의 전체 평균 사이의 편차는 1.2점이다(5점 - 3.8점). 이 편차를 집단간 편차(그림 1.8.의 c)라고 부른다. 김철수 학생의 점수와 관련된 편차들의 관계를 살펴보면, 전체 편차는 집단내 편차와 집단간 편차의 합이다(a=b+c). 세 집단에 소속된 모든 대학생들의 광고 모델 매력도 점수에 대한 전체 편차, 집단내 편차 그리고 집단간 편차는 평균 자승화를 통해서 각각 구할 수 있다(공식 1.1. 참조). 공식 1.1.과 다르게 일원분산분석 과정에서의 평균 자승화는 자승화를 사례수의 총합(90명)이 아닌 서로 다른 자유도로 나눈 값이란 점에 주의할 필요가 있다. 집단내 평균자승화를 구할 때 사용하는 자유도는 (사례수 - 집단수)이며 집단간 평균자승화를 구할 때 사용하는 자유도는 (집단수 - 1)이다. 결국 연구자는 각 개인 점수의 전체 편차로부터 90명 점수의 전체 평균 자승화, 집단내 편차로부터 집단내 평균 자승화 그리고 집단간 편차로부터 집단간 평균 자승화를 구할 수 있다. 공식 1.1.에서 알 수 있듯이 평균 자승화는 분산이다. 따라서 전체 평균 자승화는 90명 점수가 퍼진 정도인 전체 분산을 의미하고, 집단내 평균 자승화는 각 집단에 소속된 대학생의 점수가 퍼진 정도인 집단내 분산(개인차)을 의미하며, 집단간 평균 자승화는 세 집단의 평균이 퍼진 정도인 집단간 분산(집단차)을 의미한다. 만약 광고 모델 매력도 점수에 있어서 세 집단 사이의 평균 차이가 있으려면 집단간 분산(집단차)이 집단내 분산(개인차)보다 커야 한다. 집단간 평균자승화를 집단내 평균자승화로 나눈 F 값을 보면(Box 1.4.의 b 참조할 것) 두 분산 중 어느 것이 더 큰지를 확인할 수 있다. 연구자는 전집에서 이 F 값을 얻을 확률이 5%나 1% 미만인지를 판단하기 위해서 자유도를 고려해서 적절한 F 분포를 선택하고 자신이 얻은 F 값과 임계값에 해당되는 F 값을 비교해서 영가설의 기각 여부를 결정한다.

　　일원분산분석은 독립변인이 하나인데 그 수준이 3개 이상인 경우에 적용 가능한 가설 검증 방법이다. 하나의 독립변인이 하나의 종속변인의 원인에 해당되기 때문에 '일원'이라는 표현을 사용한다. 앞의 사례를 다시 살펴보면 해당 연구자는 광고 모델의 시선 방향이라는 하나의 독립변인을 정면 응시, 우측 응시 그리고 좌측 응시라는 세 수준으로 조작하고 각 수준에 따른 광고 모델 매력도 점수(종속변인)

의 평균 차이를 비교했다. 만약 연구자가 두 개의 독립변인에 대한 등간척도 또는 비율척도로 측정한 종속변인의 평균 차이를 비교하는 것이 목적이라면 이원분산분석을 실시한다. 이원분산분석을 실시하면 각 독립변인이 종속변인에 미치는 개별적인 효과(주효과)와 두 독립변인이 함께 종속변인에 미치는 효과(상호작용 효과)를 검증할 수 있다. 여기서는 이원분산분석에 대해 구체적으로 소개하지 않는다.

상관분석과 회귀분석

지금까지는 집단 차이 비교에 해당되는 영가설을 검증하는 절차에 대해서 소개했다(표 1.1. 참조). 이제 상관과 인과성을 포함하는 관련성에 대한 영가설을 검증하는 방법인 상관분석과 회귀분석을 소개하고자 한다.

표 1.6. S 고등학교 3학년 3반 학생의 수학과 영어 쪽지시험 점수(총 15명)

번호	1	2	3	4	5	6	7	8	9	10	11	12	13	14	15
수학	9	5	4	7	8	6	8	10	5	2	3	1	5	8	9
영어	8	3	7	9	10	3	7	8	4	1	4	3	6	9	7

상관이란 한 변인이 다른 변인과 관련된 정도를 의미한다. 표 1.6.은 전라북도에 소재한 S 고등학교 3학년 3반 남녀 학생의 수학과 영어 쪽지시험 점수(각각 만점은 10점임)를 보여준다.

만약 3학년 3반 담임교사가 수학 점수가 좋은 학생이 영어 점수도 좋은지가 궁금하다면 총 15명 학생의 수학 점수와 영어 점수를 X축과 Y축의 도표에 표시해서 산포도(그림 1.9. 참조)를 그릴 수 있다. 그림 1.9.의 산포도를 보면 점수의 분포가 우상향의 형태(╱)를 보인다. 이와 같은 형태는 수학 점수가 올라갈수록 영어 점수도 함께 올라가는 관계(정적 관계)를 보여준다. 반대로 수학 점수가 올라갈수록 영어 점수는 떨어지는 관계를 부적 관계라고 하며 산포도에서 두 점수의 분포가 우하향의 형태(╲)를 보인다.

S 고등학교 3학년 3반의 담임교사가 학생들의 수학 쪽지시험 점수와 영어 쪽지시험 점수의 관련성을 단일 지표로 알고 싶다면 다음의 과정을 거쳐서 상관계수를 산출할 수 있다. 상관계수는 한 변인이 다른 변인과 관련된 정도를 알려주는 지표이며 r로 표기한다.

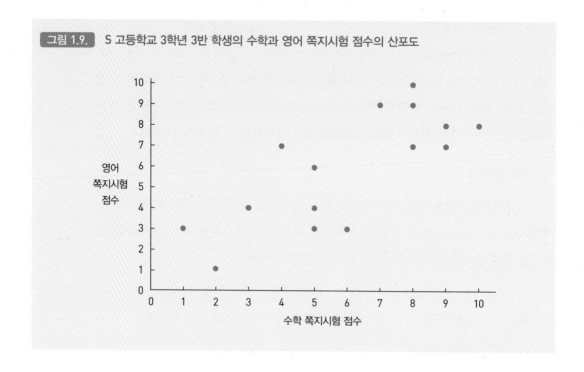

그림 1.9. S 고등학교 3학년 3반 학생의 수학과 영어 쪽지시험 점수의 산포도

1단계: 15명 학생의 수학 쪽지시험 점수 평균($\overline{X}$)과 영어 쪽지시험 점수 평균($\overline{Y}$)을 구하기

2단계: '각 학생이 받은 수학 쪽지시험 점수(X_i) − 수학 쪽지시험 점수 평균($\overline{X}$)' (수학 쪽지시험 점수 편차)($X_i - \overline{X}$)과 '각 학생이 받은 영어 쪽지시험 점수(Y_i) − 영어 쪽지시험 점수 평균($\overline{Y}$)'(영어 쪽지시험 점수 편차)($Y_i - \overline{Y}$)을 구하기

3단계: 각 학생의 수학 쪽지시험 점수 편차와 영어 쪽지시험 점수 편차를 곱해서 얻어진 15명의 점수를 합산하기($\sum (X_i - \overline{X})(Y_i - \overline{Y})$)→ 수학 쪽지시험 점수와 영어 쪽지시험 점수가 함께 변하는 공분산을 구하기

4단계: 각 학생의 수학 쪽지시험 점수 편차(($X_i - \overline{X})^2$)와 영어 쪽지시험 점수 편차(($Y_i - \overline{Y})^2$)를 제곱하기

5단계: 15명의 수학 쪽지시험 점수 편차 제곱을 합산하고($\sum (X_i - \overline{X})^2$) 15명의 영어 쪽지시험 점수 편차 제곱을 합산하기($\sum (Y_i - \overline{Y})^2$)

6단계: 5단계에서 합산한 두 점수를 곱한 후 루트를 씌워서 제곱근을 구하기 ($\sum \sqrt{(X_i - \overline{X})^2 \sum (Y_i - \overline{Y})^2}$)→ 수학 쪽지시험 점수의 편차의 제곱합과 영어 쪽지시험 점수의 편차의 제곱합의 곱을 구하기

7단계: 3단계에서 얻은 점수(공분산)를 6단계에서 얻은 점수로 나누기

담임교사가 상관계수를 계산하는 이상의 7단계를 거쳐서 얻은 수치는 피어슨 적률상관계수(설명의 편의를 위해서 이후 상관계수로 부름)라고 하며 그 값은 .77이었다. 상관계수 .77를 이용해서 상관계수의 핵심 특징을 소개하면 다음과 같다. 첫째, 상관계수는 −1~+1의 범위를 가진다(상관계수의 범위). 둘째, 상관계수에 + 부호가 붙는 경우는 정적 상관(하나의 변인이 증가할수록 다른 변인도 증가함)이고 − 부호가 붙는 경우는 부적 상관(하나의 변인이 증가할수록 다른 변인은 감소함)이다(상관계수의 방향). 따라서 상관계수 .77은 수학 쪽지시험 점수와 영어 쪽지시험 점수의 관계가 정적이라는 것을 알려준다. 셋째, 상관계수의 절댓값이 클수록 두 변인은 서로 관련성이 높다(상관계수의 크기). 만약 상관계수가 0이면 두 변인은 아무런 관계가 없다는 의미이다. 상관계수 .77의 절댓값은 1에 가깝기 때문에 수학 쪽지시험 점수와 영어 쪽지시험 점수의 관련성은 높다고 해석할 수 있다. 마지막으로 상관계수를 제곱(r^2)하면 한 변인의 변화와 관련된 다른 변인의 변화량(%)이 어느 정도인지를 알 수 있다. 상관계수 .77을 제곱하면 .59이다. 따라서 수학 쪽지시험 점수의 변화와 함께 변화는 영어 쪽지시험 점수의 변화량은 59%라고 해석할 수 있다. 여기서 한 가지 주의할 점은 피어슨 적률상관계수 사용은 두 변인을 등간척도나 비율척도로 측정했을 때 적합하다.

지금까지 설명한 상관계수는 표본(예, S 고등학교 3학년 3반의 총 15명 학생)에서 얻은 두 점수 간의 관계를 알려준다. 그런데 이 상관계수를 근거로 S 고등학교 3학년 3반의 담임교사가 전국의 3학년 고등학생도 똑같은 쪽지시험을 본다면 수학 쪽지시험 점수가 올라갈수록 영어 쪽지시험 점수가 올라갈 것이라고 결론을 내릴 수 있을까? 이와 같은 결론을 내리기 위해서는 해당 담임교사는 '전집에서 얻은 상관계수=0'이라는 영가설을 설정하고 공식 1.4.를 이용해서 *t* 값을 산출해야 한다.

$$t \text{ 값} = \frac{\text{상관계수} \sqrt{\text{3학년 3반의 총 학생수}-2}}{1\sqrt{\text{상관계수의 제곱값}}} \quad \text{(공식 1.4.)}$$

이후 담임교사는 자유도와 유의수준을 고려해서 선택한 *t* 분포에서 임계값에 해당되는 *t* 값을 찾는다. 이때 자유도는 수학 쪽지시험 점수와 영어 쪽지시험 점수라는 두 종류 점수의 상관과 관련되었기 때문에 '3학년 3반의 총 학생수−2'이다. 그리고 담임교사는 S 고등학교 3학년 3반 학생의 점수에서 계산한 *t* 값과 임계값을 비교해서 영가설의 기각 여부를 결정한다. 만약 S 고등학교 3학년 3반 학생의 점수에서 얻은 *t* 값이 임계값보다 크면 영가설은 기각되고 작으면 영가설은 수용된다.

영가설이 기각되는 경우에 담임교사는 전국의 3학년 고등학생도 S 고등학교의 3학년 3반 학생과 똑같은 쪽지시험을 본다면 수학 점수가 올라갈수록 영어 점수도 올라갈 것이라고 결론내릴 수 있다.

다음은 회귀분석을 소개하겠다. 이때 회귀란 독립변인(또는 예언변인)을 근거로 종속변인(또는 기준변인)을 예측하는 것이다. 예측은 인과성을 전제로 하기 때문에 회귀분석은 두 변인의 인과성 검증 과정이기도 하다. 그림 1.9.의 산포도에 표시된 점들의 중앙을 관통하는 직선을 그림 1.10.과 같이 그릴 수 있고 이 직선을 회귀선이라고 한다. 이 회귀선은 '예측한 영어 쪽지시험 점수=(기울기×수학 쪽지시험 점수)+절편'이라는 회귀식(1차 함수)으로 표현된다. 이때 기울기란 독립변인인 수학 쪽지시험 점수 1점이 올라가거나 내려가면 종속변인인 영어 쪽지시험 점수가 몇 점이나 올라가거나 내려가는지를 나타내는 수치이다. 이를 회귀계수라고도 부른다. 절편은 독립변인인 수학 쪽지시험 점수가 0점일 때의 종속변인인 영어 쪽지시험 점수를 말한다. 회귀식의 기울기와 절편은 표 1.6.의 수학 점수와 영어 점수를 공식 1.5.와 1.6.에 대입해서 계산할 수 있다.

$$\text{기울기} = \text{수학 쪽지시험 점수와 영어 쪽지시험 점수의 상관계수} \times \frac{\text{영어 쪽지시험 점수의 표준편차}}{\text{수학 쪽지시험 점수의 표준편차}} \quad \text{(공식 1.5.)}$$

$$\text{절편} = \text{영어 쪽지시험 점수의 평균} - (\text{기울기} \times \text{수학 쪽지시험 점수의 평균}) \quad \text{(공식 1.6.)}$$

표 1.6.의 3학년 3반 담임교사가 공식 1.5.와 1.6.을 이용해서 기울기(.77)와 절편(−1.32)을 구해서 그림 1.10.의 회귀선을 그렸다고 가정하자. 회귀식은 '예측한 영어 쪽지시험 점수=(.77×수학 쪽지시험 점수)−1.32'이다. 여기서 중요한 점은 이 회귀선은 S 고등학교 3학년 3반 학생에게서 얻은 수학 쪽지시험 점수와 영어 쪽지시험 점수를 이용해서 그렸다는 것이다. 그리고 눈으로 쉽게 확인할 수 있는 것처럼 이 회귀선이 그림 1.10.의 모든 점을 정확히 지날 수 없다. 이와 같은 부정확함이 발생하는 이유를 설명하면 다음과 같다. 예를 들어서, 표 1.6.에서 4번인 박영희 학생은 실제로 수학 쪽지시험에서 7점을 받았고 영어 쪽지시험에서 9점을 받았다. 그런데 회귀식을 이용해서 계산을 해보니 회귀선이 예측하는 박영희 학생의 영어 쪽지시험 점수는 7.48점이다. 박영희 학생의 예측 점수와 실제 점수의 차이(그림 1.10.의 a)는 예측을 한 후에 남은 오차(잔여오차)이다. 영어 쪽지시험 점

Chapter 1 심리학의 본질과 연구방법 ● 37

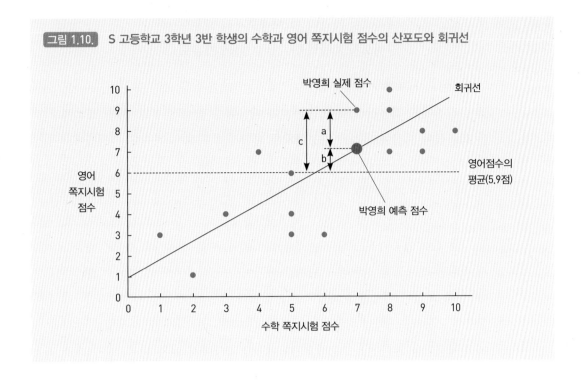

그림 1.10. S 고등학교 3학년 3반 학생의 수학과 영어 쪽지시험 점수의 산포도와 회귀선

수의 전체 평균(5.9점)과 박영희 학생의 예측된 영어 쪽지시험 점수의 차이(그림 1.10.의 b)는 회귀식으로 예측하는 과정에서 발생한 오차이다(예측오차). 잔여오차와 예측오차를 더하면 전체오차(그림 1.10.의 c)이다.

　모든 3학년 3반 학생의 잔여오차와 예측오차가 어떤지를 알기 위해서 박영희 학생을 포함해서 모든 3학년 3반 학생의 잔여오차나 예측오차를 합산하면 0이 나올 수 있다. 0이 나오는 것을 해결하기 위해서 이들 잔여오차와 예측오차를 제곱한다. 이때 잔여오차 제곱의 합은 표본을 추출하는 과정에서 발생하는 오차에 해당되고 예측오차 제곱의 합은 산포도의 점수 분포에 가장 적합한 회귀식을 만들면 줄일 수 있는 오차이다. 특정 표본(예, S 고등학교 3학년 3반 학생)의 점수 분포를 근거로 만든 회귀식을 전집(전국 고등학교의 3학년 학생)에 적용 가능한지를 결정하기 위해서 예측오차 제곱의 합과 잔여오차 제곱의 합을 비교해야 한다. 예측오차 제곱의 합과 잔여오차 제곱의 합은 공식 1.7.을 이용해서 비율적으로 비교할 수 있으며 이 비율은 F 값에 해당된다. 이때 예측오차의 자유도는 '측정 변인의 수-1'로 정의되며 여기서는 측정 변인이 수학 쪽지시험 점수와 영어 쪽지시험 점수이기 때문에 '2-1'로 1이다. 잔여오차의 자유도는 '사례수-2'로 정의되며 여기서는 '15-2'로 13이다.

$$F \text{ 값} = \frac{\text{예측오차 제곱의 합/예측오차의 자유도}}{\text{잔여오차 제곱의 합/잔여오차의 자유도}}$$ (공식 1.7.)

잔여오차(표집 과정에서 발생하는 오차)가 작을수록 표본을 근거로 만든 회귀식이 전집에도 적용될 확률이 높아지기 때문에 F 값이 클수록 좋다. 표본에서 얻은 회귀식이 전집에도 적용 가능한지를 판단하기 위해서 연구자는 '전집에서 얻은 회귀식의 기울기=0'이라는 영가설을 설정한다. 참고로 회귀식의 기울기는 공식 1.5.에서 얻은 기울기가 아니라 이 기울기를 표준화한 것이다. 이때 회귀식의 기울기가 0이라는 것은 한 변인(예, 수학 쪽지시험 점수)으로 다른 변인(예, 영어 쪽지시험 점수)을 전혀 예측하지 못한다는 것을 의미한다. 이후 자유도와 유의수준을 고려해서 적합한 F 분포를 선택하고 임계값을 찾아서 공식 1.7.에서 얻은 F 값과 비교한다. 이때 F 값이 임계값에 해당되는 F 값보다 크면 영가설은 기각된다. 이 경우에 전국의 고등학교 3학년 학생이 S 고등학교 3학년 3반 학생이 본 동일한 수학과 영어 쪽지시험을 본다면 S 고등학교 3학년 3반 학생에서 얻은 회귀식을 그대로 적용할 수 있다고 결론을 내릴 수 있다. 참고로 오차는 분산이기 때문에 예측오차와 잔여오차를 예측분산(회귀식으로 설명이 가능한 분산)과 잔여분산(회귀식으로 설명하지 못하는 분산)으로 표현을 바꾸어서 사용할 수 있다.

일반적으로 회귀분석을 적용하기 위해서는 표본을 대상으로 등간척도나 비율척도를 이용해서 점수를 측정해야 한다. 지금까지 한 개의 독립변인(예, 수학 쪽지시험 점수)이 한 개의 종속변인(예, 영어 쪽지시험 점수)을 예측하는 사례를 중심으로 회귀분석을 설명했다. 이와 같이 종류의 회귀분석을 단순회귀분석이라고 한다. 만약 연구자가 두 개 이상의 독립변인으로 한 개의 종속변인을 예측하고자 한다면 (인과관계를 검증하고자 한다면) 중다회귀분석을 실시할 수 있다. 여기서 '중다'란 독립변인이 두 개 이상이라는 의미이다.

카이제곱(χ^2) 검증

다음으로 그림 1.3.을 이용해서 대표적인 비모수통계기법인 카이제곱 검증을 설명하겠다. S 고등학교 3학년 2반 담임교사가 수리능력 검사를 상(1점~10점), 중(11점~20점) 그리고 하(21점~30점)로 나누고 이 상중하 등급을 남녀 학생으로 구분해서 표 1.7.을 작성하였다. 이때 성적은 상중하로 나눈 서열척도이며 남녀는 명명척도에 해당된다. 표 1.7.에 제시된 숫자는 각 조건에 해당되는 학생의 수 또는 사례수(빈도 또는 도수)를 의미한다. 이와 같이 명명척도나 서열척도로 측정한 두

표 1.7. S 고등학교 3학년 2반 남녀 학생의 수리능력 검사에 대한 교차분할표

		수리능력 검사 등급			합계
		하	중	상	
성	남학생	1명	8명	6명	15명
	여학생	2명	7명	6명	15명
합계		3명	15명	12명	30명

개 이상의 변인을 반영한 각 조건에 해당되는 연구 참여자 수(이후 빈도라고 부름)
를 제시한 표를 교차분할표라고 부른다.

S 고등학교 3학년 2반 담임교사는 표 1.7.에서 얻은 결과를 전국의 고등학교 3
학년 남녀 학생의 결과라고 볼 수 있는지에 대해서 궁금해졌다. 이 담임교사는 자
신의 궁금증을 해결하기 위해서는 다음과 같은 카이제곱 검증을 실시해야 한다.
먼저 담임교사는 '전집의 남녀 학생 간 수리능력 검사 등급별 빈도는 차이가 없다'
라는 영가설을 설정한다. 이와 같은 영가설을 검증하기 위해서 담임교사는 영가설
이 맞을 때 각 조건에서 얻어질 것이라고 기대하는 빈도인 기대빈도를 다음과 같
은 방법으로 구한다.

예를 들어서, 남학생 하 등급 조건의 경우, 3학년 2반 남학생 수는 총 15명,
수리능력 검사의 하 등급을 받은 3학년 2반 남녀학생 수는 총 3명 그리고 3학년 2
반의 전체 학생 수는 30명이다. '3학년 2반 남학생 수×(수리능력 검사의 하 등급
을 받은 3학년 2반 남녀 학생 수/3학년 2반의 전체 학생 수)'를 구하면 남학생 하
등급 조건의 기대빈도이다(아래에서 a임). 나머지 조건의 기대빈도를 동일한 방식
으로 계산하면 아래와 같다.

    a. 남학생 하 등급 조건: 15명×(3명/30명)=1.5명

    b. 남학생 중 등급 조건: 15명×(15명/30명)=7.5명

    c. 남학생 상 등급 조건: 15명×(12명/30명)=6명

    d. 여학생 하 등급 조건: 15명×(3명/30명)=1.5명

    e. 여학생 중 등급 조건: 15명×(15명/30명)=7.5명

    f. 여학생 상 등급 조건: 15명×(12명/30명)=6명

표 1.7.에 제시된 빈도는 실제 표본에서 얻은 관찰빈도라고 한다. 표본에서 얻

은 관찰빈도와 전집을 대상으로 계산한 기대빈도가 다르면 다를수록 표 1.7.의 결과를 전국 고등학교 3학년 남녀 학생으로 구성된 전집의 결과로 일반화할 수 없다. 따라서 담임교사는 관찰빈도와 기대빈도의 차이를 산출해야 한다. 이때 관찰빈도와 기대빈도가 얼마나 다른지를 알려주는 지표가 카이제곱이다. 카이제곱은 각 조건에 대해서 '(관찰빈도−기대빈도)^2/기대빈도'를 구하고 모든 조건의 값을 더하면 얻을 수 있다. 표 1.7.의 결과를 이용해서 카이제곱을 계산하는 방법을 구체적으로

Box 1.4.

추론 통계분석에서 사용되는 지표의 의미

추론 통계분석에서 영가설의 기각 여부를 결정할 때 사용되는 주요 지표는 다음과 같이 t 값, F 값, 카이제곱(χ^2)값 등이 있다.

a. 두 집단의 평균 차이 비교(독립집단 t 검증)

$$t \text{ 값} = \frac{\text{집단 1의 평균} - \text{집단 2의 평균}}{\text{두 평균 차이값의 표준편차}}$$

b. 세 개 이상의 집단 간 평균 차이 비교(일원분산분석)

$$F \text{ 값} = \frac{\text{집단간 평균 자승화}}{\text{집단내 평균 자승화}}$$

c. 상관분석

$$t \text{ 값} = \frac{\text{상관계수} \quad \text{사례수} - 2}{1 - \text{상관계수의 제곱값}}$$

d. 단순회귀분석

$$F \text{ 값} = \frac{\text{예측오차 제곱의 합}/\text{예측오차의 자유도}}{\text{잔여오차 제곱의 합}/\text{잔여오차의 자유도}}$$

e. 카이제곱 검증

$$\text{카이제곱}(\chi^2) = \sum \frac{(\text{관찰빈도} - \text{기대빈도})^2}{\text{기대빈도}}$$

이들 지표는 공통된 특징이 있다. 이들 지표의 분모를 보면 표준편차, 집단내 분산, 잔여오차 그리고 기대빈도이다. 표준편차는 각 점수가 평균에서 떨어진 정도를 알려준다. 집단내 분산은 세 개 이상의 집단에 포함된 모든 연구 참여자의 점수가 흩어진 정도를 알려준다. 잔여오차는 회귀선으로 예측할 수 없는 각 점수가 흩어진 정도를 알려준다. 마지막으로 기대빈도는 전집이라면 해당 조건에서 나타날 것으로 기대하는 빈도이다. 결론적으로 이들은 전집에서 특정 표본을 추출하는 과정에서 잘못된 표본을 뽑을 오류의 정도를 알려주는 것이다. 즉, 추론 통계분석에서 전집을 대상으로 설정한 영가설을 기각하거나 수용하는 데 기준으로 사용되는 지표의 분모는 표집오차를 반영한다. 반면 모든 지표의 분자는 표본에서 얻은 수치(예, 평균차이, 상관계수)가 포함되어 있다. 따라서 표집오차에 해당되는 분모가 작을수록 모든 지표는 커지면서 표본에서 얻은 수치(예, 평균차이, 상관계수)를 전집에서 얻었다고 결론을 내릴 가능성도 함께 커진다.

소개하면 다음과 같다(보다 일반적인 공식의 형태는 BOX 1.4.의 e를 참조할 것).

$$카이제곱(\chi^2) = \frac{(1-1.5)^2}{1.5} + \frac{(8-7.5)^2}{7.5} + \frac{(6-6)^2}{6} + \frac{(2-1.5)^2}{1.5} + \frac{(7-7.5)^2}{7.5} + \frac{(6-6)^2}{6}$$

최종적으로 계산한 카이제곱은 .4이다. 카이제곱의 계산을 마친 3학년 2반 담임교사는 자유도와 유의수준을 고려해서 적합한 카이제곱 분포를 선택하고 카이제곱의 임계값을 찾아야 한다. 이때 자유도는 '(수리능력검사 점수 등급의 수−1)×(성별의 범주 수−1)'로 계산한 결과인 2이다. 담임교사는 표본에서 얻은 카이제곱값과 임계값을 비교해서 영가설을 기각하거나 수용할 수 있다. 만약 표본에서 얻은 카이제곱값이 임계값보다 크면 영가설은 기각된다. 영가설이 기각이 되면 담임교사는 '전집의 남녀 학생 간 수리능력 검사 등급별 빈도는 차이가 있다'라고 결론을 내릴 수 있다. 구체적으로 어떤 차이가 나타나는지를 담임교사가 표 1.7.의 특정 조건에 빈도가 높거나 낮은 패턴을 보면서 해석한다. 실제로 표 1.7.의 사례는 카이제곱 검증을 적용하기에 사례수가 매우 작지만 설명을 위해서 카이제곱 검증을 적용했다. 일반적으로 카이제곱 검증을 적용하려면 두 변인의 구성 수준(예, 성별 변인은 남녀라는 두 개의 수준으로 구성됨)이 각각 두 개씩이라면 모든 조건의 기대빈도가 10 이상이 되도록 사례수(연구 참여자 수)가 많아야 한다. 또한 만약 두 변인의 구성 수준이 모두 세 개 이상이라면(예, 수리능력 검사 등급 변인은 상중하라는 세 개의 수준으로 구성됨) 각 조건의 기대빈도가 5 이상이 되도록 사례수가 많아야 한다.

1.6. 맺음말

과학적 연구방법은 심리학이 과학으로서 자리매김을 하는 데 매우 중요한 역할을 했다. 따라서 심리학 입문자도 심리학의 연구방법에 친숙해질 필요가 있다. 이에 본 서적은 심리학 개론서임에도 불구하고 연구방법에 대한 소개에 많은 지면을 할애했다. 특히 심리학 입문자가 알아야 할 통계분석과 관련된 내용도 함께 소개했다. 만약 독자가 통계분석을 처음 접해서 본 서적의 해당 내용을 이해하기 어려운 경우, 추가 읽을거리에서 소개한 서적을 함께 읽을 것을 권한다.

요약

1. 심리학이란 인간의 행동과 정신 과정을 체계적이고 과학적으로 연구하는 학문이며 그 목적은 인간 행동을 기술하고 설명하며 예측하고 통제하는 것이다.

2. 과거 구성주의, 형태주의, 정신분석 이론, 기능주의, 행동주의 그리고 인지주의 등의 다양한 심리학적 관점이 제안되었고 이를 기반으로 최근 생물심리학적, 진화론적, 행동주의, 인지적, 정신역동, 인문주의적 및 사회문화적 관점이 주요 관점으로 자리를 잡고 있다.

3. 심리학의 주요 연구방법은 연구 목적에 따라서 기술 연구방법(조사법, 관찰법, 사례 연구법), 상관 연구방법 그리고 인과성 연구방법(실험)으로 분류할 수 있다. 또한 심리학의 연구방법은 철학적 배경에 의해서 양적 연구방법과 질적 연구방법으로 구분된다.

4. 심리학의 양적 연구절차는 연구가설이나 연구문제 설정, 연구설계, 표집, 측정, 통계분석 그리고 연구보고서나 논문 작성의 단계를 거쳐서 진행된다.

5. 통계분석은 분석 목적에 따라서 기술 통계분석과 추론 통계분석으로 구분된다.

추가 읽을거리

다양한 연구방법에 대한 이해

● Elmes, D. G., Kantowitz, B. H., & Roediger, H. L. (2012). **심리학 연구방법** (남종호 역). 서울: 센게이지 러닝코리아. (원전은 2011년에 출판).

설문조사 방법에 대한 이해

● 최종후 · 전새봄 (2015). **설문조사 처음에서 끝까지**. 파주: 자유아카데미.

심리통계에 대한 이해

● 김기중 (2014). **가설검증을 위한 통계의 기초개념**. 서울: 센게이지러닝코리아.

통계분석 실시를 위한 SPSS 활용 방법의 학습

● 성태제 (2015). **SPSS/AMOS를 이용한 알기쉬운 통계분석**. 서울: 학지사.

연습문제

A형

1. 우리가 심리학을 배우고 인간의 심리를 연구해야 하는 목적이 무엇인지를 설명하시오.

2. 심리학은 인간의 행동과 정신 과정을 연구하는 학문이다. 이때 행동과 정신 과정의 차이점은 무엇인지를 기술하시오.

3. 구성주의 관점과 형태주의 관점의 차이점이 무엇인지를 기술하시오.

4. 행동주의 관점이 구성주의 관점, 형태주의 관점, 기능주의 관점, 정신분석 이론 그리고 인지주의 관점과 다른 점이 무엇인지를 설명하시오.

5. 심리학 분야에서 인문주의적 관점이 무엇인지를 설명하시오.

6. 심리학 분야에서 사회문화적 관점의 주요 특징을 기술하시오.

7. 사례 연구방법의 장단점을 기술하시오.

8. 연구가설과 연구문제의 차이점을 설명하시오.

9. 척도화란 무엇인지를 정의하시오.

10. 기술통계과 추론통계의 차이점이 무엇인지를 설명하시오.

B형

1. 아래의 내용 중 질적 연구방법의 특징을 모두 고르시오.

> ㄱ. 실증주의
> ㄴ. 연구자와 연구 대상인 사람들은 상호작용을 함
> ㄷ. 귀납적 접근방법
> ㄹ. 가치 중립적임

① ㄱ, ㄴ ② ㄱ, ㄷ ③ ㄴ, ㄷ ④ ㄷ, ㄹ

2. 어떤 연구자가 금연 광고에서 표현한 공포 정도가 흡연자의 금연 의향에 미치는 영향을 알아보고자 한다. 이 연구자는 폐암에 걸린 보기 흉한 폐 사진(강한 공포 표현)과 건강한 폐 사진(약한 공포 표현)을 이용해서 두 종류의 금연 광고를 제작했다. 두 종류의 광고는 어떤 변인에 해당되는지를 선택하시오.

① 독립변인 ② 종속변인
③ 매개변인 ④ 조절변인

3. 어떤 연구자가 '사람들은 우울하면 소셜 미디어를 많이 사용할 것이다'라는 연구가설을 설정하였다. 이 연구가설은 아래의 연구가설 중 어떤 것에 해당되는가?

① 부적인 인과성 검증
② 정적인 인과성 검증

③ 정적인 상관 검증
④ 집단 차이 검증

4. 어떤 연구자가 자료를 수집하기 위해서 자신이 근무하는 C 대학의 학생회관 앞을 지나가는 100명의 대학생에게 설문조사를 실시하였다. 이와 같은 표본 추출 방법을 무엇이라고 하는가?

① 단순무선표집법 ② 층화표집법
③ 목적적 표집법 ④ 편의표집법

5. 자유도를 (사례수 – 1)로 보고 아래의 수를 이용해서 분산을 구하면 얼마인가?

> 1, 3, 3, 4, 4

① 1.2 ② 1.3 ③ 1.4 ④ 1.5

6. 전집에서 표본을 추출하는 과정에서 발생하는 오차를 추정한 수치를 무엇이라고 부르는가?

① 표준편차 ② 분산
③ 표준오차 ④ 표집오차

7. 전집에서 표본을 무수히 많이 추출해서 얻은 평균의 상대빈도분포를 무엇이라고 부르는가?

① 정규분포 ② 표집분포
③ 이항분포 ④ 답 없음

8. 아래의 보기에서 서열척도의 특징을 모두 고르시오.

> ㄱ. 점수 간 크기를 비교할 수 있다
> ㄴ. 점수 간 간격이 동일하다
> ㄷ. 절대 영점이 없다
> ㄹ. 척도로 얻은 점수를 곱하거나 나눌 수 있다

① ㄱ, ㄴ 　　　② ㄱ, ㄷ
③ ㄴ, ㄷ 　　　④ ㄷ, ㄹ

9. 연구자가 동일한 절차에 의해서 동일한 척도를 이용해서 연구 참여자의 특성을 측정했을 때 동일한 값을 얻게 되는 정도를 무엇이라고 부르는가?

① 신뢰도 　　　② 유의수준
③ 타당도 　　　④ 편포도

10. 아래의 보기 중 개별 연구 참여자(연구 대상)로부터 얻은 점수의 상대적 위치를 알려주는 점수를 모두 고르시오.

> ㄱ. 사분위 편차
> ㄴ. 표준편차
> ㄷ. 표집오차
> ㄹ. Z 점수

① ㄱ, ㄴ 　　　② ㄱ, ㄹ
③ ㄴ, ㄷ 　　　④ ㄷ, ㄹ

11. 다음 중 비모수통계기법에 해당되는 것을 고르시오.

① 독립집단 t 검증 　　② 일원분산분석
③ 카이제곱(χ^2) 검증 　④ 상관분석

12. 표본에서 얻은 상관계수를 이용해서 전집의 상관계수를 추정할 때 이용하는 지표는 다음 중 어떤 것인가?

① 카이제곱(χ^2) 값 　　② Z 값
③ F 값 　　　　　　　④ t 값

생리심리학

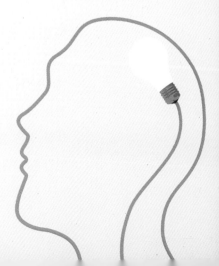

생명의 진화

지구상에 최초의 생명이 탄생한 것은 지금으로부터 35억 년 전쯤, 그러니까 지구가 형성된 후 10억 년가량의 세월이 흐른 뒤라고 추정되고 있다. 이 당시의 바다는 매우 다양한 유기분자로 가득 차 있었는데, 이 유기분자들은 복제능력, 즉 생식능력이 없었다. 그런 가운데 우연히 복제능력을 가진 복사분자가 생겨났는데, 이 복사분자는 화학적 친화력으로 자신을 구성하는 화합물과 동일한 화합물을 끌어당겨 자신의 닮은꼴을 만드는 복제능력, 즉 생식능력을 가지고 있는 것이었다. 이것이 오늘날 유전인자라고 부르는 DNA의 조상에 해당된다. 모든 생명체의 DNA의 화학적 성분이 동일하다는 점이 이러한 가설을 지지해 준다.

그 후 정확한 과정은 알 수 없으나, 복사분자는 세포막을 갖추고 세포막 내부에 유전물질, 즉 1개의 길게 꼬인 DNA가 들어 있는 단세포 무핵박테리아로 진화하였다. 다시 5억 년 정도 지나서 광합성을 하는 무핵박테리아가 생겨나 지구상에 25억 년 동안 번성하게 되었고 그 결과 지구 대기상에는 산소가 축적되었다. 뒤이어, DNA를 막으로 둘러싸 세포질과 구별되는 유핵 단세포생물의 출현이 있었고, 그로부터 지금까지의 5억 년 동안에는 수많은 다세포 생명체가 진화과정에서 등장하게 되었다. 35억 년 전 바다에서 태어난 생명체는 무려 30억 년이라는 세월이 흐른 뒤 육지에 상륙하였고 많은 종류의 식물과 동물로 진화하였던 것이다. 진화의 계보는 그림 2.1.을 참조하라.

생명체는 더욱 진화하여 척추동물이 탄생하였는데, 물속에서만 생존하고 번식할 수 있는 물고기부터 개구리처럼 물 밖에서도 생존하지만 물속에서 번식해야 하는 양서류, 악어나 뱀같이 물 밖인 육지에서 번식이 가능한 파충류로 점차 진화하였다. 항온동물, 즉 체온을 일정하게 유지하는 능력을 갖춘 포유류와 조류도 나타나게 되었는데, 이로써 물속과 육지 그리고 하늘에서 수많은 생명체가 살아가게 되었다. 포유류에서도 가장 진화한 종인 인간이 원숭이와 그 계보를 달리한 시점은 약 1,500만 년 전쯤으로 추정되며, 직립하는 원숭이를 거쳐 최초의 인간이 탄생한 것은 불과 300만 년 전쯤으로 추정되고 있다. 지구의 탄생이 1월 1일 0시라면 인간은 12월 31일 오후가 되어서야 태어난 것이다.

가장 진화된 종인 인간도 유핵박테리아와 유사한 세포를 기본단위로 개체를 이루고 있으며, 난자와 정자가 결합한 하나의 세포인 수정란이 수없이 세포분열하여 개체로 발달해 간다. 세포 내로 물질을 받아들여 생존에 필요한 에너지를 생산하고 DNA의 복제기능을 통해 단백질을 합성하며 세포분열을 한다는 점에서 본다면 단세포생명체와 인간은 동일하다. 그러나 진화된 다세포생명체의 세포는 각기 다른 여러 종류의 세포를 만들 수 있는 다량의 유전정보, 즉 다량의 DNA를 핵 속에 가지고 있다. 인간의 수정란은 하나의 세포이지만 엄청나게 많은 유전정보를 가지고 있어 근육세포·뼈세포·신경세포·피부세포·간세포 등 인체를 구성하는 모든 종류의 세포를 만들어 낸다. 인간의 수정란은 자궁 속에서 수없이 세포분열

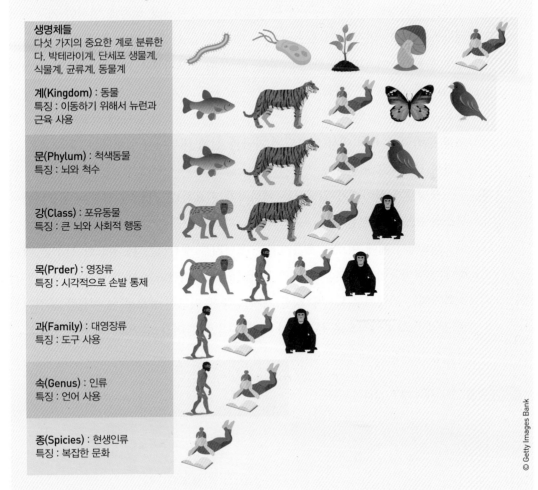

그림 2.1. **현대 인류의 분류학** 분류학은 광범위한 생명체 집단을 특정 하위집단으로 분류한다. 현대 인류는 수많은 소멸된 유인원속(genus) 중에서 유일하게 생존한 종(species)이다.

생명체들
다섯 가지의 중요한 계로 분류한다. 박테리아계, 단세포 생물계, 식물계, 균류계, 동물계

계(Kingdom) : 동물
특징 : 이동하기 위해서 뉴런과 근육 사용

문(Phylum) : 척색동물
특징 : 뇌와 척수

강(Class) : 포유동물
특징 : 큰 뇌와 사회적 행동

목(Prder) : 영장류
특징 : 시각적으로 손발 통제

과(Family) : 대영장류
특징 : 도구 사용

속(Genus) : 인류
특징 : 언어 사용

종(Spicies) : 현생인류
특징 : 복잡한 문화

© Getty Images Bank

하면서 단세포에서 다세포로, 무척추동물에서 척추동물로, 물고기에서 인간에 이르기까지의 기나긴 진화의 역사를 280일 정도의 기간에 재연한다.

인체의 시스템

인체는 여러 종류의 수많은 세포들로 구성된다. 동일한 종류의 세포들이 모여 기능적 단위를 형성한 것을 조직이라고 한다. 예를 들면, 근육조직, 피부조직 및 신경조직을 생각해 볼 수 있다. 그리고 몇 가지 조직이 특정 기능을 수행하기 위한 기관을 구성하는데 심장, 간 및 뇌 등이 기관의 예이다. 특정기관과 부속기관이 특정한 생리적 기능을 수행하기 위한 하나의 계, 즉 시스템을 구성한다. 이를 간단히 정리하면 그림 2.2.와 같다. 인체를 포괄적인 해부생리 단위로 나누어 살펴보면, 인체를 구성하고 있는 세포들이 생존하고 생식하기 위해 필요한 여러 가지 기능을 나누어 수행하는 분업의 방식을 택하고 있음을 알 수 있다. 다시 말하면, 여러 시스템들이 특정의 기능을 나누어 수행함으로써 유기체의 생존과 번식이 가능하게 된다는 것이다. 먼저 골격계는 신체의 지주역할을 하고, 근육이 부착되어 있어 수동적 운동기관이 된다. 또한, 뇌·심장·폐 등의 중요기관을 보호해 주고, 골수에서는 혈구를 생산한다. 근육계는 근육수축을 통해 신체를 움직이고, 심장과 내장의 운동을 일으킨다. 감각계는 눈·귀·코·혀·피부·내장기관 등에 분포하는 감각세포를 통하여 신체 밖에서 입력되는 자극과 신체 내부에서 일어나는 자극 등을 감지하여 신경계로 보낸다.

생명체가 살아가기 위해서는 에너지가 필요하며, 에너지 생산은 세포내에서 산소와 포도당을 결합시켜 생물학적 에너지인 ATP를 만드는 과정이라고 할 수 있다. 기도에서 폐에 이르는 호흡기계는 에너지를 생산하는 데 필요한 산소를 대기 중에서 받아들이며, 에너지대사의 노폐물인 이산화탄소는 대기 중으로 내보낸다. 소화기계는 입에서 식도·위·장을 거쳐 항문에 이르는 통로로, 음식물을 물리적으로 분쇄하고 화학적으로 분해하여 세포 속으로 들어갈 수 있는 포도당·아미노산

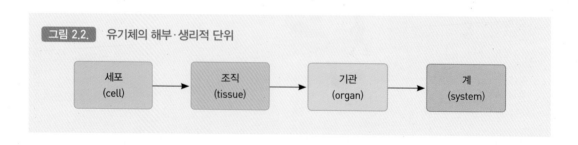

그림 2.2. 유기체의 해부·생리적 단위

세포 (cell) → 조직 (tissue) → 기관 (organ) → 계 (system)

같은 작은 단위로 만드는 기능을 수행한다. 순환기계는 심장·동맥·모세혈관·정맥으로 구성되는 물질수송 체계로 호흡기계에서 받아들인 산소와 소화기계에서 받아들인 영양물질을 모든 세포 하나하나에 배달하여 세포가 기능하는 데 필요한 물질을 공급하는 한편 세포가 배설하는 이산화탄소를 호흡기계로 보내고 기타 노폐물질을 간·콩팥 등으로 보낸다. 호흡기계, 소화기계 및 순환기계를 합하여 에너지 생산계라고 한다.

비뇨기계는 이들 노폐물을 신체 밖으로 배설하는 기능을 담당한다. 생식기계의 경우 남성에서는 고환과 음경, 여성에서는 난소·자궁·질 등으로 구성되며, 생식과정을 통해 후손을 만들어 내는 역할을 수행한다.

신경계의 진화

신경계와 내분비계는 인체의 모든 기능을 통합·조절하는 기능을 수행하기 위해 진화과정에서 나타났으나, 정보통신망으로 비유해 본다면 신경계는 유선통신과 비슷하고 내분비계는 무선통신과 유사하다. 예를 들어 달리기를 할 때, 신경계는 근육으로 신경신호를 보내 다리를 움직이는 데 필요한 근육수축을 조절하는 한편, 달리는 데 필요한 에너지 생산을 위해 호흡을 증가시켜 더 많은 산소를 받아들이도록 한다. 또한 심장박동과 혈압을 상승시켜 골격근세포와 뇌에 더 많은 산소와 포도당을 공급하도록 조절하며, 감각기관으로부터 정보를 입력받아 이를 분석함으로써 넘어지지 않고 똑바로 달릴 수 있도록 근육수축을 조정한다. 한편 이 과정에서 내분비계는 혈류로의 호르몬 방출을 통하여 신진대사를 증가시키며, 높은 각성을 유발하고 유지하도록 조절한다. 진화과정에서 먼저 나타난 내분비계는 동질정체와 같은 포괄적 조절기능을 하는 반면 신경계는 신호전달방식이 매우 특정적인 정교한 통제를 통하여 그 기능을 수행한다.

내분비계보다 발전된 형태의 정보통신망인 신경계에서 최고 중추인 뇌(brain)는 모든 감각정보를 분석하여 지각하고, 기억을 저장하고 언어를 사용하는 능력을 창출하며, 학습이 일어나는 장소가 된다. 수면과 각성 등 의식은 뇌에서 생겨나며 모든 의도적인 행동의 출발점 역시 뇌이다. 즉, 정보의 입력·정보처리·운동신호의 출력이 뇌를 중심으로 한 신경계에서 이루어지고 있는 것이다. 뇌의 무게는 체중의 2% 정도이지만 뇌는 이러한 많은 일을 수행하기 위해 인체가 사용하는 에너지의 15% 이상을 사용하고 있다. 실로 뇌 속에 한 유기체의 정신작용에 관한 모든 것이 들어 있다고 해도 지나친 말이 아닐 것이다.

요약

생명의 탄생과 진화과정에서 인간의 위치에 대해 살펴보았다. 그리고 한 개체로서 인간이 어떠한 해부적 구조를 가지고 있으며 어떠한 생리적 기능을 통해 생명을 유지하고 신체적 및 정신적 활동을 할 수 있는가에 대해서도 언급하였다. 마지막으로 정보를 수집하고 분석하며 행동을 계획하고 의사소통을 하는 등 고도로 복잡한 정신기능을 수행할 수 있는 신경계에 대하여 살펴보았으며, 실제로 이러한 고등정신기능은 뇌에서 수행됨을 언급하였다.

2.2. 신경계

신경계의 구조

감각기관에 의해 받아들여진 감각정보는 감각신경을 통해 척수(spinal cord)와 뇌로 입력된다. 척수로 입력된 정보는 대부분 다시 뇌로 전달된다. 뇌에서 발생된 운동신호는 직접적인 경로를 통해, 혹은 척수를 통해 운동신경을 거쳐 근육으로 전달됨으로써 근육수축을 일으킨다. 중추신경계인 뇌와 척수를 중심으로 감각정보의 입력이나 운동신호의 출력을 담당하는 12쌍의 뇌신경과 31쌍의 척수신경이

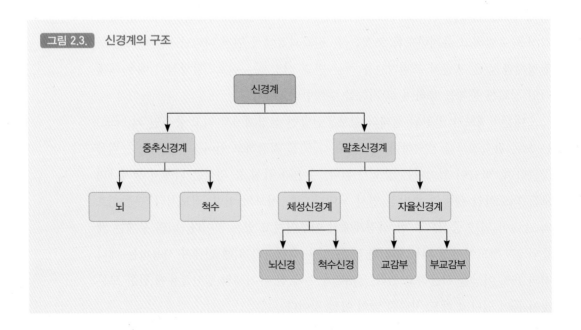

그림 2.3. 신경계의 구조

분포되어 있고, 내장기관과 분비선의 운동을 자동적으로 조절하는 자율신경이 분
포되어 있다. 뇌와 척수를 중추신경계라 칭하며, 뇌신경·척수신경·자율신경을 통
칭하여 말초신경계라 한다.

말초신경계

　12쌍의 뇌신경은 눈·귀·코·입·혀·안면과 목부위 감각, 운동을 담당하며 뇌
신경의 하나인 미주신경은 여러 내장기관의 운동을 통제하는 역할을 하고 있다.
31쌍의 척수신경은 몸통과 팔다리의 감각 및 운동을 담당하며 목에서 꼬리까지 척
수를 중심으로 좌우에 질서 정연하게 배열되어 분포하고 있다. 척수를 기준으로
감각신경은 등쪽(배측)으로 들어오며 운동신경은 배쪽(복측)으로 나가고 있다.

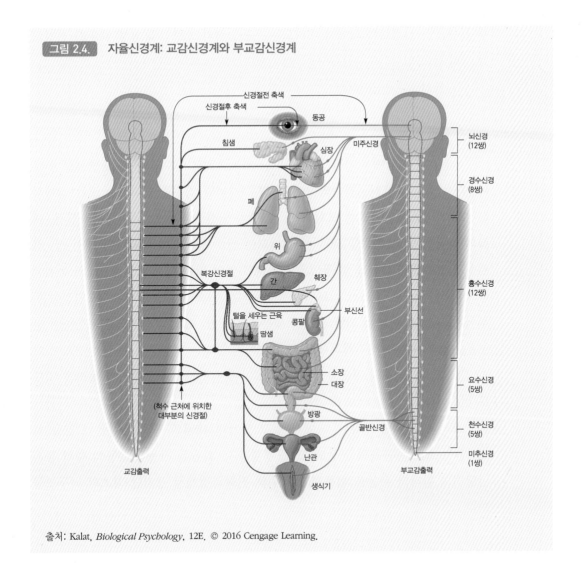

그림 2.4. **자율신경계: 교감신경계와 부교감신경계**

출처: Kalat, *Biological Psychology*, 12E. © 2016 Cengage Learning.

자율신경계는 교감신경계와 부교감신경계로 구분된다. 교감신경계는 긴장하였을 때 동공이 확장되고 심장박동이 빨라지고 침이 마르고 성적으로 흥분하는 등 에너지를 소모하는 작용을 담당한다. 부교감신경계는 이완하고 있을 때와 음식물을 섭취하고, 소화시킬 때 나타나는 타액분비 증가·심장박동 감소·위와 장의 활동촉진 등 에너지를 유지·생산하는 작용을 담당한다(그림 2.4. 참조).

척수

척수는 중추신경계의 가장 오래된 구조물로서 중심부에서는 주로 뇌에서 내려오는 운동출력이 척수의 운동뉴런과 연결된다. 일부 척수 운동뉴런은 척수로 들어오는 감각입력이 개재뉴런을 거쳐서 연결됨으로써 운동을 일으키는데 이를 척수반사회로라 부른다. 척수의 주변부는 척수로 입력된 감각정보가 뇌로 보내지는 상행성(구심성) 신경로와 뇌에서 내려오는 운동출력의 통로인 하행성(원심성) 신경로가 자리 잡고 있다.

뇌

뇌간과 소뇌

뇌간은 진화상에서 가장 먼저 나타난 뇌부위로서 연수와 뇌교 및 중뇌로 이루어진다(그림 2.5. 참조). 척수의 연장인 연수는 뇌와 척수를 연결하는 모든 상행성 신경로와 하행성 신경로를 포함하며, 몇 쌍의 뇌신경핵이 있어 혀·심장·혈관·내장의 감각을 받고 운동을 조절한다. 뇌교는 연수 윗부위에 자리하여 역시 상·하행성 신경로를 포함하고 몇 쌍의 뇌신경핵이 있어 먹는 행동과 얼굴표정의 통제에 중요한 역할을 한다. 또한 뇌교부위에서는 뇌간과 소뇌의 광범위한 상호연결이 이루어지고 있다. 중뇌는 뇌간의 가장 윗부분으로 상·하행성 신경로를 포함하며 안구운동을 지배하는 신경핵과 적핵과 흑질이라 불리는 운동통제 관련 신경핵이 자리 잡고 있다. 뇌간의 구조와 조직은 물고기에서 인간에 이르기까지 놀라울 정도로 비슷하다.

소뇌는 뇌간을 등쪽(배측)에서 덮고 있으며 대뇌의 축소판 같은 모양을 하고 있다. 소뇌는 근육의 긴장도 조절·평형유지·학습된 자동적 운동의 출력 등을 담당하며 감각과 운동을 협동시키기 위해 진화과정에서 생겨난 최초의 뇌구조물이다.

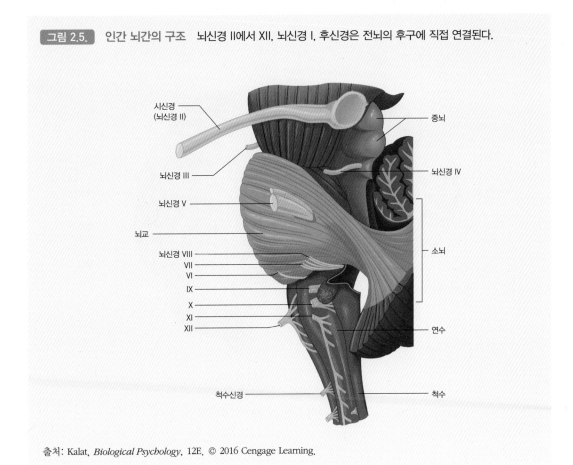

그림 2.5. 인간 뇌간의 구조   뇌신경 II에서 XII, 뇌신경 I, 후신경은 전뇌의 후구에 직접 연결된다.

시신경
(뇌신경 II)

중뇌

뇌신경 III

뇌신경 IV

뇌신경 V

뇌교

소뇌

뇌신경 VIII
VII
VI
IX
X
XI
XII

연수

척수신경

척수

출처: Kalat, *Biological Psychology*, 12E. © 2016 Cengage Learning.

전뇌: 간뇌, 변연계 및 대뇌피질

간뇌는 시상(thalamus)과 시상하부(hypothalamus)로 구성된다. 시상은 말초에서 척수·연수·뇌교·중뇌를 거쳐 올라온 신체감각 정보를 비롯하여 뇌로 직접 들어오는 시각 및 청각 정보의 최종 중계소이다. 시상하부는 내분비계의 우두머리인 뇌하수체에 인접하여 내분비계를 사실상 지배함으로써 동기와 정서의 조절을 담당한다.

변연계는 간뇌와 대뇌피질을 상호연결하는 편도체(amygdala)·해마(hippocampus)·중격(septum) 등의 뇌핵을 포함하며 전뇌 중에서 가장 먼저 출현하였다(그림 2.6. 참조). 변연계는 주로 동기와 정서를 담당하고 있으며 학습과 기억과정에서 보상이나 처벌의 효과를 매개하는 것으로 생각되고 있다. 파충류인 악어의 전뇌는 모두 변연계로 되어 있는데 악어는 광폭하기는 하지만 감각자극에 대응하여 온전하게 살아가는 유기체로서 섭식·도피·투쟁 및 생식행동을 적절히 수행할 수 있다.

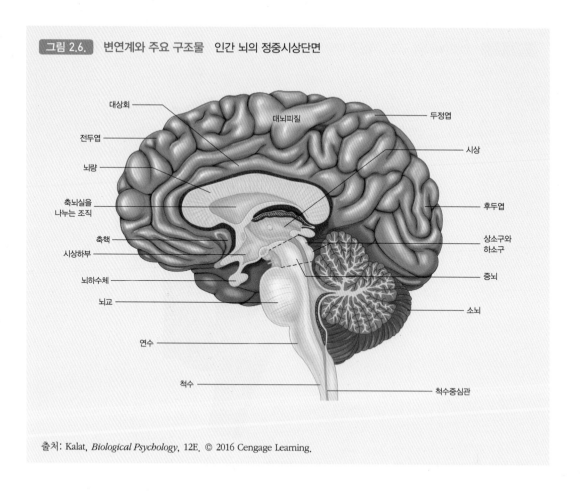

그림 2.6. 변연계와 주요 구조물 인간 뇌의 정중시상단면

대상회
대뇌피질
두정엽
전두엽
시상
뇌량
축뇌실을
나누는 조직
후두엽
축핵
상소구와
하소구
시상하부
뇌하수체
중뇌
뇌교
소뇌
연수
척수
척수중심관

출처: Kalat, *Biological Psychology*, 12E. © 2016 Cengage Learning.

　　진화과정에서 가장 늦게 출현한 구조물인 대뇌피질은 감각입력의 종착지인 감각피질, 운동출력의 시발점인 운동피질 그리고 아직 그 기능을 정확히 알지 못하는 훨씬 광범위한 연합피질로 구분된다(그림 2.7. 참조). 인간의 경우 대뇌의 여타 모든 영역을 완전히 뒤덮고 있는 대뇌피질이 모든 감각입력을 분석하고 외부세계에 대한 포상을 지각하고, 고도로 발달된 정신기능의 산실로써 미래를 예측·설계하고 정교한 실행 프로그램을 작성하는 등의 역할을 수행한다. 좀 더 구체적으로 알아보면, 좌반구 측두엽에는 언어에 관련된 기능이 국재화되어 있으며 두정엽에는 감각 종합과 공간구성에 관한 기능이 국재화되어 있다. 또한, 전두엽에는 운동계획에서부터 실행기능에 이르는 행동출력의 통제와 조정 기능이 국재화되어 있다.

　　인간이 다른 동물과 비교해 놀라운 정신능력을 갖게 된 것도 사실 이 대뇌피질이 엄청나게 팽창한 결과이며, 300만 년도 되지 않는 짧은 기간에 이러한 현상이 일어난 것은 다른 어떤 종의 진화에서도 발견되지 않는 일이다. 아마도 언어라는 상징체계를 사용하게 됨으로써, 그리고 앞발이 직립 후 팔·손·손가락의 정교

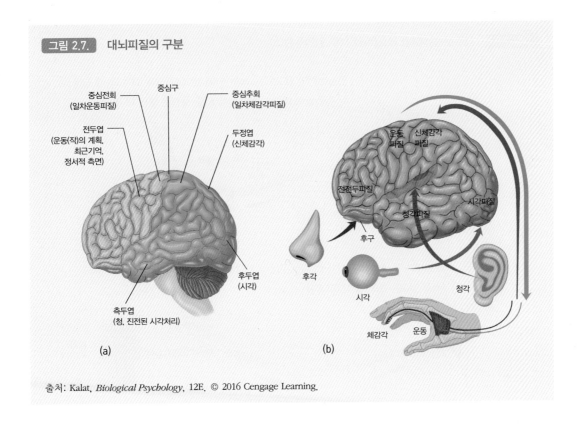

그림 2.7. 대뇌피질의 구분

출처: Kalat, *Biological Psychology*, 12E. © 2016 Cengage Learning.

한 동작을 하게 됨으로써 이러한 기능을 담당할 뇌영역의 팽창을 가져온 듯하다. 앞으로도 인간의 대뇌피질은 더 팽창할 가능성이 있는 것으로 생각되고 있다. 대뇌피질의 팽창은 뇌의 표면에 많은 주름이 생김으로써 가능해졌다. 즉, 좁은 공간에 더 넓은 대뇌피질을 배치시키는 뇌화(encephalization)가 나타난 것이다. 뇌화는 신경계 혁신의 하나이다.

신경계를 해부학적으로 구분하는 것은 어떻게 보면 위험한 선택일지도 모른다. 실제로 신경계는 뇌·척수·말초신경계가 정교하게 연결된 단일의 대형 정보처리 체계로서 매우 광범위하면서도 통합적으로 구축된 정보통신망에 비견될 것이다.

뉴런의 정보전달 과정

뉴런

신경계를 구성하고 있는 세포인 뉴런은 인체의 다른 세포와 근본적으로 다를 바가 없지만 정보의 전달이라는 특수한 기능을 위해 분화된 것이다. 또 다른 특징은 뉴런은 출생 직후부터는 세포분열이 되지 않는다는 점이다. 인간의 신경계는 100억 개 이상의 뉴런이 상호연결된 것이며, 이보다 훨씬 많은 수의 교(glia)세포들

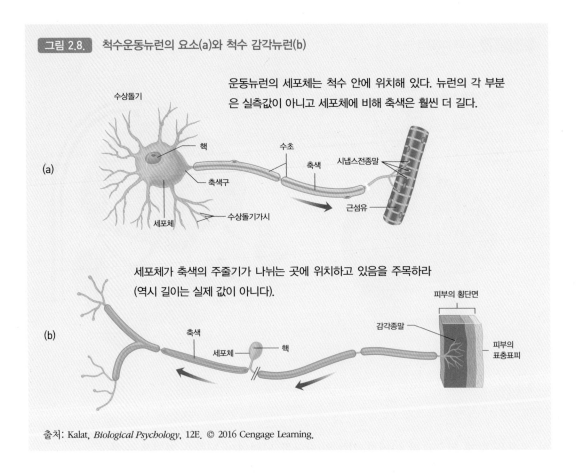

그림 2.8. 척수운동뉴런의 요소(a)와 척수 감각뉴런(b)

운동뉴런의 세포체는 척수 안에 위치해 있다. 뉴런의 각 부분은 실측값이 아니고 세포체에 비해 축색은 훨씬 더 길다.

세포체가 축색의 주줄기가 나뉘는 곳에 위치하고 있음을 주목하라 (역시 길이는 실제 값이 아니다).

출처: Kalat, *Biological Psychology*, 12E. © 2016 Cengage Learning.

이 뉴런이 잘 기능할 수 있도록 도와주고 있다. 뉴런의 정보전달 기능을 이해하려면 우선 이들 뉴런의 구조와 상호연결에 관해 알아야 할 것이다.

뉴런은 핵을 포함하고 있는 세포체와 복잡한 돌기로 구분된다. 세포체 주위의 비교적 짧은 많은 돌기들을 수상돌기라고 부르고 가장 긴 하나의 돌기를 축색이라고 한다. 축색은 그 말단에서 여러 갈래로 갈라지고 축색종말에서 끝난다. 뉴런과 뉴런, 뉴런과 근육 그리고 뉴런과 분비선 사이의 연결지점을 시냅스라고 하는데 이 시냅스를 통해 한 뉴런에서의 정보가 다른 뉴런이나 근육 및 분비선으로 전달되는 것이다(그림 2.8. 참조).

활동전위

뉴런은 다른 뉴런들로부터의 정보를 주로 수상돌기나 세포체를 통해 입력받는다. 뉴런이 정보를 전달할 것인지 아닌지는 입력된 신호의 강도에 달려 있으며 이러한 의사결정은 축색의 최초 분절에서 이루어진다. 뉴런은 세포막을 경계로 여러 이온의 농도차와 전위차를 바탕으로 하는 불균형의 안정 상태를 유지하고 있다. 한 뉴런은 그 뉴런으로 입력되는 흥분적 신호와 억제적 신호의 상대적 비율과 이들 입력신호의 시간·공간적 합산결과에 따라 정보의 전달 유무를 결정한다. 어느 한 시점(약 1천분의 1초)에서의 합산결과가 정보전달의 역치를 넘어서면 활동전위라는 전기적 신호가 축색을 따라 축색종말로 전도된다. 그러나 합산결과 역치를 넘지 못하면 활동전위는 발생하지 않고 정보는 전달되지 않는다.

활동전위가 축색을 따라 전도되는 데 걸리는 시간은 축색이 굵을수록 단축된다(축색지름과 전도속도는 비례). 그러나 굵은 축색은 더 넓은 공간을 차지하므로 비효율적이다. 따라서 신경계가 보다 더 진화된 척추동물의 경우, 대부분의 뉴런에서 수초라는 절연물질로 축색이 둘러싸인 유수축색을 갖게 되었는데, 그렇지 않은 무수축색과 비교할 때 이들은 같은 굵기임에도 몇 배나 빠르게 정보전달을 할 수 있다. 축색의 유수축색화는 중요한 신경계의 진화로 생각될 수 있다.

시냅스 전달

정보전달의 두 번째 단계는 시냅스에서 이루어지는데 시냅스는 정보를 전달

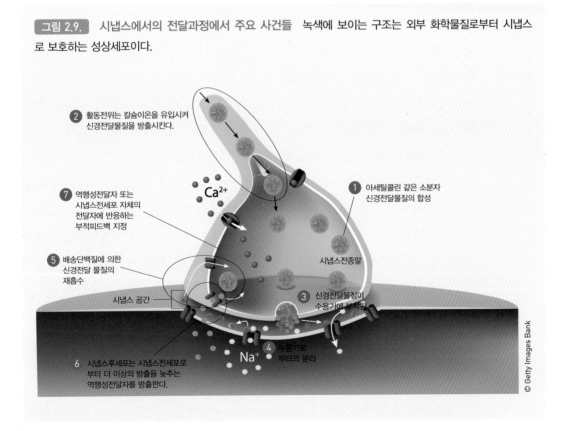

그림 2.9. 시냅스에서의 전달과정에서 주요 사건들 녹색에 보이는 구조는 외부 화학물질로부터 시냅스로 보호하는 성상세포이다.

하는 뉴런의 축색종말과 정보를 받는 세포의 세포막이 20나노미터(10만분의 2밀리미터)의 극히 좁은 공간을 두고 마주하고 있는 지점이다(그림 2.9. 참조). 전달하는 쪽의 축색종말에는 신경전달물질이라고 하는 화학물질이 담긴 소낭이 많이 분포하고 있어, 신경충동이 축색종말에 도달하면 소낭이 일정한 개수가 열리고 그 안의 신경전달물질이 시냅스 공간으로 방출된다. 정보를 받는 세포의 세포막에는 수용기가 분포하여 있으며 이 수용기에 신경전달물질이 일시적으로 부착되어 흥분성 또는 억제성 시냅스후 전위를 발생시키게 된다. 수용하는 뉴런의 입장에서 볼 때 이러한 입력의 흥분·억제성 비율과 시·공간적 합산에 의해 뉴런에서의 활동전위 발생 유무가 결정되는 것이다.

보통 하나의 뉴런은 다른 여러 뉴런과 수천 개에 이르는 많은 시냅스를 구성하고 있다. 인간이 출생한 이후에는 뉴런이 더 이상 증식되지 않는다. 그럼에도 경험을 통해 많은 정보가 신경계에 저장되고 활성화되는 것은 바로 시냅스의 증가와 같이 뉴런에 변화가 일어나기 때문이다.

화학적 시냅스와 시냅스 전달의 유형

화학적 시냅스

1924년 Otto Loewi가 행한 고전적 실험은 시냅스 전달의 실체가 화학적임을 밝혀 주었다. 개구리를 실험동물로 심장근육의 수축을 조절하는 신경 중 하나인 미주신경과 심장을 함께 떼어내 링거액 속에 담그면 여러 시간 동안 심장이 살아 있으면서 빠른 심장박동을 보인다. 이때 미주신경을 전기자극하면 심박률이 저하된다. Loewi는 이러한 자극을 몇 차례 가한 다음 자극받은 심장이 담겨져 있던 링거액을 다른 접시에 있는 다른 개구리의 심장에 퍼부었다. 그러자 그 심장 역시 심박률이 저하되었는데, Loewi는 방출된 화학물질이 들어 있는 링거액이 다른 개구리의 심박률을 저하시키는 작용을 보여줌으로써 시냅스 전달이 화학적임을 증명한 것이었다. 즉 미주신경의 전기자극이 신경과 심장근육 간의 시냅스에 신경전달물질을 방출시켜 심박률을 저하시키는 작용을 일으킨 것이다. 후에 이물질은 아세틸콜린으로 밝혀졌다. 이와 같은 화학적 시냅스의 개발은 신경계의 매우 중요한 진화를 의미하는 것으로 받아들여지고 있다.

시냅스 전달의 유형

활동전위가 축색종말에 도달하면 시냅스 공간으로 신경전달물질이 방출된다.

방출된 신경전달물질이 시냅스후 세포막의 수용기분자에 일시적으로 부착됨으로써 시냅스에서의 정보전달이 생기게 되는데, 이러한 화학적 시냅스의 작용 유형을 3가지로 나누어 볼 수 있다. 빠른 흥분성 시냅스에서는 전달물질이 수용기에 부착됨으로써 정보를 받는 뉴런에 활동전위를 일으킬 가능성을 증가시키는 작용을 한다. 빠른 억제성 시냅스에서는 반대로, 정보를 받는 뉴런이 활동전위를 일으키지 못하게 하는 쪽으로 작용을 한다. 이러한 작용은 매우 좁은 시냅스 공간의 특성상 굉장히 빠르게(1만분의 2초) 일어나며, 억제성 시냅스가 세포체와 축색 최초 분절 근처에 몰려 있는 경향 때문에 억제 작용이 더 강력하게 나타난다.

Box 2.1.

뇌를 연구하는 도구의 발달

과학의 발전에 있어서 인간의 감각능력의 한계를 보완해 주는 여러 관측도구의 발전이 중요한 기여를 하고 있음은 너무도 자명하다. 천문학에서 망원경, 항해술에서 나침반 및 생물학에서 현미경의 개발이 가져온 발전을 모두 알고 있을 것이다. Röntgen의 X-ray 사진술은 사물의 내부를 열지 않고도 들여다 볼 수 있는 획기적 진전을 가져왔으며, 이것이 의학의 발전에 기여한 측면은 너무도 지대하였다. 뇌에 대한 구조적 진단에도 X선 사진이 사용되고, 컴퓨터 기술 발달에 기초한 전산화단층촬영(CT: Computerized Tomography)에 의해 여러 장의 X선 사진을 입체적으로 합성할 수 있게 되었다. 뇌의 활동 상태에 대한 측정 방법으로는 전통적으로 뇌의 전기적 활동에 대한 뇌전도(EEG: Electro-Encephalo Graphy) 기록을 사용해 왔다. 이는 뇌의 전기적 활동을 통해 간질의 유무와 의식 상태 등을 파악하는 것이다. 최근에는 컴퓨터를 이용해 EEG신호를 색채영상으로 변환하여, 보다 세밀한 분석을 하는 EEG영상법이 개발되었다.

양성자방출단층촬영(PET: Positron Emission Tomography) 기술은 방사능 표지가 붙은 포도당 분자가 혈류로 방출하는 방사능 양을 측정하여 뇌의 어느 곳에서 어느 정도의 에너지를 쓰고 있는지를 파악하게 해준다. 덕분에 어떠한 정신활동을 할 때 어떤 부위에서 가장 활발한 작용을 하는지 해당 뇌 부위를 찾아낼 수 있게 되었다. 뇌자기도법(MEG: Magnetic Encephalo Graph)은 뇌에서 발생된 자기장의 강도를 측정하여 인지적 작업을 수행하는 뇌영역의 위치를 찾는 데 활용되고 있다.

최근에는 생체의 자기장에 대한 자기공명영상(MRI: Magnetic Resonance Image) 촬영기법이 개발되어 신체에 대한 방사선 노출의 위험성 없이 보다 정교하게 신체 내부를 들여다볼 수 있게 되었다. 인간 뇌의 기능적 활성화가 증가하는 동안 혈류량이 증가하고 산소량이 과도하게 증가한다. 이는 혈액의 자기 속성을 변화시킨다는 데 기초한 영상기법이다. 즉, 역동적 뇌영상 기법(fMRI: functional Magnetic Resonance Image)은 개인이 인지적 과제를 수행하는 동안 뇌가 사용하는 혈액, 산소와 포도당을 측정한다. 뇌의 한 영역이 활성화되면 그 영역으로 가는 혈액, 산소와 포도당 양이 증가한다는 가정에 기반하여 뇌활성화의 변화를 추론할 수 있다.

한편 느린 시냅스 전달에서는 시냅스 공간에 방출된 전달물질이 수용기에 부착되는 과정까지는 동일하게 나타나지만, 이온통로·이온펌프·단백질합성 등의 변화를 유발하여 시냅스후 뉴런의 활동을 조정(modulation)하는 것으로 간주되고 있다. 이러한 전달과정은 천분의 수초에서 수초 또는 수분이 걸릴 수 있다. 예를 들어, 뜨거운 것을 만졌을 때 손을 급히 떼는 것은 빠른 시냅스의 작용이며, 화상을 입어 통증이 지속되면 뇌아편제인 엔돌핀이 방출되어 통각정보의 전달과정을 조정함으로써 통증을 경감시키는데, 이 경우는 느린 시냅스 전달과정에 해당된다.

시냅스 전달에 있어서 중요한 사실은 뉴런에 대한 전달물질의 작용이 수용기 분자에 의해 결정되고 있으며, 같은 전달물질이 어떤 수용기분자에서는 빠른 흥분 효과를 일으키고 다른 수용기분자에서는 빠른 억제효과를 야기하며, 또 다른 경우는 느린 시냅스 효과를 나타내기도 한다는 점이다.

신경전달물질과 약물의 작용기제

신경전달물질

뇌에서 작용하는 신경전달물질의 종류는 매우 다양한 것으로 생각되고 있다. 그러나 순수배양을 통해 전달물질로 확인된 아세틸콜린을 제외하고 다른 가능한 후보물질은 직접적으로는 확인되지 못하고 있다. 따라서 어떤 화학물질이 전달물질일 가능성이 크다는 가정하에서 연구가 이루어질 수밖에 없었다. 표 2.1.에는 가능성이 높은 신경전달물질의 종류와 그 뇌회로 및 회로가 담당하는 것으로 여겨지는 기능, 그리고 관련 장애가 요약되어 있다.

약물의 작용기제

화학적 시냅스 전달과정에 개입할 수 있는 약물의 작용기제를 이해하려면 먼저 혈뇌장벽을 알아야 한다. 혈뇌장벽은 뇌혈관 속의 유해물질이 재생기능이 없는 뇌조직을 손상시키는 것을 막아주는 기제로서 뉴런을 보조하는 세포들이 혈관둘레에 연속적으로 지방질 피막을 감고 있는 것을 지칭한다. 따라서 혈액 속의 물질 중 지방에 녹지 않는 것은 대부분 혈뇌장벽을 통과하지 못한다. 실제로 유해물질은 지용성이 아닌 것이 많다. 따라서 신체의 다른 조직에 손상을 주는 유해물질이 뇌조직에는 영향을 주지 못하는 경우가 많다. 신경전달물질의 경우 특정 전달물질의 생성을 조절하는 속도제한 인자를 규명하는 일과 전달물질의 작용이 일어난 뒤 비활성화 문제가 중요한 의미를 가지고 있다. 따라서 어떤 약물이 뇌에 작용하려

표 2.1. 뇌의 화학적 회로와 그 기능

신경전달물질	뇌회로 또는 존재영역	뇌회로의 주기능	관련 장애
아세틸콜린	기저핵 → 해마와 대뇌피질	정상 지적 기능	노인성 치매
GABA	대뇌피질과 소뇌피질	억제기능	간질이나 불안신경증
도파민	흑질 → 기저핵 흑질 옆 → 대뇌피질과 변연계	운동조절, 정상적 사고	파킨슨병, 정신분열증
노르에피네프린	청반 → 뇌 전역	행동적 각성	우울증
세르토닌	봉선핵 → 뇌 전역	수면과 각성	불면증과 환각

면 우선 혈뇌장벽을 통과하여야 하며 신경전달물질의 생성·방출·비활성화 과정에 개입되어야만 한다.

아세틸콜린시냅스를 포함해 시냅스에서의 전달물질의 작용을 촉진하는 공통적인 방법은 전달물질 원료의 공급을 늘리고, 시냅스공간으로의 방출을 증가시키는 약물을 투여하는 것이다. 또한 효능이 있는 수용기차단제나 전달물질 분해효소를 차단하는 약물의 투여도 같은 효과를 나타낼 것이다. 반대로 시냅스에서의 전달물질 작용을 억제하는 방법으로는 원료공급 차단, 방출억제 약물의 투여, 효능이 없는 수용기차단제의 투여, 분해효소의 기능을 촉진하는 약물의 투여 등을 생각해 볼 수 있다.

가장 잘 규명된 신경전달물질인 아세틸콜린(Ach)의 예를 통해서 약물이 신경계에 어떤 방식으로 영향을 줄 수 있는가를 알아보겠다. Ach는 신경-근 접합부와 자율신경계의 말초시냅스(예, 심장)에 작용하는 전달물질이며 뇌에는 기저핵에서 대뇌피질로 투사하는 Ach회로가 존재한다. Ach시냅스에 영향을 주는 약물과 그 과정을 알아보면, 우선 달걀노른자나 채소 같은 음식물을 통해 콜린이 섭취되는데, 이것의 체내 공급량을 조절하여 Ach의 합성에 영향을 줄 수 있다. 한편, 변질된 통조림 식품에서 발견되는 독물인 보툴린(botulin)은 시냅스 전 종말에서 Ach가 방출되는 것을 차단함으로써, 그리고 남미 인디언들이 화살촉에 발라 사냥에 이용했던 큐라레(curare)는 시냅스에서 Ach수용기를 차단하는 기제를 통해 마비를 일으킨다. 칼라바르콩의 추출물인 피조스티그민(physostigmine)은 Ach를 비활성화하는 Ach분해효소의 작용을 차단함으로써 경련성 마비를 일으킨다. 나이지리아 사람들은 죄가 의심되는 사람에게 이 콩을 강제로 먹여 살아나면 무죄, 죽으면 유죄로 인정하는 재판을 하였다고 한다. 유명한 살충제인 말라치온(malathion)이나 가장 치명적인 신경가스(화학무기)도 이 Ach분해효소의 차단제이다.

아세틸콜린 수용기 순수배양 연구는 Ach의 수용기가 적어도 2가지 유형이 있음을 입증하였는데 담배의 주성분인 니코틴은 골격근세포의 Ach시냅스에서 Ach처럼 작용을 하지만 심근세포에서는 작용을 못한다. 반면 독버섯에서 추출된 무스카린은 골격근세포의 Ach수용기에는 아무 효과가 없지만 심근세포에서는 Ach와 똑같이 작용한다. Ach는 골격근세포에서는 흥분작용을, 심근세포에서는 억제작용을 일으키는데 이는 시냅스 전달에서 나타내는 효과가 주로 전달물질을 받아들이는 수용기의 특성에 의해 결정되기 때문이다. 실제로 큐라레는 골격근세포의 Ach수용기(니코틴성 수용기)는 차단하지만 심근세포의 Ach수용기는 차단하지 못한다. 반면에 동공을 확장시키고 혈관을 수축시켜 눈동자를 초롱초롱하고 아름답게 보이는 효과를 지닌 아트로핀은 심근세포의 Ach수용기(무스카린성 수용기)만을 차단한다.

현재 신경과학 분야에서 가장 많은 연구가 이루어지고 있고 현실생활에의 응용 가능성이 높은 분야는 신경계의 약물학적인 측면에 관한 것이다. 신경계의 정보전달 과정에 영향을 주어 기억을 증진시키는 약물, 힘이 강해지는 약물, 기분을 좋게 하는 약물, 통증을 없애는 약물 및 정신병을 치료하는 약물의 개발이 가능하다면 인간의 삶은 훨씬 행복해질지도 모른다.

요약

정신기능의 산실이라 할 수 있는 신경계가 어떠한 위계적 구조를 갖고 있는지 그리고 어떻게 통합되어 있는가와 축색과 시냅스에서의 전기·화학적인 정보전달 방식에 관한 내용을 다루었다. 그리고 신경계에서의 정보전달 과정에 사용되는 화학물질인 신경전달물질과 이것의 수용기에 대한 작용에 영향을 주는 약물에 관하여 알아보았다.

2.3. 내분비계

내분비계의 위계적 구조

신체의 두 번째 정보전달 체계로서의 내분비계는 진화상으로는 신경계보다 먼저 생겨난 것이다. 내분비계는 혈액 중으로 호르몬을 방출하여 정보를 전달하는

데, 이 호르몬은 순환계를 타고 전신을 돌지만 호르몬을 받아들이는 수용기가 있
는 신체조직에만 그 작용을 일으킬 수 있다. 호르몬이 열쇠라면 호르몬이 작용하
는 세포의 수용기는 그 열쇠로 열 수 있는 자물쇠에 해당하는 것이다.

　　내분비계에서는 뇌하수체를 우두머리로 하여 여러 내분비선이 조절되고 있
다. 뇌하수체 호르몬이 표적 내분비선의 수용기를 활성화시키면 그 표적 내분비
선이 고유의 호르몬을 분비하고, 이 호르몬은 표적 조직의 세포수용기에 작용을
하는 동시에 뇌하수체와 뇌에 다시 작용하여 피드백 조절이 일어난다(그림 2.10.
참조).

　　그러나 내분비계는 사실상 신경계의 지배를 받고 있다. 이는 뇌신경핵인 시상
하부가 호르몬계의 우두머리인 뇌하수체를 통제·조정하는 기능에 의해 이루어진
다. 뇌하수체 바로 위에 자리 잡고 있는 시상하부는 뉴런으로 구성되어 있는 뇌신

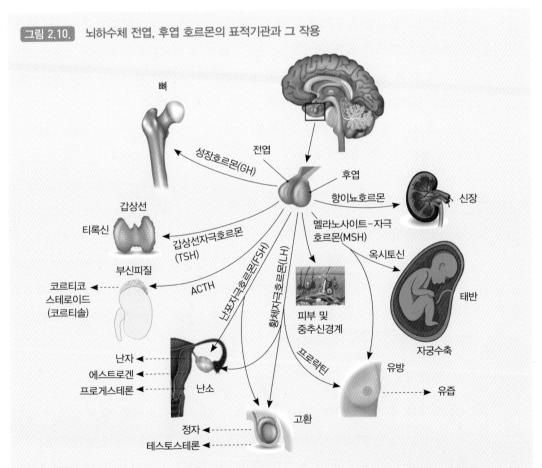

그림 2.10.　뇌하수체 전엽, 후엽 호르몬의 표적기관과 그 작용

출처: M. B. Carpenter and J. Sutton, *Human Neuroanatomy*, 8th ed., Baltimore: Williams & Wilkins, 1983.; Photo credit: Getty Images Bank

경핵이다. 뇌하수체는 후엽과 전엽으로 나뉘는데 뇌하수체 후엽은 실제로는 시상하부의 일부로서 시상하부 뉴런의 축색과 이를 둘러싼 조직에 불과하다. 유즙분비와 자궁수축을 조절하는 옥시토신과 비뇨기계에서 수분의 재흡수를 조절하는 항이뇨호르몬(vasopressin)은 실제로는 뇌하수체 후엽으로 축색을 뻗은 시상하부의 뉴런에서 생산·방출되는 호르몬으로, 축색종말에서 혈류로 직접 방출되어 뇌하수체 후엽에 저장된다.

뇌하수체 전엽은 진정한 내분비선으로, 시상하부의 엄격한 통제에 의해 내분비선자극호르몬을 생산하고 방출한다. 그 구체적 통제방식은 오랫동안 수수께끼였는데 그 해답은 사실 간단하였다. 시상하부의 몇 개 영역은 혈관이 풍부한데 이 혈관은 다시 뇌하수체 전엽으로 뻗어 분포한다. 이를 문맥계(portal system)라 한다. 시상하부에서 분비되는 방출호르몬이 뇌하수체 전엽의 수용기에 작용하고 뇌하수체 전엽에서는 자극호르몬이 분비된다. 분비된 자극호르몬은 혈류를 타고 표적 내분비선의 수용기를 작동시켜 각 내분비선 고유의 호르몬이 혈류로 방출되게 된다. 신체조직에 실제로 작용하는 것은 대부분 하위 내분비선에서 방출된 고유의 호르몬으로, 이는 뇌하수체의 조절을 받고 뇌하수체는 다시 시상하부의 통제를 받는 위계적 구조를 형성하고 있다. 하위 내분비선이 분비한 호르몬은 혈류를 타고 신체를 돌게 되며, 뇌하수체와 시상하부는 이 호르몬 농도에 관해 피드백을 받으면서 그 조절 기능을 행사하게 된다.

내분비계의 기능

내분비계는 성장·에너지 사용·신진대사 등의 기본적 신체기능과 성행동·정서·스트레스에 대한 반응과 같은 기본적 행동기능을 조절하는 데 결정적 역할을 한다. 그리고 이러한 조절은 일정한 범위 내에서 지속적이고 안정적으로 유지하거나 비교적 느린 변화를 통해서 이루어진다. 호르몬의 기능 중 성행동과 스트레스에 대한 반응의 측면을 살펴보겠다.

호르몬과 성

성행동 중 남근돌기와 정액사출반사는 신경계의 지배를 받고 있지만 성발달·성특징·성적 동기에 관해서는 호르몬의 영향이 광범위하고 일반적이다. 시상하부에서 분비되는 고나도트로핀 방출호르몬(GnRH: Gonadotropin Releasing Hormone)은 문맥계를 통해 뇌하수체 전엽을 자극함으로써 난자나 정자의 성장을 촉진하는 난포자극호르몬(FSH: Folicle Stimulation Hormone)과 난소나 고환을 자극하여 여성호르몬이나 남성호르몬을 생성·분비하게 하는 황체화호르몬(LH: Leutenizing Hormone)을 분비하게 한다. 남성호르몬인 테스토스테론(testosterone)은 남성의 성특징을 유지하는 여러 조직에 작용한다. 여성의 경우 FSH는 난자의 성장을 자극하고 에스트로겐(estrogen) 분비를 증가시키는데 이는 다시 FSH의 생산을 감소시키고 배란을 일으킨다. 이와 동시에 프로락틴(prolactin)의 생산이 증가되어 황체형성이 촉진되며 황체는 다시 프로게스테론(progesterone)과 에스트로겐을 분비한다. 프로게스테론은 수정란의 착상, 임신의 유지, 유즙의 분비에 대비하도록 한다. 만약 임신이 되지 않아 수정란이 없으면 황체의 퇴화, 에스트로겐 감소, FSH의 증가, 난자의 성장자극 순으로 새로운 주기가 시작된다.

성호르몬은 부신피질에서도 방출되는데 남녀 모두에 있어서 성적인 성장에 중요한 역할을 한다. 여성의 성욕에 중요한 역할을 하는 부신 안드로젠과 남성의 성욕을 결정짓는 테스토스테론은 모두 스테로이드(steroid)호르몬으로서 콜레스테롤(cholesterol)을 원료로 만들어진다. 지나친 콜레스테롤은 심혈관계 질환을 유발시키지만 콜레스테롤의 부족은 성기능을 저하시킬 수도 있음을 유의해야 한다.

스트레스·부신·자율신경계

부신은 스트레스에 대처하는 데 필요한 주요 내분비선으로 안쪽의 부신수질과 바깥쪽의 부신피질이라는 2개의 독립적인 분비선이 결합되어 있는 구조이다. 부신수질의 기능은 교감신경절의 기능과 같으며 주로 아드레날린을 혈류로 분비한다. 생리·심리적 스트레스는 긴급사태 대처계인 교감신경계의 활동을 증가시키며 뒤이어 부신수질호르몬이 분비되어 교감신경계의 활동을 유지·보강하는 역할을 한다(그림 2.11. 참조).

부신피질은 뇌하수체가 분비한 부신피질자극호르몬(ACTH: Adreno-Cortico Tropin Hormone)의 작용을 받아 스트레스호르몬인 코르티솔과 소량의 알도스테론을 분비하는데, 알도스테론은 갈증과 물마시기를 유발하는 데 있어 중요한 역할을 한다. 스트레스호르몬인 코르티솔은 모든 신체조직에 강력한 영향을 준다. 즉, 혈중 포도당 농도를 증가시키며, 단백질이 아미노산으로 분해되는 것을 자극하고, 뇌를 제외한 신체조직의 포도당 흡수를 억제시키며, 높은 혈압의 유지 등 신체적 조절을 통해 스트레스에 대처하는 데 도움을 주는 것이다. 코르티솔이 스트레스에 대처하는 데 도움을 주는 호르몬이지만 장기간 강한 스트레스에 노출된 사람은 오랜

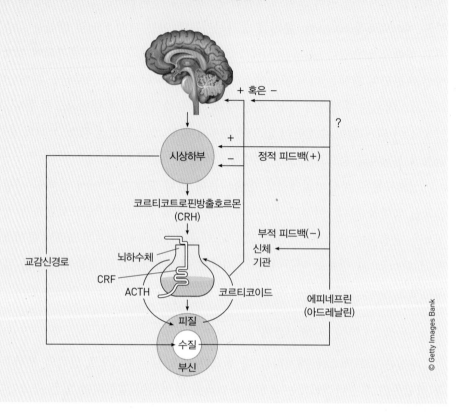

그림 2.11. 시상하부, 뇌하수체와 부신 뇌하수체－부신축 혹은 뇌하수체－부신계의 상호관계의 도식적 그림으로 부신피질은 에피네프린(아드레날린)을 분비하는데 이것은 신체기관에 작용하고, 또 시상하부에 다시 작용하여(아마 기타 뇌부위에도) 자율신경계의 활동을 보강한다. 부신피질은 고르티코이드를 분비하는데 이것은 신체기관에 작용하는 동시에 다시 뇌하수체·시상하부 등의 뇌영역에 작용한다.

기간 동안 높은 코르티솔 수준이 유지됨으로써 고혈압·면역체계의 약화에 의한 질병감염 등의 위험이 높아진다. 스트레스와 질병 간의 관계가 많이 언급되고 심리적 측면과 면역기능과의 관계가 학문적으로 연구되고 있는데, 이는 정신과 신체는 서로 분리될 수 없다는 입장과 그 맥락을 같이하는 것으로 생각된다.

요약

3절에서는 진화과정에서 신경계보다 먼저 발생한 호르몬을 전달물질로 사용하는 정보전달 체계인 내분비계의 위계적 구조와 기능을 다루었다. 내분비계는 문맥계를 통해 시상하부의 지배를 받는 뇌하수체가 신체의 다른 내분비선들을 지배하는 이중적 지배의 특징을 갖고 있다. 호르몬에 주로 영향을 받는 성행동과 정서반응에 관해서는 구체적으로 살펴보았다.

Box 2.2.

엔돌핀

화학구조가 모르핀(morphin)과 유사하지만 진통효과가 없는 약물인 날록손(naloxone)을 모르핀 중독으로 죽어가는 사람에게 투여하면 즉시 회복된다. 이는 뇌에 모르핀수용기가 있으며, 날록손이 이 수용기에 대한 친화력은 강하지만 수용기를 열어 작용을 일으키지는 못한다는 발견으로 이어졌다. 뇌에 모르핀수용기가 존재한다는 발견은 뇌가 모르핀과 유사한 물질을 만들어 사용할 것이라는 추론을 이끌어 냈고, 1975년 돼지의 뇌에서 모르핀과 동일한 효과를 갖는 물질인 엔케팔린이 추출된 이후로 다른 뇌아편제가 계속 발견되었다. 뇌에서 추출된 모르핀과 유사한 물질 전체를 묶어서 엔돌핀(endorphin, 내인성 모르핀)이라고 부르게 되었다. 1980년대 스탠퍼드(Stanford)대학의 Goldstein은 모르핀보다 200배 강력한 다이노르핀(dynorphin)이라 불리는 뇌아편제를 발견하였고, 후에 화학적 합성에도 성공하였다. 이들 물질들, 즉 엔돌핀이 뇌에서 만들어지는 이유는 상처로 인한 통증을 감소시켜 적응행동을 증가시키기 위해서라는 주장이 설득력 있다. 경기 중이나 격렬한 활동 중에는 웬만한 작은 상처는 지각하지 못하는 경우를 상상해 보라.

한편 엔돌핀이 분비되면 행복감과 고양감을 느끼게 되며 이는 뇌아편제가 뇌의 쾌락계에 작용할 가능성이 있음을 시사해준다. 장거리 달리기나 등산을 할 때 몹시 고통스러운 시기가 오는데 이는 엔돌핀 분비를 유발할 충분한 스트레스이다. 이 시기 직후에 진정한 고양감이나 행복감을 느끼게 되는데 이는 엔돌핀의 작용으로 믿어지고 있다. 그렇다면 뇌에서 추출된 엔돌핀의 투여는 중독성이 없는 것일까? 아직 이에 대한 확실한 결론은 얻어지지 않았으나 인공적으로 합성된 엔돌핀의 투여는 모르핀 투여와 마찬가지로 중독을 일으키는 것으로 확인되었다. 중독성이 없으면서 진통효과와 행복감을 증진시켜 주는 물질의 개발이 가능할지는 미지수이지만 많은 연구자들이 이에 도전하고 있다.

2.4. / **뇌와 행동**

감각·운동기능

인간이 외부세상으로부터 정보를 입력받는 경로는 5가지이며 외부로 정보를 출력하는 경로는 단 1가지이다. 정보의 입력인 감각은 시각·청각·후각·미각·신체감각으로 구분되며 출력은 근육수축을 통한 운동이다.

감각기능

시각은 안구의 망막에 입력된 빛 정보가 시신경, 시상의 외측슬상핵을 거쳐

그림 2.12. 감각기피질과 운동피질 피질에서의 감각과 운동정보의 체계적 표상. (a) 신체감각 피질의 각 영역은 신체의 다른 부위로부터의 감각을 표상한다. (b) 운동피질의 각 영역은 신체의 다른 부위의 동작을 조절한다.

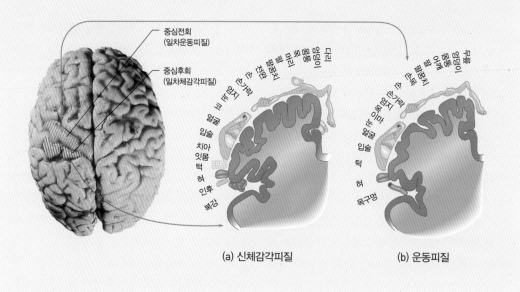

(a) 신체감각피질   (b) 운동피질

출처: Kalat, *Biological Psychology*, 12E. © 2016 Cengage Learning.

대뇌피질의 시각영역에 전달되어 분석된다. 형태·명암·색채 등에 관한 시각자극의 정보는 망막에서도 반영되지만 그 최종적 해석과 의식에의 반영은 시각피질이 담당하고 있다. 우리는 눈으로 보는 것이 아니라 눈을 통하여 뇌로 보는 것이다. 청각은 소리정보가 고막, 증폭장치인 이소골, 음분석기인 달팽이관을 거쳐 청신경, 시상의 내측슬상핵, 최종적으로는 대뇌피질의 청각영역에 도달되어 의식에 반영되는 것이다. 마찬가지로 우리는 귀를 통하여 뇌로 듣는다. 후각과 미각의 화학물질을 탐지하며 후각은 후신경을 거쳐 대뇌피질의 후각영역에서 의식되고 미각은 설인신경을 거쳐 역시 대뇌피질의 미각영역에서 의식에 반영된다. 역시 뇌가 냄새 맡고 맛보는 것이다.

신체감각은 피부와 관절·근육 등에서 발생한 감각으로 촉각과 압각·온도감각·진동감각·통증감각 등을 통칭하여 일컫는 말이다. 이들 감각정보 역시 척수를 거치거나 뇌신경핵을 거쳐 대뇌피질의 신체감각피질로 전달되어 지각된다. 이 중 통각은 온도감각·압각 등 여러 원인에 의해 발생되는데 고통스러운 것이지만 생존을 위해서는 없어서는 안 될 감각이기도 하다. 필요악이라고 할 수 있겠다. 신체감각은 신체감각피질에서 질서 정연하게 반영되고 있는데, 감각이 예민한 곳은 넓은 피질영역을, 둔한 곳은 좁은 피질영역을 가지고 있다. 바꾸어 말하면, 할당된 피질영역이 넓을수록 그 부위의 감각은 더 예민해진다. 그림 2.12.에서 몸통보다도 입술이나 혀가 차지하고 있는 영역이 상대적으로 매우 넓은데 이는 입술과 혀의 감각이 매우 민감하다는 것을 의미한다.

운동기능

신경계의 유일한 출력형태는 근육수축을 통한 운동이므로 이를 최후공통로라고도 부른다. 운동출력을 통하여 우리는 말을 하고 표정을 짓고 음식을 씹어 먹는 등 의도적 행동을 하며 심장박동·식도 및 위장의 연동작용·동공조절 등 자율적 행동도 일어난다. 또한 침을 비롯한 소화액의 방출·땀 분비·배설 등의 행동도 운동출력에 해당한다. 의도적 행동의 출력은 대뇌피질의 전두엽에서 주로 프로그래밍되고 대뇌피질의 운동피질을 통해 출력된다. 감각의 경우와 마찬가지로 할당된 피질영역이 큰 신체부위일수록 더 정교한 운동통제가 가능하다(그림 2.12. 참조).

운동피질에서 뻗어 나온 추체로섬유는 뇌신경핵이나 척수의 운동뉴런에 직접 시냅스하여 운동을 조절한다. 이러한 추체로는 진화과정에서 늦게 나타났으며 고도로 정교한 운동의 수행을 담당하는 것으로 밝혀져 있다. 운동피질에서 하행하는 추체로 이외의 모든 하행 운동신경로를 추체외로라고 한다. 추체로가 손상되어도 추체외로에 의해 운동은 가능하지만 정교성은 많이 떨어지게 된다. 동작의 개시에는 피질하의 기저핵 부위가 관여하고 있으며 이 부위의 손상은 파킨슨병에서와 같이 운동의 개시와 지속에 결함을 일으킨다. 소뇌는 학습되고 숙련된 행동을 출력하는 데 관계하며 단순형태의 운동학습에 대한 기억흔적을 저장하는 곳으로 최근 밝혀지고 있다. 자율신경계는 내장기관의 운동과 분비선의 수축을 통한 분비작용을 조절한다. 마지막으로 척수반사는 척수로 입력된 감각입력이 척수의 개재뉴런을 거쳐 척수의 운동뉴런을 통하여 바로 출력되는 것으로, 무릎 슬개건반사가 그 예이다.

동기의 조절과 정서

수면과 각성의 주기가 나타나고 체온이 조절되고 목이 마르고 배가 고픈 것을 느끼고 성적으로 흥분하는 상태의 기저에는 생리적 작용과 행동을 통하여 신체의 내적 상태를 항상 최적의 상태로 유지하고자 하는 뇌의 작용이 있다. 이러한 기본적 행동에 중요한 역할을 하는 뇌영역이 시상하부로, 직접적으로 통제하거나 내분비계에 대한 통제를 통하여 간접적으로 이를 달성하고 있다.

수면과 각성의 리듬

인간을 포함하여 모든 동물은 일주율(circadian rhythm)을 가지고 있는데 주야를 구별할 수 없는 환경에서는 25시간에 가까운 일주율에 정착하게 된다. 묘하게도 지구 주위를 도는 달의 주기가 대략 25시간이다. 시신경이 교차하는 시교차 바로 위에 자리한 시상하부 영역인 시교차상핵(SCN: Supras Chiasmatic Nucleus)이 일주율과 관계된다는 증거가 여러 가지 발견되었다. 빛은 SCN의 뉴런을 활성화시키고 어두우면 SCN 뉴런의 활성화가 잘 안 된다. SCN으로의 입력을 모두 차단해도 SCN 뉴런의 활동이 계속해서 일주성을 보이는데 이것은 일주율이 SCN 뉴런의 유전인자에 부호화되어 있다는 가정을 지지한다. SCN이 내재적으로 25시간 일주율을 보이지만 일상적인 낮과 밤의 교대는 24시간 일주율로 교정하는 역할을 한다. 제트기를 타고 여행하는 오늘날, 이러한 SCN의 시계는 이동해 간 곳의 시간에 맞추어 수면-각성의 주기를 조절하여 시차적응을 할 수 있도록 해준다. 한편 뇌간의 망상체는 전뇌를 전반적으로 활성화시키며 각성의 일반적 조절기능을 가진다고 생각되고 있다. 수면제나 전신마취제의 투여는 망상체뉴런의 기능을 억제하여 감각정보의 처리나 각성의 유지를 방해하는 것으로 보인다.

체온조절

여러 가지 증거는 시상하부에 체온의 설정점이 있음을 확인해 주고 있다. 시상하부의 체온을 감지하는 뉴런은 혈액의 온도를 감지하여 체온이 떨어지면 몸을 떨게 하고 체온이 올라가면 땀 분비나 혈관을 확장하는 작용을 일으킨다. 독감으로 인한 고열은 병원균이 만드는 파이로젠(pyrogen) 등 발열물질이 체온의 설정점을 올려놓기 때문이며, 아스피린은 체온감지 뉴런에 직접 작용하여 그 설정점을 정상 체온으로 되돌리는 작용을 하는 것으로 알려져 있다.

목마름과 배고픔 그리고 성충동

고등동물은 체액의 여러 이온농도를 일정하게 유지하는데 이는 목마른 동기에 의한 수분섭취의 조절을 통해 가능하다. 그리고 콩팥은 혈액 속 수분의 양을 조절하며 신체 내 수분의 양에 따라 오줌의 생산을 조절한다. 또한 시상하부가 뇌하수체 후엽을 통해 분비하는 항이뇨호르몬은 콩팥에서 걸러진 수분의 재흡수를 조절함으로써 체액을 일정하게 유지한다. 콩팥에서 분비된 레닌(renin)이라는 물질이 갈증을 느끼게 하는 호르몬인 앤지오텐신 Ⅱ(angiotensin Ⅱ)로 바뀌면 물을 마시려는 동기와 행동이 생긴다. 공복감과 섭식행동을 통제하는 여러 요인들이 밝혀져 있지만 현재로서는 뇌의 어떤 통제계가 관여하는지는 분명하지 않다. 다만 장에서 방출되는 몇 가지 펩티드호르몬을 시상하부에 주입했을 때 섭식행동이 유발되거나 중지한다는 연구가 주목을 끌고 있다. 성추동에 관하여는 내분비계의 성호르몬이 주된 역할을 하는 것으로 밝혀져 있다.

정서

여러 증거들은 변연계의 뇌핵인 편도체가 인간의 정서반응에 관련되어 있음을 보여주고 있다. 편도체의 뉴런에 대한 자극이 공포를 유발시키며, 편도체의 손상은 정서 반응을 감소시킨다는 연구결과가 보고되어 있다. 특히 편도체 중심핵은 조건 정서반응의 발현에 관여하는 것으로 밝혀졌다. 불완전한 정서조절 결과물의 하나로 나타나는 충동적 폭력은 전두엽의 안와 전두피질과 복내측 전전두피질의 정서조절 능력 결함에 의해 나타나는 것으로 밝혀져 있다.

학습, 기억 및 언어

습관화와 민감화

신경계가 있는 동물에서 보편적으로 나타나는 습관화와 민감화는 자극에 대한 반응을 신경계가 조절하고 있음을 보여주는 예이다. 습관화는 반복적인 자극에 의해 시냅스의 전도효율이 저하되는 시냅스 억압과정의 결과이며 민감화는 반복자극에 대해 시냅스 전도효율이 상승하는 시냅스 촉진의 결과이다. 습관화가 부적절한 자극에 대해 반응하지 않게 한다는 면에서 매우 적응적인 행동이라면, 민감화는 매우 위험한 자극에 대해 반응을 적절히 증폭시킨다는 점에서 적응적이다.

연합학습

조류와 포유류의 수준에서는 자극과 자극 사이의 관계를 연합하거나, 반응과 그에 따르는 보상이나 처벌의 관계에 대한 연합학습을 통해 환경을 파악하고 행동을 조율하는 지적 능력이 나타난다. 이러한 능력과 관계된 뇌의 역할에 대해서는 아직 알려진 바가 많지 않으나, 몇 가지 변연계의 뇌핵들이 보상과 처벌의 효과를 매개하여 욕구조건화나 혐오조건화에 관여한다는 증거들이 수집되고 있는 상황이다. 특히 학습된 공포의 습득에 변연계의 한 부분인 편도체가 관여되어 있음이 밝혀졌다.

기억

정보를 부호화하고 저장하는, 즉 기억의 뇌체계에 관한 연구는 역시 변연계의 한 구조물인 해마가 손상된 H.M.이라는 환자의 사례에 의해 본격화되었다. H.M.은 간질 때문에 좌우반구의 해마(H.M.의 경우 편도체 포함)를 절제하는 수술을 받았다. 그 결과 간질치료는 성공적이었지만 기억에 문제가 발생하였다. 수술 이전에 습득한 기억은 온전하였으며 새로 학습한 정보를 일시적으로 기억하는 능력도 있었지만 이것이 장기적인 기억으로 전환되지는 못하였다. 즉, 현재 이 순간은 명백한데 조금 전의 일에 대해 아무런 생각이 나지 않는 장애가 나타난 것이다. 한참 이야기를 나누던 간호사라도 잠시 밖에 나갔다 들어오면 생전 처음 보는 사람이 되어 버린다고 상상해 보라. Mishikin은 해마와 편도체를 손상시킨 원숭이에 대한 일련의 연구를 통해 인간에게서 발견된 것과 비슷한 기억결함을 확인하였다.

개개의 기억이 뇌의 어느 곳에 저장되는가 하는 질문에 대하여는 이것이 뇌의 특정한 부위에 저장된다는 국지적 입장(Broadman)과 뇌 전반에 분산되어 저장된다는 입장(Lashley, 1929)이 있다. 현재까지의 증거는 단순한 감각·운동에 관한 기억은 국지적으로 저장된다는 쪽을 지지하며 복합적인 속성을 내포한 기억은 분산되어 저장된다는 입장을 지지해주고 있다. 그러나 기억의 구체적 속성에 대해 보다 명백한 정의가 전제되어야만 기억이 뇌에서 어떻게 저장되는가에 관한 질문에 대해 적절한 답을 구할 수 있을 것으로 생각된다.

언어

언어의 뇌기제에 관해 과학자들이 갖고 있는 정보는 대부분 뇌의 언어영역에 손상을 입어 말을 하거나 글을 쓰는 데 어려움을 겪는 실어증(aphasia) 환자에 대한 연구로부터 나온 것이다. 하버드(Harvard)대학의 Norman Geschwind의 견해에 따르면 누군가가 말한 단어는 1차 청각영역에서 베르니케(Wernicke) 영역으로 투사된 후 그곳에서 이해되는데, 만약 베르니케 영역이 손상되면, 언어의 의미를 이해하지 못하게 된다. 베르니케 영역에서는 활모양의 궁상속(arcuate fasciculus)이라는 신경다발을 통해 브로카(Broca) 영역으로 정보가 전달되어 정확한 발음순서가 생성되는데, 이것이 운동영역으로 전달되어 말을 할 수 있게 되는 것이다. 그런데 만약 궁상속이 손상되면 구어나 문어의 이해는 온전하지만, 유창하게는 들려도 의미 없는 말만 하게 되는 전도성 실어증이 나타난다. 한편 브로카 영역이 손상되면 언어의 개념적 측면보다는 단어계열을 생성하는 운동통제 능력이 영향을 받아

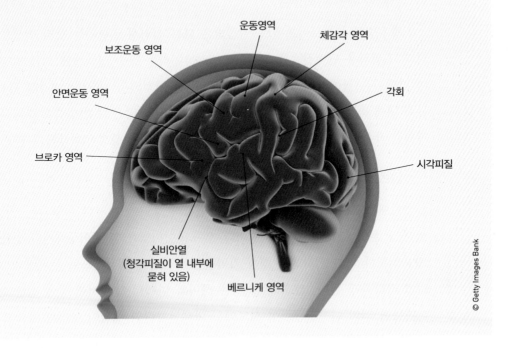

그림 2.13. 언어관련 뇌 영역의 상호연결 인간 뇌의 언어영역은 대부분의 경우 좌반구에 위치해 있다. 브로카 영역은 발성과 관계되는 근육들의 통합된 조정 역할을 수행한다. 베르니케 영역은 청각적으로 처리된 언어의 이해에 관계된다. 이 두 영역은 궁상 속에 의해 연결되어 있으며 궁상속의 손상은 전도성 실어증을 유발한다.

서, 말을 하는 데 문제가 있는 실어증이 나타난다. 그리고 프랑스 신경학자 Joseph Dějěrine은 남의 말을 알아듣고 자신이 말하는 데도 문제가 없지만 읽기와 쓰기능력은 상실된 환자를 부검하였는데, 이를 통해 청각과 시각의 연합이 일어나는 뇌영역인 좌측 각회(angular gyrus)의 손상이 있음을 밝혀 내었다(그림 2.13. 참조).

언어 이외에도 여러 고등정신 기능이 대뇌피질과 대뇌피질 간 또는 대뇌피질과 피질하 뇌구조물 사이의 특정한 연결회로에 의해 생겨난다고 믿어진다. 고도로 복잡하고 거대한 정보통신망인 뇌에 관한 연구는 이러한 믿음을 바탕으로 매우 의욕적으로 이루어지고 있다.

뇌와 정신병리

알츠하이머병이나 생물학적 뇌손상으로 인한 전염성 해면상 뇌질환뿐 아니라, 불안신경증을 비롯하여 정신분열증이나 우울증도 뇌의 생물학적 장애, 즉 기질적 문제에서 그 원인을 찾을 수 있다고 믿는 신경과학자나 신경정신의학자들이 매우 많다. 정신장애의 뇌기제에 대해 밝혀진 것이 그리 많지 않고 다소 혼란스러

운 상태이긴 하지만, 앞으로는 많은 진전이 있을 것이며, 그에 따라 정신치료 분야
의 진보도 기대할 수 있을 것이다.

전염성 해면상 뇌질환

광우병이나 크로이츠펠트-야콥병은 다른 전염성 질환과는 달리 미생물이 아
니라 '전염작용 단백질', 즉 프라이온(prion)이라는 단순 단백질에 의해 발생한다.
이 단백질은 열에 강하여 요리해도 감염원이 파괴되지 않으며, 비정상 단백질이
뉴런 내에 축적되어 결국 뉴런이 죽게 되는 것이다. 많은 뉴런이 죽으면 뇌에 스펀
지처럼 작은 구멍들이 많이 생기게 되고 뇌기능의 비정상성이 발생하게 된다.

알츠하이머병

치매는 뇌의 구조적 장애로 인해 인지적 능력이 현저히 손상되는 현상으로
서 가장 흔한 것이 알츠하이머병이다. 알츠하이머병은 65세 이상에서 유병률이 약
10% 정도나 되며 심각한 진행성 기억결함이 나타나 정신적으로 무기력하게 지내
다가 사망하게 된다. 알츠하이머병은 해마와 마이너트 기저핵 등에 심한 변성이
나타나며 뇌의 아세틸콜린성 회로에서 아세틸콜린의 결핍이 나타나는 것으로 밝
혀졌다. 아세틸콜린의 선구물질인 콜린이 함유된 식품의 섭취나 아세틸콜린 분해
효소의 작용을 억제하는 약물이 이 질병을 가진 환자들의 인지능력을 약간 증진시
키는 것으로 밝혀졌다. 그러나 관련 약물들이 신경변성 과정에는 효과가 없으므로
새로운 접근법을 사용하는 연구들이 진행되고 있다.

정신분열증

정신분열증을 치료하는 데 효과적인 클로르프로마진(chlorpromazin)이나 할로
페리돌(haloperdol) 등의 약물이 뇌의 도파민수용기를 차단하는 효과가 있음이 밝
혀졌다. 이에 따라 정신분열증은 도파민 과다나 과민에 의한 것이라는 가설이 제
기되었으며 부분적으로는 이 가설이 입증되었다. 그러나 아직은 해결되지 않은 몇
가지 문제점이 있다. 예를 들어, 도파민 체계의 비정상이 어떻게 정신분열증과 같
은 지적 기능의 극단적 왜곡을 일으키는가 하는 것이다. 또한 정신분열증 치료제
의 투여가 도파민수용기를 차단하는 작용은 수 분밖에 걸리지 않는데 정신분열증
에 대한 약물치료 효과는 일주일 정도 경과해야만 나타난다. 이 역시 설명되어야
할 문제이다.

Box 2.3.

분리뇌(split-brain)

정상적인 인간의 뇌가 전체로서 작동하는 정보 처리 장치라는 것에는 이론의 여지가 없다. 그러나 뇌의 한 영역이나 특정 영역과 영역 사이의 연결이 특정 기능에 보다 직접적으로 관련되어 있다는 점은 분명하다. 인간 뇌의 대부분을 차지하는 대뇌피질의 경우 좌반구와 우반구가 뇌량(corpus callosum)이라고 불리는 신경섬유에 의해 연결되어 있다. 뇌량이 외과적 수술에 의해 절단되면 좌반구와 우반구의 대뇌피질은 직접적 상호연락이 불가능하다.

Roger Sperry와 동료들은 심한 뇌전증(간질, epilepsy)을 치료하기 위해 뇌량절단수술을 받은 환자들을 대상으로 연구를 하였다. 여기서 그들은 좌-우반구가 각기 다른 기능을 수행하고 있다는 것을 밝혀 내었는데 그 이전에는 뇌량절단이 간질 발작을 약화시키는 이외에 정신기능에는 별다른 영향을 미치지 않는 것으로 알려져 있었다. 이들은 뇌량이 절단되어 좌-우반구의 대뇌피질이 분리된 사람의 경우 시교차도 끊어지므로 좌측 시야에 제시된 자극은 우측 눈을 거쳐 우측 뇌로만, 우측시야에 제시된 자극은 좌측 눈을 거쳐 좌측 뇌로만 전달되는 점을 이용하였다. Sperry 등은 뇌량이 절단된 사람이라도 머리를 움직이거나 안구를 움직이면 전체 시야의 정보가 좌-우뇌 모두에 전달되지만 머리를 고정하고 자극을 1/10초 이하로 매우 짧게 제시하면 한쪽 눈의 시야에 제시된 자극을 다른 쪽 눈으로 볼 수 없다는 점을 알고 있었다. 그래서 자극순간노출기를 이용하여 매우 짧은 시간 동안 한쪽 눈에만 자극을 제시하는 방법으로 연구를 수행하였다. 그 결과 좌측 눈에 제시된 물건의 그림에 대해서는 그 이름을 말로 표현할 수 있었으나, 우측 눈에 제시된 동일한 자극에 대해서는 그 이름을 말로 표현하지 못하였다. 흥미로운 점은 그들에게 스크린 뒤에 가려져 있는 물건 중 아까 본 물건을 손으로 집으라고 하였을 때는 이를 정확하게 수행하였다는 점이다.

이들의 연구 이후 좌-우반구의 대뇌피질의 기능적 차이에 관하여 많은 연구가 이루어져 왔다. 여러 연구의 성과를 종합해 보면 좌반구는 언어·논리·수리에 관한 기능이 우세하고 우반구는 공간지각·창의적 사고·정서적 지각이나 정서적 반응성에 관한 기능이 더 우세한 것으로 파악되었다. 그러나 대다수의 정상인은 뇌량에 의해 좌-우반구의 대뇌피질이 상호 연결되어 있으며 좌-우반구의 협동적 역할에 의해 정신기능이 나타나므로 이러한 인위적 구분의 의미는 뇌손상 환자의 기능결함이 무엇이며 손상된 뇌부위의 기능이 무엇인지를 이해하기 위한 것임을 분명히 알아야 할 것이다.

우울증

우울증에 관한 생물학적 원인으로 X성염색체나 6번 염색체 이상이 관련 있다는 연구보고가 있다. 주우울증에는 노르에피네프린(NE: Norephinephrin)이나 세로토닌(Serotonin)을 전달물질로 사용하는 시냅스에서 이들 전달물질의 작용을 증가시키는 약물이 효능을 보인다. 그리고 양극성 우울증에는 리튬탄산염의 형태로 된 리튬원소가 효능이 있다.

불안신경증

벤조디아제핀(benzodiazephin)계의 약물은 불안신경증을 특정적으로 완화시킨다. 이 계열의 약물은 오직 불안발작과 일반화된 불안장애를 치료하는 데만 효과적이다. 벤조디아제핀이 뇌에서 억제성 전달물질로 작용하는 GABA의 효과를 증대시킨다는 증거가 많이 축적되고 있다. GABA수용기와 벤조디아제핀수용기에 대한 최신 모형에 따르면 벤조디아제핀에 의해 벤조디아제핀수용기가 활성화될 때, 중간매개 분자인 '가바모둘린(gabamodulin)을 경유하여 GABA수용기에 대한 GABA의 결합이 증가하는 등의 작용이 일어난다. 이를 통해 GABA의 억제성 효과가 증가된다는 것이다. 벤조디아제핀수용기가 많다는 것은 뇌가 자체의 항불안물질을 만들고 있음을 암시하는데, 불안신경증 환자의 뇌에는 이러한 항불안물질이 아주 적을 것이라 가정해 볼 수 있다. 그래서 현재 많은 실험실에서는 뇌 자체의 항불안물질을 찾아내고자 노력하고 있다. 뇌 자체가 생산해 내는 중독성 없는 항불안제를 만들고 투여하는 방식을 알아낸다면 인간의 고통을 없애는 데 많은 도움이 될 것이다. 그리고 그러한 약물이 얼마나 많이 소비될 것인지 생각해 보라.

요약

4절에서는 정보처리 체계의 최고 중추인 뇌와 정신기능 간의 관계를 살펴보았다. 뇌에서도 진화과정에서 가장 늦게 발달한 대뇌피질을 세부적으로 구분하여 각 영역의 기능을 알아보았다. 그리고 정신병리 현상을 뇌의 기질적 장애와 관련지어 생각해 보았다.

2.5. 신경심리학

신경심리학의 발달과 관련학문 분야

신경계의 구조와 기능에 관한 과학적 연구를 목표로 하는 신경과학의 한 분야로서 신경심리학은 심리적 기능이 중추신경계 특히 뇌기제와 어떻게 연관되는지를 밝히는 데 목적을 두고 있다. 각성과 주의, 지각과 기억, 언어와 사고, 정서와 동기 및 목표 추구 행동과 같은 인간의식 행동의 기능구조를 연구하는 심리학의 발달은 심리적 기능에 대한 세분화를 가능하게 하였다. 신경해부학, 신경생리학, 신경약물학, 신경병리학 등 신경과학의 기초분야들이 발달함에 따라 뇌의 구조와 기능적 체계에 대한 이해의 큰 진전이 이룩되었다. 신경심리학은 이들 관련 분야의 발전에 기초하여 심리적 기능이 뇌체계의 작용에 의해 형성되고 통제된다는 것을 과학적으로 밝혀주고 있다. 특히, 뇌손상의 결과로 초래되는 심리적 기능의 장애를 분석하고 평가함으로써 인간의 심리적 기능과 뇌기제의 관련성에 대한 증거들을 수집할 수 있었다.

신경심리학은 신경외과학, 신경정신의학, 행동의학, 재활의학 등의 신경과학의 응용분야들과 상호보완적인 관계 속에서 서로 영향을 주고받으며 발전해왔다. 신경외과적 절단수술이나 절제수술의 발달은 신경심리학의 연구대상의 폭을 넓혀주었다. 신경정신의학, 행동의학 및 재활의학의 발달은 심리적 기능의 측정과 평가에 있어서의 정교화에 기여하였다. 또한 뇌손상환자의 예후를 진단하고 치료적 개입의 효용성에 대한 평가를 가능하게 하였다.

심리적 기능의 국재화와 편재화

신경심리학은 그 발달과정에서 특정 심리적 기능이 뇌의 특정 영역에 국재화 (localization)되어 있는 것인지, 전체 뇌의 통합적 작용에 의해 이루어지는지에 대한 근본적 의문점을 제기하였다. 심리적 기능의 뇌국재화에 관한 과학적 연구는 프랑스의 해부학자인 Paul Broca가 1860년대에 좌반구의 하전두회의 후측 1/3 영역의 손상이 표현성 언어의 장애(실어증의 한 유형)와 관련되어 있음을 발견한 것으로부터 촉발되었다. 그 후 심리적 기능의 뇌국재화이론에 근거한 연구들이 오랫동안 신경과학 분야의 주류를 형성하였다. 신경과학 분야의 많은 연구를 통해 시각, 청각, 신체감각과 근육운동과 같은 기본적인 감각·운동기능의 중추가 뇌의 제한된 영역에 질서 정연하게 국재화되어 있음이 밝혀졌다. 그러나 뇌의 여러 영역의 기능들이 복잡하게 연결되어 구성되는 심리적 기능에 관해서는 뇌의 제한된 영역에 국재화하려는 시도가 부적절하다는 점이 지적되었다.

심리적 기능의 뇌반구 편재화(lateralization)에 관한 생각은 Broca가 표현성 언어기능이 좌반구에 편재되어 있다는 증거를 제시한 이후, John Wada가 1949년 경동맥을 통해 소디움 아미탈(sodium amytal)을 투여함으로써 좌우반구를 선택적으로 마취하는 기술을 개발함으로써 개인차가 있기는 하지만 특정 기능이 특정 반구에 편재되어 있다는 증거들이 수집되었다.

그러나 뇌가 단일의 통합된 구조로써 전체적으로 심리적 기능의 수행을 창출한다는 견해들이 꾸준히 제기되어 왔다. 심리적 기능의 뇌국재화에 관한 오랜 실험적 연구를 수행했던 Lashley는 뇌국재화 가설을 포기하고, 심리적 기능은 대뇌피질에 분산적으로 분포하며, 손상된 피질의 양에 비례하여 심리적 기능의 장애가 나타난다는 대뇌피질의 동능성(equipotentiality) 가설을 주장하였다. 즉, 어떤 심리적 기능을 수행하는 데는 뇌 전체의 관여가 필수적이라고 생각하였다. Goldstein은 범주행동과 같은 복합적 행동은 고도의 통합된 뇌활동을 통해 달성되기 때문에 대뇌피질의 특정한 일부 영역에 의해서가 아니라 뇌 전체의 작용결과로 나타난다고 주장하였다. Tompson(1993) 역시 뇌를 여러 구조물들의 집합으로 이루어진 것이 아니라 방대한 뉴런 간의 연결망으로서 단일의 정보처리 체계로 보았다. 그러나 심리적 기능을 분화될 수 없는 통합된 뇌의 작용으로 이해하려는 시도는 스스로 뇌기제에 관한 과학적 연구 자체를 어렵게 하는 한계를 갖는다.

뇌가 특정한 기능을 담당하는 영역이나 구조물들의 집합체인지 분화되지 않고 통합적으로 작용하는 단일의 정보처리 체계인지에 대한 논쟁은 아직도 그 결론을 내리지 못하고 있는 실정이다. 다만, 신경심리학이 발전해 온 과정을 살펴보면, 초기에는 특정의 심리적 기능이 뇌의 한정된 특정 영역에 의해 수행된다는 엄격한 의미의 국제화 개념을 받아들인 것으로 보인다. 그러나 신경과학이 발달해 가면서 특정 심리적 기능이 수행되기 위해서는 여러 뇌영역들이 기능적 체계로서 작용해야 한다는 기능적 국재화의 개념으로 변화되었음을 알 수 있다.

신경심리검사의 개발

신경심리학에서 뇌의 기능적 국재화 개념을 바탕으로 심리적 기능을 보다 체계적으로 정의하고 뇌손상에 의한 기능의 장애를 평가하기 위한 신경심리검사의 개발이 다양한 관점에서 시도되었다. 이러한 신경심리검사들은 초기에 Luria와 같이 심리적 기능의 질적 분석을 통해 뇌의 기능적 체계를 밝히려는 시도와 Halstead와 같이 심리적 기능의 양적 평가를 통해 뇌기능의 장애 정도를 평가하는 방법의 2가지 모형을 중심으로 발전되었다. 물론 이 두 접근이 뇌손상에 따른 심리적 기능의 장애유형을 평가하고 이를 통해 심리적 기능을 뇌의 기능체계와 연관시키는 것을 목적으로 한다는 점에서는 동일하다. 그러나 질적 분석 모형과 양적 평가방법은 나름대로의 장점과 제한점을 가지고 있으며, 각 모형에 근거하여 개발된 신경심리검사 역시 각각의 장점과 한계를 가지고 있다.

뇌손상과 그에 따른 심리적 기능의 장애에 대한 효율적인 진단, 예후결정 및 치료적 처치의 도입에 있어서 고려해야 할 변수는 매우 다양하다. 우선 뇌손상환자의 발달적 단계를 반영해 주는 연령과 환자의 손상 전 기능수준을 추정하기 위한 교육수준이나 직업내력 등을 포함하는 인구통계적 변수와 생활사에 관한 정보를 수집하는 것이 필요하다. 신경심리적 평가가 타당하기 위해서는 발달과정상의 정상적인 심리적 기능의 범위와 수준에 관한 규준이 마련될 필요가 있다. 이는 뇌가 출생 후 발달적 과정을 통해 변화되기 때문에 발달과정상 어느 시점에서 손상을 입었느냐가 진단과 예후의 차이를 초래하기 때문이다.

심리적 기능의 체계화

심리적 기능과 뇌영역의 관련성에 대한 이해를 넓히기 위해서는 무엇보다도 인간 뇌가 수행하는 심리적 기능을 체계적으로 분석하여 심리적 기능에 대한 타당한 분류구조를 형성하는 것이 필요하다. Luria의 기능체계 구조분석은 장애유형의 증상별 분류의 형태로 발전되었을 뿐이며, Halstead의 생물학적 지능의 개념은 경험적 타당성을 확보하지 못하였다. 다행히, 심리학의 발전에 의해 인간 정신과정의 세분화에 관한 이해에 있어 많은 진전이 이룩되었다. 특히 인지심리학의 발전에 의해 인간의 정보처리 과정의 단계적인 측면과 세부적인 측면들이 밝혀지면서, 거대한 정보처리 체계인 뇌의 기능에 대해서도 세부적인 범주들이 제안되었다(Delis, Kramer, Fridland, & Kaplan, 1990). 인지심리학적 견지에서 본 심리적 기능의 세부적 범주화는 표 3.2.와 같이 정리해 볼 수 있다(이정모 외, 1999).

인간의 정보처리 과정을 정리하면 다음과 같이 생각할 수 있다. 적절한 심리적 각성 상태의 유지와 조절을 바탕으로 자극에 선택적으로 주의를 할당하여 능동적으로 지각을 형성하며, 정보를 부호화하여 저장하는 동시에 기존에 저장된 정보를 기억으로부터 인출하여 활성화함으로써 판단과 추리를 하게 된다. 또한 외적 상황에 대한 판단과 추리 그리고 내적 동기상태에 대한 판단을 바탕으로 목표를 설정하여 행동절차의 계획과 실행 프로그램을 작성하게 되고, 의도적 목표지향 행동의 출력이 이루어진다.

주의, 지각, 기억, 언어, 사고, 정서와 동기, 실행 등의 심리적 기능에 대한 체계적 세분화 연구를 바탕으로 신경심리적 평가의 구성과 내용이 보다 구조화되고 있다. 결과적으로 정상적인 뇌의 기능에 대한 심리학적 연구들을 통해 밝혀진 심리적 기능의 분류구조가 신경심리적 평가를 통해 밝히고자 하는 뇌손상에 의한 심리적 기능장애의 유형이나 증상에 대한 준거체계가 되어야 함을 의미한다. 현재

표 2.2. 인지적 기능의 세분화

구 분	특 징
주의	• 정보처리의 순차성 • 경계기능, 선택기능, 배정기능 • 경계, 정향, 탐지 • 심성 과정 : 경계, 중단, 위치화, 이탈, 이동, 몰입, 억제
지각	• 감각양상 : 시지각, 청지각, 신체감각지각, 냄새지각, 맛지각 • 지각내용 : 형태, 색채, 공간, 시간, 운동
기억	• 중다기억 : 감각기억, 작업(단기)기억, 장기기억 • 처리과정 : 부호화, 저장, 인출 • 장기기억 체계 • 지각적 기억, 의미기억, 일화적 기억, 암묵기억 • 서술기억, 절차기억, 행동적 기억, 정서적 기억
언어	• 언어이해 • 듣기, 읽기 • 음운처리, 단어처리, 통사처리, 의미처리 • 언어산출 • 말하기, 쓰기 • 개념화단계, 형상화 단계, 조음화 단계 • 의도의 생성, 편집, 수정 및 재편집, 언어표현 운동의 산출
사고	• 개념형성 : 개념습득, 개념표상, 범주화 • 사고내용 : 추상화, 범주화, 도식 형성 • 추리 : 연역추리, 귀납추리 • 판단 : 확률판단, 의사결정
실행기능	• 목표설정 • 문제해결 : 수단목표 분석, 추리, 판단 • 행동적 실행 및 피드백에 의한 조정

널리 쓰이고 있는 신경심리검사의 대부분이 나름대로는 인간의 심리적 기능에 대한 분석을 바탕으로 개발되었고, 종합적인 신경심리검사 배터리의 구성 역시 이러한 분석에 근거하고 있다. 그러나 이러한 심리적 기능의 세분화에 대응하는 뇌의 신경 실체를 구체적으로 설정하기는 어려우며, 보다 통합된 행동으로 표현되는 데 있어 이러한 세부적 기능 간의 유기적인 연결과 상호 관련성에 대한 뇌의 조절기능에 대해서는 사실 알려진 것이 별로 없다.

요약

5절에서는 최근에 주목받고 있는 분야인 신경심리학 소개를 하였다. 여러 학문의 융복합분야인 신경과학의 한 갈래로서 신경심리학은 심리적 기능의 국재화나

편재화를 다루고 있다. 그리고 심리적 기능의 체계화를 시도하고 있으며 심리적
기능의 손상을 진단하기 위한 신경심리검사의 개발에 기여하였다.

요약

단세포생명체로부터 진화한 인간은 진화과정에서 생겨난 다른 어떤 종과도 구별되는 놀라운 능력을 가지게 되었다. 이는 고도로 발달된 신경계의 덕택이다. 신경계는 매우 복잡한 정보통신망으로 말초신경계는 신체 내외의 감각정보를 중추신경계로 전달한다. 중추신경계는 감각입력의 분석 및 통합, 고등정신 기능의 창출, 운동통제 계획을 수립하며, 중추에서의 운동출력은 다시 말초신경계를 거쳐 근육에 전달되어 신체운동을 조절한다.

이러한 신경계의 기본단위는 뉴런으로서, 뉴런은 다른 뉴런들로부터 신경신호를 입력 받아 다른 뉴런 또는 근육·분비선으로 신경신호를 송출하는 기능을 한다. 한 뉴런 내에서의 신경신호는 활동전위라 불리는 전기적 신호로, 축색을 따라 전도된다. 뉴런과 뉴런 사이의 신경신호는 화학적 신호로서 시냅스 공간을 통해 신경전달물질을 방출하고 해당 수용기에 작용하게 된다. 감각·운동·정신작용에 영향을 주는 많은 약물들은 대부분 시냅스 전달과정에 영향을 주는 것으로, 뉴런을 보호하는 혈뇌장벽을 통과할 수 있는 화학물질이다.

내분비계는 신체의 상태를 일정하고 안정적으로 유지하거나 성장·성행동·스트레스에 대한 반응 등에 관여하는 통제체계로 시상하부라는 신경계 구조물의 지배를 받고 있다. 내분비계는 뇌하수체를 우두머리로 하며 각각의 내분비선은 호르몬을 혈류로 방출하는데, 이 호르몬은 표적기관이나 표적세포에서만 작용하는 특징을 가지고 있다.

신경계의 최고 중추인 뇌에서도 가장 늦게 진화하여 나타난 대뇌피질은 인간의 경우 뇌의 대부분을 차지할 정도로 팽창하였다. 인간의 동기와 정서·학습·기억·언어·등 모든 정신기능은 뇌의 작용 특히 대뇌피질의 작용에 의한 것이며, 이러한 정신기능의 장애는 궁극적으로 뇌기능의 장애 특히 대뇌피질의 손상에 의해 나타나는 것으로 이해되고 있다.

신경심리학 분야가 최근에 주목받고 있다. 인간의 정신과정을 단계별로 구분하고 세분화하는 인지심리학의 발전에 기초하여 뇌손상환자의 진단과 치료에 신경심리학적 지식이 활용되고 있다.

추가 읽을거리

- 김현택·류재욱·이강준 역 (1997). **나의 뇌 뇌의 나(I)**. 리차드 레스탁 저. 학지사.
- 김현택·류재욱·이강준 역 (1997). **나의 뇌 뇌의 나(II)**. 리차드 레스탁 저. 학지사.
- 최준식 역 (2006). **느끼는 뇌**. Joseph LeDoux 저. 학지사.

연습문제

A형

1. 생명체는 자기복제 기능이 있으며, 단세포생명체에서 인간에 이르기까지 이러한 복제기능은 유전물질이라 불리는 _____에 들어 있다.

2. 신경계는 정보통신망으로 감각입력을 받아들이는 _____와 운동출력을 송출하는 _____로 구분한다. 그리고 뇌와 척수는 중추신경계를 구성하며 뇌신경 12쌍, 척수신경 31쌍, 자율신경계는 _____를 이룬다.

3. 신경계에서 뇌가 가장 늦게 출현하였으며, 뇌의 진화과정에서는 _____이 가장 늦게 발달하였다.

4. 신경계의 정보전달 방식은 한 뉴런에서 축색을 따라 전도되는 _____(이)라 불리는 전기적 신호이며 뉴런 간에는 시냅스를 통한 _____의 방출과 이것의 _____에 대한 작용이라는 화학적 신호이다.

5. 내분비계의 우두머리는 _____이며 _____를 통해 신경계의 한 구조물인 시상하부의 지배를 받고 있다.

6. 내분비계는 체액의 조절·성장·에너지 사용 등의 기본적 _____을 조절할 뿐만 아니라 정서·_____·_____·_____과 같은 기본적 행동을 조절한다.

7. 일일주기를 조절하는 뇌영역은 _____으로 알려져 있고 각성 수준을 조절하는 뇌영역은 _____이다.

8. 감각은 시각·청각·후각·미각·신체감각으로 구분되며 감각입력이 최종 분석 되는 곳은 _____이고 의도적 행동의 출력이 이루어지는 출발점은 _____이다.

9. 들은 말의 뜻을 이해하는 대뇌피질 영역은 _____이며 말을 할 때 단어나 단어의 연결을 생성시키는 뇌영역은 _____이다.

10. Roger Sperry의 분리뇌 연구에 의하면 좌반구는 주로 _____에 관련되어 있으며 우반구는 _____과 관계되어 있다.

11. 한 뉴런은 그 세포체나 _____에 의해서 메시지들을 받는다. 그 다음에 이들 메시지들은 축색을 통해서 다른 뉴런들에 전달된다.

12. 감각뉴런들은 감각기관들·피부·근육 및 관절들에 있는 전문화된 세포들인 수용기들로부터 그 입력을 받는다. 수용기들은 환경에서의 변화들을 탐지하고, 이들 사상들을 메시지들로 바꾸고, 이 메시지들은 _____뉴런들을 통해서, 뇌와 _____로 전달되게 된다.

13. 척수는 간단한 반사들(무릎뻗기반사와 같은)을 위한, 그리고 뇌로 오고 가는 메시지들의 통로를 위한 연결들을 제공한다. 뇌와 척수는 함께 _____를 이룬다.

14. 말초 _____의 또 다른 부분은 자율계로서, 이것은 선들과 민활근들(위장, 내장들 및 기타의 내부기관들에서 발견되는)로 가는 신경들을 갖고 있다. 우리는 타액선으로 가는 신경들이 (체성계/자율계)의 일부라고 생각할 수 있다.

15. _____는 동기와 정서에 중요한 역할을 한다. 이것은 배고픔, 갈증 및 성(性)을 조절하는 것을 돕는다. 또한 이것은 우리의 쾌(快), 공포 및 분노의 감정들에 영향을 준다.

16. 뇌간의 구조들을 둘러싸고 있는 뇌 구조의 큰 덩어리는 대뇌로서 인간의 뇌의 가장 고도로 발달된 부분이다. 대뇌의 표면은 고도로 주름져 있거나 말려 있다. 대뇌피질이라고 알려진 이 표면이 매우 많은 주름들이나 회전들을 갖는다는 사실은 만일 대뇌가 평평할 경우보다도 전체 표면부위가 훨씬 (더 크다/더 작다)는 것을 의미한다.

17. 뇌하수체는 신경계통의 일부가 아니다. 이것은 하나의 중요한 _____이다. 뇌하수체는 호르몬들이라고 불리는 특수한 화학적 배달물질들을 혈류 속으로 분비한다.

18. 자율신경계의 두 부분은 _____부와 _____부이다. _____부는 흥분상태들에서 활동적인 경향이 있는 반면에 _____부는 조용한 상태들 동안을 맡는 경향이 있다.

19. 만약 _____영역이 손상되면 언어의 의미를 이해하지 못한다. 궁상속이라는 신경다발을 통해 _____영역으로 전달되어 정확한 발음순서가 생성된다.

20. 특정 심리적 기능이 뇌의 특정영역에_____ 되어 있는 것인지, 또는 특정 반구에 _____ 되어 있는 것인지, 전체 뇌의 통합적 작용에 의해 이루어지는지에 대한 근본적 의문점이 존재한다.

B형

1. 다음 중 언어와 관련된 뇌영역이라고 볼 수 없는 것은?

① Broca 영역
② 좌측각회(angular gyrus)
③ Wernicke 영역
④ 기저핵

2. 뉴런에 대한 설명으로 적합하지 않은 것은?

① 세포체는 핵과 여러 구조물들을 포함하고 있다.
② 수상돌기는 수초로 덮여 있다.
③ 축색은 세포체에서 종말단추로 정보를 전달한다.
④ 종말단추에서 신경전달물질이 분비된다.

3. 신경계의 설명으로 적합하지 않은 것은?

① 신경계는 중추신경계와 말초신경계로 나뉜다.
② 중추신경계는 뇌와 척수로 구성되어 있다.
③ 연수(medulla oblongata)는 말초신경계에 속한다.
④ 자율신경계는 교감신경계와 부교감신경계로 구성된다.

4. 이것에 대한 손상은 어색하고, 조정되지 못한 운동들을 일으키는데, 이는 이것이 복잡한 운동 활동을 조정하는 데에서 중심적 역할을 하기 때문이다. 이것은 무엇인가?

① 대뇌   ② 소뇌
③ 연수   ④ 변연계

5. 뇌에 대한 설명으로 적합하지 않은 것은?

① 뇌는 전뇌, 중뇌, 후뇌로 구성된다.
② 대뇌피질은 내분비계를 통제한다.
③ 간뇌는 시상과 시상하부로 구성된다.
④ 변연계는 해마, 편도체 등의 구조물을 포함한다.

6. 유수축색과 관련되지 않은 것은?

① 결절들을 이용한다.
② 균일하게 두꺼운 껍질을 갖고 있다.
③ 무수축색들보다도 더 빨리 활동전위를 전달한다.
④ 중요한 진화적 발달을 나타낸다.

7. 시냅스에서의 신경전달물질의 방출이 다음 뉴런을 탈분극의 방향으로 삼투성을 변화시킬 때, 시냅스는?

① 흥분성이다.
② 억제성이다.
③ 양극화되어 있다.
④ 불응기에 있다.

8. (   )은/는 뇌의 전기적 활동을 기록한 것이다. 이것은 간질이나 뇌종양을 진단하거나 수면이나 각성 단계를 연구하는 데 사용된다. 괄호 안에 들어갈 알맞은 단어는?

① 컴퓨터 단층촬영(CT)
② 경두개 자기자극(TMS)
③ 기능적 자기공명영상(fMRI)
④ 뇌전도(EEG)

9. (   )은/는 정서의 반응과 재인에 특수한 역할을 한다. 몇몇 연구자들은 이것의 손상이 정서의 얼굴 표정, 특히 공포의 표정을 재인하는 능력에 장애를 초래했다는 것을 발견하였다. 괄호 안에 가장 적합한 것은?

① 기저핵(basal ganglia)
② 편도체(amygdala)
③ 망상체(reticular formation)
④ 고속핵(nucleus solitarius)

10. 다음 중에서 대뇌피질 영역들의 한 영역이 아닌 것은 어느 것인가?

① 시각영역
② 체성감각영역
③ 조직화영역
④ 언어영역

11. 시냅스의 (   )이란 시냅스후 뉴런에 끼치는 영향을 변화시키는 시냅스의 구조적 또는 생화학적 변화를 의미한다. 이것은 뇌의 부분손상 후에 일어나는 신경회로기능의 변화로 나타날 수 있다. 즉, 뇌가 부분적으로 손상된 이후에 어느 정도 회복이 되는 것은 시냅스의 (   )이 중요한 역할을 하고 있기 때문으로 여겨진다. 괄호 안에 공통적으로 들어갈 말은?

① 가소성   ② 관계성
③ 유사성   ④ 준비성

12. 신경계의 진화과정에서 나타난 혁신적 변화에 해당하지 않는 것은?

① 뇌화
② 유수축색의 개발
③ 항상성의 유지
④ 화학적 시냅스의 개발

13. (   )은/는 이것이 (   )하기 때문에 주선(主腺)이라고 불린다.

① 뇌하수체, 몇 개의 다른 선들의 분비를 조절
② 부신, 가장 많은 수의 호르몬들을 생산
③ 뇌하수체, 에피네피린을 생산
④ 부신, 몇 개의 다른 선들의 분비를 통제

14. 언어의 산출과 이해에 관한 뇌 기제 설명 중 적합하지 않은 것은?

① 전체 인구의 90%에서 우반구가 언어우세를 나타낸다.
② 브로카 영역은 대부분의 사람들에게서 좌측 전두엽에 위치한다.
③ 브로카 실어증은 느리고 힘이 들고 유창하지 않은 말로 특징지어진다.
④ 베르니케 실어증은 빈약한 말의 이해와 의미 없는 말의 산출이 특징이다.

15. 유기체의 에너지 생산과 직접적으로 관계없는 시스템은?

① 골격근계
② 소화기계
③ 순환기계
④ 호흡기계

16. 감각이나 운동 과정들에 직접 관계되지 않은 대뇌피질의 많은 큰 영역들은 무엇이라고 불리는가?

① 투사영역들
② 조직화영역들
③ 연합영역들
④ 사고영역들

17. 동질정체는 (   )에 의해서 유지되는데, 이것은 동기에서도 중요한 역할을 한다.

① 시상하부
② 시상
③ 변연계
④ 망상계

18. 신경계에 있는 각 뉴런은 세 개의 주요 부분들, 즉 (   ), (   ) 및 (   )으로 구성되어 있다.

① 아교질, 세포체, 수상돌기들
② 축색, 신경, 세포체
③ 아교질, 축색, 세포체
④ 수상돌기들, 세포체, 축색

19. (   )신경계는 (   )계와 (   )계를 모두 갖고 있다.

① 말초, 중추, 자율
② 체성, 자율, 말초
③ 말초, 자율, 체성
④ 자율, 체성, 말초

20. 시냅스 전달과 관련되는 것은?

① 등급전위들
② 불응기
③ 실무율
④ 도약전도

Chapter 3

인지심리학

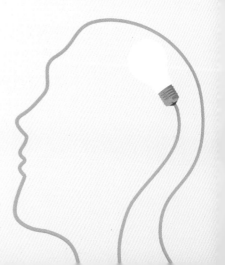

철수는 셜록 홈즈를 읽으면서, 범인이 2층 발코니를 통해 서재로 침입하는 것을 상상한다. 그러면서 옷에서 떨어진 빗방울 흔적이 남을 수 있다고 추측한다. 철수의 머릿속에 그려진 상상의 세상은 글을 읽고, 기억하고, 추리하는 힘이 없다면 만들어질 수 없을 것이다. 이와 같은 지적 작업을 수행하는 마음의 능력을 인지 (cognition)라고 한다. 인지 영역은 기초적으로는 사물을 지각하고, 주의하고, 기억하고 회상하는 것에서부터, 주어진 정보로부터 추리하고, 상황을 판단하고, 문제를 해결하는 데에 이르기까지 걸친다.

어제 만난 사람을 기억해 내거나, 기하 문제를 푸는 것과 같이 어떤 인지 기능은 잘 의식되는 반면에, 구구단의 답이 생각나는 과정이나 자전거를 운전하는 과정과 같은 일들은 잘 의식되지 않는다. 사실, 인지과정의 대부분은 두뇌 속에서 거의 의식되지 않는 무의식적 과정(unconscious process)이다. 막대기 방향, 명암, 그리고 음의 높낮이 판단과 같이 일부 무의식적 기능은 거의 선천적으로 타고난 것이다. 반면에 구구단 암기나 자전거 운전과 같이 다른 일부는 처음에는 의식적으로 수행되었지만, 연습 혹은 훈련을 통해서 무의식적으로 수행되는 것이다. 예컨대 타자의 경우 처음에는 한 문자씩 의식적으로 찾아서 타자하던 일들이 반복되면서 점차 단어 단위로 타자하게 되고, 마침내 낱낱의 문자를 자판에서 찾고 누르는 과정은 거의 의식하지 않게 된다. 이런 과정을 자동화라고 하는데, 자동화된 행동의 과정은 잘 의식되지 않고 수행 도중에 중단되기가 어렵다. 기초적인 많은 과제들이 자동적으로 수행됨으로써 인간은 더 복잡하고 어려운 과제에 집중할 수 있다.

여러 단계의 선택을 필요로 하거나, 상황에 따라 다른 결정을 해야 하거나, 낯선 일들은 자동적으로, 무의식적으로 수행하기 어렵다. 처음 타자를 배우거나, 운전을 하는 경우를 기억해 보라. 내가 어느 단계에 있는지, 이때 어떤 선택지가 있는지를 의식하고, 적절한 행동을 순서대로 실행하려고 노력했을 것이다. 즉, 타자나 운전은 의식적 과정(conscious process)이었다. 의식적 과정은 대체로 한 번에 하나씩, 순차적으로 수행된다. 독서, 추리, 문제해결 등과 같은 고등한 정신 작업은 대체로 의식적으로 수행된다.

3.1. 주의

놀이공원이나 게임에서 동시에 벌어지는 여러 사건을 모두 알아차리기는 힘들다는 것을 곧 깨닫는다. 그렇게 복잡하지 않은데도, 눈앞에 지나가는 대상의 존재를 알아차리지 못한다면, 뭔가 문제가 있다고 생각할지 모른다. 그런데 주의를 주지 않는다면 그런 일이 일어날 수 있다. 사이먼과 채브리스(Simon & Chabris, 1999)는 '보이지 않는 고릴라' 시범으로 그것을 보여주었다. 그들은 3명의 흰 옷 팀과 3명의 검은 옷 팀이 각각 공을 패스하는 비디오를 보여주면서, 흰 옷 팀이 공을 패스하는 횟수를 세도록 했다. 사람들은 이 과제를 잘했다. 그런데 공을 패스하는 동안 고릴라(분장)가 팀원들 사이를 지나가면서 멈추어 가슴을 치기까지 했는데, 관찰자들 중 46%는 고릴라를 알아보지 못하였다. 이처럼 눈앞에 있어도 주의를 주지 않으면 지각하지 못할 수 있는데, 이런 현상을 무주의맹(inattentional blindness)이라고 한다. 주의가 부족하면, 이어지는 장면 간의 변화도 잘 탐지되지 못하는데, 이런 현상은 변화맹(change blindness)이라 한다. 예를 들면 드라마에서 소위 '옥에 티'를 못 알아차리는 것이다. 이런 현상에서 세상을 의식하고 경험하는 데에 주의가 거의 필수적이라는 것을 알 수 있다. 주의(attention)는 과제를 (더 잘) 처리하기 위해서 심적 자원을 동원하는 과정이다. 주의는 다양한 측면을 가지고 있는데, 선택주의, 초점주의, 분할주의, 지속주의 등으로 구별할 수 있다.

선택주의

여러 사람의 말소리가 뒤섞여 혼란스러운 결혼피로연에서 사람들은 어떻게 상대방의 말을 알아듣는가? 이처럼 혼잡한 가운데 선택적으로 듣는 현상을 칵테일파티 현상이라고 한다(Cherry, 1953). 말을 알아듣기 위해 상대방의 입과 목소리에 주목하고 귀를 기울여야 한다. 그러면 그 밖의 다른 소리들은 더 잘 무시될 수 있다. 무시된 이야기는 전혀 알아차릴 수 없는 것일까? 이런 문제를 연구하기 위해 따라말하기(shadowing) 과제가 도입되었다. 이 과제는 헤드폰을 이용하여 두 귀에 서로 다른 메시지를 들려주는데, 실험참가자는 그중 한(예, 왼쪽) 귀에 들리는 메시지만 따라 말해야 한다(그림 3.1.). 따라말하기는 주의 집중을 요구하므로 다른(오른쪽) 귀에서 들리는 메시지를 주의하는 것은 매우 어렵다. 실험참가자들은 왼쪽 귀 메시지를 따라말하면서, 다른 쪽 귀의 메시지를 파악할 수 없었다. 그 내용은커녕 어

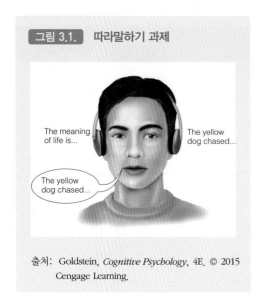

그림 3.1. 따라말하기 과제

The meaning of life is...

The yellow dog chased...

The yellow dog chased...

출처: Goldstein, *Cognitive Psychology*, 4E. © 2015 Cengage Learning.

떤 언어인지도 알아차리지 못하였으며, 다만 목소리가 남성인지 여성인지를 구별할 수 있을 뿐이었다(Broadbent, 1958). 이로부터 브로드벤트는 주의 선택이 여과기(filter)처럼 작용하고, 선택된 정보는 형태 인식을 거쳐 작업기억에 이르기까지 계속 처리되지만, 선택되지 않은 정보는 여과되어 더 이상 처리되지 않는다고 주장하였다.

반면에 다른 연구자들은 주의를 받지 못한 정보도 형태 인식이 되지만, 최종 단계에서 주의 받은 정보에 밀려서 선택되지 못할 뿐이라고 주장하였다(Deutsch & Deutsch, 1963). 그들은 주의하지 않는 다른 귀로 들려준 메시지가 따라말하는 메시지와 관련될 때 실험참가자들이 실수를 하기도 하며, 또 다른 귀로 들려준 자신의 이름을 종종 알아차린다는 것을 지적하였다. 이런 모순들을 해소하기 위해, 트리즈먼(Treisman, 1964)은 약화모형(attenuation model)을 제안하였는데, 이 모형은 주의 선택을 받지 않은 정보가 완전히 여과되는 것이 아니라 약해지지만, 계속 처리될 수 있다고 주장했다. 친숙하거나 중요한 정보는 비록 약화되더라도 여전히 강한 강도를 가지기 때문에, 주의 받은 정보의 처리에 영향을 줄 수도 있고 나중에 의식될 가능성도 있다. 예컨대 혼잡한 곳에서 자신의 이름은 알아듣는 경우가 그렇다.

주의 선택에는 내적, 외적 요인이 작용한다(Chun et al., 2011). 배경과 대비되는 색(예, 홍일점), 강한 자극(예, 천둥소리)이나 신기한 대상 등은 주의를 자동적으로 끌어들인다. 이는 주의가 외적 자극 속성에 의해, 말초적으로, 그리고 비의도적으로(강제적으로) 통제되는 현상이다. 반면에 약속 장소에서 친구를 찾기 위해 어떤 색의 셔츠를 입은 남성을 살피거나, 적당한 식당을 찾는 경우처럼, 어떤 목적에 의해 주의가 내적으로 통제될 수도 있다. 이때 대상에 대한 지식이나 기대가 주의 탐색에 영향을 줄 가능성이 높다. 선택적 주의를 잘하고자 한다면, 이런 내적, 외적 요인들을 잘 고려해야 한다.

초점주의와 특징통합이론

전자시계 액정판의 문자나 숫자들은 수평선, 수직선, 사선과 같은 특징(feature, 혹은 세부특징)들의 조합이다. 숫자들을 구별하려면, 그 숫자의 식별에 결정적

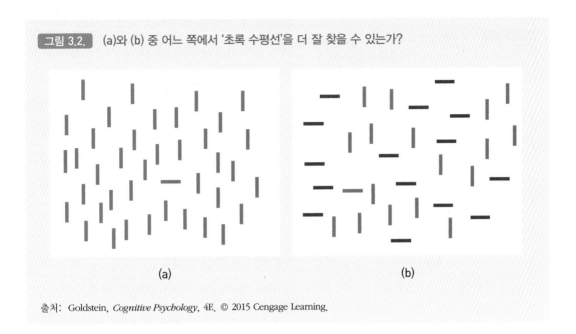

그림 3.2. (a)와 (b) 중 어느 쪽에서 '초록 수평선'을 더 잘 찾을 수 있는가?

(a) (b)

출처: Goldstein, *Cognitive Psychology*, 4E. © 2015 Cengage Learning.

인 변별 특징을 탐지해야 한다. 변별 특징이 빨간 소화기처럼 두드러진 색이거나 그림 3.2.(a)의 수평선처럼 특이한 모양이라면, 쉽게 눈에 띌 것이다. 이처럼 특정한 특징의 출현 여부를 탐지하는 것은 대체로 쉽고, 주의를 별로 요구하지 않는다. 반면에 막대기가 특정하게 조합되어 있는 액정 숫자들은 그만큼 빨리 식별되기 어렵고 또 서로 혼동되기도 하는데, 이처럼 특징들의 올바른 조합을 확인해야 하는 과제는 비교적 더 어렵고, 그 조합에 의식적인 주의를 기울여야 한다. 특정 대상이나 위치를 중심으로 주의를 기울여서 관련 정보를 집중 처리하는 과정을 초점주의 (focused attention)라고 한다.

그림 3.2.처럼 여러 대상이 있는 가운데 표적(초록 수평선)을 찾는 과제를 생각해 보자. 표적 이외의 자극(빨간 수평선, 초록 수직선)을 방해자극이라고 한다. 자극판 (a)와 달리 (b)에서 실험 참가자는 자극의 색과 방향이 제대로 결합되었는지를 확인해야 한다. 실험 결과 (b)조건에서는 방해자극의 수가 많을수록 표적 탐색 시간이 길어졌으며, 방해자극의 수가 같은 경우에도 표적이 없을 때의 '부재'의 판단 시간이 표적이 있을 때의 '탐색' 시간보다 길었다(Treisman & Gelade, 1980). 이 결과는 표적이 도중에 발견되면 나머지 방해자극을 검사할 필요가 없기 때문일 것이다. 이로부터 특징의 결합으로 정의되는 표적의 탐색이 순차적이라는 것을 알 수 있다. 트리즈먼의 특징통합이론(feature integration theory)은 초점주의가 자극의 특징들을 통합하고 그 결과가 표적과 일치하는지를 각 자극별로 차례대로 검사함으

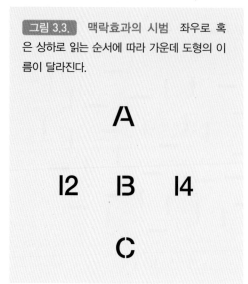

그림 3.3. 맥락효과의 시범 좌우로 혹은 상하로 읽는 순서에 따라 가운데 도형의 이름이 달라진다.

로써 탐색 과제를 수행한다고 주장한다. 많은 자극이 주어지거나 허용된 시간이 너무 짧으면 특징통합은 과부하를 겪게 되어 올바른 특징 통합이 실패할 수 있다. 그 결과가 착각 접합(illusory conjunction)이다. 이때 관찰자는 제시되지 않은 대상을 보고하는데, 예컨대 빨간 원과 초록 삼각형이 제시된 화면에서 빨간 삼각형을 보았다고 보고한다.

대상의 인식에 특징들의 통합과 초점주의가 필요하다는 것을 보았는데, 여기에는 대상에 대한 지식과 대상이 놓인 맥락도 중요하다. 그림 3.3.에서 가운데 표적은 '13' 혹은 'B'로 읽힌다. 가로(숫자) 맥락에서는 '1'과 '3'을 분리하지만 세로(문자) 맥락에서는 통합한다. 맥락에 따라 표적에 대해 다른 기대가 생기고, 그 결과 특징의 관계를 달리 해석한다. 이런 영향을 맥락 효과라고 한다. 이처럼 우리가 가지고 있는 지식이나 기대가 인지과정에 영향을 주는 것을 흔히 하향처리(top-down processing) 혹은 개념주도적 처리라고 한다. 다른 예는 익숙한 글을 읽을 때 다음 글의 내용을 짐작하여 빨리 훑어볼 수 있는 것이다. 하향처리로 인해 글을 빨리 읽을 수 있는 반면에, 글의 세부를 덜 주목하고 틀린 글자를 놓치게 된다.

분할주의와 다중작업

웃음의 진정성을 평가하려면 입 모양만을 볼 것이 아니라 동시에 눈꼬리가 올라가는지를 확인해야 한다. 이처럼 동시에 여러 정보에 주의하는 것을 분할주의(divided attention, 혹은 분리주의)라고 한다. 둘 이상의 과제를 동시에 수행(다중작업)할 때에도 주의의 분할이 필요하다. 예를 들면 길을 걸으며 스마트폰을 조작하는 경우이다. 이때 주의는 나누어 쓸 수 있는 자원(resource) 혹은 용량(capacity)으로 개념화된다(Kahneman, 1973). 다중작업에서 주의가 각 과제에 배분(분할)되어도 그 용량이 개별 과제 수행에 부족하지 않다면, 각 과제의 수행은 나빠지지 않을 것이다. 이런 경우는 걸으면서 이야기하거나, 음악을 들으며 일하는 경우처럼 개별 과제가 모두 쉬울 때이다. 이 과제들이 쉽고 주의를 많이 필요로 하지 않는 이유는 많은 연습을 통해 자동화되어 있기 때문이다. 그러므로 자동화되지 않은 일에 대해서는 배분된 주의 용량이 과제 수행에 충분하지 않을 것이다. 예를 들면 운전하면서 스마트폰을 조작하는 다중작업의 경우, 분할된 주의는 둘 중 어느 한 과제도 제대로 하는 데 충분하지 못할 것이다. 운전이 제대로 되지 않거나 엉뚱한 메시지를 보낼 수도 있고, 심지어 실제 사고가 발생할 수 있다.

특히 대학생들은 수업을 들으면서 메시지를 주고받는 다중작업을 좋아한다. 수업 자체도 다중작업을 요구하는데, 예컨대 강사의 설명을 들으면서 동시에 슬라이드도 확인해야 하는 것이다. 이처럼 많은 일들을 동시에 수행하려 하면, 가용한 주의 자원은 곧 부족해질 것이다. 다중작업처럼 보이는 일이 실제로는 두세 일들을 바꾸어가며 수행하는 것일 수 있다. 예컨대 앞의 대학생은 실제로는 설명 듣기, 슬라이드 보기, 메시지 보기, 문자 입력하기 등을 재빨리 번갈아 하는 것이다. 이처럼 여러 일을 번갈아 처리하기 위해 주의를 전환(switching)하면 결국 다음 과제에 주의를 기울이는 노력이 추가로 필요하게 된다. 다시 말해, (특히 대학생들의) 다중작업은 이득이 없다는 것인데, 여러 연구가 이 점을 보여준다.

주의 통제

그림 3.4.에서 왼쪽 줄에 있는 색 조각들의 색 이름을 말하는 시간에 비해, 오른쪽 줄에 있는 색 단어들의 잉크 색 이름을 말하는 시간은 더 길다. 이 차이를 스트룹(Stroop) 간섭이라고 한다. 색 단어에서 '단어'가 아니라 색 이름을 말하기 위해서는 글자의 '색'에 주의를 유지해야 한다. 비교적 친숙한 단어는 자동적으로 처리되기 때문에 빨리 처리되는 단어는 글자 '색'보다 먼저 말하기 반응을 불러일으킨다. 이를 억제하려면 계속 글자 '색'에 주의를 유지하려고 의식적으로 노력해야 하고, 실수하면 그만 단어를 읽게 된다. 이처럼 과제 수행에 적합하게 주의를 조절하는 것을 주의 통제(attentional control)라고 한다. 주의 통제는 여러 국면에서 개입한다. 강박적인 생각을 단념하거나, 먹음직한 음식의 유혹을 이겨내기 위해서는 적극적인 주의 통제가 필요하

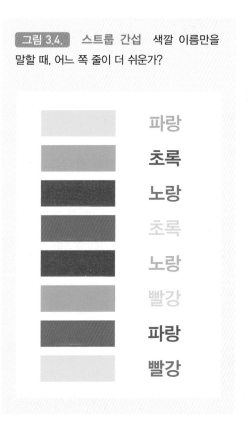

그림 3.4. 스트룹 간섭 색깔 이름만을 말할 때, 어느 쪽 줄이 더 쉬운가?

파랑

초록

노랑

초록

노랑

빨강

파랑

빨강

다. 그뿐 아니라 여러 과제를 번갈아 하는 다중작업에서도 적절한 주의 전환이 필요한데, 이것도 일종의 주의 통제이다. 운전이나 레이더 감시처럼 주의를 장시간 지속적으로 주다 보면, 주의 통제가 점차 어려워진다.

주의 통제가 잘 되지 않으면, 전반적으로 수행이 저하하는데, 의도하지 않은 실수가 발생하거나 충동적인 행동이 발생할 수 있다. 이와 관련된 장애가 소위 주의결핍과잉행동장애(ADHD)이다. 이런 아동 혹은 어른은 지시 받은 대로 주의를 조절하거나 적절한 대상에 주의를 유지하기가 힘들고, 충동적인 행동을 억제하기가 어렵다.

일반적으로 주의가 중요한 이유 중 하나는 주의 통제력이 좋은 수행과 관련이 있기 때문이다. 청각 신호들에 적절하게 선택 또는 분할 주의하는 능력은 비행기 조종사에게 매우 중요하다(Wickens et al., 2017). 공간적인 주의 능력의 저하는 교통사고의 원인이 될 수도 있다. 주의 용량은, 곧 살펴볼 작업기억 용량과도 높은 상관을 보이며(Conway & Engle, 1996), 학생들의 학업 수행에 대한 훌륭한 예측 변인이다.

3.2. 작업기억

영화 메멘토의 주인공 레너드는 자신이 지금 경험하는 것을 내일이면 다 잊을 것을 알기 때문에 중요한 일을 기록하기 위해 몸에 문신을 한다. 실제 인물인 H.M.도 뇌의 해마 부위의 절제 수술 이후에 비슷한 증상을 보였다. 그는 지금 이 순간의 경험을 의식하고 일시적으로 기억할 수 있는 단기 작업기억을 가지고 있었지만, 중요한 경험이나 지식을 장기적으로 저장하는 장기기억을 가지고 있지 못하였다. 그래서 몇 분 전에 만나서 인사한 사람도 그에게는 낯선 사람이었고 매일 했던 게임도 언제나 새로운 게임이 되었다. 과거를 모른다면 내가 어떤 존재인지 말하기 어려울 것이다. 우리가 사물을 알아보는 것도 관련 경험과 기억이 있기 때문이다. 기억은 그 자체로 중요할 뿐만 아니라, 인간의 인지 능력에 필수적이다.

작업기억의 특성

기억이 적어도 두 가지로, 특히 단기기억과 장기기억으로 구분된다는 생각(이중기억)은 오래되었다. 보통 우리는 자신이 아는 전부를 늘 의식하는 것이 아니라,

필요할 때 생각해 낸다. 즉 어떤 지식이 장기적으로 저장되어 있지만, 그중 일부만
이 단기적으로 의식될 수 있다. 앞의 레너드나 H.M.의 경우처럼 짧은 기간 동안
의식하는 것도 일종의 기억이다.

초기 연구자들은 외계에서 들어오는 정보들 중 주의를 받은 일부가 단기기억
에서 처리되며, 그중 일부는 장기기억으로 옮겨져 저장되고 나머지는 망각되며,
장기기억의 내용은 필요에 따라 단기기억으로 인출되어 의식된다는 이중기억 모
형을 제안했다(Atkinson & Shiffrin, 1971). 처음에 단기기억은 목전의 과제를 처리하
기 위해 정보를 일시적으로 유지하는 장치로 생각되었는데, 연구가 진행되면서 점
차 단기기억은 여러 인지 과제를 실행하는 핵심 장치로 인식되게 되었다. 그래서
요즘은 단기기억을 대신하여 주로 작업기억(working memory)이라는 용어를 쓴다.
이에 걸맞는 비유를 들면, 작업기억은 작업대이며, 장기기억은 일종의 수납장이
다. 일하는 동안 일거리나 도구는 작업대에서 사용 중이다가, 일이 끝나면 중요한
것은 수납장에 보관하고, 불필요한 것들은 쓰레기통에 버린다(망각). 간단히 말해,
작업기억은 정신적인 일을 하는 기억이다.

초기 연구자들은 작업기억(당시, 단기기억)의 성능에 많은 관심을 기울였다.
작업기억은 정보를 얼마나 오랫동안 유지할 수 있을까? 이 질문에 답하기 위해서
는, 보통 사람들이 기억 유지에 도움이 되는 시연(일종의 되뇌기)을 한다는 것을 고
려해야 한다. 숫자를 3씩 빼면서 거꾸로 세도록 해서 시연을 방해하였을 때, K J P
와 같은 임의의 3개 알파벳을 제대로 기억할 수 있는 유지 시간은 20초 남짓이었다
(Peterson & Peterson, 1959). 이름을 소개 받은 직후에 잠시 한눈팔면 그 이름이 머
리에서 사라질 수 있는 것이다. 이 시간은 기억해야 하는 알파벳의 수에 따라 달라
지는데, 당연히 더 많은 수를 기억해야 할 때 더 짧아진다. 이런 관찰로부터 작업
기억의 용량도 문제가 된다는 것을 알 수 있다.

작업기억에 동시에 저장할 수 있는 항목은 몇 개일까? 예컨대 두 브랜드의 노
트북 사양을 전화로 듣고 비교하는 경우를 생각해 보자. 금방 머릿속에 여러 숫자
들이 뒤죽박죽되고, 어느 숫자가 어느 브랜드와 짝지어지는지가 헷갈리게 될 것이
다. 생각 중인 항목의 수가 당신의 작업기억 용량을 초과했기 때문이다. 작업기억
의 용량과 관련하여 밀러(Miller, 1956)는 '마법의 수 7±2'를 제안했는데, 5~7의 범
위는 기억항목이 알파벳인지 단어인지 짧은 문장인지에 따라 달라지는 것을 나타
낸다. 최근 연구자는 좀 더 안전하게 작업기억 용량을 5개 청크(chunk)로 추정한
다(Matlin, 2015). 청크는 '의미적으로 통합된 덩어리'를 말하는데, 작업기억은 문

자, 음운, 혹은 이름 단위로 기억하는 것이 아니라 청크 단위로 기억한다는 말이다. 예를 들면, 1592는 네 개의 숫자이지만, '임진왜란이 발생한 해'로 보면 한 개의 청크이다. 이 때문에 서로 관련 없는 것을 기억할 때보다 연관된 것을 기억할 때 작업기억의 용량이 더 큰 것처럼 느껴진다. 만일 이 용량을 초과하는 양의 정보가 작업기억에 들어오면 어떻게 되나? 이론은 기존의 기억 내용 중 약한 것이 작업기억에서 탈락하여 그 자리를 내줄 것으로 예상한다. 작업기억의 용량이 클수록, 더 많은 내용을 유지하고 통합할 수 있을 것이다. 작업기억 용량은 지능지수와 밀접한 상관이 있다.

배들리의 작업기억 모형

작업기억이라는 새 이름은 무엇을 강조하는가? 작업기억은 감각기관을 통하여 외계에서 들어온 자극을 식별하고, 또한 장기기억에서 인출한 내용을 의식하고, 여러 가능한 일들을 상상하고, 필요한 행동을 판단한다는 것이다. 예컨대 어떤 숫자들이 내가 아는 사람의 전화번호인지, 숫자들의 합이 10의 배수인지, 발음에서 흥미로운 연상이 생기는지, 단추를 누르는 패턴이 어떠할지 등을 헤아려보기도 하고, 잊지 않도록 숫자를 마음속으로 되뇌기(시연)하기도 한다. 이런 일들이 작업

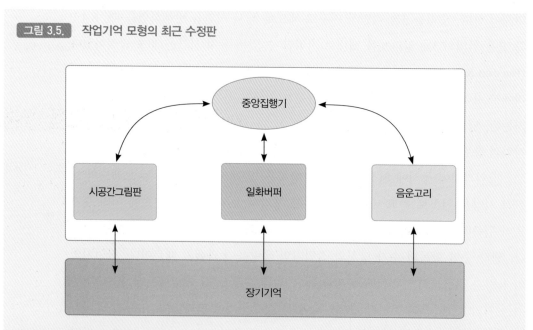

그림 3.5. 작업기억 모형의 최근 수정판

출처: Baddeley, A. D. (2000). The episodic buffer: A new component of working memory? Trends in Cognitive Science, 4, 417-423.

기억을 구성하는 중앙집행기와 그 하위 시스템인 시공간그림판, 음운고리 및 일화 버퍼에서 수행된다는 모형을 배들리(Baddeley, 2000)는 제안했다(그림 3.5.).

음운고리(phonological loop)는 청각적 및 음운적 정보의 유지와 처리를 맡는 데, 이런 기능은 말소리를 처리하는 데 중요하다. 사람들은 화면에서 제시된 'LBG' 에서 'B'를 시각적으로 유사한 'D'보다 청각적으로 유사한 'V'로 기억하곤 했다. 입 력된 말소리를 유지하기 위해, 일종의 되뇌기 과정이 있다고 생각되는데, 이를 시 연(rehearsal, 또한 암송)이라고 한다. 어린이는 기억을 하기 위해 단어를 입속으로 되뇌기도 하는데, 시연은 이와 비슷한 내적 과정을 가리킨다. 이전의 단기기억의 특성에 대한 연구는 대부분 음운고리와 관련되는데, 예컨대 단기기억의 용량은 음 운고리의 용량에 해당하는 것으로 볼 수 있다. 배들리에 따르면 음운고리는 외국 어 학습에 중요한 역할을 하는데, 음운고리가 낯선 음운 패턴을 저장, 비교하는 일 에 관여하기 때문일 것이다.

시공간그림판(visuospatial sketchpad)은 시각적 및 공간적 정보의 유지와 처리 를 맡는데, 예컨대 지도 보기, 도형 식별, 공간 관계 판단 등에 중요하다. 브룩스 (Brooks, 1968)는 피험자에게 외곽선으로 그려진 대문자 'F'를 상상케 한 다음 글 자의 외곽선을 "따라가면서" 만나는 글자 모서리가 글자의 바깥쪽에 있는지 아닌 지를 판단하게 하였다. 이때 "예", "아니오"를 말로 답하는 언어 반응 수행이, 차트 에 적힌 'Y'와 'N'을 막대기로 가리켜 답하는 공간 반응 수행보다 더 좋았다. 이는 'F'에 대한 공간적 처리와 음운고리가 개입하는 언어 반응은 서로 덜 간섭한다는 것을 가리키며, 공간 정보를 처리하는 별도의 시스템이 있음을 시사한다. 시각 작 업기억의 용량을 조사하는 데 변화 탐지과제가 이용되었다(Awh, Barton, & Vogel, 2007). 이 과제는 여러 개의 색깔 조각이나 도형이 있는 자극판을 잇달아 제시한 다음, 자극판에서 변화된 것이 무엇인지를 찾게 하는 것이다. 그 결과 임의적 도형 이나 색깔의 수가 5개 이상이 되면 변화된 것의 탐지율이 급격히 떨어졌다.

중앙집행기(central executive)는 수리 계산(예, 난수 생성)이나 추상적(예, 논리) 관계 판단, 반응 결정 등을 수행하는 것 외에 하위시스템을 조절하는 역할을 한다. 즉, 시공간그림판이나 음운고리가 일을 잘하는지를 감시하고, 필요한 주의 자원 을 배분하고, 또 전반적인 수행을 조정한다. 그래서 중앙집행기는 주의 통제와 더 불어 행동에 대한 내적 통제, 계획을 수립하고 실행하는 데에 중요한 역할을 한다. 일화버퍼(episodic buffer)는 시각 및 청각을 포함하여 감각이나 냄새와 맛의 결합된 경험 등에 대한 임시적인 표상을 유지하는 데 기여한다고 생각되고 있다.

3.3. / 장기기억

장기기억은 작업기억에 더 이상 유지되지 않는, 비교적 가까운 과거 이전에 대한 모든 기억을 가리킨다. 장기기억이 얼마나 오랫동안 기억할 수 있는가에 대해서는 명확히 밝혀진 한계가 없기 때문에, 장기기억은 대체로 반영구적인 것으로 생각되지만, 치매나 뇌손상으로 기억을 상실하는 것도 사실이다. 장기기억의 내용은 자신도 잘 의식하지 못하는 수가 많은데, 뒤에서 언급될 것이다. 장기기억은 기억의 종류에 따라 뇌의 여러 곳에서 저장되는 것으로 보인다. 인간이 장기기억에 담을 수 있는 용량은 매우 크다고 생각되며 아직 그 한계가 밝혀지지 않았다.

작업기억과 장기기억이 구분됨을 보이는 실험이 있다. 무관한 단어들을 20~30개 불러 준 직후, 생각나는 대로 자유 회상해 보라고 하면, 가운데에 있는 단어들보다 초기에 불러 준 몇 단어들이 더 잘 회상되는 초두효과(primacy effect)와, 또 마지막에 불러 준 몇 단어들이 더 잘 회상되는 최신효과(recency effect)가 관찰된다. 이 두 효과를 아울러서 계열위치효과(serial position effect)라고 한다. 그런데 단어를 불러 준 직후, 산수 문제 풀이로 시간을 보낸 다음 지연된 회상을 시키면 최신효과는 사라지고, 초두효과만 남는다. 먼저 제시된 항목들은 더 많이 시연되어 장기기억에 저장되었기 때문에, 회상 지연과 관계없이 잘 기억되지만, 작업기억에 머물러 있던 마지막 항목들은 즉시 회상되지 않고 작업기억이 산수 문제 풀이로 계속 시연을 하지 못하면, 작업기억에서 탈락하기 때문이라고 설명된다.

장기기억의 종류

여러 가지 경험과 정보가 장기기억에 저장된다. 지식뿐만 아니라, 개인적 경험, 운동 기술, 그 외에도, 이미지, 소리, 맛, 냄새, 촉감 등이 저장된다. 장기기억은 크게 외현기억과 암묵기억으로 분류된다(그림 3.6.; Schacter & Tulving, 1994). 외현기억(explicit memory)은 기억 내용을 회상하거나 재인하는 식으로 의식할 수 있는 기억을 말하는데, 일화기억과 의미기억이 이에 속하고 사람들이 흔히 말하는 기억에 가깝다. 이와 달리 많은 경험은 두뇌에 저장되어 있지만 그 사실이 잘 의식되지 않을 수 있는데, 이런 기억을 암묵기억(implicit memory)이라고 한다. 여기에는 절차기억, 점화, 고전적 조건형성의 반응(제4장 참조) 등이 있다. 암묵적으로 기억하고 있다는 것은 의식적으로 알기 어렵고, 지각 과제나 수행 과제를 통해 간접

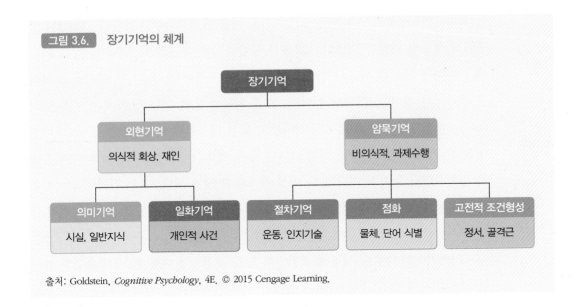

그림 3.6. 장기기억의 체계

출처: Goldstein, *Cognitive Psychology*, 4E. © 2015 Cengage Learning.

적으로 평가된다. 예컨대, 이전에 본 패턴을 재인할 수 없지만, 다른 패턴보다 더 빨리 알아맞히는 데에서, 혹은 몇 개의 단추를 연속으로 누르는 패턴을 기억하지 못하지만, 누르는 속도가 점점 빨라지는 데에서 이전의 경험이 저장되어 있음을 추리할 수 있다.

일화기억

일화기억(episodic memory)은 특정한 때, 특정한 곳에서 일어난 개인의 경험을 저장한다. 개인적 경험은 관점에 따라 달리 해석될 수 있으므로, 같은 사건에 관여한 사람의 일화기억은 세부적으로 다를 수 있다. 즉 일화기억은 일종의 신변잡기와 비슷한 기억이다. 일화기억을 일부 포함하여 자신의 사적 정보에 대한 기억을 자서전적 기억(autobiographical memory)이라고 구별한다. 우리가 기억하지 못하는 일화도 사실은 저장되어 있음을 짐작케 하는 예가 있다. 캐나다에서 뇌수술을 받던 여자는, 우연히 뇌의 한 부위가 자극되었을 때, 평소에 기억 못하던 어릴 때 소풍가던 모습을 생생히 기억해 내었다(Penfield, 1975). 기억의 진위는 확인할 수 없지만, 우리가 실제 기억해 내는 것보다는 훨씬 많은 기억이 머릿속에 있을 가능성이 있다. 친구와의 약속이나 계획 등에 대한 기억을 미래계획 기억(prospective memory)이라고 하는데, 이것도 일화기억의 일종이다.

의미기억과 연합망 모형

세상사, 흔한 사물이나 개념 등에 관한 지식도 일종의 기억인데, 이런 기억을 의미기억(semantic memory)이라고 한다. 예를 들면, '지구는 둥글다', '2002년 한국에서 월드컵 대회가 열렸다', '그동안 물가가 올랐다' 등이다. 유의할 점은 여기에서 말하는 지식은 반드시 참인 것이 아니라, 개인이 받아들이는 믿음을 포함하는 주관적인 것이다. 책이나 인터넷, 혹은 친구를 통해 얻는 정보 혹은 지식은 최초에는 특정 시공간에서 벌어진 것이므로 모두 일화기억에 속하였을 것이다. 예컨대 언제 어디에서 그런 이야기를 보거나 들은 것이다. 그러나 시간이 지나거나 반복 경험하면서 일화적 맥락이 더 이상 중요하지 않게 되면, 그런 기억이 의미기억의 내용이 될 것이다. 의미기억에서 정보는 감각 양식이 제거된 추상적, 개념적 형태로 저장된다고 생각되는데, 이를 의미 부호라고 한다.

의미기억의 내용이 어떻게 조직되어 있을 것인가에 대한 한 가지 유력한 견해는 연합망 모형(associative network model)이다. 연합이란 한 항목이 다른 항목과 어떤 이유로든 관련되어 있음을 뜻한다. 예를 들면, '고양이'에 대해 사람들은 '개'나 '쥐'를 잘 연상한다. 서로 잘 연상되는 항목들은 두뇌에서 잘 연결되어 있으리라고 생각된다. 연합망은 항목(node)들과 그것들을 서로 잇는 연결(link)들로 구성된 망(network) 모양의 구조를 가리킨다(그림 3.7.). 모형에서 서로 연합되어 있는 항목들은 고리로 연결되어 있는데, 상호 연합의 강도가 높을수록 연결의 강도가 더 클 것이다. 의미기억의 내용은 보통 잘 의식되지 않는 비활성 상태에 있는데, 사물을 보거나 생각을 하면서 관련 정보를 인출하려 하면, 해당 항목이 활성화(activation)된다. 활성화는 연결망을 따라 인접 항목으로 확산되어서, 연합된 항목이 더 잘 활성화될 수 있도록 일종의 예열을 한다. 그래서 '장미꽃'이란 단어는 다른 단어와 비교해서, '사랑' 개념이 더 잘 떠오르게 한다. 이처럼 먼저 제시된 정보가 나중의 의미적으로 관련된 정보의 처리, 예컨대 단어 판단이나 읽기를 촉진시키는 현상을 의미적 점화(priming)라고 한다. 점화는 자동적으로 발생하므로 의식적으로 조절할 수 없다.

연합망으로 본 장기기억에는 어떤 체계적인 조직도 없는 것처럼 보이지만, 장기기억의 항목들은 나름대로 조직화(organization)될 수 있다. 예컨대 여러 범주의 사례들을 섞어 놓은 목록을 회상하도록 하는 과제를 여러 번 거듭 시행하면, 사람들은 점차 같은 범주에 속하는 사례들을 묶어서 회상하는 경향을 보이는데 이를 주관적 조직화라고 한다. 또 자주 경험하는 사물이나 사건에 대한 일반적 정보들은 긴밀하게 결합되어 있는데, 이를 도식(schema)이라고 한다. 도식은 흔한 일을 복잡하게 표현할 필요 없이 신속하게 처리하는 데 도움을 준다. 예를 들어 '식당'

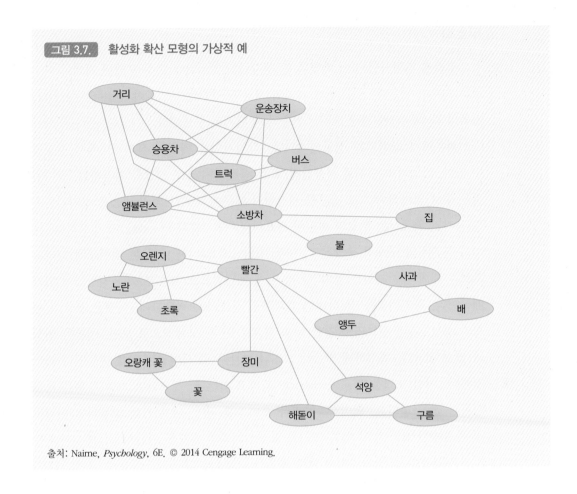

그림 3.7. 활성화 확산 모형의 가상적 예

출처: Nairne, *Psychology*, 6E. © 2014 Cengage Learning.

도식은 "식당에서 짜장면을 주문했어"와 같은 문장을 쉽게 이해할 수 있게 해 준다. 반면에 도식적 사고는 실제와 다른 오인을 불러일으킬 수도 있다. 도식은 연합망에서 긴밀하게 연결된 정보의 덩어리라고 생각할 수 있다.

절차기억

절차기억(procedural memory)은 숙련된 행위, 조작 및 운동 기술(skill)에 대한 기억이다. 예컨대 수영, 피아노 연주, 자전거 타기, 구구셈하기 등에 관한 기억이다. 숙련된 기술은 암묵기억에 속하는데, 그것을 수행할 수 있어도 구체적인 내용은 기억하기 어렵기 때문이다. 많은 기술이 처음에는 의식적으로 주의를 줘서 수행되다가 연습을 통해 자동화된다. 예를 들어 처음 타자할 때에는 한 번에 하나씩 키를 찾아 눌렀지만, 연습이 더해지면서, 이제는 어느 정도 무의식적으로 한 단어를 잇달아 타자할 수 있게 된다. 어느 키가 어디 있는지를 잘 기억해내지 못해도 타자를 하다보면 손가락이 저절로 제 위치를 찾아간다.

부호화

평소에 기억하던 것이 때맞춰 잘 생각나지 않거나 불현듯 오래된 기억이 떠오르는 경우가 있는데, 이로부터 기억의 저장과 인출을 구별해야 함을 알 수 있다. 기억의 과정은 크게 저장, 파지, 인출의 세 단계로 구별된다.

외부에서 입력되는 정보의 일부는 작업기억을 거쳐서 장기기억에서 저장될 수 있다. 작업기억은 주로 시공간적, 또는 음운적 부호로 정보를 저장하고, 장기기억은 주로 의미적 부호로 정보를 저장하기 때문에, 작업기억의 내용을 장기기억으로 옮기기 위해서는 부호의 변환이 필요하다. 즉 부호화(encoding)가 필요하다. 앞에서 본 'F'의 구체적 모양은 더 이상 기억나지 않지만 내가 본 것이 /에프/라고 부르는 것이라는 기억은 앞의 'F'가 이제 개념적으로(의미 부호로) 저장되어 있기 때문이다. 장기기억을 잘 하려면 효과적인 부호화가 필요한데, 이것은 부호의 변형과 통합, 관련 정보와의 결합 등을 필요로 한다. 구체적으로 보면, 이름을 인상과 연결 짓거나, 특수하게 발음해 보거나, 이름으로 재미있는 말을 만들거나 하는 것이다. 이런 노력을 정교화(elaboration)라고 하는데, 정교화된 기억 항목은 다른 항목과 잘 구별되고, 의미심장하거나 흥미롭게 되며, 다른 기억 항목과의 연결고리(즉 인출단서)가 많아진다. 그러므로 작업기억의 정보를 단순히 되뇌는 '기계적' 시연은 부호화 및 장기기억에 별로 도움이 되지 않는다.

그림 3.8.은 효과적인 부호화 방법들을 보여준다. 첫째, 일반적으로 의미 처리된 정보는 형태나 음운이 처리된 정보보다 더 잘 부호화된다. 크레이크와 털빙(Craik & Tulving, 1975)은 단어 목록을 주면서, 어떤 단어는 대문자로 쓰였는지 여부를, 다른 단어는 발음의 각운이 weight와 비슷한지 여부를, 또 다른 단어는 문장

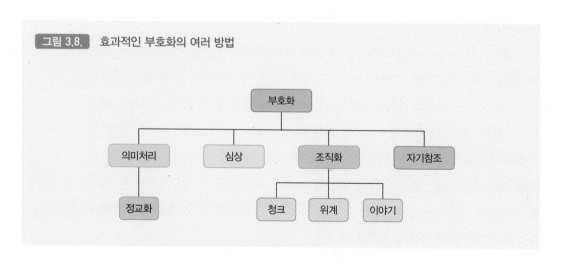

그림 3.8. 효과적인 부호화의 여러 방법

에 적합한지 여부를 판단시켰다. 이 실험의 참가자들은 나중에 기억 검사를 받을 줄을 미리 알지 못했는데(우연적 학습 상황), 나중에 갑자기 재인 검사를 하였을 때, 단어의 의미를 처리한 셋째 조건의 단어들이 가장 잘 재인되었으며, 음운 처리를 한 단어들이 그 다음으로 잘 되었다. 그러므로 정보의 처리 깊이(수준)가 있으며, 깊게 처리된 정보가 더 잘 기억된다고 생각된다. 후속 연구는 실험참가자들이 형태나 음운 정보에 관심이 많거나 전문성을 갖고 있다면 이런 정보를 깊게 처리할 수 있음을 보여주었다. 보통 기억재료에 대한 정교화가 의미처리를 촉진한다.

심상(imagery)은 자극의 감각적 속성들에 대한 심리적 표상을 말한다. 흔히 말하는 심상은 시각적 심상을 가리키지만, 이 외에도 청각적, 촉각적 등 여러 감각과 관련된 심상이 가능하다. 페이비오(Paivio, 1986)의 이중부호론에 따르면, 장기기억은 의미부호와 심상의 두 가지 형태로 저장된다. 단어 목록을 기억할 때 단어뿐만 아니라 심상을 함께 사용하면, 단어에 대한 기억이 더 풍부해질 것이며 인출 단서도 더 많아지게 된다. 연구들은 추상 단어들에 비해 (심상 형성이 용이한) 구체 단어들에 대한 기억이 좋으며, 또 심상 활용의 지시가 있을 때 기억을 더 잘 한다는 점에서 심상이 기억에 효과적임을 보여준다. 특히 단순히 심상들(예, 피아노 심상과 담배 심상)보다 기괴한 혹은 독특한 심상(예, 담배를 물고 있는 피아노)이 효과적인데, 이는 독특성은 한 정보를 다른 정보와 잘 변별되게 하기 때문일 것이다.

정보 혹은 기억 항목의 조직화도 중요하다. 앞에서 논의한 청크 만들기(chunking)는 무관한 항목들을 유의미한 덩어리로 묶는 일이다. 의미기억에서 언급한 주관적 조직화 현상도 기억 항목의 조직화를 적극 이용하면 기억이 향상될 수 있음을 보여 준다. 만일 실험자가 범주 명을 미리 제시하면, 주관적 조직화는 더 일찍 출현한다. 범주와 사례들의 소속성, 즉 '위계'를 파악하기 위해 다이어그램을 이용하는 것은 심상 정보도 활용하게 되므로 효과적일 수 있다. 익숙한 이야기 구조도 항목들의 조직화에 유용한데, 예컨대 인과관계, 기승전결 구조, 목적과 수단 관계 등을 이용할 수 있다.

사람들은 자신에 대한 정보를 잘 기억한다. 기억 항목이 자신과 연관시키는 것을 자기참조라고 한다. 정서도 기억에 영향을 주는데, 사람들은 정서적으로 중립적인 정보보다 긍정 혹은 부정 정서를 수반하는 정보를 더 잘 기억한다. 이를 정서성 효과라고 한다. 이 효과는 연령에 따라 달라지는 것으로 보이는데, 특히 노인은 긍정 정서와 연합된 것을 더 잘 기억하는 긍정성 효과를 보인다(Matlin, 2015). 정서적으로 강한 경험과 연합된 일은 더 잘 기억되는 경향이 있는데, 예를 들면 어떤 사람은 911 테러 당시 자신이 어디에서 무엇을 했는지를 생생히 기억한다고 주장한다. 이를 섬광기억(flashbulb memrory)이라고 한다.

인출

장기기억에 저장된 기억 내용을 의식하게 되는 것을 인출(retrieval)이라고 한다. "임진왜란을 승리로 이끈 장군은 누구인가?"라는 질문은 기억을 검색하여 답을 회상(recall)할 것을 요구하고, "눈 결정은 육각형인가?"라는 질문은 이전에 입력한 정보에 대한 재인(recognition)을 요구한다. 회상과 재인은 모두 의도적이고, 의식적인 기억과정이므로, 외현기억 과제에 속한다.

기억 항목의 인출은 기억의 목록을 탐색하는 과정으로는 잘 설명되지 않는다. 인간의 기억이 방대하기 때문에, 탐색에 너무 많은 시간이 걸릴 것이기 때문이다. 질문이나 선택지로부터 추출된 단서가 기억의 특정 항목을 활성화시키면, 이와 연합된 다른 항목들로 활성화가 파급되고, 도중에 적절한 항목이 활성화되면 인출된다고 생각할 수 있다. 만일 적절한 항목에 도달하지 못하거나 활성화가 충분하지 않으면 기억이 나지 않는 것이다. 이런 생각은 연합망을 기초로 한 것인데, 최근의 신경망(neural network) 모형은 — 가정하는 기억의 단위는 다르지만 — 대체로 비슷한 방식으로 설명한다. 연합망 혹은 신경망에 기억 항목들의 활성화 외에 기억 항목 간의 억제를 도입하면 기억에 대한 설명은 더욱 정교해진다. 즉 동시에 활성화된 여러 항목들 사이에 경합이 발생하고 서로 상대편을 억제하면, 활성화가 필요한 수준보다 낮아져서 기억이 나지 않을 것이다. 혹은 부적절한 어느 항목이 활성화되어서 적절한 항목의 활성화를 억제하면, 일시적인 인출 실패가 일어날 것이다. 예컨대 입속에서 맴돌지만 정답이 생각나지 않는 설단현상은 엉뚱하게 떠오른 생각이 기억 항목의 인출을 억제하기 때문이라고 설명될 수 있다. 그런데 힌트를 들으면 답이 금방 생각난다. 여기에서 알 수 있듯이 적절한 인출 단서의 확보가 기억 인출의 관건 중 하나이다.

기억 인출과 관련해서 주목할 것은 기억이 맥락의존적(context-dependent)이라는 것이다. 기억 과제를 하는 맥락 혹은 상황은 많은 인출 단서를 가지고 있다. 기억 항목과 맥락의 연합은 반드시 의미가 있거나 논리적일 필요가 없다. 특정 맥락에서는 어떤 일들이 다른 일들보다 더 잘 기억난다. 예컨대 사무실에 도착해서야 챙길 물건과 할일들이 줄줄이 생각나고, 직장에서는 잘 알아보던 사람이 다른 곳에서는 잘 기억나지 않을 수 있다. 맥락 효과는 기억 항목의 부호화 맥락과 인출 맥락이 일치할 때 극대화된다(Tulving & Thomson, 1973). 이것을 부호화 특정성 원리(principle of encoding specificity)라고 한다. 이 원리는 학습에 중요한 의의를 갖는데 무엇에 대한 학습은 그 맥락과 더불어 일어난다고 볼 수 있다. 한 연구에 따르면 수중에서 학습한 단어는 수중에서 더 잘 회상되고, 해변에서 학습한 단어는 해변에서 더 잘 회상되었다(Godden & Baddeley, 1975). 물리적인 맥락 외에도 심리적인 맥락도 영향을 미칠 수 있으므로, 이미지 훈련도 인출에 도움을 줄 수 있다. 특정 기분이나 정서와 같은 내적 상태도 일종의 맥락으로 작용하는데, 우울할 때 경험한 것을 우울한 기분에서 더 잘 기억될 수 있다(상태의존 기억, 기분의존 기억).

바틀릿(Bartlett, 1932)은 '유령들의 전쟁'이라는 이야기를 영국인 실험참가자에게 들려준 다음, 이 이야기에 대한 기억을 반복 검사했다. 1주일, 한 달, 일 년 등 시간이 지남에 따라 회상한 이야기에는 여러 부분이 생략되기도 하고, 여러 부분은 보태지고 가공되어서 없던 내용이 회상되기도 하였다. 그리고 인디언 이야기는 어느덧 영국식으로 변형되었다. 그의 연구는 기억이 정보를 단순히 보관하는 창고가 아니라 배경 지식, 도식 및 태도 등의 이해 방식에 의해 변형되고 재구성될 수 있는 과정임을 보여주었는데, 기억의 이런 측면을 구성기억(constructive memory)이라고 한다.

망각

기억의 실패, 즉 망각(forgetting)은 종종 우리를 난처하게 만든다. 건망증이나 치매는 종종 사회적 이슈가 된다. 망각은 기억과정의 일부로 이해될 수 있는데, 더 이상 기억할 필요가 없는 일들은 망각되는 것이 좋을 것이다. 에빙하우스(Ebbing-haus, 1885/1913)는 기억을 관념들의 연합으로 이해했다. 그는 무의미철자(예, XUL 등 단어가 안되는 세 문자의 열)들의 목록 혹은 무의미철자 쌍(예, XUL-CEK)의 목록을 완전히 외운 후, 일정 시간이 지난 후 기억을 검사하여 회상하는 정도를 그래프로 그렸다. 이를 망각곡선(forgetting curve)이라 한다(그림 3.9.). 이에 따르면 망각은 학습 초기에 급속히 진행되고, 그 이후에는 아주 서서히 진행된다. 망각된 항목들을 다시 학습할 때에는 처음만큼 많은 연습을 필요로 하지 않는데, 이는 기억나지 않는 항목에 관해 무엇인가가 저장되어 있음을 가리킨다.

시간이 지나면 소위 기억 흔적이 쇠퇴(decay)하기 때문에 망각이 생기는 것일까? 그렇다면 더 이전의 일들은 덜 기억되어야 할 것인데, 반드시 그렇지는 않다. 보통 사람들은 젊은 시절에 대한 기억을 가장 잘한다. 기억의 쇠퇴가 없다고 할 수는 없을 것 같다. 그렇지만 시험 중에는 기억나지 않던 것이 시험 직후에는 떠오르

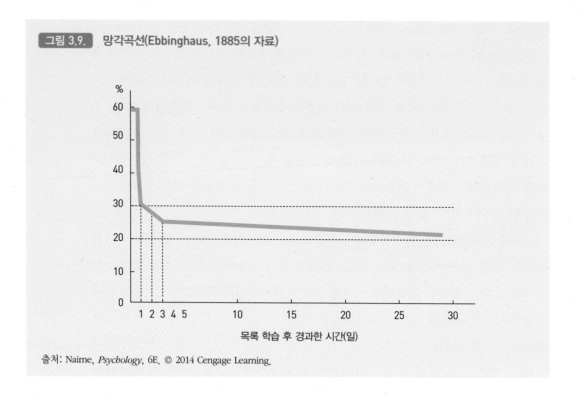

그림 3.9. 망각곡선(Ebbinghaus, 1885의 자료)

목록 학습 후 경과한 시간(일)

출처: Nairne, *Psychology*, 6E. © 2014 Cengage Learning.

는 경우에서 보듯이, 종종 망각은 기억을 인출하지 못한 결과이다. 그래서 기억 연구자들은 간섭(interference)을 망각의 주된 원인으로 생각한다. 기억 항목들이 유사하거나 시간적으로 가까이 있으면, 기억해야 할 표적이 유사한 것과 혼동될 수 있다. 순행간섭은 이전에 경험한 일이 나중의 기억을 방해하는 것인데, 예컨대 앞 시간에 들은 학생들 명단 때문에 현재 시간의 명단에서 본 이름이 잘 기억나지 않는 것이다. 역행간섭은 조금 전에 수행한 과제가 그 이전에 수행한 다른 과제의 기억을 방해하는 것을 말한다. 식당의 종업원이 주문을 받는 중에 방해를 받아서, 옆 좌석에서 먼저 주문 받은 내용을 기억하지 못하는 것이 역행간섭의 예이다. 간섭의 결과로 적절한 항목의 활성화가 억제될 수 있다.

간섭을 줄이기 위해서는, 기억 항목들이 서로 잘 구별되도록 하여야 한다. 이와 관련해서 정교화, 심상 등이 사용될 수 있는데 앞의 부호화 절을 참조하라. 혹은 기억 항목과 맥락과의 연합을 독특하게 하는 방법도 있다. 반복 연습을 통해 기억 항목이 잘 활성화될 수 있게 하는 것은 다른 항목으로부터의 간섭을 이겨낼 수 있게 해 준다.

Box 3.1.

기억 증진

기억에는 여러 변수가 개입한다. 한 요인은 주의인데, 단순한 반복이 아니라 적극적인 노력을 말한다. 주의는 기억 항목의 부호화뿐만 아니라, 맥락에서 인출 단서 활용하기에 중요하다. 기억 항목을 독특하게 만들면 다른 것과의 혼동이 줄어든다. 풍부한 배경 지식은 정교화나 조직화에 도움을 준다. 즉 많은 정보를 바탕으로 새 정보를 더 잘 기억할 수 있다. 기억에 관한 심리학 연구 결과들을 잘 이해하고 응용한다면, 기억 증진에 도움을 받을 수 있다.

흔히 도움되리라고 믿는 기억술은 대체로 인위적인 방법인데 그것을 훈련하고 유지하는 데에 많은 노력이 계속 요구된다. 쉽게 배울 수 있는 방법만을 활용하는 것이 좋다. 그중 '장소법'은 익숙한 장소에 대한 심상 안의 여러 위치에 항목들을 배치하여 기억하는 방법인데, 심상을 잘 사용하는 사람에게는 유용할 것이다(다른 기억술은 인지심리학 교재 참조).

기억 증진을 위한 좀 더 장기적인 계획을 적용할 수 있다. 예컨대 집중학습(massed learning) 대신 분산학습(spaced learning)을 하는 것이다. 집중학습은 벼락치기 공부처럼 학습시간을 한꺼번에 사용하는 것인 반면, 분산학습은 총 학습 시간을 여러 부분으로 나누고 그 사이에 간격을 두는 것이다. 집중적으로 3번 몰아서 학습하는 것보다 시간을 두고 나누어서 3회 학습하는 것이 더 효과적이다. 아마도 한 가지 이유는 분산학습에서 기억 항목이 더 다양한 맥락, 그리고 다양한 인출단서와 연합될 가능성이 높다는 것이다. 다른 이유는 분산학습이 약간 더 어려운데 이것이 더 깊은 정보처리를 이끈다는 것이다. 시험효과(testing effect)도 유의할 만한데, Box 그림 3.1.은 여러 번 다시 읽은 집단보다 다시 시험 보는 집단의 기억율이 더 높으며 그 효과는 시간이 갈수록 더 크다는 것을 보여준다. 이때 이미 인출에 성공한 문제도 되풀이하여 시험 보는 것이 효과적이었다. 합쳐 보면, 적절한 간격을 두고 분산학습을 하면서, 또한 시험을 병행하는 것이 효과적이다.

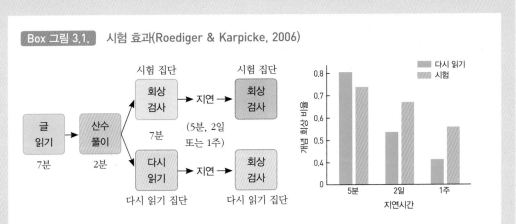

Box 그림 3.1. 시험 효과(Roediger & Karpicke, 2006)

출처: Goldstein, *Cognitive Psychology*, 4E. © 2015 Cengage Learning. (왼쪽), H. L. Roediger & J. D. Karpicke, Test-enhanced learning: Taking memory tests improves long-term retention, *Psychological Science*, 17, 249 – 255, 2006. (오른쪽)

3.4. / 사고와 문제해결

많은 철학자나 사상가들이 인간을 만물의 영장이라 보면서, 그 근거의 하나로서 인간의 이성, 즉 합리적 사고 능력을 들었다. 로댕의 '생각하는 사람'이 받는 찬사는 그 예술적 탁월함 외에도 '생각' 자체에 대한 존중에도 기인할 것이다. 생각, 즉 사고는 어떤 주장들이나 상황을 머릿속에서 구성하고 관계를 판단하는 것이라고 생각된다. 사고(thinking)는 대체로 의식적이고 노력이 드는 작업인데, 여러 무의식적 과정이 배후에서 사고 과정을 지원한다. 예를 들면, 공간 관계를 지각하고, 단어의 의미와 연관성을 파악하고, 간단한 셈이 자동으로 수행된다. 기초적인 기능이 자동으로 혹은 무의식적으로 수행되기 때문에, 우리는 용량이 제한된 작업기억을 기초적 일에 쓰지 않고, 좀 더 고차적인 사고에 투입할 수 있다.

사고의 다양성

맛있는 음식을 생각하거나 간밤에 황당한 꿈을 꾸는 것에서부터 토론에서 자신의 주장을 지키기 위해 궁리하는 것에 이르기까지 사고의 범위는 무척 넓다. 그중의 일부만이 심리학적으로 연구되고 있다. 사고의 대표적인 형태인 논리적 사고의 경우 전제들로부터 결론을 도출해 나가는 연역(예, 삼단논법)이나 수리적인 증명(예, 피타고라스 정리)은 새롭고 타당한 결론을 얻기 위해, 많은 규칙을 적용해야 한다. 여기에서는 출발점과 목표, 그리고 적용 규칙이 분명히 정의되는 경우가 대부분이다. 어떤 면에서 논리적 사고는 가장 기계적인 형태의 사고이다. 사실, 컴퓨터 프로그램은 이를 잘하지만, 인간은 이런 종류의 사고에 가장 취약하다.

연역의 반대편에 귀납이 있는데, 이것은 경험 자료들로부터 일반적인, 혹은 개연적인 결론을 얻는 과정이다. 인간의 사고나 판단은 귀납에 의존하는 경우가 많다. 상반되는 주장들 중 어느 쪽이 옳은지에 대해 사람들은 어느 쪽이 더 많은 지지를 받는지를 고려한다. 몇몇 정보들을 일반화하는 것은 인간의 지각과 인지의 특성으로 보이기도 한다. 예를 들면 요즘 인기 있는 아이템이 무엇인가에 대해 어디서 배우거나 일일이 확인하지 않더라도, (모든 사람은 아니지만) 사람들은 재빨리 파악한다. 이런 판단을 부정확할 수 있는데, 일상에서 사람들이 사용하는 방법이 철저한 것이 아니라 어떤 편법에 의존하기 때문이다.

심리학에서는 많은 사고를 문제해결로 이해한다. 문제는 해결책을 필요로 하는 조건이다. 일상생활은 문제로 가득 차 있다. 쇼핑하기, 친구와 약속하기, 편지쓰기, 게임하기 등. 문제해결(problem solving)은 문제의 초기 상태에서 목표 상태로 이르는 방법을 찾는 과정으로 생각할 수 있다. 연구자들은 '잘 정의된 문제'와 '잘 정의되지 않는 문제'를 구별한다. 수학 문제나 보드 게임 등은 목표가 뚜렷하고, 목표에 도달하는 방법도 (복잡하더라도) 분명한 편이기 때문에 잘 정의된 문제에 속한다. 이런 문제에서는 문제해결의 표준 전략, 즉 정해법(algorithm)이 존재하는데, 대표적인 것이 수학 공식(예, 이차방정식 근의 공식)이다. 반면에 선물하기 혹은 감동적인 편지를 쓰기 등은 목표가 있지만 그것을 구체적으로 어떻게 달성하는지에 대해서는 말할 수 없는 '잘 정의되지 않은 문제'이다. 여기에는 최상의 해결책이 없다. 그러므로 여러 가지 편의법(heuristic, 혹은 어림법)이 동원된다. 창의성이 필요한 문제는 대체로 잘 정의되지 않은 문제이다.

문제의 표상과 유추

　문제해결의 첫 관문은 문제의 표상이다. 표상은 문제를 심리적으로 표현하는 것을 말한다. '아홉 개의 점' 문제는 그림 3.10.의 점들을 연필을 떼지 않고 네 개의 선분으로 연결하는 문제이다. 문제의 서술은 쉽게 이해되지만, 답은 금방 떠오르지 않는다. 그러나 선분이 아홉 개 점을 둘러싸는 정사각형 틀을 벗어날 수 있다고 표상하면, 문제는 쉽게 풀린다. 다른 예는 그림 3.11.에 있는데, 대각선으로 놓인 양쪽 모퉁이가 없는 체크무늬의 바닥을, 흰색과 검정색이 붙어 있는 작은 타일 조각들로 채우는 것이다(답은 이 장의 읽을거리 다음에 있음).

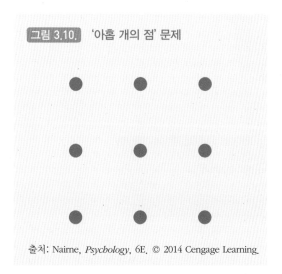

그림 3.10. '아홉 개의 점' 문제

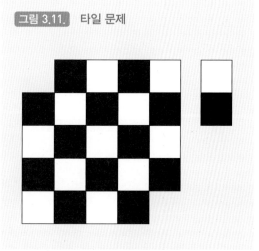

그림 3.11. 타일 문제

출처: Nairne, *Psychology*, 6E. © 2014 Cengage Learning.

많은 일들이 정례적으로 이루어지는 일상생활에서 우리 사고는 도식적이기 쉽다. 즉 다른 식으로 생각하기가 어렵다. 그림 3.12.의 문제는 천장에 매달린 두 끈을 연결하는 것이다. 한쪽 끈을 잡고 다른 쪽 끈을 잡으려 하면 팔이 닿지 않는다. 많은 사람들이 이 문제를 즉각 풀지는 못한다. 한 가지 힌트는 바닥에 있는 물건을 끈에 묶어 추로 사용하는 것이다. 만일 바닥에 추가 있었다면 이 문제는 더 빨리 풀렸을 것이다. 사람들의 사고가 물건의 일상적인 기능에 고착(기능적 고착 functional fixation)되어 있으면 창의적 해결책을 얻기가 어렵다. 페트병을 어떤 새로운 용도로 쓸 수 있는지 생각해 보라.

문제해결이 되지 않은 상태에서 갑자기 해결책이 얻어지는 일을 통찰(insight)이라 한다. 앞에서 나온 '아홉 개의 점' 문제나 '타일' 문제에서 어떤 독자는 통찰을 경험했을 것이다. 통찰은 문제 표상이 적합한 형태로 갑자기 전환된 결과일 것이다. 쾰러가 연구한 침팬지는 우리 너머에 있는 바나나를 집으려 해도 손이 닿지 않아서 좌절했는데, 시간이 지난 뒤 작은 막대기로 큰 막대기를 끄집어낸 다음 두 개

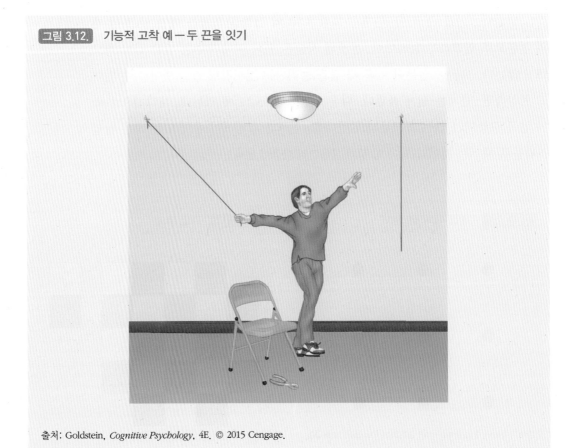

그림 3.12. 기능적 고착 예─두 끈을 잇기

출처: Goldstein, *Cognitive Psychology*, 4E. © 2015 Cengage.

를 끼워서 이었다. 통찰이 오랜 시간 후에 나타날 수도 있는데, 부화(incubation)는 오랫동안 풀리지 않아서 제쳐 두었던 문제가 시간이 지나 갑자기 해결되는 현상을 말한다. 부화는 문제를 방치해 두는 동안, 문제 표상이 잘못된 상태에서 벗어나 적절하게 재구성되었기 때문이라고 볼 수 있다. 케큘레(Kekulé)는 벤젠의 분자식을 찾으려 하였지만 잘 되지 않았다. 어느 날 그는 백일몽에서 뱀이 제 꼬리를 무는 것을 꿈꾸었다(다른 버전도 있다). 그는 꿈에서 깨어 '고리 모양의' 벤젠 분자식을 스케치할 수 있었다.

유추

이미 해결책을 알고 있는 문제를 새 문제에 응용하는 것을 유추(analogy)라고 한다. 수학 책에서 예제는 비슷한 문제를 푸는 데 유추의 대상이 된다. 더운 날이면 종종 에어컨 온도 설정을 마구 낮추고, 더 차가운 바람이 나올 것으로 기대한다. 수도꼭지를 세게 틀거나, 선풍기 스위치를 세게 돌리면 더 많은 출력이 나오는 것을 보았기 때문이다. 그러나 에어컨은 설정 온도가 될 때까지 작동할 뿐이므로, 온도를 아주 낮게 설정한다고 해서 더 차가운 바람이 나오지 않는다. 즉, 유추가 잘못된 것이다. 문제의 구조 혹은 심층 표상이 비슷할 때, 적절한 유추가 성립할 수 있다. 예를 들면, 두 사람이 서로 맞은편에서 출발하여 중간에서 만나는 문제는 이동 수단이 무엇이든, 어떤 종류의 경로이든, 구하는 것이 시간이든 거리이든, 거의 모두가 같은 종류의 문제이다. 초보자는 문제에 포함된 이동 수단이나 구하는 값의 종류에 현혹되지만, 숙련자는 그렇지 않고 문제의 심층 구조를 파악한다. 그래서 전문가는 문제해결에 유추를 더 잘 활용할 수 있다. 공학자들은 동물이나 식물의 구조에서 공학적 문제를 유추하려고 한다. 예를 들어 연잎 표면의 미세한 털이 물방울을 밀어내는 현상에서 방수 코팅의 원리를 찾는 것이다. 여러분은 아마 다른 예도 알고 있을 것이다.

수단-목표 분석

어떤 문제는 문제의 표상은 분명한 반면, 목표에 이르는 도중에 많은 선택지가 있다. 이 경우에는 선택지들을 일일이 확인하거나 적절한 방법을 써서 골라야 한다. 선택지의 수는 문제마다 다를 것인데, 19×19줄의 바둑에서는 돌을 둘 수 있는 곳(선택지)이 아주 많지만 삼목게임(tic-tac-toe)에서는 돌을 둘 곳이 몇 곳 되지 않는다. 서로 다른 선택지들의 총수를 문제공간(problem space)이라고 한다. 이런

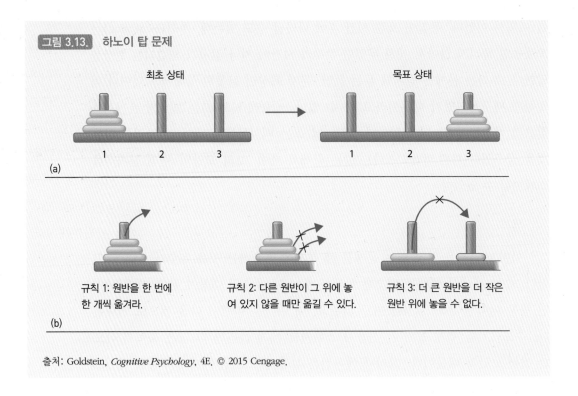

그림 3.13. 하노이 탑 문제

최초 상태 → 목표 상태

1 2 3 (a)

규칙 1: 원반을 한 번에 한 개씩 옮겨라.

규칙 2: 다른 원반이 그 위에 놓여 있지 않을 때만 옮길 수 있다.

규칙 3: 더 큰 원반을 더 작은 원반 위에 놓을 수 없다.

(b)

출처: Goldstein, *Cognitive Psychology*, 4E. © 2015 Cengage.

문제에서 문제해결은 문제공간에서 해결책에 이르는 선택지들을 차례대로 선택하는 일인데, 이를 문제공간의 탐색이라 한다. 문제공간이 크지 않으면, 문제공간 전체를 탐색하고 비교해서 최선의 해결책을 찾을 수 있다. 예를 들면, 네비게이션에서 (지도가 맞다는 전제에서) 추천한 최단 경로, 혹은 보드게임에서 컴퓨터 프로그램의 응수가 그렇다. 그러나 바둑처럼 방대한 문제공간을 사람이 모두 탐색하기는 불가능하기 때문에, 바둑 기사는 소위 바둑의 정석이나 실전 경험을 참고하여 몇 개의 선택지만을 탐색하는 편의법을 쓰게 된다.

교정의 잔디밭에 나 있는 길을 보면, 사람들이 지름길을 좋아한다는 것을 알 수 있다. 지름길은 목표와의 차이를 가장 빨리 줄이는 길인데, 장애물이 없다면 지름길이 선택될 것이다. 도시의 빌딩 숲처럼 목표가 저 멀리 있고, 그 사이에 많은 장애물이 있다면 어떻게 길을 찾을 것인가? 대부분의 사람들은 목표까지 가기 위해 거쳐야 하는 경유 지점들을 설정할 것이다. 이 경유점은 문제해결에서 하위목표(subgoal)에 해당한다. 한 번에 목표에 도달할 수 없으면, 적절한 하위목표(들)를 설정하고, 차례대로 하위목표를 달성하면 결국 최종 목표에 도달할 것이다. 이런 접근법을 수단-목표 분석(means-ends analysis)라고 한다. 수단-목표 분석은 문제공간에서 해결책을 찾아 나가는 일반 전략의 하나이다. 뉴웰과 사이먼(Newell &

Simon, 1972)은 이 접근을 채택한 AI 프로그램인 일반 문제해결자(Genreal Problem Solver)를 개발했다.

하노이 탑 문제(그림 3.13.)는 1번 막대에 꽂혀 있는 세 원반을 모두 3번 막대로 옮기는 것이다. 규칙은 (1) 한 번에 하나씩 옮겨야 하며, (2) 더 작은 원반 위에 더 큰 원반이 놓여서는 안 된다는 것이다. (더 읽기 전에 풀어보기 바란다.) 최초에 가능한 이동은 작은 원반을 2번 혹은 3번 막대로 옮기는 것이다. 그 다음에 중간 원반을 비어 있는 (각각, 3번 혹은 2번) 막대로 옮길 수 있다. 그 다음에는? 계획 없이 마구 옮기다 보면 이전 상태로 돌아가게 되기도 한다. 이 문제는 적절한 수단-목표 분석으로 효율적으로 해결될 수 있다. 위의 규칙 (2)에 따르면, 모든 원반을 3번 막대로 모두 옮기기 위한 하위목표는 큰 원반을 비어 있는 3번 막대로 먼저 옮기는 것이다. 그러려면 작은 및 중간 원반은 2번 막대에 있어야 한다. 중간 원반을 2번 막대로 옮기려면 작은 원반은 3번 막대로 갈 수밖에 없다. 그렇지만 사람들은 작은 원반을 3번 막대로 옮기면, 남은 두 원반이 가야 할 자리가 없어지는 것처럼 생각하기 때문에 이를 주저한다. 문제해결 과정에서 목표와의 차이가 줄어드는 방향을 선호하는 경향이 오히려 문제해결을 가로막는 장애가 될 수 있다. 여기에서 하위목표를, 작은 원반을 2번 막대에 옮기는 것으로 잘못 정하면 문제해결이 어려워진다.

문제를 푸는 일정한 방식이 있으면 그 방식이 나쁜 영향을 줄 수도 있다. 계산기를 자주 쓰는 사람은 간단한 덧셈을 하는 데도 계산기를 쓴다. 즉 계산기를 쓰도록 마음이 준비되어 있기 때문인데, 이를 마음갖춤새(mental set)라고 한다. 물병에 물을 알맞게 붓는 문제를 보자(그림 3.14.). 이 문제에서 원하는 양의 물을 따르기 위

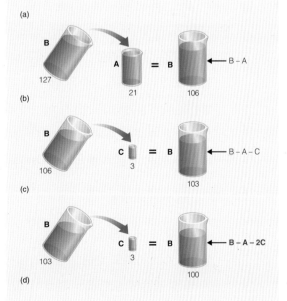

그림 3.14. 물병 따르기

	용량			
문제	주전자 A	주전자 B	주전자 C	원하는 양
1	21	127	3	100
2	14	163	25	99
3	18	43	10	5
4	9	42	6	21
5	20	59	4	31
6	20	50	3	24
7	15	39	3	18
8	28	59	3	25

(a)

(b)　B 127　A 21　= B　← B − A　106

(c)　B 106　C 3　= B　← B − A − C　103

(d)　B 103　C 3　= B　← B − A − 2C　100

출처: Goldstein, *Cognitive Psychology*, 4E. © 2015 Cengage.

해서는 B−A−2×C 조작을 해야 한다. 첫째 문제부터 이 문제를 풀어 나가다 보면 8번째 문제처럼 A−C 조작으로 쉽게 풀 수 있는 경우에도 더 복잡한 계속 써 온 방식대로 풀게 된다. 문제를 푸는 동안 물병 따르기는 이렇게 한다는 마음갖춤새가 생긴 것이다.

판단과 의사결정

인간은 끊임없이 판단하고 결정한다. 유행을 판단하고 유·불리를 평가하고, 여행지를 결정한다. 판단(judgment)은 대상이나 사건의 상태가 어떠한지를 평가하거나 그것에 대한 의견을 갖는 것을 말하고, 의사결정(decision-making)은 여러 선택지들 중 하나를 고르는 것이다. 가능한 상태들을 여러 대안들로 구분하면 판단 문제는 의사결정 문제가 되므로, 이 둘은 교환하여 사용되거나 함께 사용되는 경우가 많다.

카메라 구입 문제를 생각해 보자. 디자인, 상표, 기능(예, 초점 거리), 가격, 액세서리, 크기 등 고려 사항이 많다. 비교 대상인 제품의 수가 많다면 비교해야 할 정보의 양이 엄청나게 된다. 인간의 작업기억 용량은 제한되어 있기 때문에, 모든 정보를 검토하고 복잡한 비교와 종합 판단을 하는 것은 매우 어려운데, 어떤 공식을 쓰지 않는 한 컴퓨터를 이용해도 마찬가지이다. 게다가 사람들은 인지적 경제성을 추구하는, 다시 말해 인지적으로 많은 노력을 들이는 것을 좋아하지 않는 경향이 있다. 그렇다면 이 문제를 어떻게 해결하는가? 예컨대 여러분은 관심 있는 고려 사항(예, 가격이나 디자인) 중심으로 비교해야 할 후보들을 줄일 수 있다. 혹은 마트에서 물건 살 때 종종 그러는 것처럼 자신이 중시하는 기준의 충족 여부만을 확인할 수도 있다. 혹은 판단을 남에게 맡기는, 즉 전문가나 친구나 판매원의 조언이나 평판을 따르는 방법도 있다. 이보다 더 많은 해결 방법이 있을 것이다. 그런데 재난 상황이나 경제 문제에서처럼, 주어진 정보가 부족하거나, 불필요한 정보를 포함하여 너무 많은 정보가 있는 상황에서는 판단과 의사결정은 한층 더 어려워진다.

편의법과 편중

상황이 애매모호하거나 불확실한 경우에 사람들은 경험과 지식을 동원하며, 상황을 이해하려고 한다. 이 과정에서 사람들은 불확실하고 복잡한 판단을 우회하여 빠른 결론에 도달하는 경향이 있다. 예를 들면 불분명한 정보를 확신하고, 사소한 정보를 심각하게 받아들이고, 종종 더 그럴싸하지만 증명되지 않은 해석으로 기울어진다. 즉 판단과 의사결정에서 여러 가지 편의법(heuristic)이 동원되며, 이로 인해 여러 가지 편중(biases)이 발생한다(Kahneman, Slovic, & Tversky, 1982). 그중 중요한 몇 가지는 다음과 같다.

자동차 사고 사망자는 비행기 사고 사망자보다 더 많다. 그럼에도 사람들은 그 반대로 생각하는데, 그 이유 중 하나는 비행기 사고가 더 크게 뉴스에서 보도되어서 더 잘 기억된다는 것이다. 머리에서 더 잘 떠오르는 것을 더 흔하다고 판단하는 것을 가용성(availability) 편법이라 한다. 미국 대학생에게 네 철자로 된 영어 단어 중 'k'로 시작하는 단어(예, king)가 많은지, 아니면 'k'가 세 번째 위치에 있는 단어(예, cake)가 더 많은지를 물었다. 그들은 전자가 더 많다고 판단했는데, 실제로는 후자가 세 배나 더 많다. 자신들이 쓰는 단어들에 대해 이런 오판을 하는 이유는 첫 낱자가 'k'인 단어는 생각해 내기 쉽지만 셋째 낱자가 'k'인 단어는 생각해 내기가 어려운, 즉 가용성이 낮은 때문일 것이다. 실제 위험들의 발생 빈도에 대한 사람들의 추정치는, 가용한 사건들의 확률을 높게 보는 식으로, 상당히 편중되어 있다. 이로 인해 자주 발생하지 않지만 중요한 위험에 대한 경고나 징후는 평소에 저평가되기 쉽다.

사람들은 세상을 통계적인 사건으로 이해하기보다는 의미 있는 연관성으로 이해하려 하는 것 같다. 남자 성인의 70%가 공학도 출신이고 30%가 문과 출신인 마을에 사는 어떤 사람을 소개하면서, "그는 일본화를 좋아하며, 부드럽고, 역사에 관심이 많고, 음악 감상이 취미이다"라고 했더니, 이 문장을 읽은 대부분의 대학생은 이 사람이 문과 출신이리라고 짐작했다. 대학생들은 문과 출신과 공학도 출신의 비율, 즉 기저율을 거의 고려하지 않았고, 그 사람의 특징이 대표적인 문과 출신과 더 유사하다는 데에 주목하였다. 이런 판단의 편의법을 대표성(representativeness)이라고 한다. 만일 "그 사람은 키가 크고 파란 색을 좋아한다"는 서술에 대해서는 어떻게 판단할까? 그 답은 이런 특징들과 전공이 어떤 관련이 있는지에 대한 여러분의 생각에 달려 있다.

사람들은 자신의 생각을 지지하는 증거를 찾는 데에 능숙하지만, 그 가설을 기각하는 증거를 알아보는 데에는 능숙하지 못한데, 이를 확증 편중(confirmation bias)이라고 한다. 예를 들면 프린터기가 작동하지 않을 때, 그것이 낡아서 고장 났다고 생각하게 되면, 전원의 접촉 불량이나 무선 신호의 연결 문제 등의 다른 가능성을 잘 확인하지 않는다. 다시 말해 자신의 선입견과 다른 가능성을 제대로 고려하지 않는 경향이 있다. 안전사고가 발생하기 전에는, 신호장치의 불량이나 졸음이 사고의 원인이 될 수 있다는 것을 높게 평가하지 않는다. "조금 더 조심하면 혹은 잘 이겨내면 되지"라는 식으로 생각한다. 그러나 사고가 발생하면, "그럴 줄 알았다"는 식으로 신호장치 불량이나 졸음을 사고의 원인으로 쉽게 판정한다. 이미 발생한 일의 가능성을 더 쉽게 받아들이는 것을 후견지명 편중(hindsight bias)이라 한다.

문제를 진술하는 방식에 따라 문제에서 주목하는 내용이 달라지고, 문제를 이해하는 관점이 달라질 수 있다. 예컨대 같은 수술을 성공가능성이 75%라고 하느냐 실패가능성이 25%라고 하느냐에 따라 수술에 동의하는 정도가 달라진다. 또 어떤 치료약이 환자의 25%를 살린다고 할 때보다 400명 중 100명을 살린다고 할 때, 그리고 400명 중 300명을 죽인다고 할 때보다 75%를 죽인다고 할 때(실제로는 모두 동등한 선택지들이다), 사람들이 그 약을 더 많이 선택하였다. 문제를 진술하는 방식에 따라 의사결정이 달라지는 현상을 틀 효과(framing effect)라고 한다. 트버스키와 카너먼(Tversky & Kahneman, 1981)은 사람들은 이익보다 손실을 더 심각하게 느끼기 때문에, 실질적으로 같은 문제라 할지라도 이익을 고려할 때는 안정적인 선택을 하지만, 손실에 직면하면 손실을 회피할 가능성을 쫓아 모험적인 선택을 한다는 전망이론(prospect theory)으로 틀 효과를 설명하였다. 사람들이 갖는 틀의 선택에는 손익 외에도 문화나 정치적 견해도 영향을 줄 것이다.

판단과 의사결정 주제는 사고에 대한 연구를 넘어서서 위험의 판단, 경영 판단, 정치적 판단 등 여러 영역으로 확장되었으며, 경제 행동을 바라보는 새로운 시각, 즉 행동경제학을 낳았다. 이 공로로 카너먼은 노벨 경제학상을 받았다. 다른 연구자들은 사람들이 편의법과 편중만을 보이는 것이 아니라, 자연스러운 실제 상황에서는 사람들이 경험을 통해 형성된, 나름대로 유용한 판단과 결정의 도식을 사용한다는 것을 지적한다(Klein, 2012).

3.5. / 결론

인지과정은 지적 능력의 기초이다. 사고, 문제해결, 판단과 추리, 언어와 같은 복합적인 인지과정은 주의와 기억과 같은 더 기초적인 인지능력을 기반으로 한다. 주의는 심적 자원을 동원하는 과정인데, 작업기억과 더불어 인지 과제의 수행을 통제하는 데 핵심적인 역할을 한다. 작업기억은 경험을 일시적으로 저장하고 의식하면서 필요에 따라 장기기억으로 옮기거나, 장기기억 내용을 인출하여 사물의 재인, 언어 처리와 추리, 문제해결 등의 과제를 처리한다. 인지과정은 정서(감정) 처리와 영향을 주고받으며 인간이 환경에서 융통성 있게 대처하고 적응하는 데 필수적인 역할을 한다.

초기에 인지는 마음이 정보나 상징을 처리하는 과정으로 이해되었다. 이 외에도 최근에는 컴퓨터 시뮬레이션, 뇌과학, 환경에 대한 새로운 관점 등을 반영하여 인지에 대한 연구 접근이 다양해지고 풍부해졌다. 이에 관해서는 고급서를 참조하기 바란다. 인지심리학은 앎과 지식의 핵심을 탐구하는 인지과학의 중추적인 분야이며, 또한 뇌과학과 인공지능 연구의 기초를 제공하며, 언어학 연구에서도 일익을 담당한다.

인간 행동의 인지적 측면은 심리학의 여러 영역, 신경과학, 발달, 성격, 및 사회 심리학 등의 기초 분야뿐만 아니라, 산업, 공학, 소비자광고, 법, 신경인지, 임상 심리학 등의 응용 분야에서도 연구된다. 인지심리학은 심리학 밖의 여러 분야, 교육학, 경영학, 정치학, 신문방송학, 인류학, 예술학 등에도 중요한 영향을 미치고 있다. 산업적인 영역에서도 인지심리학은 교수 및 학습법, 상업용(예, 은행) 정보처리 시스템, 제품 인터페이스, 인터랙션 디자인, 게임, 가상환경 설계 등의 개발에 응용되고 있으며, 미래 세상에서 로봇이나 무인자동차, 탐사선 등 지능적인 시스템의 개발에 크게 기여할 것이다.

요약

1. 인지는 인간의 지적 능력과 활동의 기초를 다루는데, 지각, 주의, 기억, 언어, 사고, 문제해결 등의 주제가 여기에 속한다.
2. 주의는 과제를 더 잘 처리하기 위해 심적 자원을 동원하는 과정을 말하며, 선택주의, 초점주의, 분할주의, 지속주의 등으로 분류된다.
3. 여러 특징의 결합으로 정의되는 사물의 지각에는 초점주의가 필요하며, 둘 이상의 과제를 동시 수행하기 위해서는 주의의 분할이 필요하다.
4. 작업기억은 정신적인 작업대로서 유지 시간이나 용량 등이 제한되지만, 사태를 의식하고, 주의와 더불어 행동을 통제하며, 사고와 문제해결, 언어 등에 핵심적 역할을 한다.
5. 배들리의 작업기억 모형은 시공간그림판, 음운고리, 및 일화버퍼와 이들을 조정하고 추상적 과제를 수행하는 중앙집행기로 구성된다.
6. 장기기억은 오랫동안 유지되는 잠재적 기억 저장고로서 일화기억, 의미기억을 포함하는 외현기억과, 절차기억, 고전적 조건형성 반응, 점화를 포함하는 암묵기억으로 구분된다.
7. 의미기억은 세상사에 관한 일반 지식을 개념과 같은 의미부호로 표상하며, 기억 항목들의 관계는 개념들의 연합망으로 이해될 수 있다.
8. 기억과정은 저장, 파지, 인출로 구분되는데, 좋은 기억에는 효과적인 부호화와 적절한 인출 단서의 확보가 중요하다.

9. 문제해결은 문제의 초기 상태에서 목표 상태로 이르는 과정이다. 적절한 문제 표상이 중요하지만, 수단-목표 분석 같은 일반적인 전략을 써야 할 때도 있다.

10. 판단과 의사결정에서 사람들은 정확하지만 복잡한 방법을 쓰는 대신, 가용성이나 대표성과 같은 편의법에 의존하고, 또 확증 편중이나 후견지명 편중을 보인다.

추가 읽을거리

- 매틀린 (2015). **인지심리학**[*Cognitive psychology*, 8th ed.]. (민윤기 역). 서울: 박학사. (원전은 2014년 출판)
- 곽호완·박창호·이태연·김문수·진영선 (2008). **실험심리학 용어사전**. 서울: 시그마프레스.
- 채브리스, 사이먼스 (2011). **보이지 않는 고릴라**[*The invisible gorilla*]. 서울: 김영사. (원전은 2010년 출판)
- 배들리 (2009). **당신의 기억**[*Your memory*]. (진우기 역). 고양: 예담. (원전은 2004년 출판)
- 핼리넌 (2012). **우리는 왜 실수를 하는가**[*Why we make mistakes*]. (김광수 역). 파주: 문학동네. (원전은 2009년 출판)
- 카너먼 (2012). **생각에 관한 생각**[*Thinking: Fast and slow*]. (이진원 역). 파주: 김영사. (원전은 2013년 출판)
- 기가렌처 (2008). **생각이 직관에 묻다**[*Gut feelings*]. (안의정 역). 파주: 추수밭. (원전은 2007년 출판)
- 노만 (2016). **디자인과 인간심리**[*The design of everyday things*, rev. ed.]. (박창호 역). 서울: 학지사. (원전은 2013년 출판)

연습문제

A형

1. 주의 선택에 따라 지각이나 기억이 달라진 예를 들어라.

2. 동시에 두 가지 일을 하는 다중작업의 효율성이 떨어지는 이유를 주의와 관련지어 설명하라.

3. 작업기억의 유지 시간을 판정하기 위해 연구자들은 어떤 실험 절차를, 왜 고안하였는가?

4. 암묵기억 내용은 의식적으로 판단할 수 없는데, 그렇다면 어떤 방법으로 암묵기억의 존재를 알 수 있는가?

5. 점화효과를 설명하라. 그리고 점화효과 패턴을 볼 때 장기기억 항목들은 어떻게 조직되어 있는가?

6. 어떤 항목을 깊게 처리하면 더 잘 기억될 수 있다. 여기에서 처리의 깊이(수준)가 뜻하는 바는 무엇인가?

7. 기억 인출에서 맥락은 왜 중요한지를 설명하라.

8. 시험공부에 효과적인 학습 계획을 2가지 들고, 그 이유를 설명하라.

9. 문제해결에서 표상이 결정적 역할을 하는 예와 그렇지 않은 예를 들라.

10. 수단 – 목표 분석으로 문제를 해결할 때 어느 단계에서 어려움을 겪는가? 그 이유는 무엇인가?

11. 인물이나 사건 판단에서 내가 가진 틀에 따라 판단이 달라진 경험이 있는가? 아니면 사회적인 이슈의 경우에 그런 예를 발견할 수 있는가?

B형

1. 한 메시지에 주의하면 다른 메시지를 잘 알아차리지 못하는 현상과 무관한 것은?

　① 칵테일파티 현상　　② 초기 선택
　③ 최면　　　　　　　④ 선택주의

2. 초점주의를 잘못 설명하고 있는 것은?

　① 어떤 것이든 초점주의가 필요하다.
　② 순차적으로 주의가 주어진다.
　③ 위치나 대상 중심으로 주의를 준다.
　④ 특징 통합에 필요하다.

3. 다음 보기들 중 (단기)작업기억의 주요 특징들로 묶어진 것은?

> 가) 20초가량의 유지 시간
> 나) 의미 부호를 사용한다
> 다) 청크 단위로 저장한다
> 라) 무의식적으로 통제된다
> 마) 시연(암송) 과정이 있다

　① 가, 나, 라　　② 가, 다, 마
　③ 나, 다, 라　　④ 나, 라, 마

4. 작업기억의 구성성분 중, 논리 관계를 판단하고 반응을 결정하는 일을 하는 것은?

　① 시공간그림판　　② 음운고리
　③ 일화버퍼　　　　④ 중앙집행기

5. 자유회상과제에서 계열위치효과는 어디에서 생기나?

　① 작업기억　　　　② 장기기억

　③ 작업 및 장기기억　　④ 절차기억

6. 자전거를 어떻게 타는지, 신발 끈을 어떻게 매는지에 대한 기억과 관련되지 않는 것은?

　① 암묵기억　　　　② 무의식적
　③ 절차기억　　　　④ 신속한 쇠퇴

7. 좋은 기억에 도움이 되는 효과적인 부호화에 이용되기 힘든 것은?

　① 형태에 집중하기　　② 심상 생성하기
　③ 청크 만들기　　　　④ 자기와 관련 짓기

8. 장기기억의 인출에 대한 설명들 중 옳은 것만 묶은 것은?

> 가) 설단 현상은 기억 항목의 쇠퇴 징조이다
> 나) 기억 항목의 목록을 탐색하는 과정이다
> 다) 의미적이지 않은, 정서적 단서도 유용하다
> 라) 배경지식이 기억 인출에 영향을 준다

　① 가, 나　　　　② 다, 라
　③ 가, 다　　　　④ 나, 라

9. 같은 과목을 계속 공부하는 것보다 다른 과목과 바꿔 가며 공부하는 것이 좋다면, 이에 대한 가장 그럴 듯한 인지심리학적 설명은?

　① 여러 가지 기억 흔적을 만들므로
　② 과목 간 간섭이 적으므로
　③ 공부에의 흥미를 높이므로
　④ 주의 전환이 필요해서 효과가 없다

10. 잘 정의되지 않은 문제를 풀려 할 때 가장 적절하지 않은 접근은?

① 문제를 다른 식으로 표상해 본다.

② 이전의 비슷한 문제를 탐색해 본다.

③ 수단-목표 분석 접근을 이용한다.

④ 여러 가지를 연상해 본다.

11. 문제해결에서 관찰되는 현상이 아닌 것은?

① 문제를 계속 풀면, 사람들은 언제나 가장 간단한 해결책을 찾아낸다.

② 물건의 일상적인 사용 방식과 다른 사용 방식을 잘 생각하지 못한다.

③ 문제해결이 가까워지는데도 오히려 멀어지는 것처럼 보일 때가 있다.

④ 풀지 못한 문제의 해결책이 시간이 지난 뒤 갑자기 떠오르기도 한다.

12. 판단과 의사결정에 관한 현상으로 옳은 설명들을 묶은 것은?

> 가) 후견지명 편중은 나중에 생각해 보면 더 잘 판단한다는 것이다.
>
> 나) 확증 편중은 가설을 지지하는 증거를 더 잘 찾는 것을 말한다.
>
> 다) 틀 효과는, 문제의 틀을 주면 더 극단적인 해결책을 선택하는 현상이다.
>
> 라) 대표성은 해당 범주를 얼마나 잘 대표하는지가 기준이 된다는 말이다.

① 가, 나   ② 다, 라

③ 가, 다   ④ 나, 라

그림 3.11.의 정답

흰색 조각과 검은색 조각이 붙은 타일로 바닥을 깔면, 바닥에서 흰색 조각의 수와 검은색 조각의 수는 같아야 한다. 그림의 바닥을 보면, 흰색이 검은색보다 1개 부족하다. 그러므로 정답은 '불가능하다'는 것이다. 타일을 바닥에 이리저리 맞추어 보는 대신, 타일 조각의 '수'로 바꾸어 표상하면 문제가 쉽게 해결된다.

B형 정답

1. ③ 2. ① 3. ② 4. ④ 5. ③ 6. ④ 7. ① 8. ② 9. ② 10. ③ 11. ① 12. ④

Chapter 4

학습심리학

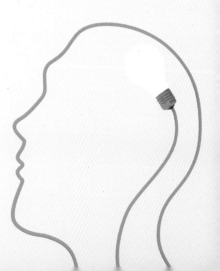

다른 동물과 비교해서 인간은 오랫동안 배우고, 많이 배운다. 신체적으로, 정신적으로 무력한 아기 상태에서 아동기, 청소년기, 그리고 성인기에 이르면서, 인간의 언어와 지적 능력은 상상을 초월할 정도로 발전한다. 이런 발전을 가능하게 하는 힘은 무엇일까? 유전적인 원인도 있을 것이지만, 인간과 침팬지 간의 유전자 차이는 불과 몇 %일 뿐이다. 다른 차이는 무엇인가? 그것은 바로 인간의 뛰어난 학습(learning) 능력이다. 이로 인해 인류는 문명을 이룰 수 있었고, 신체적으로 더 강한 동물들을 지배할 수 있게 되었다.

흔히 '학습'을 '공부'와 동일시하지만, 심리학에서 학습의 범위는 더 넓다. 심리학자들은 학습을 환경을 경험함으로써 생기는 비교적 영속적인 행동의 변화라고 정의한다. 여기에서 피로나 수면 부족, 약물 복용과 같은 생리적 원인으로 인한 변화, 그리고 신체적 성숙 등으로 인한 행동의 변화는 제외한다. 길을 가다 돈을 주운 뒤, 자주 길을 내려다보게 되는 행동의 변화는 학습에 속한다. 이런 행동의 변화는 자신도 의식하지 못할 수 있다. 학습의 가장 단순한 형태는 민감화와 습관화이다. 민감화(sensitization)는 감각적인 자극에 대해 점점 더 민감하게 반응하는 현상이다. 그 예는 위층에서 들리는 소리가 한번 거슬리기 시작하면 그 소리에 더 예민해지는 것이다. 습관화(habituation)는 민감화와 반대로, 감각 자극에 대한 반응이 점차 줄어드는 현상인데, 식당의 소음이 점점 덜 시끄럽게 느껴지는 것이 그 예이다. 민감화와 습관화는 생물이 환경에 적응하는 방식이다.

학습 연구에서는 개, 고양이, 그리고 쥐처럼 여러 동물이 등장하는데, 특히 조건형성 연구에서 그렇다. 그 이유는 어떤 실험 절차는 인간을 대상으로 하기가 곤란하거나, 비용이 많이 들거나, 학습과 무관한 요인이 개입될 가능성이 많기 때문이다. 그동안의 동물 연구는 인간의 이해와 무관한 것이 아니라, 오히려 인간 행동의 기초를 이해하는 데에 많은 도움을 주었다. 물론 인간은 독서와 토론 등, 동물들이 흉내 낼 수 없는 방식으로 학습을 할 수 있지만, 조건형성과 같이 기초적인 학습은 많은 동물들과 공통된다. 조건형성은 흔히 고전적 조건형성과 조작적 조건형성으로 구별된다.

4.1. 고전적 조건형성

　겨울철에 문고리나 엘리베이터 단추에 손이 닿으면 정전기를 경험하면서 저도 모르게 움찔거리기 쉽다. 이런 일이 무심코 한두 번 반복되면 마침내 문고리나 단추에 손대는 것을 주저하는 변화가 일어난다. 불쾌한 느낌이 문고리나 단추(의 지각)에 의해 조건형성(conditioning; 혹은 조건화)된 것이다.

　고전적 조건형성의 유명한 예는 20C 초기에 파블로프(Pavlov, 1999/1927)가 개를 데리고 실험한 것인데(그림 4.1.), 이 절차를 고전적 조건형성(classical conditioning) 혹은 파블로프식 조건형성이라고 한다. 파블로프는 개가 먹이를 먹을 때 침의 분비가 어떠한가를 연구하던 중이었는데, 개가 먹이를 먹기도 전에 음식 접시만 보고도 침을 흘린다는 사실을 발견했다(여러분도 그렇다). 무심코 넘길 수도 있는 이 일이 흥미로웠다. 개가 먹이를 먹을 때면 생리적으로 침이 분비되게 되어 있는데, 즉 무조건 자극(unconditioned stimulus, 먹이)은 무조건 반응(unconditioned response, 침)을 일으킨다. 그런데 먹이가 없는데도, 연구원이 다가갈 때 개가 침을 흘린다는 것은 곧 먹이를 먹을 것이라고 기대하고 미리 반응하는 것으로 보였다. 파블로프는 종소리를 울린 다음 먹이를 주게 했다(그림 4.2.). 원래 종소리는 개의

> 그림 4.1.　**개와 실험 조수와 파블로프**

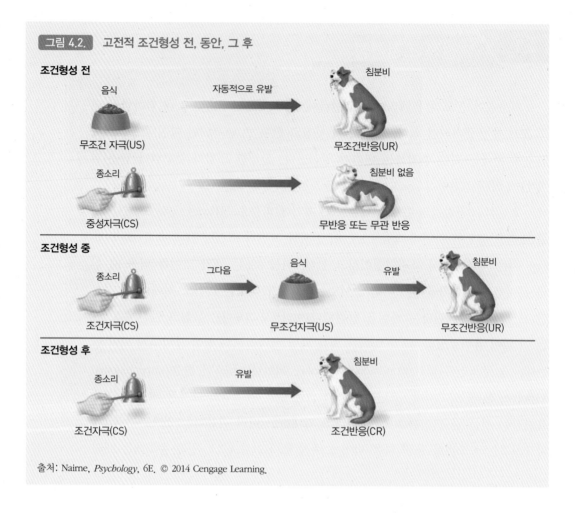

그림 4.2. 고전적 조건형성 전, 동안, 그 후

조건형성 전

음식 — 자동적으로 유발 → 침분비
무조건 자극(US) — 무조건반응(UR)

종소리 → 침분비 없음
중성자극(CS) — 무반응 또는 무관 반응

조건형성 중

종소리 — 그다음 → 음식 — 유발 → 침분비
조건자극(CS) — 무조건자극(US) — 무조건반응(UR)

조건형성 후

종소리 — 유발 → 침분비
조건자극(CS) — 조건반응(CR)

출처: Nairne, *Psychology*, 6E. © 2014 Cengage Learning.

침 흘리기와 아무 관계가 없는 중성적인 자극(neutral stimulus)이다. 종소리와 먹이의 짝짓기를 몇 번 반복했을 때 개는 종소리를 듣고 침을 흘리기 시작했다. 이때의 종소리를 조건자극(conditioned stimulus)이라 하고, 침 흘리기를 조건반응(conditioned response)이라고 한다. 즉 중성자극(종소리)과 무조건자극(먹이)을 짝지어 제시하는 조건형성 절차를 통해, 종소리는 중성자극에서 조건자극으로 바뀌고, 침은 무조건반응에서 조건반응으로 바뀌는 것이다.

조건형성을 통해 개는 무엇을 배웠을까? 개는 종소리가 먹이의 신호라는 것, 즉 종소리가 울린 후 곧 먹이가 제공될 것이라는 것을 배웠을 것이다. 그에 대한 준비로 침이 나왔을 것이다. 여기에서 핵심적인 것은 '종소리'와 '먹이'의 연합이고, 그 결과 중성자극이 신체적인 반응(침 분비)을 일으키게 되었다. 이처럼 고전적 조건형성을 통해 유기체는 환경의 신호(예, '종소리')에 대한 적절한 신체반응(예, '침 분비')을 학습할 수 있다. 일반적으로 신호는 그것이 가리키는 사건보다 빨리 등장

한다. 고전적 조건형성의 경우, 중성자극(신호)이 무조건자극보다 조금 더 빨리 제
시되는 것이 좋으며, 적어도 동시에 제시되어야 조건형성이 잘 일어난다. 적절한
제시되는 시간 간격은 동물의 경우 약 0.5초이다. 만일 신호가 너무 빨리 제시되고
한참 후 무조건자극이 제시되면, 둘 간의 연합을 학습하기가 어려울 것이다. 그러
나 여기에도 예외가 있다('맛 혐오 학습'을 보라).

일반화, 소거 및 변별

왓슨은 생후 11개월인 앨버트에게 흰쥐를 보여 주었다(Watson & Rayner, 1920;
그림 4.3.). 앨버트는 처음에는 이 쥐를 두려워하지 않고 가까이 가려고 했다. 그
러나 앨버트가 다가갈 때마다 왓슨은 쇠망치로 큰 소리를 내자 아이는 두려워하
기 시작하였다. 몇 번의 반복 후, 흰쥐가 나타나기만 해도 앨버트는 두려워서 울음
을 터뜨리곤 하였다. 공포가 조건형성된 것이다. 흰쥐는 쇠망치 소리에 대한 신호
(조건자극)이고, 쇠망치 소리(무조건자극)는 두려움(무조건반응)을 일으킨다. 즉, 흰
쥐(조건자극)와 두려움(조건반응) 간의 연합이 학습된 것이다. 이 예는 감정 반응
이 조건형성될 수 있다는 것을 보여준다(조건형성된 정서반응 conditioned emotional
response). 나중에 앨버트는 흰쥐뿐만 아니라 하얀 털이 달린 것, 쿠션이나 인형 등
도 무서워하게 되었다. 원래 조건형성된 자극뿐만 아니라, 그와 유사한 다른 자극
에게도 조건형성된 반응을 보이게 되는데, 이를 일반화(generalization)라고 한다.

그림 4.3. 왓슨과 그의 조수인 레이너, 그리고 옆에 있는 흰쥐에 경악하는 어린 Albert

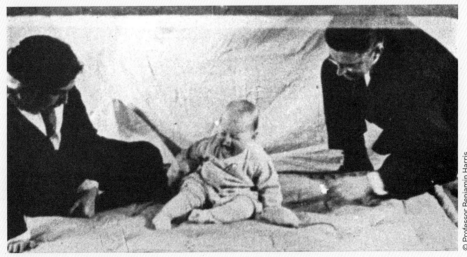

© Professor Benjamin Harris

파블로프의 개는 원래 들었던 종소리와 높이가 조금 높거나 낮은 종소리를 들어도 어느 정도 침을 흘리는데 이것도 일반화의 예이다.

조건형성이 일어난 다음, 개에게 종소리를 들려주고 먹이를 주지 않는 것을 되풀이해도, 개는 계속 침을 흘릴까? 처음엔 침을 흘리겠지만, 시간이 지나면 개는 더 이상 침을 흘리지 않는다. 이제 종소리는 믿을 만한 신호가 못 된다는 것을 학습한 것이다. 이처럼 무조건자극을 더 이상 제시하지 않으면, 조건형성된 반응이 점차 사라지는데 이 과정을 소거(extinction)라고 한다(그림 4.4.). 조건형성이 되었다고 해서, 무조건자극 없이 조건자극만을 제시하면 소거가 발생하므로, 조건형성을 유지하기 위해서는 간헐적으로 무조건자극을 제시해야 한다.

소거가 글자 그대로 조건형성을 완전히 제거한다고 생각하면 곤란하다. 소거 후 시간이 지난 뒤에 종소리가 들리면 개는 다시 침을 흘리기도 한다. 이런 현상을 자발적 회복(spontaneous recovery)이라 한다(그림 4.4.). 앞에서 완벽한 소거가 일어났다면 자발적 회복 현상은 관찰되지 않을 것이다. 그리고 소거 후 다시 조건형성을 시키면, 개는 더 빨리 조건형성된 반응을 학습하는 것도 소거가 원래의 조건형성을 완전히 소거하는 것이 아님을 가리킨다. 즉, 소거는 전에는 맞았던 반응이

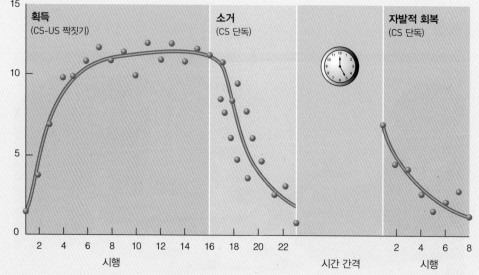

그림 4.4. 첫 그래프는 조건형성 획득을 보여주고, 중간의 노란 바탕은 소거를 보여주고, 맨 오른쪽 그래프는 자발적 회복을 보여준다.

출처: Nairne, *Psychology*, 6E. © 2014 Cengage Learning.

이제는 맞지 않으므로, 전에 조건화된 반응을 이제 더 이상 하지 않는 것을 학습하는 과정이라고 볼 수 있다. 소거가 어렵다는 사실로부터 한번 잘못 배운 것을 원래처럼 되돌려 놓기가 매우 어렵다는 것을 알 수 있다. 소거는 단지 그 행동을 억제할 수 있을 뿐인데, 그 억제도 자발적 회복에서 보듯이 때때로 무너질 수 있다.

일반화에 따르면, 개는 종소리에 대해서 침을 흘리겠지만 부저 소리에 대해서도 어느 정도 침을 흘릴 것이다. 그러나 종소리에는 먹이를 주고, 부저 소리에는 먹이를 주지 않는다고 상상해 보자. 이러기를 반복하면, 종소리에 대해서는 조건형성이 일어나고 부저 소리에 대해서는 소거가 일어날 것이다. 즉 개는 종소리와 부저 소리를 구별해서 반응하는, 즉 변별(discrimination)하는 것처럼 보인다. 변별을 통해 조건자극의 범위가 좀 더 한정된다. 자극의 변별은 유기체가 상황을 구별하고, 걸맞은 행동을 하는 데에 꼭 필요하다.

역조건형성

조건형성으로 앨버트는 공포증(phobia)을 갖게 되었다. 이 실험은 어린 아이에게 공포증을 낳는 윤리적 문제가 있다. 요즘에는 이런 실험을 하지 않는다.

앨버트 사례는 공포증과 같은 심리장애가 조건형성될 수 있음을 보여준다. 그렇다면 공포증의 제거에도 조건형성을 이용할 수 없을까? 어떻게 하면 흰쥐에 대한 두려움을 사라지게 할 수 있을까? 먼저 흰쥐에 대해 긍정적인 감정을 일으켜야 할 것이다. 예를 들어 흰쥐에 대한 두려움을 갖고 있는 피터라는 아이에게, 흰쥐를 먼발치에 두고 아이스크림을 먹도록 하였다(Jones, 1924). 이때 쥐에 대한 공포가 아이스크림의 즐거움보다 더 강하지 않도록, 쥐를 멀리 놓아둔다. 이를 반복하면 피터는 흰쥐를 전만큼 두려워하지 않게 된다. 그 다음 흰쥐에 대한 공포를 이겨낼 수 있는 한도에서 흰쥐를 조금 더 가까이 두고 피터에게 아이스크림을 준다. 이런 절차를 반복하면 흰쥐

그림 4.5. 역조건형성의 원리를 써서 뱀을 두려워하지 않고 심지어 만질 수 있도록 치료할 수 있다.

© thinkstockphotos

는 점점 더 두려움의 신호가 아니라 유쾌함의 신호가 되고, 결국 피터는 흰쥐를 무서워하지 않게 된다. 역조건형성(counter-conditioning)이라 불리는 이 방법은 이전의 조건형성과는 반대되는 조건형성을 적극 적용하는 절차로서, 무조건자극을 제공하지 않는 소거와 구별된다. 역조건형성은 심리치료의 하나인 체계적 둔감화(systematic desensitization) 치료에 응용되고 있다. 예를 들면, 뱀 공포증 가진 사람에게 둔감화 치료를 쓸 수 있다(그림 4.5.). 최근에는 가상현실(VR) 고글로 공포자극을 보여 주는 기법도 이용된다. 이런 기법들이 공포증을 완전히 치료할 수 있을까? 소거에 대한 연구 결과는 공포증이 치료된 후에도 자발적으로 회복될 수 있음을 시사한다.

이차 조건형성

조건형성의 결과로 종소리는 마치 먹이와 마찬가지로, 개가 침을 흘리는 반응을 일으킬 수 있었다. 그러면 종소리는 다른 중성자극, 예컨대 검정색 사각형에 대한 조건반응을 불러일으키는 데에 사용될 수 있을까? 파블로프는 검정색 사각형과 종소리를 몇 번 짝지어 제시하였다. 그러자 이제 개는 검정색 사각형을 보고 침을 흘리기 시작했다. 여기에서 검정색 사각형은 이차적인 조건자극인 셈이다. 이런 절차를 이차 조건형성(second-order conditioning)이라고 하며, 조건자극이 여러 개인 경우를 일반적으로 고차 조건형성이라고 한다. 이처럼 기존의 조건자극에 새 조건자극의 연합이 연쇄적으로 일어난다면, 애초에 생리적 욕구와 무관했던 많은 중성자극들이 몇 다리를 건너서 무조건자극과 연합될 수 있을 것이다. 이것은 왜 사람들이 먹을 것도 아니고 다른 욕구도 충족시켜 주지 않는 어떤 것에 열광하는지를 설명해 줄 수 있다.

만일 처음부터, 즉 조건형성 전에 불빛과 종소리만을 여러 번 제시하고, 먹이는 주지 않는다면 어떻게 될까? 먹이가 제공되지 않으니 개는 불빛이나 종소리에 특별히 관심을 가질 이유가 없다. 그 뒤에 종소리와 먹이를 짝짓는 조건형성을 시키면, 당연히 개는 종소리에 침을 흘리는 조건반응을 보인다. 그리고 놀라운 것은, 조건형성 동안에 제시된 적이 없었던 불빛에도 개가 '어느 정도' 침을 흘린다는 것이다(Brodgen, 1939). 이런 현상을 감각적 전조건형성(sensory preconditioning)이라한다. 불빛과 종소리의 짝짓기를 미리 경험하지 않은 개는 불빛에 대해 침을 흘리지 않는다. 감각적 전조건형성 현상은 조건형성 전에 불빛과 종소리가 함께 제시되었을 때 두 중성자극들 간의 연합을 개가 배웠다는 것을 보여준다. 조건형성 절차는 먹이와 같은 무조건자극을 쓰므로 어떤 연구자는 학습이 일어나기 위해, 동물의 욕구를 충족시키는 보상이 필수적이라고 주장한다. 반면에 이차 조건형성과 감각적 전조건형성 현상은 일차적 보상이 없어도 연합 학습이 일어날 수 있음을 보여준다.

레스콜라-와그너 모형

연구원이 개에게 먹이를 갖다 줄 때에는 개가 침을 많이 흘리는데, 파블로프가 먹이를 줄 때에는 개가 침을 많이 흘리지 않았다. 그 이유는 파블로프는 언제나 먹이를 주는 신호가 아니기 때문이다. 즉 어떤 경우에는 실험 진행을 확인하러 오기도 하고, 다른 경우에는 연구원과 이야기하다가 돌아가기도 한다. 다시 말해 파블로프는 먹이와 강하게 연합되지 않았다. 실험실에는 여러 실험장치, 연구원들, 종소리 등이 있는데 개는 신호를 어떻게 파악하는 것일까?

실험적으로 이를 확인하기 위해, 개에게 종소리를 들려준 다음 약한 전기충격을 주어 움츠리는 반응을 조건형성시켰다. 두 번째 단계에서는 종소리와 불빛을 함께 제시하고 전기충격을 주는 조건형성을 실시한다(Kamin, 1969). 그러면 개는 불빛에 대해 움츠리는 조건반응을 보일 것인가? 두 번째 단계의 조건형성에서 종소리와 불빛이 연합되기 때문에 개는 불빛에도 움츠릴지 모른다. 그러나 개는 불빛에 대해 움츠리지 않았다. 첫 번째 단계에서 종소리가 전기충격의 신호라는 것을 학습했기 때문에, 두 번째 단계에서 종소리와 불빛이 함께 제시되어도 불빛은 전기충격의 신호로서 가치가 없었기 때문이다. 즉 종소리에 대한 선행 조건형성이 불빛에 대한 후속 조건형성을 차단(blocking)한 것이다. 개는 무조건자극과 더불어 제시된 모든 중성자극들이 얼마나 무조건자극을 예측하는지를 계산하는 것처럼 보인다. 무조건자극을 잘 예측하는 중성자극은 신호로 판단되고, 그렇지 않은 것은 약한 신호가 되거나 아니면 무시될 것이다. 그래서 조건형성이 일어나는 상황, 즉 맥락도 어느 정도 조건자극으로 역할을 할 수 있다. 예를 들어 혼날 것을 기대하고 교무실에 가기만 해도 주눅이 드는 것은 그런 감정이 맥락에 조건형성된 결과일 것이다. 레스콜라와 와그너(Rescorla & Wagner, 1972)는 조건형성에서 여러 자극들이 신호가 될 수 있는데, 각 신호의 가치는 일정한 것이 아니라 이전 경험을 통해서 평가된다고 보았고, 이를 공식화하는 모형을 제안하였다. 개는 보기보다 머리를 영리하게 쓰는 것처럼 보인다.

4.2. / 조작적 조건형성

화를 내거나 아첨하는 것이 언제나 진심의 발로가 아니라는 것을 사람들은 잘 알고 있다. 자녀를 가르치는 수단으로 부모가 화를 내기도 하고, 연인에게 잘 보이거나 용돈을 타기 위해 아첨이 동원되기도 한다. 즉 행동이 수단으로 사용되는 것이다. 그리고 과거에 성공적인 수단이었던 행동이 앞으로도 더 자주 쓰일 것이라는 것을 쉽게 짐작할 수 있다. 이것도 학습이다.

파블로프와 비슷한 시기에 손다이크(Thorndike, 1898)는 고양이를 우리 속에 넣은 뒤 빠져 나오는 데 걸리는 시간을 재었다. 우리는 발판을 눌러 줄을 당겨야 빗장이 풀리도록 설계되어 있었다(그림 4.6.). 고양이는 우리를 탈출하기 위해, 지렛대를 물어뜯기, 여기저기 치기, 밀기, 할퀴기 등 여러 가지 시행착오 행동을 하다가, 우연히 탈출할 수 있었다. 이런 탈출 시행을 거듭할수록 고양이가 문제상자를 벗어나는 평균 시간이 점점 더 짧아졌다. 즉 우리 탈출에 성공적이었던 행동('발

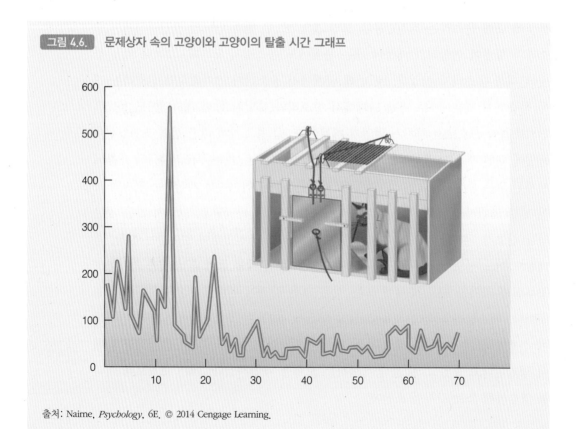

그림 4.6. 문제상자 속의 고양이와 고양이의 탈출 시간 그래프

출처: Nairne, *Psychology*, 6E. © 2014 Cengage Learning.

판 누르기')이 더 자주 출현하게 되었는데, 이를 효과의 법칙(law of effect)이라고 한다. 고양이가 탈출 방법을 원리적으로 파악하지 못한 것은 분명하다. 그림 4.6.의 그래프를 보면 탈출 시간이 계속 짧아지는 것이 아니라, 들쭉날쭉한 패턴을 보이기 때문이다. 고양이는 시행착오를 거쳐서 발판 누르기 '행동'과 탈출이라는 '보상'의 연합을 학습한다. 고양이가 '발판을 누르는' 행동은 탈출 목적을 달성하기 위한 수단 혹은 '도구'가 되므로, 손다이크는 이런 학습을 도구적 조건형성(instrumental conditioning)이라고 이름 지었다.

조작행동

스키너(Skinner, 1938)는 동물 학습을 좀 더 간편하게 실험하기 위해, 스키너상자(Skinner box; 그림 4.7.)를 고안했다. 스키너상자 안에는 누름쇠가 있는데, 이것을 누르면 먹이 알갱이가 하나씩 나오게 되어 있다. 약간 굶주린 쥐를 상자에 넣으면, 쥐는 먹이를 얻기 위해 누름쇠를 누르는 것을 배운다. 혹은 비둘기가 상자 속의 작고 동그란 원반을 부리로 쪼면 먹이가 나오게 할 수도 있다. 여기에서 누름쇠 누르기 또는 원반 쪼기는 먹이를 얻는 도구가 되는 행동이라는 점에서, 손다이크의 고양이가 발판을 누르는 것과 근본적으로 같은 행동이다. 그러나 스키너는 쥐나 비둘기가 누름쇠나 원반과 같은 환경을 조작하는 것으로 보았고, 이런 행동을 조작행동(operant behavior)이라고 불렀다. 쥐는 원하는 것을 얻기 위해 환경을 조작하는 것을 배운다. 조작행동의 학습을 조작적 조건형성(operant conditioning)이라고 부른다.

스키너상자의 쥐는 누름쇠를 누르는 것을 학습하는데, 이런 학습은 복잡한 행동을 설명하는 데에 도움이 되지 않을 듯이 보인다. 복잡한 상황을 만들기 위해, 스키너는 상자 속의 전구 불빛이 켜져 있는 동안 누름쇠나 원반을 눌러야만 먹이가 나오도록 하였다. 즉 불빛은 보상을 받을 수 있는 조건을

그림 4.7. 스키너와 스키너상자 속의 쥐

© Time & Life Pictures/Getty Images

알려 주는 신호가 된다. 이런 상황에서 쥐나 비둘기는 불빛이 켜져 있을 때에만 누름쇠를 누르거나 원반을 쪼고 불빛이 꺼지면 그런 행동을 보이지 않는다. 즉 동물이 상황을 변별(discrimination)하는 것처럼 보인다. 더 복잡하게 불빛의 색깔에 따라 먹이가 주어지는 색깔들(예, 빨강, 노랑, 주황 등)과 그렇지 않은 색깔들(예, 파랑, 보라 등)을 변별하도록 할 수도 있을 것이다. 이처럼 유기체가 환경 자극에 따라 다른 반응을 하게 하는 것을 자극 제어(stimulus control)라고 한다. 자극제어는 상황에 따라 복잡하게 반응하는 유기체의 행동을 조건형성의 원리로 설명할 수 있음을 보여준다.

조작적 조건형성에서 행동은 환경에서 적절한 결과를 낳으면 선택되고 그렇지 않으면 선택되지 않는다. 간단히 말해 행동은 결과에 의해 선택되는데(Skinner, 1953), 마치 종이 적응 여부에 의해 자연 선택되는 것과 비슷하다. 스키너는 인간 행동의 진정한 원인은 그 행동이 환경으로부터 강화를 받는지의 여부라고 주장하면서, 자유의지, 양심이나 도덕 등으로 인간 행동을 설명하는 것은 허구라고 보았다(Skinner, 1971). 그리고 행동주의 원리에 기초한 이상사회를 그린 '월든 투'라는 소설을 썼다(Skinner, 2006/1948).

강화와 처벌

조작적 조건형성에서 동물이 보상을 얻기 위해 조작행동을 한다는 것을 보았다. 여기에서 보상은 상자로부터의 탈출, 먹이 등 유기체가 원하는 결과이다. 두 가지 종류의 원하는 결과가 있는데, 이로운 것(예, 먹이)을 획득하는 것과 해로운 것(예, 감금)을 거부하는 것이다. 스키너는 조작행동의 증가를 낳는 일을 강화(reinforcement)라고 했는데, 이 말은 조작행동의 학습이 더 강해지도록 한다는 의미이다. 강화에 쓰이는 자극을 강화물(reinforcer)이라 한다. 유기체가 좋아하는 강화물(예, 먹이)을 제공하여 조작행동을 증가시키는 정적 강화와, 유기체가 싫어하는 강화물(예, 전기충격)을 제거하여 조작행동을 증가시키는 부적 강화가 구분된다. 여기에서 정적(positive)은 강화물이 유기체에 주어진다는 것을, 부적(negative)은 강화물이 유기체로부터 제거된다는 것을 가리킨다. 예를 들어, 누름쇠를 누르면 먹이를 제공하는 것은 정적 강화이며, 스위치를 누르면 전기충격이 사라지게 하는 것은 부적 강화이다. 여기에서 전기충격과 같이 혐오적인 자극이 '부적이지만' 강화물이 된다는 것에 유의해야 하는데, 전기충격은 그것을 피하는 행동을 강화하는 데 쓰이기 때문이다('학습된 무기력' BOX 참조). 흔히 사람들이 보상(reward)이라고 부르는 것이 어떤 행동을 증가시킨다면 그것은 여기에서 말하는 정적 강화물에 해당한다.

스키너에게서 처벌(punishment)은 조작행동을 감소시키는 일이다. 여기에서도 '정적'과 '부적' 처벌이 구별된다. 정적 처벌은 혐오 자극을 주는 일인데, 예컨대 경계를 침범하면 전기충격을 주는 것이다. 부적 처벌은 선호 자극을 제거하는 일인데, 예를 들면 규칙을 위반하면 오락시간을 줄이는 것이다. 처벌을 앞에서 언급한 부적 강화와 혼동하여서는 안 되는데, 처벌은 어떤 행동을 줄이기 위한 것이며, 부적 강화는 어떤 행동을 늘리기 위한 것이다. 중요한 점은 강화와 처벌의 구분은 유기체가 그 자극을 좋아하는지 싫어하는지에 따라 구분되는 것이 아니라, 관련된 조작행동이 증가하는지 감소하는지에 따라 구분된다는 것이다. 전기충격은 어떤 상황에 쓰이느냐에 따라 정적 처벌물이 될 수도 있고, 부적 강화물이 될 수도 있다.

종종 나쁜 행동을 감소시키기 위해서 처벌을 사용한다. 예를 들면, 교통 법규를 위반한 운전자에게 과태료를 부과하는 것이다. 이것과 짝이 되는 다른 접근은 좋은 행동을 강화하는 것이다. 예를 들면 안전 운전을 하는 운전자에게 유익한 것과 교환 가능한 점수(point)를 주는 것이다. 처벌은 어떤 경우에 나쁜 행동의 제거에만 목적을 둘 뿐, 그 대신 가능한 행동이 무엇인지를 알려 주지 않는 문제점이 있다. 예를 들어 찻길에서 위험하게 행동하는 아이를 처벌하는 것은 그 행동이 나쁘다는 것을 알려 주지만, 그 대신 어떻게 해야 하는지는 '구체적으로' 알려 주지 않는다. 처벌의 다른 문제점은, 보복 수단으로 혹은 화풀이로 쓰이는 처벌은 회복하기 어려운 정서적 상처(혹은 외상)를 낳을 수 있다는 것이다. 만일 처벌을 꼭 써야 한다면, 처벌은 일관성 있게, 그리고 문제 행동에 대해 즉시, 그렇지만 심리적 상처를 주지 않도록 사용되어야 한다. 처벌의 문제점 때문에, '칭찬'과 같은 강화에 대해 더 많은 관심이 주어지고 있다. 바람직한 행동을 포착하고, 적절한 강화를 주는 것은, 바람직한 행동을 증가시킬 가능성이 있다. 강화와 처벌은 동기(motivation)의 종류와 수준에 영향을 미치므로, 특히 인간에 대한 전체적인 영향을 고려해서 사용되어야 한다.

강화물(reinforcer)은 반드시 먹이, 물, 전기충격처럼 유기체의 욕구와 직접 관련된 일차적인 것일 필요는 없다. 이 점은 인간이나 침팬지와 같은 고등 동물의 경우에 분명하다. 예를 들면, 돈은 그 자체로 생리적 욕구를 만족시키지 못하지만, 만족을 주는 다른 것으로 교환될 수 있고, 벌점은 그 자체로 고통을 주지 않지만, 욕구의 제한으로 이어질 수 있기 때문에 강화물이 될 수 있다. 이와 같은 돈, 포인트, 벌점 등을 이차 강화물(secondary reinforcer)이라고 한다. 고등 동물의 경우에는 이차적 강화물을 써서 조작적 조건형성을 일으킬 수 있다. 예를 들면, 침팬지가 말을 잘 들을 때마다 플라스틱 칩을 하나씩 주고, 이 칩이 다섯 개 모이면 바나나와 교환해 준다고 하자. 그러면 침팬지는 칩을 많이 얻기 위해 고분고분해진다. 이런 원리를 정신병동에 적용해서, 입원자들이 자기 주변을 정리하면 토큰 1개를, 다른 환자를 도우면 2개를 주고, 모아 놓은 토큰이 일정 수가 되면 TV 시청이나 특별 음식으로 교환할 수 있게 하면, 입원자들은 토큰을 모으기 위해 전보다 정돈을 더 잘 하고 서로 돕게 된다. 이런 시스템을 토큰경제(token economy)라고 부른다 (Liberman, 2000). 이런 관점에서 보면, 인간의 경제 활동은 이차 강화물 혹은 토큰을 얻기 위한 것이다.

강화 계획

조작행동을 강화하지 않으면 어떻게 될까? 강화 받지 못하는 행동은 의미 있는 결과를 낳지 못한다. 시간이 지나면 조작행동은 더 이상 관찰되지 않을 것인데, 다시 말해, 조작행동이 소거된다. 고전적 조건형성의 경우와 마찬가지로 조작행동의 소거가 행동의 완전한 제거를 의미하는 것은 아니다. 어떤 행동은 쉽게 소거되지만, 다른 행동은 그렇지 않다. 꾸준히 강화 받은 행동이 잘 소거되지 않을 것이라고 생각하기 쉬우나 사실은 그렇지 않다. 현관의 신발을 정리하고 늘 칭찬을 받던(연속 강화) 아이가 며칠 연이어 칭찬을 받지 못하면, 아이의 정리정돈이 재빨리 소거될 수 있다. 그 이유는 정리정돈이 더 이상 칭찬을 받지 못할 것으로 기대되기 때문이다. 반면에 도박이나 복권의 경우를 생각해 보자. 복권은 매번 당첨될 수 있는 것이 아니라 아주 가끔씩 당첨될 뿐이다. 그렇기 때문에 거듭된 실패에도 불구하고 당첨의 기대가 빨리 사라지지 않는다. 이처럼 행동의 일부에 대해서만 강화하는 것을 부분강화 혹은 간헐적 강화(intermittent reinforcement)라고 하는데, 간헐적으로 강화되는 행동은 잘 소거되지 않는다.

스키너는 스키너상자의 쥐가 누름쇠를 누르는 행동을 강화하는 여러 방법, 즉 강화계획(schedules of reinforcement)들을 비교해 보았다(Ferster & Skinner, 1957). 우리는 일하는 시간 내내 강화를 받는 것이 아니라, 일정 시간 간격으로 예컨대 월말에 강화를 받거나, 아니면 일정량의 일을 할 때마다 예컨대 상자를 100개 배달할 때마다 강화를 받는다. 전자는 시간 간격이 강화의 기준이 되는 경우(간격 계획)이고, 후자는 반응 횟수가 강화의 기준이 되는 경우(비율 계획)이다.

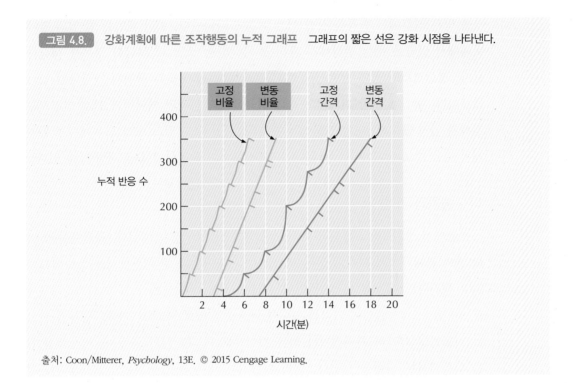

그림 4.8. 강화계획에 따른 조작행동의 누적 그래프 그래프의 짧은 선은 강화 시점을 나타낸다.

출처: Coon/Mitterer, *Psychology*, 13E. © 2015 Cengage Learning.

간격 계획 중 '고정' 간격 계획은 고정된 시간 간격에 맞추어 강화를 하는 계획이다. 예를 들어 매 1분마다 먹이를 주는 것이다. 그러면 쥐는 먹이를 받을 시점에 가까워지면 더 자주 누름쇠를 누른다. 인간사에 비유하면 월급날이 가까워지면 조금 더 열심히 일하는 경우이다. 그런데 강화를 한 번 받고 나면 잠시 굼뜬 반응을 보인다. 그래서 부채꼴 모양의 누적 반응 그래프가 생긴다(그림 4.8.). 누적 반응 그래프는 반응 횟수를 계속 더해서 기록하는 (기록을 리셋하지 않는) 그래프를 말한다. 간격이 일정하지 않으면 어떻게 될까? TV 프로그램이 문자를 보낸 시청자에게 평균 1시간에 1개씩 경품을 주는데, 정확히 언제 주는지는 그날그날 달라진다고 하자. 이 경우 경품을 주는 간격은 매번 같지 않지만 평균 간격은 1시간으로 일정하다. 그럴 때 사람들은 고정 간격의 경우보다 문자를 좀 더 꾸준히 보낼 것이다. '변동' 간격 계획에 놓인 쥐는 비교적 일정한 속도로 누름쇠를 누른다.

그러면 비율 계획은 무엇인가? '고정' 비율 계획은 쥐가 누름쇠를 누르는 회수에 대해 일정 비율로 강화를 하는 계획이다. 예컨대 그 비율이 10%일 경우 쥐가 누름쇠를 매 10번째 누를 때마다 매번 먹이를 주는 것이다. 쥐는 누름쇠를 더 자주 누르는 만큼 더 많은 보상을 받는다는 것을 안다. 그래서 쥐는 아주 열심히 누름쇠를 누르는데 특히 매 10번째가 가까워지면 더 열심히 누름쇠를 누른다. 그리고 보상을 받은 직후에는 반응을 잠깐 쉬는 패턴이 나타난다. 이런 패턴은 한 일의 양에 비례해서 임금을 주는 현장에서 흔히 볼 수 있다. 조금 더 복잡한 경우를 생각해 보자. 평균적으로 강화 받는 비율은 일정하지만, 강화 받는 시점이 일정하지 않는 경우이다. 예컨대 도박 기계의 승률의 평균은 일정하지만 게이머가 언제 이길지는 정해져 있지 않아서, 어떤 경우에는 첫 회에 이길 수도 있고 어떤 경우에는 한동안 계속 잃을 수도 있다. 이런 '변동' 비율 계획에서는 꾸준한 반응을 관찰할 수 있다.

미신행동과 조성

앞에서 강화 받은 행동이 다시 발생하기 쉽다는 것을 배웠다. 조작행동과 강화 간의 관계가 학습되기 때문이다. 그런데 조작행동과 관계없이 강화가 주어지는 일이 생긴다면 어떻게 될까? 스키너는 상자 속의 비둘기가 무슨 짓을 하든 (원반을 쪼지 않아도) 상관없이 가끔씩 먹이가 나오도록 했다(Skinner, 1948). 영문을 모르는 비둘기는 가만히 기다리기만 하는 것이 아니라, 좀 전의 행동(예, 머리 쳐들기)을 되풀이하는 경향을 보였다. 머리 쳐들기는 먹이 제공과 무관하였지만 비둘기는 둘 간에 관계가 있다고 판단한 것처럼 보였다. 먹이가 간헐적으로 나온다는 것을 명심하자. 머리를 쳐들어도 이번에는 먹이가 나오지 않는다. 한 바퀴 돌았는데, 우연히 두 번째 먹이가 나왔다고 하자. 그러면 비둘기는 머리를 쳐든 다음 한 바퀴를 돈다. 이런 일들이 계속되면서 비둘기는 여러 단계들로 이어지는 복잡한 행동을 의식처럼 하게 된다. 그러나 비둘기의 행동과 먹이 제공 간에는 실제로 아무 관계가 없었으므로, 스키너는 이런 행동을 미신행동(superstitious behavior)이라고 불

그림 4.9. 어떤 운동선수는 타석에 들어서기 전에 특정한 미신행동을 한다.

© AP Images

렀다. 미신행동은 다른 말로 하면, 일종의 착각적 학습이다. 이런 행동은 사람에게도 발견된다(그림 4.9.). 두 개의 단추를 어떤 순서로든 4번씩 누르면 가끔씩 점수가 올라가도록 한 실험에서도, 대학생들은 점수가 올라간 순서에 따라 반복해서 단추를 누르는 반응 패턴을 보였다(Schwartz, 1982). 엘리베이터의 문이 빨리 닫히도록 혹은 컴퓨터 프로그램이 빨리 실행되도록 단추를 일부러 여러 번 누르는 행동도 미신행동과 비슷한 점이 있다.

미신행동 현상은 동물들이 (때때로 인간도) 보상과 무관한 행동을 스스로 아주 정교하게 발달시킬 수 있음을 보여준다. 만약 행동과 보상 간의 관계가 아주 체계적으로 조직되면, 동물도 복잡한 행동을 학습할 수 있을 것이다. 이것이 바로 동물조련원이나 서커스단에서 동물을 훈련시키는 방식이다(그림 4.10.). 동물에게 복잡한 묘기를 가르치려면, 그것을 단순 행동들로 나눈 뒤, 단순 행동들을 차례대로 연결지어 훈련시키는 것이 핵심이다. 각각의 단순 행동을 학습시킬 때에는 조작적 조건형성의 원리가 쓰인다. 예를 들면, 돌고래가 수면 위로 머리를 내밀면 생선을 주다가, 그 다음 살짝 위로 점프하면 생선을 주고, 마지막으로는 점프하여 루프를 통과할 때 생선을 주는 것이다(이 과정에 때때로 조

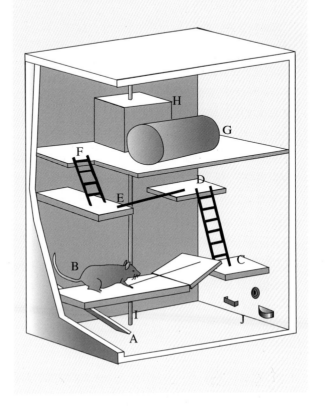

그림 4.10. 조성의 연쇄 적용 쥐는 A에서 출발하여 G까지 경사로, 사다리, 줄, 터널을 통과한 다음, 승강기(H)를 타고 내려와서(I) 레버(J)를 눌러 음식 보상을 받는다.

련사가 행동을 유도하기도 한다). 이런 점진적인 조건형성 과정을 조성(shaping)이라고 한다. 이런 행동을 여러 개 연결하여 수행하도록 훈련시키면, 나중에는 동물이 꽤 복잡한 행동을 하게 되는데, 이것을 연쇄짓기(chaining)라고 한다. 조성과 연쇄짓기는 복잡한 행동도 단순 행동들의 연속으로 조작적으로 학습될 수 있음을 보여준다. 우리가 복잡한 기술(예, 수영, 테니스 등)을 배우는 과정에도 비슷한 원리가 작용될 것이다.

Box 4.1.

학습된 무기력과 긍정심리학

유해한 자극으로부터 도피하거나 미리 회피하는 행동이 계속 제지 받으면, 무기력이 생길 수 있다. 셀리그먼(Seligman & Maier, 1967)은 두 칸짜리 우리의 한 칸에 개를 두었는데, 바닥에 전선이 깔려 있어 전기충격을 줄 수 있게 되었다. 전기충격이 오면 개는 반대편, 오른쪽 혹은 왼쪽, 칸으로 도망쳐서 전기충격을 피할 수 있었다(Box 그림 4.1.). 만일 전기충격이 오기 전에 부저가 울리면 곧 개는 부저 소리만 듣고 다른 칸으로 도망쳐 전기충격을 피하는 것을 배울 수 있었다. 그런데 만일 개가 도망칠 수 없도록 개를 묶어 두면 어떻게 될까? 전기충격이 오면 개는 도망치려고 발버둥을 치지만 도망치지 못하는 일이 반복되면 개는 포기하고, 전기충격을 참고 견디는 것을 배운다. 나중에는 풀어 놓아도 개는 전기충격에 대한 도피행동을 보이지 않는다. 즉 개는 도피하려는 의욕을 상실한, 무기력 상태에 빠진 듯이 보인다. 이런 상태가 학습으로 만들어진 것이라는 의미에서 학습된 무기력(learned helplessness)이라고 불린다. 학습된 무기력은 실험실 속의 개뿐만 아니라 통제 불능을 자주 경험하는 사람에게도 관찰되며, 흔히 의욕상실, 우울, 및 기타 심인성 질병을 동반할 수 있다.

셀리그먼은 무기력과 우울과 같은 부정적인 측면을 연구하는 데에 염증을 느꼈고, 전환이 필요하다고 생각하였다. 그래서 그는 인간의 행복의 증진에 대한 연구를 주창하였는데, 그 결과로 긍정심리학(positive psychology)이 탄생하였다. 긍정심리학은 간단히 말해 심리적 안녕, 혹은 만족에 대한 이해와 추구를 도와주려는 연구이다.

Box 그림 4.1. 불이 켜지고 곧 전기충격이 오면(a) 개는 반대편 칸으로 도피한다(b). 그 다음 불이 켜지면(c) 개는 미리 회피하는 것을 배울 수 있다(d). 그런데 개가 회피할 수 없도록 차단하면, 개는 회피를 학습할 수 없게 된다.

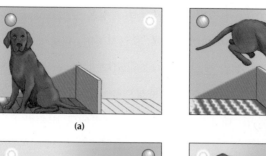
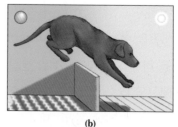
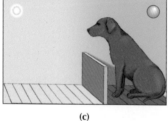

(a)

(b)

(c)

(d)

출처: Coon/Mitterer, *Psychology*, 13E. © 2015 Cengage Learning.

학습과 생태

고전적 조건형성에서 유기체의 행동인 '침 분비'는 강제적인 생리적 반사이며, 개에게는 선택권이 없다. 반면에 조작적 조건형성에서 쥐가 누름쇠를 누르는 행동은 강제적인 것이 아니라 임의적인 것이며, 중요한 것은 (엉덩이로 깔아뭉개든 간에) 누름쇠가 눌러지는 것이다. 즉 조작적 조건형성은 자발적으로 조작행동을 생성할 수 있는 동물에게 가능하다. 이런 차이점에도 불구하고, 고전적 조건형성과 조작적 조건형성의 원리는 모든 동물에 어떤 행동이든 학습시킬 수 있는 것처럼 보였다. 행동의 원리를 발견한 것처럼 보였기 때문에 행동주의 심리학자들은 환호했다. 그러나 유전(genetics)과 생태(ecology)와 같이 생물학적 측면이 학습에 중요하다는 것이 드러났다.

유전

망아지가 태어나서 몇 시간 지나지 않아서 걷기 시작하는 데에서 보듯이 동물의 어떤 행동은 선천적인 것처럼 보인다. 로렌츠(Lorenz, 1998)는 갓 부화한 오리들을 돌보았는데, 이 오리들은 커서도 로렌츠를 어미로 알고 쫓아다녔다. 이런 현상을 각인(imprinting)이라고 한다. 각인은 출생 초기 몇 번의 경험으로 영구적인 행동의 변화를 낳음으로써, 동물이 많은 양의 학습을 할 필요를 없애 준다. 출생 초기에 가장 가까이 있는 개체를 어미로 알아보는 것은 진화적으로 적절한 대책이라고 볼 수 있다. 가시고기 수컷은 산란기가 되면 암컷 주위를 맴돌면서 다른 수컷이 나타나면 맹렬하게 공격한다(Tinbergen, 1951). 가시고기가 다른 수컷을 알아보는 방법은 배에 붉은 반점이 있는가 하는 것이다. 나무토막에 붉은 반점을 칠하여 그 주변에 띄웠을 때에도 가시고기 수컷은 이 나무토막을 공격하였다. 한 번도 배운 적이 없는 이 공격행동을 가시고기 수컷은 어떻게 하게 되었을까? 그 이유는 이 행동이 '유전적으로 프로그램 되어' 있다는 것이다. 이 프로그램은 아무 때나 작동하는 것이 아니라, 가시고기가 산란기에 있고 주변에 붉은 반점이 출현할 때 유발되게 되어 있는 것이다. 생식, 양육, 공격에 관한 많은 동물 행동이 유전적으로 결정되어 있다.

조작적 조건형성에는 조작행동은 사전에 프로그램 되어 있는 신체적인 행동이 아니라, 환경의 변화를 일으킬 수 있는 임의적인 행동이다. 조성은 조작적 조건형성의 원리를 이용하여, 동물에게 복잡한 행동을 학습시킬 수 있음을 보여준다. 그렇다면 어떤 행동이든지 조성시킬 수 있을까? 브릴랜드 부부(Breland & Breland, 1961)는 너구리가 동전을 주워 저금통에 집어넣도록 훈련시킨 적이 있었다. 너구리가 동전을 집도록 훈련시킨 다음, 이것을 저금통 상자 안에 넣도록 훈련시켰다. 매 단계마다 너구리는 먹이를 보상으로 받았다. 1개의 동전을 집어넣는 것을 학습한 다음, 2개의 동전을 집어넣도록 훈련시켰을 때 문제가 생겼다. 너구리가 두 개의 동전을 서로 문지르면서 저금통 속에 집어넣으려 하지 않는다는 것이었다. 동전을 문지르는 것만으로는 보상을 받지 못하기 때문에 이 행동은 시간이 지나면 사라져야 했으나 그렇지 않았다. 보통 너구리는 음식물을 문지른 다음에 먹는 습성이 있는데, 너구리는 동전이 마치 음식물인 것인 양 다루고 저금통에 넣지 않았다. 결국 이 훈련은 취소되었다. 이 사례는 동물의 습성을 거스르는 행동을 학습시키기가 매우 어려움을 보여 준다. 반면에 습성과 어울리는 행동은 매우 빨리 학습되는데, 이 때문에 학습에 생물학적 준비성(biological preparedness)이 있다고 말한다.

맛 혐오 학습

조건형성이 이루어지기 위해서는 몇 번의 반복적인 짝짓기가 필요하다. 그러나 예외도 있다. 여러분도 어떤 음식에 물린 적이 있다면 그 뒤로는 계속 혹은 상당 기간 그 음식이나 냄새를 참지 못하였을 것이다. 이것도 일종의 학습인데, 특히 맛 혐오 학습(taste aversion learning)이라고 한다. 맛 혐오 학습은 단 한 번의 경험으로도 일어날 수 있다. 가르시아(Garcia & Koelling, 1966)는 쥐에게 사카린 냄새가 나는 물을 먹게 하고 나중에 X-선을 쐬어 복통이 일어나도록 하였다. 그 쥐들은 더 이상 사카린 맛의 물을 먹으려 하지 않았다(그림 4.11.). 마찬가지로 새에게 푸른 색깔의 물을 먹고 복통을 일으키게 하였더니, 그 새들도 푸른색의 물을 회피하였다. 즉, 맛에 대한 혐오가 생긴 것이다. 쥐는 냄새나 맛을 이용한 조건형성이 잘 되고, 새는 색깔을 이용한 조건형성이 잘 되는데, 이 차이는 길짐승은 냄새에 의존하고 먹이를 찾고 날짐승은 색깔에 의존하여 먹이를 구하는 것과 관련될 것이다. 이것은 학습의 준비성이 종에 따라 다르며, 종의 생태와 학습 간에는 밀접한 관련이 있음을 시사한다.

맛 혐오 학습이 보통의 조건형성과 다른 특징은 음식 섭취와 복통 간의 시간 간격이 매우 길어도(12시간 이상) 학습이 일어난다는 것이다. 동물이 섭취한 음식물이 소화되는 데 시간이 많이 걸리기 때문에, 맛 혐오가 오랜 시간의 경과에도 불

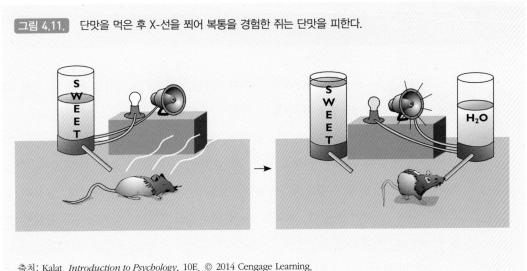

그림 4.11. 단맛을 먹은 후 X-선을 쬐어 복통을 경험한 쥐는 단맛을 피한다.

출처: Kalat, *Introduction to Psychology*, 10E. © 2014 Cengage Learning.

구하고 생겨날 수 있게 동물이 진화해 왔을 것이다. 유독한 음식물을 다시 먹어보는 일은 생존에 치명적일 수 있으므로, 복통을 단 1회 일으킨 음식 맛도 오랫동안 거부하도록 되었을 것이다. 여러 가지 음식을 먹은 뒤 복통이 생기면, 맛 혐오 학습은 흔히 먹는 음식이 아니라 특이한 것에 대해 잘 발달한다. 레스콜라–와그너 모형에 따르면, 자주 먹는 음식은 방금 경험한 복통뿐만 아니라 이전의 포만, 가족이나 친구, 어떤 장소 등과 연합되므로 복통의 단서 혹은 신호로서의 가치가 비교적 낮다. 그러나 특이한 음식에는 그런 사전 연합이 별로 없을 것이며, 따라서 복통은 그 특이한 음식 탓으로 돌려질 가능성이 높다.

맛 혐오 학습의 원리는 약탈 동물을 퇴치하는 데에 유용하게 쓰일 수 있다. 농장에서는 멧돼지나 까치가 가축을 해치거나 농작물을 약탈하는 것이 큰 골칫거리이다. 이를 막기 위해 총을 쏘거나 덫을 놓지만 별로 효과가 없다. 그 대신 동물들이 약탈하는 고기나 농작물에 죽지 않을 만큼의 독약을 넣어 심한 복통을 경험하게 한다. 그러면 다음부터 동물들이 복통을 일으킨 것들을 피한다는 것이다.

4.4. 인지학습

조건형성은 주로 동물을 대상으로 연구되었다. 동물과 의사소통할 수 없기 때문에, 연구는 동물의 행동과 수행을 측정하는 방법에 의지하였으며, 동물의 머릿속에 있을지 모를 지식 혹은 인지능력에 대한 고려는 거의 없었다. 그러나 동물 학습 연구가 정교해지면서, 동물도 직접 해 보지 않은 것도 학습할 수 있으며, 학습한 것이 반드시 행동 수행으로 드러나는 것도 아니라는 것이 밝혀졌다. 동물이 몸으로만 배우는 것이 아니라, 머리를 써서 배우기도 한다는 것이다. 즉 경험한 것을 기억하고, 전체적인 표상으로 바꾸고, 그 결과로 수행을 조절할 수 있다는 말이다. 이런 일을 인지라고 하는데, 인지가 중요한 역할을 하는 학습 유형을 인지학습 (cognitive learning)이라고 한다. 인간은 동물보다 더 뛰어난 인지 능력을 가지고 있으므로, 더 다양한 형태의 인지학습을 할 수 있다.

잠재학습

속담에 '서당개 삼년이면 풍월을 읊는다'는 말이 있다. 배우려고 애쓰지 않아도 시간이 지나면서 자기도 모르게 무엇인가가 익혀진다는 뜻이다. 쥐는 어떠할까? 톨만(Tolman & Honzik, 1930)은 그림 4.12.와 같이 복잡한 미로에 쥐를 풀어놓았다. 첫째 조건의 쥐들은 실험이 시작하는 날부터 미로를 통과하여 출구로 나오면 먹이를 받았다. 먹이는 쥐가 미로를 빨리 찾아 나오도록 유인하는 보상으로 쓰였다. 이 조건의 쥐들은 실험을 거듭할수록 탈출 시간이 계속 줄어들었다. 둘째 조건의 쥐들은 실험을 시작한 후 첫 10일 동안에는 아무 보상을 주지 받았으나, 11일째부터는 출구로 나오면 보상을 받았다. 그래프를 보면 첫 10일 동안 이 조건의 쥐들의 탈출 시간은 짧아지지 않았다. 이로부터 이 동안 쥐가 미로에 관해 아무것도 배우지 못했던 것일까? 그렇다면, 보상을 받기 시작한 11일째부터 쥐는 미로 탈출을 배우는 것이고, 이때부터 탈출 시간이 서서히 줄어들어야 할 것이다. 그러나 실험 결과는 둘째 조건의 쥐들은 11일째부터 갑자기 미로를 빨리 탈출하기 시작하여 그동안 꾸준히 연습해 온 첫째 조건과 거의 같은 수행을 보였다.

실험 결과는 둘째 집단이 첫 10일 동안 어슬렁거린 것은 미로를 학습하지 않아서가 아니라, 미로 탈출 수행이 보상을 받지 못하기 때문이라는 것을 보여준다. 그러나 보상을 받는 11일째부터는 학습한 것을 수행으로 보여줄 필요가 생겼다!

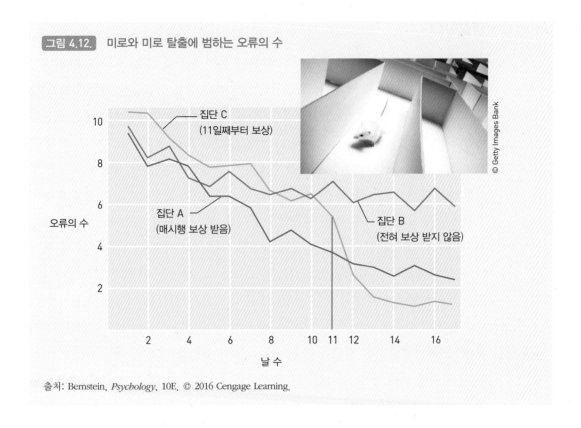

그림 4.12. 미로와 미로 탈출에 범하는 오류의 수

집단 C
(11일째부터 보상)

집단 A
(매시행 보상 받음)

집단 B
(전혀 보상 받지 않음)

오류의 수

날 수

출처: Bernstein, *Psychology*, 10E. © 2016 Cengage Learning.

여기에서 학습과 수행을 구별할 필요가 생긴다. 미로를 어슬렁거리던 쥐들도 미로에 관해 무엇을 학습하였는데, 단지 보여주지 않았을 뿐이다. 이처럼 잠재적으로 학습하는 것을 잠재학습(latent learning)이라 한다. 보상도 받지 못하고, 미로를 어슬렁거리던 쥐들은 미로의 탈출 경로에 대한 마음의 지도를 그리고 있었다고 생각된다. 이런 심적인 지도를 인지도(cognitive map)라고 부른다. 인지도는 넓은 공간을 이동하는 동물에게는 꼭 필요한 능력일 것이다. 학생들도 필요하면 캠퍼스에서 다녀보지 않은 길을 찾아가는데, 캠퍼스에 대한 인지도가 있기 때문이다. 여러분은 그동안 자신이 인지도를 만들어 왔는지를 의식하지 못할 수도 있지만, 행동으로 그 존재가 드러날 수 있다.

고전적 조건형성에서는 먹이 같은 무조건자극이 사용되고, 조작적 조건형성에서는 강화나 처벌이 사용된다. 그래서 보상이나 강화와 처벌이 학습에 필수적이라고 생각할 수도 있다. 그러나 잠재학습은 이런 것들이 학습에 필수적이지 않고, 단지 학습이 수행으로 드러나는 것을 촉진할 뿐이라고 의심하게 만든다. 동물이 먹이나 물, 고통의 감소와 같은 보상을 받을 때 더 빨리 학습한다는 것을 부정하는 것은 아니다. 단지 학습에서 동기 요인이 필수적인지에 대한 의심이 있다는 말이다.

관찰학습

최근 보고는 침팬지는 물론 새도 다른 동물이 도구를 쓰는 행동을 흉내 내어서 도구 사용을 배운다고 한다. 관찰하고 모방하는 것을 사람들은 하찮게 볼지 몰라도, 사실 이것은 상당한 인지 능력을 요구한다. 관찰의 결과로 일어나는 행동의 변화를 관찰학습(observational learning)이라고 한다. 특히 지연된 모방은 타자의 주요 행동에 주의를 주고, 관찰 내용을 머릿속에 표상하고, 적절한 상황에 표상을 행위로 재연하면서 행동을 제어하는 능력을 필요로 한다. 관찰학습은 영장류 이상의 수준에서 관찰된다. 사람들은 원숭이가 흉내를 잘 낸다고 말하는데, 행동의 핵심을 파악해서 모방하는 능력은 인간을 능가할 수 없다. 어린이는 대표적으로 뛰어난 관찰 학습자이다. 밴듀라(Bandura, Ross, & Ross, 1963)는 어른이 인형을 때리는 필름을 아이들에게 보여준 다음, 나중에 혼자 남은 아이들이 어떻게 하는지를 관찰하였다(그림 4.13.). 아이들은 어른처럼 인형을 때렸다. 특히 폭력 행위를 한 어른이 나중에 칭찬 받는 필름을 본 아이들이 폭력 행동을 더 많이 따라하였다. 이는 TV나 영화의 폭력 장면이 아이들에게 폭력을 조장할 수 있음을 시사하고, 영상물 등급제의 기초를 제공한다.

그림 4.13. 어른이 인형에 폭력을 행사하는 것을 본 아이는 혼자 남았을 때 공격행동을 모방한다.

Albert Bandura/Stanford University

Albert Bandura/Stanford University

모방적 공격성의 평균 점수

실험집단　통제집단

■ 공격적 모델 보상 받음　■ 공격적 모델 처벌 받음
■ 비공격적 모델　■ 모델 없음

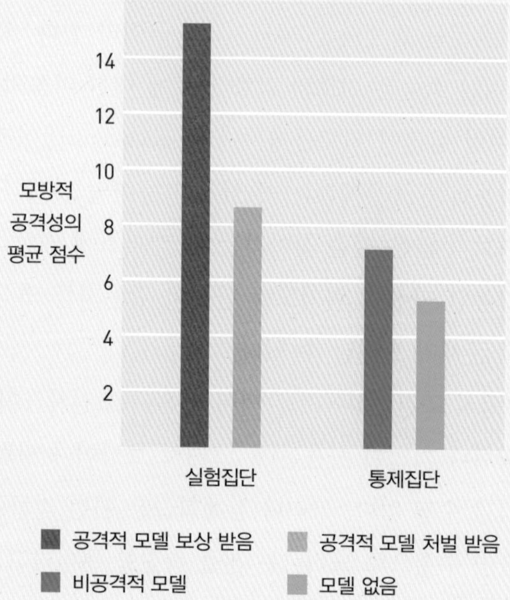

출처: Ross, L. A. et al. (1963). Imitation of filmmediated aggressive models. *Journal of Abnormal and Social Psychology*, 66, 3-11.

모방 행동의 배후에 거울신경원(mirror neuron)이 있을 가능성이 있다. 거울신경원은 다른 유기체가 음식을 집거나, 접촉하는 것을 관찰하면, 마치 자신이 그런 행위를 하는 것과 비슷하게 흥분한다. 즉 거울신경원은 남의 행동을 자신의 행동인 것처럼 반응하는데, 이 때문에 사람이 남의 행동을 자연스럽게 모방할 수 있을 것이다. 그리고 같은 행동에 대해 비슷한 뇌 반응을 보이는 것은 인간이 타인에게 공감하고 동정심을 갖는 등, 사회적인 유대를 맺는 것과 관련이 있을 것이다.

누구나 모방을 할 수 있기 때문에 우리는 모방 능력의 중요성을 간과하는 경향이 있다. 현대에 많은 기기들과 많은 규칙들이 사용된다. 이처럼 복잡한 사회에서 각각의 기술이나 규칙을 기초부터 배운다면 그 자체로 엄청난 시간과 노력이 소요될 것이다. 그런데 젊은이들은 남들이 하는 것을 어깨 너머로 보거나 혹은 즉석에서 흉내 내면서 많은 것을 배운다. 인간에게 뛰어난 모방(관찰학습) 능력이 없었다면, 아이들은 문명의 기초를 배우기도 전에 늙어버릴 것이다.

인간 학습

인간은 다양한 학습 능력을 가지고 있다. 인간은 민감화와 습관화에서부터, 고전적 조건형성, 조작적 조건형성, 잠재학습 및 관찰학습 등이 모두 가능하며, 여러 종류의 학습이 일상의 여러 국면에서 제각기 행동에 개입한다. 그러나 이것들로 인간 학습의 전부를 설명하는 데에는 한계가 있다. 인간은 인지 능력을 동원해서, 그리고 더 적극적인 노력을 들여서 학습한다.

스마트폰에 어떤 앱(App)을 처음 설치한 다음 어떻게 하는가? 여기저기 터치해보고, 이리저리 밀어보고, 저번의 비슷한 앱을 썼던 방법을 응용하면서, 또 당연히 나타나야 할 화면이 어디에 숨어 있는가를 찾을 것이다. 이런 학습은 매우 탐색적일 뿐만 아니라, 배경 지식과 유추를 사용하고, 사물에 대한 개념적 모형을 사용한 예측과 확인을 포함한다. 침팬지도 겉으로 비슷한 행동을 할 수 있을지 모른다. 그러나 핵심은 행동의 모방이 아니라 사용법과 용도라는 지식의 획득이다. 즉 스포츠선수나 예술가나 기계공처럼 어떤 기술을 익히는 경우가 아닌 한, 인간 학습(human learning)은 상당 부분 지식에 역점을 둔다는 점에서 동물 학습(animal learning)과 구별된다. 지식은 기본적으로 잠재적이고, 또한 표면적 관찰 너머에 있으며, 인지 능력에 기초하므로, 조건형성으로 이해하는 데에 한계가 있다. 지식은 경험 그 자체가 아니라, 경험을 분류하거나 범주화하고, 추상화하거나 다른 것과 관련짓는 등의 지적 조작을 통해 획득된다. 요즘 관심을 끌고 있는, 인공지능(A.I.)의 심층학습(deep learning)도 이런 지적 조작을 체계화하고 프로그램화한 것이다. 그러므로 인간의 지적 학습을 이해하기 위해서는 주의, 기억, 사고와 문제해결 등과 인지 과정을 고려할 필요가 있다. 이에 관해서는 제3장을 참고하기 바란다.

교습(instruction)은 인간 학습을 체계화하는 방법이다. 교실에서 강사는 학생들에게 어떤 항목이나 측면에 주의를 기울이고, 중요한 용어들을 외우고, 책을 읽고, 질문에 답하도록 요구한다. 이런 일들은 모두 지식의 획득에 기초가 되는 활동들을 훈련시키는 것이며 이를 수행하기 위해 학생은 상당한 의식적 노력을 들여야 한다. 학생들의 노력에는 보상도 일정한 효과가 있겠지만, 학생들의 호기심이나 선호, 열망과 같은 생리적 욕구와는 관계가 없는 동기 요인도 중요한 역할을 한다. 강사가 학생을 훈련시키는 방법의 배후에는 여전히 조건형성의 원리가 관여할 수 있다. 예를 들면 좋은 질문을 하거나 답을 하면 칭찬하거나 포인트를 주는 것이다. 그러나 강사는 학생의 동기를 자극하고, 깊은 인지 처리를 하도록 수업을 설계함으로써 더 효과적인 학습을 낳을 수 있다. 예컨대 강사는 자료에서 핵심적인 측면에 주목하도록 시선을 유도하거나 부연 설명을 제공한다. 해당 주제가 청중에게 어떤 관련성이 있는지 혹은 앞으로 있을지를 실감하도록 사례나 가상 시나리오를 이용한다. 또 학생들이 적극적으로 인지 처리하도록 질문을 하거나 활동을 시키거나 학습한 것을 재생하도록 한다. 어떤 학생은 이로부터 도움을 받고 다른 학생은 그렇지 않다. 인간 학습을 설명하는 데에 알아야 할 것이 여전히 많이 남아 있다.

4.5. 결론

초창기의 학습 연구는 조건형성으로 인간의 모든 행동을 설명할 수 있다고 생각한 행동주의(behaviorism)를 낳았다. 행동주의에서는 직접 관찰할 수 없는 마음의 문제는 별로 중요하지 않았으며, 오로지 행동만을 연구 대상으로 인정하였다. 그러나 곧 유전과 생태가 학습에 갖는 의미가 분명해졌다. 그리고 동물의 행동을 설명하는 데에도 인지 능력을 고려해야 한다는 것이 분명해졌다. 이런 과정을 거쳐서 엄격한 행동주의는 포기되었고 학습에 대한 이해는 풍부해졌다.

유기체에게 중성자극과 무조건자극을 짝짓는, 고전적 조건형성은 단세포 생물을 포함한 거의 모든 동물들에 적용된다. 유기체가 환경을 조작하도록 하는, 조작적 조건형성은 조작 능력이 있는 동물들(아마도 척추동물)에게 적용 가능하며, 이를 통해 유기체는 환경 적응에 도움이 되는 새로운 행동을 학습할 수 있다. 조건형성은 동물은 물론 인간에게서 관찰되는데, 반드시 고등한 정신 능력을 필요로 하는 것은 아니다. 조건형성은 대체로 의식하지 않더라도 혹은 의식적으로 억제하려고 해도 자동적으로 일어나며, 예컨대 적절한 조건만 주어지면 치매 환자에게도 조건형성이 발생할 수 있다. 인지학습은 심적 표상을 만들 수 있고, 심적 조작을 할 수 있는, 인간을 포함하여 비교적 고등한 동물이 보이는 학습방법이다. 인간의 학습은, 관찰학습처럼 타자를 모방함으로써도 일어나고, 학교와 같은 교육 시스템에 의한 체계적 교습을 통해서도 일어나고, 의식적 탐구를 통해 일어나기도 하고, 사회문화적 장면에서 암묵적으로 일어나기도 한다.

학습은 동물의 생존, 생태와 관련이 깊다. 이와 관련하여 생태적으로 위험한 것에 대한 공포 학습 및 혐오 학습이 잘 일어난다. 동기는 학습의 촉진 그리고 수행에 중요한 역할을 하지만 학습에 필수적인지는 분명하지 않다.

학습은 심리학의 기초 영역으로서 발달과 더불어 행동의 변화를 설명하는 중요 원리를 제공하며, 인간의 성격과 사회행동, 심리장애, 건강행동, 및 교육 연구에도 중요한 기초를 제공한다. 구체적으로 발달지체나 심리장애에서 부적절한 행동의 수정, 정신 건강 조절(예, 바이오피드백(biofeedback)과 뉴로피드백(neurofeedback)), 학습 프로그램의 개발, 인공지능 학습(AI), 태도 변화, 광고 등 여러 영역에서 응용되고 있다.

요약

1. 학습은 생리적 원인이나 성숙에 의하지 않고, 경험의 결과로 생긴 비교적 영속적인 행동 변화를 말한다.

2. 조건형성은 자극과 자극의 연합, 혹은 반응과 자극의 연합과 같이 비교적 단순한 학습 형태이지만 동물뿐 아니라 인간에게도 적용된다.

3. 고전적 조건형성은 신호 역할을 하는 중성자극과 무조건자극을 짝지어 제시함으로써, 조건자극(전의 중성자극)에 대해서 적절한 조건반응(전의 무조건반응)을 학습하는 절차이다.

4. 일반화는 조건자극과 유사한 자극에 조건반응을 보이는 경향이며, 소거는 조건자극에 더 이상 조건반응을 보이지 않는 것이며, 변별은 조건자극을 나머지 자극과 구별하는 것이다.

5. 조작적(도구적) 조건형성은 유기체의 조작행동을 강화하거나 처벌함으로써 행동의 발생빈도를 높이거나 낮추는 절차이다.

6. 강화는 행동이 더 자주 발생하게 하는 일이며, 처벌은 행동이 덜 자주 발생하게 하는 일이다. 강화물을 제공하는 것을 '정적'이라 하고, 제거하는 것을 '부적'이라고 정의한다.

7. 조성은 조작적 조건형성의 원리를 점진적으로, 연쇄적으로 적용하는 것인데, 동물에게 복잡한 행동을 학습시킬 수 있다.

8. 고전적 조건형성에서는 무조건자극이 신체 반응을 강제로 일으키는 반면, 조작적 조건형성에서는 유기체가 자발적으로 생성하는 조작행동이 강화 혹은 처벌받게 한다.

9. 동물의 학습은 그 생태와 유전적 성향을 떠나서는 충분히 이해하기 힘들다. 맛 혐오는 한 번에 학습되는 반면, 생태적 행동과 걸맞지 않은 행동은 잘 학습되지 않는다.

10. 인지학습은 주의, 기억 등과 같은 고등한 인지능력에 기초를 두며, 관찰학습과 잠재학습이 그 예이다. 인간 학습은 이 외에도 탐구와 교습을 적극적으로 사용한다.

추가 읽을거리

• 챈스 (2014). **학습과 행동**[*Learning and Behavior*, 7th ed.] (김문수, 박소현 역). 서울: 센게이지러닝. (원전은 2013년 출판)

• 글룩·메르카도·마이어스 (2011). **학습과 기억**[*Learning and memory*] (최준식, 김현택, 신맹식 역). 서울: 시그마프레스. (원전은 2008년 출판)

• 수자 (2009). **뇌는 어떻게 학습하는가**[*How the Brain Learns*, 3rd ed.] (박승호, 서은희 역). 서울: 시그마프레스. (원전은 2006년 출판)

• 파블로프 (1999). **조건반사**[*Conditioned Reflexes*] (이관용 역). 서울: 교육과학사. (원전은 1927년 출판)

• 앨버토·트라우트맨 (2014). (교사를 위한) **응용행동분석**[*Applied behavior analysis for teachers*, 9th ed.] (이효신 역). 서울: 학지사. (원전은 2013년 출판)

• 박창호 외 (2011). **인지학습심리학**. 서울: 시그마프레스.

• 스키너 (2006). **월든 투: 심리학적 이상사회**[*Walden Two*] (이장호 역). 서울: 현대문화센터. (원전은 1948/1976년 출판)

연습문제

A형

1. 고전적 조건형성에서 무엇과 무엇이 연합되며, 조작적 조건형성에서는 무엇과 무엇이 연합되는가? 서로 어떻게 다른가?

2. 고전적 조건형성에서 소거가 학습의 완전한 제거가 아니라는 증거는 무엇이며, 이것이 학습에 함축하는 바는 무엇인가?

3. 고전적 혹은 조작적 조건형성과 같이 간단한 절차로 복잡한 인간 행동을 설명하는 데 각각 어떤 개념들이 사용되는가?

4. 문제상자 속의 고양이의 탈출 행동을 관찰하고, '효과의 법칙'이 적용된다고 할 때 그 의미는 무엇인가?

5. 조작행동은 무엇이며, 이것은 고전적 조건형성에서 조건반응과 어떻게 다른가?

6. 스키너의 이론에서 강화의 의미는 무엇이며, 이것은 사람들이 흔히 말하는 보상과 어떻게 다른가?

7. 성격도 조건형성으로 설명될 수 있는가? 자신의 성격 특성 중 하나를 들어 조건형성으로 설명해 보라.

8. 유기체의 유전적인 혹은 생태적인 측면 때문에 조건형성의 원리가 제대로 적용되지 않는 예를 들어라.

9. 쥐의 미로 탐색 행동을 연구한 잠재학습 연구에서, 학습과 수행이 구별된다는 말의 의미가 무엇인지를 구체적으로 설명하라.

10. 관찰학습은 조건형성을 통한 학습과 비교해서 어떤 점에서 유리한가?

11. 인간 학습이 동물 학습과 어떤 점에서 공통되고, 어떤 점에서 구별되는가?

B형

1. 고전적 조건형성의 설명이 아닌 것은?

① 그 결과로서 생리적 반응이 달라진다.
② 중성자극이 결국 조건반응을 일으키게 된다.
③ 일반화와 변별이 일어난다.
④ 무조건자극과 중성자극의 연합을 배운다.

2. 소거과정에 대한 잘못된 설명은?

① 무조건자극을 주지 않는 과정이다.
② 조건형성된 원래의 연합을 지운다.
③ 조건형성의 강도를 알 수 있다.
④ 소거된 반응이 자발적으로 회복할 수 있다.

3. 조작적 조건형성이 고전적 조건형성과 다른 점은?

① 자극과 반응이 연합된다.
② 보상이 중요하지 않다.
③ 반응이 먼저 방출된다.
④ 반복적 과정이다.

4. 조작적 조건형성의 방법과 무관한 것은?

① 정적 혹은 부적 강화물을 사용한다.
② 중성자극을 강화물과 짝짓기 한다.
③ 강화의 비율을 조작한다.
④ 변별자극을 사용할 수 있다.

5. 정적 처벌에 관한 설명 중 잘못된 것은?

① 행동이 덜 자주 발생하게 하는 조작이다.
② 행동의 대안을 직접 알려주는 것은 아니다.
③ 지나친 처벌은 정서 반응을 일으킬 수 있다.
④ 강화를 주지 않는, 부적 강화와 동등하다.

6. 조작적 조건형성 원리가 적용되는 예들로 묶인 것은?

> 가) 멧돼지가 출몰하는 곳에 복통을 일으키는 독이 든 고구마를 둔다.
> 나) 착한 행동을 하면, 나중에 원하는 것과 바꿀 수 있는 토큰을 준다.
> 다) 이유 없는 불안이 높아질 때마다, 즐거웠던 여행의 기억을 떠올린다.
> 라) 아이가 아파트 난간에 접근할 때마다 높은 경고음이 들리게 한다.
> 마) 10대 아이들이 인기 연예인의 옷차림과 말씨를 흉내 내며 좋아한다.

① 가, 나   ② 나, 다
③ 나, 라   ④ 다, 마

7. 학습된 무력감과 관련 없는 것은?

① 예측된 처벌 제공
② 통제 가능성의 상실
③ 동기적, 정서적 손상
④ 도피행동의 차단

8. 유전적 요인과 동물의 생태가 학습에 미치는 영향을 잘 설명한 것은?

① 어떤 종류의 학습은 단 1회의 경험으로 일어날 수 있다.
② 조성을 체계적으로 적용하면, 어떤 행동이든 결국 학습 가능하다.
③ 냄새나 맛과 관련된 학습이 잘 일어나는 것은 종의 차이가 없다.
④ 유전적으로 결정된 행동은 생태 환경에서의 적응을 방해할 수 있다.

9. 쥐의 미로 탐색에 대한 잠재학습 연구와 관련이 높은 것은?

① 시행착오를 통해 학습한다.
② 머릿속에 경로의 연쇄가 기억된다.
③ 보상의 유무가 학습에 결정적이다.
④ 학습은 수행과 구별된다.

10. 관찰학습에 관한 틀린 설명은?

> 가) 모델이 받는 보상과 처벌은 무관하다.
> 나) 주의와 기억 능력을 필요로 한다.
> 다) 관찰하면서 동시에 모방하는 학습이다.
> 라) 사회 행동의 학습을 잘 설명한다.

① 가, 나   ② 나, 라
③ 가, 다   ④ 다, 라

11. 인간의 학습을 이해하는 데 적절한 주장은?

① 감정이나 심리장애는 학습으로 설명할 수 없다.
② 사회행동은 조건형성으로 설명할 수 없다.
③ 인지 능력은 교과목 학습의 설명에만 적용된다.
④ 여러 종류의 학습이 모두 일어날 수 있다.

12. 학습에 관한 다음 주장들 중 틀린 것은?

① 조건형성의 결과로 어떤 연합이 일어난다.
② 고등동물에게는 조건형성이 잘 적용되지 않는다.
③ 동물에 따라 더 잘 학습하는 행동이 다르다.
④ 고등동물의 학습에서는 인지 능력도 중요하다.

Chapter 5

발달심리학

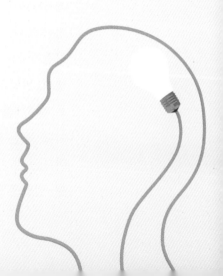

발달은 어떻게, 왜, 언제 일어나며, 어떤 변화과정을 거치는가? 발달하면 흔히 아동기 발달을 주로 생각한다. 그러나 발달은 태어나서 죽을 때까지 전생애에 걸쳐 일어나는 다양한 변화를 말한다. 이 장에서는 발달의 정의, 발달의 연구문제, 발달단계의 특징, 인지 발달, 사회 및 정서 발달, 도덕발달, 애착, 성격, 자아개념과 정체감과 같은 주제들에 대해 살펴보고자 한다.

5.1. / 발달과 발달심리학

발달은 수정에서 시작되어 일생동안 계속되는 움직임이나 변화의 패턴(Santrock, 2015)을 말한다. 즉 발달은 생명이 만들어지는 수정의 순간부터 그 생명이 없어지는 죽음의 순간까지 전 생애에 걸쳐 시간의 흐름에 따라 일어나는 모든 체계적인 변화와 안정의 과정으로 정의할 수 있다. 발달심리학은 전생애를 통해 일어나는 성장과 변화, 그리고 안정을 연구하는 학문으로(신명희 외, 2013), 생물학적, 개인적, 환경적 영향으로 인해 한 개인의 사고, 행동, 추리, 기능 등에서 시간을 두고 일어나는 변화를 기술하고 설명하려는 학문분야이다.

전생애발달 전문가 Paul Baltes(1939~2006)에 따르면, 전생애조망(life-span perspective)에서 발달을 여러 가지 측면으로 살펴보고 있다. 먼저 발달은 특정시기에 일어나는 것이 아니라 일생 동안에 걸쳐 변화가 일어나는 것으로 보았으며, 생물학적, 인지적, 사회정서적 차원의 많은 요소들의 변화과정에 초점을 두고 있다. 둘째, 발달은 다방향적으로 일어나며 일생 동안 어떤 차원 요소들은 확장되고 다른 것은 감소하기도 한다. 예를 들어 한 언어를 발달 초기에 습득하면, 다른 언어를 습득하는 능력은 발달후기, 특히 아동 초기 이후 감소한다. 셋째, 발달은 가소성이 있다. 가소성은 변화하는 능력을 의미하며, 발달심리학자들은 발달의 여러 시점에서 다양한 차원들이 어느 정도의 가소성을 갖는지에 대해 관심을 갖는다. 넷째, 발달은 다학문적이다. 심리학, 사회학, 인류학, 신경과학, 의학연구자 등 모두 전생애를 통한 발달의 미스터리를 푸는 데 관심이 있다. 다섯째, 발달은 맥락적이다. 모든 발달은 맥락(context) 혹은 환경 내에서 일어난다. 맥락이란 발달이 일어나는 환경으로, 역사적, 경제적, 사회적, 문화적 요인에 의해 영향받는다. 여섯째, 발달은 또한 성장, 유지, 상실의 조절을 포함한다. 개인이 나이가 들어 성인 중기와 말기가 되면, 성장으로부터 벗어나 능력의 유지와 상실에 대한 조절이 중심 단계가 된다.

발달심리학들의 주요의 관심사

발달심리학자들은 발달에 미치는 유전과 환경, 성숙과 학습, 발달의 연속성과 불연속성, 결정적 시기 여부, 발달에 미치는 초기경험과 후기경험 등에 관심을 갖고 연구를 해 왔다(정옥분, 2014; 신명희 외, 2013).

유전과 환경

여러분도 한번쯤 성격이나 다른 특성들이 부모로부터 선천적으로 물려받았는지 아니면 자라면서 배운 것인지 고민을 해 본 적이 있었을 것이다. 발달심리학자들은 오랜 세월 동안 유전이냐 환경이냐는 논쟁을 해 왔다. 존 로크(John Locke)는 어린아이는 어른의 축소판이라는 당시 만연했던 생각을 거부하고, 신생아의 정신은 백지상태라고 생각했다. 로크에 따르면 모든 지식은 우리의 감각을 통해 생겨나며, 지식은 전적으로 경험에 의해 제공되는 것이다. 찰스 다윈(Charles Darwin)의 진화론(1859)은 인간발달의 생물학적 기초를 강조하는데, 많은 연구자들로 하여금 유전의 역할을 중요하게 여기도록 만들었다. 그러나 20세기 행동주의가 생겨나면서, 환경론자의 입장이 다시 주도하게 되었으며, 행동주의자들은 인간의 천성이 완전히 변화될 수 있다고 주장했다.

오늘날 대부분의 심리학자들은 유전과 환경 둘 다가 중요한 역할을 할 뿐 아니라, 서로 지속적으로 상호작용하여 발달을 이끈다는 것에 동의하고, 어떻게 상호작용하는가에 관심을 두고 있다. 신생아는 뇌에 1,000억 개 정도의 뉴런을 갖고 있지만 뉴런 간의 연결은 그리 많지 않다. 뉴런 간의 연결은 출생 직후 급속하게 발달하여 생후 3년이 지나면 뇌의 무게가 출생 때의 세 배가 된다(Dipietro, 2001). 뇌 발달은 주로 유전 요인과 생애 초기 아이가 환경으로부터 받는 자극이나 결핍의 두 요인 모두에 의해 영향을 받는다.

성숙과 학습

인간발달이 어떤 기제와 과정을 통해서 변화가 일어나는가? 성숙은 유전적 요인에 의해 발달적 변화들이 통제되는 생물학적 과정을 말한다. 유아기의 빠른 성장이나 사춘기의 2차 성징, 걷기 전에 서고, 두 단어를 말하기 전에 한 단어를 말하는 것과 같은 변화는 성숙에 기인하는 사건들로서, 종의 특성이지 특별한 연습이나 훈련의 결과가 아니다. 학습은 직접 또는 간접 경험의 산물이다. 학습은 훈련이나 연습에서 기인하는 발달적 변화를 말하며, 그 결과는 매우 개별적이고 특수하다. 예를 들면 외국어의 습득이나 운전기술의 습득은 매우 특정한 훈련에 의존하는 학습된 행동이라 할 수 있다. 성숙과 학습을 결합시킨 좋은 예로 아동과 양육자간의 애착행동을 다룬 Bowlby(1969)와 Ainsworth(1979)의 연구를 들 수 있다. 생의 초기에 특정한 사람과 애착을 형성하는 발달직 경향은 유전적 계획표에 기인한 것으로 생각되며 성숙과정의 일부분으로 간주된다. 그러나 애착대상을 선택하는 것은 매우 특별하며, 많은 경우에 상황적으로 결정된다(Salkind, 1985; 정옥분, 2014 재인용).

연속성과 불연속성

발달은 연속적으로 일어나는가? 연속적 변화의 관점에서는 발달을 지속적인 양적 변화의 과정으로 본다. 이전 경험 위에 새로운 사건이나 변화가 질서정연한 방식으로 덧붙여지는 연속적인 과정을 발달이라고 한다. 그러므로 연속적 변화는 종류가 아니라 정도의 변화를 의미한다. 예를 들어 성인기까지 키의 성장은 점차로 일어나고, 같은 방식으로 진행된다. 반면 불연속적 변화의 관점에서는 발달을 구별되는 단계로 일어나는 질적 변화의 과정으로 본다. 이전 단계의 행동과 질적으로 다른 행동이 만들어지는 방식으로 일련의 단계가 순차적으로 전개되는 것을 발달이라고 한다. 기는 행동과 걷는 행동은 질적으로 다르다. 발달단계는 그 단계 내의 모든 변화를 지배하는 주제가 있다. 발달단계는 모든 개인에게 동일한 순서로 진행된다. 그러나 진행속도에는 개인차가 있다. 대부분의 발달학자들은 발달이 연속적 혹은 불연속적이라는 양자택일의 입장은 적절하지 못하다고 생각한다. 많은 발달의 변화는 연속적이지만 그러나 어떤 발달의 변화는 확실히 불연속적 변화이다. 혹은 단기간의 발달변화는 연속적이지만 장기간의 발달변화는 질적으로 다른 단계로 분류할 수 있다.

결정적 시기(critical periods)

발달에 결정적 시기가 있는가? 그 시기를 지나면 발달이 일어나지 않는가? 결정적 시기란 어떤 주어진 사건 혹은 그 사건의 결여가 발달에 지대한 영향을 주는 특정한 시기를 말한다. 초기 발달심리학에서는 결정적 시기의 중요성을 크게 강조했으나, 근래에는, 특히 성격과 사회성 발달영역은 부분에서 사람은 종래의 생각보다 더 유연하다는 연구결과들이 많아졌다. 오늘날 발달학자들은 결정적 시기보다는 민감한 시기(sensitive periods)라고 말한다. 민감한 시기에서 유기체는 환경의 특정 종류의 자극에 특별히 더 민감해진다. 그러나 결정적 시기와는 달리, 민감한 시기 동안에 그 자극이 결여가 되더라도 그 결과는 언제나 회복될 수 없는, 비가역적인 결과가 되는 것은 아니다(Tompson & Nelson, 2001; 신명희 외, 2013 재인용). 오스트리아의 생태학자인 Konrad Lorenz(1957)의 각인연구는 결정적 시기를 설명하기 좋은 예다. 그의 연구에서 갓 부화한 새끼오리들은 본능적으로 처음 보이는 움직이는 물체를 어미로 알고 따라다닌다. 이 현상을 각인(imprinting)이라 하였는데, 짧은 결정적 시기 동안에 특정정보를 획득하려는 유기체의 신경체계의 준비도라고 하겠다.

초기경험과 후기경험의 중요성

발달은 어린시절의 경험에 주로 결정되는가? 만약 유아나 어린 아동이 생애 초기에 매우 불우한 환경을 경험했더라도 청년기 이후에 환경이 개선된다면 정상적인 발달을 할 수 있을까? 아니면 인생의 초기 경험이 너무 중요하고 결정적이어서 이후에 개선된 환경으로도 극복이 되지 않을 것인가? 생후 1년까지 유아가 따뜻하고 애정어린 보살핌을 받지 못하면 이후의 발달이 최적의 상태에 이르지 못한다고 믿는 학자들도 있다(Bowlby, 1989; Sroufe, 1996). 반면, 후기경험 주창자들은 인간의 발달은 불변하는 것이 아니라 끊임없이 변한다고 주장한다. 아동기 발달 뿐 아니라 전생애에 걸친 발달에 초점을 맞춘 전생애 발달론자들은 지금까지 발달의 후기경험이 지나치게 간과되었다고 주장한다(Baltes, 1987). 그들은 초기경험이 인간의 발달에 중요하긴 하지만, 후기경험도 그에 못지 않게 중요하다고 본다. 부모–자녀관계의 초기경험을 강조하는 Freud를 신봉하는 서구문화에서는 초기경험의 중요성을 지지하는 경향이 있다(Chan, 1963). 많은 아시아 문화권에서는 6, 7세 이후에 겪게 되는 경험이 인간발달에서 중요한 측면이라고 믿는다. 이러한 입장은 아시아에서는 아동들의·추론능력이 아동중기에 발달한다고 믿는 오래된 신념으로부터 나온 것이다(Santrock, 1998).

발달연구방법

발달심리학자들은 발달에 따른 변화를 알아보기 위해서 사람들이 여러방식으로 연구를 수행하였다. 횡단연구방법은 여러 연령의 사람들의 어떤 특성을 동시에 관찰하여 연령 간을 비교하여 발달과정을 추론해 보는 것이다. 예를 들어 이 연구는 비교적 신속하고, 비용이 적게 들며 수행하기가 용이하다. 반면에 종단연구는 동일한 사람들을 일정기간 동안 관찰하여 연령에 따른 변화를 추적한다. 마시멜로우 실험에 참여하였던 아이들을 추적하여 그들의 성장 과정을 연구하는 것이다. 종단연구는 매우 가치있는 통찰을 제공해 주기는 하지만 시간, 돈, 노력이 많이 들어간다.

인간발달의 영역

인간발달을 생물학적 발달, 인지적 발달, 사회정서적 발달로 나누어 볼 수 있다. 생물학적 발달은 신체적 변화와 관련된 것으로 부모로부터 물려받은 유전인자, 뇌와 감각기관의 발달, 신장과 체중의 증가, 운동기능, 사춘기에 나타나는 호르몬의 변화 등은 모두 아동발달에서 생물학적 과정의 역할을 반영한다.

인지적 발달은 개인의 사고, 지능, 언어에서의 변화. 영아가 누워서 침대 위의 모빌을 보거나, 언어를 습득하는 것. 아동이 시를 암송하거나 수학문제를 풀거나, 청소년이 영화배우나 가수가 되는 것을 상상해 보는 것 등은 인간발달에서 인지적 과정의 역할을 반영한 것이다.

사회 정서적 발달은 대인관계, 정서, 성격의 변화, 사회적 환경의 변화를 포함한다. 가족관계, 또래관계 교사와의 관계 등은 아동발달에서 사회 정서적 과정의 역할을 반영한 것이다.

생물학적, 인지적, 사회 정서적 발달은 서로 상호작용을 한다. 예를 들어 아동이 신체적으로 어떻게 보이는가 하는 것이 그 아동이 자신에게 느끼는 감정에 영향을 미치고, 이는 친구관계에도 영향을 미친다. 추론능력은 타인이 원하는 것을 이해하는 능력에 영향을 미치며 대인관계에도 영향을 미친다. 앞으로 이러한 발달 영역에 대해 살펴보고자 한다.

5.2. 발달 단계의 특징

발달에 관한 연구에서는 수정(conceptions)에서 출생까지의 시기인 태내기(prenatal period), 신생아기(newborn perion: 출생~1개월), 영아기(infancy; 1개월 이후~24개월), 유아기(early childhood; 2~6세), 아동기(middle childhood; 6~12세), 청소년기(adolescence; 12~20세), 성인전기(early adulthood; 20~40세), 성인중기(middle adulthood; 40~65세), 노년기(late adulthood; 65세 이후)로 구별한다. 대부분

의 발달학자는 이 나이의 범위에 대해 대체로 동의하지만 실제로 나이는 여러 가지 면에서 임의적이다. 나이 구분이 확실한 것도 있으나 어떤 시기는 그 시작이나 끝이 애매하여 분명하지 않다. 예를 들어 영아기는 출생에서 시작되고 유아기는 초등학교에 입학하며 끝이 난다. 청소년기는 사춘기의 시작, 즉 성적 성숙에서 시작된다. 성인전기의 시작연령인 20세는 대부분의 산업화 사회에서는 다만 10대가 끝났음을 의미하는 것에 지나지 않는다. 대학에 재학중인 19세와 20세는 크게 달라지는 것이 없으며, 졸업을 하고 사회에 진출하여 직장을 가지는 연령이 실제로 성인전기의 시작이라 할 수 있다. 이 시기는 개인의 차이나 시대와 문화에 따라 달라진다(신명희 외, 2013). 발달단계의 특징을 좀 더 살펴보면 다음과 같다.

태내기

태내기는 수정이 되면서 출생까지의 시기를 말한다. 이 과정은 신비롭기까지 하며, 신체의 성장이 일생 중 가장 빠른 속도로 이루어진다. 보통 정자와 난자가 수정이 되어 임신 첫주의 100개 정도의 세포가 만들어진다. 이런 세포가 분화되어 기본적인 신체구조와 기관이 만들어지고, 기능 또한 전문화된다. 6주가 되면 여러 기관들이 형성되어 작동하고, 심장도 뛰기 시작한다. 대략 37주 동안 태반 속에서 영양분을 공급받으며 성장하는데 태내환경에 크게 영향을 받는다. 태반은 어머니로부터 태아로 영양분과 산소를 공급해 주며 해로울 수도 있는 많은 물질을 걸러낸다. 그러나 어머니의 흡연, 음주, 약물과 같은 것은 태아에게 영향을 미치며, 선천적 결함이나 다양한 문제를 갖고 태어날 수 있다. 어머니의 심리적인 상태가 영향을 미치기도 하는데 다양한 동물실험을 통해 어머니의 스트레스가 운동발달을 지체시키고, 정서반응을 증가시키며, 학습장애와 우울증과 같은 심리적 장애와 관련된 신경전도물질을 변화시키는 것으로 밝혀지고 있다.

영아기

영아기는 출생 후 약 2세 사이를 말하며 신생아는 의존적이기는 하지만 나름대로 다양한 능력을 가지고 있다. 특히 생존에 필수적인 반사능력을 가지고 태어난다. 자동적으로 통증이 일어나는 것을 피하고, 머리를 돌리며, 젖을 찾아 물고 빤다. 신생아는 사람의 목소리가 나는 방향으로 고개를 돌리고, 얼굴모양의 그림에 더 반응을 하는 등 사회적 반응을 하는 경향이 있다. 지각능력도 발달을 하는데 어머니의 체취가 나는 것에 반응을 하며, 어머니의 목소리에도 반응을 하는 등 감각을 할 수 있을 뿐 아니라 감각기관을 이용하여 학습을 한다. 신체의 성장과 발달의 속도가 매우 빠르다. 학습능력과 기억력이 신생아기에도 형성된다. 생후 2년째 가 되면 자아에 눈뜨기 시작한다. 첫돌 무렵에 부모에 대한 애착이 형성되며 다른 아동에 대한 관심이 증가한다.

유아기

유아기는 2~6세 사이로 두뇌가 급속하게 발달하여 이러한 뇌 신경계의 발달 은 유아들의 운동능력의 발달과 관계가 깊다. 체력이 신장되며 이 시기는 많은 성 장이 된다. 특히 이 시기는 자기중심적이며, 인지적 미성숙으로 인해 세상을 보는 눈이 비논리적이다. 한편 놀이, 창의력, 상상력이 풍부해지고, 자율성, 자기통제력 이 증가한다. 친구의 중요성이 증가하지만 가족이 여전히 생활의 중심이 된다.

아동기

아동기는 6~11세 사이로 신체의 성장이 느려지고, 체력과 운동기능이 더욱 더 신장된다. 유아기의 자기중심성이 사라지며, 기억력과 언어기능이 증가한다. 자아개념이 발달하고 친구가 생활의 중심이 된다.

청년기

청년기는 11~20세 사이로 아동기와 성인기 사이의 기간을 말하며 신체적인 성숙을 시작으로 성인기에 끝난다. 신체적으로 급성장을 하여 신장과 체중이 급격 히 성장하고 체형이 변화한다. 또한 성적으로 성숙해지는 사춘기가 시작되며 일차 성징과 함께 이차성징이 발달한다. 이 시기에는 생물학적 성숙과 사회적 의존성 간의 긴장이 '질풍노도'를 만들어 낸다. 호르몬이 급격하게 증가하여 기분을 격렬 하게 만들다. 청년기에는 두뇌도 발달하며 사용하지 않은 뉴런과 연결이 가지치기 를 한다. 또한 변연계가 발달하여 충동성, 위험행동, 정서적 질풍노도의 특징을 보 인다. 전두엽이 성숙함에 따라 판단과 충동통제 그리고 장기적 계획을 발달시키고 추상적 사고가 가능하다. 그러나 청년기의 자기중심성이 나타나며, 가상의 청중과 개인적 우화라는 인지발달이 나타난다. 또한 청소년들은 부모로부터 독립을 원하 고 상대적으로 가족들과 거리를 둔다. 자아정체감의 확립이 심각한 문제로 대두된 다. 또래집단이 형성되고 그 영향력이 커진다.

성인기

성인기는 20~40세에 해당된다. 신체적 건강이 20대 중반에 최고조에 달하다가 서서히 감퇴하기 시작한다. 이 시기의 사람들은 감각적 기민함, 강도, 반응시간, 심장혈관 건강이 최고조에 있다. 여성들의 경우 남성보다 더 빨리 절정에 이른다. 또한 인지적 능력 역시 성인초기에 최고조에 다다르며 지적 능력이 디 복잡해진다. 친밀한 관계가 이루어지며 대부분의 사람들이 결혼하여 부모가 된다. 직업을 갖게 되며 자아정체감이 계속해서 발달한다.

중년기

중년기는 40~65세에 해당된다. 이 시기에는 신체적 건강과 정력이 급속하게 감퇴하기 시작한다. 여성들은 50대 중반에 폐경을 경험하고, 여성호르몬인 에스트로겐이 감소한다. 폐경과 함께 갱년기를 경험하며 생식능력을 잃게 된다. 유방조직의 소실뿐만 아니라 골다공증이 발생한다. 갱년기 여성들은 발열과 불면증과 같은 증상을 경험하고, 불안과 우울감을 동반하지만 모든 여성들이 심리적 문제를 발생시키지 않고, 여성의 기대와 태도가 정서적 충격에 영향을 미친다. 남성들은 또한 변화를 경험하는데 남성 성호르몬의 감소되어 근육강도, 성적 욕구, 에너지가 감소된다. 이 시기의 신체적 활력은 연령보다는 개인의 건강과 운동습관과 더 관련이 있다. 지혜와 실제적 문제해결능력은 증가하지만 새로운 것에 대한 문제해결능력은 저하한다. 자녀를 돌보고 부모를 봉양하는 이중의 책임감으로 인해 스트레스가 발생한다. 자녀들이 집을 떠나고 빈둥지 증후군이 나타나며, 중년기의 위기가 닥쳐올 수 있다.

노년기

노년기는 65세 이후로 신체적 능력이 다소 감퇴하지만 대부분의 노인들은 건강하고 여전히 활동적이다. 의학이 발전하면서 65세 이상의 노인들이 증가하고 있고 평균 수명 역시 늘어나고 있다. 이 시기는 신체적 탄력이 없이 주름이 늘어간다. 신경계의 노화로 자극에 대한 반응시간이 증가한다. 면역체계 또한 효율성이 저하되어 다양한 질병에 걸리기 쉽고, 죽음에 이른다. 시각과 청각 역시 둔해지며 후각과 미각이 저하된다. 근육세포가 손실되고 몸의 모양이 달라지고 근육강도가 감소한다. 또한 대사율이 감소하여 지장이 증가된다. 중년초기 골밀도가 감소하기 시작하여 골다공증으로 이어진다. 인지적으로 기억을 하거나 셈을 하는 데 어려움을 겪기도 한다. 이 시기의 회복불가능한 뇌질환인 알츠하이머병이 발생하여 다양한 인지기능의 문제가 생긴다. 은퇴로 인해 수입은 감소하지만 여가시간은 많아진다. 또한 다가오는 죽음에 대비하여 삶의 목적을 찾을 필요가 있다.

5.3. / 인지발달

피아제 인지발달이론

피아제는 지능을 유기체가 주변환경에 적응하도록 도와주는 근본적인 삶의 기능이라고 정의하였다. 지능에 대한 피아제의 견해에서 중요한 가정은 아동이 스스로 지식을 구성해야 한다는 것이다. 피아제는 아동을 구성주의자(constructivist), 즉 새로운 대상과 사건에 대해 반응함으로써 그것의 근본적인 특징을 이해하는 존재로 보았다.

인지는 정신구조 또는 도식(scheme)의 정교화와 변형을 통해 발달한다(Piaget & Inhelder, 1969). 도식은 세상을 이해하고자 능동적으로 노력하는 과정에서 지식을 조직하는 활동이나 정신적 표상들이다. 피아제는 모든 형태의 도식은 조직화와 적응이라는 두 가지 선천적인 지적 과정을 통해 형성된다고 믿었다. 적응은 환경의 요구에 부합하는 과정이며, 조직화는 기존의 도식을 일관된 지식체계로 조합하고 통합시키는 선천적 경향성이다. 조직화의 목적은 주변 환경의 요구에 부합하는 과정인 적응(adaptation)을 촉진시키는 것이다.

적응은 두 가지 상보적인 활동인 동화와 조절을 통해 이루어진다. 동화는 아동이 현재 가지고 있는 도식을 사용하여 새로운 정보나 경험을 이해하는 과정이며 조절은 현재 가지고 있는 도식을 변화시켜 새로운 정보나 경험을 이해하는 과정이다. 예를 들어 아버지의 차를 보고, "자동차"라는 단어를 학습한 유아가 도식을 사용하는 과정에서 길 위에서 움직이는 모든 교통수단을 보고 '자동차'라고 부르는 것을 동화라고 하며, 오토바이와 트럭은 자동차가 아니라는 것을 학습하고, 교통수단의 범주 이해하는 과정을 조절이라 한다. 인간은 본성적으로 환경 속의 사물과 상황에 전적으로 동화하며 조절하여 인지적 평형화의 상태에 도달하도록 끊임없이 동기화된다.

한편 많은 새로운 이해의 수준들이 수렴하여 사고의 구조가 중요하게 재조직화되는 순간이 온다. 피아제는 이렇게 새로운 사고의 수준으로 이동하는 것을 단계(stage)라고 했다. 단계는 아동의 지식과 기술이 단순히 양적으로 증가하는 것이 아니라, 사고방식이 질적으로 변화하는 것으로 정의된다. 피아제는 인지발달단계를 네 단계로 구분하였다. 피아제는 4단계가 질적으로 서로 다른 인지적 기능을 가지며, 불변적인 발달순서(invariant development sequence)인 것으로 보았다. 불변적

표 5.1. 피아제의 인지발달단계

단계	연령	주요 특징
감각운동기	출생~2세	• 감각과 운동을 통한 인지구조 발달 • 반사행동에서 목적을 가진 의도적 행동으로 발전 • 대상영속성 개념 획득
전조작기	2~7세	• 언어, 상징과 같은 표상적 사고능력의 발달 • 중심화: 자아중심적 언어와 사고 • 직관적 사고와 전인과성 사고
구체적 조작기	7~11세	• 구체적 경험중심의 논리적 사고 발달 • 보존개념의 획득 • 유목화와 서열화 가능
형식적 조작기	11세~이후	• 추상적 상황의 논리적 사고 가능 • 명제적, 가설연역적 추리 가능 • 조합적 추리 가능

인 발달순서는 모든 아동은 정확히 같은 순서대로 이 단계들을 거치며, 각 단계는 이전 단계에서의 성취를 바탕으로 진전되기 때문에 어느 한 단계도 뛰어넘을 수 없다. 피아제는 지적 발달단계의 순서는 불변이라고 믿었지만, 단계를 이동하는 연령에는 엄청난 개인차가 존재함을 인식하였다. 문화적 요인과 기타 환경적 영향이 아동의 지적 성장속도를 가속화하거나 반대로 지체시킬 수 있다고 보았다.

감각운동기단계(Sensory Motor Stage)

이 단계는 반사행동이 특징이며, 1~4개월에서는 영아의 관심이 외부의 대상보다 자신의 신체에 있다가 4~8개월에서는 영아의 관심이 자신의 신체 외부에 있는 대상과 사건에 있다. 또한 8~12개월에서는 자신의 목표를 달성하기 위해 두 가지 행동을 협응하고, 인과개념 및 대상영속성을 획득한다. 실험적 사고에 열중하기도 하고, 18~24개월에는 정신적 표상 및 지연모방 가능이 가능하다.

생후 8~12개월이 되어서야 영아는 모델이 행한 새로운 반응을 모방하기 시작하며, 영아 앞에서 손가락을 구부렸다 폈다 하는 행동을 보여주면 영아는 손 전체를 폈다 쥐었다 한다(Piaget, 1951). 아주 단순한 반응이라도 영아가 정확하게 모방을 하려면 며칠 또는 몇 주 동안 연습해야 한다(Kaye & Marcus, 1981). 자발적 모방은 생후 12~18개월이 되어야 더욱 정확해진다. 현재 옆에 없는 모델의 행동을 모방하는 능력지연모방(deferred imitation)은 생후 18~24개월에 최초로 나타난다.

대상영속성은 대상이 더 이상 보이지 않거나 다른 감각을 통해 탐지할 수 없을 때에도 그 대상이 계속해서 존재한다는 개념이다. 이는 감추어진 물체를 찾아낼 때 물체가 보이지 않을 때에도 여전히 그것이 존재한다는 것을 이해하는 능력으로 영아의 대상개념의 출현에 대한 분명한 신호는 생후 8~12개월경에 나타나지만 불완전하다. 생후 8개월 된 아동은 가지고 놀던 공을 넓은 천으로 덮어서 가리면, 곧 공에 대한 흥미를 잃고 더 이상 찾으려 하지 않는다. 그러나 생후 10개월 정도의 아동은 천 아래에 숨겨진 공을 찾으려 한다. 이는 내적 표상 또는 정신적 표상능력을 갖게 되었음을 의미한다. 12~18개월이 되면 대상개념이 향상된다. 시각적으로 움직임을 추적할 수 있고, 대상을 마지막으로 본 곳에서 대상을 찾는다. 그러나 보이지 않는 이동(invisible displacement)을 이해하는 데 필요한 정신적 추론을 할 수 없기 때문에 대상영속성은 아직 완전하지 않다. 생후 18~24개월이 되면 영아는 사라진 대상을 찾는 데 있어서 보이지 않는 이동도 정신적으로 표상하며 추론할 수 있게 된다. 대상이 영속성을 갖고 있음을 완전히 이해하며, 숨바꼭질과 같은 정교한 놀이를 하면서도 숨어있는 사람들을 찾아내고는 굉장히 만족스러워한다.

전조작기 : Piaget의 두 번째 인지단계(2~7세)

이 시기는 인지적 조작, 논리적 조작이 아직 불가능한 시기로 사고가 경직되어 있고, 한번에 한 가지에 제한된 관심을 보이고, 사물을 외관만으로 판단한다. 타인의 생각, 감정 등이 자신과 동일하다고 믿고 타인의 관점을 이해하지 못하는 경향인 자아중심성이 특징이다. 무생물체도 생명이 있다고 생각하는 물활론적 사고를 보인다. 2~4세는 전개념적 사고기로 사고, 개념, 인지과정이 성인에 비해 다소 초보적이며, 대상을 상징화, 내면화하는 과정에서 성숙한 개념을 발달시키지 못한다. 4~7세는 직관적 사고기로 현재 지각되는 어느 한 사실에만 주의를 기울여 그 대상을 규정짓는 사고특성인 직관에 의해 사물을 파악하고, 전체와 부분의 관계를 정확히 파악하는 데 어려움이 있으며, 과제를 이해하고 처리하는 것을 직관적으로 한다. 모양이 다르더라도 본질이 같다는 보존개념이 아직 발달하지 못한다.

구체적 조작기(concrete operational stage)

이 시기에 아동들은 구체적인 경험, 대상에 대해 논리적으로 사고하는 능력으로 특징지어지는 시기로 논리적 사고는 실재적이고 물질적인 것에 한정된다. 또한 아동은 추상적, 가설적 개념은 이해하지 못한다. 단순한 지각에 의해서가 아니라 추론을 토대로 결론에 도달한다. 전조작기의 자기중심적 사고에서 벗어나 타인에 대한 관심으로 전환할 수 있다. 보존개념을 습득하고, 같은 범주들의 사물들을 함께 분류하고, 두 가지 이상의 속성에 따라 비교 배열이 가능하다. 이러한 보존 개념의 발달은 문화적 맥락이나 훈련에 의해 영향을 받기도 하고, 아동의 인지적 발달이 항상 동일하게 발달하는 것은 아니다.

형식적 조작기(formal operational period)

이 시기에 아동은 추상적 명제에 대한 논리적 사고를 할 수 있는 능력이 발달하고, 명제적 사고와 가설 연역적인 논리적 사고가 가능하다. 모든 경우의 조합을 체계적으로 만들어 낼 수 있다. 형식적 조작 사고는 모든 청소년이 가능한 것은 아니다. David Elkind(1967)는 청소년기의 사고특징을 '청소년기 자아중심성(adolescent egocentrism)'으로 정의하고, 이는 상상적 청중(imaginary audience)과 개인적 우화(personal fable)의 두 가지 문제로 나타난다고 하였다. 상상적 청중은 자의식을 지나치게 과장한 나머지 자신의 행동이 모든 사람의 관심 대상이라고 생각하는 현상으로 실제적이거나 가상적인 상황에서 자신에 대해 다른 사람이 어떤 반응을 할 것인지를 예측해 보려는 것으로 항상 누군가가 자신을 지켜보고 있으며 관심을 가지고 있다고 믿는 경향이다. 상대방을 깊이 이해하기보다는 타인이 자신을 어떻게 생각할까에 더 신경쓴 결과 상대방에 대한 이해의 폭과 깊이를 스스로 축소시킨다. 개인적 우화는 자신의 경험은 독특하다 못해 특이하기 때문에 다른 사람과는 다르다는 강한 믿음으로 자신을 남들과는 다른, 아주 특별한 존재로 느끼는 상태이다. 다른 사람이 경험하는 위기, 위험, 죽음이 자신에게는 일어나지 않으며, 혹시 일어나더라도 피해를 입지 않을 것으로 확신하고, 성인에 비해 청소년이 보다 많은 위험행동을 하는 것이다.

피아제 이론의 비판점

Piaget는 아동의 인지발달에 대한 큰 관심을 갖도록 하였고, 아동이 자신의 발달을 능동적으로 구성하는 존재임을 제안하였다. 그러나 유아의 능력을 너무 과소평가했다는 비판도 있다. 영아와 취학전 아동의 지적기능을 검증하는 새롭고 보다 정교화된 방법들은 피아제가 어린 아이들의 능력을 과소평가했음을 밝혀졌다. 예를 들어 아동에게 친숙하지 않은 현상에 대해 질문하고, 언어로 자신의 생각을 분명하게 표현하지 못하는 학령 전 아동에게 언어로 설명할 것을 요청한 것을 불공정하다고 보았다. 피아제의 이론을 검증하기 위해 고안된 과제들은 주의집중, 기억, 구체적인 실제 지식 등의 여러 기술을 필요로 한다. 아동들은 검증하고자 하는 능력을 갖고 있지만, 그 능력 이외에 요구되는 다른 기술 중의 하나가 부족하여 그 과제를 수행하지 못했을 수 있다. 피아제의 보존과제를 사용한 보다 최근의 실험에서는 아동들의 지적능력이 그가 생각했던 것보다 더 일찍 발달한다는 증거를 제시하고 있다. 구체적 조작기의 사고 발달에 영향을 줄 수 있는 더 많은 요인들이 밝혀졌다. 성인기 인지발달에 관심을 갖는 이론가들은 피아제 모델이 성인기 사고를 효과적으로 설명하지 못한다고 간주하고, 성인기 동안 발달하는 부가적인 사고 수준이나 새로운 유형의 사고가 존재한다고 보았다.

5.4. 사회인지발달

사회인지(social cognition)란 자신과 타인의 내재적인 심리적 과정이나 인간관계의 본질과 속성에 대한 이해와 추론을 의미한다. 사회인지능력이 발달하기 위해서 아동은 사람들의 내면에 사고, 동기, 감정, 성격 등의 내재적 심리적 과정이 존재하고 있다는 사실을 깨닫고 인정해야 하며, 그러한 내재적 심리적 과정을 이해하고자 하는 요구나 그 필요성에 대한 인식이 따라와야 한다. 아동들은 피아제의 이론에서 설명한 바와 같이 자기중심성에서 벗어나 타인의 관점이나 조망에 대한 정확한 추론능력을 갖추어야 한다. 따라서 조망수용능력은 사회인지의 기본 요인이다(Flavell, 1985).

Selman(1980)은 타인의 사고에 대한 아동의 조망수용능력의 발달을 사회적 조망수용(social perspective taking)의 발달단계 이론으로 체계화하였다. 0수준(3~6세)은 자신과 타인의 생각이나 심리적 특성이 서로 다르다는 것을 완전하게 변별하지 못하는 자기중심적이며 미분화된 조망수준이다. 1수준(5~9세)은 개개인이 서로 다른 사고와 내적 세계를 가질 수 있다는 것을 이해하는 분화된 조망을 지니지만, 각자의 조망의 차이를 정확하게 판단하는 능력에는 한계를 갖는 주관적 조망수준에 머문다. 2수준(7세~12세)은 자신의 사고나 행동에 대해 객관적 관점에서 되돌아볼 수 있으며 동시에 타인의 사고나 감정을 이해하고 예측할 수 있는 2인자적 조망을 가지지만, 양자를 통합하는 상호적 조망수준에는 미치지 못한다. 3수준(10~15세)은 제3자의 입장에서 나와 상태의 관점을 모두 통합하는 일반화된 타인

조망 또는 상호적 조망이 가능하게 된다. 4수준(12~성인기)은 사회의 전체적인 조직이나 체제의 관점에서 모든 것을 조망하는 사회적 또는 심층적 조망수준에 이르게 된다.

5.5. 도덕발달

보통 '도덕성'이란 말을 할 때는 철학, 종교, 혹은 윤리학(ethics)을 의미한다. 심리학에서 말하는 '도덕성'은 이와는 미묘하게 다르다. 발달심리에서는 도덕적 행동의 기저에 있는 인지, 정서, 생물학적 요인 등을 탐구하며 도덕성 발달은 무엇이 옳고 그른가에 대한 세 가지 영역에서의 발달을 연구해 왔다. 즉 도덕적 사고와 도덕적 인지의 발달, 도덕적 정서발달, 도덕적 행동발달에 관심을 두고 있다. 발달심리학에서 도덕적 사고의 발달에 대한 피아제(Piaget)의 도덕발달이론와 콜버그(Kohlberg)의 도덕사고이론을 알아보고자 한다.

피아제의 도덕발달이론

피아제는 도덕성 발달단계를 전도덕성 단계(4세까지), 타율적 도덕성 단계(5~6세), 자율적 도덕성 단계(7세 이후)로 보았다. 피아제의 도덕성 발달 연구를 위한 질문은 다음과 같다.

> 이야기 A: John이란 어린 남자 아이가 자신의 방에 있다. 그는 저녁 먹으라고 부르는 소리를 들었고, 거실로 갔다. 그런데 문 뒤에 탁자가 놓여 있었고, 그 위에는 15개 컵이 놓여 있는 쟁반이 있었다. John은 문 뒤에 있는 이 모든 것에 대해 알 수 없었다. 그가 들어서면서 문으로 쟁반을 건드렸고, 컵들이 부딪치면서 모두 깨졌다.
>
> 이야기 B: Henry라는 어린 남자아이가 있었다. 어느 날 어머니가 외출했을 때 그는 찬장에서 잼을 꺼내려고 했다. 그는 탁자 위로 올라가서 팔을 뻗었다. 그러나 잼이 너무 높이 있어서 손이 닿지 않았다…잼을 꺼내려다가 컵 1개를 넘어뜨려 컵이 떨어져서 깨졌다.
>
> 이야기 제시 후 질문: 어떤 아이가 더 나쁜지? 왜 더 나쁜가? 나쁜 아이에게 어떤 벌을 주어야 할까?

도덕 발달단계별 특징

전도덕성 단계는 생애 첫 5년 동안 아동들은 사회적으로 정의된 규칙에 대한 존중이나 인식이 없다. 놀이를 할 때도 이기려는 의도를 갖고 체계적으로 놀지 않는다. 대신 자신들의 규칙을 만드는 듯 하고, 게임의 핵심은 차례를 지키고 즐기는 것이라고 생각한다.

타율적 도덕성 단계는 5, 6세~10세에 해당하며 피아제 도덕발달의 첫 단계로서, 아동들은 권위적 인물들의 규칙을 신성하고 수정할 수 없는 것으로 본다. 타율적으로 규칙에 대한 강한 존중이 발달한다. 행위자의 의도보다 객관적인 결과에 근거해 행동의 옳고 그름을 판단한다. 많은 5~9세 아동은 John이 Henry보다 나쁘다고 판단하는 것처럼 행동의 본질과 관련 없는 속죄적 처벌(expiatory punishment)을 선호하며, 창문을 깬 남아는 창문 값 변상보다 손바닥으로 맞기를 선호한다. 사회적 규칙의 위반은 필연적으로 어떤 방식으로든 처벌받는다고 생각한다.

자율적 도덕성은 7세 이후, 10~11세로 아동은 규칙이 사람들 간의 합의에 따라 도전을 받거나 변할 수 있는 임의적인 동의임을 깨닫는다. 행동의 결과보다는 행동의 의도를 파악하여 옳고 그름을 판단하며, 사람들의 필요에 따라 규칙을 위반할 수도 있다고 생각한다. 위반을 처벌하는 방법을 결정할 때, 처벌의 결과가 '범죄'에 맞춰진 처치, 즉 상호적 처벌(reciprocal punishment)을 선호한다. 창문을 깬 남아는 자신의 용돈으로 그것을 변상하고, 창문은 돈이 든다는 것을 배울 수 있는 결정을 한다. 사회적 규칙의 위반이 발견되지 않거나 처벌받지 않을 수 있다는 것을 경험으로부터 배우기 때문에 더 이상 내재적 정의를 믿지 않는다.

콜버그의 도덕성 발달단계

Kohlberg의 도덕성 발달은 인간의 도덕성이 3단계를 거쳐 발달한다는 피아제의 이론이 지나치게 단순하다고 비판이 있으며, 10, 13, 16세 남아들에게 도덕 딜레마를 해결하게 함으로써 피아제의 도덕발달이론을 더 발전시켰다.

〈콜버그의 대표적인 딜레마 이야기〉

하인츠와 약사

유럽에서 한 여인이 특이한 암 때문에 거의 죽음에 이르렀다. 의사들이 그녀를 살릴 수 있다고 생각하는 약이 하나 있다. 일종의 라디움으로 같은 마을에 사는 약사가 최근에 발견한 것이다. 그 약을 만드는 데 많은 비용이 들었고, 약사는 생명을 구할 수 있는 소량의 약에 대해 2,000달러, 즉 제조비용의 10배를 매겼다. 아픈 여인의 남편인 하인츠가 빌릴 수 있는 돈은 1,000달러가 전부였다. 그는 약사에게 자신의 부인이 죽어가고 있으니 그 약을 싸게 팔던지, 나중에 갚도록 해달라고 부탁했다. 그러나 약사는 "안돼요. 내가 약을 발견했고, 그것으로 돈을 벌 겁니다."라고 말했다. 그러자 하인츠는 절망을 했고, 아내를 위해 가게를 부수고 약을 훔쳤다. 하인츠는 그래야만 했을까?

딜레마는 아동에게 다음의 2가지 중에서 선택하도록 요구한다. (1) 규칙, 법, 권위적 인물에게 복종하는 법, (2) 인간적 욕구를 따르는 동안 이런 규칙이나 명령을 어기게 되는 행동을 하는 것.

콜버그는 제시한 딜레마에 대해 참가자들이 결정하는 결과보다는 그 결정을 정당화하기 위해 사용하는 이유를 통해 개인의 도덕추론 구조를 확인하였다. 도덕발달은 청소년기를 거쳐 성인 초기로 가면서 점차 복잡해진다. 도덕 성장은 세 가지 도덕수준의 불변적 순서에 따라 발달한다. 각 수준은 두 가지 독특한 도덕단계로 구성된다. 이는 인지능력의 발달에 의존하기 때문에, 도덕수준과 단계의 순서는 불변적이며, 발전 이후에는 후퇴하지 않는다고 보았다. 콜버그는 도덕성 발달단계를 세 수준, 여섯 단계로 구분하였다.

전인습적 수준(인습 이전 수준, preconventional level)은 도덕적 선악의 개념은 있으나 권위자의 힘이나 개인적인 욕구에 관련시켜 해석하고, 자기중심적이고, 타인입장을 이해 못하고, 자신의 욕구 충족에만 관심을 가진다. 보통 9세 전 아동이나 일부 청소년, 성인범죄자들이 해당된다. 1단계에서 권위자의 벌을 피하고 권위에 복종하는지 여부에 따라 도덕성을 평가한다. 예를 들어 약을 훔친 것이 정말로 나쁜 것은 아니다. 다른 해를 끼치지 않았다거나 약을 가져가는 것에 허락을 구하지 않았다. 창문을 부수는 일 등은 나쁜 일이다. 2단계는 개인적 쾌락주의로 자신의 욕구와 필요충족이 도덕성 판단의 기준이며 공평성 혹은 상호성이 중요하다. 예를 들어 하인츠가 약사에게 해로운 일을 한 것은 아니고, 언제든지 갚을 수 있다, 약을 가져와야 했다, 약사는 나쁘지 않다, 단지 돈을 벌기 위해 사업을 한 것뿐이다 등의 반응이 이에 해당된다.

인습적 수준(conventional level)은 전보다 타인의 입장을 더 잘 이해하게 되고 사회관습에 걸맞는 행동을 도덕적 행동으로 간주하며 대부분의 청년과 다수의 성인이 해당된다. 3단계는 착한 소년, 소녀 지향을 하며 다른 사람의 기대와 인정 받기 위해 착한 아이로 행동. 부모, 교사, 또래친구의 도덕 판단 기준이 중요하다. 예를 들어 훔치는건 나쁘지만 하인츠는 아내를 사랑해서 한 행동이다. 만일 아내를 구하지 못하면 그를 비난해야 할 것이다. 하인츠 아내가 죽더라도 하인츠를 비난할 수 없으며. 약사는 이기적이고. 하인츠는 자신이 할 수 있는 모든 일을 하려 한 것이다. 4단계는 사회질서와 권위를 지향하며 사회 기준에 따라 행동을 평가한다. 추상적 사고 능력으로 사회질서를 위해 법을 준수하는 행동을 도덕적으로 평가한다. 예를 들어 약사가 누군가를 죽게 내버려 둔다면 잘못된 삶으로 가는 것이다. 아내를 구하는 것은 하인츠의 의무이다. 그러나 법을 어겨서는 안된다. 약사에게 값을 치르고 훔친 것에 대해 벌을 받아야 한다. 하인츠가 아내를 구하려는 건 당연하나, 절도는 나쁘다. 감정이나 특별한 상황에 상관없이 규칙을 따라야 한다 등의 반응이 해당된다.

후인습적 수준(postconventional level)은 사회규범을 이해하고 그것을 인정하지만, 법이나 관습보다는 개인의 가치기준에 우선을 둔다. 20세 이상의 성인들 중 소수만 해당한다. 5단계는 사회계약을 지향하는데 법과 사회계약의 전제가 최대다수의 최대행복임을 이해한다. 모든 사람의 복지와 권리를 보호하기 위해 법을 준수해야 한다. 그러나 때로는 법적 견해와 도덕적 견해가 서로 모순됨을 깨닫고 갈등을 경험하기도 한다. 예를 들어 찬성하는 경우 훔치는 것의 도덕적 잘못을 보기 전에 전체 상황을 고려해야 한다. 물론 약국에 침입하는 것에 대해 불법임이 분명하다. 또한 약국 침입에 대해 합리적 근거가 없다는 것을 하인츠도 알았을 것이다. 그러나 그런 상황에서 약을 훔치는 것은 어떤 사람에게나 합리적일 것이다 등의 반응을 보인다.

반대의 경우 불법으로 약을 가져가는 것의 좋은 면을 볼 수 있으나, 목적이 수단을 정당화하지는 않는다. 법은 함께 살기 위한 합의이며, 하인츠도 이를 존중할 의무가 있다. 약을 훔친 것에 대해 완전히 나쁘다고 말할 수 없으나 옳은 것으로 만들 수도 없다. 6단계는 보편원리를 지향, 즉 개인적 양심원칙에 따른다. 법이나 사회계약은 일반적으로 보편적인 윤리기준에 입각한 것이기에 정당하다고 믿는다. 따라서 만일 이러한 원칙에 위배될 때는 관습이나 법보다 보편원리(인간의 존엄성, 평등성, 정의 등)에 따라 행동한다. 찬성의 경우 법을 어기는 것과 인간의 생명을 구하는 것 중에서 선택해야 할 때, 생명을 지켜야 하는 더 높은 원칙은 약을 훔치는 것을 도덕적으로 옳은 것으로 만든다. 반대의 경우 많은 암과 약의 희소성으로 인해 그것이 필요한 모든 사람에게 돌아갈 만큼 충분하지 않을 수 있다. 올바른 행동과정은 관련된 모든 사람에게 옳은 것이어야 한다. 하인츠는 감정이나 법이 아니라 그가 이상적으로 정의로운 사람이 할 일이라고 생각한 것에 따라 행동해야 한다.

콜버그의 이론은 여러 비판이 있었다. 예를 들어 서구문화를 기준으로 구분하였다는 언급이 있었는데 여러 나라에서 수행된 연구들은 대체로 1에서 4단계까지는 콜버그 이론의 문화차가 크지 않았다. 또한 지나치게 가설적이며 상황적인 요인을 고려하지 않았다는 비판을 있었다. 예를 들어 청소년들은 법적인 문제보다 친구, 이웃과 같은 문제를 많이 경험하기 때문에 문제상황이 적절하지 않을 수 있다. 또한 성별에 따라 차이가 난다는 것을 관찰하였다. 남자들을 정의와 권리를 강조하는 반면 여자들은 연민, 의무, 보살핌을 강조하여 발달 수준에서 남녀차이가 날 수가 있다. 한편 도덕판단과 도덕행동 간의 상관이 높지 않음을 발견하였다.

5.6. 정서발달

정서란 자극에 대해 나타나는 생리적 변화(혈압, 맥박수, 호흡 등) 또는 얼굴표정이나 행동의 반응(미소, 찡그림 등)을 말하며, 일반적으로 감정 또는 느낌이라고 한다. 영아기 정서의 기능은 영아 자신이 경험하고 있는 정서적 상태를 양육자나 타인에게 알려주는 의사전달 기능을 하여 양육자가 자신을 보살피는 행동을 하도록 한다. 특정 자극에 대해 특정 행동을 하도록 하는 동기를 부여함으로써 사회적 거리 조절 및 사회 환경을 통제하는 역할을 한다.

정서표현

출생 시부터 신생아는 단맛, 신맛, 쓴맛에 각각 다른 얼굴표정으로 반응하고 울음소리를 달리하는 등 고통, 혐오, 만족 같은 선천적인 정서를 나타낸다. 생후 2개월 반에서 7개월에는 노여움, 기쁨, 슬픔, 놀라움과 공포 등의 정서를 나타내는데, 이를 일차적 정서 또는 기본정서라고 한다. 일차적 정서는 정상영아의 경우 매우 같은 시기에 나타나며, 모든 문화권에서 공통적으로 볼 수 있다. 생후 4주 경이 되면 영아는 움직이는 물체나 어머니 음성 등의 외부자극에 미소를 보인다. 2개월 경이 되면, 어머니 등 친숙한 사람에 대해 반응을 보이며, 사람의 얼굴에 대해 사회적 미소(social smile)를 보이고 사회적 미소는 양육자와의 친밀감을 강화하고, 사회적 상호작용의 토대가 된다. 7~9개월 경의 영아는 인지가 발달하면서 애착이 형성된 부모와 격리되거나 낯설고 새로운 것에 대한 두려움을 나타내기 시작한다. 18개월 경에는 영아는 자신과 타인이 다른 개체임을 아는 자아인식(self-cognition)이 생겨나며, 수치, 부러움, 죄책감, 자긍심 등의 정서가 생겨나고 이는 2차정서, 또는 복합정서라고 한다. 복합정서는 자아인식이 형성된 후 수반되는 정서이며, 인지발달에 의존하여 발달한다.

영아의 낯가림 현상은 6~8개월에 시작되어 12개월에 절정을 이루고, 이후 차츰 사라진다. 낯가림은 낯선 사람에 대한 불안 반응으로 대부분의 영아가 낯가림이 있다. 낯가림의 정도는 영아의 기질, 환경요인에 따라 다르다. 부모나 친숙한 성인이 함께 있을 때, 기질적으로 순한 경우 낯가림이 낮고, 어머니의 양육태도가 수용적일수록 애착의 영향으로 낯가림이 일찍 나타난다.

분리불안현상은 14~18개월에 급증하고 18개월 이후 차츰 감소하다 20~24개월경 없어진다. 분리불안은 친숙한 사람과의 분리로 인한 불안으로 안정애착은 불안정애착보다 분리불안반응이 낮다. 낯가림과 분리불안은 모든 인종과 문화의 보편적인 현상이나, 영아가 처한 육아환경에 따라 그 강도와 기간에서는 차이가 있다.

정서이해

6개월이 되면 정서와 관련된 얼굴표정을 구분할 수 있게 되며, 차츰 타인의 정서에 의해서 영향을 받기 시작한다. 타인의 정서를 인식하고 해석할 수 있는 능력은 영아가 어떤 상황에서 어떤 행동을 해야 좋을지에 대한 추론을 가능하게 해준다. 타인의 정서표현을 인식하고 파악하는 능력은 8~10개월 정도에 두드러지며, 이 시기가 지나면 영아는 낯설고 모호한 상황에서 양육자를 주시하는 모습을 보인다.

또한 낯선 상황에서 어떻게 행동해야 할지를 결정하기 위해 타인의 정서적 표현을 참조하는 사회적 참조(social referencing)를 한다. 영아의 시각벼랑실험에서도 사회적 참조과정을 통해 어머니가 기쁘고 호기심어린 표정을 지으면 영아는 어머니쪽으로 기어가지만, 어머니가 분노나 공포스러운 표정을 표출하면 영아는 건너가지 않았다.

3~4세 유아 절반 이상은 '좋다'는 단어를 사용하나, '슬프다'는 소수만이 사용하며, 유아는 타인의 긍정적 정서이해가 성인과 동일한 수준이지만, 부정적 정서

이해는 아직 서툴다. 3~4세경에 비교적 단순한 정서(기쁨, 슬픔, 분노, 놀람)와 정서를 야기시키는 원인에 대한 이해가 증가한다. 4~5세에는 여러 가지 정서를 유발하는 원인에 대해 판단하기 시작하는데, 주로 외적 요인에 근거하여 이해하는 경향이 있다. 예를 들어 새로 산 신발을 신어서 행복하다고 여긴다. 유아는 감정이 욕구와 관련되어 있어 사람들이 원하는 것을 가지면 행복하고, 원하는 것을 가지지 못하면 슬플 것이라고 생각한다. 5~7세는 자아개념 변화가 일어나며 감정적인 이해가 더욱 복잡해진다. 5세 유아는 규칙을 지키면 기분이 좋아지고 규칙을 어기면 기분이 나빠질 것이라 생각한다(Lagattuta, 2005).

정서조절

생후 12개월이 되면 영아는 불쾌한 자극에 대해 몸을 앞뒤로 흔들거나 입술을 깨물거나 스스로 장난감에 관심을 돌리는 등으로 부정적 정서유발을 감소시키는 나름의 책략을 발달시킨다. 18개월이 되면 슬픔이나 분노를 숨길 줄 알게 되고, 이를 억제하기 위해 눈살을 찌푸리거나 입술을 굳게 닫고 이를 악무는 모습을 보인다. 20개월 영아는 넘어졌을 때 어머니가 함께 있을 때만 울음 터트리고, 2세부터 좌절에 대한 인내력이 증가하는 것으로 나타난다. 2~5세경은 부모에게 떼쓰고 반항하는 것이 급감하며, 3~4세에는 불쾌한 소리를 듣지 않기 위해 눈이나 귀를 막는 등의 전략을 사용한다.

3세가 되면 자기 감정을 더 잘 숨기게 된다. 타인 앞에서 부정적 정서표현을 자제하는 능력이 나타나며 유아는 성인이 감정을 다루는 것을 관찰하면서 정서조절전략을 배우는데, 부모가 감정을 조절하는 전략을 설명해주고 참을성 있게 긍정적인 정서를 표현해주면 유아는 스트레스 관리 능력을 강화시킨다(Gottman, Katz & Hooven, 1997). 그러나 스스로 분노를 통제 못하거나 부정적 정서를 경험하는 부모의 유아는 감정을 억제하는 데 어려움을 가지며, 힘든 상황에서 화를 내고 공격적으로 반응하기 쉽다. 정서조절능력이 낮은 유아는 친사회적 행동을 덜 보인다.

기질과 부모양육태도

기질이란 한 개인의 행동양식과 정서적 반응유형을 의미하는 것으로 활동수준, 사회성, 과민성과 같은 특성을 포함한다. 기질은 선천적, 생후 초기부터 발현, 발달과정에서 비교적 안정적으로 나타나는 행동 및 조절능력의 개인차를 보여준다. 기질연구가들은 영아와 아동이 보이는 기질의 차이에 관심을 기울여왔다. 기질을 형성하는 심리적 특성이 성인기 성격의 토대라고 믿기 때문이다. 기질은 "나중에 이것이 아동과 성인의 성격을 형성하는 모체가 된다(Ahadi & Rohtbart, 1994).

　기질연구가들은 기질은 타고난 것으로 유전의 영향을 많이 받는다고 믿는다. 쌍생아 연구에서 이란성 쌍생아보다 일란성 쌍생아가 대부분의 기질특성에서 훨씬 더 유사한 것으로 나타났다. 기질연구가들은 기질이 유아기, 아동기, 심지어 성인기까지도 지속성이 있는 것으로 믿는다(Caspi & Silva, 1995; Rothbart, Derryberry, Posner, 1994). 즉, 낯가림이 심한 영아는 유아기에도 여전히 낯선 사람 두려워하고, 아동기에도 여전히 까다로운 성향을 보여준다.

　Thomas와 Chess에 의해 1956년 시작된 뉴욕종단연구(New York Longitudinal Study)는 기질에 대한 선구자적 연구로, 141명의 영아를 대상으로 아동기까지 이들을 관찰한 관찰법, 부모와 교사를 통한 면접법, 여러 종류의 심리검사를 통한 검사법 등을 사용하여 가장 포괄적인 종단연구를 수행하였다. Thomas와 Chess는 기질을 구성하는 9가지 요인을 발견하였으며, 이를 기준으로 영아의 기준을 순한(easy) 영아, 까다로운(difficult) 영아, 반응이 느린(slow-to-warm-up) 영아의 세 가지 유형

그림 5.1.　부모의 양육태도와 자녀의 행동 특징

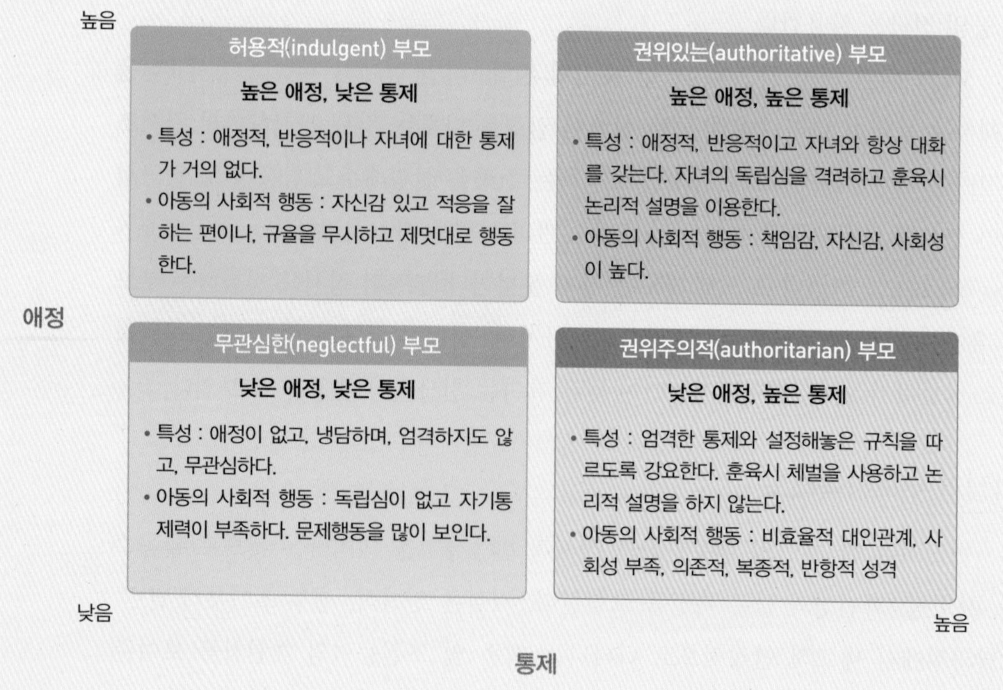

으로 구분하였다. 이 연구에서 초기의 기질은 이후에도 지속되는 것으로 나타났고, 영아기에 까다로운 기질은 학교생활에서 또래와의 관계나 주의집중에 문제가 보이고, 까다로운 영아의 약 70%는 자라면서 문제행동을 보였다. 영아기에 순한 기질을 보인 아동들은 약 18%만이 자란 후에 문제 행동을 보였으며, 영아기에 반응 느린 기질은 새로운 환경에 빨리 적응해야 하는 학령기에 어려움을 겪는 경우가 많다. 새로운 환경에 빨리 적응하는 데 문제를 보인다. 그러나 모든 영아가 이 세 집단으로 분류될 수 있는 것은 아니었으며, 35% 정도의 영아는 어느 집단에도 속하지 않는 것으로 나타났다. 영아의 기질은 유전적 요소뿐 아니라 성장하면서 겪게 되는 경험에 의해 수정되고 변화하기 때문에 완전히 고정되는 것이 아니다.

영아의 이상적 발달은 영아의 기질과 부모의 기질이 얼마나 조화를 이루는가에 달려 있다. 부모가 영아의 기질에 따라 양육행동을 조절한다면, 그 결과는 보다 조화로운 관계가 된다. 그러나 반대의 경우 부모나 영아 모두 갈등을 경험하게 된다. 까다로운 영아의 부모가 인내심을 가지고 영아의 요구에 민감하게 대처한 경우 아동기나 청소년기에 더 이상 까다로운 기질을 보이지 않았다. 그러나 부모가 까다로운 영아에게 쉽게 화내고 처벌적 훈육을 한 경우 까다로운 기질을 계속 유지하고 사춘기에는 문제행동을 많이 보였다(Chess & Thomas, 1984). 부모의 양육행동은 개인의 성격형성에 큰 영향을 미치는 요인 중 하나이다. Baumrind(1991)은 애정과 통제라는 두 차원에 의해 부모의 유형을 네 가지로 나누어 설명하였다(그림 5.1.). 애정차원은 부모가 자녀에게 얼마나 애정적이고 지원적이며, 얼마나 민감한 반응을 보이고, 얼마나 관심을 가지고 있느냐와 관련이 있다. 통제차원은 아동에게 성숙한 행동을 요구하고, 아동의 행동을 통제하는 것과 관련이 있다.

5.7. 애착의 발달

인간은 사회적 동물로 타인과의 밀접한 관계 속에서 살 수밖에 없다. 발달하면서 어떠한 사회적 관계를 맺는가? 인간은 태어날 때부터 사회적 존재로, 특히 보호자와 강력한 유대관계를 발달시킨다. 이 유대관계는 이후의 사회적 관계의 발달에 지대한 영향을 미친다. 애착(attachment)은 영아와 특별한 사회적 인물(주로 양육자)간 형성되는 친밀한 정서적 유대이다.

Bowlby의 애착이론

영아와 자신을 돌봐주는 양육자 간의 밀접한 정서적 유대관계는 중요하다. 이러한 애착의 중요성은 영국의 정신분석가이자 정신과 의사인 존 볼비(John Bowlby, 1907~1990)의 연구에서 입증되었으며, 정서적 발달을 위해서는 어머니와 따뜻하고 친밀하며 지속적인 관계가 반드시 필요하며, 초기의 애착형성 여부가 아동기뿐 아니라 성인기의 여러 가지 정신질환의 원인이 될 수 있다는 애착이론을 정립했다.

존 볼비는 대형 탁아시설이나 고아원에서 자라난 아이들이 어떤 심리적 영향을 받는지에 대한 연구를 하였다. 이 연구를 통해 아이들이 어린시절에 제대로 보살핌을 받지 못한 경우 성인이 된 후에도 지적·사회적·정서적 지체를 경험하게 된다고 보고했다. 또한 볼비는 2차 연구로 4세 전에 부모와 떨어져 병원에서 자란 아이들을 대상으로 연구를 한 결과 정상적으로 자라난 아이들에 비해서 훨씬 거칠고 주도성이 떨어지거나 과도하게 흥분할 때가 많다는 것을 발견하였다. 이런 결과를 토대로 생애 초기에 어머니의 적절한 돌봄 행동에 의해서 아이가 갖게 되는 안정적 애착(attachment)이 자신과 타인, 세상을 이해하는 가장 기본적인 내적인 작동모델을 만들고, 어린시절에 만들어진 내적 모델은 성인이 된 다음에도 그 사람의 대인관계에 대한 생각, 느낌, 기대를 결정한다고 하였다.

한편 이런 볼비의 이론은 해리 할로우(Harry Harlow, 1905~1981)의 원숭이 실험으로도 입증되었다. 할로우는 새끼원숭이를 어미와 격리시켜 철사로 만든 어미원숭이와 함께 있게 한 후에 차갑고 딱딱한 모형 철망에 우유병을 걸어놓은 경우와 우유병은 없지만 철망을 헝겊으로 싸놓은 두 가지 경우를 제시하자, 새끼원숭이는 따뜻함을 주는 헝겊원숭이를 선택했다. 이 실험을 통해서 애착에서 정서적인 만족이 중요하다는 점을 밝혔다. 또한 애착의 발달은 사회적 학습에 의해 촉진되기는 하나 근본적으로 생존유지와 보호를 위한 본능적인 반응의 결과로 이미 생래적으로 계획되었으며, 배고픔과 같은 1차적 욕구의 충족과 관계없이 발달한다고 볼 수 있다.

Ainsworth의 애착이론

애착에 관한 연구는 계속해서 이루어졌으며, 에인스워스(Mary Ainsworth, 1913~1999)는 1969년 애착을 평가하는 상황 실험인 '낯선 환경 실험'을 고안했다.

이 실험에서 먼저 장난감이 있는 실험실에 엄마와 아이가 들어갔다. 뒤이어 낯선 사람이 들어가고, 얼마 있다가 엄마는 그 방을 떠나고 아이가 낯선 사람과 둘

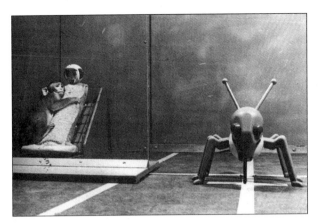

Harlow 실험

Ainsworth

만 있게 했다. 15분 정도 지난 후 엄마가 돌아오고 아이의 반응을 관찰한다. 에인스워스는 애착에서 중요한 것은 엄마가 떠날 때가 아니라 엄마가 다시 돌아왔을 때의 반응이라고 판단했다. 이때 아이가 보이는 반응을 안정애착, 불안정-회피애착, 불안정-저항애착의 3가지로 나눴다. 그 이후에 다른 애착의 형태인 혼란애착을 추가함으로써 애착을 4가지 유형으로 구분하였다. 4가지 애착 유형의 특징은 다음과 같다.

안정애착형 Secure Attachment

안정애착을 한 아이들은 65% 정도가 해당되며 이들은 어머니가 있는 동안 낯선 새로운 상황에서 재미있게 놀이를 한다. 어머니가 떠났을 때 약간의 불안을 보이지만, 어머니가 돌아오면 열렬하게 반기면서 긍정적인 반응을 보인다. 어머니를 안전기지로 삼아 환경을 탐색한다. 낯선 사람보다 어머니를 뚜렷하게 선호하고 주위의 환경을 탐색하기 위해서 어머니로부터 쉽게 분리된다.

EBS 아기성장보고서: 애착

회피애착형 Insecure Avoidant

20% 정도의 아동이 이 유형에 속하며, 이들은 어머니가 떠나도 별 동요하지 않고, 어머니도 돌아와도 다가가지 않고 무시, 회피한다. 이런 유형의 어머니는 유아의 요구에 무감각하고 아기와의 신체적 접촉을 적게 하며 아이를 거부적인 방식

으로 다룬다. 어머니와 관계에서 친밀감을 추구하지 않으며, 낯선 사람에게도 유사한 반응을 보인다. 부모가 자기중심적, 강압적, 지나친 자극을 주는 경우 회피애착을 보일 수 있다.

저항애착형 Insecure Resistant

10~15% 정도의 아동이 여기에 속하며, 이들은 어머니가 있어도 상황을 탐색하는 정도가 덜하고, 어머니가 떠나면 극심한 불안이 있다. 어머니가 돌아오면 화를 내지만, 어머니 곁에 머물러 있으려고 하면서도, 어머니가 안으려고 하면 저항하는 특징을 보인다. 무감각하고, 영아를 다루는 방식이 어색하지만 화를 내는 느낌은 아니다. 부모의 기분에 따라 일관성 없는 양육을 한 경우가 많다.

혼란애착형 Insecure Disorganized

불안정 애착의 가장 심한 형태로 약 5~10%의 아동이 여기에 해당되며, 회피애착과 저항애착이 결합된 형태이다. 이 아동들은 양육자에게 접근해야 할지 회피해야 할지 갈피를 잡지 못하는 것처럼 보인다. 어머니와 재결합했을 때 어머니가 안아줘도 얼어붙은 표정으로 있거나 먼곳을 응시한다. 또한 양육자에게 접근하다가도 양육자가 다가오면 멀리 도망가고 피한다. 학대받은 영아의 경우, 부모가 자신의 안전기지가 되어줄 수 있을 존재인지, 자신의 안전을 위협하는 존재인지 혼란스러워 한다.

안정된 애착형성을 위한 요건으로 영아의 기질과 부모의 특성이다. 즉, 영아의 기질에 맞는 적절한 양육이 제공될 때 영아가 안정된 애착을 형성할 수 있게 된다. 영아기에 형성된 애착은 성인기에 낭만적 관계를 맺는 데도 영향을 미친다. 초기 애착관계가 이후 성인기의 사회성 발달에 영향을 미치는 것은 분명하다. 하지만 그 원인과 기제에 대해서는 여전히 논란이 있으며, 또한 어떻게 이를 변화시킬 수 있으며 어머니 이외의 대상에 대한 효과(예, 할머니에 의해 양육된 경우, 어린이집이나 탁아소의 효과, 편모/편부의 효과 등)도 여전히 논란이 있으며, 애착관계는 매우 복잡하고, 또 인간은 끊임없는 변화에 적응하도록 가소성을 가지고 있다.

5.8. 성격의 발달

성격발달에 관한 여러 가지 이론이 있지만 대표적인 것은 프로이트의 심리성적발달이론이다. Freud는 한 개인의 행동 및 성격 특성이 적응적으로 형성될 것인지, 부적응적으로 형성될 것인지는 어렸을 때의 경험에 의해 결정된다고 보았다. 특히, 생후 6년간의 경험은 매우 중요하며, 그 시기에 경험하는 갈등과 그것을 해결하는 과정을 통해 습득한 관점과 태도가 나중에 성인이 되어서까지 무의식 속에 남아 지속적으로 영향을 미친다고 보았다.

Freud에 의하면 심리성적 발달은 영아기부터 시작하여 리비도의 충족을 가져오는 신체부위나 성감대에 따라 명명된 일련의 예정된 단계를 거치게 된다고 한다. 단계마다 서로 다른 신체부위로부터 쾌락을 얻고 발달이 진행되기 때문에 쾌락과 만족을 추구하는 자극이 두드러진 신체부위의 심리성적 유형에 따라 구강기, 항문기, 남근기, 잠복기, 생식기로 발달단계를 명명하였다.

심리성적 단계 동안 아동에게 일어나는 일들이 성인기의 성격 형성을 돕고, 심리성적 갈등이 성공적으로 해결하지 못하거나, 심하게 박탈되거나, 과도하게 몰두하게 되면 어떤 한 단계에 '고착(fixation)'된다. 고착이란 어떤 한 단계에서 미해결된 문제를 경험함으로써 야기되는 성격발달의 정지를 말한다. 더욱이 자신의 갈등을 성공적으로 해결하였다 하더라도 이후의 생활에서 심한 어려움을 겪게 되면 '퇴행(regression)'을 보이게 된다. 퇴행이란 발달 초기의 보다 만족스러웠던 단계의 감정이나 행동을 보이는 것을 말한다.

정신분석적 입장에서 성격의 형성과 발달을 설명하고 있는 이론으로는 프로이트 외에도 에릭슨(Erikson)의 심리사회적 발달단계이론을 들 수 있다. 에릭슨의 성격발달이론은 프로이트의 이론과 유사한 점도 있지만 다음의 두 가지 점에서 차이가 있다.

첫째, 프로이트의 심리성적(psychosexual) 측면이 성적 에너지 또는 리비도의 갈등과 해결을 통한 평형을 기준으로 발달 단계를 설정하고 있다면, 에릭슨은 심리사회적(psychosocial) 측면의 발달 단계를 설정하고 있다. 구체적으로 프로이트는 리비도가 발달 단계에 따라 신체의 특정 부위에 축적되어 갈등 상태를 만들며, 갈등을 경험하는 부위에 따라 다섯 개의 심리성적인 단계로 구분하고 있다. 반면에 에릭슨은 한 개인과 다른 사람 및 외부 세계 간의 관계에서 유발되는 갈등과 그

표 5.2. 심리·성적인 발달과 심리·사회적 발달

인생의 시기	프로이트	에릭슨
생애 첫 1년	**구강기(oral stage)** 어머니의 젖을 빠는 것은 음식과 쾌락에 대한 필요를 충족시킨다. 신생아들은 기본적인 양육을 얻을 필요가 있고, 이후 탐욕과 욕심에 대한 감정이 발달될 수도 있다. 구강기 고착은 신생아기의 구강 만족감의 결여로 인해 나타난다. 이후 나타날 수 있는 성격 문제는 타인에 대한 불신, 타인에 대한 거절, 사랑 또는 친밀한 관계를 형성할 수 없거나 이에 대한 두려움을 가지는 것으로 나타나게 된다.	**유아기(infancy): 기본적 신뢰 대 불신** 만일 중요한 타인이 기본적인 신체적 및 감정적 필요를 제공한다면, 유아는 신뢰감을 발달시킨다. 만일 기본적인 필요가 충족되지 않으면 세상, 특히 대인관계에서 불신의 태도가 나타나게 된다.
1~3세	**항문기(anal stage)** 항문 부위가 성격 형성을 위한 중요한 정보의 원천이 된다. 주요 발달 과업은 독립심을 배우고, 개인의 능력을 수용하고, 분노와 공격성과 같은 부정적인 감정들을 표현하는 것을 배우는 것이다. 부모의 훈육 양식과 태도가 아동의 이후 성격 발달에 중요한 영향을 미친다.	**초기 아동기(early childhood): 자율성대 수치심과 의심** 자율성을 발달시키는 시기이다. 기본적인 경쟁은 자기의존과 자기 의심 간에 이뤄진다. 아동은 탐색하고 실험하고, 실수를 범하고, 한계를 실험해야 할 필요가 있다. 만일 부모가 의존성을 조장한다면, 아동의 자율성은 억제되고 성공적으로 세상을 다루는 능력은 방해를 받는다.
3~6세	**남근기(phallic stage)** 기본 갈등은 무의식적인 근친간 욕망에 의해 시작된다. 이는 아이들이 이성 부모에 대해 발달시키는 것으로서, 그 위협적인 본질 때문에 의식에서는 억압된다. 오이디푸스 콤플렉스가 진행되는 것으로 알려져 있는 남성 남근기는 어머니가 남아의 사랑의 대상이 된다. 일렉트라 콤플렉스로 알려진 여성 남근기는 여아가 아버지의 사랑과 인정을 얻으려고 노력하는 것이 포함된다. 부모들이 유아의 성 성향에 언어적으로나 비언어적으로 어떻게 반응하는지는 유아가 발달시키는 성적 태도와 감정에 영향을 미친다.	**취학 전 연령(preschool age): 주도성 대 죄의식** 기본과업은 역능감과 주도성을 성취하는 것이다. 만일 유아에게 개인적으로 의미 있는 활동을 선택할 수 있는 자유가 주어진다면, 스스로에 대한 긍정적인 관점을 발달시키고 자신의 프로젝트를 완수하는 경향이 있다. 만일 스스로 결정을 내리는 것이 허용되지 않는다면, 주도성을 얻기 보다 죄의식을 발달시키는 경향이 있다. 그러면 적극적인 입장을 취하는 것을 삼가게 되고 다른 사람들이 대신 선택하도록 만든다.
6~12세	**잠재기(latency stage)** 이전 시기에서 성적 충동에 의한 고통을 겪은 후여서 상대적으로 잠잠한 시기이다. 성적인 흥미는 학교에서의 흥미, 놀이 친구, 스포츠, 다양한 새로운 활동들로 대체된다. 아이들이 외부에 눈을 돌리면서 다른 사람들과 관계를 형성하는 사회화의 시기이기도 하다.	**학령기(school age): 근면성 대 열등감** 아동은 세상에 대한 이해를 확대시키고, 적절한 성 역할 정체성을 계속 발달시키며, 학업에서 성공하기 위해 필요한 기본 기술들을 배우기 시작할 때이다. 기본 과업은 근면성을 얻는 것으로, 이는 개인적인 목표를 설정하고 이루어 감을 통해 얻는다. 이에 실패하면 무능감을 경험한다.
12~18세	**생식기(genital stage)** 남근기의 오래된 주제가 다시 나타난다. 이 단계는 사춘기와 함께 시작되고 노년이 시작될 때까지 지속된다. 사회의 규제와 금기가 있음에도 불구하고, 청소년들은 교우관계를 형성하는 것과 같은 사회적으로 허용될 만한 다양한 활동에 성적 에너지를 투자하거나, 예술이나 스포츠에 참여하는 것이나, 직업에 대한 준비에 참여하므로 성적 에너지를 다룰 수 있다.	**청소년기(adolescence): 정체성 대 역할 혼미** 아동에서 성인이 되는 과도기이다. 의존적 연대를 깸을 통해 자신의 한계를 시험해 보기도 하며, 새로운 정체성을 형성하는 시기이다. 주요 갈등은 자아 정체성, 삶의 목표, 삶의 의미를 명확히 해 가는 가운데 생겨날 수 있다. 정체성을 확립하지 못하면 역할 혼미를 경험하게 된다.
18~35세	**생식기가 계속됨** 성숙한 성인의 핵심적 특징은 자유롭게 "사랑하고 일함"에 있다. 이와 같은 성인으로 향해 가는 이동은 부모의 영향으로부터의 벗어나서 자유롭게 됨과 다른 사람을 돌볼 수 있는 능력을 지닌다는 것을 의미한다.	**초기 성인기(young adulthood): 친밀감 대 고립감** 이 시기의 발달과업은 친밀한 관계를 형성하는 것이다. 친밀감을 형성하는 것에 실패하면 소외와 고립으로 이어진다.
35~60세	생식기가 계속됨.	**중기 성인기(middle adulthood): 생산성 대 침체감** 자신과 가족을 넘어서 다음 세대에 도움을 주고자 하는 욕구가 있다. 이 시기는 개인의 꿈과 실제 성취 간의 불일치를 맞춰지도록 조정해 가는 시기이다. 생산성을 심리적으로 경험하지 못하게 되면 심리적 정체를 야기할 수 있다.
60세 이상	생식기가 계속됨.	**후기 성인기(later life): 자아통정성 대 절망** 만약 삶을 되돌아 볼 때 몇 가지의 후회가 있지만 개인적으로 보람이 있었다고 느끼면 자아 통정성을 얻게 된다. 자아 통정성을 얻지 못하는 것은 절망감, 무망감, 죄책감, 분개, 그리고 자기 거절감을 야기할 수 있다.

출처: Corey, 심리상담과 치료의 이론과 실제 10판. 천성문 외 옮김. ©2017 Cengage Learning Korea Ltd.

것을 성공적으로 해결하는 경험이 인간의 성격 형성에 중요한 역할을 하는 것으로 보고 있다. 따라서 에릭슨은 인간의 발달 단계에서 겪는 중요한 갈등을 하나의 위기라고 여기며, 이 위기를 적절히 해결하는 것을 인간의 발달에서 성취해야 할 중요한 과업(developmental tasks)이라고 본다. 이 위기를 잘 넘기고 과업을 성취하였을 때 인간은 다음 단계로 성장해 가지만 그러지 못하였을 때에는 그 단계에 머물거나 퇴행하는 경향이 있다는 것이다.

둘째, 프로이트가 청소년기의 발달에 대해서만 설명하고 그 이후에 청소년기 발달 단계의 연속이라고 보고 있다면, 에릭슨은 그 이후의 발달에 대해서도 언급하고 있다. 코리(Corey, 2003)는 두 사람의 이론에서 단계를 구분하는 시기나 강조점에 약간의 차이는 있지만, 아래와 같이 하나로 통합하여 심리·성적인 발달과 심리·사회적 발달을 표 5.2.로 제시하였다.

5.9. 자아개념 및 자아정체감 발달

자아개념

자아개념(self-concept)은 자신의 특성, 능력, 태도, 가치 느낌 등에 대한 총체적 견해로 다른 사람들이 자신을 어떻게 이해하고 평가하는가에 크게 영향을 받는다. 자아개념은 유아기 이전부터 발달하기 시작하나, 다른 사람과 사회적 관계를 맺으면서 더욱 구체적으로 형성된다.

신피아제학파들(Case, 1985; Fischer, 1980)에 의하면 자아개념의 변화는 3단계로 이루어진다고 보안다. 1단계(4세경)는 유아가 자신에 대해 한 가지 차원에서 진술하는 단계(single representations)이다.

"나는 강아지를 좋아한다. 나는 강하다."와 같이 논리적인 연결 없이 각각의 특징들을 나열하는 수준이다. 동시에 다른 관점을 고려할 수 없기 때문에, 두 가지 감정을 동시에 가지는 것을 상상하지 못한다. 또한 크기, 형태, 색깔 등과 같은 구체적 특징으로 자신을 진술하며 신체적 속성, 물질적 소유, 신체적 활동과 관련하여 자기에 대해 말한다. 타인이 심리적 속성, 정서 용어를 사용하는 것을 들으면 사용이 가능하다. 예를 들어 "나는 겁먹지 않고 항상 행복하다"는 표현이 가능하다. 이 시기는 바라는 바와 실제적 자신의 차이를 구별하지 못하고 능력과 노력을 혼동하는 경향이 있다. 자신의 능력과 타인의 능력에 대한 사회적 비교는 못하나 현재의 능력과 이전시기에 할 수 있었던 것을 비교하는 경향이 있다. 현실 속의 진짜 자아(real self)와 자신이 되고 싶어 하는 이상적인 자아(ideal self)가 다르다는 것을 인식하지 못하고 거짓말을 하고 거짓말임을 자신이 인식하지 못한다. 예를 들어 자기 집에 강아지가 있다고 늘 자랑하던 유아는 친구의 엄마가 집에 강아지가 없음을 확인하는 질문을 할 때 당황해 한다. 강아지를 기르고 싶은 것과 실제를 구분하지 못해 강아지를 기르고 있다고 자랑한 것이다.

2단계(5~6세경)는 유아가 몇 개의 자아개념을 논리적으로 연결하기 시작하는 단계(representational mappings)로 자신의 체격, 연령, 성 등 전체적인 범위에서 자신을 구체적으로 설명할 수 있다. 여전히 긍정적인 자아개념을 가지고 있으며, 자신이 어떤 영역에서는 부정적인 자아개념을 가질 수 있다는 것을 의식하지 못한다.

3단계(7세경)는 유아가 자신에 대해 통합된 구체적인 자아개념을 갖게 되는 단계(representaional systems)로 현실적, 통합된 구체적 자아개념을 갖는다. 예를 들면 "나는 축구는 잘하지만 숫자계산은 잘 못한다"와 같이 현실적이고 균형잡힌 시각에서 묘사한다. 또한 아동기가 되면 이전과는 다르게 자신에게 내재되어 있는 독특한 특성으로 자아를 인식하기 시작하며, 자아개념에 변화가 온다. 자신의 신체특성이나 능력, 행동, 소유물과 연관지어 자신을 규정한다. 아동기의 자아개념은 성장함에 따라 점차 안정적으로 변하며 좀 더 추상적이고 분화된 개념으로 발달한다.

아동기 중후반이 되면, 자신의 심리적 특성이나 타인과의 관계 등을 중심으로 자신을 정의한다. 사회적 비교가 가능하며 자신의 행동 및 능력, 의견을 다른 사람의 것과 비교하여 판단하려는 욕구를 말한다.

자아정체감

자아정체감은 자기의 성격, 취향, 가치관, 능력, 관심, 인간관, 세계관, 미래관 등에 대해 비교적 명료한 이해를 하고 있으며, 그런 이해가 지속성과 통합성을 가지고 있는 상태로 Marcia(1980)은 Erikson의 이론을 발전시켜 정체성 상태(status of identity)에 관한 연구를 수행하였다. 그는 정체성 상태를 정체성 위기 경험 여부와 과업에 대한 전념에 따라 네 가지로 분류하였다

정체성 성취(identity achievement)는 위기를 경험하고 일정한 직업과 이데올로기를 자기의사로 선택한 후 적극적으로 관여하고 있는 유형이다. 이 유형의 경우,

의사결정이나 선택이 부모의 희망과 같다 해도, 그것은 신중한 검토와 고민의 과정을 거쳐 해결에 이른 것이다. 따라서 이 유형은 스스로 선택한 것에 자신감을 갖고 급변하는 환경과 예기치 않은 상황에 대해서도 능동적으로 대응한다. 또한 안정된 대인관계를 유지하고 적극적으로 이에 참여한다.

정체성 유예(identity moratorium)는 현재의 위기 경험 중에 있어 의사결정을 모색하고 있는 상태이다. 일정한 결정이 없기에 관여의 정도는 애매하고 초점이 없다. 그러나 자기선택에 대해 노력하고 있는 것이 특징이며 정체성 혼미와는 구별된다.

정체성 유실(identity foreclosure)은 어떤 의사결정의 위기경험이 없으면서 특정한 직업과 이데올로기에 적극적으로 관여된 상태이다. 자기와 부모의 목표 간에 불화가 없고 모든 경험이 유아기 이래의 자기신념을 보강하는 방향으로 이루어졌다. 경직성이 특징이며 적극적 관여와 허세부리는 태도로 인해 마치 획득형처럼 보일 수 있으나 부모의 가치관이 통용되지 않는 상황에 놓이면 즉시 당황하고 혼미에 빠진다. 이 유형의 특징은 의사결정의 위기가 분명치 않은 것이다.

정체성 혼미(identity diffusion)는 과거 위기의 경험 유무에 따라 다음과 같이 분류된다. 위기 전 혼미형은 지금까지 자기가 진실로 어떤 인간이었던가의 검토경험이 없기에 자신에 대한 객관적 이해가 곤란한 경우이다. 부모의 방임적 교육태도, 즉 성장 과정에서 본보기가 없고 자녀와 부모를 비교할 수 있는 일관된 모델이 제공되지 못한 경우이다. 위기 후 혼미형은 적극적으로 관여해야 할 일에 적극적으로 관여하지 않는 상태로서 무기력해져 있는 상태이다.

5.10. / 마무리

이상으로 인간발달은 아동기에만 이루어지고 이후는 쇠퇴하는 것이 아니며 변화는 언제나 가능하다. 또한 연령에 따라 학습이 어려워지는 분야가 존재하며 발달은 중요시기(critical period)가 있다. 특정 시기에 발달이 이루어지지 않으면 이후 따라잡기 위해서 더 많은 노력이 필요하다. 인간발달은 많은 개인차를 가지고 있으며 발달은 단순하지 않으며, 개인의 능력이나 노력 여부에 따라 발달의 속도와 궤적은 크게 달라지며 인간은 자신의 발달을 능동적으로 구성하는 존재이다.

요약

1. 발달은 생명이 만들어지는 수정의 순간부터 그 생명이 없어지는 죽음의 순간까지 전생애에 걸쳐 시간의 흐름에 따라 일어나는 모든 체계적인 변화와 안정의 과정이다. 발달심리학은 전생애를 통해 일어나는 성장과 변화, 그리고 안정을 연구하는 학문으로 생물학적, 개인적, 환경적 영향으로 인해한 개인의 사고, 행동, 추리, 기능 등에서 시간을 두고 일어나는 변화를 기술하고 설명하려는 학문 분야이다.

2. 발달심리학자들은 발달에 미치는 유전과 환경, 성숙과 학습, 발달의 연속성과 불연속성, 결정적 시기가 있는지 여부, 발달에 미치는 초기경험과 후기경험 등에 관심을 갖고 연구를 해 왔다.

3. 발달에 관한 연구에서는 발달단계를 수정(conceptions)에서 출생까지의 시기인 태내기(prenatal period), 신생아기(newborn perion: 출생~1개월), 영아기(infancy; 1개월 이후~24개월), 유아기(early childhood; 2~6세), 아동기(middle childhood; 6~12세), 청소년기(adolescence; 12~20세), 성인전기(early adulthood; 20~40세), 성인중기(middle adulthood; 40~65세), 노년기(late adulthood; 65세 이후)로 구별한다.

4. 피아제는 지능을 유기체가 주변환경에 적응하도록 도와주는 근본적인 삶의 기능이라고 정의하고 아동을 구성주의자(constructivist), 즉 새로운 대상과 사건에 대해 반응함으로써 그것의 근본적인 특징을 이해하는 존재로 보았다.

5. 도덕적 정서의 발달은 아동이나 청소년이 도덕적 맥락과 관련이 있는 정서를 어떻게 느끼는지를 말하며 피아제(Piaget)의 도덕발달이론와 콜버그(Kohlberg)의 도덕사고이론이 있다.

6. 정서란 자극에 대해 나타나는 생리적 변화(혈압, 맥박수, 호흡 등) 또는 얼굴표정이나 행동의 반응(미소, 찡그림 등) 등으로 감정 또는 느낌이다. 정서의 기능은 자신이 경험하고 있는 정서적 상태를 양육자나 타인에게 알려주는 의사전달 기능을 하여 양육자가 자신을 보살피는 행동을 하도록 한다. 특정 자극에 대해 특정 행동을 하도록 하는 동기를 부여함으로써 사회적 거리 조절 및 사회 환경을 통제하는 역할을 한다. 정서표현, 정서이해, 정서조절 등이 발달하고, 변화하는데 양육자와의 경험이 중요하다

7. 애착(attachment)은 영아와 특별한 사회적 인물(주로 양육자)간 형성되는 친밀한 정서적 유대로 인간은 태어날 때부터 보호자와 강력한 유대관계를 발달시키며, 사회적 관계의 발달에 지대한 영향을 미친다. Ainsworth는 낯선 상황이라는 실험을 통해 안정 애착, 회피애착, 저항애착, 혼란애착을 발견하였다.

8. 성격발달에 관한 프로이트와 에릭슨(Erikson)의 이론은 유사한 점도 있지만 프로이트의 심리성적(psychosexual) 측면이 성적 에너지 또는 리비도의 갈등과 해결을 통한 평형을 기준으로 발달 단계를 설정하고 있다면, 에릭슨은 심리사회적(psychosocial) 측면의 발달 단계를 설정하고 있다. 프로이트가 청소년기의 발달에 대해서만 설명하고 그 이후에 청소년기 발달 단계의 연속이라고 보고 있다면, 에릭슨은 그 이후의 발달에 대해서도 언급하고 있다.

9. 자아개념(self-concept)은 자신의 특성, 능력, 태도, 가치 느낌 등에 대한 총체적 견해로 다른 사람들이 자신을 어떻게 이해하고 평가하는가에 크게 영향을 받는다. 자아개념은 유아기 이전부터 발달하기 시작하나, 다른 사람과 사회적 관계를 맺으면서 더욱 구체적으로 형성된다. 자아정체감은 자기의 성격, 취향, 가치관, 능력, 관심, 인간관, 세계관, 미래관 등에 대해 비교적 명료한 이해를 하고 있으며, 그런 이해가 지속성과 통합성을 가지고 있는 상태로 Marcia(1980)는 정체성 성취, 유예, 유실, 혼미 등으로 나누었다.

추가 읽을거리

애착

• Goldberg, S. (2014). **애착과 발달: 통합적 접근**(주은지 역). 서울: 학지사.

성인발달

• Levenson, D. F. & Levenson, M. E. (2003). **남자가 겪는 인생의 사계절**(김애순 역). 이화여자대학 출판부.
• Levenson, D. F. & Levenson, M. E. (2004). **여자가 겪는 인생의 사계절**(김애순 역). 이화여자대학 출판부.

인간발달에 대한 이해와 적용

• 임은미 외(2003). **인간발달과 상담**. 서울: 학지사.

연습문제

A형

1. 전생애발달에 대해 설명하시오.

2. 발달연구의 관심사를 설명하시오.

3. 발달단계의 특징에 대해 설명하시오.

4. Piaget의 인지발달이론에 대해 설명하시오.

5. 도덕발달에 대해 설명하시오.

6. 정서발달의 특징을 설명하시오.

7. 애착형성과정에 대해 설명하시오.

8. 성격발달에 관해 설명하시오

9. 자아정체감 발달에 관해 설명하시오

B형

1. 다음 중 발달의 원리에 대한 설명으로 옳지 않은 것은?

① 발달은 전생애를 통해 지속되며, 연속적으로 진행되지만, 발달의 속도는 일정하지 않다.

② 유전적 요인과 환경적 요인의 상호작용을 통해 이루어지며, 성숙과 학습에 의존한다.

③ 발달에는 개인차가 존재하며, 발달의 속도나 진행 정도가 동일하지 않다.

④ 발달은 점진적으로 통합해 가고 전체로 분화되어 가는 과정이다.

2. 종단적 연구와 횡단적 연구에 대한 설명으로 옳지 않은 것은?

① 횡단적 연구는 성장의 일반적 경향 파악만 가능할 뿐, 개인적 특성은 알 수 없다.

② 종단적 연구는 초기와 후기의 인과관계를 규명하는 주제에 용이하다.

③ 횡단적 연구는 연령에 따른 성장의 특성을
밝혀 일반적인 성향을 파악한다.

④ 횡단적 연구는 한 대상에게 반복적으로
같은 도구를 사용하므로 신뢰성이 문제시
된다.

3. 다음 중 프로이트(Freud)의 성격발달단계를 순
서대로 올바르게 나열한 것은?

① 잠복기−구강기−항문기−남근기−생식기

② 구강기−항문기−남근기−잠복기−생식기

③ 구강기−남근기−항문기−잠복기−생식기

④ 구강기−항문기−잠복기−남근기−생식기

4. 다음 중 심리사회적 측면에서 강등과 위기를 통
해 성격의 발달단계를 구분한 학자는?

① 에릭슨   ② 피아제

③ 콜버그   ④ 하비거스트

5. 다음 중 에릭슨의 심리사회이론에서 노년기의
특징에 해당하는 것은?

① 신뢰감 대 불신감

② 근면성 대 열등감

③ 자아정체감 대 정체감 혼란

④ 자아통합 대 절망

6. 다음 보기의 내용과 관련된 것은?

영아가 2세 정도가 되면 대상이 사라져 볼
수 없고 들을 수 없었던 어떤 대상의 이미지
를 생각할 수 있게 되며, 그 이미지를 활용하
여 간단한 문제를 해결할 수도 있다.

① 가역성   ② 반응성

③ 조작성   ④ 대상영속성

7. 피아제(Piaget)의 인지발달단계 중 논리적 사고
가 발달하는 시기는?

① 감각운동기   ② 전조작기

③ 구체적 조작기   ④ 형식적 조작기

8. 콜버그의 도덕성 발달이론에서 후인습적 수준
의 내용에 해당하지 않는 것은?

① 다른 사람의 평가   ② 생명존중

③ 인간의 존엄성   ④ 절대적 자유

9. 다음 중 에인즈워스(Ainsworth)의 낯선 상황실
험에서 애착의 유형과 관계가 없는 것은?

① 저항 애착   ② 혼란 애착

③ 회피 애착   ④ 불안 애착

10. 다음 중 청소년기에 정체감을 형성해 나가는
과정에 있어서 적극적으로 관여해야 할 일에
적극적으로 관여하지 않는 상태로서 무기력해
져 있는 상태에 있는 것을 나타내는 것은?

① 정체적 혼미   ② 정체감 유예

③ 정체감 유실   ④ 정체감 성취

Chapter 6

성격심리학

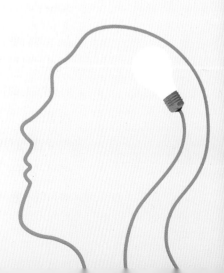

사람들은 타인의 성격에 많은 관심을 기울인다. 어떤 사람의 성격을 파악하면 그 사람이 특정 상황에서 어떤 생각을 하고 어떤 감정을 느끼며, 앞으로 어떻게 행동할지를 어느 정도 예측할 수 있기 때문이다. 이렇게 타인의 행동을 예측할 수 있게 되면 자신에게 유익이 되는 방향으로 타인의 행동을 통제하는 것도 가능해진다. 그래서 사람들은 태어나면서부터 생을 마감하는 그날까지 타인의 성격에 대한 나름대로의 개념과 이론을 개발하고 꾸준히 발전시켜 나간다. 사람들은 타인의 성격뿐만 아니라 자신의 성격에 대해서도 많은 고민을 한다. 특히 삶이 예상과는 다른 방향으로 엇나가고 있는데 자신의 고유한 특성이 연관되어 있는 것 같다 여겨질 때 자신의 성격에 대해 진지한 질문을 던진다. 그리고 나름대로의 개념과 이론을 이용해 자신의 성격을 설명하고 좀 더 적응적인 방향으로의 개선을 시도한다. 이런 측면에서 모든 인간은 이미 성격에 대한 나름대로의 지식을 갖춘 전문가라고 볼 수 있다. 본 장에서는 성격에 대해 좀 더 깊은 관심을 가지고 체계적으로 연구한 심리학자들의 다양한 개념과 이론에 대해 살펴보고자 한다.

6.1. 성격심리학의 기초

성격과 성격심리학

성격(personality)이란 한 개인의 특징적인 사고, 감정, 행동 양식/패턴을 의미한다. 즉 성격은 개인의 고유한 내적 속성이며, 정신신체적 체계들(사고, 감정, 신체생리, 행동)이 통합적으로 관여하고, 상황과 시간에 대한 일관성을 갖는다. 성격심리학(personality psychology)은 개인의 성격을 과학적 방법을 이용해 연구하는 심리학의 한 분야이다.

성격에 대한 학문적 관심은 그 뿌리가 깊지만 심리과학의 한 분야로서 성격심리학의 역사는 길지 않다. 대부분의 심리학자들은 특질 이론가인 올포트(1897~1967)가 『성격: 심리학적 해석』을 발간한 1930년대를 성격 심리학이 시작된 시점으로 보고 있다. 1940년대에는 요인분석 등의 통계적 기법을 이용한 보다 과학적인 성격연구들이 활발하게 발표되었고, 1950년대에 이르러서는 인지적 관점에서 성격을 연구하는 학자들이 나타나기 시작했다. 1960년대에도 성격연구는 지속되었지만 성격이론과 성격검사의 타당도를 비판하는 의견들이 거세지면서 점차 위축되었고, 1970년대에는 긴 침체기를 맞았다. 이후 1980~1990년대에 이르면서 자기(self)와 정서(emotion)에 대한 관심에 힘입어 다시 한 번 다양한 성격연구가 이루어지기 시작했다.

성격심리학의 주요 연구방법

성격심리학의 연구는 크게 보면 세 가지 접근법을 주로 사용해 왔다. 가장 역사가 깊은 방법은 심리장애 환자를 치료하는 과정에서 수집된 자료를 이용해 성격을 연구하는 것이다. 이러한 연구전통의 주된 방법은 사례연구로 개인에 대한 다양한 정보를 수집하여 체계적으로 분석한다. 일반적으로는 개인이 나타내고 있는 독특한 행동이나 심리적 문제, 문제의 발생경위, 문제의 변화과정, 현재 적응상태, 개인력, 가족력, 그 외 기타 검사 정보 등이 분석 자료에 포함된다. 사례연구법을 이용한 연구전통은 정신분석 이론의 발전에 크게 기여하였다. 하지만 이 연구 전통에 의해 개발된 개념들은 대부분 추상적이어서 타당성을 검증하기 어려우며, 개인의 자료에 근거하고 있기 때문에 일반화에도 한계가 있다.

두 번째 접근법은 상관연구를 이용하는 것이다. 상관연구는 다수의 대상에 대한 자료를 수집하여 자료들 간의 상관관계를 분석함으로써 성격특성들 간의 관계나 성격에 영향을 미치는 요인들을 규명하는 연구법이다. 이 연구전통은 특질 연구의 발전에 크게 기여했다. 특히 자료들 간의 상관관계를 이용하여 잠재구조를 분석하는 요인분석은 카텔(1905~1998)과 아이젱크(1916~1997)의 성격이론과 'Big Five'라 불리는 대표적인 다섯 가지 특질 모형을 개발하는 중요한 방법으로 사용되었다. 상관적 연구전통은 성격을 구성하는 특질을 밝히고 성격과 다른 요인들과의 상관관계를 규명하는 데 기여하였으나, 성격의 발달과정이나 역동, 인과적 관계를 밝히는 데에는 한계가 있었다.

세 번째 접근법은 실험을 이용하는 것이다. 실험연구에서는 연구자가 원인적 요인을 의도적으로 변화시켰을 때 그 영향으로 결과적 요인이 예상대로 변화하는지를 확인함으로써 두 변인의 인과관계를 검증한다. 이 연구전통은 인지적 관점의 성격연구 발전에 크게 기여하였다. 하지만 성격은 기본 개념상 상당히 안정적인 특성이기 때문에 실험실에서의 처치나 조작에 의해 쉽게 변화되지 않는다는 한계가 있으며, 실험실 상황이 현실세계와 달리 인위적이기 때문에 연구결과를 일반화하는 데에도 제약이 있다. 이러한 한계를 극복할 수 있는 한 가지 방법은 종단연구이다. 종단연구는 두 시점 이상에서 시간차를 두고 자료를 수집하여 인과관계를

Box 6.1.

성격에 대한 유전과 환경의 영향

성격심리학에서 오랫동안 다루어진 중요한 주제 중 하나는 유전과 환경의 영향이다. 성격이나 행동에서 유전과 환경의 관계에 대한 연구의 초점은 시대에 따라 변해왔다. 초기에는 행동이 유전에 의해 결정되는지 아니면 환경에 의해 결정되는지의 이분법적 질문에 관심을 두었다. 이후 유전과 환경의 상대적인 비중에 관심을 갖다가 최근에는 유전과 환경이 어떻게 상호작용하여 행동에 영향을 미치는지에 대한 질문으로 관심이 옮겨갔다. 인류학과 심리학, 통계학, 행동유전학 등 여러 분야에서 중요한 업적을 남긴 갈튼(1822~1911)은 유전의 영향력을 중시했다. 이 흐름은 1940년대 이전까지 지속되었으며, 2차 세계대전 이후에는 행동주의 이론의 영향으로 환경의 영향력이 강조되었다. 그러나 1980년대에 이르러 행동주의가 쇠퇴하고 유전학 연구법이 빠르게 발전하면서 유전의 중요성이 다시 부각되기 시작했다.

행동 유전학(behavioral genetics)은 유전이 행동에 미치는 영향을 연구하는 학문이다. 행동 유전학에서는 선택적 교배와 쌍생아 연구, 입양아 연구 등을 이용하여 유전과 행동의 관계를 탐색한다. 선택적 교배연구는 특정 속성을 지닌 품종이 나타날 때까지 몇 세대를 걸쳐 선택적으로 교배하는 방법이다. 쌍생아 연구는 일란성 쌍생아와 이란성 쌍생아를 비교함으로써 유전과 환경의 영향을 탐색한다. 일란성 쌍생아는 유전자가 100% 동일한 반면, 이란성 쌍생아는 50%만 유전자를 공유한다. 따라서 일란성 쌍생아간 상관관계가 이란성 쌍생아간 상관관계보다 높으면 그 차이는 유전의 영향으로 해석할 수 있다. 입양아 연구에서는 생물학적 부모와의 유사성과 양부모와의 유사성을 분석하여 유전과 환경의 영향력을 비교한다.

밝히는 방법이다. 예를 들어 특정 시기에 외상을 경험한 사람들과 그렇지 않은 사람들이 1년 혹은 2년 이후에 성격이 변화했는지를 평가하는 연구법이 종단연구이다. 종단연구는 유전적 요인과 환경적 요인이 성격에 미치는 영향을 탐색하는 방법으로도 사용되어 왔다.

성격의 개인차: 특질이론

성격심리학의 시작을 알린 대표적인 이론은 특질이론이다. 특질(trait)이란 성격의 안정적인 기본 구성요소로서, 다양한 자극 및 상황에 대해 유사한 방식으로 행동하려는 경향성을 의미한다. 대표적인 특질 연구자로는 올포트와 카텔, 아이젱크를 들 수 있다.

주요 특질이론

하버드 대학의 심리학자였던 올포트는 성격에 대한 심리학적 연구의 개척자들 중 한 사람이다. 그는 어떤 물체가 그것이 가지고 있는 속성들로 기술될 수 있듯이 사람 또한 그가 지니고 있는 특성들로 기술될 수 있다고 보았다. 이러한 가정을 토대로 개인의 특성을 기술하는 용어들을 사변적으로 분석한 올포트는 특질을 공통특질(common traits)과 개인특질(individual traits)로 구분하여 제시했다(Allport, 1937). 공통특질은 한 문화 안에 속한 사람들이 보편적으로 공유하는 특질을 말한다. 여기에 속하는 특질은 정도의 차이가 있을 뿐 모든 사람들이 공유하기 때문에 서로 비교할 수 있다. 반면 개인특질은 개인에게만 고유하게 나타나는 특질로 개인 간 비교가 불가능하다.

올포트는 특질 개념을 처음 제안하여 성격심리학의 시작을 알렸지만 주로 사변적인 방법에 의존하여 연구를 진행했다. 반면 학부에서 화학을 전공하고 이후 심리학자로 활동한 카텔은 요인분석을 이용해 특질을 연구했다. 그는 특질을 표면특질(surface traits)과 근원특질(source traits)로 구분하였는데, 전자는 외현적으로 한데 묶일 수 있는 특질요소들의 군집으로 '단정함', '호기심' 등이 그 예가 된다. 반면 후자는 표면 특질들의 기저 변인을 의미하며, '억제된', '머리가 좋은', '외향적인' 등이 여기에 포함된다. 카텔은 특정한 이론이나 가설을 염두에 두지 않고 다양한 원천의 자료들을 요인분석하여 총 16개의 근원 특질을 제안했다(Cattell, 1946).

카텔이 특정한 가설 없이 자료기반 분석을 실시했다면, 아이젱크는 미리 가설을 세우고 그 가설을 확인하는 방법으로 요인분석을 사용했다. 또한 아이젱크는 특질보다 한 단계 상위에 있는 유형(types)을 성격의 기본 차원으로 간주했다. 그가 제안한 세 가지 기본 차원은 외향성(extraversion)과 신경증 성향(neuroticism), 정신병질 성향(psychoticism)이다(Eysenck, 1990). 외향성은 내면적인 자극보다는 외적 자극에 더 관심을 두는 성향을 의미하며, 신경증 성향은 정서적으로 불안정한 성향을 말한다. 정신병질 성향은 현실감이 빈약하고 무기력한 특징을 나타내는 정신병의 취약성과 타인의 권리를 존중하지 않고 공격적인 반사회적 성향을 포함한다. 아이젱크는 성격에서의 개인차를 생물학적 기능에서의 차이와 연결 지으려는 시도를 하기도 했다. 그에 따르면 외향성은 각성수준을 담당하는 신경학적 요소들과 밀접한 관련이 있으며, 신경증 성향은 정서적 안정과 조절을 담당하는 신경학적 요소들과 관련이 있다. 또한 적대성 및 공격성과 밀접한 정신병질 성향은 도파민 수준과 밀접하다고 제안했다(Eysenck, 1990).

최근 성격 심리학자들은 성격이 5개의 기본 요인으로 구성되어 있다는 내용을 핵심으로 하는 성격의 5요인 모형을 제안하였는데, 이를 'Big Five'라 한다(John & Srivastava, 1999). 연구자들은 성격을 기술하는 단어들을 사전에서 추출한 뒤 이 단어들을 이용해 연구 참여자로 하여금 자신/타인을 평정하도록 했다. 이 자료를 분석한 결과 총 5개의 요인이 발견되었는데, 신경증 성향(neuroticism; 근심하는, 불안정한, 자학하는)과 외향성(extraversion; 사교적인, 재미있는, 싹싹한), 경험에 대한 개방성(openness to experience; 상상력이 풍부한, 다양한, 독립적인), 우호성(agreeableness; 온화한, 신뢰하는, 협조적인), 성실성(conscientiousness; 체계적인, 조심성 있는, 자제력 있는)이 여기에 포함되었다.

특질 개념의 타당성과 일관성에 대한 논의

특질 개념과 관련해서는 특질 차원이 과연 성격의 구조를 반영하는가에 대한 논쟁이 이어져 왔다. 이 논쟁은 특질연구들이 주로 사용한 연구방법에 뿌리를 두고 있다. 특질 연구자들이 주로 사용한 요인분석은 다수의 사람들을 대상으로 성격의 개인차를 반영하는 주요 차원들을 찾아내는 방법이다. 따라서 요인분석을 통해 얻어진 차원들은 사람들 간에 차이를 가져오는 성격차원을 가리키는 것이지 한 개인의 성격을 구성하는 요소를 지칭하는 것은 아니다. 즉 연구자들이 제안한 특질 차원에서 사람들이 서로 다르다고 말할 수는 있지만, 한 개인의 성격이 그러한 차원들로 구성되어 있다고 말할 수는 없다. 두 번째로 요인분석과정에서 사용한 자료들은 대부분 성격을 기술하는 형용사들이다. 따라서 이러한 자료를 사용한 요인분석 결과를 받아들이기 위해서는 성격과 성격을 기술하는 용어가 서로 일치한다는 가정이 성립되어야 한다. 하지만 이와 관련해서는 아직까지도 논의가 진행되고 있는 실정이다.

특질과 관련하여 진행 중인 또 다른 논쟁은 특질의 일관성에 대한 것이다. 특질이 성격이라면 일관성을 보여야 한다. 여기서 일관성이란 다양한 상황에서 특정한 행동이나 특성이 일관되게 나타나는 것을 의미한다. 특질은 제안된 이래 낮은 일관성 문제로 인해 곤란을 겪어 왔다. 문제를 제기한 대표적인 학자 미쉘은 자신의 저서 『성격과 평가』에서 특질과 행동의 상관이 .3을 넘는 경우가 드물며, 한 상황에서의 행동과 다른 상황에서의 행동의 상관관계 또한 .3을 넘는 경우가 드물다고 보고했다(Mischel, 1968). 이로 인해 사람의 행동에는 상황의 특성이 더 크게 관

Box 6.2.

기질

특질과 유사해 보이지만 구분되어야 하는 개념으로 기질을 들 수 있다. 기질(temperament)이란 유전에 의해서 선천적으로 타고나는 개인의 반응성향을 의미한다. 기질의 차원에 대해서는 학자들마다 다양한 의견을 제시하고 있다. 토마스와 체스는 9가지 기질차원(활동수준, 접근–위축, 적응성, 기분, 지속성, 산만성, 규칙성, 반응의 강도, 반응 역차)을 토대로 세 가지 기질유형(순한, 까다로운, 더딘)을 제안하였다(Thomas & Chess, 1977). 버스와 플로민은 동물에게서 발견되는 행동특성과 아동 부모의 질문지 반응에 근거하여 기질을 크게 정서성과 활동성, 사회성의 세 차원으로 구분하였다(Buss & Plomin, 2014). 로스바르트 또한 영아의 행동 관찰 자료에 근거하여 외향성과 부정정동(negative affect), 의도적 통제의 세 차원을 제시하였다(Rothbart, 1986).

정신의학자인 클로닌저는 기존의 유전학적, 신경생물학적, 신경약물학적 자료들을 토대로 세 가지 차원을 제시하였으며 현재 가장 많은 지지를 얻고 있다(Cloninger, Svrakic, & Przybeck, 1993). 그에 따르면 기질은 새로움 추구(novelty seeking)와 위험 회피(harm avoidance), 보상 의존성(reward dependence)으로 구성된다. 새로움 추구는 새로운 자극에 의해 행동이 활성화되는 성향을 말하며 도파민 체계와 밀접한 관련이 있는 것으로 제안되었다. 위험 회피는 위험한 자극에 의해 행동이 억제되는 경향성을 말하며 세로토닌 체계가 관여하는 것으로 제안되었다. 보상 의존성은 사회적 민감성, 즉 사회적 보상신호에 대한 민감성을 의미한다. 이 차원은 노르아드레날린 체계와 관련이 있는 것으로 가정되었다.

기질은 선천적으로 타고나는 개인의 고유한 특성이며 이후 발달과정에서 환경과의 상호작용을 통해 개인의 성격을 형성하게 된다. 특정한 기질을 가지고 태어나더라도 어떤 후천적인 경험을 하느냐에 따라서 개인의 성격과 적응수준은 크게 달라질 수 있다. 클로닌저는 이러한 성격의 적응성과 성숙을 평가하기 위해 새로운 성격영역인 성품(character)을 제시하였다. 성품은 후천적인 경험에 의해서 많은 영향을 받는 긍정적인 성격특성을 의미한다. 첫 번째 성품은 자기주도성이다. 자기주도성이 높은 사람들은 긍정적인 자기상을 지니고 책임감 있게 일하며 명료한 목표의식을 지닌다. 반면 자기주도성이 낮은 사람들은 자기상이 부정적이며 무책임하고 목표의식이 결여되어 있다. 두 번째 성품은 협동성으로 사회적 수용, 공감, 이타성, 연민 등의 속성으로 이루어져 있다. 협동성이 높은 사람들은 다른 사람들과 친밀한 관계를 맺고 이타적인 행동을 보이며 긍정적인 인간관계를 형성한다. 반면 협동성이 낮은 사람들은 적대적인 행동을 보이며 대인관계에서 고립과 갈등을 경험한다. 세 번째 성품은 자기초월성으로 개별적 존재 이상의 어떤 것을 추구하는 관심을 의미한다. 자기초월성이 높은 사람들은 좋아하는 일에 몰입하거나 삶의 신비를 경험하면서 자기의식을 망각하고 세계와의 일체감을 느끼곤 한다. 반면 자기초월성이 낮은 사람들은 이기적이고 물질주의적이며 자기의식적인 경향이 있다. 클로닌저는 기질이 피질하 영역, 특히 변연계와 밀접한 관련이 있다면 성품은 신피질 영역과 밀접한 관련이 있다고 제안했다. 또한 어떤 기질 특성을 가지고 있든 성품을 적절히 발달시키면 적응적이고 성숙한 성격을 갖게 된다. 반대로 성품을 적절히 발달시키지 못하면 부적응적인 성격특성이나 성격장애 등을 나타낼 수 있다.

여하는 것이 아니냐는 의문이 제기되었으며, 특질의 일관성에 대한 논쟁도 확장되었다. 이 문제를 개선하기 위해 특질 연구자들은 개인의 행동이 특질과 상황, 그리고 그 요소 간의 상호작용에 의해 결정된다는 개선된 모델을 제안하기도 했다.

6.3. 성격에 대한 정신분석적 접근

특질이론가들은 성격의 유형을 파악하는 데 많은 노력을 기울였으며 그 결과 성격의 보편적인 유형에 대한 지식을 얻을 수 있었다. 하지만 이들은 특정 개인이 어떻게 현재의 성격 유형을 갖게 되었는지에 대해서는 체계적으로 탐색하지 않았다. 정신분석 이론을 체계화한 프로이트(1856~1939)는 특질 이론가들이 왕성하게 활동하던 시기 이전인 19세기 후반과 20세기 초반에 걸쳐, 나름대로의 독특한 성격 이론을 제안하여 성격의 근원과 형성과정에 대한 설명을 시도했다. 프로이트가 제안한 다양한 모형들은 성격 자체에 대한 모형이라기보다 겉으로 드러나는 성격 패턴의 기저에 있는 마음의 구조에 관한 모형들이다. 프로이트는 마음의 구조에 대한 세 가지 모형을 제안했는데, 시간 순으로 배열하면 에너지 모형, 지형학적 모형, 삼원 구조 모형으로 정리할 수 있다. 그는 또한 심리성적 발달모형을 제안하여 어떻게 각 개인이 독특한 마음의 구조를 형성하는지를 설명하기도 했다.

마음의 구조 모형

프로이트는 인간이 에너지 체계로 구성되어 있으며, 인간의 모든 행동은 내부 에너지에 의해서 활성화된다고 가정했다. 특히 그는 정신 에너지가 신경생리적 흥분상태에서 유발된다고 주장했다. 그에 따르면, 이러한 신경생리적 흥분이 소망의 형태로 마음속에 표상된 것이 바로 추동(drive)이다. 모든 추동에는 심적 에너지가 수반되며 긴장감소를 위한 행동과 표현행동을 유발하는 경향이 있다. 프로이트는 특히 성적 추동을 중시하였는데 이 추동에 수반되는 심적 에너지를 리비도(libido)라 명명하였다. 추동이 적절히 해소되지 않은 상태로 오래 방치되면 그 압력을 못 이겨 다른 통로를 통해서라도 표출된다는 것이 에너지 모형의 골자이다. 초기에는 신체증상으로의 표출이 프로이트의 주된 관심 대상이었다.

프로이트의 매우 중요한 기여 중 하나는 인간의 무의식에 대한 관심을 끌어

모았다는 점이다. 프로이트 이전에 무의식을 언급한 학자가 없었던 것은 아니지만, 그 의미를 체계적/포괄적으로 탐색하고 정리한 첫 번째 학자임은 분명하다. 지형학적 모형은 인간의 의식 구조에 대한 모형이다. 프로이트는 인간의 의식이 크게 의식, 전의식, 무의식의 세 부분으로 분류될 수 있다고 제안했다. 프로이트에 따르면, 의식(conscious)이란 어떤 특정 순간에 자각되는 모든 감각과 경험/사고들, 혹은 이러한 요소들이 머무는 정신적 영역을 의미하고, 전의식(preconscious)은 바로 그 순간에는 자각되지 않지만 노력을 기울일 경우 자각될 수 있는 모든 경험/사고들, 혹은 이러한 요소들이 머무는 정신적 영역을 말한다. 반면 무의식(unconscious)은 의식적인 노력을 기울여도 자각되지 않는 경험/사고들, 혹은 그러한 요소들이 머무는 정신적 영역을 의미한다. 프로이트는 세 영역 중 무의식이 가장 방대하며, 인간의 행동에 가장 중요한 영향을 미친다고 제안했다.

프로이트는 무의식의 내용들이 실제로는 매우 이질적이며 지형학적 모형만으로는 다양한 내담자들의 무의식을 충분히 설명하지 못한다는 것을 발견하고 새로운 모형을 제안하였다. 이 모형은 서로 상호작용하는 체계 혹은 구조 요소인 원초아(id), 자아(ego), 초자아(superego)의 세 요소로 구성되어 삼원구조 모형으로 불린다.

원초아는 세 개의 구조들 중 가장 기본적이고 원시적인 구조로 태어나면서부터 존재한다. 이 구조는 심적 에너지인 리비도의 저장고이며, 신체적 과정과 정신적 과정의 매개체로 기능한다. 즉, 신체적 과정으로부터 본능적 욕구를 전달 받아서 이를 정신적 표상으로 넘겨주는 역할을 한다. 이 때 원초아가 추구하는 바는 무조건적인 충족을 통한 쾌락이다. 먹고 싶으면 먹고 자고 싶으면 자는 것이 원초아가 따르는 기본 원리이다. 프로이트는 이 원리를 쾌락의 원리라 불렀다. 이에 더해 원초아가 주로 사용하는 긴장 감소 방략이 있는데, 바로 일차 과정 사고이다. 일차 과정이란 과거에 기본적인 욕구의 충족과 연합되었던 대상의 심상을 형성함으로써 일시적으로 긴장을 감소시키는 방법이다. 예를 들면, 배고픈 유아가 엄마의 유방을 머리에 떠올리는 것이 이에 해당한다.

생애 초기에는 이 원리만을 가지고도 어느 정도 생존이 가능하다. 하지만 나이를 먹어갈수록 이런 방략만으로는 생존이 어려워지게 된다. 이즈음이 되면 아기는 원시적인 형태의 물리적/신체적 자기를 형성하고 외부 세계를 어렴풋이 인식하게 된다. 그와 동시에 자신이 통제할 수 있는 것과 그럴 수 없는 것에 대한 기초적인 인식이 발달하게 되고, 그러면서 점차로 욕구 만족 지연을 배워 나간다. 이것이

그림 6.1. 마음의 지형학적 모형과 삼원구조 모형

의식

전의식

무의식

자아

초자아

원초아

출처: 출처: Bernstein, *Psychology*, 10E © 2016 Cengage Learning.; Photo credit: Getty Images Bank

두 번째 구조인 자아 출현의 징조이다. 프로이트의 초기 삼원구조 모형에서 자아
는 원초아로부터 분화되어 나타나며, 원초아로부터 에너지를 빌어 기능을 수행한
다. 주요 역할은 현실세계의 제약을 고려하여 원초아가 추구하는 바가 적절히 표
현되도록 하는 것이다. 자아는 보통 6~8개월 즈음부터 분화되기 시작해서 2~3세
정도면 어느 정도 확립되는 것으로 가정되었다. 자아는 원초아와는 달리 현실 원
칙을 따르기 때문에, 합리적이고 현실지향적인 선택을 추구하는 경향성을 보인다.
이러한 경향성의 핵심은 욕구만족의 지연과 적절한 표현이다. 자아의 활동은 이
차 과정 사고로 확인될 수 있다. 이차 과정 사고란 자신이나 타인을 위험에 빠뜨리
지 않고 욕구를 충족시킬 수 있는 행동 경로를 수립하는 사고과정을 의미한다. 예
를 들면, 배가 고플 때 '엄마가 돌아오기를 기다렸다가 다가가서 "엄마 배고파"라
고 말해야지' 하고 떠올리는 것이 이에 해당한다.

초자아는 가장 나중에 발달하는 마음의 구조로 사회의 규범들이 내면화된 것
을 의미한다. 초자아는 가치체계, 도덕체계, 양심 등의 개념과 관련이 있다. 이 구
조는 5~6세경부터 분화되기 시작하여 10~11세경에 이르러서야 어느 정도 확립
이 된다. 원초아와 자아만 있을 때에는 타인과 자신의 안전만을 고려하여 행동을
구성하면 되었지만, 초자아가 발달하면서부터는 사회적 관점에서 바람직한 행동
과 바람직하지 않은 행동을 구분하고 전자를 지향하는 경향성까지 고려해야 할 상

황에 이르게 된다. 초자아는 두 가지 하위 체계로 구성된다. 하나는 양심이고 다른 하나는 자아이상이다. 전자는 잘못된 행동에 대한 처벌을 통해 형성되며 죄책감과 관련이 있다. 반면, 후자는 잘한 행동에 대한 칭찬이나 수용을 통해 형성되며 수치심과 관련이 있다.

마음의 세 구조가 서로 균형을 이루지 못하고 자아가 통제를 상실할 위험이 생기면 불안이 발생하게 된다. 불안은 크게 현실 불안, 신경증적 불안, 도덕적 불안으로 구분될 수 있으며, 이 중 특히 중요하게 다루어진 불안은 신경증적 불안이었다. 신경증적 불안이란 원초아의 충동을 자아가 통제할 수 없을 것이라는 두려움에서 초래되는 불안으로, 이를 방어하기 위해 발달된 것이 자아 방어기제(ego defense mechanism)이다. 대표적인 자아 방어기제로는 억압과 합리화, 반동형성, 투사, 퇴행, 전치, 승화 등을 들 수 있다.

억압(repression)은 용납될 수 없는 충동이나 기억 등을 의식에서 배제하여 무의식 속으로 밀어 넣는 과정이다. 그 결과 불안을 유발하는 충동이나 기억 등을 더 이상 의식하지 못하게 된다. 합리화(rationalization)는 현실왜곡을 통해서 비합리적인 행동을 자신과 타인에게 합리적이며 정당화될 수 있는 행동으로 보이도록 시도하는 방어기제이다. 회사에 지원했다가 떨어진 사람이 해당 회사가 사실은 그다지 좋은 회사가 아니었다고 스스로 위로하는 것은 합리화의 예가 될 수 있다. 반동형성(reaction formation)은 용납될 수 없는 충동으로부터 자신을 보호하기 위해 반대의 생각과 행동을 표출하는 방어기제이다. 자신의 딸에게 성적인 욕망을 느끼는 남자가 이 욕망을 억압하면서 딸에게 과도하게 금욕적인 삶을 요구하는 것은 반동형성이라고 볼 수 있다. 투사(projection)는 용납할 수 없는 사고나 감정 등을 다른 대상에 귀속시키는 방어기제이다. 상대방의 행동 때문에 몹시 화가 났을 때 이를 인정하지 못하고 오히려 상대방이 자신에게 화를 낸다고 여기는 것은 투사의 좋은 예이다. 퇴행(regression)은 위협에 직면했을 때 좀 더 안전했던 생애 초기 발달단계의 행동 패턴으로 돌아가는 것을 의미한다. 외부의 위협으로 인해 불안감을 느낄 때 어린 아이와 같은 말과 행동을 보이는 것은 전형적인 퇴행의 예라고 볼 수 있다. 전치(displacement)는 원치 않는 충동을 위협적인 대상에서 조금 덜 위협적인 대상에게로 바꾸어 표현하는 것을 의미한다. 직장 상사에게 야단을 맞고 자신의 가족이나 직장 후배들에게 화를 내는 것은 전치라고 볼 수 있다. 승화(sublimation)는 용납될 수 없는 충동을 사회적으로 허용되는 사고와 행위로 전환시키는 것을 말한다. 건강하고 적응적인 방어기제의 전형이라고 볼 수 있다. 공격적인 충동을 그림이나 음악 등의 예술 활동으로 표현하는 것이나, 경찰관 등의 직업 활동으로 표현하는 것은 승화의 좋은 예이다.

심리성적 발달단계

프로이트에 따르면 아기는 리비도라 불리는 심적 에너지를 가지고 세상에 태어난다. 그리고 이 리비도는 아이가 성장함에 따라 신체의 특정 부위에 집중되는 경향이 있는데 집중되는 부위에 따라 구강기(입), 항문기(항문), 남근기(성기), 잠복기, 성기기(성기)로 구분된다. 프로이트는 각 단계에서의 심리성적 욕구가 심하게 좌절되거나 과잉충족될 경우 그 시기의 행동이 부분적으로 남아 특정한 성격을 구성한다고 주장했다. 생후 18개월까지에 해당하는 구강기에는 입을 이용한 다양한 활동을 통해 쾌감을 얻게 된다. 이 시기에 과도한 좌절이나 충족을 경험하여 고

Box 6.3.

융의 성격유형론

융(1875~1961)은 프로이트의 제자였지만 후에 정신분석이론과 결별하고 독자적인 분석심리학(analytical psychology) 이론을 제안하였다. 융은 초기에 자아 오리엔테이션(ego orientation)과 심리적 기능(psychological function)의 두 개념을 중심으로 성격에 대한 유형이론을 전개한 바 있다. 그에 따르면 자아 오리엔테이션은 외향(extraversion)과 내향(introversion)으로 나뉜다. 외향은 바깥세계에 관심을 갖는 태도를 의미하고, 내향은 내부세계에 관심을 갖는 태도를 의미한다. 심리적 기능은 크게 합리적 기능과 비합리적 기능으로 구분된다. 전자는 삶과 경험에 대한 판단을 수반하고 후자는 판단을 수반하지 않는다. 합리적 기능에는 사고(thinking)와 감정(feeling)이 있다. 사고지향적인 사람들은 판단과정에서 논리적인 사고를 주로 활용하는 반면, 감정지향적인 사람들은 자신의 감정을 이용하여 상황을 판단한다. 비합리적 기능

에는 감각(sensing)과 직관(intuition)이 있다. 감각기능을 주로 활용하는 사람들은 구체적이고 실제적인 감각경험을 이용해 세상을 인식한다. 반면 직관기능을 주로 활용하는 사람들은 보이는 것 이면의 의미나 원리, 숨은 의도 등을 통해 세상을 인식하는 경향이 있다. 융은 사람들이 상반되는 오리엔테이션과 심리적 기능들을 모두 가지고 살아가지만, 대부분의 경우 한쪽이 다른 쪽보다 지배적인 경향이 있다고 제안했다. 그에 따라 상호 독립적인 세 개의 축(내향-외향, 사고-감정, 감각-직관)으로부터 8개의 성격유형이 만들어질 수 있다. 후대에 마이어스(1897~1980)와 브릭스(1875~1968)는 이 세 개의 축에 판단-인식(judging-perceiving)이라는 축을 더해 16개의 성격유형을 제안하였고, 이를 측정하는 검사인 MBTI(Myers-Briggs Type Indicator)를 개발하였다.

착될 경우 수동 의존적인 성격을 갖게 되거나 의심 많고 공격적이며 논쟁을 좋아하는 성격을 갖게 된다. 2세에서 3세에 해당하는 항문기의 아동은 배변을 통한 쾌감을 즐긴다. 만일 원하는 때에 배변하고자 하는 욕구가 과도하게 좌절되거나 과잉충족되면 완강함과 인색함, 질서에 대한 과도한 집착을 보이거나 반대로 무질서하고 충동적인 성격을 갖게 된다. 3세에서 5세에 해당하는 남근기에는 오이디푸스 갈등의 적응적인 해결이 중요해진다. 오이디푸스 갈등이란 어머니를 성적 대상으로 삼고 싶지만 강한 아버지에 대한 두려움으로 그럴 수 없는 내적 갈등상태를 의미한다. 남아는 아버지와의 동일시를 통해 이 갈등을 해결하는데, 동일시에 성공하지 못하면 유혹이나 질투, 경쟁, 권력추구, 남성성 과시 등에 집착하는 성격을 나타내게 된다. 여성이 남근기에 고착되면 유혹적이고 바람기 있는 성격을 갖게 되는 것으로 제안되었다. 5세에서 13세에 해당하는 잠복기는 특별한 성격유형이 없으며, 마지막 단계인 성기기의 성격은 타인과 친밀한 관계를 맺으며 적절히 성적 활동을 하는 이상적인 성격으로 간주되었다.

6.4. 성격의 인지적 측면

개념상 성격은 인지적 요소를 포함하고 있다. 고유한 인지적 패턴, 즉 대상을 지각하고 의미를 부여하며, 기억을 인출하고 조작하여 다시 저장하는 패턴은 그 자체로 성격의 한 부분이며 다른 요소들(정서, 행동 패턴)과 영향을 주고받는다. 성격을 연구하는 학자들은 개인의 인지과정이 어떻게 성격을 구성하며, 반대로 성격이 개인의 인지과정에 어떤 영향을 미치는지에 대한 체계적인 접근을 시도했다. 특히 정신분석적 접근과 행동주의의 한계를 인식한 많은 학자들이 개인의 인지적 특성에 대한 다양한 이론을 제시하였다.

성격의 인지적 형성

켈리의 개인적 구성개념 이론

오하이오 주립대학의 임상심리학 교수였던 켈리(1905~1966)는 본래 정신분석적 입장에 관심을 두고 있었다. 하지만 임상활동을 지속하면서 이론의 한계를 깨닫게 되었고, 구성적 대안주의에 기초한 개인적 구성개념 이론을 제안하였다. 구성적 대안주의란 객관적인 진실이나 절대적 진리란 존재하지 않으며 세계는 자신이 해석하는(구성하는) 방식에 의해 존재한다고 보는 철학적 견해이다. 켈리는 이 견해에 기반하여 성격이란 개인이 세계를 해석하는 데 사용하는 구성개념(construct)의 체계라고 주장하였다. 개인적 구성개념이란 개인이 자신의 경험을 해석하거나 예언하기 위해 사용하는 개념으로서, 현실의 측면들을 유사성과 대조성의 관점을 통해 이해하는 일관성이 있는 양식을 의미한다. 예를 들어 '재미있는-지루한'이나 '친절한-적대적인'은 사람의 특성을 설명하는 개인적 구성개념에 해당한다.

로터의 사회학습이론

켈리의 같은 학교 동료였던 로터(1916~2014)는 학습심리학자인 헐(1884~1952)과 톨먼(1886~1959)의 영향을 받아 기대-가치 모형을 제안하였다. 이 모형에 따르면 어떤 상황에서 특정 행동이 나타날 잠재력(behavior potential)은 그 행동이 특정 결과를 가져올 확률인 기대(expectancy)와 그 결과와 연합된 강화값(reinforcement value)의 함수이다. 즉 어떤 행동을 했을 때 얻게 될 보상과 처벌의 강도 및 발생확률을 고려하여 행동을 결정하게 된다는 것이 이 모형의 골자이다. 로터는 기대와 강화값이 상황에 따라 달라지기는 하지만, 여러 상황에 걸쳐 일관되게 유지되는 일반화된 기대를 발전시키기도 한다고 주장했다. 대표적인 일반화된 기대로 통제소재(locus of control)를 들 수 있다. 내부 통제소재는 자신의 성공과 실패가 내부 요인(지능, 노력 등)에 의해 결정된다는 일반화된 기대이며, 외부 통제소재는 성공과 실패가 외부 요인(우연, 운 등)에 의해 결정된다는 일반화된 기대를 의미한다.

미쉘의 사회인지 이론

특질이론과 성격검사의 한계를 지적하여 학계의 주목을 받은 미쉘은 오하이오 주립대학에서 박사과정을 보낼 당시 켈리와 로터의 영향을 받은 것으로 알려져 있다. 그는 사회인지 연구 영역에서 개인차를 분석하기 위해 사용하는 인지 사회적 개인 변인들을 체계적으로 소개한 바 있다. 첫 번째 변인은 개인적 구성개념과 부호화 방략으로 자기 자신과 타인, 세계에 대한 정보를 해석하고 처리하는 양식을 의미한다. 두 번째 변인은 개인이 추구하는 목표로 동기를 유지시키고 행동을 지속시키는 기능을 갖는다. 세 번째 변인인 기대는 행동의 예견되는 결과를 지칭한다. 네 번째 변인인 인지 및 행동 유능성은 목표 달성을 위해 과제를 수행하는 데 필요한 개인의 인지 및 행동상의 능력을 의미한다. 마지막 변인은 자기조절 체계이다. 자기조절 체계는 목표를 추구하는 과정에서 수행을 점검하고 평가하며 적절히 보상과 처벌을 제공하는 등의 방법으로 행동을 조절하는 체계를 의미한다. 미쉘은 다양한 자기조절체계 중 만족지연(delay of gratification)에 큰 관심을 두었다. 만족지연이란 미래의 더 큰 보상을 위해 당장의 보상을 포기하는 행동을 의미한다. 미쉘에 따르면 만족지연은 장기적인 목표 달성을 위해 필수적인 행동으로 삶의 모든 영역에서 요구되는 기본적인 자기조절 체계이다.

반두라의 사회인지 이론

인지적 관점에서 개인의 특성을 연구한 학자들은 대부분 행동에 영향을 미치는 인지적 특성이 무엇인지에 관심을 두었다. 반면 임상심리학자이자 실험심리학자인 반두라는 이러한 인지적 특성과 행동이 어떻게 습득되는가에 관심을 두었다. 그에 따르면 개인의 행동뿐만 아니라 기대와 규준, 만족지연 등의 인지적 특성 또한 관찰에 의해 학습될 수 있다. 즉 타인의 말과 행동, 그리고 그에 따른 결과를 관찰함으로써 행동과 인지적 특성이 학습될 수 있다. 특히 반두라는 강화가 없더라도 관찰을 통해 학습이 일어나며, 강화물이 주어질 때 학습된 행동을 실행한다는 사실을 실험을 통해 확인하기도 했다. 행동과 인지뿐만 아니라 정서반응 또한 학습될 수 있다고 보았는데, 이렇게 타인을 관찰함으로써 정서반응을 학습하는 과정을 대리적 조건형성(vicarious conditioning)이라 명명하였다(Bandura, 1986).

반두라의 또 다른 중요한 업적은 자기효능성(self-efficacy) 개념의 개발이다. 자기효능성이란 특정 상황에 대처하는 지각된 능력을 의미한다. 이 개념은 전반적인 자기유능감과는 달리 특정 상황에 국한된 효능성을 포착한다. 반두라가 이러한 개념을 개발한 이유는 기존의 전반적인 자기유능감이 활동의 유형과 수준, 상황에 따라 변화하는 효능감의 복잡성을 적절히 반영하지 못한다고 보았기 때문이다. 그에 따르면 자기효능성 신념은 우리가 어떤 활동에 종사하고 얼마나 많은 노력을 기울일지를 결정하며, 얼마나 꾸준히 과제를 수행하고 과제에 대해 어떤 정서반응을 보일지 등에도 영향을 미친다(Bandura, 1986).

인지적 특성과 부적응적 행동

인지적 입장에서 개인의 부적응적 행동을 이해하고 치료하는 데 힘쓴 이론가들이 있다. 이들 중 엘리스와 벡은 인지도식(schema), 혹은 개인적 신념(belief)이 성격과 사고방식, 행동 등에 큰 영향을 미친다고 주장하였다(Beck, 1976; Ellis,

1962). 인지도식이란 과거경험을 통해 형성된 인식의 틀로 자신과 주변 세상에 대한 정보를 선택하여 처리하고 기억하는 역할을 담당한다. 인지도식은 개인적인 신념들로 구성되는데 이 신념의 특성에 따라 고유한 사고방식 및 행동이 나타나게된다. 예를 들어, '나는 나약하다'와 같은 자신에 대한 부정적 신념과 '타인은 악의적이고 세상은 위험으로 가득 차 있다'와 같은 타인 및 세상에 대한 부정적 신념들로만 구성된 인지도식을 가지고 있을 경우, 중립적인 자극도 부정적인 것으로 편향되게 해석하여 불안감을 느끼고 회피적인 행동을 유발하게 된다.

아브람슨과 동료들은 개인의 독특한 사고방식 또한 부적응적 행동에 영향을 미칠 수 있다고 제안했다(Abramson, Seligman, & Teasdale, 1978). 이들은 특히 특정한 귀인방식이 우울을 유발할 수 있다고 보았다. 귀인(attribution)은 어떤 결과를 특정한 원인에 귀속시키는 방식을 의미한다. 아브람슨과 동료들은 귀인방식을 크게 내부적-외부적 귀인(능력이나 동기 등의 내부적 요인에 귀인하거나 환경 및 상황 등의 외부적 요인에 귀인)과 안정적-불안정적 귀인(시간이 지나도 비교적 안정적인 요인에 귀인하거나 시간에 따라 쉽게 변할 수 있는 불안정한 요인에 귀인), 전반적-특수적 귀인(전반적인 특성에 귀인하거나 한정된 특성에 귀인)으로 구분하였다. 이들에 따르면, 우울한 사람들은 실패경험에 대해서는 내부적/안정적/전반적 귀인을 하는 반면, 성공경험에 대해서는 외부적/불안정적/특수적 귀인을 하는 경향이 있다. 이러한 귀인경향을 우울유발적 귀인(depressogenic attribution)이라고 부른다(Abramson et al., 1978).

6.5. 성격의 정서적 측면

성격심리학에서 정서가 갖는 의미는 특별하다. 대표적인 정서 연구자인 프레드릭슨에 따르면 정서(emotion)는 주관적인 감정 경험과 인지 처리, 생리적 변화, 얼굴 표정 변화 등으로 구성된 반응 경향성을 의미한다(Fredrickson, 2001). 즉 정서는 자극에 대한 특정한 인지적, 정동적, 생리적, 행동적 반응경향성을 의미하기 때문에, 개인의 고유한 정서패턴은 성격과 밀접할 수밖에 없다.

정서에 대한 초기 연구는 인간이 정서를 어떻게 경험하는지를 다루었다. 이 주제를 다룬 이론으로는 제임스-랑게 이론과 캐논-바드 이론, 이요인 이론을 들

수 있다. 최근에는 기능적인 관점에서의 정서연구들이 성격심리학과 다른 응용심
리학 분야에서 활발하게 진행되고 있다. 이 연구들은 정서를 자각하고 적절히 표
현하는 능력이나 정서를 조절하는 능력, 타인의 정서를 인식하고 적절히 대응하는
능력 등에 관심을 두고 있다. 먼저 인간의 정서 경험을 설명하는 세 가지 모델을
살펴보기로 하겠다.

주요 정서이론

제임스-랑게 이론

미국의 초기 심리학자인 제임스(1842~1910)와 덴마크의 의학자 랑게
(1834~1900)는 비슷한 시기에 유사한 정서이론을 제시한 바 있다. 이들이 제안한
이론의 핵심은 생리적인 변화에 뒤따라 정서를 경험하게 된다는 것이다. 즉 특정
외부 자극에 의해 특정 유형의 생리적 반응이 유발되면, 관련 정보를 뇌가 처리하
여 정서를 경험하게 된다는 것이 제임스-랑게 이론의 핵심이다. 예를 들어, 산 속
에서 곰을 만나면 먼저 생리적으로 각성되면서 도망치는 행동을 보이게 되는데,
그러한 변화를 지각한 것이 곧 공포라는 정서의 체험이다.

제임스와 랑게의 이론은 100여 년 전에 제안된 이론으로 많은 비판을 받았지
만, 최근 이 이론을 지지하는 가설을 제안한 학자들도 있다. 예를 들어 맥케인과
앤더슨은 얼굴 표정의 변화가 현재의 느낌을 반영할 뿐만 아니라 표정의 변화를
통해 정서를 바꿀 수도 있다는 내용을 골자로 하는 안면피드백 가설을 제안한 바
있다(McCanne & Anderson, 1987). 이들에 따르면 억지로라도 미소를 지을 경우 긍
정적인 정서를 경험할 수 있다. 진화론을 제안한 다윈(1809~1882) 역시 약 100여
년 전에 정서를 외적으로 표현하면 그 정서가 강화되고, 반대로 억제하면 정서가
약화된다고 지적하기도 했다. 이러한 주장 및 가설들은 행동이 정서에 선행하여
나타날 수 있음을 지지하는 것들이다.

캐논-바드 이론

캐논과 바드의 이론에 따르면 외부 자극은 각성 및 행동과 같은 신체적 반응
과 정서를 동시에 유발시킨다(Bard, 1934; Cannon, 1927). 이와 같은 제안은 제임스
와 랑게의 이론의 한계를 발견하면서 시작되었다. 제임스와 랑게는 앞서 살펴본
바와 같이 신체 반응이 선행하고 그 뒤에 정서 반응이 뒤따르게 된다고 제안한 바
있다. 하지만 캐논과 바드가 연구한 바에 따르면, 내장에서 중추 신경계로 가는 신

경을 절단해도 정서는 경험될 수 있다. 이것은 자극이 신체반응(예: 내장 기관 반응)을 거쳐야만 정서를 유발한다는 가설을 반박하는 증거가 되며, 자극이 주어지면 서로 다른 경로를 통해 신체 반응과 정서 반응이 유발된다는 가설을 가능하게 한다. 하지만 이 가설은 전투 상황에서 부상을 당한 병사가 병원에 도착한 후에야 심한 공포를 느끼는 현상을 설명하기 어렵다.

이요인 이론

쉑터(1922~1997)와 그의 동료인 싱어(1934~2010)가 제안한 이요인 이론(two-factor theory)에 따르면, 정서경험은 생리적인 각성과 인지적 평가의 두 요인에 의해 결정된다. 이들의 이론 안에서는 생리적 각성이 외부자극과 함께 인지적 평가의 대상이 되고, 평가의 결과에 따라 정서 경험이 결정된다. 이들은 특히 인지적 평가의 중요성을 강조하였다. 정서경험에 선행하는 생리적 각성은 사실 서로 유사하며 인지적 평가를 어떻게 하느냐에 따라 정서경험이 달라진다고 보았기 때문이다. 이들이 수행한 실험 중 대표적인 것은 피험자들에게 각성을 유발하는 주사액을 투입하고 이후의 반응을 관찰하는 실험이었다(Schachter & Singer, 1962). 이 실험에 따르면, 주사액에 대한 정보를 받지 못한 집단은 자신이 처한 상황 정보와 다른 사람들의 반응 정보 등을 토대로 자신의 각성의 원인을 찾았으며, 그 판단의 결과에 따라 긍정적 정서나 부정적 정서를 경험했다. 이와 같은 결과는 모호한 신체반응의 원인을 무엇으로 귀인하느냐에 따라 정서경험이 달라질 수 있음을 지지한다. 하지만 정서 유형별로 생리적 각성의 양상이 다르다는 연구결과들이 증가함에 따라 일반적인 생리적 각성에 대한 가정은 더 이상 유효하지 않게 되었다(Eckman, Levenson, & Friesen, 1983).

정서의 경험, 표현, 조절에서의 개인차

동일한 사건을 접하더라도 사람마다 정서경험은 달라질 수 있다. 예를 들어 데이트 신청에서 거절당한 경우 어떤 사람은 심한 분노와 슬픔을 경험하지만, 다른 사람은 부정적 정서를 전혀 경험하지 않을 수 있다. 이 두 사람의 중요한 차이는 사건에 대한 인지적 해석에 있다. 거절 사건을 자신의 가치감을 손상시키는 중대한 사건으로 해석한다면 분노와 슬픔을 경험하겠지만, 서로 선호하는 이상형이 달라서 일어난 일이니 자신의 가치에는 손상이 없다고 해석하면 별다른 정서를 경험하지 않을 것이다.

개인차는 정서의 표현에서도 확인할 수 있다. 예를 들어 직장 상사로부터 모욕적인 말을 듣고 분노를 경험한 경우 어떤 사람은 화를 내면서 상사의 부당함에 대해 직접적으로 표현하지만, 다른 사람은 분노를 표현하지 않고 억제할 수 있다. 이 두 사람의 중요한 차이는 표현규칙에 있다. 표현규칙(display rule)이란 정서를 표현해도 괜찮은가에 대한 규칙들을 말한다. 표현규칙은 개인의 경험, 문화, 사회적 규범 등의 영향을 받을 수 있다.

마지막으로 정서가 유발되었을 때 이를 조절하는 방식 면에서 개인차가 나타날 수 있다. 특히 부정적 정서를 경험할 때 이에 대처하는 방식은 개인의 적응에 중요한 영향을 미친다. 정서조절 방략의 유형에 대해서는 학자들마다 견해가 다양하다. 비교적 일관되게 나타나는 방략으로는 회피와 직면을 들 수 있다. 전자는 정서경험을 그대로 두지 않고 가능한 빠르게 해소하기 위한 다양한 시도를 의미하며, 여기에는 술 마시기와 담배 피우기, 음식 먹기, 다른 생각하기 등이 포함된다. 후자는 정서경험을 직시하면서 관련된 활동을 하는 것으로, 부정적 정서 경험을 하게 된 이유 생각하기, 문제를 어떻게 해결할지 생각하기, 정서를 있는 그대로 경험하기 등이 포함된다. 사람에 따라 주로 사용하는 방략이 있으며, 그 방략의 유형은 성격의 개인차를 만들어낸다.

살로비와 메이어는 정서의 경험과 표현, 조절에서의 개인차를 정서지능(emotional intelligence)이라는 개념으로 포착하고 있다. 이들에 따르면, 정서지능이란 자신과 타인의 정서를 자각하여 구분하고 정서 관련 정보를 자신의 사고와 행동을 결정하는 데 적절히 활용하는 능력을 의미한다(Salovey & Mayer, 1990). 정서지능은 자기와 타인의 정서를 평가하고 표현하는 것, 자기와 타인의 정서를 조절하는 것, 정서를 적응적으로 활용하는 것의 세 요소로 구성된다.

6.6. 성격의 동기적 측면

동기(motivation)는 어떤 행위나 결정의 직접적인 원인을 의미한다. 이 개념은 특정한 행동을 선택하게 하고, 행동을 유지시키며, 다른 행동으로 변환시키는 원인이 무엇인지를 파악하기 위해 고안되었다. 특질이론이 행동패턴의 기술(description)에 주로 관심을 둔다면 동기이론은 행동패턴의 설명(explanation)에 관심을 둔다. 사실 성격에 대한 동기이론의 발전은 행동을 심리학적으로 설명하려고 시도한 때부터 시작되었다고 볼 수 있다. 그만큼 역사가 깊으며 그동안 매우 다양한 개념과 이론이 제안되었다. 동기이론은 생리적인 욕구에 의해 유발되는 추동을 다루는 이론들에서 시작하여, 이후 학계의 주요 흐름이었던 인지적 관점과 인본주의적 관점의 이론들로 발전해 왔다.

추동이론

추동은 인간의 기본적인 생리적 욕구에 의해 유발되는 생물학적 동기이다. 신체가 불균형 상태에 놓였을 때 균형을 다시 회복시키는 행동을 유발하는 심리적/생리적 상태가 바로 추동이다. 대표적인 예로 갈증을 들 수 있다. 몸에 수분이 부족하면 우선 입이 바짝 말라 들어가면서 물에 대한 심상과 개념들이 떠오르고 물을 마셔야 할 것 같은 정서적 긴장상태를 경험하게 된다. 이런 복합적인 상태가 바로 추동이다. 학자들에 따라서는 심리적 욕구에 의해 유발되는 심리적/생리적 상태 또한 추동으로 간주하기도 한다. 성격심리학에서 추동 개념은 프로이트의 이론과 헐의 S-R이론(추동감소이론)에서 찾아볼 수 있다.

프로이트의 추동이론의 자세한 내용은 3절을 참고하기 바란다. 프로이트에 따르면 성추동은 먹기나 마시기, 숨쉬기 등과 같이 자기보존을 위한 추동과 달리 사회적으로 용인되지 않는 경우가 있다. 따라서 시기나 상황에 따라 억압될 수 있는데, 성추동이 적절히 해소되지 않은 상태로 억압되어 오래 방치될 경우, 그 압력을 못 이겨 신체증상과 같은 다른 통로를 통해 표출될 수 있다.

헐은 대표적인 행동주의 심리학자이지만 왓슨(1878~1958)이나 스키너(1904~1990)와 같이 극단적인 행동주의자들과는 달리 유기체의 내적상태의 역할을 중요하게 고려했다. 특히 그는 추동의 역할을 중시했다. 헐에 따르면, 추동은 1차적 추동과 2차적 추동으로 구분될 수 있다. 1차적 추동은 생리적인 추동으로 배고픔, 목마름, 고통 회피와 같은 기본적 추동을 의미하고, 2차적 추동은 경험을 통해 배운 추동으로 권력에 대한 추동, 돈에 대한 추동과 같은 학습된 추동을 의미한다. 인간의 몸에 생리적 결핍이 나타나 생리적 불균형 상태가 유발되면, 생체 기관으로 하여금 결핍의 상태를 감소시켜 원래의 균형 상태로 돌려놓으려는 각성된 심적 상태, 즉 추동이 형성된다. 이러한 상황에서 어떤 자극에 대해 특정한 반응을 했을 때 내면적인 추동이 감소하면, 그 자극과 반응 간의 연결이 형성된다. 즉, 추동감소가 학습을 유발하는 강화요인이 되는 것이다(Hull, 1943). 헐에 따르면 이러한 강화가 반복될수록 자극(stimulus)−반응(response) 연결, 즉 습관(habit)이 강해지게 된다. 성격은 이와 같이 추동감소를 통해서 학습되는 습관들, 혹은 S-R연결들로 구성된다.

인지이론

추동이론들이 기본적인 욕구가 충족되지 못한 상태의 불편감 해소와 균형의 회복에 초점을 두었다면, 인지이론들은 개인이 구성한 인지적 표상이나 인지적 경향성에 초점을 두고 있다.

인지부조화 이론

페스팅거는 미국의 사회심리학자로 사회심리학의 창시자인 레빈(1890~1947)의 제자이다. 그에 따르면 인간은 인지부조화를 감소시키려는 경향성을 가지고 있다(Festinger, 1962). 인지부조화(cognitive dissonance)란 개인이 지니고 있는 신념이나 가치, 생각들이 서로 불일치하거나, 특정 신념 및 가치에 반하는 행동을 할 때, 혹은 기존의 신념이나 가치에 반하는 새로운 정보를 접했을 때 경험되는 인지적 스트레스를 의미한다. 인지부조화는 불편감을 유발하기 때문에 이를 경험하는 사람은 이 불편감을 줄이기 위해 특정한 행동을 하게 된다. 대표적인 사례는 이솝우화 중 하나인 '여우와 포도'에서 찾아볼 수 있다. 이 우화에서 여우는 나무에 달려 있는 포도를 먹으려고 시도했지만 너무 높은 곳에 달려 있어 결국 실패하게 된다. 이때 여우는 포도가 덜 익었을 것이기 때문에 먹을 가치가 없으며, 그래서 안 먹기로 결정한 것이라고 스스로의 행동을 합리화한다. 즉 여우는 자신의 생각을 바꾸어 행동과 일치시킴으로써 인지부조화를 감소시킨 셈이다.

유인가 이론과 목표이론

대부분의 동기이론들은 주로 내적인 요소에 초점을 두어 이론을 전개했다. 하지만 실제 추동은 내부 욕구와 외부 자극의 상호작용을 통해 형성되는 경향이 있는데 이를 지적한 이론이 유인가 이론이다. 유인가(incentive)란 욕구를 만족시킬 수 있거나, 그 자체로서 바람직한 것으로 지각되는 사물/사람/상황 등의 외적 자극을 의미한다. 예를 들어, 음식이나 돈, 타인으로부터의 인정 등은 모두 유인가에 해당한다. 유인가 이론의 핵심은 특정 행동을 유발하는 동기가 내적인 욕구와 외적인 유인가의 상호작용에 의해 형성된다는 것이다. 유인가의 효과는 사람마다 다를 수 있으며, 시간과 상황에 따라 그 가치가 변하고, 내적인 욕구가 없이 유인가 자체만으로도 추동을 형성할 수 있다. 유인가 이론은 후에 목표이론으로 발전한다. 목표이론은 인간을 목표지향적 존재로 가정하고 개인이 세운 목표가 행동을 유발한다고 제안한다.

드웩의 이론

드웩은 아동이 학습과제를 실패한 후 보이는 반응을 연구하여 암묵적 신념 모형을 제안하였다. 이 모형에서 아동들의 반응 유형은 크게 무력감 스타일(helpless style)과 숙달지향 스타일(mastery-oriented style)로 구분되었다(Dweck, 1986). 무력감 스타일의 아동들은 과제를 잘 못하면 자신이 능력이 없으며 앞으로도 그럴 것이라는 생각을 가지고 있었다. 반면 숙달지향 스타일의 아동들은 과제를 잘 못하더라도 일시적인 문제일 뿐이며 노력을 통해 수정하고 숙달할 수 있다고 생각했다. 드웩에 따르면 무력감 스타일의 아동들은 수행목표(performance goal)를 추구하는 경향이 있다. 이들은 지능이 고정되어 있는 실체라고 보며, 과제를 통해 자신의 능력을 확립하려는 목표를 갖는다. 따라서 과제의 실패는 자신의 능력 부족을 드러내는 것이 되고 그에 따라 무력감에 빠지게 되는 것이다. 반면 숙달지향 스타일의 아동들은 학습목표(learning goal)를 추구하는 경향이 있다. 이들은 지능이 증진될 수 있는 것이라고 보며, 과제는 학습의 기회라고 본다. 따라서 과제의 실패는 이들에게 큰 문제가 되지 않는다. 이렇듯 과제수행에 대한 암묵적 이론은 고유한 목표를 지향하도록 만들며, 상이한 목표는 상이한 인지, 감정, 행동패턴을 유발하게 된다.

성장이론

동기에 대한 인지이론이 활발하게 연구되던 시기에 인본주의적 관점을 지닌 심리학자들은 인간이 지닌 보다 높은 수준의 욕구에 주목하였다. 이들은 인간이 성장과 자기실현에 대한 기본적인 욕구를 지니고 있다고 보았으며 이와 관련된 이론들을 제안하였다.

매슬로우의 욕구 위계이론

1950년대에 매슬로우는 이전의 동기이론이 지나치게 기계적인 관점에서 인간의 행동을 설명하고 있다고 지적했다. 그리고는 욕구라는 개념을 좀 더 세분화하고 위계를 설정하여 욕구 5단계 이론을 제시했다(Maslow, 1954). 가장 낮은 단계에는 기본적인 생리적 욕구(physiological needs)가 존재하며, 두 번째 단계에는 안전한 상태에 대한 욕구(safety needs)가 자리한다. 세 번째 단계에는 다른 사람과 애정을 주고받으며 특정 집단에 소속되고자 하는 애정 및 소속 욕구(love/belonging needs)가 있고, 네 번째 단계에는 자신이 가치 있는 존재임을 느끼고자 하는 존중 욕구(esteem needs)가 존재한다. 마지막 단계에는 자신이 지니고 있는 잠재력을 실현하고자 하는 자기실현 욕구(self-actualization needs)가 있다. 매슬로우는 이처럼 심리적 욕구가 추동 감소 이론에서 제시한 2차적 욕구, 즉 1차적 욕구를 만족시키는 데 사용될 수 있는 자극에 대한 욕구에만 제한되지 않으며, 보다 고차원적인 욕구들이 존재한다고 주장했다. 매슬로우의 욕구이론은 인간의 고차원적인 심리적인 욕구를 탐색하고 제안했다는 점에서 의의가 있지만, 저급 단계가 만족되어야 고급 단계로 나아간다는 가설은 큰 지지를 얻지 못했다.

드시와 라이언의 인본주의 접근

매슬로우는 개인의 고유한 가치를 실현하려는 동기를 강조했지만 그의 제안이 경험적 연구로 충분히 이어지지는 못했다. 하지만 드시와 라이언은 이러한 동기를 내재적 동기로 개념화함으로써 많은 후속 연구를 촉발시켰다. 내재적 동기(internal motivation)란 개인이 자신의 관심사를 추구하고 자신의 능력을 행사하며 도전 과제에 기꺼이 응하려는 동기를 의미한다(Deci & Ryan, 1985). 이러한 동기를 가진 사람들은 과제 자체에 대한 흥미에 의해 과제를 수행하기 때문에, 결과나 외적 보상을 얻고자 과제를 수행하게 되는 외재적 동기(external motivation)를 지닌 사람들과 구별될 수 있다. 이들에 따르면, 개인에게 스스로 결정을 내릴 수 있는 자유를 주고 능력 증진의 기회를 주면 내재적 동기가 증가하게 된다. 반대로 자유를 억제하고 사회적 통제를 가하게 되면 내재적 동기가 감소한다.

6.7. 자기

성격심리학 연구에서 특별히 중요한 위치를 차지하고 있는 주제 중 하나는 자기이다. 자기에 대한 심리학자들의 관심은 동기에 대한 관심만큼이나 역사가 길다. 본 절에서는 다양한 이론적 관점에서 이루어진 자기에 대한 연구들을 살펴보기로 하겠다.

초기의 자기이론

자기(self) 개념은 제임스(1842~1910)의 저서인 『심리학 원리』에서 처음 소개되었다. 제임스는 자기를 '자신의 것으로 부를 수 있는 모든 것의 총합'으로 정의했다. 여기에는 신체나 소유물 등의 물질적 자기와 주변 사람들과의 관계를 통해 확인되는 사회적 자기, 능력이나 성향 등의 정신적 자기, 그리고 영혼 등을 반영하는 순수 자아가 포함된다. 제임스는 의식되는 대상으로서의 자기를 'Me'로, 의식하는 주체로서의 자기를 'I'로 구분하기도 했다. Me는 당시에 존재하는 것으로 느껴지는 신체적 체험을 비롯하여 그와 연합된 요소들로 구성되며, I는 순간순간 변화하면서 과거의 경험을 Me 속에 포함시켜 나가는 역할을 한다.

미드(1863~1931)는 상징적 상호작용주의 학파의 일원이었다. 상징적 상호작용주의 학파는 사람들 간의 상징을 사용하는 상호작용을 연구하는 사회학의 한 학파였다. 미드는 상징적 상호작용주의에 기반을 두고 자기의 반영적인 측면과 사회적 기원에 대한 이론을 구성하였다. 그에 따르면, 자기가 스스로에게 대상이 될 수 있는 것은 사회적 환경에서 다른 사람들의 자신에 대한 태도를 취함으로써 가능하다. 그는 특히 개인이 속한 공동체 구성원들의 조직화된 태도와 반응을 '일반화된 타자'로 명명하였으며, '일반화된 타자'가 대상으로서의 자기를 구성한다고 제안했다. 이 이론은 대상으로서의 자기가 사회적으로 구성된다는 측면을 부각시켰다는 점에서 의의가 크다.

현상학적 관점에서의 자기 연구

로저스(1902~1987)는 자기를 현상적 장에서 '나'로 지각되는 부분을 지칭하는 용어로 사용하였다. 그에 따르면 초기의 자기는 주로 부모의 평가에 대한 지각으로부터 형성된다. 아동의 실제적인 경험을 부모가 있는 그대로 존중하면 아동은 실제 경험과 합치된 자기를 발달시키게 된다. 반면 부모가 조건적 존중(conditional regards)을 하게 되면 아동은 부모의 가치가 반영된 자기구조와 불합치하는 실제 경험들을 배척하게 됨으로써 자기-경험 불일치(self-experience discrepancy) 상태에 놓이게 된다. 예를 들어 공부를 열심히 해야만 사람들의 관심과 애정을 받을 수 있다고 부모가 거듭 강조하면, 아이는 친구들과 어울려 놀면서 경험하는 애정을 받아들이지 못하고 왜곡하거나 부정하게 되면서 자기-경험 불일치 상태에 놓이게 된다. 이는 다양한 심리적 문제의 원인이 될 수 있다.

로저스에 따르면 자기개념에는 현 존재에 대한 지각인 '자기'뿐만 아니라 되고 싶어 하는 존재를 표상하는 '이상적 자기'도 포함한다. 이상적 자기는 개인이 높이 평가하고 지향하는 자기개념으로서 개인이 보유하고 싶어 하는 속성을 반영한다. 개인은 자기를 실현하고 보존하며 향상시키려는 기본적인 동기를 갖는데 이를 '자기실현 동기'라고 부른다. 이 동기에 따라 살아갈 때 자기-이상적 자기의 불일치가 감소하고 적응적인 삶을 이어가게 된다.

역동적 관점(대상관계이론)에서의 자기 연구

정신역동이론에서 자기의 개념은 큰 논란의 대상이었다. 자아심리학에서는 자아에 초점을 맞추면서 자기의 의미를 최소화하는 경향이 있었다. 반면 대상관계이론에서는 자기의 개념을 중요하게 다루었는데 이들 사이에서도 의견은 충분히 일치되지 못했다. 현재로서는 하트만의 주장이 가장 많은 지지를 얻고 있다. 그에 따르면, 자아는 원초아 및 초자아와 상호작용하는 정신내적 요소인 반면, 자기는 대상들(objects)과 관계하는 정신내적 요소이다(Hartman, 1950). 발달적으로 보면 자기는 환경 내의 중요한 대상들(예: 엄마)과 상호 관계한 결과로 형성된다. 이렇게 형성된 자기는 내적 대상들과 관계하면서 개인의 행동에 중요한 영향을 미치게 된다.

대상관계이론 내에서 이슈가 되고 있는 또 다른 문제는 자기가 한 개인의 정신내적 표상인지(self-as-representation), 아니면 독립적인 기제인지(self-as-agency)의 여부이다. 현재로서는 두 가지 모두 인정되고 있으며, 시시각각 변화하는 많은 자기표상들을 통합하여 일관성 있는 자기를 구성하는 데 독립된 기제로서의 자기가 핵심적인 역할을 담당한다는 의견도 제시되고 있다(Gabbard, 2000).

사회인지적 관점과 문화심리학적 관점의 자기 연구

인본주의나 현상학적 입장의 이론가들은 자기의 동기적 측면을 주로 강조하였으며 관념적 수준에서 자기를 다루었다. 반면 사회인지적 관점에서는 자기의 정보처리적 측면에 중점을 두어 다양한 경험적 연구를 수행하면서 이론을 발전시켜 나갔다. 우선 마커스는 과거 경험으로부터 구성된 자기에 대한 인지적 구조인 자기도식(self-schema)을 제안했다. 그녀에 따르면, 자기도식은 자기와 관련된 정보처리를 조직하고 안내한다(Markus, 1977). 반두라가 제안한 자기효능성 신념은 자기도식을 구성하는 핵심적인 신념 중 하나라고 볼 수 있다. 앞서 제시한 바와 같이 자기효능성 신념은 특정상황에 대처하는 자신의 능력에 대한 신념을 의미한다.

이 신념은 우리가 어떤 활동에 종사하고 얼마나 많은 노력을 기울일지, 얼마나 꾸준히 과제를 수행할지, 어떤 정서반응을 보일지 등에 영향을 미친다. 히긴스는 자기안내(self-guides)라는 새로운 인지구조를 제안하였다. 자기안내는 개인이 도달해야 할 기준을 의미하며, 크게 이상적 자기(ideal self)와 당위적 자기(ought self)로 구분된다(Higgins, 1987). 전자는 이상적으로 보유하고 싶어 하는 속성을 의미하며 후자는 보유해야 한다고 느끼는 속성을 지칭한다. 히긴스의 자기괴리이론에 따르면, 사람들은 실제 자기와 이상적 자기 간의 괴리가 클수록 슬픔, 실망, 불만족을 경험하며, 실제 자기와 의무적 자기 간의 괴리가 클수록 불안, 걱정, 초조함을 경험한다.

　　문화심리학적 관점에서는 자기를 문화적 산물로 파악한다. 대표적인 학자들로는 마커스와 기타야마를 들 수 있다. 이들은 동양문화와 서양문화의 자기가 다르다

BOX 6.4.

자기의 발달과정

　　루이스는 전반적인 자기의 발달 과정을 5시기로 구분하여 제시한 바 있다(Lewis, 1990). 첫 번째 시기는 생후 3개월까지로 이 시기의 영아는 기초적인 반사행동을 보이며 외부와의 상호작용을 반복하면서 자기와 타인을 구별하기 시작한다. 두 번째 시기인 3개월부터 8개월까지에는 초기의 반사행동이 쇠퇴하고 능동적인 학습이 우세해진다. 그에 따라 자신의 행동과 결과의 유관성을 파악하기 시작한다. 세 번째 시기는 8개월에서 15개월까지이다. 이 시기의 중요한 변화는 대상영속성이 발달하기 시작하는 것이다. 대상영속성(object performance)이란 어떤 대상이 다른 대상 등에 가려 보이지 않게 되더라도 사라지지 않고 실재한다는 것을 아는 능력을 말한다. 대상 영속성의 발달 유무를 확인하는 대표적인 연구방법은 대상 A를 유아가 보는 앞에서 대상 B 뒤에 보이지 않도록 숨겨두고 반응을 살피는 것이다. 대상 영속성이 발달한 유아는 대상 A가 B 뒤에 있다는 것을 알고 찾으려

하겠지만, 대상 영속성이 없는 유아는 A가 사라졌다고 여기고 당황하는 반응을 보인다. 또한 이 시기에는 특정 사람들과 지속적인 사회교환 패턴을 유지하면서 자기 지각과 자기 의식을 발달시킨다. 자기지각이란 자신이 다른 사물이나 사람과 분리되어 존재한다는 지각을 말하며, 자기의식은 자신을 돌이켜 바라볼 수 있는 능력을 의미한다. 네 번째 시기인 15개월에서 24개월 사이에 자기지각과 자기의식이 보다 뚜렷하게 모습을 드러낸다. 이 시기의 유아는 자신을 사회적 존재 중 하나로 고려하게 되면서 자기 자신을 반추할 수 있게 된다. 또한 자기의식이 발달하면서 자의식 정서와 공감적 행동이 출현한다. 마지막 시기인 24개월에서 30개월 사이에는 자기를 객관적으로 의식하게 되며 많은 속성들에 대한 지식을 갖게 된다. 더불어 자기 행동의 결과를 예상할 수 있게 되면서 불안 등의 정서를 경험하게 된다.

고 주장했다. 이들에 따르면, 동양인들은 자신을 사회의 한 부분으로 보고 개인들 사이의 상호 연관성을 강조하는 반면, 서양인들은 개인의 타고난 개별성과 독립성을 강조하여 자기 자신의 독특한 특징을 발견하고 표현하는 것을 선호한다(Markus & Kitayama, 1991). 즉 동양에서의 자기가 상호의존적 자기(interdependent self)로 규정된다면, 서양에서의 자기는 독립적 자기(independent self)로 규정될 수 있다.

6.8. 성격의 평가

과학적 방법을 이용한 성격평가는 19세기 말에 이르러 갈튼에 의해 처음 시도되었다. 갈튼은 성격을 측정하기 위해 단어 연상과 행동 표집 기법 등을 소개한 바 있다. 이후 여러 학자들에 의해 다양한 성격평가의 방법들이 개발되었으며 현재까지도 임상 및 연구 영역에서 활발하게 사용되고 있다. 본 절에서는 성격평가의 주요 절차와 방법, 도구들에 대해서 살펴보기로 하겠다.

성격평가의 절차

성격평가의 첫 단계는 평가의 목적을 분명히 하는 것이다. 앞서 살펴본 바와 같이 성격은 다양한 측면을 가지고 있으며 방법에 따라 평가할 수 있는 영역이 달라질 수 있다. 따라서 어떠한 목적으로 성격의 어떤 측면을 평가하고자 하는지를 명확히 하는 것이 필요하다. 예를 들어 피검자가 어떤 성격적 문제를 지니고 있는지를 평가하는 것이 목적이라면, 성격의 의식적 측면과 무의식적 측면, 적응적 측면과 부적응적 측면을 포괄적으로 평가할 수 있는 방법을 이용해 자료를 수집해야 할 것이다. 평가의 목적이 정해지면 어떤 방법과 도구를 이용할 것인지를 계획하고, 정해진 방법과 도구를 이용하여 자료를 수집한다. 이때 주의해야 할 사항은 성격을 타당하게 평가할 수 있는 좋은 도구를 선별하여 사용하는 것이다. 또한 가능하면 다양한 방법과 도구를 활용하여 자료를 수집함으로써 성격에 대한 가설을 교차검증할 수 있도록 하는 것이 바람직하다. 자료의 수집이 완료되면 모아진 자료들을 통합하여 해석하는 작업을 진행한다. 해석 작업이 완료되면 성격평가의 목적에 맞는 양식으로 결과를 정리하여 평가의뢰자 등에게 전달한다.

성격평가의 방법 및 도구

면접은 피검자와 대화를 통해 성격에 대한 정보를 수집하는 방법을 말한다. 면접은 크게 구조화된 면접과 비구조화된 면접으로 구분된다. 구조화된 면접은 질문의 구체적인 내용과 순서, 채점방식 등을 체계화하여 평가자의 주관성을 가능한 배제하면서 피검자의 반응을 수량화할 수 있도록 한 면접을 말한다. 반면 비구조화된 면접은 평가자가 자유롭게 질문하면서 피검자의 성격적 정보를 수집하는 면접을 의미한다. 행동관찰은 개인의 행동을 체계적으로 관찰하여 양적, 질적으로 기술하는 방법을 말한다. 이 방법은 피검자와의 직접적인 상호작용을 통한 평가가 어렵거나 부적절한 경우에 사용된다. 행동관찰은 실제 생활상황에서의 행동을 관찰하는 경우와 미리 마련된 특정한 상황에서의 행동을 관찰하는 것으로 구분될 수 있다. 개인의 생애 기록, 혹은 개인사 자료를 체계적으로 검토함으로써 성격을 평가할 수도 있다. 성격평가 연구들에서는 이러한 자료를 생애기록자료(life-record data; L-data)라 부른다. 대표적인 L-data로는 학교 성적이나 과거 범죄기록, 의무기록, 직무기록 등을 들 수 있다. 피검자의 성격을 파악하고 있는 가까운 주변 사람들의 보고를 수집하는 것 또한 중요한 성격평가의 방법이 될 수 있다. 이렇게 부모나 교사, 동료 등의 관찰자 평정으로 수집된 자료를 관찰자 자료(observer data; O-data)라고 부른다. O-data는 관찰자의 주관적 평정에 의존하기 때문에 신뢰도의 문제가 제기될 수 있다. 이를 해결하기 위해 두 명 이상의 관찰자를 이용하여 자료를 수집하고 상관을 구하여 신뢰도 점수를 확인한다.

현재 많이 사용되고 있는 성격검사들은 대부분 자기보고형 검사들이다. 자기보고형 검사는 측정하고자 하는 특성과 관련된 문항을 응답자가 직접 읽고 반응하도록 하여 자료를 수집하는 검사를 의미한다. 이렇게 모아진 자료를 자기보고 자료(self-report data; S-data)라 부른다. 자기보고형 검사는 많은 수의 피험자들에게 손쉽게 실시할 수 있는 장점이 있는 반면, 피험자가 정직하고 정확하게 반응한다는 가정에 의존한다는 단점이 있다. 자기보고형 검사에 더해 피검자로 하여금 특정한 과제를 수행하도록 하고 피검자의 반응을 분석하는 검사도 많이 사용된다. 이러한 검사들 중 시행 및 채점, 분석 절차와 규준 등이 명확하게 제시되어 있는 도구를 객관적 검사라 부르며, 이러한 도구를 이용하여 수집한 자료를 객관적 검사 자료(objective test data; T-data)라 부른다. 이 자료는 개인차나 성향보다는 기능수준에 관한 가설을 검증하는 데 주로 사용된다.

BOX 6.5.

좋은 성격검사의 조건

성격평가 도구들이 과학적 측정도구로 인정받기 위해서는 심리측정적 조건을 만족해야 한다. 특히 신뢰도와 타당도를 만족시켜야 한다. 여기서 신뢰도(reliability)란 측정을 반복했을 때 일관된 결과를 얻는 정도를 의미한다. 관찰된 점수는 보통 진점수(true score)와 측정오차의 합으로 구성된다. 관찰점수에서 진점수가 차지하는 비율이 클수록 신뢰도는 높다고 볼 수 있다. 신뢰도는 여러 측면에서 평가할 수 있으며 각각의 신뢰도 유형에 고유한 명칭이 부여되어 있다. 우선 내적 일관성 신뢰도는 한 검사의 문항들이 동일한 속성을 측정하는 정도를 말한다. 내적 일관성 신뢰도를 평가하는 방법으로는 반분 신뢰도와 Cronbach's alpha를 많이 사용한다. 반분 신뢰도는 검사를 두 부분으로 나누어 둘 간의 상관관계를 구한 뒤 교정하여 신뢰도를 얻는 방법이다. Cronbach's alpha는 가능한 모든 반분 신뢰도의 평균을 나타낸다. 시간적 일관성 신뢰도는 검사 점수들이 시간에 걸쳐 일관성을 보이는 정도를 의미한다. 가장 간단한 방법은 동일한 검사를 두 번 실시하여 둘 간의 상관계수로 표시하는 방법이다. 이를 검사-재검사 신뢰도라고 부른다. 채점자의 주관이 개입될 여지가 있는 검사의 경우 두 명 이상의 채점자들이 채점을 하고 서로간의 상관계수를 구하여 일관된 정도를 확인하기도 한다. 이를 채점자간 신뢰도라고 부른다.

타당도(validity)는 어떤 검사가 측정하려고 했던 것을 정확하게 측정하는 정도를 의미한다. 신뢰도는 타당도의 필요조건이지만 충분조건은 아니다. 즉 신뢰도가 충분히 확보되지 않았다면 그 검사는 타당한 검사라고 말할 수 없다. 한편 신뢰도가 확보되었다 해서 그 검사가 타당하다고는 확언할 수는 없다. 검사가 타당하다는 것을 확인하기 위해서는 내용타당도와 준거관련 타당도, 구성타당도를 분석해야 한다. 내용타당도란 도구가 측정하고자 하는 것의 내용영역을 잘 반영하고 있는 정도를 의미한다. 내용타당도는 해당 개념을 잘 이해하고 있는 전문가들의 판단을 통해 확인할 수 있다. 내용타당도의 하위유형으로 볼 수 있는 안면타당도는 도구가 측정하고자 하는 개념을 측정하는 것으로 보이는 정도를 의미한다. 안면타당도는 검사의 구매자나 대상자들에게 좋은 검사라는 인상을 주기 때문에 특별히 고려되고 있다. 준거관련 타당도는 도구가 측정하려고 하는 것의 외부준거와 관련을 맺고 있는 정도를 의미한다. 두 유형으로 구분되는데 첫 번째 유형은 공존타당도로 검사점수가 현재 존재하는 준거의 측정치와 얼마나 일치하는 지로 평가한다. 새로 개발한 우울증 검사가 기존의 다른 방법에 의한 우울증 분류와 일치하는 정도가 높다면 공존타당도가 높다고 말할 수 있다. 두 번째 유형은 예언타당도로 검사점수가 미래에 나타날 행동이나 현상을 예언하는 정도를 의미한다. 입사 시험 점수가 입사 후 수행점수를 잘 예언한다면 예언타당도가 높다고 말할 수 있다. 구성타당도는 검사도구가 특정한 구성개념을 정확히 측정하는 정도를 의미한다. 여기서 구성개념이란 추상적이고 잠재적인 변인을 말한다. 정의에서 드러나듯이 현대 심리측정 이론가들은 구성타당도를 타당도와 거의 같은 개념으로 보고 있다. 즉 구성타당도는 내용타당도와 준거관련 타당도를 포함하며, 그 외에 개념의 구조적 특성과 다른 변인 및 검사들과의 관계에 대한 기준 등을 추가적으로 담고 있다. 여기서 개념의 구조적 특성은 요인분석 등의 방법을 통해 분석하며, 다른 변인들과의 관계에서는 서로 동일하거나 유사한 변인과는 높은 상관을(수렴타당도), 서로 관련이 없는 변인들과는 낮은 상관을 보이거나 관계가 유의미하지 않은지(변별타당도)를 확인한다.

가장 대표적인 자기보고형 성격검사는 일반성격검사이다. 일반성격검사는 다양한 성격을 포괄적으로 측정할 수 있는 자기보고형 검사들을 의미하며, 여러 성격차원을 동시에 평가한다는 측면에서 다차원적 검사로 불리기도 한다. 여기에 속하는 검사들은 측정하려고 하는 개념을 타당하게 반영하는 다수의 문항들을 개발하여 피검자로 하여금 응답하게 하는 방식을 취한다. 대표적인 일반성격검사로는 NEO-Personality Inventory(Costa & McCrae, 1985)와 Eysenck Personality Questionnaire(Eysenck & Eysenck, 1975), 16 Personality Factor(Cattell, 1956), MBTI 등을 들 수 있다. NEO-Personality Inventory는 Big Five 성격유형을 측정하도록 고안된 검사도구이며, Eysenck Personality Questionnaire는 아이젱크가 제안한 신경증성향과 외향성, 정신병질성향의 세 유형을 측정하는 도구이다. 16 Personality Factor는 카텔이 제안한 16개의 특질을 측정할 수 있도록 개발되었다. MBTI는 앞서 소개한 바와 같이 융이 제안한 성격 유형을 측정할 수 있도록 개발된 도구이다.

단일 특질검사는 특정한 인지, 정서, 동기 패턴 등을 측정하는 검사들을 의미한다. 이러한 검사들은 특정한 성격특성을 연구하는 학자들에 의해서 활발하게 사용되는 경향이 있으며, 성격특성이 다양한 만큼 개발된 도구의 수도 많다. 대표적인 검사도구로는 긍정적 정서 및 부정적 정서를 측정하는 Positive and Negative Affect Schedule(Watson, Clark, & Tellegen, 1988), 정서조절곤란을 측정하는 Difficulties in Emotion Regulation Scale(Gratz & Roemer, 2004), 자존감을 측정하는 Self-Esteem Scale(Rosenberg, 1965), 귀인스타일을 측정하는 Attribution Style Questionnaire(Peterson, 1991) 등을 들 수 있다.

임상적인 목적으로 사용되는 대표적인 성격검사는 Minnesota Multiphasic Personality Inventory(MMPI; Hathaway & McKinley, 1943)이다. MMPI는 특정한 심리적 문제를 지닌 집단과 정상인 집단을 구분하는 문항들을 선별하여 구성한 검사도구로 본래 정신장애의 진단도구로 개발되었다. 하지만 심리적 문제가 정상적인 심리적 특성과 연속선상에 있다는 가정하에 다양한 성격특성을 측정하는 도구로 지금까지 활발하게 사용되고 있다. 여기에 더해 우울증상을 측정하는 Beck Depression Inventory(Beck, 1967)와 Center for Epidemiological Studies Depression Scale(Radloff, 1977), 불안 수준을 측정하는 Beck Anxiety Inventory(Beck, Epstein, Brown, & Steer, 1988)와 State-Trait Anxiety Inventory(Spielberger, Gorsuch, & Lushene, 1970)가 많이 사용된다.

자기보고형 검사 이외에 과제 수행형 검사들이 성격평가에 활용될 수 있다.

여기에 포함되는 검사들은 구조화된 정도에 따라 서로 구분되곤 한다. 구조화된 검사란 검사의 실시, 채점, 해석 등의 모든 절차가 구체적으로 명시되어 있는 검사를 의미한다. 과제수행 형태의 구조화된 검사는 대부분 단일 특질 측정의 방법으로 사용된다. 예를 들어 임상심리학자인 웩슬러(1896~1981)가 개발한 웩슬러 지능검사(Wechsler Intelligence Test)는 단일 특질로서의 지능을 측정하는 과제 수행형식의 도구이다. 이 외에도 정서조절능력과 같이 수행을 통해 측정할 수 있는 특질들은 특정한 과제들을 이용해 평가할 수 있다. 반면 비구조화된 검사는 상대적으로 검사의 실시와 채점, 해석 등이 체계화되어 있지 않은 검사를 말한다. 여기에 해당하는 대표적인 검사유형은 투사검사이다. 투사검사(projective test)는 모호하고 불분명한 자극을 제시함으로써 내면의 심리적 특성이 반응에 투사되도록 하는 일련의 검사들을 의미한다. 여기에는 단어연상검사나 문장완성검사, 그림검사, 로샤 잉크반점 검사(Rorschach Inkblot Test), 주제통각검사(Thematic Apperception Test) 등이 포함된다. 단어연상검사는 특정한 단어를 제시하고 자연스럽게 떠오르는 단어들을 연속적으로 보고하도록 하는 검사이며, 문장완성검사는 문장의 일부를 제시하고 남은 부분을 자유롭게 채워 넣도록 하는 검사이다. 그림검사는 사람이나 나무, 집 등을 자유롭게 그리도록 하여 그림의 특성을 통해 성격을 평가하는 방법이다. 로샤 잉크반점 검사는 데칼코마니 형태의 모호한 잉크반점을 제시한 후 그것이 무엇으로 보이는지를 묻고 피검자의 반응을 질적/양적으로 분석하여 심리적 특성을 파악하는 검사도구이다. 주제통각검사는 머레이(1893~1988)가 개발한 검사로, 모호한 상황이 묘사된 그림카드를 제시하고 그림에 대한 나름대로의 이야기를 만들어 내도록 한다. 피검자 반응은 대인관계적인 욕구나 갈등 등을 드러내는 것으로 가정된다.

요약

1. 성격은 한 개인의 특징적인 사고, 감정, 행동 양식/패턴을 의미한다. 성격심리학의 대표적인 연구 방법으로는 사례연구와 상관연구, 실험연구를 들 수 있다.

2. 특질이란 성격의 안정적인 기본 구성요소로서, 다양한 자극 및 상황에 대해 유사한 방식으로 행동하려는 경향성을 의미한다. 올포트와 카텔, 아이젱크가 이론적 접근법과 경험적 접근법을 이용해 특질의 유형을 제안하였으며, 최근의 특질 연구가들은 Big Five라는 다섯 가지 특질을 제시하고 있다.

3. 프로이트는 개인의 성격구조를 이해하는 세 가지 모형, 즉 에너지 모형과 지형학적 모형, 삼원구조 모형을 제안하였다. 또한 그는 심리성적 발달단계를 제안하고 각 단계에서의 발달과제와 성격의 연

관성을 제시하였다.

4. 인지적 입장에서는 개인적 구성개념이론과 사회학습이론, 사회인지 이론 등을 통해 성격을 설명한다. 또한 성격적 특성이 개인의 인지과정에 어떤 영향을 미치며, 그 결과 개인의 적응수준에 어떤 변화를 가져오는지에 대한 체계적인 이론들을 제시하였다.

5. 성격의 핵심 요소인 정서를 설명하는 이론으로는 제임스-랑게 이론과 캐논-바드 이론, 이요인 이론을 들 수 있다. 개인은 정서의 경험뿐만 아니라 정서의 표현과 조절에서도 다른 사람들과 구별되는 특징을 보일 수 있다.

6. 동기란 어떤 행위나 결정의 직접적인 원인을 의미한다. 개인의 동기는 욕구와 추동, 유인가 등의 개념을 통해 포착할 수 있으며, 정신분석적 입장과 행동주의적 입장, 인지적 입장, 인본주의적 입장의 여러 학자들이 각 동기 개념에 대한 나름대로의 이론을 제시하고 있다.

7. 자기란 자신의 것으로 부를 수 있는 모든 것의 총합으로, 크게 보면 대상으로서의 자기와 의식하는 주체로서의 자기로 구분할 수 있다. 자기의 두 측면이 발달하는 과정과 구조, 역동에 대한 논의는 사회심리학과 정신분석학, 인지심리학, 문화심리학 등의 여러 영역에서 활발하게 진행되고 있다.

8. 성격평가의 방법으로는 면접과 행동관찰, 생애기록 검토, 주변인의 보고, 성격검사 등을 들 수 있다. 성격검사 중 자기보고형 검사에는 일반성격검사와 단일특질검사, 임상검사 등이 포함되며, 과제수행형 검사는 크게 구조화된 검사와 비구조화된 투사검사로 구분된다.

추가 읽을거리

● Pervin, L. A. & Cervone, D. (2010). *Personality: Theory and research* (11th Ed.). New York: John Wiely & Sons, Inc.

성격심리학의 주요 이론을 체계적으로 다룬 대표적인 교과서이다. 이 책은 특히 주요 이론을 실제적으로 어떻게 활용할 수 있는 지에 대해 상세하게 다루고 있어 각 이론을 이해하고 실질적인 적용방안을 모색하는 데 도움을 얻을 수 있다.

● Buss, D. M. (1991). Evolutionary personality psychology. *Annual Review of Psychology*, 42(1), 459~491.

기질 연구자이기도 한 버스가 진화적 관점에서 성격을 어떻게 이해할 것인지를 다룬 개관논문이다. 본 장에서는 진화적 관점에 대한 논의가 충분히 이루어지지 않았지만 성격 또한 적응과정에서 형성되는 패턴인 만큼 진화적 관점에서의 논의를 살펴보는 것은 성격을 깊이 이해하는 데 큰 도움이 될 것이다.

● Triandis, H. C. & Suh, E. M. (2002). Cultural influences on personality. *Annual Review of Psychology*, 53(1), 133~160.

성격에 대한 문화의 영향을 다룬 연구들을 개관한 논문이다. 본 장에서 충분히 다루지 못한 성격에 대한 문화적 영향을 공부하는 좋은 출발점이 될 수 있을 것이다.

연습문제

A형

1. 성격의 정의를 기술하시오.

2. Big Five에 해당하는 다섯 가지 특질을 적으시오.

3. 프로이트가 제안한 성격구조 중 현실원칙을 따르며 이차 사고과정을 특징적으로 나타내는 성격구조를 적으시오.

4. 켈리가 제안한 개인적 구성개념의 의미를 기술하시오.

5. 로터의 사회학습이론에 대해 기술하시오.

6. 정서경험에 대한 제임스 – 랑게 이론과 캐논 – 바드 이론의 차이점을 기술하시오.

7. 프로이트의 심리성적발달단계 중 타인과의 관계에서 의존과 독립심, 신뢰에 대한 일반적인 태도를 확립하는 것을 주요 발달과제로 하는 단계를 적으시오.

8. 드웩의 동기이론에 대해 기술하시오.

9. 객관적 검사와 투사 검사의 차이에 대해 기술하시오.

10. 대상관계이론에서 자기(self)와 자아(ego)의 차이점에 대해 기술하시오.

B형

1. A씨가 C 환자의 성격평가를 위해 어떤 자료를 이용했는지 선택하시오.

> A씨는 종합병원에서 근무하고 있는 임상심리전문가이다. 하루는 같은 병원의 동료인 정신과 전문의 B씨가 경계선성격장애가 의심되는 C 환자에 대한 심리검사를 의뢰했다. A씨는 C 환자의 성격을 평가하기 위해 다면적인성검사(MMPI)와 표준화된 과제수행 검사를 실시하고 인터뷰를 통해 환자의 개인력과 가족력 등을 조사했다.
>
> a. L-data   b. O-data
> c. T-data   d. S-data

① a, b, c   ② b, c, d
③ c, d, a   ④ d, a, b

2. 다음의 성격심리학의 주요 역사에 대한 내용들이다. 옳지 않은 것들을 고르시오.

> a. 올포트는 요인분석 기법을 이용하여 16가지 특질유형을 제안하였다.
> b. 1970년대에는 성격이론과 성격평가에 대한 비판이 거세지면서 성격심리학의 침체기가 찾아왔다.
> c. 헤더웨이와 맥킨리는 1940년경에 건강한 개인의 성격을 평가하기 위해 Minnesota Multiphasic Personality Inventory(MMPI)를 개발하였다.
> d. 1950년경부터 개인의 성격 및 심리적 문제에 대한 인지적적 접근이 나타나기 시작했다.

① a, b   ② a, c
③ b, d   ④ b, c

3. 다음은 A의 성격특성에 대한 기술이다. A의 성격을 가장 잘 설명하는 이론을 선택하시오.

> A씨는 종종 의도하지 않게 말실수를 자주 하고 다른 사람들에게 상처가 될 만한 행동을 한다. 평소 다른 사람들에게 피해를 주지 않으려고 애쓰지만 결과적으로 보면 상당한 피해를 준 일도 많다. 전혀 그런 의도가 없는데도 불구하고 주변 사람들은 A씨에게 '왜 그렇게 다른 사람들을 괴롭히느냐'는 말을 하곤 한다.

① 켈리의 개인구성이론
② 반두라의 사회학습이론
③ 프로이트의 정신분석이론
④ 올포트의 특질이론

4. P의 성격을 가장 잘 설명하는 개념을 선택하시오.

> P씨는 늘 다른 사람들의 의도를 의심하고 경계한다. 어린 시절부터 '다른 사람들을 믿으면 안된다'는 어머니의 말씀을 듣고 자란 P씨는 다른 사람들은 언제든 자신을 배신할 수 있으며 필요하면 자신을 이용할 것이라는 믿음을 갖고 있다. P씨는 성장하면서 이 믿음이 사실임을 입증하는 수많은 증거들을 수집했다. 그럴수록 그의 믿음은 강해졌으며 타인의 악의적인 의도를 더 잘 발견하게 되었다. 그런 의도를 발견하면 분노를 느끼면서 상대와 논쟁을 하거나 고발, 고소를 반복했으며, 이로 인해 주변 사람들과 빈번하게 갈등을 경험하고 있다.

① 프로이트가 제안한 자아 방어기제 중 투사(projection)
② 벡이 제안한 인지도식(schema)과 신념(belief)
③ 아이젱크의 신경증 성향(neuroticism)
④ 아브람슨의 귀인(attribution)

5. 아래에는 자기(self) 관련 연구의 내용들이 제시되어 있다. 틀린 것을 고르시오.

> a. 제임스에 따르면 자기는 물질적 자기와 사회적 자기, 정신적 자기, 순수 자아로 구성된다.
> b. 생후 36개월이 지난 후에야 자의식이 충분히 발달하고 자의식 정서와 공감행동이 출현한다.
> c. 상징적 상호작용주의 학파의 일원이었던 미드는 자기가 타자와의 관계를 통해 구성된다고 제안했으며, 대상관계이론가들 또한 주요한 대상과의 관계가 자기 형성에 중요하다고 제안했다.
> d. 히긴스에 따르면 실제 자기와 이상적 자기의 괴리가 클수록 불안, 초조, 걱정을 경험하게 된다.

① a, b   ② a, c
③ b, d   ④ b, c

6. 다음은 추동이론에 대한 설명이다. 틀린 것을 고르시오.

> a. 추동(drive)이란 생리적 욕구에 의해 유발되는 동기를 의미한다.
> b. 헐이 제안한 2차적 추동은 배고픔, 목마름 등의 생리적인 추동을 의미한다.
> c. 프로이트는 식욕이나 갈증 등의 기본추동이 적절히 해소되지 않은 상태로 억압되면 다양한 증상이 발현될 수 있다고 보았다.
> d. 헐의 S-R이론에 따르면 추동감소(drive reduction)가 학습을 유발하는 주요 강화요인이다.

① a, b   ② a, c
③ b, d   ④ b, c

7. B씨의 경험을 가장 잘 설명하는 정서이론을 고르시오.

> B씨는 휴일을 맞아 홀로 산을 찾았다. 평소 자주 오던 곳이었지만 오랜만에 익숙하지 않은 길을 가보고 싶은 마음이 들어 사람들이 잘 이용하지 않는 길을 따라 산행을 시작했다. 그런데 약 1시간 정도 산길을 걷던 중 몇 미터 떨어진 지점에서 거칠게 움직이는 짙은 갈색의 동물형상을 발견하게 되었다. 잠시 멈칫 거리던 B씨는 도망쳐야겠다는 판단을 하고 달리기 시작했으며, 그에 뒤따라 심한 공포와 두려움을 느끼기 시작했다.

① 캐논 – 바드 이론
② 제임스 – 랑게 이론
③ 쉑터의 이요인 이론
④ 살로비의 정서이론

8. 다음은 기질이론에 대한 설명들이다. 틀린 것을 고르시오.

> a. 기질이론에서는 모든 개인이 백지상태로 태어난다고 가정한다. 즉 태어난 시점에서 만큼은 성격적 측면에서 모두 동일하다고 본다.
> b. 개인의 성격유형과 적응수준은 기질의 유형에 의해 거의 대부분 결정된다.
> c. 클로닌저에 따르면 새로움 추구(novelty seeking) 기질은 세로토닌(serotonin)체계와 밀접하다.

① 없음
② a
③ a, b
④ a, b, c

9. 다음은 정신분석이론에 대한 설명들이다. 틀린 것을 고르시오.

> a. 프로이트가 제안한 에너지 모형의 핵심은 의식에서 수용되지 않는 심리적 내용을 무의식에 억압하는 과정과 무의식이 행동에 영향을 미치는 과정이다.
> b. 프로이트에 따르면, 자아(ego)는 원초아(id)와 함께 태어나면서부터 존재한다.
> c. 신경증적 불안이란 원초아의 충동이 강해져 자아의 통제를 벗어나려 할 때 유발되는 불안을 의미한다.
> d. 현실의 요구에 맞게 자신의 욕구를 지연하는 것은 자아의 중요한 기능이다.

① a, b
② a, c
③ b, d
④ b, c

10. 다음은 행동유전학 연구법에 대한 설명들이다. 틀린 것을 고르시오.

> a. 쌍생아 연구에서 이란성 쌍생아간 상관관계가 일란성 쌍생아간 상관관계보다 낮으면 그 차이만큼 유전의 영향이 크다고 해석할 수 있다.
> b. 입양아 연구에서 생물학적 부모와의 유사성이 양부모와의 유사성보다 크면 유전의 영향이 더 큰 것으로 해석할 수 있다.
> c. 행동 유전학에서는 선택적 교배와 쌍생아 연구, 입양아 연구를 이용한다.
> d. 행동 유전학은 행동이 유전에 미치는 영향을 연구하는 학문이다.

① a
② b
③ c
④ d

11. 다음은 성격평가 도구들에 대한 설명이다. 틀린 것을 고르시오.

> a. Minnesota Multiphasic Personality Inventory는 본래 정상인의 성격을 평가하기 위해 개발되었다.
> b. NEO-Personality Inventory는 Big-Five 특질 유형을 측정하는 검사 도구이다.
> c. 투사검사에서는 명확하고 분명한 자극을 제시한 뒤 피검자의 반응을 정해진 기준에 따라 측정한다.
> d. 일반성격검사와 단일특질검사들은 대부분 S-data를 수집하는 질문지 검사들이다.

① a, b   ② a, c
③ b, d   ④ b, c

12. 다음은 다양한 자아 방어기제들에 대한 설명이다. 틀린 것을 고르시오.

> a. 투사(projection)는 용납할 수 없는 사고나 감정 등을 다른 대상에 귀속시키는 방어기제이다.
> b. 반동형성(reaction formation)은 원치 않는 충동을 위협적인 대상에서 조금 덜 위협적인 대상에게로 바꾸어 표현하는 것을 의미한다.
> c. 억압(repression)은 용납할 수 없는 충동이나 기억 등을 의식 속의 폐쇄된 공간으로 밀어 넣는 과정을 의미한다.
> d. 공격적인 충동을 그림이나 음악 등의 예술 활동으로 표현하는 것은 승화(sublimation)에 해당한다.

① a, b   ② a, c
③ b, d   ④ b, c

Chapter 7

사회심리학

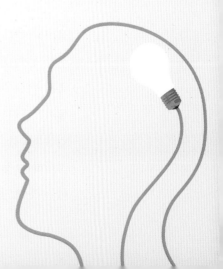

우리는 다른 사람들과 상호작용을 하면서 그들의 생각, 감정, 성향 혹은 성격 등에 관해 알려고 한다. 또한 우리는 부지불식간에 타인들의 생각이나 감정 혹은 행동에 영향을 주기도 하고, 역으로 다른 사람들로부터 우리의 사고, 감정 및 행동이 영향을 받기도 한다. 이러한 영향 과정을 다루는 분야가 사회심리학이다. 달리 말하면, 사회심리학(social psychology)은 사람들이 사회적 맥락에서 어떻게 생각하고 느끼고 행동하는지를 과학적으로 연구하는 분야이다.

인간의 사고와 감정 및 행동은 부분적으로 성격의 영향을 받지만, 사회적 존재로서 우리는 타인의 존재나 혹은 사회적 상황의 영향도 많이 받는다. 성격심리학이 시간과 상황에 걸쳐 비교적 지속적인 개인적 특징들을 탐구한다면, 사회심리학은 사회적 맥락이나 상황의 영향을 받는 개인들을 다룬다. 한편 사회학은 인종, 국적, 사회경제적 계층 및 기타 집단요인들의 측면에서 사람들을 분류하고 사회현상을 설명하고자 한다. 사회심리학에서도 부분적으로 사람의 집단을 연구하지만, 사회학과는 달리 대개 집단 맥락에 처해 있는 개인들의 행동을 강조한다. 사회심리학에서는 대인지각, 사회인지, 자기(self), 태도와 태도변화, 사회적 영향, 집단의 영향, 호감과 매력, 사랑과 결혼, 공격성, 이타성 및 편견과 갈등 등의 주제를 다룬다. 이러한 주제들 중, 이 장에서는 대인지각, 사회인지, 태도와 태도변화, 사회적 영향 및 집단에서의 행동에 관해 다루기로 한다.

7.1. 대인지각

인상형성

우리는 타인을 처음 만나면 그 사람에 대하여 매우 빠른 시간 내에 어떤 인상을 지각한다. 사람들은 다른 사람에 대한 인상을 형성할 때, 그들의 외모, 행동 및 상황 등의 피상적인 외적 단서들을 토대로 신속하게 그들의 내적 특성(성격, 감정 혹은 지성) 등을 추론한다. 이러한 첫인상을 형성하는 데 어느 정도의 시간이 소요될까? 관련된 연구에 의하면, 사람들은 1초 이내, 심지어 0.1초 동안에도 타인의 인상특성을 지각하였다(Willis & Todorov, 2006). 이처럼 빠르게 타인에 대한 인상을 지각하는 것은, 사람들이 자신에게 도움이 될 사람과 해가 될 사람을 신속히 분별하는 것이 생존에 유리하기 때문에 진화가 된 것일 수 있다고 한다.

　　물론 피상적 정보에 기초한 이 인상은 대략적 판단(snap judgments)에 의한 인상이다. 우리는 또한 타인들과 상호작용을 하면서 사람, 그 사람의 행동 및 그 사람의 상황 등에 대해 귀인(원인분석)을 하고, 이 귀인을 통해 타인의 성향들을 통합하여 전체적 인상을 형성한다. 이는 비교적 신중한 판단에 의해 진행된다.

　　이러한 인상형성 과정에 작용하는 몇 가지 효과들이 있다. 먼저 특출성 효과(salience effect)를 언급할 수 있다. 특출성 효과란 지각적으로 현저하거나 특출한 자극은 그렇지 않은 자극에 비해 인상에 미치는 영향이 크다는 것이다. 게슈탈트의 지각원리 중, 도형-배경 원리(figure-background principle)에 의하면 도형은 우리의 지각적 주의를 많이 끄는 자극이고, 배경은 주의를 상대적으로 덜 끄는 자극인데, 특출한 자극은 도형으로 작용하여 인상에 영향을 더 많이 준다. 예컨대 한국 학생이 대부분인 강의실에 앉아 있는 히잡을 쓴 한 명의 외국인 여학생은 다른 학생들보다 주의를 더 많이 끌게 된다. 또한 초두효과(primacy effect)가 있는데, 이는 초기의 인상정보들이 전체 인상에 영향을 더 많이 미치는 것을 말한다(Asch, 1946). 처음의 인상정보들이 그 후의 인상정보 해석의 토대로 작용하기 때문이다. 이와 반대의 효과도 있는데, 최근의 인상정보가 전체 인상에 영향을 주는 최신효과(recency effect)이다. 예컨대 인기 절정의 가수가 최근에 마약복용 혐의로 구속되었다는 뉴스를 들었을 때, 그 가수에 대해 지금까지 가져온 긍정적 인상이 부정적 인상으로 급변할 수 있다. 인상형성에 부정성 편향(negativity bias)도 작용한다. 부정성 편향이란 부정적 정보가 긍정적 정보보다 인상에 미치는 영향력이 더 크다는 것이다(Rozin & Royzman, 2001; Skowronski & Calston, 1989). 예컨대 학우인 K에 대하여 '자상하다, 성실하다, 따뜻하다, 과거에 폭력전과가 있다'는 4개의 정보를 갖게 되었을 때, 수적으로 보면 긍정적 정보가 3개이고 부정적 정보가 1개이므로 전체적으로 호감이 형성될 것 같지만, 1개의 부정적 정보만으로도 K에 대한 인상이 나빠질 가능성이 있다. 대개 부정적 정보는 삶에서 '조심해야 할' 경계의 신호로 지각되는 경향이 있다. 한편, 인상형성에 작용하는 중심특성(central traits)이 있는데, 다양한 인상정보들 중 '따뜻하다-차갑다'의 온정성 차원이 인상에 미치는 영향력은 다른 특성들보다 훨씬 더 크다(Kelley, 1950; Widmeyer & Loy, 1988). 대체로 차가운 사람보다 따뜻한 사람들이 우리의 삶에 도움이 되는 경향이 있기에 이 온정성 차원이 중시된다. 사람들은 또한 타인에 대한 인상의 일관성을 유지하려는 경향이 있어서, 초기의 인상평가에 의존하여 이후의 무관련한 속성에까지 그 평가를 연결시키는 경향이 있는데 이를 후광효과(halo effect)라 한다. 예컨대 외모에 호감이 가면, 성격이나 지적 능력도 좋을 것이라고 추측하는 식이다.

사람들은 개별적 인상정보들을 전체 인상으로 통합을 하는데, 이 과정은 어떻게 진행이 되는가? 가중평균모형(weighted average model)의 설명에 의하면, 인상을 통합할 때 사람들은 자신이 지각한 타인의 개개 인상정보들에 대해 자기 나름의 평가치를 부여하고, 또한 자신이 특히 중시하는 특성들에 대해서는 가중치를 고려하여, 이들 평가치를 합산하고, 그 총합을 인상정보의 수로 나누어 평균화한다 (Anderson, 1968). 그러나 이러한 심리적 가중평균화 작업이 전부가 아니다. 타인에 대한 인상은 그 타인을 지각하는 지각자에 따라서도 달라진다. 예컨대 동일인에 대해서도 주변인들의 인상평가는 '매력적이다', '그저 그래' 혹은 '이기적이야' 등과 같이 다양할 수 있다. 지각자의 현재 기분상태, 내적 동기, 개인적 취향 혹은 가치관 등에 따라서 타인에 대한 인상이 달라질 수 있다. 결론적으로 말하자면, 앤더슨(Anderson, 1981)의 정보통합이론(information integration theory)의 설명대로, 타인에 대한 인상은 (1) 지각자의 개인적 성향 및 현재 상태와 (2) 표적인물의 특성에 대한 가중평균의 조합 혹은 통합에 기초되어 있다(Kashima & Kerekes, 1994). 이러한 인상형성 과정은 우리가 잘 의식하지 못하는 사이에 자동적으로 진행되는 경향이 있다. 지각자의 개인요인과 타인의 특징에 대한 가중평균의 조합에 의해, 타인에 대한 인상은 궁극적으로 호-오(좋다-싫다)의 평가로 단순화되는 경향이 있다.

우리는 타인에 대한 인상을 형성하는 데 그치지 않는다. 우리는 타인이 왜 그러한 행동을 했을까? 혹은 나에게 왜 이런 일이 생겼을까? 등과 같이, 타인의 행동에 대하여 혹은 우리 자신의 행동에 대하여 그 원인을 알고자 하는 경향이 있다. 이제 행동의 원인 추론에 관한 귀인에 대하여 살펴보기로 한다.

귀인

우리는 때때로 자신과 타인의 행동이나 혹은 발생한 어떤 결과에 대하여 원인을 찾는다. 심리학 과목에서 A학점을 예상했는데, D학점을 받았다면, '왜 D학점이 나왔지?'라고 의문을 가지며 원인을 탐색한다. 내가 노력이 부족했나? 교수의 채점 오류인가? 노력이 부족했다고 귀인되면 추후에 노력을 배가함으로써 좋은 학점을 받으려 할 것이다. 교수의 채점오류가 원인일 거라고 생각되면 교수를 찾아가 채점 내역을 확인하고자 할 것이다. 타인의 행동에 대해서도 마찬가지이다. 지인이나 친구에게 문자메시지를 보냈는데 며칠이 지나도록 답장이 없고 전화통화도 안된다면, 사람들은 원인을 찾는다. '그는 무례한 사람인가?', '내가 잘못한 일이 있나?' 등등.

귀인(attribution)은 사람들이 자신의 행동, 타인의 행동 및 사건의 원인에 관해 도출하는 추론이다. 과거 사건에 대한 귀인은 환경을 예측하고 조절하거나 통제하는 데 유익하다. 또한 귀인은 감정, 기대 및 행동에 영향을 준다. 그렇다면 사람들은 매사에 항상 원인을 찾으려 하는가? 대체로 사람들은 예기치 않은 일이 발생했을 때 원인을 알고자 하는 경향이 있으며, 또한 나쁜 일, 고통스러운 일 혹은 자아 위협적인 일이 발생할 때 적극적으로 귀인을 탐색하는 경향이 있다. 물론 예기치 않은 나쁜 일이 발생했을 때 최대로 귀인이 탐색되는데, 원인을 찾으면 추후에 그런 나쁜 일이 발생하지 않도록 예방적 조치를 취할 수 있기 때문이다.

사람들은 행동의 원인을 무엇에 혹은 어디에 귀속시키는가? 이는 귀인의 차원에 관련된 문제이다. 사람들이 귀속시키는 다양한 원인들의 공통성에 따라 내외(원인의 소재) 차원, 안정성 차원 및 통제성 차원 등으로 구분된다. 내부귀인이란 원인을 자신의 성격, 능력 혹은 노력 등과 같이 자신에게 있다고 귀인하는 것이고, 외부귀인은 상황 혹은 타인 등과 같이 자신의 밖에 있는 요인에 대한 귀인이다. 내부귀인과 외부귀인이라는 용어보다는 각각 성향귀인과 상황귀인이라는 용어를 사용하는 학자들도 있다(Jones & Davis, 1965; Robins & others, 2004). 한편 성격과 같이, 어떤 원인은 시간이나 상황에 따라 잘 변하지 않는 안정적 원인이며, 운이나 날씨 등과 같이 시간이나 상황에 따라 가변적인 불안정한 원인이 있다. 또한 통제성 차원이 있는데, 노력 등은 자신이 조절하거나 통제할 수 있는 원인이며, 날씨, 법률, 운 등은 자신이 통제할 수 없는 원인이다.

사람들은 어떤 방식으로 귀인에 도달하는가? 사람들은 논리적이며 체계적으로 행동의 원인을 찾는가? 그렇다고 주장한 연구들도 있는 반면, 사람들은 귀인에서 그리 논리적이거나 합리적이지 않음을 보여주는 현상들도 많다. 먼저 논리적 귀인과정을 주장하는 켈리에 의하면, 귀인과정에서 사람들은 공변원리(covariation principle)를 사용한다(Kelley, 1973). 여기에서 공변이란 여러 상황에 걸쳐 발생하는 행동이나 사건이나 혹은 요인들이 공존하는 정도를 의미한다. 켈리의 공변모형에 의하면, 사람들은 귀인을 할 때 자극대상, 행위자 및 상황이라는 세 가지 정보를 사용한다(표 7.1.). 관찰자는 행위자의 행동이 특정 자극대상에게만 특이하게 행해진 것인지, 아니면 여러 자극대상들에게 일반적으로 행해진 것인지를 분석하고(특이성, distinctiveness), 행위자의 행동이 그 상황에 있는 다른 행위자들의 행동과 얼마나 일치되는지를 관찰하며(일치성, consensus), 또한 행위자의 행동이 여러 상황에 걸쳐 일관성이 있는 정도를 분석한다(일관성, consistency). 표 7.1.에 제시된 간

표 7.1. 공변모형의 설명에 의한 귀인

공변정보	공변정보의 고저에 따른 예	주로 가능한 귀인
특이성 정보 (자극대상)	고: 태수는 민주에게만 친절함	민주에 대한 태수의 호감, 민주의 매력
	저: 태수는 모든 여학생에게 친절함	태수의 성향
일치성 정보 (행위자)	고: 모든 남학생이 민주에게 친절함	민주의 매력
	저: 태수만 민주에게 친절함	태수의 취향, 민주에 대한 태수의 호감
일관성 정보 (상황)	고: 태수는 민주에게 항상 친절함	민주에 대한 태수의 호감
	저: 태수는 오늘만 민주에게 친절함	태수의 기분, 태수의 상황

단한 예를 보면, 세 가지 정보 각각의 고저에 따라 귀인이 달라질 수 있다. 세 가지 정보 중, 두 가지 정보는 낮고 한 가지 정보는 높은 경우도 있을 것이다. 한편, 이 세 정보가 모두 높으면 대체로 자극대상에 귀인되는 경향이 있고, 세 정보가 모두 낮으면 행위자에게 귀인되는 경향이 있다.

사람들이 체계적으로 정밀하게 귀인을 한다는 켈리의 이러한 주장이 지지되기도 하였지만(Forsterling, 1989), 반면에 사람들은 귀인시, 일치성 정보를 별로 사용하지 않고 주로 특이성과 일관성 정보를 사용하며(McArthur, 1972), 세 정보 모두를 항상 사용할 수 있는 것은 아니다. 또한 사람들은 귀인시, 자존감을 고양하기 위해, 혹은 정보처리상의 오류 등의 이유로, 귀인오류와 편향을 보이는 경우가 많다. 특히 타인의 행동에 관하여 귀인을 할 때, 그 사람의 상황요인을 과소평가하고 성향요인을 과대평가하는 기본귀인오류(fundamental attribution error)가 발생한다(Jones, 1990). 이러한 오류는 대체로 행동의 원인을 신중하게 따져볼 수 있는 인지자원이 부족할 때 나타나는 경향이 있다. 그러나 좀 더 상세히 보면, 이러한 설명도 행위자의 입장과 관찰자의 입장에서 다를 수 있다. 관찰자의 입장에서는 행위자의 행동에 대해 상황요인을 과소평가하고 성향요인을 과대평가하는 귀인오류를 범하는 경향이 있지만, 행위자 자신은 상황요인을 과대평가하고 성향요인을 과소평가한다. 이를 행위자-관찰자 편향(actor-observer bias)이라 한다. 또한 '잘 되면 내 탓, 못되면 조상 탓'이라는 우리 속담과 같이, 사람들은 자신의 성공에 대해서는 내부귀인을 하고, 실패에 대해서는 외부귀인을 하는 경향이 있는데, 이를 자기기여적 편향(self-serving bias)이라 한다(Miller & Ross, 1975). 자기기여적 귀인 편향은 흔히 자존감을 고양하기 위한 동기에서 발생한다.

지금까지는 주로 귀인에 도달하는 과정에 관해 언급했는데, 귀인을 한 이후에는 정서와 행동이 영향을 받는다. 특히 자기의 수행에 대한 귀인은 정서(자부심, 절망, 죄책감 등)와 미래의 기대(성공이나 실패)에 영향을 줄 수 있고, 이들이 결합되어 후속의 수행에 영향을 줄 수 있다(Weiner, 1979, Box 7.1.). 우울, 불안, 분노 혹은 기쁨 등과 같이, 우리가 경험하는 다양한 부정적 및 긍정적 정서는 자신의 행동 및

Box 7.1.

수행 결과에 대한 귀인, 그 이후

대학생활 동안, 학생들은 수많은 시험 및 학업수행에 대한 평가를 받는다. 학생들은 대체로 수행결과에 민감하며, 자신의 결과에 대하여 원인을 찾는다. 대학교수로서 와이너는 이러한 점에 관심을 가지고 특히 성취행동의 맥락에서 귀인을 다루어 성취귀인이론을 제시하였다(Weiner, 1972, 1979). 와이너에 의하면, Box 표 7.1.에서와 같이 세 차원(소재, 안정성, 통제성)이 성공과 실패라는 성취 결과에 대한 인과귀인의 토대가 된다.

와이너의 성취귀인이론을 요약하면, 사람들은 과제를 수행하고, 수행의 결과가 발생하면, 이 결과가 성공인지 아니면 실패인지를 판단한다. 성공에 대해서는 쾌, 실패에 대해서는 불쾌의 일반정서가 발생한다. 이어서 성취결과의 원인이 무엇인지를 파악하기 위해 귀인을 한다. 이 귀인에 따라 구체적 정서가 발생하며, 또한 안정성(능력 혹은 노력)에 근거하여 미래의 수행에 대한 기대(성공 혹은 실패)가 형성된다. 이 구체정서와 미래수행에 대한 기대가 함께 작용하여 실제 미래의 성취관련 수행에 영향을 준다(Box 그림 7.1.).

와이너의 성취귀인이론은 원인이 무엇인가에 관한, 즉 귀인에 이르는 과정을 다루기보다, 귀인을 하고 난 이후에 발생하는 심리적 및 행동적 영향을 다룬 점에서 다른 귀인이론과 차별화된다. 타인에 대한 공감, 연민 혹은 미움도 귀인에 이어서 발생하며, 나아가 도움행동이나 공격행동 등의 사회적 행동도 귀인의 영향을 받는다. 귀인에 관한 여러 연구들 중에서, 귀인에 도달하는 과정까지를 다루는 연구를 귀인이론(attribution theory)이라 하며, 귀인 이후에 발생하는 심리적 및 행동적 영향과정을 다루는 연구들을 귀인적 이론(attributional theory)이라 하기도 한다.

BOX 표 7.1. 성공과 실패에 대한 3차원의 원인

	통제가능		통제 불가능	
	안정	불안정	안정	불안정
내적	자신의 안정적 노력	자신의 불안정한 노력	자신의 능력	기분 등
외적	교사의 편견	빈번하지 않은 타인의 도움	과제 난이도	운 등

출처: Weiner, B. (1979). A theory of motivation for some classroom experiences. *Journal of Educational Psychology*, 71, 3-25.

타인의 행동에 대한 귀인의 결과인 경우가 많다. 이런 점에서, 귀인을 변화시키면 경험하는 정서가 달라질 수 있으며, 이는 심리치료의 한 방법이기도 하다. 한편 타인의 행동에 대한 귀인에 따라 사람들의 도움행동이나 공격행동도 영향을 받는다. 사람들은 누군가가 도움을 청하면 그의 욕구에 대해 원인분석을 한다. 이 때 통제성이 중요한데, 사람들은 문제의 원인이 도움 요청자가 통제할 수 없는 것이라고 믿을 때 그를 도와줄 가능성이 크다. 예컨대, 노상에서 비틀거리는 만삭의 임신부를 보게 되면 사람들은 그녀를 부축하고 구급차를 부른다. 그러나 술에 만취하여 길에서 비틀거리는 건장한 체구의 청년을 자발적으로 부축해주는 행인은 없을 것이다. 즉 이러한 도움 제공 여부의 차이는 귀인에 기인한다. 타인에 대한 공격행동도 그 타인의 행동에 대한 공격자의 귀인에 기인하는 경우가 많다. 실제 폭력성향의 사람들은 타인의 우연적 행동에 대해서도 자신에게 적대감을 가지고 있다고 귀인하는 경향이 있다고 하는데, 이러한 경우, 귀인양식을 변화시켜 줌으로써 공격성을 낮출 수도 있다.

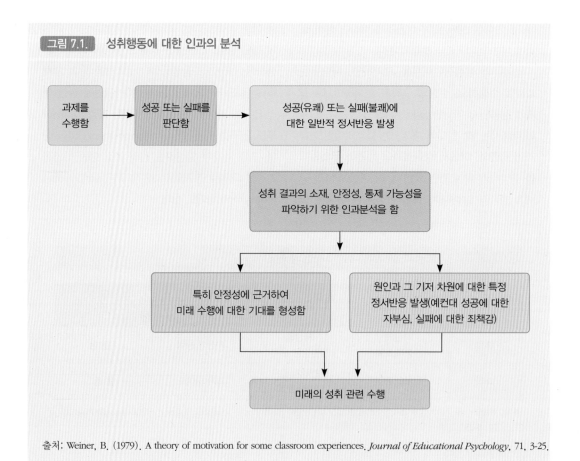

그림 7.1. 성취행동에 대한 인과의 분석

| 과제를 수행함 | → | 성공 또는 실패를 판단함 | → | 성공(유쾌) 또는 실패(불쾌)에 대한 일반적 정서반응 발생 |

성취 결과의 소재, 안정성, 통제 가능성을 파악하기 위한 인과분석을 함

특히 안정성에 근거하여 미래 수행에 대한 기대를 형성함

원인과 그 기저 차원에 대한 특정 정서반응 발생(예컨대 성공에 대한 자부심, 실패에 대한 죄책감)

미래의 성취 관련 수행

출처: Weiner, B. (1979). A theory of motivation for some classroom experiences. *Journal of Educational Psychology*, 71, 3-25.

한편 사람들은 삶에서 일어나는 다양한 사건들에 관해 설명을 할 때, 낙관적 혹은 비관적 설명양식을 사용하는 경향이 있다(Abramson, Seligman, & Teasdale, 1978; Seligman, 1991). 설명양식(explanatory style)은 개인의 삶에서 광범하게 다양한 사건들에 대해 유사한 원인귀인을 하는 경향이다. 이 두 가지 설명양식 중 어떤 것을 주로 사용하느냐는 심리적 적응과 관계가 있다. 낙관적 설명양식이란 부정적 경험에 대하여 외부의, 불안정한(일시적), 특수 요인에 귀인하는 경향이다. 비관적 설명양식은 부정적 경험에 대해 내적, 안정적, 전반적 요인에 귀인하는 방식이다. 낙관적 설명양식은 심리적으로 자기보호적인 기능을 하지만, 비관적 설명양식은 수동적 행동을 조장하고, 자존감을 하락시키며, 우울을 야기하는 경향이 있다(Peterson, Maier, & Seligman, 1993). 젊은 시절의 설명양식은 노화가 진행되면서 심지어 신체건강에도 영향을 준다는 종단연구가 있다(Peterson, Seligman, & Valliant, 1988). 습관적으로 비관적 귀인을 하는 것은 정신건강과 신체건강 모두에 해로울 가능성이 있다.

지금까지 살펴본 인상형성 및 귀인을 포함한 대인지각 혹은 사회적 지각의 과정을 간략히 축약해서 그림 7.2.에 제시하였다(Kassin, Fein, & Markus, 2014). 이 그림에서 보듯이, 지각자는 사람, 상황 및 행동을 관찰하여 이 단서들로부터 대략적 판단에 의한 인상을 형성할 수 있다. 또한 관찰되는 사람, 상황 및 행동에 대하여 귀인을 하고 이 귀인들로부터 어떤 성향들을 지각하고 이들을 통합하는 체계적 처리과정을 거쳐 인상을 형성하기도 한다. 이렇게 형성된 인상을 우리 자신에게 확증시키며, 이러한 인상을 확증시키는 방식으로 다시 사람, 상황, 행동을 관찰하고 귀인하고 통합하는 등의 과정이 반복된다.

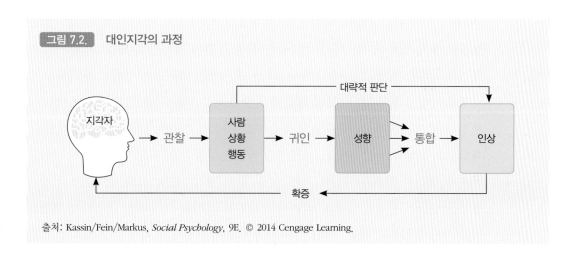

그림 7.2. 대인지각의 과정

출처: Kassin/Fein/Markus, *Social Psychology*, 9E. © 2014 Cengage Learning.

7.2. 사회인지: 사회적 추론과 판단

　　우리는 자신에 관해서 사고하고 느끼며 타인들의 성격, 생각, 감정 및 행동의 의미 등을 파악하고자 한다. 그러나 우리는 또한 시시각각 유입되는 각종 자극 및 정보의 홍수 속에 살고 있다. 사람들은 자신, 타인 혹은 사회적 상황에 관하여 추론을 하거나 판단을 할 때, 항상 합리적으로 심사숙고하여 판단을 내리는가? 그렇지 않다. 우리는 사안에 따라 어떤 경우에는 심사숙고하여 꼼꼼하게 처리를 하며, 어떤 경우에는 자신이 의식하지 못하는 사이에 대충 가벼운 처리를 한다. 사회인지는 사람들이 자신이나 타인의 행동을 지각하고, 해석하고 평가하는 과정을 일컫는다(Fiske & Taylor, 2010).

　　사람 및 상황을 포함한 사회적 자극들은 매우 복잡하고 미묘하여 판단이나 추론을 하기가 쉽지 않다. 이 심적 처리 과정에서 사람들은 자극이나 대상에 관해 처리할 정보가 부족하거나, 시간이 부족하거나 혹은 꼼꼼하게 처리하려는 동기가 부족할 수 있다. 이러한 이유로 사람들은 비교적 간편하고 쉽게 정보를 처리하기 위해 도식을 사용하고, 또한 간편법이라는 심적 지름길을 사용하기도 한다. 이들은 단시간에 특정 대상에 관한 판단과 결정을 신속히 처리하게 하는 효율성이 있지만 판단오류의 원인이 될 수도 있다.

도식

　　도식(schema)은 개념, 속성 및 그 개념들과 다른 개념들과의 관계에 관한 실질적 정보를 나타내는 지식구조이다. 사람들이 가지고 있거나 일상적으로 사용하는 몇 가지 사회도식으로, 사람도식, 역할도식, 절차도식, 암묵적 성격이론 및 고정관념 등이 있는데, 각 도식의 내용은 사람들 간에 유사할 수도 있고 현저히 다를 수도 있다. 사람도식(person schema)은 예컨대 '주영이는 성실하고 온화하고 합리적인 사람이다'와 같이, 특정 인물에 관한 도식을 말한다. 역할도식(role schema)은 대통령, 부모, 경찰, 학생 등과 같은 어떤 특정의 역할을 갖는 사람들에 대한 조직화되고 추상적인 인지이다. '대통령의 역할은 무엇인가?'라고 할 때, 어떤 사람은 '국민의 생존과 안전과 재산을 지키는 것' 혹은 '정치, 경제, 사회, 문화 등 각 분야에서 국민들이 무엇을 필요로 하는지를 파악하고 이를 실행하는 것'이라는 역할도식을 가지고 있는가 하면, 어떤 이는 대통령의 역할에 대해 매우 다른 도식을 가지고 있을 수 있다. 절차도식(scripts, 각본이라고도 함)은 일의 순서나 절차에 관한 도식이다. 수강신청을 하려면 수강신청 날짜를 확인하고, 이수해야 될 과목 및 개설 과목들을 검토하고, 정해진 날짜에 컴퓨터로 신청을 하는 등의 순서를 따르는데, 이는 수강신청에 관한 절차도식에 의한 것이다. 암묵적 성격이론(implicit personality theory)은 성격에 관한 학술적 이론이 아니라, 보통 사람들이 가지고 있는 어떤 성격 특성들의 가정된 연관성에 관한 생각이다. 우리가 어떤 사람을 처음 보았는데, 그가 내향적인 사람으로 지각되었다고 가정하자. 이 때 우리는 그와 상호작용을 많이 하지 않았음에도 불구하고, '내향적'이라는 단순지각에 기초해서, 그는 조용하고 수줍어하고 비활동적일 것이라고 연결지어 인상을 형성할 수 있다. 이 경우에 우리는 암묵적 성격이론이라는 도식을 사용한 것이다. 도식의 일종인 고정관념(stereotype)은, '한국인은 일처리가 빠르다' 혹은 '유태인은 인색하다' 등의 예와 같이, 특정 집단 성원들은 공통적인 특정 속성을 가지고 있다는 생각이다. 고정관념은 대개 긍정적인 것보다 부정적인 것이 많으며, 사람 집단에 대한 부정적 고정관념은 편견과 차별로 이어지는 경향이 있다.

이러한 도식은 어떤 기능을 하는가? 도식은 대상에 대한 정보를 단순화함으로써 정보를 단시간에 신속히 처리하게 해주며, 새로운 자극에 대한 이해와 해석의 기초를 제공해준다. 도식은 기억을 돕는 기능도 하는데, 대체로 도식과 일치되는 정보는 더 잘 기억된다. 또한 해석이 다양할 수 있는 모호한 정보를 접했을 경우에 도식이 처리를 도와주기도 한다. 결국 사람들은 사회적 자극이 불확실하고 모호할 때 도식적 처리로 불확실성을 해소하려는 경향이 있다. 그러나 도식적 처리의 문제점도 있다. 도식과 불일치하는 정보에는 사람들이 주의를 덜 기울여서 기억오류가 유발될 수 있고, 자기의 현실을 도식과 일치하는 방향으로 왜곡해서 지각하거나 혹은 도식에만 의존하여 정보를 제대로 처리하지 않음으로써 판단오류가 발생할 수 있다.

간편법

우리는 자극이나 정보를 단순하게 조직화해서 처리해주는 도식을 사용하지만 복잡미묘하고 다양한 세상사에 관한 모든 도식이 있는 것은 아니다. 또한 많은 정보들은 모호하거나 불분명해서 판단을 하기가 상당히 어렵다. 이에 사람들은 복잡한 판단보다는 간단한 판단으로 축소하여 정보를 처리하는 간편법이라는 정신적 지름길을 사용한다. 간편법(휴리스틱, heuristics; 휴리스틱은 간편법, 어림법, 편의법 등의 번역어로 혼용되고 있다)은 사람들이 어떤 대상에 관해 판단하고 결정을 할 때 활용하는 간편한 추론 규칙이다(Tversky & Kahneman, 1974). 간편법은 대개 특정 판단에 필요한 정보나 지식이 부족하거나, 자극정보를 충분히 처리할 시간이 부족할 때, 처리할 자극이 많아 인지적 과부하인 상태 및 판단에 대한 심적 관여가 낮을 때 사용되는 경향이 있다(한덕웅 외, 2005).

흔히 사용되는 몇 가지 종류의 간편법이 있다. 대표성 간편법(representative heuristic)은 어떤 대상이 그가 속한 범주의 전형적 특징과 얼마나 유사한가에 따라 추론을 하는 전략이다. 우리는 낯선 외국인을 볼 때, 그의 외모 특성을 피부색, 모발 및 이목구비 등 몇 가지 대표적 인종 범주 특징과 비교하여 그가 어떤 인종이나 국가 계통의 사람인지를 추측한다. 고정 및 조정 간편법(anchoring and adjustment heuristic)은 어떤 수치나 가치를 기준점으로 고정하고 그 기준점으로부터 일종의 조정과정을 거쳐 최종판단에 이르는 전략이다. 사람들은 흔히 자기의 과거경험과 관찰을 기준으로 삼아 대상에 대한 판단을 하며, 자신이 정한 고정된 값을 잘 조정하지 않는다(Epley & Gilovich, 2004). 한편 자신의 경험이나 극적이고 특별한 사건 등은 비교적 강하게 기억되어 쉽게 연상이 된다. 이처럼 마음속에 쉽게 떠오르는 예들에 기초해서 어떤 대상이나 사건에 관하여 판단하는 전략을 가용성 간편법(availability heuristic)이라 한다. 시뮬레이션 간편법(simulation heuristic)은 과거에 발생한 특정 사건이나 미래에 일어날 일들을 마음속에 떠올려서 가정해 보는 것이다. 이러한 여러 간편법들은 단시간에 신속하게 정보를 처리하게 해주지만, 부정확하거나 혹은 결함이 있는 사고를 유발할 수도 있다.

사회적 정보의 이중처리

우리는 사안에 따라 심사숙고하여 정보를 신중하게 처리하거나 혹은 심적 노력을 기울이지 않고 대략적으로 가볍게 정보를 처리한다. 전자를 통제처리(통제사고)라 하고 후자를 자동처리(자동사고)라 한다. 사람들은 사소한 문제 혹은 자기에게 중요한 사안이 아닌 경우에는 자동처리를 하며, 자기에게 중요한 결정을 할 때에는 정신적 노력을 수반하는 통제처리를 한다. 자동사고와 통제사고는 서로 다른 처리과정이지만, 상황요구나 처리목표에 따라 유연하게 선택적으로 사용된다. 통제사고는 자동사고의 진행을 점검하는 기능도 한다. 즉 시초정보수용과정은 자동적으로 발생하며, 이후 점검과 교정과정의 통제사고는 시초정보의 진실성 여부를 알아보려는 동기와 시간이 있어야만 일어난다. 주의가 분산되거나 바쁜 경우에는

표 7.2. 인지적 오류 및 편향

종류	내용
확증오류(확증편향)	자신의 신념이나 추론을 확증해주는 정보를 그렇지 않은 정보보다 더 추구함으로써 자신의 신념이나 추론이 옳음을 확증하려는 편향된 사고 처리 경향
통제력의 착각	자신이 세상이나 상황을 전적으로 통제할 수 있다는 신념
상관 착각	변수들 간에 상관이 매우 약하거나 전혀 없음에도 불구하고 그 변수들 간의 연관성을 과다추정하는 경향
허위 일치성 효과	자신의 의견, 가치, 신념 및 태도를 공유하는 다른 사람들의 수를 과다추정하는 경향
허위 독특성 효과	자신의 가치있는 특징과 능력을 공유하는 타인의 수를 과소추정하는 경향

점검 없이 최종판단을 하고, 판단오류가 발생할 가능성이 있다. 사람들이 자동처리를 하면서 흔히 범하는 인지적 오류나 편향들로서 확증오류(confirmation error), 통제력의 착각(illusion of control), 상관착각(correlation illusion), 허위 일치성 효과(false consensus effect) 및 허위 독특성 효과(false uniqueness effect) 등이 있으며, 이에 대한 설명은 표 7.2.에 제시되어 있다(Baumeister & Bushman, 2017).

7.3. 태도와 태도변화

태도는 사람들이 어떤 대상에 대하여 지니고 있는 마음의 지향이다(한규석, 2017). 우리는 일상적으로 타인의 태도를 알고자 하며, 각종 여론조사 및 시장조사 등은 사람들의 태도를 알아내기 위한 목적으로 실시된다. 태도와 행동은 어느 정도 일치하며 태도가 행동을 결정하는 경향이 있어서 사람들의 태도를 알면 행동을 예측할 수 있고, 또한 태도를 변화시키면 행동도 변화될 수 있다는 믿음 때문에, 사회심리학에서는 태도가 핵심적인 연구 주제가 되어 왔다. 이러한 태도는 세 가지 하위요소를 가지고 있는데, 즉, 인지적 요소, 감정적 요소 및 행동적 요소이다(Olson & Zanna, 1993). 인지적 요소(cognitive component)는 'A후보는 정의감이 투철하고 결단력이 있다'와 같이, 태도대상에 관한 사고와 신념이며, 감정적 요소 (affective component)는 '나는 A후보가 좋다'와 같이, 대상에 대한 느낌이나 호-오의 감정적 측면이다. 행동적 요소(behavioral component)는 '나는 A후보에게 투표할 것이다'와 같이, 어떤 방향으로 행동하려는 의도를 말한다. 태도의 인지적, 감정적 및 행동적 요소가 항상 함께하는 것은 아니지만, 세 요소들 간에는 어느 정도의 상관이 있다.

태도의 특징

태도는 일반적으로 다음과 같은 특징이 있다. 첫째, 태도는 인지적으로 복잡하다. 어떤 대상에 관해 우리는 대개 많은 생각과 신념을 보유하고 있다. 둘째, 태도는 감정적인 면에서 볼 때, 어떤 태도 대상에 대하여 흔히 좋다-싫다로 느껴지거나 표현되는 바와 같이, 매우 단순한 경향이 있다. 셋째, 인지보다는 감정을 변화시키기가 더 어렵다. 넷째, 감정이 인지보다 행동에 더 큰 영향을 미치는 경향이 있다. 이러한 이유로 태도연구에서 특히 감정의 차원이 매우 중시되고 있다. 끝으로, 태도와 행동은 서로 영향을 미치는 양방향의 인과관계를 지닌다. 우리는 흔히 태도가 원인이고 행동이 결과라는 인과도식을 가지고 있지만, 간혹 그 역의 관계, 즉 행동이 원인이고 태도가 그 결과로 나타나는 경우도 있다. 자기지각이론(self-perception theory, Bem, 1967)은 이 현상을 설명한다. 자기지각이론에 의하면, 사람들은 자신의 시초의 태도가 모호하거나 약해서 자신의 행동을 잘 설명하기 어려울 경우, 자신의 행동을 관찰하여 자신의 태도를 추론한다.

태도의 형성

태도는 선천적인가? 후천적인가? 우리의 삶에서 아주 기본적인 몇 가지 태도는 본능처럼 선천적이지만 다른 대부분의 태도는 후천적으로 학습에 의해 형성된다. 예를 들면, 뱀이나 악취가 나는 부패물질에 대한 부정적 태도는 인간 생존에 중요하기 때문에 인간의 유전적 유산이 된 것으로 보인다(Buss, 1999). 또한 사람들은 선천적으로 내집단(ingroup, 자기가 속한 집단)을 선호하는 내집단 편애적 태도를 가지는 경향이 있는데, 이 역시 인간이 위협적 환경 속에서 사회집단으로 진화하는 과정에서 내집단의 사람들을 좋아하는 태도가 그들로부터 보호와 협력을 이끌어내 생존에 유리했기 때문인 것으로 해석된다.

그러나 대부분의 많은 태도는 학습이 되는데, 태도학습의 기본기제는 일반적인 학습의 기제와 마찬가지로, 고전적 조건형성, 조작적 조건형성 및 사회학습(관찰 및 모방)이다. 태도는 고전적 조건형성에 의하여 형성될 수 있다. 예컨대 대중들로부터 호감을 받는 인기인이 어떤 제품을 광고하면 그 제품과 인기인이 연합되면서 제품에 대해서도 자연스럽게 호감이 형성된다. 즉 이전에 중립적인 태도대상(조건자극, 제품)을, 자연스럽게 태도반응(조건반응, 호감)을 유발하는 다른 대상(무조건자극, 인기인)과 반복해서 짝지으면 특정 태도반응을 학습하게 된다. 한편 조작적 조건형성의 원리에 의하면 보상받은 행동은 발생빈도가 증가하게 된다. 우리를 칭찬해주는 사람에게 긍정적 태도가 형성되듯이, 보상받은 행동과 연계된 대상에 대해서는 긍정적 태도가 강화되고, 우리를 싫어하거나 비난하는 사람에게는 부정적 태도가 형성된다. 사회학습은 다른 사람들의 태도나 행동을 관찰하고 모방함으로써 자신의 태도가 형성되는 학습기제이다. 모방의 출처는 부모, 교사, 친구 및 매체 등 다양하다.

태도는 이러한 기본적 학습기제를 토대로 형성되며, 다른 사람들로부터의 직접적 혹은 간접적 교육이나 또는 사회적 경험을 통해서도 형성되고 학습된다. 예컨대 태도는 어떤 대상과의 직접 접촉을 통해서도 형성이 되는데, 우리는 음식, 특정 국가 혹은 도시 등에 대해 한두 번의 좋거나 나쁜 경험만으로도 그에 대한 강한 태도를 발전시킨다(Ledgerwood & Trope, 2010). 태도는 또한 타인들과의 상호작용에 의해서도 형성된다. 우리의 태도는 흔히 우리가 속한 집단의 영향을 받는다. 대부분의 집단에서는 구성원들로 하여금 그 집단의 태도에 동조하도록 하는 압력이 작용한다. 자녀양육도 자녀의 태도형성에 영향을 준다(Bartram, 2006). 자녀는 부모의 가치나 신념을 포함한 다양한 태도를 모방하여 학습할 수 있다. 또한 TV, 신문 및 인터넷 등의 대중매체의 영향으로 태도가 형성되거나 변화될 수도 있다(Mahler, Beckerley, & Vogel, 2010). 오늘날 많은 젊은이들의 경우, 이러한 매체에 접촉하는 시간이 많기 때문에 이들의 태도형성이나 태도변화에 미치는 매체의 영향력은 상당히 클 것이다.

태도의 측정

태도는 어떻게 측정되는가? 가장 널리 사용되는 방법은 질문지를 통한 외현적 태도(explicit attitudes) 측정법이다. 외현적 태도는 자신이 의식할 수 있고 쉽게 보고할 수 있는 태도이다. 외현적 태도를 측정하는 질문지는 흔히 어떤 질문을 제시하고 이에 대하여 어떻게 생각하는지를 말하거나 쓰도록 하는 폐쇄형 질문지와, 질문 문항들과 함께 이 문항들에 관련된 응답자의 태도 강도를 측정하는 평가척도가 함께 제시되는 개방형 질문지가 있다. 개방형 질문지의 예를 들면 '청년 배당에 찬성합니까?'라는 질문에, 7점 척도(0: 전혀 찬성하지 않는다; 6: 매우 찬성한다) 등의 태도척도에 자신이 찬성하는 정도를 표시하는 것이다. 이러한 외현적 태도 측정은 응답자의 진술한 반응이 전제되어야 실제의 태도를 파악할 수 있다. 그러나 사람들은 질문지에 응답을 하면서 속마음을 숨기고 위장 반응을 하거나 혹은 사회적으로 바람직한 방향으로 응답을 하려 하기도 한다.

한편 어떤 경우에는 응답자가 특정 대상이나 주제에 대하여 실제로 자신의 태도를 의식하지 못하거나 통제할 수 없는 경우도 있다. 이처럼 비자발적이고 비통제적이고 때로 무의식적인 태도를 암묵적 태도(implicit attitudes)라 한다. 예컨대 자신은 인종차별적 태도가 전혀 없다고 생각하지만 무의식에는 그러한 태도가 있을 수 있다. 이러한 경우에 사용되는 방법이 암묵적 태도 측정법이다. 무의식적으로 작용하는 태도대상에 대한 암묵적 태도를 측정하기 위해 암묵적 연합검사(IAT, Implicit Association Test)가 고안되어 사용되고 있다(Greenwald & Banaji, 1995). 이 방법은 사람들이 서로 관련성이 높다고 생각되는 자극들에 대해서는, 하나의 자극이 제시될 때 이와 관련된 자극을 연관시키는 반응시간이 매우 빠르다는 논리에 기초되어 있다. 검사에서 반응시간이 빠르다는 것은 두 개념을 더 쉽게 연합시킴을 의미한다. 반응시간이 느리다는 것은 덜 자동적인 연합을 나타낸다. 한 연구에서, 미국의 백인들은 흑인과 부정적 단어를 짝짓는 것보다 흑인과 긍정적 단어를 짝짓는데 반응시간이 더 오래 걸렸는데, 질문지 응답에서는 인종차별적 태도를 보이지 않은 사람들에게서도 이런 결과가 나왔다. 암묵적 연합검사는 외현적 태도 측정의 문제점을 어느 정도 해결해준다.

태도를 알아내기 위해 일상생활에서 가장 널리 사용되는 방법은 행동을 관찰하는 것이다. 우리는 타인들의 행동을 관찰하여 그의 생각과 감정 등을 포함한 태도를 추론하는데, 흔히 타인이 의식하지 못하는 상태에서 자연스럽게 행동을 관찰할 수 있다. 그러나 행동은 태도가 아닌 다른 요인들에 의해서도 나타날 수 있다. 즉 행동이 태도의 전적인 반영이라고 할 수는 없으며, 따라서 어떤 행동들은 해석에 신중할 필요가 있다.

생리적 반응 측정을 통하여 태도가 추론되기도 한다. 거짓말 탐지기로 응답의 거짓 여부를 알아내고자 할 때처럼, 특히 응답자가 자신의 반응을 의도적으로 조작하거나 위장할 수 있을 때, 피부전기전도성, 동공확대 및 미세 안면근육 수축 정도 등과 같은 자율신경계 반응들을 측정하여 태도를 유추할 수 있다. 그러나 이 방법은 태도 해석이 매우 어려워서 태도 측정의 보조자료로 활용되며, 비용문제나 판독기술의 어려움 등으로 인해 일반적으로는 잘 사용되지 않는다.

태도와 행동

태도와 행동의 일치성

태도와 행동은 항상 일치하는가? 태도와 행동이 일치한다면, 우리는 누군가의 태도를 앎으로써 이 태도로부터 그의 행동을 예측할 수 있다. 실제 여론조사를 비롯하여 태도를 묻는 각종 설문조사는 태도와 행동이 일치한다는 전제하에 행해지고 있다. 그러나 우리의 경험을 돌이켜보면, 태도와 행동이 불일치할 때도 많다. 음식을 적당히 먹어야겠다고 생각하면서도(태도) 과식을 한다(행동). 인종관계, 직무만족 및 커닝을 포함한 여러 주제에서 태도와 행동의 일치성을 검증한 수십 편의 연구들을 개관한 결과, 태도가 행동과 무관하거나 상관관계가 낮다고 보고된 바가 있다(Wicker, 1969). 그러나 이후 연구들은 태도와 행동은 일치할 때도 있고 불일치할 때도 있지만, 일치될 때가 더 많으며 둘 간에는 약한 정적 상관관계가 있다는 결론과 아울러, 태도와 행동이 일치되는 조건들에 관해 관심이 집중되었다.

현재까지 행해진 연구들을 종합하면, 대체로 다음과 같은 조건들에서 태도와 행동의 일치성이 증가한다. 첫째, 태도가 강하고 분명할수록 행동과의 일치성이 높아진다. 태도가 직접경험을 토대로 형성되었거나, 자신의 태도를 공개적으로 표명했거나 혹은 자신의 이익과 관련된 태도는 강하고, 따라서 행동과 일치될 가능성이 높다. 둘째, 태도와 행동의 측정 시간간격이 짧을수록 둘의 일치성이 높아진다. 즉 태도와 행동, 이 두 가지가 거의 동시에 측정될수록, 둘 간의 상관이 높아진다. 예컨대 선거 여론조사결과는 투표일이 가까워질수록 실제 투표결과와 일치할 가능성이 높다. 태도와 행동을 측정하는 시간 간격이 길어질수록, 그 사이에 일어날 수 있는 여러 사건들로 인해 태도가 변화될 수 있다. 셋째, 태도와 행동 측정의 구체성 수준이 유사할수록 태도와 행동의 일치가 증가한다. 즉 측정하려는 행동과 그 행동에 상응하는 태도를 측정할 때 둘 간의 상관이 높아진다. 교통신호 지키기 행동은 일반적인 도덕적 태도보다는 교통신호 지키기에 대한 태도와 더 일치할 것이다. 넷째, 개인의 태도대로 행동하지 못하게 하는 상황의 압력이 없으면 태도와 행동의 일관성은 높아지고, 상황압력이 있으면 태도와 행동의 일관성이 낮아진다. 예컨대 인종차별적 행동에 대하여 벌금을 부과한다면 이 법적 압력 때문에 인종차별적 태도를 가지고 있더라도 그것을 행동으로 표현하기 어렵다. 이러한 네 조건들에서는 태도의 측정으로부터 행동을 비교적 효과적으로 예측할 수 있을 것이다.

한편, 태도와 행동의 연관성을 설명하려는 이론으로서 합리적 행위이론이 있다(theory of reasoned action, Fishbein & Ajzen, 1975). 합리적 행위이론에 의하면 사람들은 이성적으로 행동하기 때문에 행동의도가 있어야 행동을 하게 된다. 즉 행동은 합리적으로 심사숙고한 과정을 거쳐 결정이 된다. 행동에 대한 태도는 사람들이 취할 행동의 결과에 대한 평가(특정행동의 결과가 얼마나 가치 있는가) × 각 결과가 발생할 가능성에 의해 결정이 된다. 또한 자신에게 중요한 타인들의 태도 × 자신이 그 타인들의 뜻에 따르려는 동기에 의해서 주관적 사회규범이 결정된다. 이렇게 결정된 행동에 대한 태도와 주관적 사회규범이 함께 작용하여 행동의도를 결정하며, 행동의도가 있어야 행동을 하게 된다는 것이다. 합리적 행위이론은 우리가 심사숙고하여 결정하는 중요한 사안들에 대한 태도와 행동의 결정과정을 잘 설명해준다. 이 이론은 건강행동, 체중감량, 투표행동, 소비자의 제품선택 및 환경보호를 위한 쓰레기 수거 행동 등 다양한 영역에서 여러 행동들을 예측하는 데 성공적으로 사용되었다(Ajzen & Fishbein, 1980). 사람들은 대학진학, 취업 및 결혼 등과 같은 중요한 인생사에 대해서는 합리적 행위이론의 설명과 같이 신중하게 심사숙고하고 이에 따라 행동을 결정하는 경향이 있을 것이다.

그러나 어떤 행동은 행동하려는 의도가 있어도 실행 능력이나 자원이 없다면 실행되기 어렵다. 예컨대 대학에 진학하려는 의도가 있지만 학비가 없어서 실행하지 못하는 사람들도 많다. 따라서 행동의도가 있더라도, 자신이 어떤 행동을 할 수 있다는 믿음인, 지각된 행동 통제력(perceived behavior control)이 이 모형에 추가되어야 한다는 비판이 제시되었다. 이 비판을 수용해서, 합리적 행위이론에, 지각된 행동통제력을 추가하여 수정된 이론이 계획된 행동이론이다(theory of planned be-

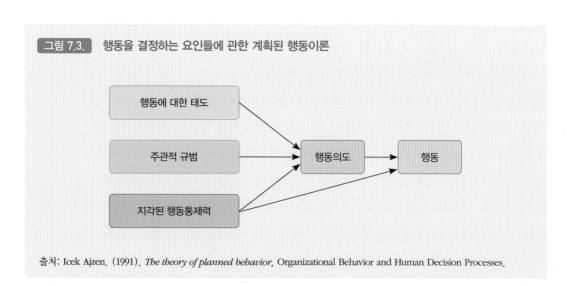

그림 7.3. 행동을 결정하는 요인들에 관한 계획된 행동이론

출처: Icek Ajzen. (1991). *The theory of planned behavior*, Organizational Behavior and Human Decision Processes.

havior, Ajzen, 1985)(그림 7.3.). 계획된 행동이론에 의하면, 행동에 대한 태도, 주관적 규범 및 지각된 행동통제력에 의해 행동하려는 의도가 결정되고, 이 의도에 따라 행동이 결정되지만, 또한 행동에 대한 태도와 주관적 규범 없이, 지각된 행동통제력 하나만으로도 행동이 결정될 수 있다.

행동이 태도에 미치는 영향: 인지부조화이론

우리는 태도와 행동의 일관성을 유지하기 위해서 때로 우리의 행동에 맞추어 태도를 변화시키기도 한다. 인지부조화이론(cognitive dissonance theory, Festinger, 1957)은 이러한 현상을 설명한다. 인지부조화이론은 사람들이 자신의 인지들 간의 일관성, 감정들 간의 일관성, 인지와 감정의 일관성 혹은 태도와 행동의 일관성을 추구하며 이러한 것들이 비일관적이면 긴장이나 불편감을 경험하므로 그 긴장을 해소하고 일관성을 회복하려 한다고 가정하는 인지일관성이론의 일종이다. 인지부조화이론은 특히 개인 내의 비일관된 인지들에서 발생하는 인지적 갈등 및 개인 자신의 태도와 행동의 비일관성으로부터 일관성을 추구하는 경향을 다루었다(대인관계에서의 태도 일관성 추구경향을 다룬 이론도 있다. Box 7.2.).

인지부조화이론은 사람들이 비일관되는 신념이나 인지들을 지니고 있거나 혹은 자신의 행동과 태도가 불일치할 때 긴장이나 불편감을 느끼며, 이러한 불편감을 해소하거나 감소시키기 위해 인지들 간에 혹은 태도와 행동 간에 일관성을 유지하고자 한다고 전제한다. 인지부조화란 우리의 태도와 행동이 다르거나 혹은 두 개의 모순되는 인지를 가지고 있을 때 경험하는 인지적 갈등이다. 조화란 인지적 갈등이 없는 마음이 편안한 상태이다. 이 이론에 의하면, 사람들은 흔히 어떤 의사결정을 한 후에 인지부조화를 경험하기가 쉬우며, 또한 자신의 행동이 태도와 불일치하면 인지부조화를 경험한다.

우리가 어떤 의사결정이나 선택을 한 후에는 대개 인지부조화가 발생하는 경향이 있다. 왜냐하면, 우리가 어떤 가용한 선택지들을 놓고 결정을 할 때 대안들이 각각 나름대로의 장단점을 가지고 있기 때문이다. 그리하여 우리가 완벽한 결정을 하기가 어렵고 이에 따라 하나를 선택하면 선택하지 않은 것의 장점과 선택한 것의 단점이 부각되어 심적 갈등 혹은 부조화를 경험하기도 한다. 이 경우에 부조화를 해소하는 방법은 선택지에 대해 더 긍정적으로 평가하고, 선택하지 않은 것에 대한 평가를 절하하는 것이다.

자신의 행동과 태도가 다를 경우에도 인지부조화가 발생하는데, 이 때 사람들

Box 7.2.

대인관계에서 태도의 일관성 (유사성)

우리의 친구들은 대개 여러 면에서 태도나 가치가 우리와 유사한 경향이 있다. 이는 태도의 일관성 이론으로 설명이 되는데, 일관성 이론은 사람들이 자신의 인지나 감정들의 일관성 혹은 인지와 감정의 일관성을 추구하며 인지나 감정들이 비일관적이면 긴장이나 불편감을 경험하므로 그 긴장을 해소하고 일관성을 회복하려 한다고 가정한다.

균형이론(balance theory, Heider, 1958)은 일관성 이론의 일종으로서, 사람들이 다른 사람들과의 관계에서 태도(감정)의 일관성을 추구하는 현상을 다루었다. 이 이론에 의하면 기본적 인간관계는 지각자(P), 타인(O) 및 제3의 대상(X: 사람, 사물 혹은 주제)이라는 삼자관계인데, 지각자 P의 입장에서 볼 때, 이 삼자관계에서의 감정들 간에 일관성을 유지하려는 압력이 작용한다. 예컨대 대학생 P, 학우인 O 및 대통령(X)에 대하여 아래와 같은 감정관계들을 가정해보자. 삼자관계들에서 감정의 호(+)와 오(−)를 모두 고려하면, Box 그림 7.1.과 같은 여덟 가지의 관계가 가능하다.

균형이론에 의하면, 이 여덟 가지 관계들 중 세 부호의 곱이 양(+)의 부호가 되는 관계는 균형 상태(1~4), 세 부호의 곱이 음(−)의 부호가 되는 관계는 불균형 상태이다(5~8). 균형 상태는 마음이 편하고 유쾌하며, 불균형 상태는 불편하거나 불쾌하다. 불균형상태에서 지각자 P는 P → O, O → X, 혹은 P → X의 세 관계 중 어떤 것을 변화시켜서, 즉 태도를 변화시켜서 균형을 회복하려고 한다. 이 이론을 검증한 결과, P가 O를 좋아하는 관계(1,2,5,6)에서는 균형이론의 주장이 지지되지만, P가 O를 싫어하는 관계(3,4,7,8)에서는 잘 지지되지 않았다(Newcomb, 1968). P가 O를 싫어하는 관계에서 균형이론이 지지되지 않는 이유는, 사람들이 싫어하는 사람과는 접촉을 피하고 관심이 없기 때문이다(홍대식, 1985).

균형이론은 사람들이 타인들과 감정적으로 일관성이 있는 편한 관계를 선호한다는 것을 설명하는 이론이지만, 우호적 인간관계의 형성 및 유지에 타인과의 태도 유사성이 얼마나 중요한지에 관한 이해에 도움을 준다. 특히 결혼 등의 장기적 인간관계에 대해서는 자신이 중시하는 핵심가치 등에 관해 상대방과의 태도 유사성을 신중히 고려하는 것이 결혼만족에 중요한 함의를 가질 수 있다.

Box 그림 7.1. 삼자관계에서 균형 상태와 불균형 상태

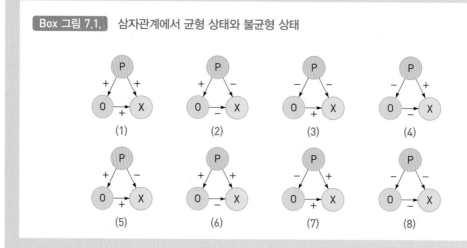

은 조화를 회복하기 위해 태도를 행동에 맞추어 변화시킴으로서 인지부조화를 감소시킬 수 있다. 예컨대 흡연이 건강에 해롭다는 인지와 흡연행동 간의 괴리는 인지부조화를 일으킨다. 이때 흡연행동을 중단하지 못하는 흡연자는 태도를 변화시켜 부조화를 감소시킨다. '평생 담배를 피우며 장수하는 노인들도 많다. 담배가 건강에 해로운 것만은 아니야' 등등. 이처럼 행동에 맞추어 태도가 변화될 수도 있다. 인지부조화이론은 일종의 자기합리화이론이라고 할 수 있다.

한편 우리가 어떤 일에 대하여 노력을 많이 기울였는데 그것이 무가치한 일이라고 생각된다면 이 때에도 인지부조화가 발생한다. 우리는 가치가 있는 어떤 것을 얻으려면 노력을 많이 하거나 투자를 많이 해야 한다는 것을 경험을 통해 알고 있다. 사람들은 '많은 노력이나 투자-가치있음'의 연관 도식을 가지고 있어서, 어떤 일을 열심히 하거나 투자를 많이 했는데 결과가 미흡하거나 부정적이라면, 인지부조화가 발생한다. 이러한 경우에, 자신이 노력을 기울인 대상이나 일에 대해서 더 많은 가치를 부여하고 긍정적인 평가(태도)를 하는 경향이 있는데, 이를 노력 정당화라고 한다. 우리가 기울인 어떤 노력이 정당화되는 방향으로 태도를 결정하거나 변화시킴으로써 마음이 편해질 수 있다.

태도변화

부모, 교사, 친구, 판매원, 사업가 및 정치인 등 수많은 사람들이 다른 사람들을 설득하여 태도를 변화시키고자 한다. 우리는 매일 TV, 신문, 잡지, 컴퓨터 및 스마트폰 등을 통해 혹은 야외의 건물이나 심지어 차량에까지 부착된 수많은 광고를 접한다. 이러한 설득이나 광고의 목적은 우리의 태도를 변화시키고 궁극적으로는 행동을 변화시키고자 하는 것이다. 설득은 정보와 주장을 통해서 태도나 신념을 변화시키려는 고의적 시도이다(Gass & Seiter, 2010). 우리를 설득하려는 수많은 사람들 및 기관들은 태도는 변화될 수 있다는 확고한 신념을 가지고 있다. 사람들을 설득하여 태도를 변화시키고자 하는 의도에서 세계 각국의 사업체 등은 매년 광고에 막대한 돈을 쏟아 붓는다. 한편 우리 자신도 때때로 다른 사람들을 설득하려 한다.

사람들은 외부적 설득의 영향으로 태도가 변화되는데, 설득의 핵심 요인들로서, 의사전달자(혹은 출처), 메시지, 메시지 전달경로 및 수신자 등이 있다. 이들중 의사전달자, 메시지 및 수신자 요인이 설득의 성공 여부에 특히 중요하며, 이와 관련된 연구들을 종합하면, 태도변화는 다음과 같은 조건들이 충족될 때 효과적이다(Coon & Mitterer, 2014). (1) 의사전달자가 유명하고, 친숙하며, 호감이 가고, 몇 가지 면에서 수신자와 유사성이 있으며, 신뢰성이 있으며, 설득주제에 대한 전문성이 있다. (2) 수신자가 의사전달자의 메시지를 수용하더라도, 의사전달자가 얻는 이익이 없는 것으로 보인다. (3) 메시지가 공포나 불안과 같은 정서에 호소한다. (4) 메시지가, 그 메시지를 따를 때 공포가 감소되거나 혹은 개인적으로 바람직한 결과가 발생할 행위의 코스를 제시한다. (5) 메시지가 분명한 결론을 진술한다. (6) 메시지가 사실과 통계에 의해 뒷받침된다. (7) 메시지가 가능한 한 여러 차례 반복된다. (8) 정보를 많이 가지고 있는 수신자에게는 양방적 주장(찬성입장과 반대입장)을 제시한다. (9) 정보를 적게 가진 수신자에게는 일방적 주장을 제시한다.

개인적 목적으로 혹은 상업적 및 기타 목적으로 우리가 다른 사람들을 설득할 필요가 있을 경우, 우리는 태도변화에 효과적인 이러한 방법들을 적절히 조합하여 사용할 수 있을 것이다. 다른 한편으로, 자신의 이익을 위해 부당하게 우리를 속이려는 다양한 수법들이 기승을 부리고 있다. 특히 보이스피싱 등을 포함하여 날로 수법이 진화하고 있는 각종 사기범죄들도 치밀하게 준비된 설득의 전략들을 사용하고 있다. 우리가 설득의 원리들을 잘 이해하고 방심하지 않는다면, 타인들에게 속지 않고 정확한 정보를 얻는 데 도움이 될 수 있을 것이다.

7.4. / 사회적 영향

우리는 타인들의 존재 자체나 혹은 타인들이 하는 행동의 영향을 받는다. 타인들의 존재나 행동에 의해서 유발되는 개인의 행동변화를 사회적 영향(social influence)이라 하는데, 사회적 영향은 사소한 것에서부터 강력한 것에 이르기까지 다양하며, 대표적인 사회적 영향 현상은 동조, 응종 및 복종이다.

동조

우리는 크고 작은 여러 사회집단들 속에서 생활을 하면서 그 집단의 규범을 따르거나 혹은 타인들의 의견 및 행동에 동조를 한다. 동조(conformity)는 실제 혹은 가상의 집단 압력의 결과로 일어나는 행동이나 신념의 자발적 변화이다. 사람들은 왜 동조를 하는가? 이를 규명하려 했던 고전적 실험들이 있는데, 하나는 자신의 판단이 애매한 상황에서의 동조에 관한 것이고, 다른 하나는 자신의 판단이 분명한 상황에서의 동조에 관한 것이다.

쉐리프는 규범의 형성과 동조에 관한 고전적인 실험을 하였다(Sherif, 1935). 이 연구에서 실험참가자들은 어두운 암실로 안내되어 참가자로부터 4.5미터 앞에 제시된 작은 광점(불빛)을 응시하면서 그 광점이 움직인 거리를 추정하라는 지시를 받았다. 실제로 이 광점은 움직이지 않고 고정된 것이었으나 참가자의 안구 움직임에 의해 이 광점이 움직이는 것처럼 착시가 발생한다(이 착시를 자동운동현상이라 한다). 사실상 정답이 없고 판단의 기준도 없어서 광점의 이동거리를 추정하기가 매우 모호한 이 상황에서, 참가자들에게 개인별로 광점의 이동거리를 추정케 했을 때 이들의 판단은 편차가 컸다. 그러나 2명의 실험협조자가 개입하여, 일정한 추정치를 자신있게 말하고 이를 1명의 실제 참가자와 공유하는 실험을 몇 번 반복하자, 실제 참가자의 추정치가 점차 실험협조자들의 추정치에 근접하게 수렴되었다. 즉 실험참가자가 실험협조자의 응답에 동조를 한 것이다.

한편 개인의 판단이 분명한 경우에는 어떨까? 애쉬는 사람들이 자신의 판단이 분명한 상황에서 동조를 할 것인지에 관한 실험을 하였다(Asch, 1955). 이 실험은 표준선분과 비교선분의 길이를 비교하여 판단하는 것으로서(그림 7.4.), 7명의 실험 참가자들이 테이블에 둘러앉아 표준선분과 비교선분이 제시된 카드를 보고 비교선분 중에서 표준선분과 길이가 같은 것을 골라 답을 말해야 하는 것이었다. 이때 6명은 실험협조자였고 실제 참가자는 마지막에 앉은 7번째 사람이었다. 선분길이가 다른 카드 세트들을 가지고 이러한 시행을 18회 실시하였는데 이 중 12개의

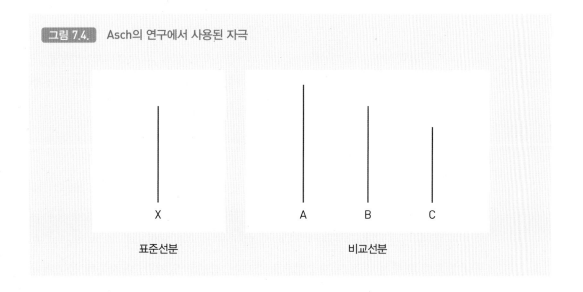

그림 7.4. Asch의 연구에서 사용된 자극

표준선분   비교선분

시행에서 실험협조자들이 동일하게 틀린 답을 말하였다. 미리 정해진 실험 각본대로 12개의 시행에서는 6명의 실험협조가가 똑같은 오답을 정답이라 대답하고, 실제 참가자가 마지막에 대답을 해야 했는데, 이 때 12개의 시행 중 37%의 시행에서 실제 참가자들이 정답을 알면서도 틀린 답에 동조를 하였다. 실제 참가자들의 75%는 최소한 1개의 시행에서 틀린 답에 동조를 하였다.

사람들이 동조를 하는 이유는 무엇일까? 그 이유는 두 가지로 설명되는데, 즉 정보적 사회영향과 규범적 사회영향이다(Deutsch & Gerard, 1955). 정보적 사회영향이란 타인에게서 얻은 정보를 사실로 받아들이게 하는 힘을 말한다. 쉐리프의 실험에서처럼, 사람들은 정보가 없거나 판단이 애매한 상황에서, 타인으로부터 받은 정보에 동조하는 경향이 있는데, 이는 정보적 사회영향의 예이다. 정보적 사회영향은 상황이 모호할수록, 자신의 판단에 자신감이 적을수록 그리고 타인의 정보를 신뢰할수록 증가한다. 한편 규범적 사회영향은 타인들의 기대에 따르게끔 하는 힘으로서, 애쉬의 실험에서처럼 자신의 판단이 확고함에도 불구하고 틀린 답을 말하는 다수에게 동조하는 이유를 설명해준다. 즉 사람들은 설사 타인들이 잘못된 판단이나 행동을 하더라도 특정 상황에서 집단 혹은 다수의 규범이라고 생각되는 것을 따름으로써 그들에게 인정이나 수용을 받고, 불인정이나 배척을 피하기 위해서 동조를 하는 경향이 있다. 이에 의하면 일부의 청소년 비행은 또래들에게 수용받기 위한, 혹은 배척당하지 않기 위한 동조의 결과일 수도 있다.

동조는 흔히 다수가 소수에게 미치는 다수의 영향을 설명하는데, 이와 반대로 소수가 다수에게 미치는 소수의 영향도 가능하다. '12명의 성난 사람들'이라는 영화에서는 1명의 배심원이 나머지 11명의 의견을 변화시키는 과정이 묘사되어 있다. 소수가 다수에 영향을 주기가 매우 어렵기는 하지만, 소수의 주장이 일관성 있고, 소수가 합리적이고 논리적인 주장으로 다수의 입장을 효과적으로 반박할 수 있으며, 또한 쟁점이 되는 현안의 행동이나 태도 외의 다른 여러 측면들에서 소수와 다수가 유사하면, 소수도 다수에게 영향력을 발휘할 수 있다.

응종

우리는 일상 속에서 타인들이나 집단으로부터 어떤 요구나 부탁을 받는가 하면, 우리 역시 타인들에게 부탁이나 요청을 한다. 타인이나 집단의 요청에 응하는 것을 응종(compliance)이라 한다. 우리가 타인의 요청을 받을 때, 우리 자신의 욕구나 필요에 의해서 순전히 자발적으로 응하는 경우도 있지만, 마지못해 응하거나 때로 요청자의 어떤 기법들에 의해서 응종의 여부가 영향을 받기도 한다.

응종에 작용되는 원리들 및 이에 관련하여 응종 유발에 효과적인 몇 가지 기법들이 있다. 치알디니에 의하면 응종을 유발하는 데 작용하는 여섯 가지 원리가 있다(Cialdini, 2001; 정태연 외, 2016). 첫째는 상호성 원리이다. 상호성 원리는 자신이 상대방으로부터 받은 만큼 돌려주려는 경향이라고 할 수 있다. 사람들은 타인으로부터 어떤 것을 받으면 이에 상응하는 어떤 것을 대갚음해 주고자 한다. 일방적으로 받기만 할 때에는 빚진 듯한 불편한 느낌이 든다. 이 원리에 의하면 응종을 얻어내기 위해 먼저 호의를 베푸는 방법도 효과적이다. 이와 관련하여 문전박대기법(door-in-the-face technique)은 처음에 큰 요구를 하여 거절을 당한 후, 더 작은 요구를 하여 응종을 이끌어내는 방법인데, 이것도 상호성 원리에 기반을 두고 있다. 상대방의 큰 요구를 당신이 거절한 후에 그가 작은 요구를 해 온다면, 당신은 '상대방이 큰 요구를 포기했으니 그의 작은 요구에는 내가 응해줘야 된다'는 상호주의 심리가 발동하며 상대의 작은 요구에 응할 수 있다. 둘째, 일관성 원리이다. 사람들은 자신의 태도들 간에, 태도와 행동 간에 혹은 행동들 간에 일관성을 유지하려는 경향이 있다. 이 원리에 의하면, 시초의 작은 요구에 응한 사람은 나중에 더 큰 요구에도 응할 가능성이 있다. 상대의 요구에 응함으로써 그 혹은 어떤 문제에 관여가 되고, 이후에 그 관여에 일관된 행동을 하게 되는 경향이 있다. 처음에 작은 요구를 하여 응종을 얻어내고 점차 응종의 크기를 증가시키는 방법인, 문간에 발 들여놓기 기법(foot-in-the-door technique)은 일관성 원리에 기초되어 있다. 또한 낮은 공 기법(lowball technique)도 일관성 원리에 기반을 두고 있다. 이는 야구 경기시, 타자 앞에서 아래로 뚝 떨어지는 공을 타자가 스트라이크로 착각하여 그 공을 치려고 현혹되는 데서 붙여진 명칭이다. 낮은 공 기법은 매력적이지만 불완전한 정보를 제시하여 동의를 얻은 다음에, 부가적인 나머지의 완전한 정보를 알려주는 기법으로서, 일종의 속임수이기도 하다. 사람들은 일단 어떤 것을 하기로 계약이나 동의를 했다면, 부가적 조건이 다소 부담스럽더라도 시초의 개입에 일관되는 행동을 하려는 경향이 있다. 중고자동차 판매원들이 이 기법을 많이 사용한다. 셋째, 사회적 증거의 원리이다. 사람들은 다수 사람들이 하는 행동은 옳은 것이고, 그러한 행동을 따라 하면 실수를 줄일 수 있다고 생각한다. 이에 의하면 많이 팔린 제품들은 우수한 제품이다. 즉, 다수 사람들의 선택은 바로 그 제품이 좋다는 증거라는 것이다. 그러나 다수의 선택일지라도 나중에 틀린 것임이 드러나는 경우들이 있어 주의할 필요가 있다. 넷째, 호감의 원리이다. 앞에서 본 바와 같이, 호감이

가는 의사전달자의 설득 효과가 높은 것처럼, 사람들은 자기가 좋아하는 사람들의 요구나 부탁에 잘 응하는 경향이 있다. 요청을 하는 사람이 매력이 있거나, 친숙하거나 혹은 자신과 어떤 면에서 유사하면 그에 대한 호감이 생겨 그의 요청에 응할 가능성이 높아진다. 또한 사람들은 자신을 칭찬해주는 사람의 요청에 응하기가 쉬운데, 대체로 사람들은 자신을 기분좋게 해주는 사람에게 호감을 느끼며, 칭찬은 사람을 기분좋게 하는 한 방법이다. 이런 점에서, 역겹지 않은 적당한 정도의 아첨도 응종 유발에 효과적일 수 있다. 다섯째, 권위의 원리이다. 사람들은 합법적 권위인물의 요구에 응하는 경향이 있다. 합법적 권위란 사람들에게 지시에 따르도록 요구할 수 있는 권리를 지닌 위치나 역할을 맡을만한 정당한 자격에 근거한 영향력이다. 사람들은 경찰이나 혹은 합법적 권위를 상징하는 제복을 입은 사람들의 지시, 요구 혹은 명령에 응하는 경향이 있다. 여섯째, 희귀성 원리이다. 사람들은 언제라도 쉽게 구할 수 있는 대상보다는 구하기 힘들거나 희귀한 대상이 가치가 있다고 생각하는 경향이 있다. 판매원들은 '한정판매, 마감시간 임박, 물량소진 임박' 등의 구호를 외치는데, 사람들이 어떤 방식으로든 선택의 제약을 받으면 가질 수 없는 것을 더 원하게 된다(Brehm & Brehm, 1981). 사람들은 자신의 자유의지를 최대화하려 하며, 자유가 위협받으면 그 자유를 회복하고자 반발행동을 하게 된다는 심리적 반발이론(Brehm, 1966)이 이를 설명해준다. 상술한 여섯 가지 응종의 원리들은 설득의 원리이기도 한데, 이 원리들을 잘 이해한다면 우리가 필요시 효과적으로 활용할 수가 있고, 역으로 우리를 자신의 요구에 응하게 하려는 타인들의 시도들을 어느 정도 잘 분별할 수 있게 될 것이다.

복종

복종(obedience)이란 권위적 위치에 있는 사람의 지시나 명령에 따르는 행위로서, 응종의 한 유형이다. 사람들은 권위 인물의 지시나 명령을 받으면 압력을 느끼고 이에 복종하는 경향이 있는데, 만일 그 명령이 반인륜적이고 비이성적인 것이라면 사람들이 복종을 할 것인가? 히틀러 치하의 나치대원들은 극히 잔혹한 방법으로 수많은 유태인들을 학살하였다. 그들은 성격이상자들인가, 아니면 정상인인가? 전범재판에서 잔혹행위로 기소된 나치장교들은 하나같이 '그저 명령에 따랐을 뿐'이라고 자신들의 행위를 항변하였다. 유태계였던 밀그램은 이처럼 부도덕한 명령에 대한 복종행위에 관심을 가지고 복종의 역학을 연구하게 되었다(Milgram, 1963).

밀그램은 처벌이 학습에 미치는 영향에 관한 연구에 참여할 지역사회의 일반 성인 남성 40명을 모집하였다. 참가자들이 실험실에 도착하면, 2인 1조로 제비뽑기를 하여 역할을 정하는데, 사실상 역할이 미리 정해져 있어서, 실제 참가자는 '교사' 역할을 하게 되었고, 나머지 1명은 실험협조자로서 '학습자' 역할이 배정되었다. 교사와 학습자는 서로 볼 수는 없으나 소리는 들을 수 있는 칸막이를 사이에 둔 방에서 실험과제를 수행하였다. 실험이 실시되기 전에 학습자는 그의 공간에서 의자에 끈으로 묶이고 팔에 전극이 부착되는데 교사는 이 과정을 보게 된다(그림 7.5.). 교사의 방에는 테이블 위에 전기쇼크 기계가 놓여 있는데, 이 기계의 계기판에는 15볼트에서 450볼트까지의 전압이 표시된 30개의 버튼이 있고 이 전압 수치 아래에 쇼크의 정도가 각각 경미한 쇼크, 강한 쇼크, 심각한 쇼크 등으로 표시되어 있으며, 마지막 450볼트 아래에는 XXX라고 표시되어 있었다. 교사가 이 버튼들을 누르면 학습자에게 전기쇼크가 전달된다. 그러나 사실상 이 기계는 모조품으로서 학습자에게 실제로 전기쇼크가 전달되지는 않았고, 학습자는 쇼크강도에 따라 사전에 연습된 고통의 신음이나 비명을 연기하였다. 실험과제는 교사가 일련의 단어 쌍 목록을 읽어주면 학습자는 이것을 기억해두었다가, 교사가 어떤 단어 쌍의 첫 번째 단어를 말하면, 학습자는 그 쌍의 나머지 단어를 응답하는 것이었다. 예컨대 교사가 '푸른 하늘'을 불러주고 나중에 '푸른'이라고 하면 학습자는 '하늘'이라고 대답해야 하는 식이었다. 학습자가 정답을 말하면 쇼크가 가해지지 않지만, 틀린 답을 할 때마다 교사는 쇼크를 주어야 한다. 과제가 진행되면서 학습자가 실수를 반복하게 됨에 따라 쇼크강도가 높아지는데, 300볼트까지 올라가면 학습자는 고통으

그림 7.5. 복종에 관한 밀그램의 연구 장면들 좌측: "전기쇼크 기계", 가운데: 의자에 "학습자"를 끈으로 묶는 장면, 우측: 학습자에게 심한 전기쇼크가 실시된다는 말을 듣고 있는 "교사"

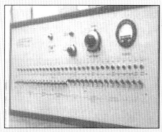

출처: The film "Obedience," ⓒ1968 by Stanley Milgram;, ⓒrenewed 1993 by Alexandra Milgram, and distributed by Alexander Street Press.

로 심하게 저항하며 칸막이 벽을 발로 차다가 아무런 반응이 없이 잠잠해진다. 이 시점에서부터 교사가 전기쇼크 주기를 주저하면 실험자(합법적 권위자)가 쇼크를 계속 주도록 지시하고, 특히 실험과정에서 학습자에게 어떤 문제가 발생하면 교사가 아니라 실험자 자신이 책임을 진다고 말하였다. 이 실험을 실시한 결과, 교사 역할을 한 실험참가자의 63%가 권위자(실험자)의 비합리적 명령에 복종하여 최대 전압인 450볼트까지 30개의 모든 버튼을 눌렀다.

이 연구의 피상적 목적은 처벌이 학습에 미치는 영향이었지만 실제 목적은 권위에 대한 복종을 알아보고자 한 것이었다. 실험참가자들은 실험과정에서 불만을 토로하고 고통을 표현하기는 했지만, 권위자의 명령에 대체로 복종을 하였고, 이 복종의 정도가 보통 사람들의 기대 이상으로 훨씬 더 일반적이었다. 밀그램의 연구에서 실험참가자들이 복종한 이유는, 실험참가자들에게 책임을 면제해주고, 문간에 발들여놓기 식으로 시초에 부담이 없는 작은 요구로 개입을 시켜서 점차 요구의 크기를 증대시켰기 때문이었다. 이후 복종을 증가시키는 조건들이 더 상세화되었는데, 피해자와 처벌자의 물리적 거리가 멀수록, 기관의 권위가 높을수록, 익명성이 커질수록 그리고 감시가 철저할수록 복종률이 증가하며, 명령자가 멀리 있을수록, 명령자의 합법성이 감소할수록, 그리고 주변에 명령에 불복종하는 사람이 있을수록 복종률이 감소한다.

복종의 이유가 무엇이든지간에, 밀그램의 연구가 시사하는 바는, 행동은 그 사람의 개인요인보다는 그가 처한 상황의 종류에 의해 결정되기 쉬우며, 특히 잔혹하고 사악한 생각은 어떤 권위자의 신경증적 마음에서 연유할 수 있으나 그러한 생각들은 정상인들의 복종행위를 통해서 현실화될 수 있다는 것이다(Weiten, Hammer, & Dunn, 2009).

상술한 밀그램의 연구 이후 수년 동안 절차와 상황을 변용한 연구들이 밀그램의 아이디어를 반복검증하였고, 그의 연구결과에 대한 일반화 가능성이 지지되었다. 그러나 이 연구의 실험절차에 대한 윤리문제가 제기됨에 따라, 오늘날 이러한 유형의 연구를 반복하기는 어렵다.

7.5. / 집단에서의 행동

집단은 사회적 관계에 의해 연결되어 있는 둘 이상의 사람들이다. 우리는 집단의 일부로서 어떤 일, 과제 혹은 의사결정 등을 혼자서 하기도 하지만 다른 사람들과 함께 하는 경우가 많다. 과제수행이나 의사결정 등에서 타인들과 함께 할 경우에는 그것을 혼자 할 때에 비해 다른 효과가 나타나는가? 또한 대규모 군중 속에 있는 개인은 다른 사람들로부터 어떠한 영향을 받는가? 이러한 문제에 관해 살펴보기로 한다.

집단수행

우리는 어떤 일을 혼자서 할 때보다 다른 사람들과 함께할 때 더 잘할 수 있다. 심지어 주변에 누군가 타인들이 존재하는 것만으로도 수행을 더 잘할 수가 있다. 트리플렛은 사이클 선수들의 경주 기록을 살펴본 결과, 사이클 경주를 혼자서 할 때보다 선수들이 경쟁하는 상황에서 기록이 더 우수함을 발견하고, 이를 실험실에서 검증하였다(Triplett, 1898). 그는 실험실에서 40명의 아동들에게 낚싯줄 감기 과제를 수행하게 하였는데, 혼자서 낚싯줄 감기 과제를 한 개인수행 조건과 동료와 함께 작업을 한 집단수행 조건의 개인당 평균 수행을 비교하였다. 그 결과 개인수행 조건보다 집단수행 조건에서 수행이 더 우수하였다. 이러한 효과는 공동수행뿐만 아니라 누군가 타인들이 단지 존재하는 것만으로도 발생할 수 있다. 이처럼 혼자일 때보다 타인이 존재할 때 개인의 수행이 더 향상되는 현상을 사회적 촉진(social facilitation)이라 한다.

타인의 단순 존재가 항상 수행을 향상시키는 것은 아니다. 과제가 쉽거나 단순하거나 익숙해서, 자신의 능력에 자신이 있다면 타인들이 존재하거나 함께 수행을 할 때 더 잘할 수 있지만, 그렇지 않다면 수행이 손상될 가능성이 있다(Uziel, 2007). 어렵거나 복잡하거나 학습되지 않은 과제의 경우, 개인이 잘 하려고 열심히 노력을 하지만 타인의 존재로 인해 수행이 저하되는 사회적 억제가 발생할 수 있다.

쉽거나 익숙한 혹은 잘 학습된 과제의 경우, 타인이 존재할 때 수행이 더 향상되는 사회적 촉진이 발생한다고 하지만, 줄다리기나 혹은 무거운 짐을 함께 들어 올리는 상황처럼 개인별 수행이 식별되지 않는다면 어떠할까? 사람들은 어떤 일을 함에 있어서, 자신이 전적으로 책임이 있을 때보다 집단의 일부일 때 책임을 덜 느끼며 따라서 일을 덜 열심히 하는 경향이 있다(Najdowski, 2010). 이와 같이, 사람들이 혼자서 일할 때보다 집단의 일원으로서 함께 일을 할 때 노력을 덜 하여 개인별 수행이 저하되는 것을 사회적 태만(social loafing)이라 한다. 이러한 사회적 태만은 특히 개인의 수행에 대한 기여도를 확인하기 어려울 때 나타나는 경향이 있다. 사회적 태만의 문화 차이도 있는데, 주로 개인주의자들인 서양인보다 집단주의 가치관을 지닌 동양인에게서 사회적 태만이 덜 나타난다(Karau & Williams, 1993). 이러한 사회적 태만을 감소시키려면, 개인별 노력의 정도가 평가되도록 하고, 집단을 소규모화해서 무임승차를 최소화하고, 집단목표를 명확히 설정하고 우수한 수행에 보상을 해주는 것 등이 효과적이다.

집단의사결정

집단은 개인보다 더 현명하고 우수한 의사결정을 할까? 대부분의 집단은 의사결정시 집단 구성원들이 쟁점에 대하여 토의를 하고 의사결정을 한다. 또한 의사결정 방법으로서 다수결 원칙이나 만장일치 원칙 등의 결정규칙을 가지고 있는데, 이는 구성원들의 의견을 존중하는 한편 개인보다는 다수가 더 합리적인 결정을 할 것이라는 전제가 어느 정도 함의되어 있다. 그러나 실제로 의사결정에 미치는 집단토의의 효과를 다룬 연구들에 의하면, 개인의 결정보다 집단의 결정은 더 극단적이다. 즉, 의사결정을 위해 토의를 하는 집단에서, 집단토의 이후의 집단반응은 토의 이전의 집단반응의 평균과 같은 방향으로 좀 더 극단적 위치로 이동하는 경향이 있는데, 이를 일컬어 집단극화(group polarization)라 한다(Myers & Lamm, 1976). 그 변화의 방향은 집단토의에서 시초에 지배적인 의견이 어느 쪽에 있었느냐 혹은 집단구성원들의 전반적 성향이 무엇이냐에 달려 있다. 시초에 모험적인 의견들이 개진되거나 구성원들이 진보적인 성향이라면, 토의 후의 결정은 더 모험적인 쪽으로 이동을 하는데 이를 모험이행현상(risky-shift phenomenon)이라 한다. 또한 집단토의 초반에 신중론이 우세하거나 혹은 구성원들의 성향이 보수적이라면, 토의 후의 판단은 더 보수적인 방향으로 이동되는 보수이행(cautious shift)이 나타난다.

이러한 극화가 나타나는 원인은 세 가지로 설명되는데, 집단토의를 통해 다른 사람들의 의견을 접하면서 이 주장들 중 집단의 성향과 일치하는 주장에 설득되기 때문이고(Burnstein & Vinokur, 1977), 다른 사람들의 의견과 자신의 의견을 비교하는 사회비교를 통해 집단의 규범이나 전반적 성향을 알게 되고 다수가 선호하는 방향의 입장을 취하기 때문이며(Sanders & Baron, 1977), 혹은 다른 구성원들의 주장의 내용에 의해 설득되기보다는 집단의견의 합치를 중시하여 집단과 동일시하는 구성원들이 내집단이라는 사회적 정체성을 공유하여 더 극단적 위치로 이동한다는 것이다(Haslam, 2004). 이러한 극화는 결과적으로 판단의 오류와 편향을 유발할 수도 있지만, 집단의 효능감을 높일 수 있고, 혁신과 새로운 아이디어 창출의 원동력이 될 수도 있다.

한편, 높은 집단응집력은 현명한 의사결정을 방해할 수도 있다. 미국의 케네디 대통령은 1961년에 쿠바의 카스트로 정권을 전복시키려고 엘리트 참모회의의 결정대로 쿠바의 픽스만을 침공하였다. 그러나 당시 엘리트 참모집단의 신중하지 못한 의사결정의 대가로 픽스만 침공은 처참한 실패로 끝났다. 이 사건 및 집단의 사결정 오류로 인해 실패를 초래한 미국 대통령들의 몇 가지 역사적 실수사례들을 분석한 제니스는 집단의사결정과정의 문제점을 파악하여 집단사고라는 개념을 제시하였다. 집단사고(groupthink)는 집단의사결정 과정에 존재하는 동조압력으로 인하여 필요한 논의가 충분히 이루어지지 못한 상태에서 어떤 합의에 도달하는 현상이다(Janis, 1982). 제니스에 의하면 특히 집단 구성원들의 응집력이 높아서 반대의견이 없고, 자신의 선호를 밝히는 지시적 리더가 있을 경우에 집단사고가 발생할 가능성이 높다. 이러한 조건에서는 자신들의 완전성 및 만장일치의 착각을 포함하여 내집단을 과대평가하고 외부에 폐쇄적인 입장을 취함으로써 대안, 정보 및 위험요인들을 충분히 숙고하지 못하고 비합리적이며 비생산적인 때로는 재앙적인 의사결정을 하게 될 수 있다.

이러한 집단사고적 결정을 예방하기 위해서는, 리더가 명령을 하지 않고 공정성을 유지해야 하며, 외부인들의 의견을 청취하고, 집단을 여러 하위집단으로 나누어 각각 토의한 후 함께 모여 차이를 조정하고, 또한 구성원들에게 익명으로 의견을 제시하게 하거나 무기명 투표를 하는 방법 등이 권장된다(Aronson, Wilson, & Akert, 2015).

몰개인화

군중 속에 있으면 개인의 익명성이 커지면서 개별 존재가 잘 부각되지 않는다. 때로 타인들의 존재는 몰개인화(deindividuation)를 유발한다. 몰개인화란 사람들이 익명화될 때 행동에 대한 규범의 제약을 덜 받게 되는 것이다(Lea, Spears, & de Groot, 2001). 이처럼 몰개인화가 야기될 때 어떤 일이 발생할까? 월드컵 축구

응원단, 유명 가수의 콘서트 혹은 정부에 대한 시위 등의 경우에서와 같이, 대규모 군중의 모임에서는 자칫하면 과격한 반사회적 행동이나 폭력사태들이 발생할 수 있다.

몰개인화로 인해 폭력적이고 충동적인 행동들이 발생하는 이유는 무엇인가? 군중 속의 개인은 익명성으로 인해 개인적으로 비난받을 가능성이 낮아서 자신의 행동에 대한 책임감을 덜 느끼기 때문이다(Postmes & Spears, 1998). 또한 군중 속에서는 자기인식이 감소하여 내적 규범을 점검하지 못하고 당시의 외부상황단서에 민감해지기 때문에 비이성적 행동들이 발생할 수도 있다(Diener, 1980). 한편 몰개인화는 개인정체성을 사회(집단)정체성으로 변화시키면서 내집단 규범의 영향에 민감하게 만드는데, 이에 따라 집단규범에 대한 동조나 복종을 높이기도 한다. 이런 면에서 군중행동은 집단규범에의 동조라 볼 수도 있다(Reicher, 1984). 이에 의하면, 몰개인화로 인해 부정적 집단행동이 많이 발생하지만, 당시 상황의 집단규범이 친사회적인 것이라면 친사회적 행동도 발생할 수 있다. 2002년 월드컵 축구대회가 한국에서 개최되었을 당시, 엄청난 수의 응원단이 모인 서울시청 앞 광장에서 응원을 마친 군중이 응원으로 어지럽혀진 거리를 청소함으로써 한국에 대한 긍정적 이미지가 세계에 알려진 바가 있다. 따라서 대규모 군중이 시위 등을 할 경우에도 '폭력반대!' '평화시위!' '질서유지!' 등의 구호를 통해 비폭력적 상황규범을 제시하면 파괴적인 불상사의 예방에 효과적일 수 있다.

7.6. 맺음말

사회심리학은 우리 일상의 인간관계 및 사회생활에 매우 가깝게 닿아 있다. 이 장에서는 우리가 다른 사람들을 어떻게 지각하는가, 그들의 행동의 원인을 어떻게 분석하는가, 사람이나 상황을 판단하거나 추론하는데 어떤 심적 전략을 사용하며 그 과정에서 어떤 오류를 범하는가, 우리의 태도는 어떻게 습득이 되고, 태도와 행동의 관계성은 어떠한가, 다른 사람들을 어떻게 설득하여 태도를 변화시킬수 있는가, 타인들의 존재가 우리의 동조, 응종 및 복종행동에 어떤 영향을 미치는가, 집단에서의 수행이나 의사결정시, 집단이 개인에게 어떤 영향을 주는가, 그리고 군중 속의 개인들은 간혹 왜 충동적이거나 비이성적인 행동을 하는가 등에 관해 살펴보았다. 이러한 문제들에 관한 사회심리학의 기초지식들은 부분적으로 소비자 광고심리학, 상담심리학, 심리치료, 건강심리학, 교육심리학, 범죄심리학, 정치심리학 및 환경심리학에 이르기까지 다양한 응용심리 영역에 활용되고 있다. 사회심리학의 일부 주제 및 내용은 본서의 다른 장들(성격심리학, 소비자광고 심리학)에서 다루어져, 중복을 피하기 위해 생략하였다. 사회심리학 전반에 관해 보다 더 상세히 이해하고자 하는 독자들은 추가 읽을거리에 제시된 교재들을 활용하기 바란다.

요약

1. 사회심리학은 사람들이 사회적 맥락에서 어떻게 생각하고 느끼고 행동하는지를 과학적으로 연구하는 분야이다.

2. 타인에 대한 인상을 형성할 때, 특출성 효과, 초두효과, 최신 효과, 중심특성 효과, 부정성 편향 및 후광효과 등이 작용한다. 타인에 대한 전체적인 인상은 지각자의 개인요인과 타인의 특징에 대한 가중평균의 조합에 의해 결정된다.

3. 귀인은 자신 및 타인의 행동에 대한 원인을 추론하는 과정이다. 귀인의 차원으로는 소재(내외), 안정성 및 통제성 등의 차원이 있다. 공변모형은 사람들이 논리적이고 체계적인 방식으로 귀인을 한다고 주장하지만, 실제로 사람들은 귀인을 할 때 오류나 편향을 보이기도 한다.

4. 사회인지는 사람들이 자신이나 타인의 행동을 지각하고 해석하고 평가하는 과정을 일컫는다. 사람들은 사회적 정보를 처리할 때 도식과 간편법을 사용하는데, 이들은 단시간에 특정 대상에 관한 판단과 결정을 신속히 처리하게 하는 효율성이 있지만 판단오류의 원인이 될 수도 있다. 사람들은 또한 사안의 중요성에 따라 자동처리나 혹은 통제처리를 한다.

5. 태도는 인지적 요소, 감정적 요소 및 행동적 요소로 구분된다. 몇 가지 태도는 선천적인 경향이 있지만, 대부분의 태도는 경험과 학습에 의해서 형성되는데, 태도의 학습기제로는 고전적 조건형성, 조작적 조건형성 및 사회학습이 있다. 태도와 행동의 일관성을 높이는 몇 가지 조건들이 있다. 또한 설득상황에서의 의사전달자, 메시지 및 수신자 요인과 관련하여 태도변화에 효과적인 조건들이 있다. 대체로 외부적 설득에 의해서 태도변화가 일어나지만, 인지부조화이론은 내적인 과정에 의한 태도변화를 설명한다.

6. 타인의 존재가 개인에게 미치는 사회적 영향 현상으로 동조, 응종 및 복종이 있다.

7. 집단 속 개인은 타인들의 영향으로 수행이 더 촉진될 수도 있고 태만해질 수도 있으며, 잘못된 재앙적 판단을 할 수도 있고, 개인으로 판단할 때보다 더 극단적인 판단을 하기도 한다. 또한 대규모 군중 상황에서는 개인의 익명성 증가와 책임감 분산에 의해 비이성적이고 파괴적인 행동이 발생하기도 한다.

추가 읽을거리

- 한규석 (2017). **사회심리학의 이해** (4판). 서울: 학지사.
- 정태연 외 (2016). **사회심리학**. 서울: 학지사.
- Aronson, E., Wilson, T. D., & Akert, R. M. (2015). **사회심리학** (박권생·이재호·최윤경·김민영 역). 서울: 시그마프레스. (원전은 2013년에 출판)
- Donelson, R. F. (2014). **집단역학** (남기덕·노혜경·안미영·이종택·이진환·최훈석 역). 서울: 센게이지 러닝. (원전은 2010년에 출판)
- 한성열·한민·이누시야 요시유키·심경섭 (2015). **문화심리학**. 서울: 학지사.

연습문제

A형

1. 인상형성에 작용하는 효과들 중, 부정성 편향에 관해 설명하라.

2. 자기기여적 귀인편향이 무엇인지를 정의하고, 이에 해당하는 우리 속담을 제시하라.

3. 삶에서 일어나는 다양한 사건들에 대한 설명(귀인)양식과 정신건강 간의 관계에 관해 설명하라.

4. 암묵적 성격이론이란 무엇인지 정의하고 예를 제시하라.

5. 도식 및 간편법에 의한 사회적 정보처리의 장단점을 서술하라.

6. 태도는 어떻게 형성되거나 습득되는지에 관해 설명하라.

7. 설득에 효과적인 의사전달자 요인들은 무엇인지 기술하라.

8. 사람들이 자신의 태도를 왜 그리고 어떻게 변화시키는지에 관해 인지부조화이론을 중심으로 설명하라.

9. 사람들이 동조를 하는 이유는 무엇인지 설명하라.

10. 밀그램의 '권위에 대한 복종' 연구는 인간의 행위를 설명하는 데 어떤 함의가 있는지를 설명하라.

11. 집단 혹은 타인들의 존재가 개인의 수행에 미치는 영향을 기술하라.

12. 몰개인화란 무엇인지 정의하고, 몰개인화로 인해 충동적이고 폭력적인 행동들이 발생하는 이유를 설명하라.

B형

1. 인상형성에 작용하는 효과들에 관한 설명 중 옳지 않은 것은?

① 도형자극과 배경자극은 동일한 정도의 주의를 끈다.
② 온정성(따뜻하다 – 차갑다)은 대체로 다른 인상정보들보다 가중치가 더 높다.
③ 부정적 인상정보는 긍정적 인상정보들보다 가중치가 더 높다.
④ 초기의 인상정보가 이후 인상정보 해석의 맥락을 형성하는 경향이 있다.

2. 복도에서 광수가 누군가를 한 번 밀치는 것을 본 것 때문에, '광수는 공격적 성향을 가졌다'고 결론을 내리는 우리의 경향성은 다음 중 무엇과 관계가 있는가?

① 확증오류　　　　② 고정관념
③ 기본 귀인오류　　④ 허위 일치성 효과

3. 김씨는 이번 국회의원 선거에서 여러 후보자 중 누구에게 투표를 할까 고민하던 중, 변호사 출신의 국회의원으로서 정치를 잘했던 A에 대한 과거의 기억이 떠올라, 이번 선거의 후보자들 중 변호사 출신인 K 또한 정치를 잘할 거라고 생각하며 그에게 투표를 하기로 작정하였다. 김씨는 다음 중 어떤 추론전략을 사용하였는가?

① 대표성 간편법
② 고정 및 조정 간편법
③ 가용성 간편법
④ 시뮬레이션 간편법

4. 태도의 특징에 관한 다음 설명 중 옳은 것들로 묶여진 것은?

> 가) 태도의 감정요소는 인지요소에 비해 단순하다.
> 나) 태도의 요소 중 감정보다 인지를 변화시키기가 더 어렵다.
> 다) 태도의 요소 중 인지보다는 감정이 행동에 미치는 영향이 더 크다.
> 라) 태도는 행동에 일방적으로 영향을 주며, 행동의 영향을 받지는 않는다.

① 가, 나　　　　② 가, 다
③ 나, 다　　　　④ 다, 라

5. 군에 입대하기 싫어했던 영구가 혹독한 군대생활을 하고 난 후에, 군생활을 통해 많은 것을 배웠고, 남자다워졌으며, 앞으로 웬만한 일은 잘 대처할 것 같다는 식의 긍정적 태도를 갖게 되었다. 이러한 그의 태도변화는 다음 중 무엇으로 가장 잘 설명이 되는가?

① 통제력의 착각　　② 복종
③ 인지부조화　　　　④ 귀인

6. 다음 중 효과적 설득에 도움이 되지 않는 것은 무엇인가?

① 대체로 공포나 불안과 같은 정서에 호소하는 메시지를 사용한다.
② 설득의 쟁점에 관해 정보를 많이 가진 수신자에게는 일방적 주장을 제시한다.
③ 사실과 통계에 기반을 둔 메시지를 사용한다.
④ 메시지를 가능한 한 여러 차례 반복하여 제시한다.

7. 문간에 발들여놓기 기법과 낮은 공 기법은, 치알디니가 주장한 다음의 응종유발원리들 중 무엇과 연관성이 있는가?

① 일관성 원리   ② 상호성 원리

③ 호감의 원리   ④ 희귀성 원리

8. 소수의 의견에 속하는 사람들이 다수의 의견을 가진 사람들에게 효과적으로 영향을 미칠 수 있는 조건에 해당하지 않는 것은?

① 소수가 일관성 있는 주장을 한다.

② 소수가 논리적 주장을 한다.

③ 쟁점이 되는 행동이나 태도 이외의 측면들에서는 소수가 다수와 유사하다.

④ 소수가 다수에게 부끄러움을 느끼게 한다.

9. 다음 중 밀그램의 복종실험과 유사한 상황에서, 권위인물의 명령에 대한 복종을 증가시키거나 감소시키는 조건들에 대한 옳은 설명으로 묶여진 것은?

> 가) 명령을 받는 개인들의 익명성이 커질수록 복종이 감소한다.
> 나) 개인적 책임이 면제되거나 분산되면 복종이 증가한다.
> 다) 명령자가 멀리 떨어져 있을수록 복종은 증가한다.
> 라) 명령자의 합법성이 감소할수록 복종도 감소한다.
> 마) 피해자와 처벌자의 물리적 거리가 멀수록 복종이 증가한다.

① 가, 나, 다   ② 가, 나, 마

③ 나, 다, 마   ④ 나, 라, 마

10. 사람들은 혼자 일을 할 때보다 옆에 다른 사람들이 있거나 혹은 다른 사람들과 함께 일을 할 때 수행이 더 좋아지는 경향이 있는데, 이 현상을 무엇이라 하는가?

① 집단극화   ② 동조

③ 사회적 태만   ④ 사회적 촉진

11. 사회적 태만의 방지책으로 적절하지 않은 것은?

① 집단의 크기를 가급적 확대한다.

② 개인별 노력이 평가되도록 한다.

③ 집단의 목표를 명확히 설정한다.

④ 우수한 수행에 보상을 해준다.

12. 집단사고적 의사결정을 예방하기 위한 효과적 방안들로 묶여진 것은 무엇인가?

> 가) 구성원들에게 익명으로 의견을 제시하게 한다.
> 나) 집단토의에 앞서, 리더가 구성원들에게 자신의 의견을 알려준다.
> 다) 집단을 여러 하위집단으로 나눠 토의한 후 함께 모여 차이를 조정한다.
> 라) 집단 외부 사람들의 의견은 분열을 초래하므로 배척한다.
> 마) 구성원들이 무기명 투표를 한다.

① 가, 나, 다   ② 가, 다, 마

③ 나, 다, 마   ④ 다, 라, 마

Chapter 8

임상 및 이상심리학

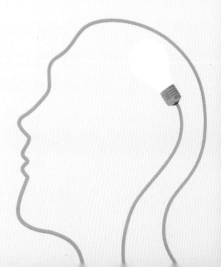

최근 20년 사이 국내에서 임상심리학에 대한 대중의 인지도는 상당히 높아져 여러 대중매체들에서 임상심리학자들의 활동을 직접, 간접적으로 접할 수 있게 되었다. 하지만 임상심리학의 인지도가 증가한 것에 비해 임상심리학자들이 구체적으로 어떻게 교육받고 훈련되며, 어떤 현장에서 무슨 역할을 하고 있는지에 대해서는 아직 잘 알려져 있지 않다. 본 장에는 임상심리학 분야에 대한 정의, 임상심리학의 주요 이론적 접근, 임상심리학자의 주요 역할과 전문적 훈련 모델, 그리고 임상심리학 내의 다양한 하위 전문분야에 대해 대략적으로 소개할 것이다. 또한 임상심리학의 핵심 관심사인 정신건강의 관점에서 이상심리의 개념적 정의, 다양한 형태의 이상심리를 증상으로 보이는 주요 정신장애에 대해 소개할 것이다.

8.1. 임상심리학의 기초

임상심리학이란 무엇인가?

임상심리학은 기초 심리학 분야에서 밝힌 인간의 정서, 인지, 행동의 기본 원리를 활용하여 심리적 부적응 문제나 정신장애를 지닌 사람들의 적응과 회복을 돕기 위한 응용심리학의 한 분야이다. 임상심리학자들은 심리적 문제를 겪고 있는 사람들이 문제를 해결하고, 보다 적응적으로 변화해 갈 수 있도록 돕는 일을 한다. 이를 위해 임상심리학자들은 각 개인의 생물학적 요인과 심리사회적 요인을 고려하여 호소하고 있는 문제를 다각적으로 평가하고, 진단하며, 치료한다. 또한 인지심리학, 성격심리학, 사회심리학, 생물심리학, 학습심리학, 발달심리학 등 심리학의 각 분야에서 수립된 이론과 원리들에 기초하여 개인이나 집단이 겪고 있는 심리적 문제를 적절히 평가하거나 치료할 수 있는 기법들을 개발하고 그 임상적 유용성을 확인하는 연구를 수행한다. 임상심리학에서는 이미 발생한 정신장애 혹은 심리적 부적응 문제를 평가하거나 치료하는 데에만 중점을 두지 않고, 각종 정신건강 문제들을 예방하는 방안을 마련하는 데에도 관심을 갖는다.

임상심리학자의 활동 장면

임상심리학자는 아동, 청소년에서 노인에 이르기까지 다양한 연령대의 개인들을 대상으로 하고, 심리적 어려움을 가지고 있는 그 당사자뿐만 아니라, 가족들, 교육 관계자, 다른 분야의 전문가들, 혹은 지역사회 전체를 대상으로 정신건강과 관련된 다양한 서비스를 제공한다. 현대 임상심리학의 아버지로 불리는 위트머가 1896년에 펜실베니아 대학에 학습장애아를 위한 최초의 심리클리닉을 열고 The Psychological Clinic이라는 첫 번째 심리학 학술지를 출간하면서 심리적 부적응을 겪고 있는 사람들을 과학적으로 평가하고 치료하는 전문 분야로서 임상심리학이 시작되었다. 이후 두 차례의 세계대전을 겪으면서 신병모집과 병력배치를 위해 심리검사에 대한 필요성이 커지고, 참전 군인들의 심리적 후유증 개선을 위해 심리치료 전문 인력의 수요가 증가하면서 이를 배경으로 임상심리학은 비약적인 발전을 이루었다. 이처럼 임상심리학이 태동하던 20세기 전반에는 임상장면에서 심리적 문제에 대한 평가와 치료를 담당하고, 그리고 정신장애의 다양한 증상을 과학적으로 이해하기위한 정신병리 연구를 수행하는 것이 임상심리학자들의 주요 업무였던 데 비해, 오늘날에는 보다 다양한 장면으로 임상심리학자의 활동 영역이 확장되고 있다.

국내에서 임상심리학자들이 활동하는 주요 장면은 한국임상심리학회 홈페이지(http://www.kcp.or.kr)의 구인게시판에 게시된 각종 구인공지에서 확인해볼 수 있다. 임상심리학자들은 의료기관 내에서는 정신장애를 전문으로 하는 정신건강의학과는 물론이고 심리기능의 손상을 겪거나 심리적 부적응과 발달 문제에 취약한 환자들을 다루는 신경과, 재활의학과, 소아청소년과, 암 전문병원 등에서 활동하고 있다. 정신보건법에 근거하여, 정신장애인의 사회복귀 및 재활을 돕고 지역사회의 정신건강을 증진시키고 정신장애를 예방하는 것을 목적으로 국가에서 관리하고 있는 정신건강증진센터도 임상심리학자들이 활동하는 주요장면이다. 의료기관과 함께 개인 상담 센터를 개업하는 것도 임상심리학자의 전통적인 활동 장면중 하나이다. 최근에는 학생정신건강에 대한 인식이 증가하면서 대학을 중심으로 운영되던 학생상담 전문기관이 초중고까지 확장되어 Wee 센터가 운영되고 있는데, 임상심리학자들도 이러한 기관에서 주요 전문 인력으로 참여하고 있다. 아동학대, 가정폭력, 이혼률의 증가, 보험수급관련 분쟁, 정신장애인의 범죄행동 등이 사회적 쟁점으로 떠오르면서 법원, 교정기관, 치료감호소 등 법 관련 기관에서도 임상심리학적 서비스의 수요가 증가하고 있다. 직장에서 직원들의 복리후생에 대한 관심이 증가하면서 각급 기업체에서도 직원들의 정신건강문제를 책임질 임상심리학자들에 대한 수요가 점차로 증가하는 추세이다. 경마와 카지노와 같은 사행성 산업의 발달은 필연적으로 도박중독의 증가로 이어지고, 인터넷 매체의 발달과 모바일 기기의 보급증가는 인터넷 관련 중독의 문제를 심화시키고 있어 임상장면에서 중독에 대한 관심도 증가하고 있다. 이에 각종 중독 전문기관들에서 임상심리학자의 수요도 증가하고 있다. 그 밖에도 임상심리학자들은 군대, 심리검사 전문회사, 심리자문 전문회사 등 다양한 장면에서 기초 심리학적 지식과 심리평가 및 심리치료에 대한 전문지식을 활용하여 다양한 업무를 수행하고 있다.

임상심리학자의 활동과 수련모델

임상심리학자들이 다양한 장면에서 펼치는 주요 활동으로는 심리평가와 심리치료, 각종 임상심리학적 주제들에 대한 연구와 교육, 자문을 들 수 있다.

심리평가

심리평가는 심리적 문제를 호소하는 개인에게 적절한 진단을 내리고, 그에 따라 치료를 계획하고, 추후 경과가 어떻게 진행될지 예측하기 위해 다양한 정보를 수집하여 평가하는 과정이다. 임상심리학자들이 활동하는 다양한 장면에서 심리평가 기술은 도움을 필요로 하는 개인의 심리적 특성을 효율적으로 파악하여 전문적 개입의 방향을 잡는 데 도움이 된다. 심리평가의 목표는 개인이 현재 겪고 있는 문제에 기여하는 생물학적, 심리적, 사회적 요인들을 종합적으로 이해함으로써 개인의 상황을 객관적으로 판단하고, 궁극적으로는 그 사람에게 가장 도움이 될 만한 최선의 중재계획을 마련하는 것이다. 객관적이고 정확한 심리평가를 위해 자료를 수집하는 방법에는 환자와 보호자의 면담, 심리검사, 행동관찰, 환자와 관련된 각종 기록 검토 등이 있다. 이와 함께 수집된 다양한 평가 정보를 통합하여 한 개인에 대한 총체적인 이해에 도달하기 위해 임상가는 정신병리학, 심리평가, 심리치료에 대한 전문적 지식을 갖추고 있어야 한다.

면담은 환자 본인과 부모, 배우자, 동료, 교사 등 환자에 대해서 잘 알고 있는 정보제공자를 대상으로 직접적인 대화를 통해 환자와 관련된 정보를 수집하는 방법이다. 평가면담에서 수집된 정보들은 전체 평가 과정을 어떻게 진행할지 방향을 제시할 수 있고, 과거의 사건이나 실생활에서의 모습과 같이 현재 평가 장면에서는 수집할 수 없는 다양한 영역의 정보들을 수집할 수 있다. 평가 면담에 포함되는 내용은 대상자의 특성이나 평가 목적에 따라 조금씩 다르지만 통상적으로 다음과 같은 내용들이 포함된다: 전문적 도움을 찾게 된 주된 사유, 중요한 대상들과의 대인관계 양상, 출생부터 현재까지 발달력과 주요 개인사, 환자 본인과 가족 및 친척들의 주요 병력 정보. 현 상황에서 유사한 증상을 보인다고 해도 그러한 문제를 갖게 되기까지의 과정과 관련 상황에 따라 그 문제는 다르게 이해될 수 있다.

심리검사는 제한된 시간동안 개인의 심리적 특성을 효율적이고 객관적으로 측정할 수 있는 도구이다. 현재 인지기능, 사고의 특성, 정서적 상태, 성격적 구조 등을 평가할 수 있는 다양한 종류의 심리검사가 개발되어 있다. 일상생활에서 경험하는 바를 주관적으로 보고하는 형식의 심리검사가 있는가 하면, 심리검사장면에서 특정 과제를 주고 수행해내는 양상을 통해 심리적 특성을 추정하는 형태의 심리검사도 있다. 심리검사는 특정 측면의 심리적 특성을 추정하기 위해 해당 특성을 잘 반영하는 대표적인 반응을 표집하는 평가도구이다. 따라서 일회적인 심리검사 결과를 통해 개인에 대해 정확한 판단을 할 수 있으려면, 심리검사는 신뢰도, 타당도와 같은 심리측정적 요건을 충족해야 한다. 신뢰도란 측정도구가 일관성있고 안정적인 결과를 제공하는 정도를 나타낸다. 즉, 심리검사가 언제 실시되어도, 또한 검사 문항이 조금 다르게 구성되어도, 누가 검사를 실시하고 채점하든지 상관없이 비교적 일관된 결과를 제시한다면 그 검사는 신뢰도가 높은 검사라고 할 수 있다. 검사하고자 하는 속성이 실제로 변한 것이 아닌 한 그 속성을 측정하는 검사 결과가 일관되게 나올 때 그 결과를 신뢰할 수 있을 것이다. 타당도란 측정도구가 측정하고자 하는 표적 영역을 충실하게 측정하는 정도를 말한다. 타당도는 검사가 측정하고자 하는 심리적 특성에 대한 이론적 구조를 얼마나 잘 반영하는지, 관련된 행동이나 특성을 얼마나 정확하게 예측하는지, 해당 영역을 측정하고 이미 타당화된 검사들과의 관련성이 얼마나 큰지를 확인함으로써 검토할 수 있다. 검사를 실시하는 구체적인 절차와 채점 기준을 제시하고, 해석의 표준을 마련하는 표준화과정은 검사의 신뢰도와 타당도를 향상시키기 위해 반드시 필요한 과정이다. 특히 개인의 검사 점수의 의미를 적절하게 해석할 수 있도록, 검사용도에 맞는 관심집단을 대표하는 표본을 대상으로 규준 자료를 수집하여 해석 기준이 되는 규준을 제공해야 한다. 예컨대, 노인들의 기억력을 평가하기 위한 검사를 개발하였다면, 해당 검사를 노인들을 대상으로 실시하여 규준 자료를 수집하고 특정 연령 집단에서 각 점수에 해당하는 백분위나 표준점수를 제공함으로써 검사 대상자인 특정 노인의 점수가 동일한 연령집단 내에서 어느 정도 위치에 해당하는지 판단할 수 있도록 해야 한다.

환자가 일상생활이나 심리평가 상황에서 드러내는 행동들을 면밀하게 살펴보는 행동관찰도 그 사람의 심리적 특징에 대한 정보를 줄 수 있다. 일상생활에서 나타나는 문제 행동은 면담이나 심리검사 중에도 드러나기 쉬운데, 평가 상황에서 관찰된 행동들은 특히 일상생활에서 이와 유사한 상황의 행동을 반영하기 쉽다. 예컨대, 심리평가 중 관찰된 행동은 친숙하지 않은 사람과의 상호작용, 긴장한 상황에서의 행동 양상, 해결해야 할 과제에 직면했을 때의 행동 양상 등을 반영할 수 있다. 아동이 학교에서 또래나 교사와의 상호작용에서 보이는 문제 행동처럼 임상평가 장면에서는 관찰할 수 없는 행동을 평가하기 위해서 실생활 장면에서 행동을 관찰하고 기록하는 자연관찰을 수행하기도 한다. 또한 불규칙적으로 드물게 발생하는 행동이나 특정 유형의 생각과 같이 표면적으로 드러나지 않는 행동을 평가하기 위해서는 스스로 그 행동을 관찰하여 기록하도록 하는 자기 관찰(self monitoring) 방법을 사용하기도 한다.

심리치료

심리평가를 통해 환자의 문제를 전반적이고 통합적으로 이해하게 되면, 이를 바탕으로 임상가는 적절한 진단을 내리고 문제를 극복하거나 완화시킬 수 있도록 전문적 도움을 제공할 수 있다. 심리치료는 심리학적 원리를 적용하여 심리적 문제를 가지고 있는 사람들이 행동, 인지, 정서, 성격적 특성을 보다 적응적인 방향으로 수정할 수 있도록 전문적으로 도와주는 다양한 형태의 임상적 개입을 말한다(Nocross, 1990). 심리치료의 구체적인 기법은 이상심리와 심리치료에 대한 이론적 접근에 따라 다양하다. 여기서는 여러 심리치료에서 공통적으로 나타나는 특징과 절차에 대해서만 소개하겠다.

심리치료가 심리적 문제에 얼마나 도움이 되는지는 치료 대상과 구체적인 치료방법, 치료자의 전문적 역량에 따라 달라질 수 있어서 단순하게 결론짓기 어렵다. 하지만 메타분석이라는 분석기법을 이용하여 심리치료의 효과에 관한 많은 연구들을 통합하여 분석한 연구들은 심리치료를 받는 것은 대체로 치료를 받지 않는 것보다는 심리적 문제를 완화시키는 데 도움이 되며, 특정한 유형의 심리치료가 다른 유형의 심리치료보다 더 효과가 좋다고 보기는 어렵다는 결론을 일관되게 내리고 있다. 심리치료의 유형에 상관없이 심리치료가 유사한 정도의 효과를 갖는다면, 이론적 관점이나 치료 기법을 불문하고 그러한 효과를 낳는 공통의 요인은 무엇일까? 다양한 요인들이 심리치료 효과의 공통 요인으로 제안되어 왔는데, 램버트와 오글레스(2004)는 심리치료 효과와 관련된 치료적 공통요인들을 치료과정에서 발생하는 순서에 따라 분류하였다. 치료 초반에 치료자와 환자 간에 긍정적인 치료적 관계가 형성되면, 이를 기반으로 환자의 신념과 태도가 변화하고, 나아가 심리적 통찰로 이어진다. 환자 내면에서 일어나는 이러한 변화는 다시 환자가 행동적 변화를 위해 노력하도록 이끌 수 있다.

치료자는 환자를 수용하고 존중하며, 내담자에 대해 따뜻하고 진심어린 관심을 가지고 있어야 할 뿐만 아니라, 환자의 문제를 함께 해결해 나갈 수 있는 전문적 지식과 경험을 갖추어야 한다. 환자와 치료자는 상호신뢰를 바탕으로 환자의 문제 개선이라는 공통의 목표를 가진 치료적 동맹을 형성하게 되는데, 치료적 동맹은 심리치료의 가장 중요한 성공요인으로 꼽힌다. 서로 협력적인 치료적 관계 속에서 환자는 심리적 안전감을 느끼고 자신의 문제나 어려움을 털어놓을 수 있다. 이러한 과정에서 환자는 카타르시스라는 감정의 해소를 경험하게 되는데, 심리치료 중에 자신의 감정을 표현하는 경험 역시 중요한 치료적 요인 중 하나다. 환자는 치료자와의 상호작용과정에서 자신의 문제의 기원이나 특징에 대해 명확히 인식할 수 있게 되는데 이를 통찰이라고 한다. 자신의 문제에 대한 통찰이 자동적으로 긍정적인 변화로 이어지는 것은 아니지만 문제에 대한 정확한 이해는 적어도 변화와 문제 해결의 시발점이 될 수 있다는 점에서 심리치료 효과의 중요한 요인이 된다. 심리치료과정에서 환자가 통찰을 가지고 자신의 문제에 직면하고 문제 개선을 위해 다양한 시도를 해보는 것은 문제에 보다 잘 대처할 수 있다는 유능감과 통달감을 경험하게 한다. 심리치료 중에 경험한 유능감과 통달감은 추후 동일한 문제에 직면했을 때 보다 적응적으로 대처하는 데 도움이 된다.

심리치료의 과정은 각 사례마다 조금씩 다르지만, 일반적으로는 초기 자문, 문제에 대한 평가, 치료목표 설정과 실시, 치료 효과 평가와 종결, 추적 회기 진행의 단계로 이루어진다. 초기 자문 단계는 환자와 치료자가 서로 '함께 치료를 진행하는 것이 바람직한가'에 대해 탐색하는 단계이다. 이 단계에서는 환자는 치료를 받으러 오게 된 이유와 심리치료에 거는 기대에 대해 이야기하고, 환자의 필요와 치료자의 전문성 간의 적합성을 따져본다. 이러한 과정을 거쳐 함께 심리치료를 진행하기로 결정하면, 치료자는 환자를 진단하고 치료방향을 설정하기 위해 집중적인 평가를 실시한다. 평가단계는 다양한 심리평가방법을 활용하여 문제의 특성, 문제의 원인과 유지요인, 효과적인 치료전략에 대한 단서를 얻는 과정이다. 평가 결과에 기초하여 치료자와 환자는 치료 목표를 설정하고 이에 도달하기 위한 계획을 수립한다. 구체적으로 적용되는 치료 방법은 환자의 주요 문제, 치료 목표, 치료자의 이론적 지향성에 따라 달라진다. 환자 개인을 대상으로 한 인지행동치료와 가족치료를 결합하는 것과 같이 때로는 한 환자에게 여러 치료를 병행할 수도 있다. 심각한 정신장애를 가지고 있는 환자들은 임상심리학자로부터 심리치료를 받는 것과 함께 정신건강전문의로부터 약물치료를 받는 경우가 비교적 흔하다. 심리평가는 심리치료를 시작하여 진행하는 중에도 필요에 따라 이루어지는데, 평가 결과에 기초해서 진행 중인 치료의 효과를 검토할 수도 있고 때로는 치료의 변경이나 종결을 고려하게 된다. 치료의 목표가 달성되었다고 판단되거나 다른 사정이 생겨 치료를 지속할 수 없을 때, 심리치료는 종결된다. 종결의 이유가 무엇이든 상관없이 종결회기에서는 치료를 통해 개선된 점과 아직 남아있는 문제에 대해 다루고, 추후에 같은 문제가 반복되지 않기 위한 전략 등에 대해서 논의해야 한다. 또한 가능하다면 종결 이후 일정 기간이 지났을 때 다시 만나는 추적 회기를 계획하여 치료효과의 지속성이 확인하는 것이 좋다.

이제까지 임상심리학자의 주요 실무 영역인 심리평가와 심리치료에 대해 간단히 살펴보았다. 그 외에도 임상심리학자들은 정신건강 문제와 관련된 연구와 교육에 참여하며, 자문활동을 한다. 임상심리학자들은 우울, 불안, 섭식장애, 발달장애, 조현병 등 다양한 정신장애의 위험요인과 보호요인에 대해 연구하고, 임상장면에서 필요한 새로운 심리검사 도구를 개발하고 그 유용성을 평가하는 연구도 수행한다. 그리고 특정 임상문제에 어떤 평가도구와 치료기법이 더 효과적인지를 규명하는 연구도 수행한다. 또한 임상심리학자들은 각급 대학과 대학원, 정신건강관련 기관 등지에서 임상심리학적 전문지식을 가르치고 임상훈련 과정을 지도 감독하는 교육에도 참여하고 있다. 그 밖에도 일반대중, 타 분야의 전문가, 기업 등을 대상으로 정신건강 및 임상심리학적 주제에 대한 교육과 자문을 제공한다.

과학자-임상가 모델

앞에서 살펴본 임상심리학자의 다양한 활동을 효율적으로 수행할 수 있으려면, 임상심리학자는 임상실무를 전문적으로 수행할 수 있어야 함은 물론이고, 임상실무와 관련된 다양한 주제들에 대한 연구를 직접 수행하거나 다른 사람들의 연구 결과를 이해하여 임상실무에 접목시킬 수 있어야 한다. 따라서 임상심리학자를 양성하는 교육과정은 임상실무능력과 과학적 연구역량을 모두 강조하고 있다. 1949년 미국 콜로라도 볼더에서 개최된 회의에서 정의된 과학자-임상가 모델(scientist-practitioner model)은 60여 년이 지난 지금까지도 임상심리학자 훈련 프로그램에 주요 지침이 되고 있다. 이 모델에서는 임상심리학자가 과학자로서의 자질과 임상가로서의 실무 능력을 모두 갖출 것을 강조하고 있는데, 먼저 대학의 심리

학과에서 심리학자로서의 연구 능력을 갖추고, 그 다음 임상현장에서 임상 실무에
대한 수련을 받도록 하고 있다. 또한 임상심리학자는 심리적 문제를 진단하고, 심
리치료를 실시하고, 연구를 수행하는 능력을 모두 가지고 있어야 함을 강조한다.
이에 미국에서는 임상심리학자가 되기 위해서 대학원 교육 과정을 통해 박사학위
를 취득하고, 1년간 임상 수련을 받는 것을 필수로 하고 있다. 볼더 회의 이후 현
재까지 과학자로서의 연구 역량과 임상가로서의 실무 역량의 중요도에 대해서 이
견이 분분하기도 했지만, 아직도 두 역량은 임상심리학자의 훈련 모델에서 동등하
게 강조되고 있다. 국내에서는 임상심리학자가 되는 과정을 미국과는 다르게 규정
하고 있는데, 자격의 종류에 따라 수련요건을 차별적으로 규정하고 있다. 하지만

Box 8.1.

근거기반실무(Evidence-Based Practice)

근거 기반 실무의 개념은 의학 분야에서 근거기반의료(evidence-based medicine)라는 개념으로 시작되어 간호학, 심리학, 교육학, 사회복지학 등 환자나 내담자들에게 도움을 제공하는 실무와 관련된 영역들로 확산된 개념이다. 근거기반실무는 모든 환자들은 가능한 가장 효과적인 개입을 제공받아야 한다는 윤리적 원칙하에 개입의 효과성을 입증하는 근거의 수준과 질에 대한 기준을 제시하고 있다. 또한 각 환자 혹은 내담자의 문제에 대한 평가나 치료방법과 같은 임상적 결정을 내릴 때, 어떤 방법이 효과적인지에 대한 객관적이고 과학적인 근거와 함께 임상가가 그 방법을 얼마나 숙련되게 적용할 수 있는지, 혹은 환자나 내담자 개인의 선호와 상황을 고려해야 한다고 제안한다. 이 개념에 따르면 임상가는 효과가 입증된 최선의 도움을 제공하기 위해 새로운 연구 결과에 대한 전문지식을 계속적으로 보완해야 한다. 임상심리학 영역에서는 '경험적으로 지지된 치료(Empirically Supported Treatments, Chambless & Hollon, 1998)'라는 개념으로 특정 정신장애나 심리적 문제에 대한 효과성이 경험적(과학적)으로 지지되고 있는 심리치료를 권장하는 움직임으로 도입되기 시작했다. 이를 위해 미국심리학회의 임상심리학 분과에서는 치료효과를 지지하는 연구들을 적극적으로 소개하고 치료의 질을 보장하기 위해 치료매뉴얼을 공유하고 해당치료법을 훈련받을 수 있는 수련 정보들을 제공하는 등 다각적으로 노력해왔다. 이에서 확장되어 임상심리학자들의 또 다른 실무 영역인 평가 영역에서도 근거기반평가 개념이 도입되고 있다. 근거기반 평가에서는 평가 목표, 평가방법, 평가 시 사용할 검사, 진행 방식 등을 선택하는 데 있어서 관련된 연구 결과와 이론을 기반으로 할 것으로 강조하고 있다. 임상심리학 분야에서 근거기반실무는 정신건강 관련 실무에서 전문가로서 임상가의 책무성을 개선하고 이를 위해 임상가는 최신 연구결과에 대해 지속적으로 학습해야 함을 강조한다. 또한 임상심리학자는 과학자로서 심리치료의 효과와 심리평가의 유용성에 대한 양질의 연구를 통해 우수한 경험적 증거를 제공할 수 있어야 하고, 임상실무가로서는 좋은 경험적 증거를 가진 심리치료와 심리평가 도구를 배우고 교육시키는 데 적극적으로 노력해야 한다.

임상심리학자가 되기 위해서 연구역량과 실무역량이 모두 필요하다는 과학자-임상가 모델의 관점은 국내에서도 널리 받아들여지고 있다. 임상심리학자가 되기 위한 구체적인 과정은 한국임상심리학회 홈페이지에 안내되어 있다.

임상심리학의 하위 전문 영역

모든 임상심리학자들은 공통적으로 심리적 문제의 평가와 진단, 심리치료, 연구와 관련된 전문교육과 임상훈련을 받는다. 이러한 임상심리학의 공통 영역 이외에 임상심리학 분야에는 보다 심층적인 교육과 훈련이 요구되는 여러 하위 전문 영역들이 있다. 각 전문 영역에서는 임상심리학적 전문지식과 실무 능력 외에도 해당 전문 영역에 특화된 지식과 경험이 필요하다. 하위 전문 영역들 중 대표적인 영역들을 소개하겠다.

지역사회심리학

임상심리학은 개개인에 초점을 두고 개인 수준의 개입을 통해 변화를 도모하는 분야이지만, 사회적 요인이 각 개인의 문제에 미치는 영향에 대해서도 오랫동안 주목해 왔다. 특히 지역사회 심리학은 개인의 정신건강 문제의 발생과 회복에 있어서 사회적 환경과 제도의 영향을 강조하고, 이러한 사회적 요인이 개인과 집단에 영향을 미치는 방식에 대해 연구하는 분야이다.

1950년대에 주요 정신장애의 핵심 증상에 효과적인 몇 가지 정신과 약물들이 개발되었다. 이러한 약물들로 심각한 증상들이 어느 정도 조절이 가능해지면서, 서구 선진국에서는 만성 정신장애 환자들을 장기간 정신병원에 수용하기보다는 지역사회로 복귀시켜 재발하지 않고 건강하게 지내도록 돕는 것에 대한 관심이 증가하였다. 나아가 정신건강에 해로운 사회적 환경을 변화시키고, 정신건강 문제에 취약한 대상들을 지원하는 방법을 모색하기 시작하였다. 지역사회심리학은 이처럼 치료모형을 강조하기보다는 정신장애의 예방에 초점을 두는 분야로서 지역사회 전반의 정신건강 증진을 강조하고 모든 사람들에게 건강한 환경을 조성하는 역할을 수행한다(Trickett, 2009). 국내에는 서구보다 훨씬 뒤인 1995년에 정신보건법 제정과 함께 지역사회정신보건 개념이 본격적으로 도입되기 시작하였다. 이후 서울을 비롯한 여러 지역에 정신보건센터가 확산되었고, 이를 주축으로 정신건강 문제 예방을 위한 다각적인 노력이 이루어지고 있다. 정신건강문제에 대한 예방적 노력은 크게 3가지 수준으로 구분할 수 있다. 1차 예방은 정신건강에 해로운 지역사회의 태도나 정책을 개선하는 것이다. 2차 예방은 정신건강 문제를 조기에 발견하고, 문제가 심화되어 치료가 힘들어지기 전에 개입하는 것을 포함한다. 3차 예방은 이미 정신장애가 발병한 경우라도 적절한 치료와 관리를 통해 정신건강 문제의 장기화를 방지하고 장애로 인한 추가적인 문제 발생을 예방하는 것이다. 정신건강의 중요성에 대한 사회적 인식이 증가함에 따라 지역사회심리학의 역할도 커질 것이다.

건강심리학

건강심리학은 심리학적 접근을 통해 건강과 질병과 관련된 문제들에 대한 심리적, 행동적, 사회적 요인들의 영향에 대해 이해하고 심리학적 원리와 기법을 통해 건강관련 문제를 가지고 있는 이들을 돕는 분야이다. 건강심리학자들은 성격적 특성, 스트레스, 생활양식과 행동 습관, 사회적 지지와 같은 심리사회적 요인들과 건강 간의 관계를 규명하고, 이에 대한 평가와 개입을 통해 다양한 건강 문제에 관여한다. 또한 질병을 예방하고 악화를 방지하기 위한 방안을 마련하는 데에도 심리학적 지식을 활용한다. 건강심리학자들은 질병 예방의 측면에서 사람들이 건강한 생활양식을 가지고 살 수 있도록 돕고, 이미 건강 문제를 가지고 있는 환자들이 질병에 보다 잘 대처할 수 있는 전략을 개발하거나, 증상의 악화를 최소화하는 데 중점을 둔다.

건강심리학에서는 만성통증, 비만, 흡연, 알코올 남용과 같이 신체질병과 밀접한 관련이 있으면서 동시에 심리적 요인의 영향을 받는 다양한 문제들에 관심을 갖는다. 스트레스는 수많은 신체적, 정신적 건강 문제의 발생과 유지에 영향을 미치는 것으로 알려진 대표적인 요인이다. 따라서 스트레스를 효과적으로 관리하는 것 역시 건강심리학자들의 주요 관심사 중에 하나이다. 건강심리학자들은 의학적 모델과 심리사회적 모델을 통합한 생물심리사회적 모델에 입각하여 환자의 건강 문제와 관련된 생물학적 요인, 심리적 요인, 사회적 요인을 파악하고 그에 적합한 중재방안을 계획하고 실행하는 데 참여한다.

신경심리학

신경심리학은 뇌와 행동 간의 관계에 대한 연구하는 심리학의 하위 분야로서 뇌 기능이 심리기능과 행동에 미치는 영향에 대한 초기 연구들이 주로 뇌 손상 환자들을 대상으로 이루어졌다는 점에서 임상심리학과 밀접한 관계가 있다. 신경심리학자들은 뇌-행동 간의 관계에 대한 연구결과를 기반으로 개발되어 표준화된 신경심리검사를 이용하여 뇌 기능 문제가 의심되는 환자를 평가하고 구체적인 문제를 진단한다. 또한 그 결과에 기초해서 치료적 전략을 세우고, 교육적, 사회적, 직업적 기능을 예측하여 그에 따라 적절한 개입을 계획할 수 있도록 돕는다. 신경 심리학자들은 아직 밝혀지지 않은 뇌와 행동 간의 관계를 규명하고자 다양한 연구 에도 참여한다. 이러한 역할을 수행하기 위해서는 심리평가, 심리치료, 정신 병리 와 같은 일반적인 임상심리학 지식 외에도 신경해부학, 신경병리학, 인지신경과학 등의 전문지식이 요구된다.

뇌 손상을 평가할 만한 신경 진단 기술이 발달하지 않았던 과거에는 신경심 리평가가 뇌 손상을 평가하는 중요한 수단이었다. 하지만 최근 자기공명영상, 양 전자 방출 촬영, 컴퓨터 단층촬영, 뇌파 검사와 같은 뇌 영상 기법들이 비약적으 로 발달하면서 뇌 손상 여부를 보다 직접적으로 확인할 수 있는 가능성이 높아졌 다. 그렇다고 해서 신경심리평가가 필요 없어진 것은 아니다. 뇌 손상이 확인되더 라도 그것이 행동에 미치는 영향에는 개인차가 있어서 기능 손상의 정도를 판단하 는 데 있어 신경심리평가는 여전히 중요한 역할을 하고 있다. 신경심리학 분야에 서는 뇌 기능에 영향을 미칠 수 있는 모든 임상적 문제에 관심을 두고 있는데, 각 종 뇌 손상, 알츠하이머성 치매를 비롯한 퇴행성 뇌질환, 반복적인 발작을 특징으 로 하는 뇌전증 등의 문제를 가지고 있는 환자들은 신경심리학에서 관심을 가지는 주요 임상 집단이다. 뇌 기능의 문제는 주의, 지각, 언어, 기억, 시공간 능력, 추론 능력 등과 같은 인지기능의 변화뿐만 아니라 정서나 성격기능의 변화도 초래할 수 있다. 신경심리학자들은 신경심리검사를 포함한 다양한 심리평가 절차를 통해 이 러한 심리적 기능의 변화 정도를 파악하고, 재활과 심리치료기법을 통해 뇌 기능 손상으로 인한 다양한 문제들을 극복할 수 있도록 개입한다.

법정심리학

법정심리학은 심리학적 이론과 방법을 법률적 쟁점에 적용하는 분야로서 심 리학적 전문 지식이외에도 법과 사법체계에 대한 이해가 필요한 영역이다. 법정심 리학 분야에서 임상심리학자들은 심리평가, 전문가 증언, 위험성 평가, 심리치료, 자문 등의 방법을 통해 법률적 쟁점에서 전문성을 발휘한다.

정신장애, 지적 장애, 의식장애 등 심리적 문제로 인해 사물에 대한 분별력이 없거나 의사 결정능력이 손상된 상태를 심신상실이라고 하는데, 심신상실을 이유로 범행에 대한 법적 책임이 없음을 주장하는 것을 정신이상 항변이라고 한다. 법정심 리학자들은 심리평가와 임상면담을 이용하여 범죄자가 범죄 당시 자신의 행동의 옳

Box 8.2.

정보통신 기술과 심리치료

인터넷과 모바일 통신 기술의 발달과 확산은 우리의 일상생활에 큰 변화를 가져오고 있다. 정신건강 분야에서는 심리치료의 접근성을 증가시키기 위해 모바일 통신 기기나 컴퓨터를 활용한 인터넷 기반 심리치료 개발에 관심을 보이기 시작하였다. 최근 다양한 심리적 문제를 표적으로 한 인터넷 기반 심리치료가 개발되어 그 효과가 검증되고 있다. 인터넷 기반 심리치료는 웹사이트, 화상상담, 이메일이나 채팅, 소셜네트워크서비스(Social Networking Service, SNS) 등 다양한 형태로 개발되고 있다. 보다 최근에는 가상현실 기술이 발달되면서 그 활용가능성이 더욱 확장되고 있는 상황이다. 인터넷 기반 심리치료는 높은 접근성 외에도 익명성 보장, 비용절감의 잠재성을 가진다(이동훈·김주연·김진주, 2015).

인터넷 기반 심리치료를 개발하여 효과를 검증한 국내의 한 예를 살펴보자, 사회불안장애가 있는 이들을 대상으로 개발된 인터넷 기반 자가치료 프로그램이 있다(안정광·권정혜·윤혜영, 2014). 총 8회기로 구성된 이 프로그램은 사회공포증의 면대면 집단프로그램에서 입증된 인지행동 치료 요소인 인지 재구조화와 노출 훈련을 포함하고 있다.

인지 재구조화 회기에서는 사회불안장애와 관련된 부정적 인지와 인지 오류를 탐색하고 수정하는 내용으로 구성되고, 노출회기에는 발표나 면접 상황이 연출될 수 있도록 화면에 제시된 청중들을 보고 그 상황에서 임하는 모습을 녹화하여 게시판에 업로드하여 치료진과 공유하도록 했다. 대기 통제집단의 환자들과 비교하여 치료집단의 사회불안장애 환자들은 사회적 회피와 불편감, 사회공포증 증상이 유의하게 감소하는 것으로 나타났다(아래 그래프).

직접 환자와 치료자가 대면하는 심리치료와 비교하여 인터넷 기반 심리치료가 갖는 여러 가지 제한점도 있다. 환자의 특성에 따라 인터넷 기반 치료가 적절한 환자가 있는가 하면 그렇지 않은 환자들도 있을 것이다. 또한 아직은 이를 활용하여 개발된 프로그램의 종류도 많지 않은 실정이다. 그럼에도 불구하고 정보통신기술을 활용한 다양한 서비스가 우리 삶의 곳곳에 깊이 자리잡고 있음을 고려할 때 가까운 미래에는 인터넷 기반 심리치료를 비롯하여 정보통신 기술을 활용한 서비스가 정신건강 관련 분야에서도 중요한 역할을 하리라 전망된다.

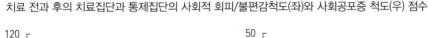

치료 전과 후의 치료집단과 통제집단의 사회적 회피/불편감척도(좌)와 사회공포증 척도(우) 점수

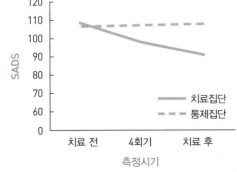

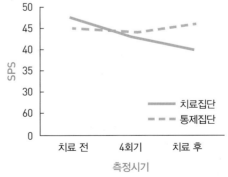

고 그름을 이해할 만한 능력이 있었을지 평가하고, 그 결과에 대한 전문가 증언을 제공할 수 있다. 이와 함께 범죄자의 재범 위험성을 평가하여 범죄자 관리에 관여하기도 한다. 법정심리학자들은 개인이 현재 재판을 받을 수 있는 정신적 상태에 있는지를 평가하기도 하며, 피해자의 정신적 손상 여부와 그 정도를 평가함으로써 피해보상과 관련된 증언을 제공하기도 한다. 법정심리학자들은 이혼과 같은 가정의 해체과정 중 발생하는 자녀 양육권 분쟁에서 관련 당사자들의 평가와 면담을 통해 누가 양육권을 가지는 것이 더 적절한지에 대한 전문적 자문을 제공할 수 있다. 때로는 심리치료가 필요하다고 판단되는 범죄자와 범죄 피해자들의 심리치료에 참여함으로써 범죄자의 재범 위험을 예방하거나 피해자들의 심리적 회복을 돕기도 한다.

8.2. 임상심리학의 주요 이론적 접근

어떤 학문 분야에서 이론적 모델은 연구해야 할 문제, 관찰할 대상, 탐색할 정보, 관찰된 사건에 대한 해석의 방향에 대한 지침을 제공한다. 임상심리학적 연구와 실무에 개념적 틀과 논리적 구조를 제공하는 주요 이론적 모형에는 생물학적 접근, 정신역동적 접근, 인본주의-실존주의적 접근, 행동주의적 접근, 인지적 접근 등이 있다. 이러한 이론적 모델들은 심리적 문제의 발생과 유지, 치료원리를 이해할 수 있는 논리적 설명을 제공한다.

생물학적 접근

생물학적 접근에서는 뇌, 신경화학물질, 내분비계 등 인간의 심리적 기능이 제대로 작동하기 위해 필요한 생물학적 기반에서의 비정상성에 주목하여 심리적 문제를 이해하고자 한다. 또한 유전, 바이러스 감염, 독소 노출과 같이 이러한 생물학적 기반의 비정상성을 초래하는 보다 근본적인 원인들에 관심을 갖는다. 생물학적 접근에서는 정신장애와 같은 심리적 문제의 원인을 생물학적 요인들에서 찾고, 생물학적 변화를 유도하는 치료방법으로 비정상적 심리기능을 정상적으로 변화시키고자 한다. 가장 보편적으로 사용되는 치료방법은 각종 정신과 약물치료를 통해 중추신경계에 신경화학적 변화를 유도하는 것이다. 약물치료보다는 드물게 적용되지만 전기충격, 뇌 자극 요법, 정신외과 수술 등도 생물학적 치료법에 해당한다.

정신역동적 접근

정신역동이론은 심리학 이론 중 가장 오래되고 잘 알려진 이론으로 사람의 행동은 모두 근원적인 심리적 에너지들 간의 상호작용의 산물이라고 보았다. 정신역동이론을 발전시킨 프로이트는 성격의 구조와 발달 과정에 대한 체계적인 이론을 발전시키고 이 이론의 틀에서 이상행동과 심리적 문제를 설명하고자 했다. 정신역동적 접근에 따르면 인간의 성격은 타고난 원초적 충동에 해당하는 원초아(id), 현실적 상황을 고려하여 자신의 욕구를 합리적이고 이성적으로 만족시키는 자아(ego), 부모와 사회로부터 습득하여 내면화된 사회적 규범과 양심의 측면으로 이에 상충하는 원초아의 충동을 억제시키는 역할을 하는 초자아(super ego)로 구성된다. 성격의 세 측면들은 의식적으로든 무의식적으로든 서로 상호작용하여 인간의 행동을 결정짓는데, 종종 서로 갈등을 일으키며 이러한 갈등이 지나치면 불안을 가져온다. 자아는 내적 불안을 경감시키기 위해 방어기제라는 것을 발달시키는데, 방어기제는 개인이 자각하지 못한 채 무의식적으로 작동한다. 정신역동 이론가들은 불안을 완화시키기 위해 발달한 방어기제가 무분별하고 부적절하게 작동하거나 원초아, 자아, 초자아 사이의 지나친 갈등으로 불안이 심화되면 심리적 문제가 발생한다고 보았다. 또한 심리적 에너지들 간의 갈등과 방어기제의 역기능은 생애 초기 부모-자녀 관계와 외상경험과 관련된다고 보았다. 프로이트는 발달단계에 따라 성적 에너지가 집중되는 부위가 이동한다고 주장하며 이에 따라 구강기(0~1.5세), 항문기(1.5~3세), 남근기(3~5세), 잠재기(5~12세), 성기기(12세~성인기)로 성격의 발단 단계를 구분하였다. 자녀의 욕구에 적절히 반응하여 양육하는 것은 각 발달단계에서 개인이 직면하는 심리적 도전에 성공적으로 적응할 수 있도록 도움으로써 성격의 성숙으로 이어진다. 하지만 부적절한 양육이나 외상 경험으로 심리적 욕구가 좌절되거나 지나치게 심리적 욕구에 몰두하게 되는 경우, 성격 발달의 문제를 일으킬 수 있다. 정신역동 이론에서는 심리적 문제를 초래하는 무의식적 동기와 갈등을 밝히는 것을 치료적 목표로 삼는다. 이를 위해 정신역동 치료자들은 심리치료과정에서 환자들이 과거 외상경험과 그에서 비롯된 내적 갈등에 대한 통찰을 얻을 수 있도록 돕는다. 통찰은 심리적 고통을 초래하는 감정, 사고, 행동의 무의식적 요인들을 이해하는 것으로, 치료과정에서 자유연상, 치료자에 대한 환자의 저항이나 꿈에 대한 해석과 같은 정신역동 치료기법들은 궁극적으로 환자들의 통찰을 촉진하기 위한 기법들이다.

인본주의-실존주의 접근

프로이트는 인간을 무의식 속에 자리 잡은 어린 시절 기억과 원초적인 충동에 의해 지배받는 수동적인 존재로 바라보았다. 반면 이후 출현한 인본주의와 실존주의에서는 인간을 보다 능동적인 삶의 주체로서 바라보았다. 인본주의-실존주의 접근에서는 현재 자신의 삶에 대한 주관적 경험과 자각, 자유의지, 의미 추구, 선택과 책임, 성장에 대한 긍정적 잠재력과 같은 인간 고유의 문제들에 관심을 둔다. 인본주의-실존주의 접근은 인간이 정서, 인지, 행동의 합 이상의 통합된 전체로서 삶의 의미를 추구하고 자기실현을 위해 끊임없이 노력하는 존재임을 강조한다. 또한 '여기 지금(here and now)' 개인이 경험하는 모든 것, 즉 '현상학적 장'이 개인의 행동을 결정한다고 보고 긍정적이든 부정적이든 자신의 주관적 경험을 온전히 자각할 것을 강조한다. 이 접근을 지향하는 전문가들은 인간 본연의 자기실현 욕구가 어떤 요인으로 인해 방해를 받고, 자신 현재의 감정, 사고, 행동을 있는 그대로 자각하지 못하는 것이 심리적 부적응을 초래한다고 본다. 따라서 치료 장면에서 과거보다는 '여기 지금'의 현재에 초점을 두어 환자가 자신의 욕구, 감정, 사고, 행동을 있는 그대로 인식하고 받아들일 수 있도록 하는 데 주력한다. 인본주의-실존주의 접근의 가장 대표적인 예는 로저스의 내담자 중심 접근이다. 로저스는 인간의 기본적 동기로서 무조건적 긍정적 존중을 받고자 하는 욕구와 자기실현에 대한 욕구를 강조하였다. 인간은 누구나 자기 삶에서 중요한 사람들 ― 예를 들어 부모 ― 로부터 조건없는 긍정적 존중을 받고자 하는 욕구가 있는데, 무조건적 존중을 받지 못하면 특정한 조건을 충족했을 때에만 가치있는 존재라고 여기는 조건적 가치를 습득하게 된다. 그런데 조건적 가치는 자기실현 동기와 불일치를 초래하여 개인의 성장을 방해하고 심리적 고통을 일으킬 수 있다. 예를 들어, 순수 예술을 통해 자기실현을 하고 싶은 자녀에게 부모가 경제적 안정성을 보장할 수 있는 진로를 선택할 것을 기대하고 자녀가 그러한 기대에 부응할 때에만 존중한다면 자녀는 심리적 갈등과 고통을 경험할 수 있다. 내담자 중심치료에서는 내담자가 가지고 있는 성장 잠재력을 끌어내어 주면 스스로 심리적 문제를 극복할 수 있다고 믿는다. 따라서 치료 장면에서 내담자가 자신의 있는 그대로 모습을 무조건적으로 수용할 수 있도록 지지적인 치료 분위기를 조성하는 것을 강조한다. 지지적인 치료분위기 조성을 위해 필요한 치료자의 특성은 (1) 정확한 공감적 이해, (2) 무조건적 긍정적 존중, (3) 일치성이다. 내담자 중심치료자들은 내담자의 말을 적극적으로 경청하고 내담자의 욕구, 감정, 상황에 대해 정확히 이해하고자 노력하며, 자신이 내담자를 이해하고 있음을 전달한다. 또한 내담자 중심 치료자는 아무런 조건 없이 내담자의 존재 자체를 존중하고 수용해줌으로써 성장을 향한 내담자의 내적 잠재력이 발휘될 수 있는 분위기를 만들어준다. 마지막으로 치료자는 내담자와의 상호작용 과정에서 일어난 자신의 행동, 감정, 태도를 숨기지 않고 진실되게 표현함으로써 궁극적으로 자신에게 진실되게 반응하는 사람이 있음을 내담자가 알게 한다. 로저스는 내담자가 치료자에게 부정적인 반응을 불러일으킬지라도 이를 숨기기보다 진실되게 반응하는 것이 오히려 내담자에게 위안이 되고, 내담자가 자신의 가치와 숨은 잠재력을 깨달을 수 있도록 자극할 것이라고 믿었다.

행동주의적 접근

행동주의 이론에서는 직접 관찰 가능한 행동과 환경의 자극에 초점을 두며, 인간의 다른 행동들이 그렇듯이 이상행동 역시 환경 속에서 고전적 조건형성, 조작적 조건형성, 모델링과 같은 학습의 원리를 통해 학습된 것이라고 주장한다. 행동주의 접근에서는 부적응적 행동을 학습의 원리라는 이론적 틀을 적용하여 평가하고, 치료적 목표를 부적응적 행동을 적응적 행동으로 수정하는 것에 둔다. 이를 위해 체계적 둔감법, 노출치료, 행동시연, 유관성 관리와 같이 학습의 원리에 기초한 다양한 행동치료 기법을 사용한다. 학습의 일반적 원리로 심리적 부적응을 이해하려는 행동주의적 접근의 시발점은 1920년대 왓슨과 레이너의 어린 알버트 실험으로 거슬러 올라간다. 이들은 흰쥐에 대한 공포가 없던 어린 알버트에게 파블로프식의 고전적 조건형성 절차를 통해 흰쥐에 대한 공포반응을 형성할 수 있음을 실험적으로 보여주었다. 알버트에게 흰쥐를 보여줄 때마다 깜짝 놀랄 만한 큰 소리를 반복하여 들려주자 알버트는 흰쥐에 대해 공포반응을 보임은 물론이고 흰쥐와 비슷하게 털이 달린 다른 동물이나 물건에까지 공포반응이 일반화되는 모습을 보였다. 반면, 존스(1924)는 공포반응을 유발하는 대상을 공포반응과 양립할 수 없는 상반된 반응—예를 들어 이완—을 유발하는 대상과 역조건형성시킴으로써 공포반응을 제거할 수 있음을 보여주었다. 고전적 조건형성을 통한 공포증의 습득과 역조건형성을 통한 공포증의 치료에 대한 이들의 연구 결과에 기초하여, 이후 월페(1958)는 공포증이나 불안장애를 겪는 환자들에게 유용한 행동치료 기법인 체계적 둔감법을 개발하였다. 이 기법은 긴장과 이완이 양립할 수 없다는 상호억제의 원리에 기초하며, 어떤 자극이나 상황에 대한 비정상적인 공포나 불안을 수정하기 위해 단계적 절차를 따른다. 환자들은 먼저 신체 근육을 긴장시키고 이완시키는 방법을 훈련받고 두 감각 간의 차이를 구별할 수 있도록 배운다. 그 다음으로 환자들은 치료자와 함께 자신이 갖고 있는 구체적인 문제와 그 문제가 발생하는 상황에 대해 탐색하면서, 공포나 불안 반응을 일으키는 다양한 상황을 공포나 불안의 수준에 따라 낮은 수준부터 높은 수준에 이르는 위계목록을 작성한다. 마지막으로 이완 상태에서 위계목록의 상황을 낮은 수준부터 상상을 통해 직면하게 하여 단계적으로 각 상황에 대한 공포나 불안을 이완으로 대체하도록 한다. 체계적 둔감법은 다양한 형태의 공포증이나 불안장애에 효과적인 것으로 확인되었다. 어떤 대상이나 상황에 대해 비정상적인 공포나 불안을 경험하여 부적응적인 회피행동을 일삼는 환자들에게 회피행동을 하지 않고 해당 자극이나 상황에 그대로 노출시키는 노출치료 역시 소거라는 학습의 원리를 활용한 행동치료방법의 예이다. 스키너의 조작적 조건형성의 원리 역시 부적응적 행동의 습득과 치료에 적용된다. 예를 들어, 사회불안장애 환자들이 사회적 상황을 회피하는 행동은 불안을 완화시키는 부적 강화를 통해 공고해질 수 있다. 아동들의 문제행동은 부모의 관심이 집중되는 것을 통하여 강화될 수 있다. 어떤 행동에 대한 결과를 조작함으로써 행동을 조절하는 유관성 관리 절차는 조작적 조건형성의 원리를 활용한 행동치료 절차이다. 다양한 형태의 유관성 관리가 있으며, 그중 토큰경제는 임상장면에서 흔히 사용되는 행동기법 중 하나이다. 토큰경제는 강화를 통하여 바람직한 행동을 증가시키는 방법인데 어린 아동이나 지적 발달장애, 만성 정신질환자들을 대상으로 자주 이용된다. 치료자는 환자와 함께 목표하는 바람직한 행동 목록을 작성하고, 각 행동을 했을 때 즉각적으로 주어질 보상물, 즉 토큰(예를 들어, 스티커, 점수 등)을 정한다. 이렇게 모아진 토큰으로 나중에 누릴 수 있는 강화물, 즉 특권이나 물건도 사전에 구체적으로 정해야 한다. 토큰경제는 어떤 행동에 대한 즉각적 보상이 지연된 보상보다 더 효과적이라는 사실에 기초한 행동 기법이다.

인지적 접근

초기 행동주의 접근은 객관적으로 관찰 가능한 외현적 행동에만 주목했지만, 점차 기대와 신념과 같은 인지적 요인들이 학습과정에 영향을 미친다는 것이 확인되면서 임상심리학에서도 인지적 요인의 중요성이 부각되기 시작했다. 반두라와 로터 등 사회학습이론가들은 어떤 행동을 직접적으로 수행하지 않고 다른 사람의 행동을 간접적으로 관찰하는 것만으로도 행동 학습이 일어날 수 있음을 주목하였다. 또한 행동이 습득되는 과정에 그 행동의 결과에 대한 기대와 자신이 그 행동을 성공적으로 수행할 수 있다는 믿음인 자기효능감의 역할을 포함시켰다. 엘리스와 벡의 인지이론은 우리의 신념, 행동이나 상황에 대한 평가, 행동의 원인에 대한 귀인이 개인의 행동에 중요한 역할을 함을 강조하고, 부정적이고 비합리적인 인지적 특성이 심리적 부적응과 문제행동을 초래한다고 제안한다. 따라서 인지치료에서는 부적응적인 인지적 특성을 수정하는 데 치료의 초점을 맞추고 있다. 엘리스(1962)는 "모든 사람은 내 의견에 동의해야 해", "모든 사람의 인정을 받아야 해", "완벽하게 성공하지 못하면 실패한 거야"와 같은 비합리적인 신념이 부정적인 감정이나 문제 행동을 초래한다고 보았다. 그래서 엘리스는 이러한 비합리적이고 부적응적인 사고와 신념에 도전함으로써 개인이 보다 합리적으로 생각하도록 돕기 위하여 합리적 정서치료를 개발하였다. 벡은 특히 우울 환자들의 부적응적인 신념과 가정, 비합리적인 사고에 주목하여 이를 평가하고 도전하는 데 초점을 둔 인지치료를 개발하였다. 이후 인지치료는 행동치료와 결합되어 인지행동치료로 발전해왔고, 현재 인지행동치료는 다양한 심리적 문제에 활발히 적용되고 있다. 인지행동치료는 우울장애, 불안장애, 성격장애, 섭식장애 등 다양한 임상집단에서 그 효과가 경험적으로 입증되어 왔다.

통합적 접근: 생물심리사회적 접근

앞서 소개한 여러 이론적 접근 중 어떤 접근이 더 우위에 있다고 단정하기는 어렵다. 다양한 정신장애를 설명하는 데 있어, 각 접근은 서로 다른 증상을 더 잘 설명하기도 하고, 각 접근에서 개발된 치료법은 서로 다른 증상에 효과를 발휘하기도 한다. 최근에는 특정 이론의 우위성을 주장하기보다는 다양한 이론적 접근을 통합하여 정신장애를 이해하는 생물심리사회적 접근이 강조되고 있다. 그 명칭에서 알 수 있듯이, 생물심리사회 접근에서는 대부분의 정신장애는 생물학적, 심리적, 그리고 사회문화적 요인들의 영향을 받는다고 본다. 생물학적 요인으로는 유전, 뇌기능, 신경전달물질의 불균형 등이, 심리적 요인으로는 인지, 정서, 성격, 그리고 학습 경험 등이, 사회문화적 요인으로는 가족 관계, 사회경제적 지위, 각 개인이 나고 자란 문화적 배경 등이 정신장애 발달에 영향을 미치는 요인으로 고려된다. 이 요인들은 정신장애에 독자적으로 영향을 미칠 수 있지만, 동시에 장애의 진행 과정에서 서로 상호작용할 수 있다. 따라서 임상가는 각 장애의 여러 측면들을 다양한 관점에서 통합적으로 이해하고 그에 따라 치료접근을 계획해 나갈 수 있는 안목이 필요하다.

8.3. 이상심리의 진단과 분류

이상심리의 정의

이상행동과 정신장애를 증상, 징후, 경과와 같은 임상적 양상에 따라 분류하고, 각 장애를 설명할 수 있는 원인을 규명하고, 치료방법과 예방책을 개발하여 그 효과를 검증하는 일은 임상심리학의 주된 역할에 속한다. 정상심리와 이상심리를 명확히 구분하기란 쉽지 않다. 우리는 누구나 살아가면서 힘든 일을 겪을 땐 우울이나 불안과 같이 부정적인 감정을 경험하고, 때로는 비관적인 생각에 빠지거나 다른 사람을 의심하기도 한다. 또한 가끔은 시험을 목전에 두고 밤새 술을 마시거나 충동적으로 고가의 물건을 구매하는 등 돌아서면 후회할 만한 행동을 저지르기도 한다. 단지 이러한 정서, 사고, 행동이 부정적이라고 해서 비정상적이라고 말할 수 있을까? 그럴 수 없다면 비정상적으로 분류하기 위해서 어떤 조건이 충족되어야 할까? 심리적 부적응이나 정신장애는 다양한 형태로 나타날 수 있어 단일한 기준으로 이상심리를 명확히 정의하기는 어렵다. 본 장에서는 이상심리를 정의할 때 흔히 고려되는 4가지 기준을 소개할 것이다: 통계적 혹은 사회적 규준으로부터의 일탈, 주관적 고통, 일상적 기능의 손상, 위험. 각각의 기준은 이상심리의 중요한 측면에 대한 이해를 돕지만 단일 기준만으로는 완전하지 않음을 염두에 두어야 한다.

먼저 개인의 인지, 정서, 행동이 통상적으로 수용되는 사회적 규범을 현저히 위반하거나, 대다수의 사람들이 보이는 특성의 정도에서 통계적으로 현저히 벗어날 때 '이상' 범주로 분류될 가능성이 있다. 예를 들어, 공공장소에서 속옷차림으로 돌아다닌다거나 정상적인 양육 환경에도 불구하고 지적능력이 또래에 비해 현저히 저하되어 있을 때, 우리는 전문적 관심을 요하는 심리적 이상 상태일 가능성을 고려하게 된다. 개인이 주관적으로 경험하는 고통이 극심할 때에도 부적응 상태를 고려할 수 있다. 동일한 스트레스 사건을 경험한다 하더라도 주관적으로 경험하는 심리적 고통에는 차이가 있을 수 있다. 개인이 주관적으로 경험하는 우울, 불안 등의 심리적 고통이 극심하여 적응에 어려움을 초래한다면 '이상' 상태를 고려할 수 있다. 어떤 행동이나 심리적 특성이 대인관계나 학업 및 직업 기능에 지장을 초래하는 경우에도 이상 상태를 고려할 수 있다. 예를 들어, 어떤 사람이 지나치게 자아도취적인 성격으로 인해 가족과 직장 동료와 같은 주변사람들과의 관계에서 끊임없이 갈등을 경험한다면 성격의 이상성을 고려할 수 있다. 어떤 아동이 주의력이 매우 부족하여 수업시간에 집중하지 못하고, 학업과 관련된 다양한 과제들을 수행하는 데 반복적으로 어려움을 겪고 있다면, 주의력상의 문제를 고려해 볼 수 있다. 마지막으로 자신이나 타인에게 심각한 불편감이나 위험을 초래하는 경우에도 이상 상태를 고려할 수 있다. 앞에서 언급했듯이 각각의 기준은 개별적으로는 완전하지 않으므로, 이상심리를 정의할 때는 여러 기준을 동시에 고려해야 한다.

정신장애 진단의 유용성과 문제

정신장애는 몇몇의 이상행동이나 특성들이 흔히 함께 나타나는 증후군을 이른다. 개개의 이상행동을 정의하기가 어렵듯이, 이상행동들의 집합체인 정신장애를 진단하는 일도 쉽지 않다. 그럼에도 불구하고 임상심리학자를 포함한 정신건강 전문가들은 심리적 문제를 범주화하고 각 범주를 정의하는 진단적 기준을 마련하고자 지속적으로 노력해 왔다. 정신장애를 체계적으로 진단하고 분류하는 것은 여러 가지 유용성을 지닌다. 우선 빈번하게 동반하여 나타나는 이상행동 증후군을 하나의 진단범주로 명명하고 그 범주로 분류하기 위한 기준을 명확히 하는 것은 해당 증후군의 원인, 공통의 정신병리적 특성, 경과나 예후를 밝히는 경험적 연구를 가능하게 한다. 둘째, 진단체계는 정신건강 분야에 종사하는 다양한 전문가들이 효율적으로 의사소통하는 데 도움이 된다. 공통의 진단체계를 사용하는 것은 비슷한 특성을 가진 환자군들을 동일한 진단범주로 분류하게 함으로써 환자에 대한 다양한 정보들을 효율적으로 공유할 수 있게 한다. 셋째, 유사한 증상을 보이는 환자들을 대상으로 한 임상적 치료 경험을 축적할 수 있고, 치료효과에 대한 경험적 연구도 가능해진다. 즉, 각 증후군에 보다 효과적인 치료방법을 탐색할 수 있다.

환자의 평가 결과에서 정서, 사고, 행동에서 장애를 경험하고 있는 것으로 나타나면, 임상가는 표준적인 진단 체계에 근거하여 정신장애 진단을 내린다. 진단적 분류는 해당 진단군에 대해 축적된 지식을 활용하여 각 환자가 보이는 심리적 문제의 원인, 추후 경과와 예후, 효과적인 치료방법에 대해 추론할 수 있게 한다. 그러나 이상행동을 보이는 모든 사람들이 반드시 진단적 준거에 부합하는 것은 아니므로 정신장애 진단은 상당히 조심스럽게 이루어져야 한다. 더욱이 표준적인 진단체계가 마련되어 있다 하더라도 진단 과정은 상당부분 임상가의 판단에 의존하는 면이 있어 진단의 신뢰도와 타당도에 대한 문제도 지속적으로 제기되고 있다.

정신장애의 진단은 궁극적으로 환자에게 최상의 도움을 효율적으로 제공하기 위한 과정이지만 동시에 환자의 정신건강에 해로운 영향을 미칠 위험도 있다. 최근에는 전 세계적으로 인권의식이 향상되어 정신장애 환자들에 대한 부정적 태도와 차별행동도 과거에 비해서는 개선되었지만 완전히 사라졌다고 보기는 어렵다. 정신장애 환자에 대한 사회적 낙인은 다시 사회적 배척이나 소외로 이어져 정신장애의 치료나 회복에 방해가 된다. 또한 환자가 스스로 지각된 차별을 내면화하여 자기 낙인에 이를 수도 있다. 이런 경우, 환자는 문제를 극복하려는 노력을 포기할 수 있고, 대인관계나 직업적 활동의 실패로 이어질 염려도 있다. 따라서 전문가들은 보다 신뢰롭고 타당한 진단기준을 마련하기 위해 노력해야 하고, 이와 함께 사회 전반적으로 정신장애에 대한 편견과 차별을 없애기 위한 노력이 있어야 한다.

정신장애 진단적 분류체계: 정신장애 진단 및 통계편람

진단적인 분류체계는 각 장애의 특징적 증상, 경과와 예후, 임상적 지침을 기술하고 있는 장애의 목록이다. 정신장애를 진단적으로 분류하고자 한 노력은 1800년대 후반 정신과 의사 크레펠린으로 거슬러 올라간다. 그는 정신장애를 가지고 있는 환자들이 똑같은 문제를 경험하고 있지 않음을 주목하고, 함께 나타나는 증상들의 집합으로 정신장애를 구분하고자 했다. 그러한 노력이 이어져 마침내 1950년대에 미국 정신의학회(American Psychiatric Association, APA)에서 정신장애를 체계적으로 분류한 정신장애의 진단 및 통계편람(Diagnostic and Statistical Manual of Mental disorder, DSM)을 출판하기에 이르렀다. 이후 현재까지 전문가들은 정신장애에 대한 이해를 증진시키는 새로운 연구결과들을 통합하여 정신장애의 진단체계를 수정하고 보완하는 노력을 계속해오고 있다.

현재 전 세계적으로 널리 사용되는 있는 정신장애의 진단체계는 세계보건기구의 국제질병분류기호 10판(International Classification of Diseases-10th ed., ICD-10)과 DSM 제5판(DSM-5; APA, 2013)이다. 이 분류체계들은 어떤 장애에서 흔히 나타나는 특징적인 증상들을 보이고, 그 장애 특유의 발병 양상과 경과를 보일 때 정신장애의 진단을 내리도록 되어 있다. 2013년 출간된 DSM-5의 경우, 각 장애의 핵심적인 증상을 담고 있는 진단기준 외에도 부수적인 특징, 감별진단을 위한 정보, 유병률과 공병률 등의 역학적 정보, 그리고 장애의 경과와 예후에 대한 정보를 포괄적으로 제공하고 있다. DSM-5에서는 정신장애를 총 19가지 주요범주로 분류하고 있으며, 각 범주에는 보다 다양한 장애들을 포함한다(표 8.1.).

표 8.1. DSM-5의 정신장애 주요 범주들

주요범주	해당 장애의 예
신경발달장애	자폐스펙트럼장애, 주의력결핍/과잉행동장애
조현병 스펙트럼 장애 및 기타 정신병적 장애	조현병, 조현정동장애, 망상장애
양극성 및 관련장애	양극성 장애, 순환성 장애
우울장애	주요우울장애, 지속성 우울장애
불안장애	특정공포증, 범불안장애, 사회불안장애
강박 및 관련 장애	강박장애, 저장장애, 신체이형장애
외상 및 스트레스 관련 장애	외상후스트레스장애, 반응성애착장애
해리장애	해리성정체성장애, 해리성기억상실
신체증상 및 관련장애	신체증상장애, 질병불안장애, 전환장애
급식 및 섭식장애	신경성 식욕부진증, 신경성 폭식증
배설장애	유뇨증, 유분증
수면-각성 장애	불면장애, 기면증, NREM 수면각성장애
성기능부전	발기장애
성별불쾌감	성별불쾌감
파괴적, 충동조절 및 품행장애	적대적 반항장애, 간헐적 폭발장애, 품행장애
물질관련 및 중독장애	알코올 관련 장애, 도박장애
신경인지장애	섬망, 주요 및 경도 신경인지장애
성격장애	편집성 성격장애, 경계성 성격장애
변태성욕장애	노출장애, 소아성애장애, 성적가학장애

8.4. 이상심리의 실제: 주요 정신장애

조현병

31세인 K씨는 고등학교 2학년 때부터 등교도 하지 않은 채 방안에 틀어박혀 있는 모습을 보이기 시작하여, 자신을 무시하고 욕을 한다며 지나가는 사람들에게 공격을 하는 등 점점 난폭하게 변해갔다. K씨는 '내 뱃속에 서양귀신(미미)이 들어가 하루 종일 속삭인다', '가족들이 자신에게 잘못한 일을 미미가 다 알려준다', '미미가 자해를 명령한다'며 허공을 향해 떠들고 웃거나 주변 사람들에게 화를 내는 행동을 두드러지게 보였다. 이 때문에 고등학교 졸업 후 아무런 직업도 없이 여러 병원을 전전하면서 입원과 퇴원을 반복하며 지내왔다(김중술·이한주·한수정, 2003).

정신병은 K씨와 같이 사고나 지각에 있어서 현실과 비현실을 분별하지 못하는 상태이다. 조현병은 정신병적 장애 중 가장 잘 알려져 있는데, 망상, 환각, 비정상적인 사고과정, 혼란스럽고 비정상적인 행동, 사회적 철수와 같은 증상을 보이고, 이러한 증상으로 인해 학업이나 직업 활동, 대인관계에서 적절한 기능을 하는 데 어려움을 겪게 되는 장애이다(APA, 2013). 전 세계적으로 인구의 약 1%가 조현병을 겪고 있는 것으로 보고되는데, 유병률이 다른 정신장애보다 높은 편은 아니지만 정신병원이나 여러 형태의 보호시설에 입원해 있는 환자들의 상당수를 차지하고 있는 주요 정신질환이다. 조현병은 K씨의 경우와 같이 전형적으로 청소년 후기에서 성인 초기 발병하여 증상의 심화와 완화를 반복하며 만성적인 경과를 밟는다.

조현병의 증상은 다양하며 모든 사례에서 동시에 모든 증상이 다 나타나는 것은 아니다. 조현병의 주요증상들에 대해 보다 자세히 살펴보자. 조현병 환자들이 보이는 증상들은 크게 양성증상과 음성 증상으로 구분된다. 양성증상은 정상인들에서는 없는 독특하고 기괴한 특성이 조현병 환자들에서만 나타나는 것으로 망상, 환각, 비정상적으로 와해된 언어와 행동이 이에 해당한다. 망상은 자신과 세상에 대한 잘못된 믿음과 해석으로 이를 반박하는 명백한 증거들에도 불구하고 바뀌지 않고 견고하게 지속되는 특징을 보인다. 망상의 주제에 따라 피해망상, 과대망상, 관계망상, 통제 망상, 애정 망상 등 다양한 형태를 띠며, 조현병 외에도 여러 정신장애에서 나타날 수 있다. 조현병 환자들이 흔히 보이는 피해망상은 누군가가 자신을 해치기 위해 감시하거나 음모를 꾸미고 있다고 굳게 믿는 것으로 앞서 소개한 사례에서 K씨가 다른 사람들이 자신을 무시하고 욕을 한다고 믿는 것 역시 이에 해당한다고 볼 수 있다. 뉴스의 보도, 주위 사람들의 말이나 행동이 자신과 관련이 있다고 생각하는 등 자신의 주변에서 일어나고 있는 일들이 자신과 관련된다고 믿는 관계망상 역시 조현병에서 종종 나타난다. 환각은 외부 자극이 존재하지 않음에도 불구하고 마치 실제 존재하는 것처럼 지각적 경험을 하게 되는 것이다. 경험되는 감각 양상에 따라 환청, 환시, 환후, 환촉, 환미로 구분되며, 이 중에서 조현병 환자들은 K씨의 사례에서와 같이 환청을 가장 흔히 나타낸다. 환청은 종종 망상과 동반되어 부적절한 행동을 명령하고, 위험을 경고하거나 환자의 행동에 간섭하는 등의 형태로 경험된다. 비논리적이고 혼란스러운 언어도 전형적인 조현병의 양성 증상이다. 조현병 환자들은 어떤 목표를 향해 사고를 논리적이고 유기적으로 전개하는 데 어려움을 보이는 사고장애가 있어 한 가지 주제를 일목요연하게 전달하지 못하고 횡설수설하는 경우가 많다. 또한 상황에 매우 부적절하고 목표

달성에 비효과적인 와해된 행동 양상을 보인다. 예를 들어, 계절에 맞지 않는 옷차림, 오랫동안 위생관리를 하지 않아 지저분한 행색, 혹은 상황에 맞지 않는 엉뚱한 행동을 보일 수 있다. 음성 증상은 정서표현의 감소, 목적의식을 가진 자기 주도적 활동의 현저한 감소, 긍정적 자극에 대해 즐거움을 경험하지 못하는 무쾌감증, 언어의 빈곤, 사회적 상호작용의 결여와 같이 건강한 사람들이 정상적으로 보이는 적응적인 기능에서 병적인 결핍을 보이는 증상이다.

조현병의 원인에 대해서는 아직 충분히 밝혀지지 않았지만, 최근 연구결과들은 특히 생물학적 요인들이 조현병과 밀접하게 관련됨을 시사한다. 조현병 발병에 유전, 뇌 구조와 뇌 활동에서의 이상성, 신경전달물질의 불균형이 중요한 역할을 하는 것으로 보인다. 조현병 환자들의 가계 연구에 따르면 환자와 유전적으로 가까운 친척일수록 발병률이 증가하는 것으로 보고된다. 예를 들어, 조현병 환자의 형제들 중 유전적으로 완전히 일치하는 일란성 쌍둥이 형제는 약 50%가 조현병을 가지고 있는 데 비해, 50%만 일치하는 이란성 쌍둥이 형제는 14% 정도만 조현병을 가지고 있는 것으로 보고된다. 구조적 뇌 영상 연구에서는 조현병 환자들의 뇌실 확장이나 측두엽 위축이 종종 보고되며, 이러한 구조적 문제는 특히 음성증상과 관련이 있는 것으로 나타나고 있다(그림 8.1.).

그림 8.1. 두 사람 중 한쪽만 조현병을 앓고 있는 일란성 쌍둥이의 뇌 MRI 사진 붉은 원 안의 검은색 부분이 뇌 척수액으로 채워진 뇌실인데, 조현병(우) 환자의 뇌실이 정상인(좌)의 뇌실보다 더 확장되어 있는 것을 확인할 수 있다.

35세, 여성 일란성 쌍둥이

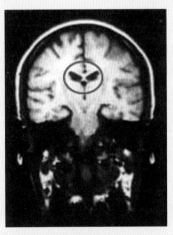 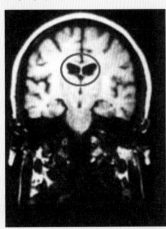

정상   조현병

조현병과 관련된 신경전달물질로는 도파민이 주목을 받는다. 경험적 증거들에 기초하여 도파민 가설은 조현병이 뇌에서 도파민의 과잉활동과 관련된다고 주장한다. 현재 조현병 환자의 치료에서 1차적으로 고려되는 치료법은 약물 치료법인데 주로 도파민의 활동을 차단시키는 항정신병 약물들이 적용된다. 이러한 약물들은 특히 양성증상 완화에 효과적이어서 도파민의 과잉활동은 양성 증상과 관련될 것으로 추정된다. 신경전달체계와 조현병 증상들 간의 관계에 대한 보다 최근 증거들은 도파민 이외의 다른 신경전달물질들도 조현병에 관련됨을 시사한다.

조현병의 유발 요인으로 앞서 살펴본 생물학적 요인들 외에도 몇몇 심리사회적 요소들이 고려된다. 특히 갈등적인 가족 환경은 조현병의 발병과 재발에 영향을 미치는 주요한 요인으로 꼽힌다. 가족구성원들이 서로 관대하지 못하고 비난이나 분노와 같은 부정적 정서를 빈번하게 표현하는 것은 높은 재발률과 관련되는 것으로 보고되고 있다. 따라서 가족 갈등이 확인되는 경우 가족치료가 조현병 환자의 재발 방지에 도움이 될 수 있다. 그 밖에도 부적응적인 행동 패턴을 수정하기 위한 인지행동치료와 퇴원 후 지역 사회의 일원으로서 적응할 수 있도록 돕는 지역사회 치료가 조현병 환자의 치료에 적용되고 있다. 조현병을 포함한 만성정신질환자를 대상으로 하는 지역사회 프로그램은 정신건강증진센터, 낮 병원, 보호거주시설, 직업 훈련, 사례관리 서비스 등 다양한 형태로 제공되고 있다. 지역사회 프로그램은 만성정신질환자 치료에 큰 잠재력을 가지고 있지만, 재원과 전문인력 부족으로 수요를 충족시키지 못하는 실정이어서 앞으로 지속적인 개선이 필요한 영역이다.

기분장애

감정적 경험은 우리의 삶에서 떼어 놓을 수 없는 중요한 부분이다. 우리는 하루에도 여러 차례 다양한 감정을 경험한다. 정서(emotion)는 기쁨, 분노, 슬픔, 불안과 같이 어떤 사건에 대한 즉각적인 반응으로 특정 패턴의 생리적, 인지적, 행동적 반응을 수반하는 긍정적이거나 부정적인 감정 경험이다. 이에 비해 보다 전반적이고 지속적인 감정 상태는 기분(mood)이라고 한다. 사람들이 흔히 말하는 우울한 기분이란 슬프고 침울하게 가라앉은 상태로 미래에 대해 비관적이 되고 직면한 문제들에 압도되는 기분이다. 반대로 때로는 너무 행복하고 기분이 들뜨며 활기가 넘치는 기분을 경험하기도 한다. 이처럼 기분이 가라앉거나 들뜨는 감정의 변화는 누구나 흔히 경험하지만 어떤 이들은 기분의 변동이 너무 심하거나 특정 기분 상태가 과도하게 오랫동안 지속되어 정상적인 기능이 어렵고 심각한 고통을 겪는다. 이처럼 기분상의 문제로 고통을 받는 것을 기분장애라고 한다. 주요 기분장애에는 우울 상태로 상당한 고통을 받는 단극성 우울장애와 기분이 지나치게 들뜬 상태인 조증과 우울한 기분 상태가 번갈아 나타나 기분의 심한 변화를 경험하는 양극성 장애가 포함된다.

단극성 우울장애: 주요우울장애와 지속성 우울장애

우울장애의 공통적인 특성에는 개인의 일상생활을 방해하는 신체적 증상과 인지적 문제, 그리고 슬프고 공허한 기분 혹은 과민한 기분이 있다. 구체적으로 우울한 상태에서 나타나는 주요 증상들로는 (1) 우울한 기분(예, 슬픔, 공허감, 절망감), (2) 흥미나 즐거움의 상실, (3) 식욕부진 혹은 과식, (4) 불면 혹은 과다 수면, (5) 활력 저하나 피로, (6) 자존감 저하와 죄책감, (7) 집중력 감소 또는 우유부단, (8) 반복적인 자살 사고나 자살 계획이 있다. 단극성 우울장애의 대표적인 형태는 주요우울장애와 지속성 우울장애이다.

DSM-5 진단기준에 따르면, 주요우울장애는 위에서 언급한 우울증상 중 '우울한 기분(우울감)' 혹은 거의 모든 활동들에서 '흥미와 즐거움 상실(무쾌감)' 중 한 증상을 반드시 포함하여 5가지 이상의 증상이 나타나고, 이로 인해 일상생활에서 정상적인 기능이 현저히 방해받을 때 진단된다. 또한 이러한 증상이 하루 중 대부분, 거의 매일, 적어도 2주 이상 연속적으로 지속되어야 하는데, 이러한 기간을 주요우울삽화라고 한다. 미국의 경우, 주요우울장애의 1년 유병률은 약 7%이며(APA, 2013), 성인의 약 16%는 살면서 한 번 이상 주요우울장애를 경험하는 것으로 보고된다(Kessler & Wang, 2008). 주요우울장애는 여성이 남성보다 약 2배 정도 더 많이 나타난다. 주요우울장애는 생애 어느 시기라도 발병할 수 있지만 사춘기에 발병률이 증가하여 20대에 최고치를 보인다. 주요우울장애의 심각도와 경과는 사례마다 다양하지만, 일반적으로 환자의 40%는 발병 후 3 개월 이내에, 80%는 1년 이내에 회복이 시작된다. 그러나 우울장애 이외에 성격장애, 불안장애, 물질사용 장애를 함께 가지고 있는 경우에는 완전히 회복되지 않은 채 만성화될 가능성이 있다. 우울삽화 기간 동안 자살사고나 자살계획은 실제 자살행동으로 이어질 위험이 높아서 우울한 환자들에 대해서는 자살행동 가능성을 항상 면밀하게 평가하고 주의해야 한다.

한편, 하루의 대부분 우울한 기분이 성인의 경우 최소 2년, 아동 청소년의 경우 최소 1년 이상 지속되면, 우울장애의 만성적 형태인 지속성 우울장애가 진단된다. 지속성 우울장애는 주요우울장애보다 경미한 우울상태가 지속되는 경우도 있고, 주요우울장애에 준하는 심각한 우울상태가 만성적으로 나타날 수도 있다. 이 두 경우를 포함한 지속성 우울장애의 미국 내 유병률은 약 2% 정도로 보고되고 (APA, 2013), 이 장애의 우울 지속기간은 2년에서 20년까지 매우 다양하다.

우울장애의 발병과 관련된 생물학적 요인으로는 유전적 요인, 신경전달물질과 호르몬의 불균형, 뇌 기능의 문제가 제안되고 있다. 우울장애의 가계연구에 따르면 우울장애 환자의 가족들에서 우울장애의 유병률은 일반인구보다 약 2배 더 높은 것으로 보고된다(Kamali & McInnis, 2011). 또한 쌍둥이 연구와 입양 연구 결과들도 단극성 우울장애에 유전적 요인이 관련됨을 시사한다. 신경전달 물질의 불균형도 우울장애와 관련되는 것으로 시사되는데, 노르에피네프린과 세로토닌의 활동 저하가 단극성 우울장애와 관련되는 것으로 보인다. 현재 우울장애 치료에 가장 보편적으로 적용되는 항우울제는 시냅스 내에 방출된 세로토닌이나 노르에피네프린이 다시 시냅스 전 신경세포로 재흡수되는 것을 선택적으로 억제함으로써 이 신경전달물질의 활동을 증가시키는 약물들이다. 우울장애 환자들에서 스트레스 호르몬인 코티솔 분비에 관여하는 시상하부-뇌하수체-부신 축의 과활성화가 나타난다는 보고도 있다. 최근 급부상하고 있는 뇌 영상 연구들은 전전두 피질, 해마, 편도체, 전측 대상회 등 감정처리, 감정조절 및 보상에 관여하는 신경체계의 기능적 이상이 우울장애와 관련됨을 보고하고 있다. 또한 좌측 전전두엽의 손상은 우울을 초래하는 반면, 우측 전전두엽 손상은 그렇지 않다는 보고도 있다.

우울장애 발병에 기여하는 심리사회적 요인으로는 상실이나 실패와 같은 부정적 생활사건, 보상체계의 감소, 부정적인 인지와 학습된 무기력, 사회적 지지의 결여가 있다. 우울장애는 부모나 배우자 등 가까운 이의 상실경험, 중요한 과제의 실패와 같은 부정적 생활사건을 겪은 후에 발병하는 경우가 종종 있다. 정신역동 이론에서는 우울감을 일종의 상실에 대한 반응이라고 보고, 치료를 통해 타인에 대한 과도한 의존을 인정하고 상실을 극복하도록 돕는다. 행동이론에서는 긍정적 보상의 감소가 우울장애의 원인이라 보아서 긍정적 보상을 증가시키기 위한 치료적 개입을 한다. 인지이론에서는 우울한 환자들의 부정적 사고와 무기력을 주목한다. 인지이론가인 벡은 사람들이 생각하는 방식이 우울과 관련될 것이라 보았다. 구체적으로 우울한 사람들은 자기 자신, 자신의 경험, 미래에 대해 부정적으로 생각하는 경향이 있는데, 이러한 경향성이 우울증을 유발한다는 것이다. 벡은 "나는 무능하고 무가치한 사람이야", "내가 무능하고 가치없는 사람이라서 세상은 나에게 적대적이야", "나의 미래에는 희망이 없어"와 같이 우울한 사람들이 가지고 있는 자기 자신, 자신의 경험, 미래에 대한 부정적 사고 경향성을 인지삼제라고 칭하였다(Beck, Rush, Shaw, & Emery, 1979). 보통 사람들은 대개 긍정적인 사건은 자신의 탓으로, 부정적인 사건은 운이 없는 탓으로 돌리는 경향이 있는데, 우울한 사람들은 긍정적인 사건은 운 때문이라 생각하고 부정적인 사건은 자신의 문제로 생각하는 경향이 있다. 우울한 사람들은 종종 논리적 오류를 범하는데, 예를 들어 부정적인 일부 경험을 전체 경험으로 과잉 일반화한다거나, 부정적 경험의 의미는 과장하고 긍정적 사건의 의미는 축소한다. 인지치료에서는 부정적으로 편향되어 있는 우울한 환자들의 역기능적 인지도식과 비논리적 사고양식을 찾아내어 변화시키는 방식으로 치료가 진행된다. 셀리그만이 주장한 또 다른 인지이론에서는 동물연구에서 관찰된 학습된 무기력에 기초하여 우울을 설명했다(Hiroto & Seligman, 1975). 그는 동물들이 피할 수 없는 불쾌한 상태에 지속적으로 놓이게 되면, 회피하려 하지 않고 수동적이고 아무런 반응을 하지 않게 되어 나중에 회피할 수 있는 기회가 주어져도 회피하려 하지 않는 것을 발견하였다. 이러한 상태를 학습된 무기력이라고 하는데, 사람들 역시 학습된 무기력을 경험하면 나쁜 일이 일어날 것이 예상되어도 자신은 이를 회피할 길이 없다고 믿어 아무런 시도도 하려 하지 않고 절망감에 빠진다는 것이다. 마지막으로 사회적 지지의 결여 역시 우울증에 영향을 미치는 것으로 밝혀지고 있다. 친구나 가족의 사회적 지지는 스트레스의 영향을 완화시켜 스트레스 상황에서도 우울증에 빠지지 않을 수 있게 해주는 보호적 역할을 한다. 한편 우울한 사람들의 끊임없는 불평과 요구가 대인관계를 악화시키기도 한다. 우울한 환자의 대인관계를 개선시키고 사회적 지지체계를 구축하기 위해 치료자는 대인관계치료나 커플치료와 같은 방법을 사용하여 돕는다.

양극성 장애와 순환성 장애

양극성 장애는 기분이 부적절하게 들뜨고 에너지가 확장된 상태인 조증 상태가 주요우울삽화와 교대로 나타나거나 혼재되어 나타나는 장애이다. DSM-5에서는 조증 상태의 특징을 다음과 같이 제시하고 있다. (1) 하루 대부분, 거의 날마다 비정상적으로 들뜨거나, 의기양양하거나, 과민한 기분을 보이고, 목표 지향적 활동과 에너지가 증가하는 양상을 보인다. (2) 다음 증상 중 적어도 세 가지 이상의 특징을 보인다: 자존감 증가와 과대감, 수면욕구 감소, 사고비약이나 사고 진행 속도 증가, 주의산만, 활동 증가나 정신운동성 초조, 고통스러운 결과를 초래할 가능성이 높은 행동(예, 과소비, 무분별한 성행동)에 지나친 몰두. 이러한 상태가 일주일 이상 지속되고, 사회적, 직업적 기능을 손상시키고 입원이 필요할 정도로 심각하면 조증삽화라고 하며, 4일 이상 지속되고 사회적, 직업적 기능을 손상시키거나 입원이 필요할 만큼 심각하지는 않다면 경조증삽화라고 한다. 개인력을 탐색했을 때, 한 번 이상의 주요우울삽화와 조증삽화가 있었다면 제1형 양극성 장애이고, 한 번 이상의 주요우울삽화와 경조증삽화가 있었다면 제2형 양극성 장애로 진단된다. 한편 경조증삽화와 주요우울삽화의 진단기준에 충족되지 않는 경미한 수준의 조증과 우울증 기간이 적어도 2년 이상 동안 대부분의 기간을 차지한다면 순환성 장애로 진단된다.

일반 인구에서 생애 어느 시점에서든 양극성 장애를 경험한 사람의 비율은 1~2% 정도로 추정된다(Wendland & McMahon, 2010). 성별에 따른 발병률 차이는 없는 것으로 보고되며, 평균 발병 연령은 제1형 양극성 장애가 18세, 제2형 양극성 장애가 20대 중반으로 제2형 양극성 장애가 약간 더 늦은 경향이 있다(APA, 2013). 양극성 장애 환자들 역시 자살의 위험성이 매우 높은데, 양극성 장애 환자들의 약 3분의 1 정도는 평생 적어도 한 번 이상 자살 시도를 한다.

양극성 장애의 원인에 대해서는 아직 충분히 밝혀지지 않았지만, 최근 연구 결과들은 생물학적 요인들의 관련성을 강하게 시사한다. 먼저 쌍생아 연구나 가계 연구 결과들은 양극성 장애를 초래하는 생물학적 소인이 유전됨을 지지한다. 쌍둥이 연구에서는 양극성 장애를 가진 환자의 일란성 쌍둥이 형제가 동일한 장애를 가질 가능성은 40%, 이란성 쌍둥이 형제나 일반 형제 혹은 가까운 친척이 동일한 장애를 가질 가능성은 5~10%로 유전적 관련성이 높을수록 유병률이 더 높게 나타났다. 우울장애에서 노르에피네프린과 세로토닌의 활동저하가 발견되면서, 조증 증상을 보이는 양극성 장애는 반대로 이 신경전달물질의 활동증가가 예상되었지만 실제 연구결과는 예상과는 달랐다. 양극성 장애 환자들은 통제집단에 비해 노르에피네프린 수준은 높게 발견되었지만(Post, Ballenger, & Goodwin, 1980), 세로토닌 수준은 조증 상태에서도 낮게 나타났다(Shastry, 2005). 이에 세로토닌의 활동 저하는 정상적인 기분 상태에서 현저히 이탈된 기분장애를 초래하고, 노르에피네프린 수준은 이탈된 기분 상태의 방향성을 결정할 것이라고 제안되고 있다(Benes, 2011; Walderhaug, Varga, San Pedro, Hu, & Neumeister, 2011). 양극성 장애 환자의 사후 부검 연구들에서 뇌 구조의 이상도 보고되고 있지만, 뇌의 구조적 이상이 양극성 장애에 어떤 식으로 기여하는지에 대해서는 아직 명확히 규명되지 않았다. 현재 양극성 장애 치료법으로 가장 우선적으로 고려되는 치료법은 약물치료이며, 심리치료는 각 사례에서 확인된 심리적 문제에 초점을 맞추어 보조적으로 적용된다. 양극성 장애 치료에 효과가 확인된 약물은 리튬과 몇몇 기분안정제들이며 기분안정제는 항경련제로도 사용된다. 이 약물들은 조증 증상의 완화뿐만 아니라 재발방지에도 효과적인 것으로 나타나 조증 상태에서 회복한 후에도 저용량으로 약물치료를 지속하기도 한다.

불안장애

우리는 일상생활에서 수시로 다양한 형태의 공포와 불안과 마주한다. 공포와 불안은 불쾌하게 경험되지만 공통적으로 우리의 교감 신경계를 자극하여 각성 수준과 반응성을 증가시키고, 주의를 집중시킴으로써 당면한 위협이나 문제에 준비할 수 있도록 도와주는 적응적 기능을 갖는다. 공포는 현재 직면하고 있거나 지각된 즉각적인 위협에 대한 정서적 반응으로 즉각적 위험에 대한 생각과 도피행동과 관련되고, 불안은 예견된 미래의 위협에 대해 촉발되는 반응으로 위험에 대한 대비와 조심, 혹은 회피행동, 근육 긴장과 관련된다. 또한 극도의 공포나 불안은 공황발작을 일으킬 수도 있다.

불안장애는 별로 위협적이지 않은 사건이나 상황에서 부적절하게 공포나 불안이 촉발되거나, 불안이 너무 강하거나 지나치게 오래 지속되어 심리적 고통을 초래하고, 반복적인 회피행동으로 적응상의 어려움을 초래할 때 진단된다. 서구 사회에서는 30~40%의 사람들이 평생 한 번 이상을 불안 관련 장애를 경험할 만큼 병리적 수준의 불안은 상당히 흔하고 만성적인 경향이 있다. 불안장애에 속하는 정신장애들은 공포나 불안, 회피행동을 일으키는 대상과 상황, 그리고 그와 관련된 인지적 특성에서 구분된다.

불안 증상은 생리적 속성과 인지적 속성을 모두 포함한다. 계속되는 걱정은 수면을 유도하거나 유지하는 데 어려움을 가져오고 주의집중을 손상시킬 수 있다. 만성적인 불안은 자율신경계를 지속적으로 각성시켜 근육을 긴장시키고, 입 마름, 땀 흘림, 심장박동 증가 등의 증상을 가져온다. 또한 만성적인 각성은 고혈압, 두통, 장 질환을 유발하기도 한다. 만성적인 스트레스는 뇌를 비롯한 신체를 손상시킬 수도 있다. 인지적 특성으로는 위협적인 사건이나 상황을 예상하는 것만으로도 걱정과 불안이 심해지고 부정적이고 위협적인 사고를 멈추고 싶어도 멈추기 어렵다. 이는 부분적으로 불안 상태에서 나타나는 인지적 편향과 관련될 수 있다. 불안한 상태에서는 모호한 상황을 보다 위협적으로 지각하고 지각된 위협에 과도하게 주의를 기울이는 인지적 편향을 보이게 되는데, 이러한 인지적 편향 때문에 위협이 과장되어 불안이 심화되는 악순환이 생길 수 있다. 본 장에서는 불안 관련 장애 중 특정 공포증, 범불안장애, 공황장애에 대해 간단히 살펴보도록 하겠다.

특정 공포증

특정 공포증은 특정한 사물이나 상황에 대해 실제 위험에 비해 지나친 공포반응을 보이는 장애이다. 공포 대상에 대한 공포, 불안, 회피는 그 대상을 직면하는 즉시 발생하고 그 정도는 실제 위험에 비해 지나치게 강하고 지속적이다. 특정 공포증은 구체적인 공포 대상에 따라 동물형, 자연환경형, 혈액-주사-손상형, 상황형으로 분류된다. 특정 공포증의 흔한 예로는 뱀 공포증, 고소공포증, 날카롭고 뾰족한 사물에 대한 선단공포증, 밀폐된 공간에 대한 폐소공포증, 비행기 탑승에 대한 비행공포증이 있다. 특정 공포증는 비교적 흔한 장애로 미국의 경우 1년 유병률은 7~9%로 보고되며, 여성이 남성보다 2배 정도 많은 경향이 있다. 특정 공포증 환자들은 적극적으로 치료를 받으려 하기 보다는 공포의 대상이 되는 상황이나 대상을 적극적으로 회피하는 방식을 대처하는 경향이 있다. 특정 공포증으로 적응문제를 겪는 정도는 일상생활에서 공포대상을 얼마나 자주 직면하는지에 따라 다르다. 예를 들어, 고층빌딩이 많고 녹지지대는 적은 도시에서 폐소공포증으로 엘리베이터를 타지 못하는 것은 일상생활에 심한 불편을 초래하지만, 뱀 공포증은 공포대상인 뱀을 만날 상황이 거의 없기 때문에 큰 불편을 초래하지 않는다.

경험적 증거들에 따르면 특정 공포증의 발생은 행동이론으로 잘 설명된다. 행동주의 초기에 왓슨이 고전적 조건형성을 절차를 이용하여 공포반응을 학습시킬 수 있음을 성공적으로 보여주었다. 행동이론에 따르면 특정 공포증은 위험하지 않은 공포대상과 강력한 공포 경험이 연합되는 고전적 조건형성 경험으로 발달하고, 회피행동이 부적 강화되는 조작적 조건형성에 의해 유지된다. 다시 말해 일단 공포증이 형성되면 공포의 대상이나 상황을 적극적으로 피하는 행동을 보이게 되는데, 회피행동 후 공포심의 감소가 특정 공포증의 한 증상인 회피행동을 강화시켜 특정 공포증이 더욱 확고해진다는 것이다. 이러한 원리에서 착안하여 특정 공포증의 치료에는 공포대상을 회피하지 않고 직면하도록 하는 노출치료나 체계적 둔감화와 같은 행동치료가 가장 널리 이용되며, 그 효과도 좋은 것으로 밝혀졌다.

범불안장애

특정 공포증이 특정 대상에 대한 즉각적인 공포를 특징으로 했다면, 범불안장애는 광범위한 대상들에 대한 확산된 불안이 거의 항상 존재하는 것을 특징으로 한다. 이 장애를 가진 환자들은 사소한 문제들에 대해 끊임없이 걱정하고 늘 불안하다. 범불안장애 환자들은 자신이 걱정이 많다는 것 자체에도 불안을 느낀다. 이들은 불안의 초점이 분명하지 않기 때문에 어떤 일에 대해서든 불안을 느낄 수 있으며, 언제 무슨 문제가 발생할지 몰라 늘 경계태세를 취하게 된다. 지속적이고 과도한 경계로 안절부절못하거나 위태로운 느낌, 근육 긴장, 두통, 피로감, 수면곤란을 경험할 수 있고, 과민하고 주의집중에 어려움을 겪기도 한다. 미국의 경우에는 약 9%의 사람들이 평생 어느 시점에선가 이 장애를 겪으며, 특정 공포증에서와 마찬가지로 남성보다 여성에서 약 2배 정도 더 많이 발생하는 것으로 보고된다.

가계 연구나 쌍둥이 연구 결과들은 범불안장애에도 유전적 요인이 관여함을 시사한다. 범불안장애 발생 위험의 3분의 1은 유전적인 영향을 받는 것으로 보고된다(APA, 2013). 행동억제, 신경증적 경향성, 위험 회피와 같은 기질적 특성이 범불안장애와 관련되는 것으로 보고되는데, 유전은 이러한 기질적 취약성에 영향을 미치는 것으로 보인다. 유전은 신경체계에도 영향을 미칠 수 있는데, 범불안장애 환자들은 불안 반응과 관련되는 신경체계의 비정상성을 보인다는 보고들이 있다. 먼저 신경전달체계에서 범불안장애 환자들은 대표적인 억제성 신경전달물질인 감마 아미노뷰티르산(gamma-aminobutyric acid, GABA)의 활동성이 저하되어 있는 것으로 나타났다. 위협적 자극에 대한 정상적인 반응 과정을 살펴보면, 위협적 자극은 주요 신경세포를 빠르게 활성화시켜 신체 전반적으로 흥분된 상태를 만드는데 이때 우리는 불안이나 공포를 경험한다. 과도한 불안과 공포는 이를 진정시키기 위한 피드백 체계를 가동시키게 되는데 이때 억제성 신경전달물질인 GABA가 방출되어 신경세포의 활동의 억제시킨다. 그런데 GABA의 활동성이 저하되면 이러한 피드백 과정이 제대로 이루어지지 않아 부적절한 불안이 과도하게 지속된다는 것이다. 불안장애의 치료제로 사용되는 항불안제 중 벤조디아제핀은 GABA의 수용기와 결합하여 진정효과를 가져온다. 또한 범불안장애 환자들에게서 전전두엽피질, 전대상회, 편도체로 이루어진 불안회로의 기능부전이 관찰되기도 한다.

정신역동 이론에서는 불안장애를 초기 발달 과정에서의 부정적인 경험으로 높은 수준의 불안을 갖게 되거나, 자아방어기제가 너무 약하여 정상적인 불안에도 대처하는 데 어려움을 느끼게 된 것으로 보았다. 프로이트에 따르면 성장과정에서 어느 정도의 불안은 정상적이며, 불안을 통제하고자 자아 방어기제를 발달시킨다. 그런데 아동기에 원초아의 충동을 표현하는 것을 지나치게 금지하거나 처벌하면, 원초아의 충동은 위험하다고 믿게 되어 이러한 충동을 느낄 때마다 심한 불안을 경험할 수 있다. 한편 부모가 지나치게 과잉보호하면 불안에 대처할 수 있는 자아방어기제를 제대로 발달시킬 수 없게 된다. 오늘날에는 불안장애에 대한 프로이트의 설명이 그대로 받아들여지지는 않지만, 어린 시절 원초아의 충동 표현에 지나친 처벌을 받았거나 부모가 지나치게 보호한 경우, 성인이 되어 높은 수준의 불안을 갖는다는 몇몇 연구결과들은 정신역동적 설명을 지지한다.

인지이론에서는 범불안장애 환자들의 부적응적인 가정과 신념을 주목한다. 벡은 범불안장애 환자들은 "최악의 상황을 염두에 두는 것이 최선이다", "안전하다고 확인될 때까지는 안전하지 않은 것이다"와 같이 마치 항상 위험한 상황을 목전에 두고 있는 듯한 부적응적인 가정을 가지고 있다고 주장했다. 범불안장애 환자들은 흔히 '걱정은 신체적으로나 정신적으로 해로운 것이다', '걱정이 점점 늘어 아무것도 하지 못하게 될 것이다'와 같이 걱정하는 것 자체에 대한 걱정 — 즉, 초걱정 — 을 보이는데, 웰스는 걱정에 대한 이러한 부정적 신념 역시 범불안장애로 발전하게 한다고 주장했다. 따라서 인지치료에서는 걱정에 대한 부적응적 가정과 신념들을 인식하고 변화시키는 데 집중한다.

공황장애

공황장애는 예상치 못한 갑작스러운 공황발작과 또다시 공황발작을 겪게 될까 하는 걱정과 공황발작으로 인한 부정적 결과에 대한 걱정이 지속되거나 공황발작을 회피하기 위한 행동으로 일상생활에 부적응적 변화가 발생하는 것을 특징으로 한다. 공황발작은 갑자기 심한 공포와 통증이 발생하여 수분 이내에 그 정도가 최고점에 이르고, 호흡곤란, 질식감, 손발의 얼얼함, 냉열감, 심계항진, 가슴통증, 떨림, 땀 흘림, 어지러움, 현기증, 비현실감, 통제력을 상실하거나 죽을 것 같은 공포의 13가지 신체적, 인지적 증상 중 4가지 이상의 증상이 동반한다. 공황장애 환자는 예상하지 못한 공황발작을 겪은 후 목숨을 잃을 수 있는 심각한 질병이 있는 것이 아닐까 하는 걱정, 공황증상을 보였을 때 주위사람들이 이상하게 보지 않을까 하는 걱정, 이러다가 미치거나 통제력을 상실하는 것은 아닐까 하는 걱정을 하게 된다. 혹은 또다시 공황발작을 겪게 될까봐 공황발작 상황에서 대처하기 어려운 낯선 장소에는 가지 않으려고 하는 등 일상생활에서 부적응적 변화가 현저하게 나타난다. 공황장애의 1년 유병률은 청소년과 성인의 약 2~3%로 추정되며(APA, 2013), 여성이 남성보다 약 2배 정도 더 흔하다. 청소년 후기에 성인기 초기에 발병하는 경우가 많으며 치료를 받지 않으면 만성적으로 지속될 수 있다.

공황장애에 대한 최근 신경계 모델에서는 편도체, 복내측 시상하부, 청반 등의 회로의 이상을 주목한다. 공황장애가 노르에피네프린의 불균형과 같은 신경화학적 체계의 문제와 관련될 가능성도 시사되는데, 노르에피네프린의 수준을 조절하는 항우울제가 공황발작을 예방하거나 그 빈도를 감소시키는 데 효과가 있는 것으로 보고된다. 기질적으로는 불안 증상이 해롭다고 믿는 경향인 불안 민감성이 높은 것이 공황장애의 취약요인으로 나타났다. 인지이론에서는 공황장애 환자들이 정상적인 생리적 반응을 심각한 질병의 신호로 오해석하는 경향에 주목한다. 공황장애의 인지이론에서는 공황장애 환자들은 혈중 이산화탄소의 증가나 혈압의 변화, 심장박동률의 증가와 같은 신체적 감각에 지나치게 예민하여 이러한 감각에 많은 주의를 기울이고, 정상 수준의 생리적 반응도 생명을 위협하는 심각한 질병의 신호로 과장되게 해석하여 불안이 심화되고 이에 대한 생리적 반응을 다시 질병의 징후로 해석하는 악순환으로 급격하게 공황상태에 빠지게 된다고 설명한다. 따라서 인지치료에서는 신체감각에 대해 잘못 해석하는 경향성을 교정하는 데 목표를 둔다. 그러한 방법의 하나로 생물학적 한계 절차를 이용하는데, 위 아래로 점프하거나 계단을 오르내리는 등의 활동으로 공황발작 시 경험할 수 있는 있는 신체감각을 인위적으로 유도한 후 이러한 감각에 대한 보다 적절한 해석과 이러한 상황에서 적절히 대처할 수 있는 기술(예, 호흡조절법, 이완법)을 연습시킨다.

성격장애

성격은 개인의 독특하고 지속적인 내적 경험과 외적 행동 패턴으로 정의된다. 성격의 특정 측면이 극단적으로 지나쳐 내적 경험과 지속적인 행동 유형이 개인이 소속된 문화에서 현저하게 벗어나 적응 상의 문제가 발생하고 개인에게 고통을 유발하는 경우에 성격장애 진단을 고려할 수 있다. 성격장애를 가진 사람들은 자아정체감, 공감이나 친밀감 형성 등의 대인관계 능력, 정서 경험 및 조절 능력 등에서의 손상을 보이고, 이러한 성격적 특성이 개인적 상황과 사회적 상황의 전 범위에서 나타나 적응적인 삶을 방해하며 자신은 물론이고 타인에게도 심각한 어려움과 심리적 고통을 초래한다. 또한 이러한 특성이 스트레스 상황에 대한 일시적인 반응이 아니라 청소년기 후기에서 성인기 초기 무렵에 시작되어 오랜 기간 지속적으로 나타나는 안정적인 속성이어야 한다. 2001~2002년 미국 내 전국적 역학 조사에 따르면 성인의 15%가 성격장애를 가지고 있는 것으로 나타났다.

성격장애는 증상의 유사성에 따라 몇 가지 군집으로 분류되는데, DSM-5에서는 3가지 군집에 10개 성격장애의 진단기준을 제시하고 있다. A군 성격장애에는 편집성 성격장애, 조현성 성격장애, 조현형 성격 장애가 포함된다. 편집성 성격장애는 다른 사람들을 신뢰하지 못하여 자신에게 해를 가하려는 의도를 가지고 있을지 모른다고 의심하고 경계하며 친밀한 관계를 회피한다. 이들은 다른 사람들과 사소한 갈등에도 심한 모욕이나 경멸을 당했다고 느끼고 크게 화를 내거나 지속적으로 원한을 품는 경향이 있다. 조현성 성격장애 환자들은 사회적 상호작용에 관심이 없으며 지속적으로 사회적 관계를 회피하고 감정표현이 매우 결여되어 있다. 이들은 가족을 포함한 친밀한 관계에도 무관심하고 혼자 있는 것을 선호하며 다른 사람의 칭찬이나 비난에도 무관심하다. 조현형 성격장애는 괴상한 사고와 지각 경험, 특이한 행동, 친밀한 관계에 대한 극단적인 불편감을 특징으로 한다. 또한 주의집중을 유지하는 데 어려움을 보이고 언어의 논리적 연결성이 저하되어 있는 특성을 보인다. 조현형 성격장애 환자들은 우연한 사건을 자신과 관련된 것으로 생각하거나 미신, 텔레파시와 같은 이상한 믿음이나 마술적 사고를 가지고 있는 경우가 많고, 기이한 행동이나 외모를 보이기도 한다. 조현형 성격장애는 핵심증상이 조현병과 유사하면서도 경미하게 나타난다고 하여 조현병 스펙트럼 장애로 분류되기도 한다. 통상 A군 성격장애 환자들은 치료에 잘 반응하지 않고 치료효과도 그리 좋은 편이 아니다.

B군 성격장애에는 반사회성 성격장애, 경계성 성격장애, 연극성 성격장애, 자기애성 성격장애가 포함된다. 이 장애를 가진 사람들은 행동이 연기하는 듯이 과장되어 보이고, 정서적이며 변덕스럽다. 이들은 적절한 수준의 대인관계 욕구를 지니지만, 대인관계가 피상적이고 만족스러운 관계를 형성하는 것이 어렵다. 사이코패스라고도 불리는 반사회성 성격장애는 다른 사람의 권리를 지속적으로 무시하고 침해하는 패턴을 보인다. 반사회성 성격장애를 가진 이들은 반복적인 거짓말이나 속임수, 충동성과 공격성, 타인의 권리나 안전을 무시하는 행동, 무책임함과 양심의 가책 결여를 특징적으로 보인다. 경계선 성격장애를 가진 사람은 자기 상(self image)과 기분이 불안정하며 극단적인 충동성을 다양한 상황에서 광범위하게 나타내고, 이로 인해 대인관계가 매우 불안정한 패턴을 보인다. 이들은 대인관계에서 버림받을지 모른다는 불안이 극심하여 그러한 상황을 회피하기 위해 많은 에너지

를 쏟고, 부적절하게 분노를 폭발하거나 반복적으로 자해행동을 보이는 등 충동적인 행동이 특징적이다. 자기애성 성격장애를 가진 사람은 과대성, 존경에 대한 요구와 감정 이입의 결여를 특징적으로 보인다. 이들은 자신의 중요성을 실제보다 과장되게 평가하는 경향이 있고, 자신의 특별함을 다른 사람들도 인정하고 특별하게 대우해 줄 것을 요구한다. 반면 감정이입 능력은 결여되어 있어 다른 사람의 요구나 권리에 대해서는 무관심하고 심지어 착취적인 면도 보인다. 마지막으로 연극성 성격장애는 과도한 정서성과 주변의 주의를 끄는 행동을 특징으로 한다. 이 장애를 가진 환자들은 주변의 관심이 자신에게 집중되어 있지 않으면 매우 불편해 하고, 다른 사람의 이목을 집중시키기 위해 다양한 행동 패턴을 보인다. 이들을 외모를 가꾸는 데 많은 노력을 기울이고, 부적절하게 교태를 부리고 유혹적이다. 또한 마치 연극을 하는 것처럼 과장되고 극적으로 감정을 표현하지만, 구체성이 떨어지고 피상적인 수준에 그치며 감정의 변화도 급격하여 진심으로 느껴지지 않는다.

C군 성격장애에는 회피성 성격장애, 의존성 성격장애, 강박 성격장애가 포함되는데, 불안하고 겁이 많은 특성을 보인다. 회피성 성격장애는 대인관계의 억제, 부적절감, 부정적 평가에 대한 예민함을 주요 특징으로 한다. 이들은 매우 수줍고 사회적 상황에서 스스로에 대한 부적절감에 압도되고 거절이나 부정적 평가에 극도로 민감하다. 따라서 대인관계에 대한 욕구에도 불구하고 사회적 상황을 지속적으로 회피하며, 일부 익숙하고 친밀한 관계로만 대인관계를 제한한다. 회피성 성격 장애 환자들을 사회불안장애를 함께 가지고 있는 경우가 많고 치료적 접근도 사회불안장애와 유사하다. 의존성 성격장애 환자들은 돌봄을 받고자 하는 의존욕구가 지나쳐서 다른 사람에게 지나치게 매달리고 복종적인 행동을 보인다. 이들은 아주 사소한 일도 스스로 결정할 수 없을 만큼 의존적이어서 의존대상과 분리되는 것에 대한 불안이 매우 심하다. 따라서 다른 사람의 의견과 다른 의견을 표현하지 못하고, 돌봄과 지지를 유지하기 위해서라면 불쾌한 일도 마다하지 않고 복종한다. 이들은 의존대상과 분리를 경험하게 되면 우울, 불안, 섭식장애 등 다양한 심리적 문제를 보이는 경우가 많다. 강박성 성격장애는 정리정돈, 완벽함, 정신적 통제 및 대인관계 통제에 지나치게 집착한 나머지, 융통성, 개방성과 효율성을 상실하게 되는 것을 특징으로 한다. 이들은 매사에 규칙, 순서, 예정된 계획에 집착하여 정작 중요한 부분을 놓치거나, 완벽한 기준을 고수하느라 제때 일을 마치지 못하는 경우가 많다. 강박적 성격장애를 가진 이들은 자신과 타인에게 비합리적으로 높은 기준을 부여하여 자신과 타인의 수행에 만족하기 어렵다. 또한 지나치게 양

심적이고 융통성이 부족하다. 이들은 감정표현을 잘하지 못하는 편으로 대인관계가 단조롭고 피상적일 수 있다.

성격은 정상범위 내에서도 개인차가 크고 다양한 영역으로 성격장애를 진단적으로 분류하는 것에 대해 많은 논란이 있어 왔다. 특히 범주적으로 성격장애를 분류하는 것에 대한 타당성과 신뢰성에 대해 여러 의문과 비판이 제기되면서 DSM-5 개정을 앞두고 차원적 접근이 대안적으로 논의되기도 했다. 차원접근은 성격문제를 장애의 유무가 아닌 특성 정도의 차이로 규정하며, 정상-비정상의 경계가 아닌 연속선상에서 성격장애를 이해하려는 접근이다. 기존 체계에 익숙해져 있는 임상 현장의 많은 비판으로 DSM-5에서는 종래대로 범주적 접근이 유지되었지만, 추후 성격장애 관련 연구에서는 차원접근을 고려해 볼 필요가 있다.

아동 청소년 장애: 신경발달장애

아동기와 청소년기는 발달적 변화가 급속하게 이루어지는 시기로 심리적 문제를 평가하고 치료할 때 해당 아동이나 청소년의 심리적, 신체적 발달 단계를 반드시 고려해야 한다. 예를 들어, 수업시간에 다른 사람들을 고려하지 않고 마음대로 돌아다니는 행동은 유치원 아이들에게는 매우 흔한 행동이지만, 초등학교 고학년 교실에서는 흔하지 않은 행동이다. 따라서 초등학교 고학년이 되어서도 행동조절을 하지 못하고 여전히 이러한 행동을 보이는 아동들에 대해서는 어떤 문제가 있을 가능성을 고려할 수 있다. 자신과 타인에 대한 이해, 정서와 인지기능의 수준도 발달 단계에 따라 현저한 변화를 보인다. 또한 아동들은 자신의 심리적 경험을 인식하고 표현할 수 있는 능력도 제한적이어서 아동의 심리적 문제를 정확히 파악하는 것은 쉽지 않은 일이다. 따라서 임상가들은 각 발달 단계에서 정상적으로 나타나는 행동에 대해 숙지하고, 표면적으로 나타나는 아동의 행동이 아동의 발달단계에서 보이는 보편적인 특성에서 현저히 이탈되었는지의 관점에서 심리적 문제를 추론해야 한다. 또한 임상가들은 아동을 평가할 때 아동 자신의 보고 이외에도 부모, 교사 등 해당 아동과 자주 만나고 많은 시간을 보내는 주변 사람들의 보고에 상당 부분 의존한다. 아동기의 발달적 특성은 치료방법을 선택하는 데에도 영향을 미치는데, 언어적 표현 능력이 제한적인 아동들에게는 놀이치료와 같이 아동에게 보다 적합한 치료기법을 적용한다.

불안장애나 기분장애와 같이 성인기에 주로 발병하는 정신장애들이 아동기에 나타나기도 하며, 어떤 정신장애는 특징적으로 아동기에 발병하기도 한다. DSM-5

에서 신경발달장애로 분류한 장애들은 전형적으로 발달 초기 단계인 학령전기에 나타나기 시작하여 일생 동안 개인적, 사회적, 학업적, 혹은 직업적 기능을 포함하는 삶의 다양한 측면에 손상을 일으키는 발달상 결함을 특징으로 한다. 여기서는 신경발달장애 중 자폐 스펙트럼 장애와 주의력 결핍/과잉행동장애에 대해 소개하고자 한다.

주의력 결핍 과잉행동 장애

주의력 결핍/과잉행동 장애(Attention Deficit/Hyperactivity Disorder, ADHD)는 부주의, 과잉활동 및 충동성을 주요 특징으로 하는 장애로 아동의 발달 단계에서 기대되는 것보다 더 심한 수준으로 이러한 문제를 보일 때 진단된다. 부주의는 주어진 과제를 마칠 때까지 주의를 유지하지 못하고 다른 일에 주의를 빼앗기거나, 다른 사람의 말을 귀 기울이지 못하고 지시를 놓치거나, 부주의한 실수를 자주하고 물건을 잃어버리는 등의 행동으로 나타난다. 과잉행동과 충동성은 활동량이 많고 한자리에 오래 앉아 있지 못하고 지나치게 꼼지락거리는 모습, 말이 많고 참을성이 부족하여 다른 사람의 말이 끝나기도 전에 끼어드는 모습, 기다리지 못하는 모습 등으로 나타난다. ADHD 진단을 내리기 위해서는 부주의와 과잉활동 및 충동성이 같은 발달단계의 보통의 아동들보다 두드러지게 심해야 하며, 수업시간과 같이 특정 상황에서만 국한되어 나타나는 것이 아니라 일상생활의 다양한 장면에서 지속적으로 나타나야 한다. DMS-5 진단 기준에서는 이러한 증상이 12세 이전에 나타나고 둘 이상의 상황에서 드러나야 함을 명시하고 있다. 대부분의 경우 이두 가지 문제가 동시에 나타나지만 일부 ADHD 환자에서는 두 문제 중 한 문제가더 우세하게 나타난다. 이러한 증상들은 학업에 방해가 될 뿐만 아니라 또래관계, 부모나 교사와의 관계 등 대인관계에서 문제를 초래할 수 있다. 또한 문제행동에 대해 주변 사람들로부터 반복적으로 부정적인 피드백을 받는 것은 정서적으로도 부정적인 영향을 끼친다.

ADHD 아동들은 주로 초등학교에 입학하면서 학교 적응이나 학습에 문제가되어 임상장면에 방문하는 경향이 있고, 청소년기로 발달되어감에 따라 증상이 감소하기는 하지만, 약 50%는 성인기까지 문제가 지속된다(Kessler et al., 2006). 다만 청소년기 이후에는 아동기에 비해 과잉행동은 감소하고, 충동성이나 좌불안석과 같은 증상이 문제가 된다. 성인기에는 주의력 문제나 충동성으로 인해 학업적 성취가 저조하고 직업적 성공이 어려우며 대인관계의 갈등도 빈번하여 전반적으로 삶의 만족도가 저하될 수 있다. 인구조사 결과, 전 세계적으로 ADHD는 학령기 아동의 약 5%, 성인의 2.5%에서 나타난다(APA, 2013). 아동기에는 여자보다 남자에서 더 흔하지만, 성인 ADHD에서는 남녀 차이가 감소하는 것으로 보고된다.

ADHD의 원인으로는 생물학적 요인이 가장 주목을 받는데 쌍둥이 연구와 입양연구 결과 모두 유전적 요인의 영향이 강력함을 시사한다. 하지만 특정 단일 유전자의 영향이라기보다는 여러 유전자들이 관여하는 것으로 시사된다. 신경전달물질 중에는 특히 도파민의 비정상적 활동이 확인되었으며, 뇌의 전두-선조체 영역에서의 비정상성이 보고되고 있다. ADHD 환자들은 계획적이고 목표지향적인 행동, 반응억제, 주의전환을 포함한 집행기능의 결함을 두드러지게 보이는데, 집행기능은 전전두엽과 밀접하게 관련된 인지기능으로 전전두엽 발달의 문제가 ADHD와 관련됨을 시사한다. ADHD의 치료에는 중추신경자극제와 행동치료 프로그램이 효과적이다. ADHD의 치료약물로는 메틸페니데이트라는 중추신경자극제가 가장 널리 사용된다. 행동치료로는 아동이 주어진 과제에 주의를 집중하거나 행동통제를 잘할 때 즉각적으로 보상을 주는 방식의 토큰경제 프로그램이 종종 활용되며, 임상가가 직접 프로그램을 실시하기보다는 부모 혹은 교사와 같이 아동이 일상생활에서 밀접하게 접하는 주변 인물들에게 교육하여 실시하도록 한다.

자폐스펙트럼 장애

자폐스펙트럼 장애는 사회적 의사소통과 상호작용의 결함, 제한적이고 반복적인 행동과 관심사를 주요 특징으로 한다. DSM-5 이전에는 여러 장애로 구분되었던 장애들이 자폐스펙트럼 장애로 통합되었으며, 자폐스펙트럼 장애는 경미한 사회적 손상만 보이는 경우부터 심각한 사회적, 지적 손상을 보이는 경우까지 심각도가 다양한 사례들을 포괄한다. 지적 능력은 정상적이지만 사회적 상호작용에 결함을 보이는 고기능 자폐증은 아스퍼거 증후군으로 불리기도 한다.

자폐스펙트럼 장애를 가진 아이들은 생애 초기부터 사회적 상호작용의 문제를 드러낸다. 이 문제를 가진 아기들은 양육자와 눈맞춤이 잘 되지 않고, 말을 걸어도 반응이 없고, 안아주는 것과 같은 신체적 접촉을 거부하는 경향이 있다. 자폐스펙트럼 장애를 가진 아이들은 또래관계 형성을 비롯하여 전반적으로 다른 사람에게 관심이 부족하고 다른 사람의 정서나 의도를 이해하는 데에도 결함을 보인다. 일부 연구자들은 자폐스펙트럼 장애 환자들이 다른 사람의 의도, 소망, 믿음에 대해 이해하고 그에 따라 타인의 행동을 예측하는 능력, 즉 마음 이론의 발달에 문제를 보인다고 주장하였다.

　의사소통 능력의 결함 역시 이 장애의 주요 특징 중 하나인데, 언어적 소통뿐만 아니라 비언어적 소통에도 심한 장해를 보인다. 자폐스펙트럼 장애 환자들은 언어 발달에 현저한 지연을 보이며, 언어발달이 비교적 정상적으로 이루어졌다고 해도 다른 사람과 대화를 지속해나가는 능력이 부족한 경향이 있다. 자폐스펙트럼 장애 환자들은 억양이 단조롭거나 특이하며, 표정이나 몸짓도 독특하다. 언어발달 지연이 심한 경우, 말을 전혀 하지 못한 채 의미를 파악하기 어려운 소리를 내거나 고함을 지르는 정도만 보이기도 한다. 혹은 자신이 들은 말을 그대로 따라하는 반향어를 보이기도 한다.

　제한적이고 반복적인 상동적 행동과 관심 역시 자폐스펙트럼 장애의 특징 중 하나이다. 이 장애를 가진 아동들은 갑자기 박수를 치거나 손을 흔드는 등의 상동적인 행동들을 반복적으로 보인다. 심하면 손을 깨문다든지 머리를 벽에 부딪히는 것과 같이 자신의 신체에 손상이 될 만한 행동을 반복하기도 하여 주의가 필요하다. 환경의 특정 측면에만 제한된 관심을 보이기도 하는데, 장난감 자동차의 바퀴에만 지나친 관심을 보이거나 돌이나 병뚜껑과 같이 독특한 물건에 집착하기도 한다. 심한 자폐아동의 경우 반복적이고 강박적인 놀이방식을 보이기도 한다. 예를 들어, 매번 똑같은 방식으로 장난감을 줄 세우는 데만 집중하는 자폐아동들이 있으며, 이들에게 이를 못하게 하거나 방해하면 심한 짜증을 부린다. 이들은 반복되던 활동방식의 변경이나 변화에도 극도로 저항하는데 익숙한 가구 배치의 변화에 극도의 스트레스 반응을 보이기도 한다.

　자폐스펙트럼 장애의 유병률은 약 1%로 보고되며, 대개 생후 2년 이내에 특징이 나타난다. 많은 경우, 언어발달의 지연과 함께 지적 기능의 결함을 보이며 정상범위의 지능을 보이더라도 하위 능력들 간의 심한 불균형을 보이고 지적 기능에 비해 적응능력이 현저히 저하된 양상을 보인다.

　쌍둥이 연구 결과에 따르면 이 장애의 유전성은 37~90%로 보고되며, 특정 유전자의 유전적 변이도 보고되지만 다양한 유전자가 함께 관여하는 것으로 보인다. 최근 한 쌍둥이 연구에서는 자폐스펙트럼 장애의 각 증상 요소들 — 사회적 손상, 의사소통장애, 제한적인 반복 행동 — 이 모두 개별적으로 높은 유전성을 보였다(Ronald, Happe, Price, Baron-Cohen, & Plomin, 2006). 환경적 요인 역시 중요한데, 산모가 임신 시 독성 물질에 노출되거나 임신 중 혹은 출산 중에 문제가 있는 경우에 이 장애가 생길 가능성이 더 높다. 뇌 영상 연구들에서는 전두엽, 변연계, 소뇌,

기저핵을 포함한 영역들에서의 이상성이 발견되었으며, 뇌 영역들 간의 연결성의 문제가 발견되기도 했다(Minshew & Wiliams, 2007). 뇌 발달에서의 이러한 특성은 언어발달 지연 및 사회적 상호작용의 결함과 관련되는 것으로 보인다. 자폐스펙트럼 장애 환자들은 종종 집행기능과 마음이론의 결함을 보이는데 이러한 인지적 결함이 이 장애의 증상들과 관련될 수 있다. 현재 자폐스펙트럼 장애를 완전히 치료할 수 있는 방법은 없지만, 행동치료, 의사소통 훈련, 부모교육 등이 도움이 된다.

8.5. 맺음말

본 장에서는 임상심리학과 정신장애에 대한 이해를 돕고자 전반적인 내용을 대략적으로 소개하였다. 임상심리학은 인간의 인지, 정서, 행동상의 문제를 이해하고 적응적으로 변화시키는 것을 목적으로 하는 응용심리학으로서 인지심리학, 정서심리학, 성격심리학, 사회심리학, 학습심리학, 발달심리학과 같은 기초심리학 분야에 대한 심층적인 지식이 토대가 되어야 한다. 아울러 정신병리의 기전, 심리평가와 치료의 원리 대한 전문적인 지식과 임상적 훈련이 요구된다. 임상심리학 및 이상심리학에 대해 보다 심층적인 이해를 얻고자 하는 독자들을 위해 추가적인 읽을거리와 동영상 자료를 추천한다.

요약

1. 임상심리학은 기초심리학적 지식을 활용하여 심리적 부적응 문제나 정신장애를 가진 사람들을 돕기 위한 응용심리학의 한 분야이다.
2. 임상심리학자의 주요 활동에는 심리평가, 심리치료, 자문과 같은 임상실무와 연구와 교육이 있다.
3. 임상심리학의 일반적인 전문지식과 훈련경험 이외에도 특수한 훈련과 교육이 요구되는 하위 전문 영역에는 지역사회심리학, 건강심리학, 신경심리학, 법정심리학 등이 있다.
4. 정신장애의 원인을 설명하고 치료방향을 제시하는 주요 이론적 접근에는 생물학적 접근, 정신역

동적 접근, 인본주의-실존주의 접근, 행동주의적 접근, 인지적 접근이 있으며, 최근에는 이 이론들을 통합한 생물심리사회적 접근이 일반적으로 받아들여지고 있다.
5. 이상심리는 사회적이거나 통계적 규준으로부터 이탈되고, 주관적 고통, 일상 기능의 손상, 자신 및 타인의 위험을 초래하는 상태로 정의된다.
6. 정신장애의 진단은 치료를 계획하고 경과나 예후를 예측하는 데 도움을 주고, 전문가들 간의 효율적인 의사소통과 체계적인 연구가 가능하게 한다. 하지만 임상가는 정신장애 환자라는 낙인의 폐해

도 인식하고 진단이 오남용되지 않도록 주의해야 한다.

7. 현재 가장 널리 사용되는 진단적 분류체계는 DSM-5로 각 정신장애의 특징적 증상과 진단기준, 전형적인 경과와 예후, 임상적 지침을 제공하고 있다.

8. 조현병은 망상, 환각, 사고장애, 와해된 행동, 음성증상을 핵심증상으로 하며, 만성적인 경과를 밟고 일상생활에 심각한 손상을 초래하는 중증 정신장애이다.

9. 정상적인 기분상태에서 현저히 이탈된 기분이 상당기간 지속되는 기분장애에는 주요우울장애와 같이 상당한 우울감을 특징으로 하는 단극성 우울장애와 우울상태와 조증상태가 교대로 나타나는 양극성 장애가 있다.

10. 실제 위협에 비해 과도한 불안을 지속적으로 나타내는 불안장애는 특정 사물이나 상황에 대한 지나친 공포가 특징인 특정 공포증, 거의 모든 일에 대한 지나친 불안을 특징으로 하는 범불안장애, 예상치 못한 공황발작과 그에 따른 불안과 회피행동을 특징으로 하는 공황장애 등이 대표적이다.

11. 일부 성격특성이 극단적으로 지나쳐서 개인적 고통이나 적응상의 문제가 발생하는 경우 성격장애를 고려한다. 성격장애를 가진 사람들은 자아정체감, 대인관계 능력, 정서적 경험과 조절능력에서 손상을 보이며, 자신은 물론이고 주변 사람들에게도 고통을 초래한다.

12. 아동 청소년기 정신장애를 진단할 때에는 반드시 해당 환자의 발달단계를 고려해야 하며, 환자 자신의 보고 이외에 부모, 교사 등의 보고가 중요하다.

13. 아동기에 발병하는 대표적인 신경발달 장애인 주의력 결핍/과잉행동 장애는 부주의, 과잉활동 및 충동성을 주요 특징으로 하며, 이러한 증상들은 학업은 물론이고 대인관계에서도 부정적 영향을 미칠 수 있다.

14. 자폐스펙트럼 장애는 사회적 의사소통과 상호작용의 결함, 제한적이고 반복적인 상동 행동과 관심사를 주요 특징으로 하며, 언어발달과 지적 발달의 지연이 동반되는 경우가 흔하다.

추가 읽을거리

이상심리와 정신병리에 대한 이해

- 권석만 (2013). **현대 이상심리학** 2판. 서울: 학지사.
- 김중술·이한주·한수정 (2003). **사례로 읽는 임상심리학**. 서울: 서울대학교 출판부.
- Comer, R.J. (2014). **이상심리학** [*The Science and Practice of Clinical Psychology* 8th ed.]. (오경자·정경미·송현주·양윤란·송원영·김현수 역). 서울: 시그마프레스. (원전은 2013년 출판)
- Ron Howard 감독(2001)의 영화. A beautiful mind. 미국 Dreamworks.
- Lauren Greenfield 감독(2006)의 다큐멘터리 영화. Thin. 미국 HBO. (http://topdocumentaryfilms.com/thin/).
- Elyn Saks 교수(2012)의 TED 강연: 정신질환 이야기 — 환자의 입장에서. (https://www.ted.com/talks/elyn_saks_seeing_mental_illness?language=ko)

심리평가에 대한 이해

- 이우경·이원혜 (2012). **심리평가의 최신 흐름**. 서울: 학지사.
- 김재환·오상우·홍창의·김지혜·황순택 (2014). **임상심리검사의 이해**. 서울: 학지사.

심리치료에 대한 이해

● 권석만 (2012). **현대 심리치료와 상담 이론**. 서울: 학지사.

● Hayes, S.C. (2010). **마음에서 빠져나와 삶속으로 들어가라** (민병배·문현미 역). 서울: 학지사.

연습문제

A형

1. 로저스의 내담자 중심치료에서 치료자의 태도로 강조되는 세 가지를 쓰시오.

2. 심리치료의 치료적 공통 요인에는 어떤 것들이 있는가?

3. 정신역동이론에서 수용하기 어려운 원초아의 충동을 통제하고 그로 인한 불안을 감소시키기 위해 자아가 발달시키는 기본적인 전략을 무엇이라고 하는가?

4. 이상심리를 정의하는 기준에는 어떤 것들이 있는가?

5. 우울증의 인지이론에서 인지삼제란 무엇인가?

6. 행동통제가 어려운 어린 아동이나 만성정신질환자들을 대상으로 문제행동을 변화시키기 위해 종종 적용되는 행동치료 기법으로 바람직한 행동에 대한 보상으로 나중에 원하는 물품이나 특권으로 교환할 수 있는 토큰을 즉각적으로 제공함으로써 그 행동을 강화시켜 나가는 방법은 무엇인가?

7. 성격장애는 유사성에 따라 크게 3가지 군집으로 분류된다. B 군집에 해당하는 성격장애를 적으시오.

8. 임상심리수련 모델로서 과학자-임상자 모델이 무엇인지 설명하시오.

9. 행동주의이론에 입각하여 특정 공포증의 발생을 설명하시오.

10. 조증 상태의 주요 증상들에 대해 기술하시오.

11. 조현병의 양성 증상과 음성 증상에 대해 기술하시오.

12. 공황발작이란 무엇인가? 그 주요 증상과 특징을 간단히 기술하시오.

B형

1. 다음 중 심리평가 방법에 포함되지 않는 것은 무엇인가?

① 심리검사 ② 면담
③ 행동관찰 ④ 노출

2. 어떤 행동의 선행 사건과 결과에 대해 주목하는 임상심리학의 이론적 접근은 무엇인가?

① 정신역동적 접근
② 인지적 접근
③ 행동주의적 접근
④ 인본주의-실존주의적 접근

3. '여기 지금', 즉 현재 환자의 욕구, 감정, 사고, 행동을 있는 그대로 온전히 자각하는 것을 강조하는 이론적 접근은 무엇인가?

① 정신역동적 접근
② 인지적 접근
③ 행동주의적 접근
④ 인본주의-실존주의적 접근

4. 40대 주부 M씨는 공황장애 환자이다. M씨가 심장박동의 증가, 호흡곤란 증상을 목숨을 잃을 수 있는 중증 질환의 증거로 잘못 해석하는 경향성에 주목하는 이론적 접근은 무엇인가?

① 인지적 접근
② 정신역동적 접근
③ 생물학적 접근
④ 인본주의-실존주의적 접근

5. 다음 중 이차 예방 프로그램의 예는 무엇인가?

① 자살방지 캠페인
② 치매조기검진사업
③ 만성정신질환자 사례관리
④ 알코올중독자의 단주 모임

6. 다음 중 법정심리학자들의 주요 활동에 해당하지 않는 것은 무엇인가?

① 전문가 증언
② 아동 양육권 조정
③ 재범 위험성 예측
④ 건강증진행동 훈련

7. 다음 중 신경심리학자들이 주로 평가하는 대상과 거리가 먼 것은 무엇인가?

① 뇌전증 환자
② 범불안장애 환자
③ 뇌 손상 환자
④ 알츠하이머성 치매 환자

8. 주부 K씨는 정리정돈을 중요시하고 완벽주의적인 면이 있어서 집안일을 하는 데 너무 많은 시간이 걸린다. 또한 시장을 볼 때 꼼꼼하게 따져보느라 물건을 고르는 데 어려움을 느낀다. K씨는 매사 정해진 자신만의 방식을 고집하여 종종 가족들과 부딪히곤 한다. 다음 K씨에게 고려할 만한 성격장애는?

① 회피성 성격장애
② 강박 성격장애
③ 자기애성 성격장애
④ 편집성 성격장애

9. 30대 회사원인 S씨는 매사에 걱정이 많고 불안하며 늘 긴장한 듯 보이고 너무 불안한 나머지 업무에 주의를 집중하는 데에도 어려움이 있다. 그는 걱정을 스스로 통제할 수 없고 걱정 때문에 늘 초조하고 잠못 이루며 쉽게 지친다. S씨에게 진단을 가장 고려할 만한 장애는 다음 중 무엇인가?

① 공황장애
② 특정 공포증
③ 범불안장애
④ 주의력 결핍 과잉행동 장애

10. 다음 중 여성의 유병률이 남성보다 월등히 높은 장애가 아닌 것은 무엇인가?

① 주요우울장애
② 주의력결핍/과잉행동장애
③ 범불안장애
④ 공황장애

11. 다음 중 자폐스펙트럼 장애의 주요 증상이 아닌 것은 무엇인가?

① 제한되고 반복된 상동 행동
② 충동성
③ 의사소통의 장애
④ 사회적 상호작용의 결함

1. 공감적 이해, 무조건적 긍정적 존중, 일치성
2. 치료적 동맹, 카타르시스(감정의 정화), 심리적 문제에 대한 통찰, 유능감과 통달감
3. 방어기제
4. 규준으로부터의 일탈, 주관적 고통, 일상적 기능의 손상, 타인에 대한 위험
5. 자기 자신, 자신의 상황, 미래에 대한 부정적 사고 경향성
6. 토큰경제
7. 연극성 성격장애, 경계성 성격장애, 자기애성 성격장애, 반사회성 성격장애

Chapter 9

상담 및 심리치료

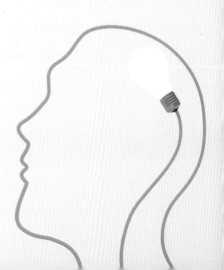

사회가 복잡해지고, 물질적 성공에 관심이 커짐에 따라 사람들은 과거에 비해 심리적 문제를 더 많이 겪고 있다. 이러한 문제를 해결하기 위해 상담이나 심리치료 분야도 많이 발달되어 가고 있으며, 전문가의 도움을 찾는 사람들의 수요도 늘어나고 있다. 그러나 실제로 사람들이 심리적 어려움이 발생하여 상담이나 치료적 도움을 받으려 할 때 막상 정말 심리치료를 받아야 하는지, 상담기관이나 정신과 중 어느 기관을 방문해야 하는지, 얼마나 치료를 받아야 하는지, 어떤 과정을 통해 치료가 이루어지는지, 과연 효과가 있는지에 대한 궁금함을 가지게 된다. 이 장에서는 심리치료의 정의, 심리치료의 역사, 다양한 치료이론, 치료효과 등을 다루고자 한다.

9.1. / 상담과 심리치료

상담과 심리치료 혹은 정신의학적 심리치료는 어떻게 다른가? 많은 학자들이 상담과 심리치료가 어떻게 다른지를 구별하려는 시도를 해 왔다. 먼저 치료대상과 문제의 종류에 따른 구별이 있다. 상담은 정상인을 대상으로 발달과정에서 경험하는 심리적 갈등, 관계 문제, 진로 등의 다양한 문제를 해결하도록 도울 뿐만 아니라 문제를 예방하고 인간이 보다 더 건강하게 성장하도록 돕는 데 초점을 둔다. 반면 심리치료는 가벼운 심리적 문제에서 보다 심각한 정신증적인 문제를 가진 환자를 대상으로 증상 완화에서 성격을 변화시키는 것까지 다양한 범위의 문제에 초점을 둔다. 이처럼 누구를 대상으로 어떠한 문제에 초점을 두고, 어떤 방법을 적용하느냐에 따라 상담과 심리치료를 구별을 하고 있으나, 사람들이 경험하는 장애의 심각성 정도를 구별하기가 어렵고, 문제정도는 달라도 치료과정이나 치료방법에서 유사한 점이 많아 이를 엄격하게 구별하기 어렵다. 또한 치료자의 훈련 배경과 치료 장면에 따라 상담과 심리치료를 구별하기도 한다. 심리학이나 상담관련학과에서 훈련을 받은 경우도 있고, 정신의학에서 훈련을 받기도 한다. 심리학이나 상담관련분야에서는 정상인을 대상으로 발달적 문제를 상담하는 훈련을 주로 받고, 상담이라는 용어를 주로 많이 사용한다. 정신의학 분야에서는 심각한 정신장애에 대한 정신의학적 치료훈련을 받고, 심리치료라는 용어를 사용하며, 심리치료와 약물치료를 대부분 병행한다. 상담과 심리치료가 약간의 차이점이 있으나 유사점이 많기 때문에 이 장에서는 상담과 심리치료를 구별하지 않고 사용하고자 한다.

9.2. / 심리치료 역사

과거에도 이상행동을 보일 때 심리치료가 이루어졌을까? 이상행동을 어떻게 이해하고, 어떤 방법으로 치료가 이루어졌을까? 현대의 심리치료가 발달하기까지 많은 변화가 있었다. 고대나 중세에는 이상행동을 보이는 사람을 정신적으로 아픈 사람으로 보지 않고, 귀신이나 악마가 들어 있다고 보았다. 따라서 치료보다는 두 개골에 구멍을 뚫어 악령을 쫓아내려고 시도하거나 악마를 쫓아내기 위한 종교적 의식을 하거나 화형과 고문을 하는 방법을 사용하기도 하였다.

근세에서도 환자들을 전문적으로 치료하기보다는 쇠사슬에 묶어 놓거나 위생적으로 좋지 않은 환경에 수용해 놓았다. 그러나 1792년에 파리 정신병원 책임자인 피넬이 환자들을 사슬에 묶어 두지 않고 인간적으로 대우하는 정신병원을 만들었으며, 정서장애를 겪는 사람들은 "정신적으로 아픈" 것으로 간주하였고, 동정적 대우를 받고 치료가 이루어지기 시작하였다. 20세기 중반부터 뇌과학과 정신약물학이 발달되고, 입원치료만을 하지 않고 통원치료를 받는 등 많은 변화가 있었다.

이러한 의료적 서비스와는 달리 개인의 심리적 문제를 이해하고, 긍정적 변화를 가져오는 심리치료는 지그문트 프로이트에 의해 약 100년 전에 창시되었다. 프로이트 이후 지금까지 많은 새로운 심리치료 이론이 개발되었으며, 그 효과를 검증하고 있다. 현대에는 400여 개의 심리치료 이론이 소개될 정도로 이론이 다양하다.

한편 치료의 방향도 달라지고 있는데 이상행동을 치료하는 데 초점을 두던 것에서 사람들이 발달과정에서 겪는 문제들을 예방하고, 긍정적인 성장을 돕기 위한 다양한 시도들이 이루어지고 있다. 또한 치료에서 내담자들의 문제보다 긍정적인 부분을 밝히고, 성장시키는 데 초점을 둔 긍정심리치료와 장기간의 정신분석 외에 내담자들의 요구에 따라 단기치료가 발달하고 있으며, 다양한 이론을 통합하여 적용하는 통합적 접근 등 상담/심리치료 소비자들의 요구에 따라 치료방법과 치료이론이 변화되고 있다. 치료과정에서도 언어적 대화 외에 미술, 놀이, 춤 등의 다양한 상징적 표현 수단을 이용하여 내담자가 자신을 이해하고 성장할 수 있도록 하는 치료들이 활성화되고 있다.

9.3. / 심리치료 이론

인간의 이상행동을 이해하고 치료하기 위한 이론들은 사람이 어떻게 발달하고, 성격이 어떻게 형성되며, 심리적 문제의 원인이 무엇인지, 내담자의 문제를 어떻게 해결할 수 있는지에 관해 각기 다른 관점에서 설명하고 있다. 그러나 인간의 심리적 문제를 설명해 주는 단일한 이론적 모델은 없으며, 각각의 이론은 내담자의 문제를 이해하는 데 유용한 측면이 있다. 따라서 어떤 치료자들은 특정한 이론적 입장에서 내담자의 문제를 이해하고 치료하는 반면, 어떤 치료자들은 내담자의 문제에 맞게 치료 이론을 절충해서 사용하기도 한다. 심리치료 이론들은 인간의 문제를 보다 명확하게 설명하기 위해 꾸준히 수정 발전하고 있으며, 우리나라에서도 서양의 심리치료 이론을 적용하던 것에서 벗어나 한국적 상담모형을 개발, 적용하려고 노력하고 있다. 대표적으로 도(道) 정신치료(이동식, 2008), 온마음 상담(윤호균, 2007) 등이 있다. 이 장에서는 심리치료 이론에서 가장 널리 알려진 정신분석적 접근, 행동적 접근, 인지적 접근, 인본주의적 접근에 대해 살펴보고자 한다.

정신분석적 심리치료

프로이트의 정신분석이나 꿈분석을 한번쯤 접해 본적이 있을 것이다. 많은 사람들이 분석이라는 용어 때문에 내담자가 이야기한 내용을 치료자가 분석하여 정답처럼 제시하는 것을 상상하기도 한다. 정신분석은 어떻게 치료가 이루어지는가? 정신분석은 Freud가 히스테리 환자를 대상으로 최면 대신 자유연상을 이용하여 환자의 무의식적 갈등이 마비와 같은 신체적 증상으로 나타나는 것을 발견하고, 이들의 무의식적 갈등을 통찰하도록 하는 노력에서 발달하였다. Freud 이후에도 정통 정신분석이론은 자아심리학, 대인관계 심리학, 대상관계 이론, 자기심리학으로 변화 발전하고 있으며, 다른 심리치료이론의 발전에도 기여를 하였다. Freud의 정통 정신분석은 한 주에 4~5회씩 몇 년에 걸쳐 치료가 이루어지고 주로 내담자의 추동에 관심을 가졌다. 한편 정신분석적 심리치료는 무의식과 전이 및 저항에 대한 기본적 개념을 유지하면서 추동보다 내담자의 관계적 측면에 초점을 두고, 비교적 단기간 치료가 이루어진다. 이러한 치료들은 문제의 원인과 치료에 대한 약간씩 다른 관점으로 접근하고 있지만 문제의 근원이 무의식적인 갈등에 의한 것이라고 본다는 점은 동일하다.

정신분석

정신분석의 창시자 프로이트는 인간을 생물학적 존재로 보며, 인간이 경험하는 사건, 감정, 충동은 무의식적인 성적 본능과 공격적 본능과 관련이 있다고 보았다. 정신분석 이론에 의하면 개인이 경험하는 현재의 어려움과 성격 특성의 원인은 생후 6년 동안의 경험, 아동기의 중요한 사건과 소망, 그리고 그것이 만들어 낸 환상에 있다. 이는 무의식에 있으면서 개인에게 지속적인 영향을 미치게 된다. 따라서 정신분석 치료에서는 미처 인식하지 못한 채 반복되었던 패턴을 자각하고 통제할 수 있도록 하며, 나아가 강력한 원초아(id)나 초자아(superego)를 조절하는 자아(ego)의 힘을 키우는 방식으로 성격 구조를 재구성할 수 있도록 촉진한다. 이를 통해 개인은 무의식의 지배에서 벗어나 더 자유로운 삶을 추구할 수 있게 된다. 무의식의 의식화를 통해 무의식적 갈등을 통찰하고, 반복적인 훈습으로 현실적 자아기능 향상 및 성격 구조의 변화까지 이룰 수 있게 된다. 정신분석에서 사용하는 치료 기법은 자유연상, 꿈의 분석, 전이분석, 저항분석, 해석, 통찰과 훈습이 있다.

자유연상 내담자의 무의식적 자료를 탐색하기 위해 사용하는 기법이다. 자신의 마음에 떠오르는 생각을 도덕적이거나 논리적으로 판단하지 않고 어떤 생각이든 자유롭게 말하도록 한다. 이렇게 자유롭게 말하는 과정에서 내담자들은 자신의 무의식 속에 있는 무의식적 욕구나 갈등들을 발견하게 되고, 조절할 수 있는 힘을 갖게 된다.

꿈의 분석 꿈은 무의식을 발견하는 지름길이라고 한다. 내담자가 의식적으로 받아들이기 어려운 여러 가지 무의식적 욕구들이 꿈에 위장된 형태로 나타난다. 내담자는 꿈 노트를 머리맡에 두고 적어 두었다가 치료시간에 이야기를 하고, 치료자는 내담자에게 이해하기 어려운 꿈 내용에 대해 연상을 하도록 하여 무의식적으로 억압된 소망들을 발견할 수 있도록 돕는다. 일반적으로 꿈 내용을 현재몽이라고 하며, 꿈의 의미를 잠재몽이라고 한다.

전이분석 어린시절 우리는 가족들과 상호작용을 통해 여러 가지 욕구들을 충족하기도 하고, 좌절하기도 하였다. 이러한 어린 시절에 중요한 대상과의 관계방식이나, 감정, 태도 등이 치료자와의 관계에서도 되풀이된다. 예를 들면 어린시절에 무서워했던 아버지를 대하는 것처럼 치료자를 어려워 하거나 모든 것을 해결해 주었던 어머니처럼 치료자가 모든 것을 해결해 주길 바란다. 이러한 현상을 전이라고 한다. 치료자에게 보이는 이런 전이 감정, 태도, 관계방식을 통하여 내담자의 현재 문제에 미치는 아동기 경험과 무의식적 욕구를 통찰하도록 하여 과거경험과 무의식적 욕구로부터 자유로워질 수 있다.

저항분석 분석과정에서 내담자들은 과거 경험을 떠올리거나 무의식적 갈등을 재현하는 것에 대해 무의식적으로 저항할 수 있다. 이러한 저항은 상담의 진행을 방해하고, 변화를 가로막는 모든 생각, 태도, 감정, 행동을 말한다. 예를 들어 성적인 주제와 같은 특정 주제를 회피하거나, 지각을 하거나, 침묵할 수 있다. 치료자는 이러한 내담자의 현상들에 대해 비난하지 않고 그러한 행동의 의미에 접근하여 내담자의 내적세계를 통찰하도록 할 수 있다.

해석 해석은 분석과정에서 내담자의 증상의 의미나 무의식적 욕구에 대해 치료자가 알고, 내담자가 이해할 수 있도록 전달하는 것을 말한다. 해석은 내담자가 말한 것이나 행한 것의 무의식적 근원을 인식할 수 있도록 하는 것이 중요하다. 따라서 해석을 할 때는 적절한 시기가 있다. 치료자는 내담자가 이를 자각하고, 수용할 준비가 되었을 때, 소화할 수 있는 정도를 고려해서 해석을 해야 된다.

통찰과 훈습 적절한 해석은 갈등의 본질에 대한 통찰을 경험하게 한다. 그러나 한두 번의 통찰만으로 생활 속에서 실제로 변화가 일어나는 것은 아니다. 내담자들은 지금까지 살아오면서 익숙하게 문제를 해결해오던 방식을 되풀이한다. 따라서 분석은 여러 번, 여러 가지 다른 방식으로 지속되는데, 이를 통해 자신의 문제에 대한 통찰이 반복되고, 정교화되어 확대되는 과정인 훈습이 이루어지게 된다. 이러한 과정을 통해 자신의 무의식적인 패턴에 대해 인식, 이해 및 변화가 시작될 수 있다.

최근 정신분석의 동향

프로이트도 전생애에 걸쳐 이론을 수정해 왔으며, 프로이트 이후에도 많은 사람들이 정신분석이론을 수정하고, 확대시켜 나가고 있다.

자아심리학 프로이트가 내담자의 성적, 공격적 원본능에 주로 초점을 둔 추동심리학이라고 본다면 자아심리학들은 자아의 기능에 관심을 가졌다. 대표적으로 안나 프로이트는 개인 성격의 기본 양상이 자아의 기능인 방어에 뿌리를 두고 있을 것이라 생각하고, 이러한 무의식적 방어과정의 분석과 자아의 기능에 관심을 두기 시작하였다. 또한 치료과정에서도 치료자의 중립적 태도보다 내담자와의 협력적 태도인 치료동맹에 관심을 가졌다. 분석과정은 분석가와 환자가 협력해야 할 작업일 뿐 아니라 하나의 성장 경험으로 이해되며, 분석가와 환자의 관계는 초기 발달적 경험을 교정하는 기회로 받아들이게 되었다. 자아심리학자들은 생물학적 충동을 넘어서 정신의 정상적인 발달과정에 미치는 환경적 요소와 부모와의 초기 관계를 다루기 시작하였으나 프로이트의 이론을 유지하고 있다.

　　대인관계 심리학　내담자의 추동에 주로 관심을 두었던 프로이트와는 달리 설리반(H. S. Sullivan)은 인간 존재가 대인관계의 장에서 분리될 수 없으며, 개인의 성격은 다른 사람들로 구성된 환경 안에서 형성되기 때문에 사람들 사이의 복잡한 상호작용을 이해하지 않고서는 올바로 알 수 없다고 보았다. 설리반에 의하면 개인의 성격은 오랫동안 반복되는 대인관계 상황의 유형이기 때문에 과거와 현재의 관계를 고려하는 것이 내담자를 이해하는 데 중요하다.

　　치료과정에서 환자의 발달 초기 관계 유형이 현재에 미치는 영향을 파악하고, 환자가 타인과 맺는 통합적 관계 방식에 초점을 맞춘다. 또한 분석 상황에서 역전이는 중요한 요소이며, 분석가를 단순한 관찰자가 아닌 환자와 함께 상호작용에 참여하는 존재로 본다. 이를 통해 환자는 자신이 계속해서 회피해 온 것이 무엇인지 인식하고, 불안과 같은 문제를 통제하기 위해 사용했던 방법이 오히려 자신의 더 나은 삶을 방해하고 있다는 사실을 깨닫게 된다.

　　대상관계 이론　프로이트가 오이디푸스 시기에 조금 더 초점을 맞추었다면, 대상관계 이론가들은 오이디푸스시기 이전 발달에 초점을 맞춤으로써 개인 심리의 형성과정에 대한 이해의 폭을 넓혔다. 또한 대상관계 이론가들은 인간은 욕구 충족을 위해 관계를 맺는 것이 아니라 대상과 관계를 맺고자 하는 대상 욕구를 기본적으로 가지고 있다고 보았다. 유아가 자신의 환경과 조화로운 상호작용을 할 수 있는 능력이 있으며, 이러한 능력을 바탕으로 초기 양육자의 관계에서 경험한 대상관계, 즉 양육자의 대상 이미지와 어머니에게 돌봄을 받는 유아의 자기 이미지, 그리고 대상 이미지와 자기 이미지의 관계를 내재화한다고 보았다.

　　개인은 이러한 내면화된 초기 관계의 유형에 따라 성격과 자아의 발달이 영향을 받는다. 성격과 대인관계 장애가 변화하기 어려운 것은 이러한 과거의 관계 유형이 계속해서 투사되고 다시 내면화되기 때문이다. 치료과정에서도 환자들은 희망을 갖고서 무언가 새로운 관계를 찾지만 불가피하게 분석가를 (전이 속에서) 과거의 나쁜 대상으로 경험하게 된다. 따라서 치료과정에서는 내담자가 치료자라는 새로운 긍정적 대상관계를 경험하게 될 때, 내담자의 내적 대상 표상은 더욱 성숙하게 변할 수 있으며, 나아가 대상 활용 능력을 갖추어 나갈 수 있게 된다. 위니컷 (Winnicott)은 이러한 과정에서 치료자의 안아 주는 능력, 공감적 이해, 반영, 견디어 주는 능력이 중요하다고 보았으며, 이러한 능력을 바탕으로 치료자가 충분히 좋은 어머니의 역할을 하는 것을 통해 치료가 이루어진다고 보았다.

자기심리학   코헛(kohut)에 의하면 건강한 자기에 도달하기 위해서는 어린시절에 특별한 자기대상의 경험을 가능하게 하는 발달적 환경이 필요하다. 즉, 부모는 아이의 활기와 위대함 그리고 완벽함에 대한 내적 감각에 반응해 주고 그것을 확증해 주며, 기쁨과 인정의 눈빛으로 아이를 지지해 주는 대상이 되어 주어야 한다. 또한 아이가 존경할 수 있고, 절대적이며 완벽하고 전능하다고 느낄 수 있는 강력한 대상이 되어 주어야 하며, 아이들과 부모가 본질적으로 동등하다는 느낌을 주는 자기대상의 경험이 필요하다. 이러한 대상 경험과 함께 아이는 현실에서 부딪히는 사건들을 직면하고 좌절과 실망을 견디어 냄으로써 자기대상의 기능적 특성을 내면화할 수 있게 되며, 안정되고 융통성 있는 자기를 구축하게 된다. 건강한 자기애가 정상적으로 발달하면 내적인 견고성과 생명력 있는 느낌을 가질 수 있을 뿐 아니라 재능을 연마하고 목표를 향하여 점진적으로 도달해 가는 능력, 실망에 직면해도 지속적이고 견고하게 희망을 유지하는 능력, 그리고 성공 앞에서 솔직한 긍지와 기쁨을 누릴 수 있는 자존감으로 나타난다.

자기심리학에서는 자기대상이 주는 긍정과 찬탄에의 욕구, 타인과의 연결에 대한 욕구들은 개인이 성숙해 가는 과정에서 그 형태가 변화할지라도 죽을 때까지 계속된다고 보았다. 즉, 초기 경험을 통해 환자가 형성한 심리구조와 이미지들이 지속적으로 현재에 영향을 미치며 분석 상황에서도 나타난다.

따라서 분석 상황에서 환자의 아동기에 좌절했던 발달과정을 재활성화하고, 분석가는 환자의 주관적인 현실에 공감해 주며, 환자가 필요로 하는 자기대상이 되어 주어 환자가 분석가에게 어떤 역할을 요구하는지를 스스로 깨닫도록 한다. 치료과정에서 분석가는 좋은 부모가 하듯이 발달과정에서 필요한 안아 주는 환경을 제공하면서 환자를 서서히 좌절시키고, 자기애적인 전이가 보다 현실적이면서도 생기 있고 건강한 자기와 타자를 구별할 수 있는 건강한 자기애로 발달할 수 있도록 돕는다. 치료과정은 초기의 정신분석에서 해석을 강조했던 것과 달리 분석가가 덜 객관적이고 덜 해석적인 방식으로 환자에게 개입해야 하며, 환자의 경험을 공감할 것을 장려했다.

행동치료

행동치료는 행동장애의 치료를 위하여 학습 이론을 체계적으로 적용하는 것을 말한다. 행동치료에서는 대부분의 비정상적인 행동이 학습을 통해 획득하고 유지된다고 가정하고, 문제행동 역시 재학습을 통해 적절한 행동으로 바꿀 수 있다고 보았다. 행동수정은 인간의 행동을 직접적으로 변화시키기 위해 고전적 또는 조작적 조건형성을 사용하는 것을 말하며 이를 응용행동분석이라고도 하며, 그 행동을 소거하거나 효율적이고 바람직한 행동을 새롭게 학습하도록 내담자를 도와주는 것이라 할 수 있다.

행동치료는 내담자의 정신역동에 대한 통찰이나 이해에 관심을 갖기보다 행동의 변화에 더 큰 관심을 갖는다. 내담자의 문제 행동의 발생 원인을 파악하기 위하여 과거를 탐색하기보다는 객관적인 행동관찰을 통해 문제 행동을 지속하게 하는 선행하는 환경적 요인이나 행동결과를 파악하고 이를 변화시킨다. 행동치료에서는 객관적으로 관찰할 수 있는 측정 가능한 행동을 상담 목표로 설정하고, 또한 구체적이고 체계적인 상담 절차를 이용한다.

행동치료는 상담의 효율성과 성과 및 진전 정도를 객관적으로 평가한다. 상담 목표를 달성하도록 하기 위해 내담자를 도울 때 상담자는 적극적이고 지시적인 역할을 하며 내담자가 변화시켜야 할 문제 행동과 문제 행동을 가장 잘 수정할 수 있는 방법을 결정한다.

현재의 행동치료는 고전적 조건형성, 조작적 조건형성, 사회학습 이론뿐 아니라 개인과 환경 간의 상호작용에만 초점을 두지 않고 인간의 인지적 요인을 강조하고 변화를 돕는 인지행동치료로 발전하고 있다. 행동치료에서 주로 사용되고 있는 치료방법은 다음과 같다.

이완훈련 사람들에게 일상생활에서 만들어지는 스트레스에 대처하는 방법이다. 이완은 근육이완, 심상법, 호흡법을 통하여 이루어지는데, 지속적인 훈련을 통하여 힘든 상황에서 언제든지 이완할 수 있도록 한다. 이완훈련은 체계적 둔감화 과정의 한 부분으로 사용되어 왔지만, 최근 이완 절차는 분리된 기법으로써 또는 관련된 방법과 결합된 기법으로써 다양한 심리적인 문제 해결에 적용되고 있다. 가장 일반적으로는 스트레스와 불안에 관련된 문제에 적용되며, 고혈압, 기타 심장질환의 문제, 편두통, 천식, 불면증 등에 도움이 된다.

체계적 둔감법   특정한 상황이나 상상에 의하여 조건형성된 공포 및 불안반응을 극복하도록 할 때 이용된다. 체계적 둔감법에서는 내담자로 하여금 이완을 한 상태에서 불안 강도가 낮은 자극이나 상황을 상상하는 것에서 시작하여 가장 심하게 불안을 유발하는 상황을 아무런 불안감 없이 머릿속으로 그려 보고, 경험할 수 있게 한다. 체계적 둔감법은 먼저 내담자에게 근육과 마음을 이완시키도록 가르치고 충분한 연습을 하도록 한다. 다음으로 내담자에게 가장 약한 불안 유발 상황에서부터 가장 강한 불안 유발 상황까지의 위계를 목록으로 작성하게 한 다음, 가장 약한 불안 유발 상황부터 점차 강한 불안 유발 상황까지의 장면을 제시하고 각 장면은 연습했던 조용하고 이완된 심상과 짝을 지어 제시한다. 이 방법은 대인관계 불안, 시험 불안, 신경증적 불안, 신경성 식욕 부진, 강박증, 우울증 등을 제거하는 데 매우 효과적이다.

안구운동 둔감법   프란신 샤피로 박사는 외상 기억들과 외상후 스트레스를 경감하도록 돕기 위해 안구운동 민감소실 및 재처리요법(EMDR)을 개발하였다. 내담자는 외상사건을 떠올리면서 동시에 눈앞에서 움직이는 물체를 따라 눈을 빠르게 왔다갔다 움직이도록 한다. 약 30초 뒤에, 내담자는 치료자와 함께 외상과 관련된 생각들과 감정, 기억들을 이야기한다. 이 단계들은 힘든 생각과 감정들이 더 이상 떠오르지 않을 때까지 반복하는 방법으로 트라우마치료에 많이 활용된다.

노출법   두려움을 일으키는 자극을 지속적으로 제시하는 기법이다. 실제 상황 노출법은 실제적으로 불안을 유발하는 자극에 반복적으로 직접 노출시키는 것이다. 상상적 노출법은 실제 상황 대신에 불안을 유발시키는 자극을 떠올려 보는 것을 말한다. 주의할 점은 내담자의 불안상태를 보면서 노출시키는 것이 좋다. 한편 최근에는 가상현실에 노출시키므로써 불안, 공포증 환자들을 치료하는 가상현실 치료도 많이 사용하고 있다.

혐오적 조건형성   바람직하지 않은 행동에 대해 혐오자극을 제시함으로써 부적응적 행동을 제거하는 방법이다. 이 기법은 윤리적인 측면에서 논쟁의 여지가 있음에도 불구하고 소거되어야 할 행동에 적용하였을 때 효과가 있는 것으로 인정받고 있다. 예를 들어, 알코올 중독행동을 제거하기 위해 구역질을 유발하는 화학물을 사용하여 술을 마실 때마다 불쾌경험을 느끼게 함으로써 알코올에 대한 매력을 감소시킬 수 있다. 혐오기법을 계획하고 적용할 때는 신체적, 정서적으로 부정적인 영향을 미치지 않도록 주의해야 하며 내담자의 권리와 선택을 존중해야 한다.

강화 강화는 조작적 조건형성과 관련된 기법으로, 부적 강화물을 제거하거나 정적 강화물의 제시를 통해 바람직한 행동을 학습하는 방법이다. 강화원리를 이용한 대표적인 방법으로 토큰경제(token economy)를 들 수 있다. 토큰경제는 바람직한 행동을 구체적으로 정한 다음에 그러한 행동이 나타날 때는 내담자가 원하는 보상과 교환할 수 있는 토큰으로 보상을 주어 행동을 늘리도록 한다. 또한 내담자로부터 토큰을 돌려받음으로써 바람직하지 못한 행동을 소거하려는 목적으로 사용되기도 하며, 교실에서나 청소년들이 있는 가정, 정신과 병동과 같은 집단 상황에서 활용한다.

벌 바람직하지 않은 행동을 소거할 목적으로 주로 사용하는데, 벌을 사용할 시에 주의해야 할 점이 있다. 벌은 행동이 일어난 즉시, 그리고 일관성 있게 주어져야 하며, 행동의 강도에 맞게 주어져야 효과적이다. 또한 벌을 사용할 때는 바람직한 대안행동을 제시할 때 효과적이다. 벌의 한 예로 타임아웃을 들 수 있는데 부적절한 행동에 대해 정적 강화의 기회를 일시적으로 박탈하는 기법으로 수업에 방해하는 아이를 일시적으로 나가 있게 하는 조치가 그 예이다.

행동조성(shaping) 조성은 조작적 조건형성의 원리를 적용한 기법으로 바람직한 행동을 여러 하위 단계로 나누어 세분화된 목표행동에 접근할 때마다 적절한 보상을 주어 점진적으로 특정행동을 학습시키는 행동수정 방법이다. 조성은 나쁜 습관이나 문제행동을 교정하고 바람직한 행동을 습득시키는 데 매우 효과적이다. 예컨대, 부산하고 산만한 태도의 학생을 수업에 집중할 수 있도록 행동조성 방법이 적용될 수 있다. 학생이 부산하거나 산만한 행동을 보일 때 교사는 관심을 주지 않고 무시하다가, 그 학생이 교사의 설명에 주의를 기울일 때는 반드시 관심을 기울여준다. 이처럼 수업에 집중하는 행동이 다시 반복되어 나타나면 칭찬을 해주고

상을 주는 등 강화한다. 이러한 과정을 통해 학생은 산만한 행동은 점점 사라지고 수업에 집중하는 행동이 서서히 증가하게 된다.

모델링 관찰 학습이란 타인의 행동을 관찰함으로써 학습하는 것이다. 관찰 학습의 원리를 이용한 모델링은 경비가 많이 들지 않아 경제적이고 시행착오를 줄여 시간을 절약할 수 있는 효과적인 학습 방법이다. 모델링은 뱀에 대한 공포증의 상담과 수술에 직면한 아동의 공포를 제거하는 데 사용되며, 학급에서 사회성이 결여된 아동에게 새로운 행동을 가르칠 때 사용된다. 그리고 모델링은 지체아동에게 필요한 기본 사회적 기술을 습득시키거나 장애아에게 언어적·운동기능적 기술을 가르치는 데 사용한다. 마약중독자나 알코올중독자가 인간관계 기술을 배우는 데도 모델링을 사용할 수 있다.

Box 9.1.

행동분석을 통해 행동변화 계획수립해 보기

1. 당신이 삶에서 변화시키고 싶은 행동은 무엇인가? 될 수 있으면 관찰가능하고, 측정가능한 것으로 쓰세요.

2. 변화시키고 싶은 행동이 얼마나 자주 발생하나요? (주 몇 회? 혹은 일 몇 회)

3. 어떤 상황에서 그런 행동이 일어났나요? (선행사건)

4. 행동을 한 후에 어떤 보상이 주어졌나요? (강화, 혐오자극 제거 등)

5. 행동분석 후 행동의 원인이 무엇이라고 생각하나요?

6. 행동변화를 위해 행동수정을 위해 전략을 짜 보세요.

인지행동치료

무의식적 동기와 갈등 개념을 반대하여 새롭게 형성된 심리치료법으로 인지행동치료를 들 수 있다. 인지행동치료는 인간이 가진 감정·사고·행동 중 사고에 초점을 맞추어 인간의 사고가 정서 및 행동을 중개하거나 선도한다는 전제하에 심리적 장애의 근원을 인지과정에서 밝히고자 하는 상담 접근법이다. 인간이 경험하는 심리적 문제는 외부에서 주어진 자극을 비합리적 사고방식으로 지각하고 해석하기 때문이며, 이를 해결하기 위해서는 비합리적 사고를 합리적 사고로 바꾸어야 한다고 주장한다. 따라서 인지-행동 심리치료는 비합리적·비적응적 사고 과정을 수정·변화시켜 재구성함으로써 정서적·행동적 장애의 치료 또는 증상의 완화를 목표로 한다. 행동을 수정하기 위해서는 인지의 변화가 선행되어야 한다는 인지적 접근은 치료과정이 구체적이며 구조화되어 있어 다양하게 활용되고, 치료효과를 검증하기가 용이하다. 대표적인 인지행동치료는 합리적 정서행동치료, 인지치료, 인지행동치료의 최근 경향인 마음챙김 인지치료, 변증법적 행동치료 등을 포함하고 있다.

합리적 정서행동치료

합리적 정서행동치료(Rational Emotive Behavior Therapy: REBT)를 창시한 엘리스(A. Ellis)는 인간의 사고와 감정, 행동이 상호작용하며, 잘못된 사고를 바꾸는 것을 통해 변화가 일어날 수 있다고 가정하였다. 문제를 가진 대부분의 사람은 당위적·과장적·비하적 사고를 포함한 비합리적인 신념을 가지고 있으며, 비합리적 신념체계를 검토하고 평가하는 과정을 통하여 보다 효율적인 사고를 선택할 수 있도록 도울 수 있다.

합리적 정서행동치료 모형은 흔히 ABCDE 모형으로 언급하는데 A는 선행사건(Activating Event)으로서 집에서 싸웠다든지, 다른 사람들이 자신을 무시했다든지, 부부 싸움 같은 일반적으로 어떤 감정의 동요나 행동에 영향을 끼치는 사건들을 의미한다. B는 신념체계(Belief System)로서 어떤 사건이나 행위 등과 같은 환경적 자극에 대해서 각 개인이 가지게 되는 태도, 또는 그의 신념체계나 사고방식이라고 볼 수 있다. 신경증이나 생활에 부적응을 보이는 사람들은 합리적 신념체계나 사고방식 대신에 비합리적 신념체계를 가지고 있는 경우가 많다. C는 선행사건을 경험한 뒤 개인의 신념체계를 통해 사건을 해석함으로써 생기는 정서적·행동적 결과(Consequence)를 의미한다. 비합리적 신념체계를 가지고 있어서 초래할 수 있는 결과에는 지나친 불안, 우울, 분노, 죄책감, 상처 입음, 질투, 수치심 같은 것이 있다. D는 자신과 외부 현실에 대한 내담자의 왜곡된 사고와 신념을 논박하는 것(Dispute)을 의미한다. 내담자가 그들의 비합리적인 신념에 도전하도록 도와주기 위해 과학적인 방법을 적용하는 것이다. 여기서 내담자들은 논리적 원리를 배우고 이 원리를 통해 비현실적이고 증명할 수 없는 가설을 파괴할 수 있다. 이 때 상담자가 할 일은 내담자가 비합리적인 메시지에 의문을 갖도록 도와주는 것이다.

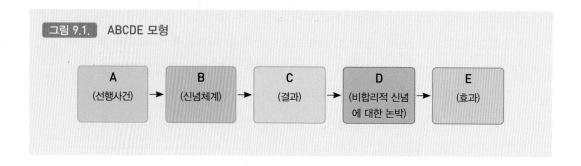

그림 9.1. ABCDE 모형

예를 들면, 왜 그것이 끔찍한 일인가, 왜 그것이 일어나서는 안 되는가와 같은 질문을 통하여 내담자의 비합리적인 신념에 의한 자기 메시지가 합리적인지 의문을 던지도록 하는 것도 한 방법이다. 마지막으로는 이러한 논박이 잘 이루어지면 긍정적인 정서와 적응적인 행동(Effect)을 의미한다. 이 과정을 그림으로 나타내면 그림 9.1.과 같다.

인지치료

인지치료를 창시한 벡(A. Beck)은 어린 시절의 경험에서 비롯된 개인의 인지도식이 전체 삶에 영향을 미친다고 보았다. 역기능적인 사고 패턴을 가지고 있을 때 개인은 심리적인 어려움을 경험할 수 있다. 따라서 인지치료에서는 개인이 사건을 지각하고, 해석하며, 의미를 부여하는 방식인 인지체계를 다룸으로써 부적응적인 사고와 부적응적인 감정을 인식하고 변화시킬 수 있도록 한다. 인지행동치료는 치료과정에서 내담자의 자동사고뿐만 아니라 내재된 가정과 규칙 및 핵심 믿음을 다룬다.

자동사고는 자기도 모르는 사이에 환경적 사건으로 인하여 자동적으로 떠오르는 생각을 말한다. 심리적 문제를 호소하는 내담자들이 가지는 자동적 사고의 내용은 많은 경우 비현실적으로 왜곡되거나 과장되어 있다. 이들은 주변의 사건이나 상황을 왜곡해서 그 의미를 해석한다. 이러한 인지 오류에는 이분법적 사고, 임의적 추론, 개인화, 과장/축소, 넘겨짚기, 과잉일반화 등이 있다.

내재된 가정과 규칙은 중간 믿음이라고도 하는데, '절대로 사람들을 실망시키면 안 된다'와 같이 사람들이 가지고 있는 믿음으로 사람들에게 행동의 방향과 기준을 제시하고 따라야 할 법칙을 만들게 한다. 내재된 가정과 규칙에 의하여 기준대로 행동하지 못하고 규칙이 깨지면 문제가 조금씩 나타나고, 이러한 문제로 인해 가장 밑바닥에 있는 핵심 믿음이 드러난다.

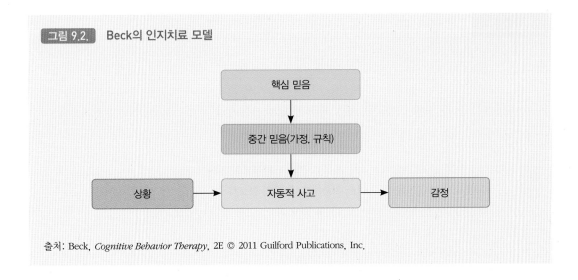

그림 9.2. Beck의 인지치료 모델

출처: Beck, *Cognitive Behavior Therapy*, 2E © 2011 Guilford Publications, Inc.

핵심 믿음은 주로 어린 시절의 경험을 통해 형성되며 관련된 사건이 생길 때까지는 잘 드러나지 않는다. 핵심 믿음이 작동하기 시작하면 핵심 믿음을 확인해 주는 정보는 받아들이거나 그와 반대되는 정보를 거부하는 식으로 정보를 왜곡해서 처리한다.

치료과정은 내담자의 머릿속을 순간순간 스치고 지나가는 자동적 사고에 주의를 기울이고 인식하는 데서 시작된다. 이를 통해 자신의 생각을 들여다보게 되고, 이러한 생각이 자신의 정서와 행동에 어떠한 영향을 미치는가를 알게 된다. 예를 들면, 중간고사에서 나쁜 점수를 받은 학생이 '나는 형편없는 학생이고 아무짝에도 쓸모가 없다'라는 자동적 사고를 하게 되면 매우 우울해질 것이다. 이와 같은 자동적 사고로 인하여 고통을 겪는 학생이 상담자와 대화를 통해 현실을 객관적으로 검토하면, 이 학생은 자동적 사고가 지나치게 과장되어 있다는 것을 스스로 인식할 수 있다. 그리고 나서 상담자는 이 학생의 자동적인 사고를 변화시키도록 격려하게 된다.

'나는 이번 시험에서 성적이 나빴다. 그것은 내가 열심히 공부를 하지 않았기 때문이다. 만일 내가 공부하는 습관을 고친다면 충분히 좋은 성적을 얻을 수 있을 것이고, 졸업하고 나서 괜찮은 직업도 가질 수 있을 것이다'는 식으로 생각이 긍정적으로 변화되면 우울한 기분도 나아지게 된다.

이러한 방식으로 여러 가지 자동적인 사고를 구체적으로 인식하고 그것을 보다 건강한 사고로 변화시킨다. 그런 다음에는 내담자가 주로 보이는 인지적 오류들을 확인할 수 있으며, 내담자가 가지고 있는 역기능적인 가정이 어떤 것인지 인

Box 9.2.

역기능적 사고 기록

지난 일주일 동안 나에게 분노나 슬픔 등 부정적 감정을 일으킨 기억을 떠올리면서 다음의 질문들에 답을 해 보세요.

1. 부정적 감정을 일으킨 일이나 상황, 혹은 사건을 구체적으로 기술하세요.
2. 그 상황에서 느낀 감정을 한 단어로 기술하고, 감정의 정도를 1~100점으로 평정하세요.
3. 자동사고를 찾는 데 도움이 되는 질문들을 통해 자동사고를 찾아보세요.
   - 그 상황, 일, 생각이 어떻게 받아들여졌는가?
   - 그 상황에서 어떤 생각이 스치고 지나갔는가?
4. 대안적 사고를 찾는 데 도움이 되는 질문들을 통해 대안적 사고를 찾아보세요.
   - 이 생각을 뒷받침하는 증거는 무엇인가?
     이 생각에 반대되는 증거는 무엇인가?
   - 그 상황을 달리 볼 수는 없는가?
   - 그 일이 일어난다면 무엇이 두려운가?
     일어날 수 있는 최악의 일은?
     일어날 수 있는 최선의 결과는?
     예전에는 이런 상황에서 보통 어떤 결과가 나타났는가?
   - 이러한 생각은 나에게 어떤 결과를 가져오는가?
5. 대안사고를 생각한 후 감정과 감정의 정도를 1~100점으로 평가하세요.
   - 감정이 달라졌나요?
   - 무엇이 달라지게 했나요?

식할 수 있게 된다. 이러한 역기능적 가정을 재구성함으로써 내담자가 가지고 있는 부적응적인 도식을 변화시키는 단계에까지 상담이 진행된다. 또한 상담과정에서 내담자가 긍정적인 경험을 할 수 있도록 행동적인 과제를 부과하는 방법도 병행한다.

최근 인지행동치료의 동향

최근 인지행동치료 접근은 맥락과 상황을 강조하며, 정서나 인지의 직접적인 변화보다도 경험을 통한 변화를 추구한다. 인지나 정서를 직접적으로 바꾸는 것보다는 문제라고 인지하는 정도와 그 행동적 영향을 변화시키는 개입을 활용하여 치료 효과를 증진한다(문현미, 2005).

마음챙김 인지치료(Mindfulness Based Cognitive Therapy: MBCT)   MBCT는 우울증 개발에 핵심적으로 기여하는 사고 패턴을 자각하고 수용하는 상위 인지 능력을 기르는 것에 초점을 두어 개발되었으나, 우울증 재발 방지뿐만 아니라 다른 심리장애에도 긍정적인 효과가 보고되고 있다. MBCT는 알아차림 명상의 기술을 사용하여 자신의 생각과 감정, 감각을 더 자각하고, 현재에 초점을 맞추며, 생각을 판단하지 않고 수용할 수 있도록 함으로써 부정적인 생각과 감정 및 신체감각에 대한 관점을 근본적으로 변화시켜 탈중심적, 메타인지적 자각을 기르는 것에 초점을 맞춘다.

변증법적 행동치료(Dialectical Behavior Therapy: DBT)   DBT는 정서를 회피하거나 억압하는 것이 개인이 경험하는 문제의 원인이며, 정서적 고통의 수용을 통해 오히려 정서적 고통을 감소시킬 수 있다고 본다. 따라서 내담자들이 혐오스러운 감정이나 자신의 과거사, 그리고 현재의 상황을 있는 그대로 수용하고, 고통의 수용과 승인의 차이를 변별할 수 있도록 격려하며, 더 나은 삶을 위해 행동과 환경을 변화시켜 나가도록 돕는다. DBT는 경계선 성격장애의 치료를 위해 고안된 방법이지만, 회피나 도피를 시도하는 강렬한 정서적 고통이나 충동을 경험하는 환자에게 진단과 상관없이 효과적으로 적용될 수 있다. 고전적 행동치료에서 탈피하여 정서 조절의 중요성을 강조하고 있으며, 수용과 변화의 맥락 내에서 의미 창출, 마음챙김, 정서 조절, 고통 감내, 전략적 행동 기술 등을 사용한다.

수용전념치료(Acceptance and Commitment Therapy : ACT)   ACT는 고통 완화를 위한 내담자의 언어 사용을 강조하는 기법으로, 있는 그대로 경험하기보다는 개념화한 것이 고통을 야기시킨다. Hayes와 그의 동료들에 의하면 내담자들이 자신의 감정을 조절하기 위해 회피와 같은 비효과적인 방법을 사용함으로써 많은 정서적 문제를 가져온다고 보았다. 가령 "어떤 X를 생각하지 말아야지"라고 생각하는 것은 이미 X에 주의를 기울이고 있다는 것을 의미하며, 이는 결국 X를 불러일으키는 결과를 초래한다는 것이다. ACT에서는 내담자의 병리적 특징을 불안이나 걱정으로부터의 회피나 통제로 보기 때문에 최우선적으로 감정적인 통제나 회피의 패턴 및 방식을 탐색하고, 그것들에 대해 자발적인 수용을 학습시킴으로써 내담자로 하여금 부정적인 정서를 피하지 않고 느낌, 사건, 상황을 있는 그대로 받아들여 자신의 생각과 느낌을 그 자체로서 바라볼 수 있도록 돕는다. 상담자는 내담자로 하여금 자신의 가치를 분명히 인식하고 이에 적합한 행동에 전념할 수 있도록 한다.

인본주의적 심리치료

인본주의적 심리치료는 인본주의 철학, 현상학, 실존주의에 바탕을 두고 있으며, 개인의 내적 경험을 중시한다. 사람들은 누구나 자기실현을 추구한다는 가정에서 출발하며, 치료자는 내담자가 자기실현을 할 수 있도록 촉진하는 역할을 하는 것이라고 보았다. 인본주의적 심리치료에는 인간중심치료, 게슈탈트치료, 실존주의 등이 있다.

인간중심치료

인간중심치료를 창안한 로저스(C. Rogers)는 인간을 지속적으로 변화하고 성장하려는 동기를 가진 존재로 보았다. 사람들은 긍정적으로 관심받고자 하는 욕구를 가지고 있으며, 다른 사람으로부터도 이러한 긍정적 존중을 받는 것이 필요하다. 특히 아이는 어른의 사랑과 칭찬을 받으려고 하는 욕구가 강하다. 따라서 아이의 생각과 사고는 어른의 사랑과 칭찬을 받을 수 있는 방향으로 발달하게 된다. 그러다 보면 아이는 사랑받고 긍정적 욕구를 채울 수 있는 어른의 가치조건에 길들여져서 자신도 모르게 이러한 가치조건을 받아들여 자기개념을 형성해 나가게 된다. 이러한 가치조건에 따라 살아가게 되면 자기개념과 경험 간에 불일치가 생겨나 불안을 경험하게 되고 불안은 개인에게 하나의 위협으로 작용하게 된다. 따라서 인간중심치료에서는 내담자의 자기개념과 경험 간의 불일치를 제거하고 방어기제를 해체함으로써 기능을 충분히 하는 사람이 되도록 돕는 것을 목표로 한다.

치료과정에서는 특정한 기법보다는 치료자의 태도를 중시한다. 치료자는 따뜻하고 허용적인 분위기를 제공하여 내담자가 자유롭게 자신의 감정을 표현하도록 하고, 이를 적극적으로 경청하고, 비판 없이 반영하면서 존중할 때 내담자는 스스로 자신의 문제를 극복하고 성장하게 된다. 치료자가 기본적으로 갖추어야 할 태도는 진솔성, 무조건적 긍정적 존중, 공감적 이해이다.

진솔성 진솔성은 상담자가 내담자와의 상담관계에서 순간순간 경험하는 감정을 있는 그대로 솔직히 인정하고 표현하는 태도로서, 상담자가 겉으로 표현하는 것과 내면에서 경험한 것의 일치를 말한다. 치료자가 경험하는 감정을 부인하지 않으며, 내담자와의 관계 속에 존재하는 지속적인 감정에 대하여 기꺼이 표현하고 개방할 때 내담자와의 관계는 강화되며, 그 안에서 진실을 발견할 수 있게 된다.

　　무조건적 긍정적 존중　　무조건적 긍정적 존중이란 내담자를 한 인간으로 존중하면서 그의 감정이나 생각을 비판하거나 평가하지 않고, 있는 그대로 수용하는 것을 말한다. 치료자가 비판단적으로 내담자를 존중하는 것을 통해 치료적 움직임과 변화가 일어날 가능성이 크다. 내담자는 이를 통해 방어하지 않고 자신의 경험을 자유롭게 탐색할 수 있게 되며, 안정감, 자기개념의 변화를 경험할 수 있다.

　　공감적 이해　　공감은 상담자가 겉으로 드러난 내담자의 행동이나 말만을 피상적으로 이해하는 것이 아니라 이면의 감정을 마치 자신의 감정인 것처럼 느끼면서 내담자의 경험세계를 주관적으로 경험하는 것을 말한다. 내담자의 감정은 내담자가 의식하고 있는 것일 수도 있고, 의식하지 못하는 것일 수도 있는데, 보다 더 심층적인 감정일수록 내담자의 의식 수준으로 표면화시키지 않는 경향이 크다. 이때 상담자는 내담자가 의식하여 표면화시키지 못한 감정까지 함께 느끼고 내담자가 이를 안전한 상담관계 속에서 다시 경험하고 표현할 수 있도록 도와줄 수 있어야 한다.

　　진솔성과 무조건적 긍정적 존중을 바탕으로 내담자가 경험하는 감정과 의미를 상담자가 민감하고 정확하게 이해하고, 그것을 표현하였을 때 내담자에게 이해받는 느낌을 갖게 하며, 이로 인해 더 깊은 탐색이 이루어질 수 있다. 상담자는 자신의 주체성을 잃지 않으면서 내담자의 표현에 접근하고 몰입하기 위해 최대의 노력을 해야 한다.

게슈탈트치료

　　게슈탈트치료에서는 인간을 자각할 수 있으며 자유롭게 선택하고 책임을 질 수 있는 존재로 보고, 개인이 행동하고 경험하는 것을 자각하여 자신의 느낌, 생각, 행동에 대하여 책임을 져야 한다고 보았다.

　　게슈탈트란 개체에 의해 지각된 유기체의 욕구나 감정을 뜻한다. 개체는 자신의 욕구나 감정을 하나의 의미 있는 전체로 조직화하여 지각한다. 건강한 유기체는 삶에서 매 순간 분명하고 강한 게슈탈트를 형성할 수 있으며, 지각한 욕구나 감정을 해결해 나갈 수 있는 능력이 있다. 그러나 개체가 게슈탈트 형성에 실패하거나 형성된 게슈탈트를 상황적 여건으로 해결하지 못할 경우 미해결 과제로 남게 되며, 새로운 게슈탈트가 형성되는 것을 방해하고 심리적·신체적 장애를 겪게 된다.

　　게슈탈트치료의 중요한 목표는 내담자로 하여금 자신이 가지고 있는 잠재력을 어떻게 실현할 수 있는가를 깨달아 순간순간을 신선하고 풍요롭게 살도록 하는

데 있다. 게슈탈트치료의 보다 직접적인 목표는 자각을 얻는 것이다. 내담자가 현재 무엇을 하고 있는지, 어떻게 하는지를 자각하게 하는 동시에 자신을 수용하고 존중하는 것을 배우게 하는 것이다. 자각을 통해 내담자는 자신의 존재에서 부정되었던 부분을 직면하고 수용할 수 있게 되며, 주관적 경험과 실제를 만나게 되고, 통일된 전체로서 존재하게 된다. 또한 삶에서 미해결되었던 중요한 문제를 발견하고 처리할 수 있게 된다.

게슈탈트 치료과정에서 상담자는 내담자의 자각이 방해를 받고 있는 상황에서 내담자의 책임에 대한 자각을 높이는 데 중점을 둔다. 이 때 치료자는 내담자의 자각에 장애가 되고 있는 습관적인 행동을 다양한 방법을 통해 자각하고, 환경과의 접촉을 통해 해소할 수 있도록 한다. 게슈탈트 치료에서는 어떤 상황에 대한 추상적인 이야기보다 직접적인 경험을 생생하게 드러내게 하며, 내담자가 다른 사람이나 상담자와 상호작용하는 데서 생기는 느낌, 생각, 행동을 경험적으로 파악한다. 또한 내담자의 성장은 상담자의 상담기법이나 내담자에 대한 해석에서 오는 것이 아니라 두 사람 사이의 진실한 접촉에 의해 이루어진다.

미해결 과제　미해결 과제는 어떠한 사건과 관련된 감정을 무시하거나 경험하지 않았을 때 구성되며, 기억과 환상뿐 아니라 표현되지 못한 감정으로 나타나게 된다. 인간의 분노, 격분, 증오, 고통, 불안, 슬픔, 죄의식, 포기 등과 같은 표현되지 못한 감정을 포함한다. 이와 같은 감정은 비록 표현되지는 못했지만 분명히 기억 속에 남아 있다. 이런 감정은 충분히 자각하지 못했기 때문에 배후에 남아 자신이나 다른 사람과 효율적으로 접촉하는 것을 방해하는 형태로 현재 생활에 나타난다. 이러한 미해결 과제는 개인이 직접 직면해서 표현하지 못한 감정을 다룰 때까지 계속되며, '지금-여기(here and now)'를 알아차리는 것을 통해서 해결될 수 있다.

자각　게슈탈트 치료의 유일한 목표로, 자각을 통해 변화는 저절로 일어나게 된다. 자각은 지금-여기를 경험하는 것에 근거하며, 자기 인식, 환경에 대한 인식, 선택에 대한 책임, 자기 수용 및 접촉하는 능력을 요구한다. 치료자는 치료적 관계를 통해 내담자가 문제를 해결하는 데 필요한 지지를 제공하고, 내담자가 자신의 생각, 행동, 경험과 감정을 인식하도록 직면시켜서 스스로 책임질 수 있도록 한다.

실존 치료

실존치료에서는 인간으로 태어나 사는 것 자체가 깊은 불안을 만든다고 한다. 인간은 죽음이라는 현실과 직면해야 하고, 선택을 함으로써 세상을 만들어 가야 하며, 이 세상에서 고독과 외로움을 가질 수밖에 없고, 때로는 무의미한 느낌에 직면해야 한다. 따라서 실존주의 치료는 이러한 죽음, 자유, 소외, 무의미가 갈등을 만든다고 보았다. 따라서 실존치료는 죽음, 자유, 고립, 무의미함과 같은 실존에 있어서의 "근본적인 물음"에 초점을 두고 의미, 선택, 책임감과 같은 존재의 문제와 인간의 능력인 자유 의지를 강조한다. 이러한 과정을 통해 실존주의 치료자는 인간으로서 한계를 받아들이도록 하고, 내담자들에게 용기를 주고 사회적으로 건설적이며 보람있는 선택을 할 수 있도록 한다. 또한 자신만의 세상에서 혼자 있을 수 있도록 하고, 선택하는 자유에 따르는 책임감을 가지고 삶에서 의미를 만들어내도록 내담자를 도왔다.

실존주의 치료의 하나의 예는 삶에서 의미를 찾아 유지하는 것이 필요하다고 강조하는 빅터 프랭클의 의미치료이다. 프랭클은 나치 강제 수용소에서 있을 때 삶에 대한 의미가 생존에 중요한 영향을 미치는 경험을 하고, 사람들에게 삶의 의미와 목적을 발견하도록 하였다. 실존치료는 치료기법이 있다기보다는 철학에 가깝다.

9.4. 상담과 심리치료의 종류

상담과 심리치료를 받으러 오는 사람들은 다양하다. 개인적으로 도움을 받고자 하는 경우도 있고, 가족이나 부부문제로 도움을 받고자 하는 경우도 있다. 또한 여러 명의 내담자가 집단의 상호작용을 통하여 심리적 문제를 해결할 뿐만 아니라 삶의 기술을 배우고자 할 수도 있다. 치료자가 훈련받은 이론적 접근이나 내담자의 문제 특성에 따라 개인상담, 가족/부부상담 혹은 집단상담을 적용할 수 있는데 이 절에서는 개인상담, 집단상담, 부부/가족상담을 살펴보고자 한다.

개인상담

치료자가 한 명의 내담자(혹은 환자)를 대상으로 치료할 때 이를 개인상담이라 한다. 개인상담에서는 내담자가 호소하는 내용을 언어적·비언어적 대화나 다른 도구를 사용하여 해결하는 것을 목적으로 한다. 이러한 과정에서 치료자는 각자 가지고 있는 이론적 입장에 따라 상담을 진행하게 되는데, 내담자가 호소하는 문제와 증상에 따라 치료자의 주된 접근법이 아닌 다른 접근법을 사용하기도 한다. 실제로 심리치료사 중 절반 이상은 절충적 접근을 선호하는 것으로 알려져 있다(Castonguay & Goldfried, 1994). 개인상담의 대상은 아동, 청소년, 대학생, 성인, 여성, 노인 등으로 분류할 수 있는데, 각 대상에 따라 발달적 특성과 문제 유형이 다르며, 그에 따른 접근방법도 조금씩 다르다.

집단상담

집단상담은 상담이론과 방법에 따라 다양한 형태가 있지만 대체로 한두 사람의 집단상담자가 10명 안팎의 집단 구성원들을 대상으로 구성원 간의 역동적 상호작용 관계를 활용하여 대인관계, 미해결감정, 사고 및 행동 양식의 변화를 가져오게 하는 상담방법이다. 개인치료에 비해 많은 사람들이 한꺼번에 도움을 받을 수 있다는 점에서 비용효과적이다. 또한 최근에는 심리적 문제를 예방하고, 발달문제를 촉진하기 위해 집단치료가 많이 활성화되고 있다.

집단상담은 운영방식에 따라 구조화 집단상담과 비구조화 집단상담으로 분류할 수 있고, 운영 시기에 따라 분산적 집단상담과 집중적 집단상담으로 나눌 수 있다. 구조화 집단상담은 사전에 계획된 프로그램을 미리 제시하고 집단상담자의 주도 하에 집단구성원 간에 상호작용이 일어나도록 하는 방식으로 진행된다. 비구조화 집단상담은 사전에 계획된 프로그램이나 행동방식을 지시하지 않는 상황에서 집단구성원들 간에 강한 역동적 상호작용이 일어나도록 하는 방식으로 진행된다. 분산적 집단상담은 제한된 시간 동안 여러 차례 나누어 집단을 실시하는 방법으로 집단상담 과정에서 학습한 내용들을 실제 생활에서 적용해 보고, 이를 다시 집단 상담 과정에서 다룰 수 있는 장점이 있다. 이에 반해 집중적 집단상담은 역동적 상호작용이 강력하게 일어나도록 하고 상담 효과를 극대화시키기 위하여 일정한 기간 동안 집중적으로 집단상담을 실시한다. 집단상담자들의 선호도나 프로그램의 목적에 따라 구조화 또는 비구조화, 분산적 또는 집중적 집단상담을 혼합하여 진행하는 경우도 많다.

부부/가족상담

치료자가 부부 또는 가족 구성원을 대상으로 치료할 때 이를 부부/가족상담이라 한다. 가족은 특정한 개인이 문제를 가졌다고 지목(Identified Patient: IP)한다. 가족상담에서는 IP가 나타내는 문제 행동은 가족 체계 내의 문제를 반영하며, IP와 다른 가족 간의 관계나 가족체계에 변화가 생길 때 그 문제 행동이 사라진다고 가정하고, 가족 체계 전체를 치료 대상으로 삼는다. 가족상담에서는 문제를 가진 한 개인만을 변화시키기보다는 가족을 하나의 체계로 보고 역기능적인 가족의 구조와 가족 간의 상호작용을 변화시킴으로써 문제를 가진 가족 구성원뿐만 아니라 가족 구성원 전체의 변화를 가져오게 한다. 가족치료자들은 주로 가계도, 가족 조각(family sculpting), 가족 규칙, 가족 신화, 의사소통방식 등을 통하여 가족 구조 및 관계를 이해하고, 가족 간의 상호작용을 변화시키기 위해 노력한다.

9.5. 상담과 심리치료의 치유 요인

심리치료는 과연 효과가 있는가? 그렇다면 무엇이 치료효과를 야기하는가? 심리치료에서 어떠한 요인이 변화를 일으키는지에 대한 연구가 꾸준히 이루어지고 있다. 코시니와 로젠버그(Corsini & Rosenberg, 1955)는 치료과정에서 사람들을 변화시키는 데 필요한 요인을 제시했으며, 이들은 인지적·감정적·행동적 요인으로 나누어 볼 수 있다.

인지적 요인은 보편화, 통찰, 모델링의 세 가지 요인을 포함한다. 내담자들은 자신이 혼자가 아니고, 다른 사람들도 유사한 문제를 가졌으며, 인간의 고통은 보편적이라고 깨달았을 때 개선될 수 있다. 상담과정에서 내담자는 점차적으로 자기 자신과 타인을 이해할 수 있으며, 자신의 동기와 행동에 대해 다른 관점을 가질 수 있다. 이러한 통찰은 내담자를 성장하게 만드는 주요 요인이 될 수 있다. 내담자는 다른 사람을 지켜보는 것에서도 도움을 받을 수 있는데, 특히 치료자는 내담자의 좋은 모델이 된다.

감정적 요인은 수용, 이타성, 전이를 포함한다. 내담자는 치료자에게 무조건적인 긍정적 존중을 받을 때 변화가 일어난다. 특히 치료자에게 존중받고, 수용되고 있다는 느낌은 내담자의 변화에 큰 영향을 미칠 수 있으며, 이러한 경험은 긍정적인 전이 형성에도 영향을 미칠 수 있다. 내담자는 치료자와의 관계에서 일어나는 감정적 유대와 전이를 통해 변화가 일어날 수 있다. 이 외에도 내담자는 자신이 치료자나 집단원의 관심과 사랑을 받는 대상이라는 것을 인식할 때, 또는 자신이 다른 사람을 돕거나 사랑과 관심을 제공하는 사람이 될 때 변화가 일어날 수 있다.

행동적 요인은 안전하고 수용되고 있다는 느낌이 동반되는 상황에서의 현실 검증, 정화, 상호작용을 포함한다. 내담자들은 지지와 피드백을 받는 안전한 상황 속에서 새로운 행동을 실험하고, 변화를 경험한다. 때로는 소리를 지르고, 울거나 분노를 표출하는 것을 통하여 감정을 정화하고, 이러한 과정은 변화를 시작하도록 촉진할 수 있다. 이 외에도 내담자는 자기 자신 또는 자신의 행동에 무언가 잘못이 있음을 개방적으로 인정하고, 수용할 때 향상될 수 있다.

9.6. 심리치료의 효과

심리치료가 과연 효과가 있을까? 자연적으로 변화가 가능한 것은 아닌가? 이런 문제를 해결하기 위해 심리치료의 효용성을 연구하였다. 25,000명의 환자가 포함된 475개의 연구 결과를 종합적으로 분석한 스미스 등(Smith, Glass, & Miller, 1980)의 연구에서 얻은 결론은 치료를 받은 사람들이 치료 종료 시에 치료를 받지 않은 사람의 80%보다 더 좋은 상태에 있다는 것이다. 그 후의 다른 연구에서도 유사한 연구 결과를 얻었으며(Andrews & Harey, 1981; Shapiro & Shapiro, 1982), 치료 후 수개월이나 수년이 지난 후에 추적 조사한 연구에서도 호전 상태가 유지됨을 보여 주었다(Nicholson & Berman, 1983).

심리치료의 이론과 기법 중 어떤 방법이 더 효과적인가에 대해서는 연구자마다 다른 생각을 가지고 있다. 심리치료의 결과에 대한 대부분의 연구는 여러 치료법 간에 효과의 차이가 미미하거나 전혀 없으며, 치료이론이나 기법보다는 치료관계가 치료효과에 중요한 영향을 미치는 것으로 밝혀지기도 하였다. 또한 최근에는 특정 문제 유형을 치료하는 효과적인 치료법이 무엇인지에 대한 더 많은 관심과 연구가 진행되어 왔다. 예를 들면 인지치료의 경우 우울증에 효과가 있는 것으로 나타났다. 그러나 치료적 효과를 검증하기 위해 철저히 통제된 연구가 필요하지만, 치료 결과에 영향을 줄 수 있는 다양한 변인들을 통제하기 어려워 연구 결과의 타당성 문제가 제기되기도 한다.

심리치료에서 어떠한 이론적 관점과 치료기법을 사용하였는지도 중요하지만, 어떠한 치료자가 어떠한 내담자를 치료하였는지가 더 중요한 요인일 수 있다

(Corsini, 2005). 어떤 체계에서는 실제 기법상의 차이점이 비교적 적을 수 있으며, 때로는 한계가 있어 보이는 접근법으로 더 우수한 결과를 성취할 수도 있다. 따라서 성공적인 치료자는 자신에게 맞는 이론과 방법론을 가지고 있지만, 훌륭한 치료는 자신의 이론과 방법만을 고수하기보다 내담자 개개인에 맞는 치료적 접근을 통해 효과적으로 상담의 목표를 달성하는 것이라고 볼 수 있다.

요약

1. 상담과 심리치료는 누구를 대상으로 어떠한 문제에 초점을 두고, 어떤 방법을 적용하느냐에 따라 구별을 하기도 하고 있으나, 치료자의 훈련 배경과 치료 장면에 따라 상담과 심리치료를 구별하기도 한다. 사람들이 경험하는 장애의 심각성 정도를 구별하기가 어렵고, 문제정도가 달라도 치료과정이나 치료방법에서 유사한 점이 많아 이를 엄격하게 구별하기 어렵다. 그러나 일반적으로 상담은 내담자가 발달과정에서 경험하는 다양한 문제를 예방하고 건강하게 성장하도록 돕는 데 초점을 두며, 심리치료는 보다 심각한 정신과적 문제를 가진 환자의 증상 완화와 성격의 변화 등에 초점을 둔다.

2. 고대나 중세에는 정신적으로 아픈 사람으로 보지 않고, 귀신이나 악마가 들어 있다고 보고 두개골에 구멍을 뚫어 악령을 쫓아내려고 시도하거나 악마를 쫓아내기 위한 종교적 의식을 하거나 화형과 고문을 하는 방법을 사용하도 하였다. 근대에 피넬이 환자들을 인격적으로 대우하고자 하였으며, Freud의 정신분석 이후 다양한 심리치료 이론에 개발되고 발전하고 있다.

3. 정신역동적 심리치료는 문제의 근원이 무의식적 갈등에 의한 것이라 보는 관점이다. 환자-치료자 사이의 상호작용에 치료자 자신이 기여하는 바를 잘 이해하며, 치료에서 나타나는 전이와 저항에 대한 시기적절한 해석을 사용하는 치료법으로, 현재 내담자의 삶에서 문제를 일으키는 무의식적 패턴을 인식하고 통찰과 훈습을 통해 자신의 삶을 변화시킬 수 있도록 조력한다.

4. 행동치료는 행동장애의 치료를 위하여 학습 이론을 체계적으로 적용하는 것을 말한다. 행동치료는 대부분의 비정상적인 행동을 학습을 통해 획득하고 유지하는 것으로 가정하고 문제행동 역시 재학습을 통해 적절한 행동으로 바꿀 수 있다고 보았다. 객관적인 행동관찰을 통하여 문제 행동을 지속시키는 요인을 파악하고 행동을 직접적으로 수정하는 데 초점을 두었다.

5. 인지행동치료는 인간이 가진 감정·사고·행동 중 사고에 초점을 맞추어 인간의 사고가 정서 및 행동을 중재하거나 선도한다는 전제하에 심리적 장애의 근원을 인지과정에서 밝히고자 하는 상담 접근법이다.

6. 인본주의적 심리치료는 사람들은 누구나 자유의지를 가지고 있고, 자기실현을 추구한다고 가정하고, 내담자의 개인 내적인 경험을 중시하고, 자발상과 자율성을 강조한다. 대표적으로 인간중심치료와 게슈탈트치료, 실존치료 등이 있다.

7. 상담과 심리치료는 다양한 형태를 취할 수 있으나, 대상에 따라 나누어 보면 개인상담, 집단상담, 부부/가족상담으로 구분할 수 있다. 개인상담은 치료자가 한 명의 내담자를 대상으로 내담자가 호소하는 문제와 증상의 해결을 위해 치료하는 것을 말한다. 집단상담은 치료자와 다수의 내담자가 집단원 간의 상호작용을 통해 변화를 촉진한다. 부부/가족상담은 치료자가 부부 또는 가족 구성원을 대상으로 가족 구성원 간의 이해, 화해와 성장을 목적으로 치료하는 것을 말한다.

8. 상담과 심리치료의 치유 요인으로 인지적 요인은 보편화, 통찰, 모델링, 감정적 요인은 수용, 이타성, 전이, 행동적 요인은 현실검증, 환기, 상호작용을 포함한다.

추가 읽을거리

상담이론에 대한 전반적인 소개

- Sharf, R. (2013). *Theories of Psychotherapy and Counseling*. **심리치료와 상담이론: 개념과 사례** (천성문 외 역). 서울: 센게이지.

상담사례와 정신건강

- 이동식 (2013). **현대인과 스트레스**. 서울: 한강수.

인지치료와 인간중심치료

- Beck, J. S. (1997). **인지치료의 이론과 실제** (최영희·이정흠 역). 하나의학사.
- Rogers, C. (2009). **진정한 사람되기** (주은선 역). 학지사.

연습문제

A형

1. 심리치료 정의에 대해 설명하시오.

2. 심리치료의 발달과정을 설명하시오.

3. 정신분석에서 필연적으로 일어나게 되는 전이와 저항 현상이란 어떤 것인지 설명하시오.

4. 행동치료에서 문제 행동을 감소시키기 위해 사용되는 학습 원리에 대해 설명하시오.

5. 합리적 정서행동치료에서 ABCDE 모형에 대해 설명하시오.

6. 인지행동치료에서 인지 왜곡이란 무엇인지 설명하시오.

7. 인간중심치료에서 강조하는 치료자가 갖추어야 할 태도는 무엇인지 설명하시오.

8. 게슈탈트치료에서 사용하는 기법을 예를 들어 설명하시오.

9. 개인치료와 집단치료의 차이점을 설명하시오.

10. 심리치료의 치료요인에 대해 설명하시오.

B형

1. 정신분석에서 내담자가 치료자에게 어렸을 때 중요한 인물에게 가졌던 감정을 되풀이하는 것은 무엇인가?

　① 자유연상　　　② 전이
　③ 저항　　　　　④ 역전이

2. 다음 글에서 설명하고 있는 정신분석 상담의 기법은?

> 정신분석 상담의 기법 중에서 가장 기본적인 것이라 할 수 있는 것으로서, 내담자에게 무의식적 감정과 동기에 대해 통찰하도록 하기 위해 마음속에 떠오르는 것을 의식의 검열을 거치지 않은 채 표현하도록 격려하는 것이다.

　① 직면　　　　　② 저항 분석
　③ 전이 분석　　　④ 자유연상

3. 인간중심치료에서 치료자의 태도가 아닌 것은?

　① 내담자가 몰랐던 무의식적 내용을 해석
　② 조건이나 전제 없이 내담자를 한 인간으로 존중하는 것
　③ 내담자와의 관계에서 상담자가 경험한 것을 솔직하게 내담자에게 표현하는 것
　④ 내담자의 감정을 그 입장에서 민감하고 정확하게 이해하고 전하는 것

4. 행동치료에서 역조건형성의 예가 아닌 것은?

　① 타임아웃　　　② 체계적 둔감화
　③ 노출치료　　　④ 가상현실치료

5. 체계적 둔감법에 대한 설명으로 옳지 않은 것은?

　① 혐오스런 느낌에 대한 위계목록을 작성한다.
　② 주로 불안과 같은 부적응 행동의 치료에 사용된다.

　③ 기본절차는 고전적 조건형성의 원리에 기초한 치료기법이다.
　④ 낮은 수준의 자극에서 높은 수준의 자극으로 상상을 유도한다.
　⑤ 바람직하지 못한 행동에 혐오자극을 제시함으로써 부적응적인 행동을 제거한다.

6. REBT 이론과 거리가 먼 것은?

　① 심각한 기질장애자의 치료에 주로 사용된다.
　② 인간의 비합리적 사고, 또는 신념이 부적응을 유발한다고 본다.
　③ 정서적 장애와 문제행동의 원인 및 그 해결방법을 명확하게 제시한다.
　④ 통합적인 접근방법으로서 사고와 신념이 행동에 미치는 영향을 규명한다.
　⑤ 사고와 행동을 통제하기 위한 대처기제를 학습하는 교육적 접근을 강조한다.

7. 다음 글에서 설명하고 있는 개념은?

> • 완결되지 않은 게슈탈트를 의미한다.
> • 분노, 원망, 고통, 슬픔, 불안, 죄의식 등과 같이 명확히 표현되지 못한 감정을 포함한다.
> • 표현되지 못한 감정은 개인의 의식 배후에 자리하여 다른 사람과 효율적으로 접촉하는 것을 방해한다.

　① 전경　　　　　② 정신분석
　③ 행동치료　　　④ 미해결과제

8. 실존치료와 관계가 없는 것은?

　① 내담자로 하여금 삶의 목적을 깨닫게 한다.
　② 내담자가 삶의 불안을 직면할 수 있도록 격려한다.
　③ 내담자는 외롭지 않아야 한다.
　④ 내담자 스스로 선택과 책임을 활용할 수 있도록 도와준다.

9. 우울한 사람들이 보이는 인지적 왜곡 중에서 어떤 결론을 지지하는 증거가 없거나 그 증거가 결론에 위배됨에도 불구하고 그와 같은 결론을 내리는 것은?

① 임의적 추론　　② 개인화
③ 과대평가　　　④ 잘못된 명명
⑤ 선택적 추상화

Chapter 10

건강심리학

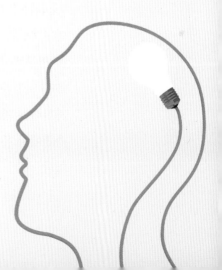

식사와 수면, 음주, 흡연, 운동, 취미활동 등은 우리의 삶을 구성하는 일상적인 활동들이다. 너무도 일상적이고 사소해서 그 가치와 영향력을 쉽게 깨닫지 못하는 활동들이기도 하다. 그러나 여러 연구들이 제시하는 분명한 사실은 이러한 사소한 활동들이 한 사람의 미래에 큰 영향을 미칠 수 있다는 것이다. 좀 더 구체적으로 말하면, 이 활동들은 특정 개인이 앞으로 어떤 종류의 고통을 경험하고, 어떤 질병을 겪게 되며, 얼마나 오래 살지를 결정할 수 있다. 본 장에서는 어떻게 이런 사소한 활동들이 우리의 삶에 그토록 큰 영향을 미치는지를 살펴보고자 한다. 아울러 각 활동의 양상에 영향을 미치는 다양한 심리적 요인에 대해 살펴보고, 건강한 삶을 위한 구체적 방안을 탐색해 보고자 한다.

10.1. 건강심리학의 기초

건강심리학의 정의

건강심리학(health psychology)은 신체적 건강 및 질병과 관련된 심리적, 행동적 과정에 대한 과학적 연구를 말한다. 건강의 개념에 대해서는 아직까지 많은 논의가 진행되고 있으며, 구체적이고 협소한 개념을 선호하는 입장과 좀 더 모호하고 넓은 개념을 선호하는 입장이 공존하고 있다. 전자의 경우 건강을 신체적, 정신적으로 이상이 없고 각 요소들이 적절히 기능하는 상태로 정의한다(Papas, Belar, & Rozensky, 2004). 후자의 경우에는 단순히 질병이나 이상이 없는 상태를 넘어서 신체적, 정신적, 사회적으로 완벽한(complete) 상태로 건강을 정의한다(World Health Organization, 1948).

전통적인 건강심리학은 전자의 정의를 따라 왔다. 특히 신체적 건강을 주된 연구대상으로 삼았으며, 신체적 건강에 영향을 미칠 수 있는 심리적, 행동적 과정을 연구해 왔다. 그러나 신체적 건강과 정신적 건강이 서로 긴밀하게 연결되어 있음을 지지하는 연구결과들이 누적되고, 단순히 이상이 없는 상태로 건강의 범위를 제한하는 것보다 좀 더 잘 기능하는 상태로 정의하는 것이 예방이나 삶의 질 개선 측면에서 유리하다는 주장이 받아들여짐에 따라 건강심리학의 범위 또한 확장되고 있다.

건강심리학의 연구주제

건강심리학의 연구주제는 두 가지로 정리될 수 있다. 첫 번째 주제는 신체적 건강과 질병의 발생에 영향을 미치는 심리적, 행동적 과정이다. 심리적, 행동적 과정은 신체적 건강과 질병의 중요한 요인이 될 수 있다. 예를 들어 일상생활에서 겪는 심리적 스트레스가 만성화되면 교감 신경계가 과활성화되어 신체에 해를 끼치게 된다. 또한 흡연이나 음주, 섭식 등의 일상적인 행동들도 정도에 따라 신체적인 질환을 유발할 수 있다. 이러한 요인들을 잘 통제해야 신체적 건강을 유지하고 질병을 예방할 수 있다.

두 번째 연구주제는 질병의 관리에 영향을 미치는 심리적, 행동적 과정이다. 건강심리학자들은 질병의 발병뿐만 아니라 질병의 관리에도 심리적 요인이 개입될 수 있다고 제안한다. 일반적으로 질병은 심리적 변화를 수반하며 이 변화를 어떻게 다루느냐에 따라 질병이 더 악화될 수도 있고 반대로 증상의 발전 속도가 느려지거나 개선될 수 있다. 특히 의약학적 치료가 어려운 만성질환의 경우 환자의 심리적 부담과 고통이 매우 크며, 이로 인해 적응적인 심리적/행동적 반응이 줄어들어 질환의 적절한 관리를 저해할 수 있다. 따라서 심리적 개입을 통해 만성질환을 관리하는 것은 매우 중요한 과제라고 볼 수 있다.

10.2. / 건강 유지하기: 문제행동과 질병의 예방

건강유지의 핵심

인간의 몸은 여러 기관들로 구성되어 있다. 이 기관들이 적절히 발달하고 제기능을 발휘하려면 몇 가지 활동이 원활히 이루어져야 한다. 첫째로 영양분이 공급되어야 한다. 몸의 각 기관이 적절히 기능하기 위해서는 영양분이 필요하며, 인간은 음식을 섭취함으로써 관련 영양분을 얻는다.

둘째로 신체의 각 기관이 고르게 활성화되어야 한다. 몸을 구성하고 있는 여러 기관들은 각각 맡은 역할이 있으며, 효율적으로 주어진 환경에 적응할 수 있도록 상황에 따라 특정 기관에 에너지를 집중시키는 경향이 있다. 즉 빠르게 대응해야 하는 위급한 상황에서는 신속한 반응에 필요한 기관들에 에너지가 집중되고,

안전한 상황에서는 신체기능의 회복에 관여하는 기관들에 에너지가 투입된다. 일반적으로 인간은 낮 시간 동안에 다양한 도전에 직면하게 되며, 그러한 도전에 대처하기 위해 신속한 반응에 적절한 신체 상태를 유지한다. 반면 밤 시간 동안에는 수면을 취하면서 신체기능을 회복시키고 재정비하게 된다.

셋째로 외부로부터 유입된 해로운 물질들을 해독해야 한다. 인간이 살아가는 환경 속에는 해로운 물질들이 존재한다. 이러한 물질들은 때로 인간의 몸에 침투하여 다양한 문제를 일으킨다. 건강을 유지하기 위해서는 이러한 물질들을 해독할 수 있어야 한다. 인간의 몸은 해로운 물질들을 해독할 수 있는 기관을 가지고 있지만 해로운 물질의 강도나 침투빈도 등에 따라 해독 기능이 적절히 작동하지 않아 신체기능이 손상될 수 있다. 예를 들어, 우리가 일상적으로 사용하는 알코올이나 니코틴, 기타 약물들은 기본적으로 독성을 가지고 있으며, 과도하게 사용할 경우 신체기능을 손상시킬 수 있다.

이제 건강한 상태를 유지하기 위해 특별히 주목해야 할 세 가지 활동인 섭식과 수면, 물질사용에 대해 알아보기로 하겠다.

섭식

섭식의 기능

섭식은 건강을 유지하기 위한 필수 활동 중 하나이다. 인간은 섭식을 통해 몸의 각 기관을 만들고 유지하는 데 필요한 영양분을 얻는다. 오랜 기간 동안 음식을 섭취하지 않게 되면 각 기관의 기능이 크게 저하되고 결국에는 생명을 잃게 된다. 생명을 잃을 정도는 아니더라도 섭취하는 음식의 양이 지나치게 적거나 영양의 균형을 잃을 때 신체기능이 크게 손상될 수 있다. 때로는 과도하게 많은 양의 음식을 섭취하여 건강을 해치기도 한다. 이러한 문제섭식, 즉 과도한 섭식 제한과 폭식은 다양한 심리적 요인의 영향을 받는 것으로 확인되고 있다.

섭식에 영향을 미치는 심리적 요인

섭식을 과도하게 제한하여 심각한 저체중을 유발하는 대표적인 심리적 요인은 체중증가에 대한 두려움이다(Fairburn, Wilson, & Schleimer, 1993). 체중이 증가하는 것에 대해 과도한 두려움을 가지고 있을 경우 섭식행동을 지나치게 억제할 수 있으며, 음식을 섭취한 뒤에도 음식을 다시 토해내거나 설사제, 이뇨제 등을 이용해서 체중을 줄이려 시도할 수 있다. 체중증가에 대한 두려움은 다양한 요인에 의해 형성된다. 우선 마른체형을 선호하고 뚱뚱한 체형은 꺼리는 사회문화적 분위기는 체중증가에 대한 두려움을 강화하는 중요한 요인으로 고려되고 있다(Field, Camargo, Taylor, Berkey, Roberts, & Colditz, 2001). 그러나 동일한 사회에 살면서도 체중증가에 대한 두려움의 정도는 사람마다 다를 수 있는데 그 차이는 마른체형에 대한 사회적 태도를 수용하는 정도와 밀접한 관련이 있다.

사회의 대다수가 공유하는 체형에 대한 태도와 기준을 수용하고 엄격하게 따르는 사람들은 크게 두 유형으로 구분된다. 첫 번째 유형은 체형이나 외모가 두드러지게 자기 가치감에 중요한 영향을 미치는 경우이다. 이들은 일반적으로 자신의 성격이나 지적 능력, 직업적 능력, 대인관계 능력 등 대부분의 영역에서 만족스러운 평가를 얻지 못한다. 이로 인해 상당한 괴로움을 경험하는데, 이에 대처하기 위해 상대적으로 노력을 통한 변화가 용이하며 통제 가능한 체형을 중요하게 여기는 것이다. 두 번째 유형은 삶을 구성하는 대부분의 영역을 완벽하게 통제하고 싶어하는 사람들이다. 이들은 일반적으로 대부분의 삶의 영역에서 상당한 성취를 이루며 살아간다. 이들에게 있어 체형은 완벽한 삶을 이루는 중요한 한 요소이며, 다른 삶의 영역들과 마찬가지로 철저히 통제되어야 하는 영역이다.

두 유형의 공통점은 체형이 자기 가치감에 중요한 영향을 미친다는 점이다. 따라서 과도한 섭식제한을 막기 위해서는 체형과 외모를 과도하게 중요시하는 경향성을 줄여야 한다. 첫 번째 유형의 사람들에게는 자기 가치감을 증진할 수 있는 다른 삶의 영역들을 개발하는 것이 도움이 되고, 두 번째 유형의 사람들에게는 완벽주의적 성향과 통제욕구를 감소시키는 다양한 심리적 개입방안을 활용하는 것이 도움이 될 수 있다(Fairburn, Shafran, & Cooper, 1999).

정해진 시간 동안 과도하게 많은 양의 음식을 섭취하는 행동인 폭식(binge eating) 또한 건강을 해칠 수 있다. 폭식에 영향을 미치는 대표적인 요인은 부정적 정서경험이다(Heartherton & Baumeister, 1991). 폭식은 일시적으로 주의를 전환시켜주며 약간의 긍정적 정서를 유발하기 때문에 부정적 정서경험을 회피하거나 감소시키는 방략으로 사용되곤 한다. 이렇게 부정적 정서에 대처하기 위한 수단으로 폭식이 빈번하게 사용될 경우 체중증가로 인한 다양한 질환을 경험할 수 있다. 폭식 후 체중 증가에 대한 두려움으로 구토나 설사제 사용 등의 보상행동을 반복하는 경우도 있는데 이러한 행동들은 위장장애나 치아손상 등을 초래할 수 있다.

물론 부정적 정서를 경험한다고 해서 모두 폭식을 하는 것은 아니다. 부정적 정서를 경험할 때 폭식을 선택하는 사람들의 공통적인 특징은 고통스러운 경험을 견디지 못하고 빨리 해소하려는 경향이 있으며(Corstorphine, Mountford, Tomlinson, Waller, & Meyer, 2007), 음식 섭취를 통해 어느 정도 위안을 얻는다는 점이다(Stice, Presnell, & Spangler, 2002). 이들은 부정적 정서와 같이 고통스러운 경험을 하게 되면 이를 견디지 못하고 가능한 빠르게 해소하고 싶어 한다. 일반적으로 음식은 손쉽게 구할 수 있기 때문에 유용한 수단이 될 수 있다. 또한 이들은 음식을 섭취함으로써 효과적으로 부정적 정서를 감소시키고 약간의 긍정적 정서를 경험할 수 있기 때문에 반복적으로 폭식을 하게 된다.

따라서 폭식행동을 줄이는 개입은 세 가지 방향에서 이루어질 수 있다. 첫 번째 방향은 부정적 정서 경험을 감소시키는 것이다. 환경의 개선이나 왜곡된 인지적 평가의 수정 등은 부정적 정서 경험을 감소시키는 대표적인 전략들이다. 두 번째 방향은 부정적 정서에 대처하는 다른 방략을 개발하는 것이다. 음식을 섭취하는 대신 활용할 수 있는 다른 대처방략들을 계획적으로 개발하고 실행하는 것이 도움이 될 수 있다. 세 번째 방향은 부정적 정서를 견디는 능력을 증진시키는 것이다. 부정적 정서에 반복적으로 노출시키면서 견디는 습관을 기르는 것은 고통 감내력을 증진하는 효과적인 방법으로 고려될 수 있다.

수면

수면의 구성과 기능

인간은 보통 하루에 6~8시간의 수면을 취한다. 수면은 급속안구운동(rapid eye movement; REM), 즉 수면 중 눈을 빨리 움직이는 운동이 나타나는지의 여부에 따라 크게 REM수면과 비REM수면으로 구분되는데, 두 유형의 수면은 뇌의 활동양상이나 신체상태 면에서 큰 차이를 보인다. 우선 REM수면 중에는 깨어 있을 때와 거의 유사한 빠른 뇌파활동이 일어나며 심장박동이 증가하고 호흡이 불규칙해진다. REM수면은 대략 90분 주기로 나타났다 사라지기를 반복하며 수면시간의 약 20~25%를 차지한다.

반면 비REM수면은 크고 느린 뇌파가 나타나며 신체근육이 이완되고 산소소비량도 크게 줄어든다. 비REM수면은 다시 네 단계로 구분된다. 1단계 수면은 초기 수면상태로 이행되는 과정이라 볼 수 있으며 알파파가 줄어들고 세타파가 증가한다. 2단계 수면에서는 좀 더 깊은 수면으로 들어가는 과정에서 나타나는 독특한 뇌파의 양상을 확인할 수 있다. 첫 번째 양상은 신경활동이 억제됨에 따라 나타나는 현상으로 작고 뾰족한 뇌파가 밀집되어 있는 것을 특징으로 한다. 두 번째 양상은 외부나 내부에서 주어지는 자극에 일시적으로 반응함에 따라 나타나는 현상으로 다른 시점의 뇌파들과 구분되는 큰 진폭의 뇌파를 특징으로 한다. 3단계 수면은 델타파와 같이 보다 느린 뇌파가 나타나는 깊은 수면단계이며, 4단계 수면은 델타파의 양이 더 증가하여 더 깊은 수면이 이루어지는 단계이다.

수면이 시작되면 각성상태가 점점 줄어들면서 비REM수면의 각 단계를 거쳐 4단계까지 내려갔다가 다시 역으로 단계를 거슬러 올라 REM수면이 나타난다. 일정 시간 동안 REM수면이 지속되다가 다시 비REM수면으로 이행하면서 깊은 수면에 빠져든다. 이렇게 비REM수면과 REM수면을 반복하면서 수면이 진행되며 REM수면은 대략 4~5회 정도 반복된다.

수면은 낮 동안에 소모되고 손상된 중추신경계와 신체를 회복시키는 것으로 확인되고 있다. 특히 비REM수면은 몸의 긴장을 이완시키고 적절히 혈액을 순환시켜 신체의 기능을 회복시키며, REM수면은 단백질 합성을 증가시켜 중추신경계를 회복시킨다. 또한 REM수면 중에는 낮 동안 학습했던 다양한 정보들을 선별하여 저장하는 과정이 활발하게 일어나는 것으로 알려져 있다.

수면에 영향을 미치는 심리적 요인

적절한 수면은 몸과 마음을 건강하게 유지하는 데 크게 기여한다. 반면 부적절한 수면은 자연스러운 회복과정을 방해하여 건강을 해칠 수 있다. 특히 잠을 자고 싶음에도 불구하고 적절히 잠에 들거나 수면상태를 유지하지 못하는 불면증은 다양한 건강문제들을 초래할 수 있다.

불면증은 심리적 요인에 의해서 촉발될 수 있다. 인지행동적 입장에 따르면, 각성수준이 높은 취약성을 가진 개인이 다양한 부정적 사건으로 인해 과도하게 각성되면 일시적으로 불면증을 경험할 수 있다. 이러한 불면증은 정상적인 반응이며 부정적 사건이 해소되면 각성 수준도 감소하여 다시 정상적으로 수면을 취할 수 있게 된다. 하지만 일시적인 불면증 상태에서 수면에 대한 과도한 걱정(예: '오늘도 잠을 못자면 어떻게 하지?', '내일 피곤해서 일을 망치면 어떻게 하지?')을 하거나 부적절한 수면습관을 형성한 경우(예: 새벽까지 침대에서 책을 읽음) 만성적인 불면증으로 발전할 수 있다(Harvey, 2002).

따라서 적절한 수면을 취하기 위해서는 수면에 대한 과도한 걱정을 줄이는 과정이 필요하다. 일반적으로 수면에 대한 경직되고 과도한 신념을 지니고 있을 때 수면에 대한 걱정이 증가한다. 예를 들어 '적어도 8시간은 자야 한다'와 같은 신념이나, '잠을 끊어서 자면 효과가 없다', '잠을 충분히 못 자면 일을 망칠 것이다'와 같은 신념을 가지고 있는 경우 수면에 대한 걱정이 늘어날 수 있다. 이러한 신념들은 부적응적이며 현실과도 거리가 먼 신념들이므로 검토과정을 통해 수정하는 것을 고려할 수 있다. 이 외에도 과도한 각성수준을 줄이기 위한 이완훈련(relaxation training)과 수면에 적절한 환경을 조성함으로써 건강한 수면습관을 유도하는 방법(예: 취침 전에는 숙면을 방해하는 음식을 섭취하지 않고 불빛 등의 자극을 차단함, 침대에서는 수면만을 취함) 등을 사용할 수 있다.

음주 및 흡연과 건강

음주의 효과

적절한 수준의 음주는 여러모로 유익하다. 대학생을 대상으로 진행된 한 연구에 따르면, 음주량과 음주빈도는 다양한 긍정적 결과(예: 이완감 유발, 자기표현력 증진, 창의성 증진, 성관계시 긴장이완 등)와 밀접한 관계를 맺고 있다(Park & Grant, 2005). 또 다른 연구에서는 34세 이상의 남성과 45세 이상 여성의 경우 일주일에 2잔에서 5잔 정도의 술을 마실 때 사망률이 더욱 낮아진다고 보고하기도 했다(White, Altmann, & Nanchahal, 2004). 술이 가진 또 다른 효과는 부정적인 정서를 해소하고 기분을 고양시키는 것이다. 술의 주성분인 에탄올은 세로토닌과 도파민, 오피오이드, 가바(GABA)는 활성화시키고 글루타민산(NMDA-glutamate)은 억제하는 경향이 있다(Nevo & Hamon, 1995). 따라서 술을 마시면 불안감이 줄고 기분이 고양되며, 통증이 완화되는 경험을 하게 된다. 이러한 효과 때문에 사람들은 부정적 정서를 해소하기 위한 수단으로 술을 마시곤 한다(Kushner, Sher, Wood, & Wood, 1994).

건강을 해치는 음주

적당량의 음주가 유익한 것은 사실이지만 과도할 경우에는 다양한 문제를 유발할 수 있다. 특히 부정적 정서를 해소하기 위한 목적으로 빈번하게 술을 마시면 신경전달물질 체계가 변형되어 술을 마시지 않을 경우 불안이나 긴장, 손떨림, 환각, 경련 등의 다양한 금단증상을 경험하게 된다(Bayard, Mcintyre, Hill, & Woodside, 2004). 또한 에탄올은 그 자체로 독성이 있어 신경세포 기능을 저해하거나 손상시키며(Harper & Matsumoto, 2005), 장기간 과용할 경우 간이나 위 등의 기관에 큰 부담을 주어 간염이나 간경변, 간암 등을 유발할 수 있고, 혈액의 점도를 증가시켜 심혈관 질환을 초래하기도 한다(Bellentani et al., 1997).

과도한 음주는 이러한 신체적 질환 이외에 다양한 심리적/대인관계적/직업적 문제를 유발하기도 한다. 에탄올은 전두엽의 기능을 저하시켜 억제능력이나 판단능력에 문제를 초래하고, 이로 인해 부적절하거나 공격적인 행동을 보일 수 있다(Bushman & Cooper, 1990). 이러한 행동은 경우에 따라 대인관계에 부정적인 영향을 미치게 된다. 또한 에탄올의 잔여효과로 인해 직업적 기능이 저하될 수 있으며, 신경전달물질 변화의 반작용으로 기분이 가라앉거나 동기 수준이 저하되고, 불안감을 경험할 수도 있다(Valdez, Roberts, Chan, Davis, Brennan, Zorrilla, & Koob, 2002).

음주로 인한 다양한 부정적 결과들은 추가적인 음주행동을 유발하기도 한다. 즉 금단증상이나 심리적 불편감 등을 줄이기 위한 목적으로 술을 마시거나, 가정과 직장 등의 영역에서 발생하는 문제들을 외면하고 회피하기 위한 수단으로 술을 마시는 것이다(Grunberg, Moore, Anderson-Connolly, & Greenberg, 1999; Ludwig & Wikler, 1974). 이러한 음주의 악순환에 빠지면 음주행동을 통제할 수 없는 상태에 이르게 되며, 문제들이 악화되고 있음에도 불구하고 음주를 반복하게 된다.

음주행동의 개선

앞서 살펴본 바와 같이 부정적 정서경험을 완화하거나 긍정적 정서경험을 증진하고자 할 때 사람들은 음주를 하곤 한다. 특히 과도한 음주행동을 나타내는 사람들은 음주 이외에 자신의 정서를 조절할 수 있는 적응적인 수단을 가지고 있지 못한 경우가 많다. 따라서 음주량과 빈도를 줄이기 위해서는 정서를 조절하기 위한 다른 대안을 마련하는 것이 무엇보다 중요하다.

이를 위해서는 음주 이외에 자신을 즐겁게 해 주는 활동이 무엇인지를 구체적으로 탐색하여 계획적으로 실행하는 연습과정이 필요하다. 또한 해당 활동이 충분히 강화될 수 있도록 주변 사람들이 적극적인 지지와 격려를 보내주어야 하며, 스스로도 다양한 보상을 부여하는 것이 좋다. 이와 동시에 다양한 전략을 이용하여 음주량과 빈도를 줄이거나 금주를 실행할 수 있다. 단, 금주하기로 결정했을 때에는 금단증상의 완화를 위한 약물치료를 병행하는 것이 바람직하다.

흡연의 효과

담배에 포함되어 있는 니코틴은 중추신경자극제로 적정량을 섭취하면 각성수준이 증가하고 주의력이 증진되며, 기분을 고양시키는 효과를 나타낸다. 그러나 과도하게 사용하면 구토, 두통, 고혈압, 착란, 감각장애 등을 나타낼 수 있으며, 심할 경우 호흡마비에 이를 수도 있다(Silvette, Hoff, Larson, & Haag, 1962). 또한 장기간 흡연을 할 경우 폐와 구강, 후두, 식도, 위 등의 암을 유발할 수 있으며, 허혈성 심장질환과 뇌혈관질환, 만성폐색성 폐질환, 유산 등의 문제를 일으킬 수 있다.

알코올과 마찬가지로 니코틴 또한 금단 증상을 나타낼 수 있다. 장기간 니코틴을 복용하다 갑작스럽게 멈출 경우 불면이나 과민성, 짜증, 불안, 초조, 우울한 기분, 집중력 장애 등을 나타낼 수 있다. 이러한 금단증상은 매우 불쾌하기 때문에 이를 감소시키기 위해 다시 담배를 피우게 된다(Hughes, Higgins, & Bickel, 1994).

흡연행동의 개선

흡연과 음주가 지속되는 과정은 서로 유사하다. 따라서 음주행동을 조절하기 위해 사용하는 방략을 흡연행동을 조절하는 데에도 동일하게 사용할 수 있다. 즉 부정적 정서를 완화하고 긍정적 정서를 증진하는 다른 대안을 개발함으로써 흡연에 대한 의존도를 줄일 수 있다.

흡연이 음주와 다른 점은 투약으로 인한 잔여효과가 적어도 일시적으로는 일상생활에 큰 지장을 주지 않는다는 것이다. 오히려 흡연자들은 흡연이 직무수행이나 대인관계에 더 도움이 된다고 인식하기도 한다(Fidler & West, 2009). 또한 흡연자들은 중요한 일을 끝낸 직후나 식사 후, 다른 활동을 하기 직전과 같이 어떤 활동을 정리하거나 시작하는 단계에 흡연을 하는 경향이 있는데, 이는 흡연이 흥분된 마음을 가라앉히고 양식(mode)을 전환하는 데 기여한다고 여기기 때문이다. 그러나 이러한 사용 패턴은 강한 습관을 형성하는 경향이 있기 때문에 특별한 효과가 없음에도 불구하고 자동적으로 흡연을 반복하게 되기도 한다.

이러한 흡연양상을 개선하기 위해서는 상황적인 단서와 연합된 갈망(craving)이 경험될 때 다른 행동을 반복하는 방법을 사용할 수 있다(Leventhal & Cleary, 1980). 예를 들어 식사를 한 뒤에는 흡연을 대체할 만한 다른 행동, 특히 약간의 긍정적 정서를 경험할 수 있는 행동(예: 스트레칭)을 반복적으로 수행할 수 있다. 중요한 일을 마친 뒤에도 흡연을 하는 대신 차를 마시는 등의 대안행동을 하는 것이 도움이 될 수 있다.

10.3. 변화와 도전에 대처하기: 스트레스와 건강

스트레스의 이해

스트레스(stress)는 의학자인 셀리에(1907~1982)에 의해 처음 제안되었다. 그에 따르면 스트레스는 스트레스원(stressor)으로 개념화되는 다양한 도전적 자극에 대한 몸의 반응을 의미한다. 일반적으로 스트레스원에 직면하게 되면 유기체는 이에 대응하기 위해 각성수준을 증가시킨다.

스트레스원은 매우 다양하며 몇 가지 범주로 구분해 볼 수 있다. 우선 신체의 항상성에 변화를 초래하는 물리적, 화학적 변화들을 들 수 있다. 여기에는 지나치게 강한 소음이나 빛, 열에 직면하는 것이나, 니코틴, 알코올, 기타 약물 등을 사용하는 것이 포함된다. 두 번째 범주는 일상생활 속에서 빈번하게 나타날 수 있는 다양한 스트레스원들이다. 여기에는 열쇠를 잃어버리는 것이나 작은 접촉 사고가 나는 것 같이 일상적인 사건에서부터 직장에서 경험하는 다양한 도전들, 대인관계에서 직면하는 다양한 문제들이 포함될 수 있다. 세 번째 범주는 전 생애를 통틀어 몇 차례 정도 일어나는 중요하면서도 강한 스트레스원들이다. 여기에는 실직이나 이혼, 중요한 사람과의 사별 등이 포함된다.

스트레스원에 직면하게 되면 우리의 뇌는 사건에 적절히 대응할 수 있도록 몸을 준비시킨다. 시상하부에서 시작된 활성화는 뇌하수체로 이어지고, 뇌하수체는 다시 부신을 자극한다. 부신은 카테콜아민을 포함한 호르몬을 분비하는데, 카테콜아민은 교감신경계를 활성화시키고, 부교감신경계는 억제시킨다. 그에 따라 심장 박동수가 증가하고 혈압이나 호흡률이 증가하게 된다. 부신은 글루코코르티코이드의 일종인 코티솔이라는 호르몬도 분비하는데, 이 호르몬은 혈당을 증가시켜 근육이 사용할 수 있는 에너지를 만들어 낸다. 이러한 변화는 몸이 좀 더 빠르고 효율적으로 스트레스 자극에 대응할 수 있도록 돕는다. 스트레스 자극이 주어졌을 때 자동적으로 활성화되는 이 경로를 HPA 축(Hypothalamic-Pituitary-Adrenal axis)이라 부르기도 한다(Gotlib, Joormann, Minor, & Hallmayer, 2008).

셀리에에 따르면, 스트레스원의 종류와 상관없이 대부분의 스트레스는 동일한 생리적 변화를 수반한다. 셀리에는 이러한 생리적 반응을 일반적 적응 증후군(general adaptation syndrome; GAS)이라 불렀다. GAS는 크게 세 단계로 구성된다. 첫 번째 단계는 경고(alarm)단계이다. 이 단계 동안 신체는 교감신경계를 활성화

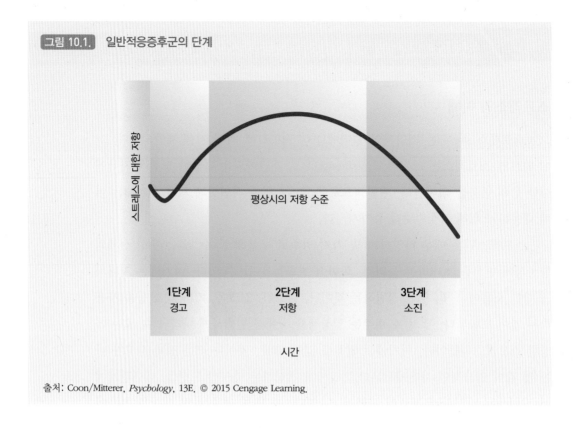

그림 10.1. 일반적응증후군의 단계

평상시의 저항 수준

스트레스에 대한 저항

1단계
경고

2단계
저항

3단계
소진

시간

출처: Coon/Mitterer, *Psychology*, 13E. © 2015 Cengage Learning.

시키고 코티솔과 같은 호르몬을 분비시킴으로써 위협에 대응하기 위한 준비를 시작한다. 두 번째 단계는 저항(resistance)단계, 혹은 적응(adaptation)단계이다. 이 단계는 스트레스원에 대처하는 동안 높아진 각성 수준에 적응하는 단계로, 스트레스원의 효과를 줄이기 위해 다양한 변화가 일어난다. 이때 스트레스원에 대응하는 과정은 극대화되고 불필요한 과정, 예를 들면 소화과정 등은 최소화된다. 두 번째 단계가 오래 지속되면 세 번째 단계인 소진(exhaustion) 단계가 시작된다. 소진 단계에 이르면 면역체계의 기능이 약화되어 감염의 가능성이 높아진다. 면역체계는 바이러스와 같은 이물질로부터 신체를 보호하는 반응체계를 의미하는데, 스트레스원에 대응하기 위해 분비되는 글루코코르티코이드가 면역기능을 억제하는 것으로 알려져 있다(Parrillo & Fauci, 1979). 소진 단계에서는 심혈관질환 또한 나타날 수 있다. 스트레스원에 대응하기 위해 교감신경계의 활성화가 오래 지속되면서 혈압이 상승한 채로 유지되어 혈관벽이 손상되기 때문이다. 이처럼 스트레스원에 오랜 기간 노출될 경우 다양한 신체질환을 경험하게 될 수 있다.

스트레스의 관리

스트레스가 장기적으로 지속되면 다양한 신체적 문제가 나타날 수 있기 때문에 스트레스를 적절히 관리하는 것이 건강 유지에 중요하다. 스트레스의 관리는 크게 세 가지 측면, 즉 심리적 측면과 신체적 측면, 그리고 상황적 측면에서 이루어질 수 있다.

마음의 관리

스트레스원에 노출되었을 때 개인의 심리적, 행동적 대처방식을 보면 크게 세 가지 정도로 구분해 볼 수 있다. 첫 번째 대처방식은 스트레스원을 회피하는 것이다. 이때의 회피는 스트레스원 자체뿐만 아니라 스트레스원을 상기시키는 상황이나 생각 등을 회피하는 것도 포함한다. 이러한 대처방식은 일시적으로 스트레스를 덜 경험하게 만든다. 하지만 회피만을 반복적으로 사용하게 되면 활동의 범위가 협소해지기 쉬우며, 스트레스원 관련 생각을 회피하려는 시도는 오히려 역설적으로 더 빈번하게 관련 생각을 떠올리게 하기도 한다(Wegner, Schneider, Carter, & White, 1987).

두 번째 대처방식은 직면이다. 합리적 대처라 불리기도 하는 이 방식은 스트레스원을 회피하지 않고 직면하면서 극복하기 위해 노력하는 것이다. 인지행동치료의 권위자들인 헤이스와 동료들에 따르면 합리적 대처는 세 단계로 구성된다(Hayes, Strosahl, & Wilson, 1999). 첫 단계는 스트레스원을 수용하는 것이다. 즉 스트레스원이 실재하고 당분간은 사라지지 않을 것이라는 사실을 인정하는 것이다. 두 번째 단계는 노출이다. 이 단계에서는 스트레스원에 주의를 기울이고 그것에 대해 생각하기 시작한다. 예를 들어 직장상사와 관련된 스트레스원이 있다면, 직장 상사에게 주의를 기울이고 생각을 하기 시작하는 것이다. 세 번째 단계에서는 스트레스원의 의미를 이해하는 작업을 진행한다. 즉 직장상사가 구체적으로 나에게 어떤 위협이 되며, 왜 이런 상황이 초래되었는지, 그리고 앞으로 어떻게 대처하면 좋을지 등에 대해 고려해 본다. 이 과정이 성공적으로 진행된다면 직장상사와 관련된 스트레스원은 더 이상 스트레스를 유발하지 않게 된다.

세 번째 대처방식은 재구성을 통해 스트레스원의 위협정도를 감소시키는 것이다. 스트레스원이라 불리는 다양한 사건들 중 상당수는 인지적인 처리과정을 거쳐 비로소 스트레스를 유발한다. 예를 들어 어느 날 직장 상사가 찾아와 '일 좀 잘해 봅시다'라고 이야기했을 때 이 말을 어떻게 해석하느냐에 따라 스트레스를 유발할 수도 그렇지 않을 수도 있다. 평소에 일을 열심히 하지 않아서 질책하는 것으로 해석한다면 스트레스를 유발할 것이고, 함께 잘 해보자는 격려의 말로 해석한다면 스트레스를 유발하지 않을 것이다. 이처럼 스트레스원에 대해 인지적으로 대응하는 방식에 따라 스트레스는 늘어날 수도 줄어들 수도 있다. 재구성은 스트레스원에 대한 새로운 인식, 평가를 통해 위협을 감소시키는 전략이다.

제시된 세 가지 전략들은 우리가 스트레스원을 맞닥뜨렸을 때 모두 사용할 수 있는 것들이다. 상황에 맞게 세 전략들을 사용하면 효과적으로 스트레스를 관리할 수 있을 것이다.

신체 관리

현대사회는 매우 다양한 자극들로 가득하며 이 자극들 중 상당수는 스트레스원으로 작용할 수 있다. 이러한 스트레스원들은 충분히 자각되지 않는 경우도 많기 때문에 앞서 제시한 대처전략들을 사용하는 것이 수월치 않을 수 있다. 실제로 많은 현대인들은 미처 인식하지 못한 스트레스원에 대한 반응으로 늘 긴장한 채 살아간다. 이들에게 적용할 수 있는 유용한 스트레스 관리법은 의도적으로 교감신경계를 억제하고 부교감신경계를 활성화시키는 것이다.

여기에 해당하는 대표적인 방법은 이완기법이다. 이완기법은 의도적으로 근육을 이완시켜 몸의 긴장을 감소시키는 기법이다. 이렇게 근육을 이완시키면 심박률이 감소하고 호흡률과 혈압 또한 감소하면서 몸의 회복기능이 촉진된다(Tera-thongkum & Pickler, 2004). 이완 기법은 여러 유형으로 구성된다. 가장 많이 사용되는 방법은 의도적으로 근육을 긴장시켰다가 푸는 것을 신체부위별로 반복하는 것이다. 이 외에도 호흡을 조절하며 각 신체 부위에 주의를 기울여 이완시키는 방법 등을 사용할 수 있다.

근육의 긴장도를 완화하기 위한 보조수단으로 바이오피드백을 사용할 수도 있다. 바이오피드백은 신체생리적 측정도구를 이용해서 신체기능에 대한 정보를 제공함으로써 신체기능을 통제할 수 있도록 하는 기법이다. 예를 들어 몸의 각 부위에 전극을 부착하고 근전도를 측정하여 모니터를 통해 제시해 주면, 피검자는 그 기록을 보면서 근육의 긴장도를 조절하는 법을 배울 수 있다. 이 기법을 활용하면 각 근육 부위의 긴장도를 의도적으로 조절하는 것이 좀 더 수월해진다.

몸의 긴장을 풀고 이완시켜주는 또 다른 방법은 적절한 운동이다. 신체에 무리가 되지 않는 수준에서의 적당한 운동은 근육을 긴장시켰다가 다시 이완시키기 때문에 전반적인 신체 긴장도를 낮춰준다. 또한 적절한 수준으로 꾸준히 운동을 하면 심혈관계의 기능이 증진되어 스트레스에 수반되는 혈압의 상승을 경감시키는 효과를 얻을 수도 있다(Hamer, Taylor, & Steptoe, 2006).

마지막으로 긍정적인 정서를 경험할 수 있는 활동들도 몸의 긴장을 풀어줄 수 있다. 긍정적 정서는 부정적 정서와 달리 근육을 이완시키고 몸의 회복기능을 촉진시키는 것으로 확인되고 있다(Fredrickson, 2001). 따라서 긍정적 정서를 경험할 수 있는 활동들(예: 취미활동, 사교활동)을 적절히 수행하면 몸의 긴장을 어느 정도 줄여줄 수 있다.

상황 관리

스트레스원을 조절하거나 스트레스를 감소시키기 위해 사회적 자원을 사용할 수도 있다. 사회적 자원이란 개인의 삶의 질을 증진하기 위해 동원할 수 있는 대인 관계적 자원을 의미한다. 예를 들어 친밀한 가족이나 친구, 동료 등은 모두 사회적 자원이 될 수 있다.

사회적 자원은 두 가지 목적으로 활용할 수 있다. 첫 번째 목적은 스트레스원을 줄이는 것이다. 특히 일상생활에서 빈번하게 일어날 수 있는 스트레스원은 사회적 자원을 적절히 활용하면 상당부분 줄일 수 있다. 예를 들어 직장에서 경험하는 다양한 스트레스원들은 직장동료나 상사들과 원만한 관계를 유지함으로써 상당부분 제거될 수 있다. 두 번째 목적은 이미 시작된 스트레스 반응이 오래 지속되지 않도록 하는 것이다. 실연이나 실직 등의 스트레스원에 의해 스트레스가 유발되었을 때 가까운 주변 사람들의 관심과 지지는 큰 위로가 된다. 또한 이들과 함께 즐거운 활동을 하는 것은 주의를 전환시키고 긍정적 정서를 경험하게 함으로써 각성 수준을 낮춘다. 따라서 적절히 사회적 관계를 유지하고 활용하는 것은 스트레스를 관리하는 유력한 전략이 될 수 있다.

몸에 해로울 수 있는 물질을 적게 사용하고 과도한 스트레스 상태가 유지되지 않도록 관리하면서 적절히 음식을 섭취하고 수면을 취하면 건강한 신체를 유지할 수 있다. 하지만 많은 노력에도 불구하고 다양한 이유로 인해 몸에 이상이 발생할 수 있다. 본 절에서는 관리의 실패로 인한 것이든, 아니면 정상적인 노화과정 등의 다른 원인에 의한 것이든 신체적 질환을 갖게 되었을 때 건강심리학이 어떤 역할을 할 수 있는지 살펴보고자 한다.

통증의 관리

통증의 경험

통증은 매우 보편적인 경험이지만 그 정의와 관련해서는 아직 논의가 진행 중이다. 두 가지 입장이 공존하는데 하나는 생리적 측면에 중점을 두면서 주관적, 정서적 측면과는 구별하려는 입장이다. 두 번째 입장은 주관적 측면에 중점을 두어 통증을 정의한다. 통증연구자들의 대표적인 모임인 국제통증연구학회(International Association for the Study of Pain)에서는 두 가지 입장을 통합하는 정의를 채택하고 있다. 이들에 따르면 통증은 실제적이거나 잠재적인 조직(tissue)의 손상과 관련이 있는 불쾌한 감각적, 정서적 경험을 의미한다. 혹은 그러한 손상의 관점에서 기술되는 불쾌한 감각적, 정서적 경험도 통증의 범주에 포함시키고 있다. 통증의 핵심적인 기능은 유기체로 하여금 손상된 신체 부위에 주의를 기울여 적절한 조치를 취하도록 하는 것이다. 통증을 경험하기 때문에 인간은 더 심한 손상을 피할 수 있으며, 궁극적으로 생명을 유지할 수 있다.

유기체는 모든 감각을 통해 통증을 경험할 수 있다. 신체의 피부와 각 기관에는 통증 수용기가 있어 여러 유형의 통증유발 자극에 반응한다. 통증 수용기에서 시작된 정보는 척수를 거쳐 시상으로 전달되고 다시 대뇌에 있는 체감각 피질에 전달된다. 이외에도 전대상피질과 소뇌 등의 영역이 통증 경험에 관여하는 것으로 확인되고 있다(Buffington, Hanlon, & McKeown, 2005). 통증을 일으키는 데 관여하는 것으로 알려진 신경전달물질에는 글루타메이트와 P 물질, 브래디키닌, 프로스타글란딘 등이 포함된다. 이 물질들은 통증 정보를 전달하는 신경세포들을 민감하게 만드는 역할을 한다. 반대로 통증을 경감시키는 신경전달물질도 있다. 이 물질들은 아편이 통증을 경감시키는 것과 유사한 방식으로 작용하며, 과도한 수준의 통증이 지속되는 것을 막아주는 역할을 한다. 엔도르핀과 엔케팔린, 디놀핀 등의 신경전달물질이 이러한 역할을 담당하는 것으로 확인되고 있다.

통증에 관여하는 신경학적 체계는 통증 자극의 물리적 특성을 파악하여 작동한다. 하지만 통증을 연구하는 학자들에 따르면 각 개인이 통증을 경험하는 정도가 상해의 심각성에 늘 비례하지는 않는다. 사실 동일한 통증 자극을 가해도 통증을 지각하는 정도가 사람마다 다를 수 있으며, 동일한 사람을 대상으로 한 경우에도 상황에 따라 통증을 지각하는 정도가 달라질 수 있다. 예를 들어 특정한 자극이 자신에게 해로울 것이라고 생각하는 사람들은 그렇지 않다고 생각하는 사람들보다 더 많은 통증을 경험한다(Arntz & Claassens, 2004). 또한 전투를 지속해야 하는 병사는 전투 도중 생긴 찰과상으로 인한 통증을 잘 느끼지 못하는 반면, 퇴역 후 집 앞에서 간단한 수리를 하다가 유사한 정도의 찰과상을 입은 경우에는 상대적으로 더 큰 통증을 느낄 수 있다. 이러한 현상들은 통증 지각에 신체생리적인 변화뿐만 아니라 상황적 요인과 심리적 요인이 개입할 수 있다는 것을 보여준다.

통증 이론

통증 경험을 설명하는 대표적인 이론 중 하나는 특이성 이론(specificity theory)이다. 특이성 이론에서는 통증이 촉각을 포함한 다른 감각들과는 독립적인 별도의 통로를 갖는 특정한 감각이라고 본다. 특이성 이론을 지지하는 학자들은 어떤 유형의 수용기가 통증을 전달하는지를 밝히려고 노력했으며, 그 결과 상당한 성과를 이루었다. 그러나 통증 감각 이외의 다른 감각들도 과도하면 통증을 유발할 수 있으며 실제적인 통증 자극의 정도와 통증 경험의 정도는 서로 비례하지 않는다는 경험적 결과들이 집적되면서 이론의 타당성에 의문이 제기되었다.

통증 경험을 설명하는 이론 중 가장 큰 지지를 얻고 있는 통합적인 이론은 수문 통제 이론(gate control theory)이다. 수문 통제 이론은 멜작과 월에 의해 제안된 이론으로 척수에 있는 특정한 구조가 통증으로 해석되는 감각의 입력을 관리하는 문(gate)으로 작용한다고 가정한다(Melzack & Wall, 1965). 이 이론에 따르면 척수에 있는 문이 열릴 경우 통증정보가 뇌로 전달되어 통증을 느끼게 되며, 문이 닫히면 정보가 차단되어 통증을 느끼지 않게 된다. 좀 더 구체적으로 보면, 손상된 조직에 분포한 통증 신경섬유와 그 밖의 감각(촉감, 압력, 진동)을 전달하는 신경섬유는 척수후각에 있는 두 종류의 세포들에 정보를 전달한다. 첫 번째 유형은 대뇌에 통증

신호를 전달하는 세포들이고, 두 번째 유형은 통증신호 전달세포를 방해하는 억제성 개재뉴런들이다. 통증 신경섬유와 그 외의 감각 신경섬유들은 모두 대뇌에 정보를 전달하는 세포들을 흥분시킨다. 한편 통증 신경섬유는 억제성 개재뉴런의 활동을 저해하고, 나머지 감각 신경섬유들은 억제성 개재뉴런을 흥분시킨다. 따라서 통증을 제외한 나머지 감각 신경섬유들의 활동이 더 활발할수록 통증을 덜 느끼게 된다. 수문 통제 이론에서는 이러한 과정을 '문이 닫힌다'고 표현한다.

수문 통제 이론에 따르면, 척수에 있는 문은 정서와 같은 심리적 요인에 의해서도 영향을 받을 수 있다(Melzack, 2008). 예를 들어 우울과 불안은 문을 열어 통증을 좀 더 잘 느끼게 하는 반면, 행복감과 같은 긍정적 정서는 문을 닫아 통증을 덜 느끼게 한다. 이와 같은 현상이 나타나는 이유는 대뇌가 지각된 상황을 고려하여 통증신호를 받아들일 것인지의 여부를 결정하고, 그에 따라 척수에 있는 문에 관련 메시지를 전달하기 때문인 것으로 제안되었다.

통증 증후군

통증은 크게 급성, 반복성, 만성으로 구분된다. 급성 통증은 상해에 대한 신호를 보냄으로써 적절한 치료행동을 유발한다는 점에서 기능적이다. 하지만 만성 통증은 특별한 상해 지점이 없거나 이미 파악되었다는 점에서 볼 때 별다른 기능이 없으며 유기체에게 고통만을 안겨주게 된다.

만성 통증에 속하는 대표적인 통증 증후군으로는 두통과 요통, 관절염 통증 등을 들 수 있다. 두통은 가장 흔한 통증으로 크게 편두통과 긴장성 두통으로 구분된다. 편두통은 두뇌의 혈관과 뉴런의 복합적인 작용에 의해 유발되는 광범위한 두통이며, 아직까지 정확한 기제는 밝혀지지 않았다. 긴장성 두통은 목이나 어깨, 얼굴 근육 등의 긴장과 수축으로 인한 두통을 의미한다. 요통은 허리 부위의 통증을 의미하는데 근골격이나 신경학적 문제, 스트레스 등에 의해 유발되고 지속되는 것으로 알려져 있다(Chou et al., 2007). 류머티즘성 관절염이나 골관절염은 특히 연령이 증가함에 따라 관절 구성요소의 기능이 퇴화되면서 나타나기 쉬운 통증 증후군이다.

통증의 관리

통증 관리를 위해 의료기관에서 일차적으로 채택하는 방법은 약물이다. 진통제는 크게 아편성 진통제(opioid analgesic)와 비아편성 진통제(non-opioid analgesic)로 구분된다. 아편성 진통제에는 모르핀과 옥시코돈, 하이드로코돈 등이 포함된다. 이 약물들은 통증 조절에 효과적이지만 내성과 금단증상이 있기 때문에 주의를 해야 한다.

비아편성 진통제에는 아세트아미노펜과 비스테로이드성 항염증제가 포함된다. 아세트아미노펜은 항염증 효과는 약하지만 진통과 해열의 효과가 높아 널리 사용되고 있는 물질이다. 미국에서 개발된 타이레놀의 성분명이 아세트아미노펜이다. 비스테로이드성 항염증제에는 아스피린과 이부프로펜 등이 포함된다. 이 물질들 또한 통증을 증가시키는 물질의 합성을 차단하여 통증을 줄여주는 역할을 한다. 때로는 외과적 수술을 통해 통증 조절을 시도하기도 한다. 통증의 근원이 되는 문제를 제거하는 것이 주요 목적이지만 통증이 재발하거나 다른 부작용이 생길 수 있기 때문에 다른 방법들이 모두 실패한 후에야 고려되곤 한다.

통증에 대한 의료적 접근에 더해 많은 심리적 개입방안들이 개발되어 사용되고 있다. 이 방법들은 통증을 유지하고 강화시키는 다양한 심리적, 신체적 요소들에 개입한다. 특히 과도한 각성과 긴장, 통증을 유지시키는 강화물, 통증 지각에 영향을 미치는 신념, 통증에 대한 주의 등에 개입하여 통증을 완화시킨다. 먼저 근육을 이완시킴으로써 전반적인 각성 수준을 낮추는 이완기법은 통증을 관리하는 대표적인 심리적 기법이다. 연구 결과에 따르면 이완기법은 두통과 요통, 관절염 관련 통증을 효과적으로 감소시키는 것으로 나타났다(Henschke et al., 2010; McCallie et al., 2006; Penzien, Rains, & Andrasik, 2002). 가장 많이 사용되는 이완기법은 점진적 근육 이완이다. 이 방법은 편안한 자세에서 몸의 각 부위(예: 주먹, 팔, 어깨 등)를 체계적으로 긴장시켰다가 다시 이완시키는 것을 반복하는 것이다.

행동치료에서는 통증행동(예: 고통호소, 신음, 통증부위를 만지작거리는 행동 등)도 강화될 수 있다고 가정한다. 통증행동을 강화하는 보상으로는 책임의 경감, 주변의 관심, 금전적 보상 등을 들 수 있다. 이러한 보상들은 개인에게 상당한 이득을 주기 때문에 통증행동이 사라지지 않고 지속되는 것이다. 따라서 통증행동을 줄이기 위해서는 강화물을 파악하여 제거해야 한다. 행동치료에서는 보호자를 포함한 주변 사람들의 도움을 받아 통증행동의 강화물을 탐색하고 단계적으로 제거해 나간다. 여기에 더해 통증을 완화시키는 다양한 행동들을 강화시킨다. 예를 들어 적절한 수준의 활동, 건강한 식이행동 등을 할 때마다 칭찬과 관심 등의 강화물을 제공하여 관련 행동을 증가시키게 된다.

통증은 신념의 영향을 받는다. '이 통증은 결코 나아지지 않을거야'라고 믿는 사람과 '잘 관리하면 통증은 나아지게 될거야'라고 믿는 사람의 통증 경험 양상은 사뭇 다르다. 통증에 대한 부정적, 비합리적 신념은 통증을 악화시키는 반면 긍정적, 합리적 신념은 통증을 약화시킨다. 따라서 인지치료에서는 통증 환자가 지닌 통증 관련 신념들을 파악하고 과도하게 부정적이거나 비합리적인 신념들은 좀 더 긍정적이고 합리적인 신념으로 대체할 수 있도록 돕는다. 통증을 경험하는 환자들은 통증 부위에 주의를 기울여 보다 증폭된 통증을 지각하며 통증에 대해 자동적인 부정적 평가를 내리는 경향이 있다(Sullivan et al., 2001). 따라서 통증 부위에 과도한 주의를 기울이지 않도록 하고, 통증에 대한 평가방식을 탐색하여 적절히 수정함으로써 통증을 개선할 수도 있다.

심혈관계 질환의 관리

심혈관계 질환

심혈관계는 심장과 혈관으로 구성되어 있다. 심장이 혈액을 뿜어내면 혈관을 통해 전신을 순환하면서 산소를 공급하고 노폐물을 제거하게 된다. 심혈관계 질환이란 심장과 혈관, 특히 동맥에 발생하는 질환을 의미한다.

대표적인 질환으로는 관상동맥질환을 들 수 있다. 관상동맥, 혹은 심장동맥은 심장의 근육층과 심장 바깥막에 혈액을 공급하는 동맥이다. 이 동맥이 손상된 것을 관상동맥질환이라 부른다. 관상동맥이 손상되는 주된 원인은 죽상경화증(atherosclerosis)과 동맥경화증(arteriosclerosis)으로 알려져 있다. 죽상경화증은 동맥의 안쪽에 콜레스테롤이 침착되고 내피세포의 증식이 일어나면서 점차 내벽이 두꺼워지는 현상을 의미한다. 이렇게 혈관내벽이 두꺼워지게 되면 혈액의 통로가 좁아지거나 막히게 된다. 동맥경화증은 동맥이 탄력성을 잃고 굳어지는 것을 말한다. 이렇게 탄력성을 잃게 되면 심장에서 뿜어져 나오는 혈액의 압력을 견뎌내지 못하고 손상될 수 있다. 이러한 원인들 때문에 관상동맥이 손상되면 심장의 근육층에 적절히 혈액을 공급하지 못하여 협심증이나 심근경색 등의 관상동맥성 심장질환을 유발할 수 있다.

죽상경화증이나 동맥경화증은 다른 주요 동맥을 손상시키기도 한다. 특히 뇌로 혈액을 공급하는 동맥을 손상시킬 경우 해당 동맥이 혈액을 공급하는 뇌 영역에 산소가 적절히 공급되지 않으면서 뇌세포가 죽게 된다. 이렇게 산소부족으로 인해 뇌세포에 손상이 일어나는 것을 뇌졸중이라 한다.

심혈관계 질환의 위험요인

심혈관계의 첫 번째 생리적 위험요인은 고혈압이다. 혈압이 과도하게 높으면 혈관 내벽에 상처가 생길 가능성이 높아지며 상처를 회복시키는 과정에서 내벽도 두꺼워지게 된다. 또한 경화된 혈관내벽의 일부가 떨어져 나와 혈액을 타고 좁은 동맥으로 들어가 혈관을 막을 가능성 또한 높아진다. 실제로 고혈압은 여러 연구에서 일관되게 심혈관계 질환과 관련이 있는 것으로 밝혀졌다(Yusef et al., 2004). 혈관 내벽에 침착되어 혈관벽을 두껍게 만드는 콜레스테롤 또한 심혈관계질환을 유발하는 대표적인 위험요인이다. 콜레스테롤은 지방성분의 일종으로 세포막을 구성하는 기본물질이며 여러 스테로이드 물질의 전구체이다. 콜레스테롤은 지질단백의 형태로 혈액을 따라 이동하는데, 지질단백은 크게 저밀도 지질단백(LDL; low-density lipoprotein)과 고밀도 지질단백(HDL; high-density lipoprotein)으로 구분된다. LDL은 콜레스테롤을 간에서 신체세포로 수송하는 역할을 하며 심혈관질환과 정적인 상관을 나타내는 경향이 있다. 반면 HDL은 신체조직의 콜레스테롤을 간으로 다시 되돌리는 작용을 하며 심혈관계질환과 부적인 상관을 나타낸다. 따라서 전체 콜레스테롤에서 HDL이 차지하는 비중이 클수록 심혈관계질환이 발생할 가능성은 낮아진다.

심혈관계질환에 영향을 미치는 대표적인 행동적 요인은 흡연이다. 담배의 주 성분인 니코틴은 아드레날린과 같은 호르몬의 작용을 통해 교감신경계를 활성화시키는데 이로 인해 혈압이 상승하게 된다. 따라서 과도한 흡연을 하게 되면 교감신경계가 지나치게 활성화되어 고혈압을 초래할 수 있다. 뿐만 아니라 과도한 흡연은 혈액을 응고시켜 심혈관계에 해로운 영향을 미친다. 실제 연구 결과에 따르면, 현재 흡연을 하는 사람들은 그렇지 않은 사람들에 비해 심장발작을 경험할 확률이 3배 더 높은 것으로 확인되고 있다(Teo et al., 2006). 과도하고 편향된 음식 섭취로 인한 비만은 심혈관계질환의 또 다른 위험요인이다. 우선 비만은 고혈압과 당뇨, 높은 LDL 수치와 관련이 깊기 때문에 심혈관계질환에 취약해질 수 있다. 특정한 양분을 과도하게 섭취할 경우에도 문제가 될 수 있다. 예를 들어 나트륨을 과도하게 섭취하면 혈압이 상승하여 혈관이 손상될 가능성이 높아진다(Stamler et al., 2003). 적절한 양의 신체활동은 혈압을 적정한 수준으로 유지하고 대사를 원활히 하는데 도움이 되며, LDL을 감소시키고 HDL을 증가시켜 혈관질환을 줄일 수 있다(Szapary, Bloedon, & Foster, 2003). 반대로 신체활동의 부족은 심혈관계질환의 위험을 증가시킨다.

낮은 교육수준과 경제수준은 심혈관계질환의 대표적인 사회적 요인이다. 낮은 교육수준과 경제수준이 심혈관질환을 유발하는 이유는 건강관련 지식과 건강행동이 부족하고, 식습관이 부적절하며, 흡연의 가능성이 더 높기 때문인 것으로 제안되었다(Laaksonen et al., 2008). 사회적 지원의 결여 또한 심혈관계질환의 주요한 위험요인으로 고려되고 있다. 가까운 주변 사람들의 지원은 몇 가지 측면에서 심혈관계질환의 예방에 도움이 된다. 우선 일상생활에서 경험하는 다양한 스트레스원의 효과를 해소하는데 주변 사람들의 지지와 격려가 큰 도움이 된다. 배우자를 포함한 가족이나 그 밖에 가까운 친구들은 건강한 생활방식을 유지하도록 돕거나 필요한 검사 및 치료를 적절히 받도록 도움으로써 심혈관계질환을 예방하기도 한다. 반대로 사회적 지지가 결여되면 스트레스 해소나 건강행동의 유지에 어려움을 겪게 되어 심혈관계질환에 취약해질 수 있다.

심혈관계질환의 위험요인으로 고려되는 대표적인 심리적 요인은 부정적 정서이다. 우선 우울과 불안은 흡연이나 콜레스테롤 등의 위험요인을 통제한 뒤에도 심혈관계질환의 발현을 설명하는 것으로 보고되고 있다(Shen et al., 2008; Whang et al., 2007). 적개심과 분노 또한 심혈관질환의 위험요인이 될 수 있다는 사실이 심

BOX 10.1.

A형 행동유형과 적개심

심장 질환을 연구하고 치료하던 두 의학자인 프리드만과 로젠만은 1974년에 흥미로운 연구결과를 보고한 바 있다. 이들은 3000명의 중년 남성들을 대상으로 인터뷰와 검사를 실시하고 이후 그들의 심혈관 건강 상태를 추적 조사하였다. 연구결과에 따르면 성급하고 성취지향적이며, 인내심이 부족하고 적대적인 성격을 지닌 사람들이 이러한 특성을 적게 보이는 사람들에 비해 2배 정도 더 심장발작을 많이 경험했다(Friedman & Rosenman, 1974). 프리드만과 로젠만은 이러한 행동 패턴을 A형 행동유형이라 불렀다. 연구 초기에는 이 행동유형과 심장질환 간의 연관성을 지지하는 연구들이 보고되었으나 특별한 연관성이 없다는 결과를 보고하는 연구들도 적지 않았다. 이에 연구자들은 A형 행동유형의 특징 중 심장질환과 특별히 밀접한 요소를 탐색하였고 그 결과 적개심이 심장질환과 가장 밀접한 요소임을 확인하게 되었다. 이후 적개심과 심혈관계질환의 관계에 대한 연구들이 꾸준히 이루어졌으며 대부분의 연구에서 지지를 받았다. 예를 들어 적개심 수준이 높은 성인들은 그렇지 않은 성인들에 비해 10년 후 관상동맥 석회화 수준이 더 높은 것으로 나타났다(Iribarren et al., 2000). 관상동맥 석회화 수준이 높으면 죽상경화증이 나타날 가능성이 높다. 적개심은 고혈압과도 관련이 있는 것으로 확인되었다(Yan et al., 2003).

장의학자인 프리드만과 로젠만에 의해 밝혀진 바 있다. 이들에 따르면 적개심과 분노, 경쟁심을 특징적으로 나타내는 A형 행동유형을 가진 사람들이 그렇지 않은 사람들에 비해 심혈관계질환을 더 많이 경험한다(Friedman & Rosenman, 1974). 분노를 강하게 표현하는 것뿐만 아니라 억압하는 것 또한 심혈관계질환과 관련이 있다는 연구 보고도 있다(Jorgensen & Kolodziej, 2007).

심혈관계질환의 관리

심혈관계질환을 예방하기 위한 방안으로는 우선 혈압을 낮추는 것을 들 수 있다. 혈압을 조절하는 방안으로는 혈압강하제와 같은 약물치료가 많이 사용되지만, 그 외에도 다양한 방법들을 사용할 수 있다. 이러한 방법들의 주요 목적은 체중을 줄이고 교감신경계의 과활성화를 막는 것이다. 예를 들어 채소나 과일 등을 충분히 섭취하고 포화지방은 적게 섭취하는 건강한 섭식프로그램을 따르는 것은 적정한 체중을 유지하는 데 도움이 된다. 또한 혈관계에 무리가 되지 않을 정도의 적절한 운동을 실시하여 지방을 연소시키는 것도 도움이 될 수 있다. 교감신경계의 과활성화를 막는 데에는 이완기법이나 명상이 사용될 수 있다. 건강한 섭식과 적절한 운동은 LDL수준을 낮추고 HDL수준을 높여 혈관내부에 지질이 축적되는 것을 막아주기도 한다.

과도한 부정적 정서 경험을 막아주는 다양한 심리치료기법들은 심혈관계질환에 기여하는 심리적 요인들을 조절하는 데 사용될 수 있다. 예를 들어 다양한 인지행동기법들은 우울과 불안, 분노, 적개심 등의 부정적 정서경험이 과도해지는 것을 효과적으로 예방할 수 있다. 다른 사람들의 생각과 정서를 이해하고 적절히 자신의 의견을 표현하면서 상호호혜적인 관계를 만들어 나가는 사회기술, 혹은 대인기술을 훈련시키는 프로그램들은 사회적 지지체계를 구축하고 유지하는 데 도움을 줄 수 있다.

예방을 위한 노력에도 불구하고 심혈관계질환을 진단받게 될 수 있다. 이렇게 질환이 발병되면 대부분의 사람들은 자신의 처지에 대한 비관으로 우울을 경험하고, 자신의 건강상태와 죽음에 대한 불안 및 공포를 느끼게 된다. 또한 자신에게 다양한 스트레스를 경험하게 했다고 지각되는 대상들과 적절한 대처를 하지 못한 스스로에 대한 분노를 경험하기도 한다. 이러한 정서들은 대부분 자연스러운 것이지만 과도할 경우 질병을 악화시킬 수 있으며 치료절차를 적절히 따르는 데 방해가 될 수 있다. 따라서 인지행동요법이나 약물치료 등을 이용해 과도한 부정적 정서경험을 줄이는 것은 심혈관계질환 관리의 핵심적인 측면 중 하나이다.

일반적으로 심혈관계질환을 진단받게 되면 직접적인 생물학적 치료에 더해 심장재활프로그램에 참여하도록 한다. 이 프로그램에는 흡연과 알코올 섭취를 통제하기 위한 모듈과 식이요법, 체중조절, 스트레스 및 적개심 관리 등에 관한 모듈이 포함되어 있다. 이러한 프로그램을 잘 따른 심장병 환자들은 발작의 재발이 29% 감소되고, 사망률 또한 34% 감소하는 것으로 확인되었다(Dusseldrop van Elderen, Maes, Meulman, & Kraaj, 1999). 여기에 더해 심혈관계에 무리가 되지 않는 수준의 운동을 실시하는 것이 도움이 될 수 있다.

암의 관리

암의 특성

암은 비정상적인 세포의 성장과 관련된 질병을 의미한다. 암세포는 다른 일반세포와 상당히 유사하지만 결정적으로 일반세포를 통제하는 시스템에 의해 통제되지 않는 특징이 있다. 암세포는 제거하지 않을 경우 끝없이 자라 대부분의 영양물질을 독점하며 다른 세포들의 기능을 마비시킨다. 암세포는 크게 양성(benign)과 악성(malignant)로 나뉘는데, 전자는 특정 부위에서 제한적으로 성장하는 암세포이며, 후자는 제한 없이 여러 부위에 퍼져나가는 암세포이다. 악성 암세포는 주요 부위에 따라 암종(상피조직의 암), 육종(뼈나 근육, 연골조직의 암), 백혈병(혈액의 암), 림프종(림프조직의 암)으로 구분된다.

암의 위험요인

암의 생래적 위험요인으로는 유전과 노화를 들 수 있다. 유전 연구에 따르면 가족력이 있는 사람들은 그렇지 않은 사람들에 비해 유방암을 경험할 가능성이 2배 정도 더 높다(Colditz et al., 1993). 또한 나이가 들수록 암 발병률과 사망률은 증가하는 경향이 있다. 물론 청소년이나 아동에게서도 암은 발생할 수 있다. 이 경우 유전의 영향이 더욱 큰 것으로 예상되고 있다. 암은 주변 환경과도 밀접한 것으로 보고되고 있다. 특히 석면이나 방사능, 배기가스 등과 같은 오염물질들이 암의 발병을 높이는 것으로 제안되고 있다(Miligi et al., 2006).

생래적 요인이나 환경적 요인이 암의 유발에 영향을 미치는 것은 사실이지만 더 큰 영향을 미치는 것은 행동이나 생활방식인 것으로 제안되고 있다. 암에 가장 큰 영향을 미치는 행동적 요인 중 하나는 흡연이다. 흡연은 폐암이 발생할 확률을 높일 뿐만 아니라 식도암과 위암, 후두암, 구강암, 간암, 대장암 등 매우 다양한 암과 관련이 있는 것으로 보고되고 있다(Gandini et al., 2008). 건강하지 못한 섭식습관 또한 암을 유발할 수 있다. 특히 상한 음식이나 가공 처리된 육류, 고지방 음식은 간암이나 직장암, 고환암 등과 관련이 있는 것으로 알려져 있다. 또한 과체중과 비만은 대장암과 밀접한 것으로 보고되고 있다(Williams & Hord, 2005). 과도한 음주는 구강암과 식도암, 간암의 위험을 증가시킨다. 특히 알코올의 해독을 담당하는 간에 무리를 주면 간경화가 진행되는데 경화된 간에서 암이 발생할 확률은 건강한 간보다 더 높은 것으로 나타나고 있다. 이외에 운동 부족이나 과도한 자외선 노출 등도 폐암이나 췌장암, 피부암 등과 관련이 있는 것으로 확인되고 있다.

암의 관리

암의 진단은 누구에게나 큰 충격을 안겨준다. 죽음에 이를 수 있는 치명성뿐만 아니라 언제 끝날지 알 수 없는 고통스러운 치료과정이 시작되는 것에 대한 인식은 상당한 심리적 타격을 주게 된다. 실제로 암 진단을 받은 사람들은 우울과 불안, 걱정, 분노감 등의 다양한 부정적 정서를 경험하는 것으로 보고되고 있다(Hulbert-Williams, Neal, Morrison, Hood, & Wilkinson, 2012). 이러한 부정적 정서들은 두 가지 측면에서 해로운데 우선 치료과정을 따르는데 방해가 될 수 있다. 암 진단을 받은 많은 사람들이 진단으로 인한 좌절감을 이기지 못하고 치료를 포기하거나 많은 갈등을 경험한다. 또 다른 측면은 부정적 정서경험으로 인한 면역기능의 저하다. 부정적 정서경험은 면역기능을 저하시키고 이로 인해 증상이 악화되거나 다른 합병증이 생겨 문제가 더 심각해질 수 있다. 따라서 암 진단으로 인한 부정적 정서를 적절히 조절하는 것은 암 관리의 필수적인 요소라고 볼 수 있다.

암을 치료하는 현대적 방법은 수술과 방사선 요법, 항암 화학 요법이다. 수술은 암세포를 외과적으로 제거하는 방법이다. 일반적으로 성공 가능성이 높고 재발 가능성이 낮을 때 권장되며, 면역기능 저하나 정서적 스트레스 등의 부작용이 나타날 수 있다. 방사선 요법과 화학 요법은 각각 방사선과 화학물질을 이용해 암세포를 제거하는 방법이며 탈모나 구토, 피로감, 인지기능 저하, 식욕저하, 수면장애 등의 부작용이 나타난다. 이처럼 암 치료 자체도 상당한 수준의 추가적인 심리적/신체적 문제를 유발하며, 이러한 문제들이 암 치료에 영향을 미칠 수 있다.

암 진단으로 인한 부정적인 심리적 반응과 암 치료의 부작용으로 인한 심리적 문제를 완화하는 데 도움이 되는 가장 일반적인 방법은 주변 사람들의 지원이다. 가족이나 친구, 동료들의 지지와 격려, 위로, 물질적 지원 등은 암으로 인한 다양한 심리적 부적응을 완화하는 데 도움이 된다(Helgeson & Cohen, 1996). 다만 암의 시기와 양상, 환자의 상황에 따라 지원의 주체는 달라질 수 있다. 암 발생 초기에는 의료진의 적절한 정보 제공과 지원이 큰 도움이 될 수 있다. 암을 치료해 나가는 과정에서는 일반적으로 가족이나 친척, 가까운 친구들의 정서적 지원이 환자들의 고통을 덜어준다. 하지만 가족이 있다고 해서 모두 도움이 되는 것은 아니다. 때로는 가족들이 오히려 암 환자에게 더 큰 고통을 안겨줄 수도 있다. 이런 경우에는 암 치료 관련 전문가들이나 자조집단의 지원이 도움이 될 수 있다.

암 환자에 대한 심리치료는 두 가지 목적을 가진다. 한 가지는 암 환자의 부정적 정서경험은 줄이고 긍정적 정서경험을 증가시켜 전반적인 삶의 질을 향상시키는 것이다. 두 번째 목적은 암 환자의 심리적 특성에 개입하여 생존기간을 증가시키는 것이다. 특히 스트레스 관리를 통해 면역기능을 향상시키고 치료에 대한 순응도를 높임으로써 암 환자의 생존확률을 증가시킨다. 관련 개관 연구에 따르면 심리치료는 첫 번째 목적을 성공적으로 달성하고 있는 것으로 확인된다(Edwards, Hulbert-Williams, & Neal, 2008). 심리치료를 받은 암 환자들은 그렇지 않은 환자들에게 비해 암 진단으로 인한 고통을 좀 더 잘 극복할 수 있었으며, 삶의 질이 전반적으로 더 나은 것으로 나타났다. 하지만 두 번째 목적을 성공적으로 달성하는지의 여부에 대해서는 지지증거보다 반대증거가 더 많은 상황이다(Edwards et al., 2008). 어떤 유형의 심리치료가 암 환자에게 적절한지에 대한 논의는 진행 중이다. 현재 스트레스를 관리하는 인지행동적 프로그램과 정서를 자유롭게 표현하도록 하는 표현적 심리치료가 개발되어 사용되고 있으며 두 치료유형 모두 효과적인 것으로 확인되고 있다(Edwards et al., 2008). 하지만 두 유형의 치료 프로그램이 모든 암 환자들에게 동일한 정도로 효과적인 것은 아니다. 특히 표현적 심리치료의 경우 암 진단으로 인한 정서적 고통과 치료 과정에서의 괴로움을 억제하고 표현하지 않으려 하는 환자들에게는 효과가 있겠지만, 평소 정서를 잘 표현하며 불안정하고 기복이 심한 기분양상을 보이는 환자들에게는 별다른 도움이 되지 않을 것이다. 이들에게는 오히려 정서를 안정시키는 인지행동적 프로그램이 더 적절하다. 따라서 환자의 성격적 특성이나 암 진단 및 치료를 대하는 태도 등을 고려하여 적절한 치료프로그램을 선택하는 것이 중요하다고 볼 수 있다.

요약

1. 건강심리학은 신체적 건강 및 질병과 관련된 심리적, 행동적 과정에 대한 과학적 연구를 말한다. 건강심리학의 주요 연구주제로는 신체적 건강 및 질병에 영향을 미치는 심리적 요인과 질병의 관리에 영향을 미치는 심리적 요인을 들 수 있다.

2. 건강을 유지하기 위해서는 적절히 영양분을 섭취하고 수면을 취해야 하며, 외부로부터 유입되는 유해한 물질을 해독할 수 있어야 한다. 섭식에 영향을 미치는 주요한 심리적 요인으로는 체중증가에 대한 두려움과 부정적 정서, 고통을 견디는 능력 등을 들 수 있으며, 수면에 영향을 미치는 심리적 요인에는 수면에 대한 과도한 걱정과 부적절한 수면습관이 포함된다. 음주와 흡연은 부정적 정서를 감소시키고 긍정적 정서를 증진시키는 기능이 있지만 과도할 경우 다양한 신체질환을 유발할 수 있다.

3. 스트레스는 스트레스원으로 개념화되는 다양한 도전적 자극에 대한 몸의 반응을 의미한다. 인간의 몸은 스트레스원에 직면하면 교감신경계가 활성화되면서 스트레스원에 대응할 수 있는 상태를 만든다. 이러한 과정은 적응적이지만 만성적인 스트레스원에 노출되어 교감신경계가 과도하게 활성화될 경우 다양한 심리적, 신체적 문제를 경험할 수 있기 때문에 적절한 관리가 필요하다.

4. 만성 통증과 심혈관계 질환, 암 등의 만성질환 또한 심리적/행동적 요인의 영향을 받는다. 만성 통증은 통증행동에 대한 선택적 강화와 통증에 대한 역기능적 신념의 영향을 받아 유지될 수 있으며, 심혈관계 질환과 암은 과도한 흡연과 음주, 건강하지 못한 식습관, 운동 부족으로 인해 유발될 수 있다. 만성질환에 대한 심리적 개입은 증상의 개선에 직접적인 영향을 미치지는 않지만 환자들의 삶의 질을 높이는 것으로 확인되고 있다.

추가 읽을거리

- Taylor, S. E., & Sirois, F. M. (2012). *Health Psychology*. McGraw-Hill Ryerson, Ltd.

  건강심리학에 대한 전반적인 내용을 상세하게 다루고 있는 책이다. 미국의 상황에 초점이 맞춰져 있지만 건강심리학의 주요 주제들과 핵심적인 연구 성과들을 파악하기에는 부족함이 없다.

- Stanton, A. L., Revenson, T. A., & Tennen, H. (2007). Health psychology: Psychological adjustment to chronic disease. *Annual Review of Psychology*, 58, 565~592.

  만성질환에 대한 심리적 적응과정에 대한 연구들을 상세하게 다루고 있는 개관논문이다. 만성질환 적응에 영향을 미치는 위험요인과 보호요인들을 체계적으로 제시하고 있다.

- Leventhal, H., Weinman, J., Leventhal, E. A., & Phillips, L. A. (2008). Health psychology: The search for pathways between behavior and health. *Annual Review of Psychology*, 59, 477~505.

  만성질환 환자들에 대한 행동적 치료기법들의 내용과 효과에 대한 연구들을 개관한 논문이다. 개관된 내용을 토대로 보다 경제적이고 효율적인 인지행동 개입법을 소개하고 있어 실질적인 도움을 얻을 수 있다.

연습문제

A형

1. 건강의 개념을 기술하시오.

2. 섭식제한에 영향을 미치는 심리적 요인에 대해 각각 서술하시오.

3. 수면은 크게 REM수면과 비REM수면으로 구성된다. 크고 느린 뇌파가 나타나며 신체근육이 이완되고 산소소비량도 크게 줄어드는 수면은?

4. 니코틴 섭취 시 심리적 변화에 대해 서술하시오.

5. HPA 축의 구성요소와 기능에 대해 기술하시오.

6. 점진적 이완 기법에 대해 기술하시오.

7. 통증의 정의를 기술하시오.

8. A형 행동유형에 대해 기술하시오.

9. 암치료의 부작용에 대한 심리적 개입방안을 기술하시오.

10. 통증의 특이성 이론에 대해 기술하시오.

B형

1. 다음은 건강심리학에 대한 설명들이다. 틀린 것을 고르시오.

> a. 좁은 의미의 건강심리학은 심리적 건강에 영향을 미치는 다양한 요인들에 대한 과학적 연구이다.
> b. WHO에서는 건강을 신체적, 정신적으로 이상이 없고 각 요소들이 적절히 기능하는 상태로 정의한다.
> c. 건강심리학자들은 질병의 발병과 관리에 영향을 미치는 심리적 요인들에 개입하는 전략들을 개발한다.

① 없음   ② a
③ a, b   ④ a, b, c

2. 다음은 스트레스에 대한 설명들이다. 옳지 않은 것들을 고르시오.

> a. 스트레스는 스트레스원(stressor)으로 개념화되는 다양한 도전적 자극에 대한 몸의 반응을 의미한다.
> b. 유기체가 스트레스원에 직면하게 되면 HPA 축이 활성화되고 코티솔(cortisol)이 분비된다.
> c. 셀리에가 제안한 일반적 적응 증후군의 세 번째 단계는 저항(resistance)이다.
> d. 부신에서 분비되는 글루코코르티코이드는 면역기능을 증진시킨다.

① a, b   ② a, c
③ b, d   ④ d, c

3. 다음은 일반적응증후군(general adaptation syndrome)에 대한 설명들이다. 옳지 않은 것들을 고르시오.

> a. 첫 번째 단계는 경고(alarm) 단계로 교감신경계가 활성화된다.
> b. 두 번째 단계는 적응(adaptation) 단계로 스트레스원에 적응하면서 다른 신체기능, 예를 들어 소화기능 등을 다시 활성화시킨다.
> c. 세 번째 단계인 소진(exhaustion)에 이르면 면역기능이 약화될 수 있다.
> d. 소진 단계에서는 혈압이 낮아지고 근육강도가 크게 저하된다.

① a, b   ② a, c
③ b, d   ④ b, c

4. 다음은 Hayes와 Strosahl, Wilson(1999)이 제안한 스트레스에 대한 합리적 대처에 대한 설명들이다. 틀린 것을 고르시오.

> a. 첫 단계는 일시적으로 스트레스원을 회피하는 것이다.
> b. 두 번째 단계는 스트레스원에 대한 노출(exposure)이다.
> c. 세 번째 단계에서는 스트레스원의 의미를 해석한다.
> d. 네 번째 단계는 스트레스원을 수용하는 것이다.

① a, c   ② b, d
③ c, d   ④ d, a

5. A씨의 경험을 잘 설명하는 이론을 선택하시오.

> A씨는 책상에 무릎을 부딪쳐 통증을 느끼자 손으로 통증 부위를 문지르기 시작했다. 그러자 신기하게도 통증이 가라앉았다.

① 특이성 이론   ② 수문 통제 이론
③ 형태 이론   ④ 경쟁 이론

6. 다음 물질들 중 통증 정보를 전달하는 신경세포들을 민감하게 만드는 물질을 모두 고르시오.

> a. 글루타메이트(glutamate)
> b. 브래디키닌(bradykinin)
> c. 엔케팔린(enkephalin)
> d. 프로스타글란딘(prostaglandin)
> e. 엔도르핀(endorphin)

① a, b, c   ② b, c, e
③ c, e, a   ④ d, a, b

7. 다음은 심혈관계 질환의 행동적 위험요인과 보호요인에 대한 설명이다. 틀린 것을 고르시오.

> a. 과도한 흡연은 혈액을 응고시켜 심혈관계 질환의 발병 가능성을 높인다.
> b. 과도한 니코틴 섭취는 고혈압을 유발할 수 있다.
> c. 적절한 수준의 운동은 HDL (high-density lipoprotein)을 감소시키고 LDL (low-density lipoprotein)을 증가시켜 혈관질환 가능성을 낮춘다.
> d. 과도한 음식 섭취로 인한 비만은 심혈관계질환의 위험요인이 될 수 있다.

① a   ② b   ③ c   ④ d

8. 다음은 수면과 건강에 대한 설명들이다. 틀린 것을 고르시오.

> a. REM(rapid eye movement) 수면은 몸의 긴장을 이완시키고 혈액을 순환시켜 신체의 기능을 회복시킨다.
> b. 비REM 수면 중 4단계 수면은 알파파의 양이 증가하면서 깨어있을 때와 유사한 뇌활동을 보인다.
> c. 수면에 대한 역기능적 신념과 과도한 걱정이 만성적인 불면증을 유발할 수 있다.

① 없음   ② a
③ a, b   ④ a, b, c

9. 다음은 암의 심리학적 관리에 대한 설명들이다. 틀린 것을 고르시오.

> a. 심리치료는 암 환자들의 삶의 질을 높이는 것으로 확인되고 있다.
> b. 정서표현적 심리치료는 모든 암 환자들의 정서안정에 도움이 된다.
> c. 심리치료를 받는 환자들은 그렇지 않은 환자들에 비해 암 진단으로 인한 고통을 좀 더 잘 극복할 수 있다.
> d. 심리치료의 암 환자 생존기간 연장 효과는 많은 연구들의 지지를 얻고 있다.

① a, c   ② b, d
③ c, d   ④ d, a

10. 다음은 섭식에 영향을 미치는 요인들에 대한 설명이다. 틀린 것을 고르시오.

> a. 완벽주의 성향은 비정상적인 섭식에 별다른 영향을 미치지 않는다.
> b. 폭식은 주의를 전환시키며 부정적 감정을 일시적으로 감소시키는 것으로 확인되고 있다.
> c. 폭식을 반복하는 사람들은 그렇지 않은 사람들에 비해 정서적 고통을 더 잘 견디는 경향이 있다.
> d. 체형에 대한 사회적 태도는 체중증가에 대한 불안을 유발할 수 있다.

① a, c   ② b, d
③ c, d   ④ d, a

11. 다음은 음주행동과 관련된 설명이다. 틀린 것을 고르시오.

> a. 음주는 매우 적은 양일지라도 신체적, 심리적 건강에 해롭다.
> b. 술의 주 성분인 에탄올은 신경세포를 손상시키기도 한다.
> c. 장기간 음주를 반복하면 금주 시 불안이나 긴장, 손 떨림, 환각 등을 경험할 수 있다.
> d. 술을 마시면 세로토닌과 도파민의 작용이 억제된다.

① a, c   ② b, d
③ c, d   ④ d, a

12. 다음은 통증의 관리와 관련된 설명들이다. 틀린 것을 고르시오.

> a. 통증을 관리하는 약물인 아세트아미노펜은 내성과 금단증상이 있기 때문에 주의하여 사용해야 한다.
> b. 몸의 각 부위를 긴장시켰다가 이완시키는 기법은 통증 완화에 도움이 되는 것으로 확인되고 있다.
> c. 통증은 신체생리적인 현상으로 인지적 신념의 영향은 받지 않는다.
> d. 통증행동에 따른 이차적 이득을 제거하면 통증행동을 감소시킬 수 있다.

① a, b   ② a, c
③ b, d   ④ b, c

산업 및 조직심리학

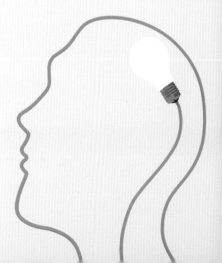

우리는 직장에서 하루의 대부분을 보내면서 직장에서 일을 한 대가로 급여를 받아서 일상생활을 영위한다. 직장에서 우리는 일과 관련하여 동료나 상사와의 관계, 일의 본질, 직장에서 얻는 즐거움과 스트레스 등의 다양한 경험을 하는데, 이러한 경험들은 근로자 개인과 조직에 많은 영향을 미친다. 모든 근로자들이 직장에 출근하는 것을 좋아할 정도로 자신의 직업에 만족하고, 하는 일이 적성에 맞으며, 뛰어난 성과를 달성할 수 있도록 교육을 받는다면 더 이상 바랄 것이 없을 것이다. 하지만 이는 이상일 뿐 현실적으로는 거의 기대하기 어려운 문제다. 이는 산업심리학의 궁극적인 목표이기도 하다. 하지만 모든 근로자가 자신의 일을 즐기면서 하지 못하고, 모든 근로자가 일을 잘하는 것도 아니다. 본 장에서는 행복하고 생산적인 근로자라는 목표를 위해 산업 및 조직심리학자들이 연구하는 주제들을 다룰 것이다.

11.1. 산업 및 조직심리학의 발달

산업 및 조직심리학의 주요 분야

산업 및 조직심리학을 이해하는 최고의 방법은 먼저 산업 및 조직심리학의 분야를 살펴보는 것이다. 산업 및 조직심리학(industrial and organizational psychology)은 심리학의 원리를 작업장에 응용하는 심리학의 한 분야다. 산업 및 조직심리학의 목적은 "인간 행동의 과학과 지식을 발전시킴으로써 인간의 존엄과 수행 및 인간이 일하는 조직을 향상시키는 것이다"(Rucci, 2008). 예컨대, 학습 원리는 교육 프로그램과 유인 계획을 개발하는 데 이용되고, 사회심리학 원리는 작업집단을 형성하고 근로자 갈등을 이해하는 데 이용되며, 동기와 정서의 원리는 근로자들을 동기부여하고 만족시키는 데 이용된다. 산업 및 조직심리학은 조직에서 인간에 영향을 미치는 요인들을 연구하는 것이다(Kimbrough, Durley, & Muñoz, 2005).

산업 및 조직심리학의 목표가 근로자들의 생산성과 복지를 향상시키는 것이긴 하지만, 이를 달성하는 방법에는 두 가지 접근이 있다. 산업적 접근(산업심리학)은 직무수행에 필요한 역량을 결정하고, 역량이 있는 근로자들을 고용하며, 교육을 통해 역량을 향상시키는 것에 초점을 둔다. 조직적 접근(조직심리학)은 근로자들이 수행을 잘 하도록 동기부여하고, 직무를 수행하는 데 필요한 정보를 제공하

며, 즐겁고 만족스러운 작업/생활환경이 이루어지는 작업조건을 제공하는 조직구
조와 문화를 만드는 것이다. 산업 및 조직심리학은 두 가지 접근을 통해 크게 네
개의 분야로 나뉜다.

인사심리학

인사심리학은 근로자의 개인차와 관련된 문제들을 다룬다. 여기에서 인사
(personnel)란 용어에는 근로자 선발, 배치, 승진, 직무수행평가, 교육 등과 관련된
문제들이 포함되어 있다. 따라서 인사심리학은 어떤 직무에 필요한 인간의 기술과
능력이 무엇인지를 연구하여 그 직무에 적합한 사람들을 지원자들로부터 선발하
고, 그들을 적성에 맞게 배치하고, 직무를 효율적으로 수행할 수 있도록 필요한 교
육을 시키고, 합리적인 인사고과를 통해 임금이나 승진을 결정하는 데 도움을 준
다. 산업 및 조직심리학의 역사에서 인사심리학은 가장 오래되고 전통적인 분야이
므로 초창기의 산업 및 조직심리학은 인사심리학이었다고 해도 과언이 아니다.

조직심리학

조직 내에서 일하는 모든 근로자들의 태도와 행동은 필연적으로 조직에 의해
영향을 받는다. 조직심리학 분야에서 다루는 주제들은 근로자들의 직무만족, 작업
동기, 조직몰입, 리더십, 조직 커뮤니케이션, 조직 내의 집단과정 등이다. 조직심
리학자들은 또한 조직을 보다 효율적으로 만들기 위해 조직을 개선하고 변화시키
는 데에 관심을 갖는다. 조직개발 전문가들은 조직의 문제를 진단하고 변화를 도
입하고 그것이 조직에 미치는 효과를 평가한다. 직무설계, 조직문화도 이 분야의
중요한 연구주제다.

인간 요인/인간공학

공학심리학은 근로자의 생산성과 안전을 증진시키기 위해 작업장 설계, 인
간-기계 상호작용, 인간공학, 신체적 피로와 스트레스에 관심이 있다. 인간 요인
분야의 심리학자들은 작업장을 더 안전하고 효율적으로 만들기 위해 흔히 공학자
들이나 기술 전문가들과 함께 일을 한다. 인간 요인 분야에는 인간의 자연스러운
동작과 지각적 능력에 기초하여 어떻게 장비나 기계들을 설계하는 것이 작업오류
를 최소화하고 작업능률을 최대화할 것인지에 대한 것과 최적의 작업 일정 설계가
포함된다.

직업 및 경력상담

직업 및 경력상담은 진로를 고민하거나 직업과 일에 관련된 근로자의 문제를 상담을 통해서 진로를 결정하고 직장에 잘 적응하도록 하는 것이다. 이 분야는 상담심리학과 산업 및 조직심리학이 협동해서 일과 관련된 산업 및 조직심리학적 문제들에 상담심리학적 지식을 응용하여 해결한다. 산업 장면에서의 상담자들은 근로자들이 가치 있고 만족스러운 직업을 선택하고, 경력을 개발하며, 직장에서의 갈등이나 직장과 가정 간의 갈등을 해소하고 변화하는 직무에 적응하도록 도와준다.

산업 및 조직심리학의 역사

심리학 분야 자체가 비교적 오래되지 않았다는 것(1879년 이래)을 생각하면, 산업 및 조직심리학의 역사가 짧다는 것이 놀라운 일은 아니다. 산업 및 조직심리학의 정확한 출발에 대해 전문가들의 의견이 일치하지는 않지만, 스코트가 심리학을 처음으로 응용한 '광고의 이론'을 집필한 1903년; 뮌스테르버그가 영국에서 처음으로 '심리학과 산업 효율성'을 출간한 1913년; 또는 스코트가 '경영에서 인간의 효율성 증가'란 서적을 집필한 1911년 중에서 하나를 일반적으로 출발점이라고 생각한다(Koppes & Pickren, 2007). 따라서 산업 및 조직심리학은 1900년대 초에 탄생했다.

산업 및 조직심리학은 제1차 세계대전 동안에 큰 영향을 끼쳤다. 많은 군인들을 군대 내의 다양한 부대에 배치해야하기 때문에, I/O 심리학자들이 신병을 검사해서 적재적소에 배치하는 데 고용되었다. 검사는 주로 정신능력검사인 군대 알파와 군대 베타를 통해 이루어졌다. 알파검사는 문맹이 아닌 신병들에게 사용되었고 베타검사는 문맹인 신병들에게 사용되었다. 이 기간 동안에 스코트는 군대 내에서 병사들을 분류하여 적절하게 배치하고, 장교에 대한 수행 평가를 실시하였다.

1930년대에, I/O 심리학은 범위를 크게 확장하였다. 그 전까지는 근로자의 선발과 배치와 같은 인사 문제를 주로 다루었다. 그러나 유명한 호손 연구가 출간된 때인 1930년대에 들어, 심리학자들은 작업환경의 질뿐만이 아니라 근로자의 태도에도 관심을 갖게 되었다. 시카고에 있는 웨스턴 일렉트릭 컴퍼니의 호손 공장에서 실시한 호손 연구는 근로자의 행동이 복잡하고 관리자와 근로자 간의 대인 상호작용이 근로자의 행동에 커다란 역할을 한다는 것을 입증하였다. 근로자들은 자신이 연구대상이 되어 관리자들의 주의를 받고 있기 행동을 변화시켜 더 생산적이 되었다는 것을 연구자들이 깨달았는데, 지금은 이 조건을 보통 호손 효과라고 한다. 호손 연구의 주요 공헌은 심리학자들로 하여금 작업장에서의 인간관계에 대한 관심을 증가시키고 근로자 태도의 효과를 탐구하도록 영감을 주었다는 것이다 (Olson, Verley, Santos, & Salas, 2004).

1960년대의 특징은 미국에서 시민권법의 통과다. 이들 법률은 HR 전문가들이 공정한 선발기법의 개발에 주의를 집중하도록 하였다. 결과적으로, I/O 심리학자들에 대한 필요성이 크게 증가하였다. 1960년대의 또 다른 특징은 관리자들을 위한 감수성 훈련과 T-집단(실험실 훈련집단)의 사용이다(Carson, Lanier, Carson, & Guidry, 2000).

1970년대는 근로자 만족과 동기와 같은 많은 조직심리학적 문제들을 이해하는 데 장족의 발전을 이루었다. 이 시기에는 또한 조직에서의 근로자 행동에 대해 많은 이론들이 개발되었다. 스키너의 저서인 '자유와 존엄을 넘어'는 조직에서 행동-수정 기법의 사용을 증가시키는 결과를 가져왔다.

1980년대와 1990년대는 I/O 심리학에 네 가지 주요 변화를 가져왔다(Aamodt, 2017). 첫 번째는 매우 정교한 통계기법과 분석방법의 사용 증가다. 두 번째의 변화는 산업계에서 인지심리학의 응용에 새로운 관심을 갖게 된 것과 관련된다. 이 시기의 많은 논문들이 관리자들이 평가를 할 때 사용하는 사고과정을 살펴보는 접근을 하였다. 세 번째 변화는 일이 가정생활과 레저 활동에 미치는 효과에 대한 관심이 증가하였다는 것이다(McCarthy, 1998). 1980년대와 1990년대의 마지막 주요 변화는 I/O 심리학자들이 근로자 선발방법의 개발에 다시 관심을 가지면서 다양한 선발도구가 개발되어 사용되었고, 대규모 인원감축, 다양성과 성에 대한 관심 증가, 스트레스의 영향에 대한 관심 증가, 그리고 근로자 권한 이양(empowerment)과 같은 조직개발 개입에 대한 강조가 포함된다.

2000년대에 I/O 심리학에 가장 커다란 영향을 준 것은 기술의 급속한 발전이다 (Aamodt, 2017). 많은 검사와 조사가 이제는 인터넷으로 실시되고, 고용주들은 온라인으로 지원자들을 모집하고 심사한다; 구직자들은 취업을 위해서 트위터, 링크드인, 페이스북과 같은 SNS를 이용한다; 근로자들은 이러닝과 원격으로 교육받는다; 관리자들은 대면하지 않고 사이버 공간에서 회의를 한다. 세계 경제가 또한 I/O 심리학의 역할에 영향을 주고 있다. 많은 제조업들이 급여가 낮은 개발도상국으로 이동함에 따라, 인간관계 기술이 요구되는 서비스업에 대한 강조가 증가할 것이다. 외국에서 일하는 근로자(국외거주자로서)의 수와 이민율이 증가함에 따라, 다양한 문화를 이해하기 위한 노력과 함께 근로자들과 관리자들이 외국에서만이 아니라 외국 출신의 국외거주자와 국내에서도 성공적으로 일할 수 있도록 교육을 실시해야 한다.

11.2. 준거 개발과 직무분석

개념준거와 실제준거

우리가 일상생활에서 어떤 사람이나 사물을 평가하기 위해서는 먼저 평가항목이나 기준이 있어야 한다. 친구나 이성을 평가할 때와 재미있는 영화 또는 맛있는 음식을 선택할 때에 사람들은 저마다 자신의 판단 기준이 있다. 이처럼 우리가 평가 대상이 되는 사람, 사물 혹은 사건에 대한 판단을 내리기 위해서 사용하는 기준을 준거(복수형은 crireria, 단수형은 criterion)라고 한다. 산업 및 조직심리학에서 준거는 어떤 근로자, 어떤 교육 프로그램, 조직 내의 어느 부서가 훌륭한지를 측정하는 데 매우 중요하다.

다양한 종류의 사람이나 대상들을 평가하면서 사람들은 동일한 대상에 대해서도 의견이 다르다. 그 이유는 두 가지 형태로 나누어 볼 수 있다(Muchinsky & Culbertson, 2016). 첫 번째 원인은 동일한 사람이나 대상을 평가하는 데 사람들마다 다른 준거를 사용하기 때문이다. 예컨대, 동일한 교수에 대해서 한 학생은 그 교수를 훌륭한 교수라고 생각하지만 다른 학생의 의견은 다를 수가 있다. 한 학생은 교수를 평가할 때, 교수의 강의준비 정도, 강의내용의 충실도, 강의설명의 명료성을 기준으로 그 교수를 긍정적으로 평가하였다. 하지만 다른 학생은 교수의 열정, 학생들의 동기부여 능력, 학생들과 개인적으로 친밀하게 지내는 정도를 기준으로 동일한 교수를 부정적으로 평가하였다. 이는 두 학생이 훌륭한 교수를 판단할 때 서로 다른 준거를 사용했기 때문이다. 하지만 이런 의견의 불일치가 반드시 다른 준거를 사용하기 때문에 발생한 것만은 아니다.

앞의 예에서 두 학생이 교수를 평가하면서 교수의 강의준비 정도, 강의내용의 충실도, 강의설명의 명료성이란 동일한 기준으로 평가하였다고 해도 한 학생은 그 교수가 강의준비를 잘하고, 과목에 맞는 내용을 충실하게 강의를 하며, 내용을 명료하게 전달한다고 생각한다. 그러나 다른 학생은 그 교수가 강의준비를 잘하지 않고, 과목에 맞는 내용을 충실하게 하지 않으며, 내용을 명쾌하게 전달하지 못한다고 생각한다. 두 학생 모두 동일한 기준으로 교수의 행동을 평가하였지만 동일한 판단을 내리지는 않았다. 이 경우에 의견 불일치는 그 교수의 강의에 대해서 두 학생이 서로 다른 지각이나 기대를 갖고 있기 때문일 수도 있고 준거에 대한 조작적 정의가 다르기 때문일 수도 있다.

평가를 위해서는 먼저 개념준거를 설정해야 한다. 개념준거(conceptual crite-rion)는 이론적 개념으로 실질적으로는 측정할 수 없는 추상적 개념이다. 기업에서 대졸 신입사원을 선발하기 위해 필요한 훌륭한 인재를 가려내기 위한 준거를 설정하는 경우를 가정해 보자. 기업은 지적 능력이 우수하고 대인관계가 원만하며 사회에서 인정받는 시민의식이 높은 대학생을 훌륭한 인재라고 정의하였다. 이 세 가지 요인은 훌륭한 인재를 정의하기 위한 개념준거의 예이다. 하지만 개념준거는 이론적인 추상적 개념이기 때문에 그것들을 측정가능하고 현실적인 요인으로 바꾸는 방법을 찾아야 한다.

측정하거나 평가하는 데 사용하는 조작적 혹은 실제적 기준을 실제준거(actual criterion)라고 한다. 따라서 어떤 변인을 실제준거로 선택할 것인가를 결정해야 한다. 훌륭한 인재를 선발하기 위한 개념준거로 지적 능력의 우수함을 선정하였다면, 지적 능력의 측정치로 대학 평점이나 지능검사 점수를 고려할 수 있다. 대인관계 능력을 측정하기 위해서 성격검사를 실시하거나 지도교수에게 물어볼 수도 있다. 시민의식 수준의 측정치로 가입한 자원봉사단체의 수나 횟수를 알아볼 수도 있다.

이 두 가지 준거 간의 관계에서 우리의 목표는 개념준거를 나타내는 적절한 하나 이상의 실제준거를 찾아내어 가급적이면 개념준거와 근사한 추정치를 얻어야 한다. 개념준거와 실제준거 간의 관계는 준거 적절성, 준거 결핍, 준거 오염의 세 가지 개념을 사용하여 표현할 수 있다. 그림 11.1.은 세 가지 개념이 의미하는 바를 도식적으로 보여준다. 준거 적절성(criterion relevance)은 실제준거가 개념준거와

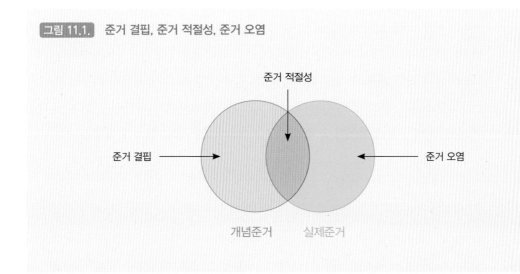

그림 11.1. 준거 결핍, 준거 적절성, 준거 오염

일치하거나 유사한 정도이다. 준거 결핍(criterion deficiency)은 개념준거의 영역 중에서 실제준거에 의해 측정되지 않는 정도를 말한다. 준거 오염(criterion contamination)은 실제준거가 개념준거와 관련되어 있지 않은 정도이다. 개념준거를 측정하기 위해서 실제준거에 포함시켜야 할 것을 빠뜨려서 생기는 준거 결핍과 실제준거에 포함시키지 말아야 할 것을 포함시켜서 생기는 준거 오염은 모두 바람직하지 못하므로 개념준거를 왜곡시킨다.

직무분석

산업 및 조직심리학자들은 여러 직무들에서 직무수행을 평가할 수 있는 준거가 무엇인지를 알아내야 한다. 이러한 준거들은 근로자들을 선발하고, 배치하고, 교육시키고, 수행평가를 통해서 적정임금을 지급하며 유사한 직무들을 함께 묶어서 직무를 분류하기 위한 기초로 사용된다. 직무수행의 준거를 알아내는 절차를 직무분석(job analysis)이라고 한다. 펄만과 산체스(2010)는 직무분석을 "조직에서 사람들이 수행하는 작업의 내용, 수행과 관련된 작업자의 속성, 그리고 작업환경에 관한 정보를 수집하고, 문서화하고, 분석하는 체계적 절차"(p.73)라고 하였다. 즉 직무분석은 어떤 일을 어떤 목적으로 어떤 방법에 의해 어떤 장소에서 직무를 수행하는지를 알아내고, 직무를 수행하는 데 요구되는 지식, 기술, 능력 등이 무엇인지를 과학적이고 합리적으로 알아내는 공식적인 절차다.

직무분석은 초점을 어디에 두느냐에 따라 과업중심 직무분석과 작업자중심 직무분석으로 나눌 수가 있다. 과업중심 직무분석은 직무에서 수행하는 과제나 활동이 어떤 것인지를 파악하는 데 초점을 두어 직무기술서를 만든다. 작업자중심 직무분석은 작업을 수행하는 데 요구되는 인적 속성들, 즉 지식, 기술, 능력, 기타 특성이라는 네 가지 범주를 조사하여 직무명세서를 만든다. 직무기술서(job description)는 직무 자체와 작업 환경에 관한 정보를 알려 주기 때문에 직무를 파악하는 데 활용되고, 직무명세서(job specification)는 작업자에게 요구되는 인적 요건을 알려 주기 때문에 선발이나 교육과 같은 인적 자원을 관리하는 데 활용된다.

11.3. 예언변인과 인사결정

예언변인(predictor)이란 직무수행의 결과를 예측하는 데 사용하는 변인이다. 즉 직무를 얼마나 잘 수행하는지를 측정하는 생산성, 판매량, 결근율 등과 같은 직무수행의 준거를 예측할 때 사용하는 변인이다. 일반적으로 산업 장면에서 사용하는 예언변인은 심리검사, 전기자료, 면접 등을 들 수 있다. 이러한 예언변인들이 실제 인간의 행동을 예언하거나 예측하려고 할 때 얼마만큼 신뢰롭고 타당한지의 문제가 대두된다. 따라서 산업 및 조직심리학자들은 직무수행을 잘할 수 있는 사람을 예측할 때 신뢰롭고 타당한 예언변인을 개발하기 위한 연구를 지속적으로 수행한다.

다양한 예언변인을 토대로 수집한 정보들은 통합이 되어 최종 인사결정에 활용된다. 역사적으로 볼 때, 산업 및 조직심리학자들은 평가도구를 개발하고, 예언변인의 유용성을 알아내기 위해 타당화 연구를 수행한 결과를 설명함으로써 인사선발을 위한 결정을 내리는 과정에 기여해왔다. 인사선발이란 개인의 특성과 차이를 고려하여 주어진 직무요건에 가장 적합한 사람을 고용하거나 그렇지 못한 사람을 거부하는 것인데, 이 경우는 직무 중심적이라고 할 수 있다. 이에 비해 일정조건을 구비하여 선발된 사람을 적소에 앉히는 것을 인사배치라고 하는데, 이 경우는 사람 중심적이라고 할 수 있다.

심리검사

심리검사는 산업 장면에서 보편적으로 많이 사용되는 예언변인이다. 심리검사는 개인의 지식, 기술, 능력, 성격을 알 수 있는 방법 중의 하나로 사람에 대한 정보의 원천이다. 모든 개인은 그가 어떻게 행동하고, 어떻게 사고하느냐에 대한 독특한 특성이 있는데, 이것을 개인차라고 한다. 따라서 심리학에서는 모든 인간은 개인차가 존재한다는 것을 전제로 하고 이러한 개개인이 가지고 있는 차이를 측정하고 양화할 수 있다고 가정한다. 이렇게 개인의 특성을 적절히 측정해서 직무수행을 잘할 수 있는 사람을 선발하여 그 사람의 특성에 맞게 직무에 배치함으로써 개인뿐만 아니라 조직에도 도움을 줄 수 있는 만족한 결과를 가져오게 하는 것이 산업 및 조직심리학의 주된 목적 중의 하나다.

심리검사는 크게 능력검사와 성격검사, 그리고 흥미검사로 분류될 수 있다.

능력검사는 개인의 최대 수행정도를 측정하는 검사라고 할 수 있는데, 여기에는 지능검사, 적성검사, 성취검사가 포함된다. 기업들이 신입사원 선발을 위해 사용하는 인적성검사에서 적성검사는 개인의 능력을 측정하여 우수한 사람들을 정확히 예측하여 선발하기 위한 검사다. 여기에 포함되는 예로는 삼성의 GSAT, 현대자동차의 HMAT, SK의 SKCT, CJ의 CAT, 두산의 DCAT 등이 있다. 성격검사는 개인이 지니고 있는 기질이나 성향을 측정하는 것으로 개인에게 습관적으로 나타날 수 있는 어떤 특징을 측정하는 것이다. 성격검사의 대표적인 예로는 MMPI(Minnesota Multiphasic Personality Inventory), CPI(California Psychological Inventory), MBTI(Myers Briggs Type Indicator), NEO-PI(NEO Personality Inventory) 등이 있다. 우리나라에서는 대부분 이들 외국 성격검사의 한국판이나 기업 자체에서 개발한 검사들을 사용하고 있다. CJ의 CJAT처럼 성격검사가 별도로 있는 경우도 있지만 인적성검사에 성격검사가 포함되어 있는 경우가 많다. 흥미검사는 개인의 흥미를 측정하는 것으로 무엇에 관심이 있느냐 하는 것을 측정하는데, 예로는 SSII(Strong-Campbell Interest Inventory), VPI(Vocational Preference Inventory)가 있다.

전기자료와 면접

직무수행을 좀 더 정확하게 예측하기 위해서 현장에서는 심리검사 이외에 다양한 방식들을 보완하고 있다. 여기에 포함되는 것들이 전기자료, 추천서, 면접이다. 직무수행을 예측하기 위한 인사선발의 방법으로 개인의 성장과정을 나타내는 일련의 경험, 사건에 관한 정보에 기초하여 개인의 미래를 평가할 수가 있을 것이다. 전기자료(biographical data) 또는 생활사 정보는 개인의 과거 활동, 흥미, 일상생활에서의 행동에 관한 정보에 기초하여 개인을 평가하는 방법이다. 전기자료는 흔히 지원서에 기록된다. 지원서와 비슷한 의미에서 직무에 들어오기 전에 무엇을 경험했는지의 경력을 기재하는 양식이 이력서이다. 이러한 지원서와 이력서는 모든 지원자에게 공통적으로 물을 수밖에 없는 제한점을 갖고 있으므로 개인만의 특성, 경험, 특기를 알아보기 위해서 자기소개서가 널리 사용되고 있다. 그 밖에 추천서도 보편적으로 사용되고 있으나, 추천서는 모든 예언변인 중에서 타당도가 가장 낮다.

면접은 다양한 직무, 조직, 문화에서 가장 자주 사용되는 예언변인이다. 면접의 중요한 목적은 면접관이 지원자가 해당 직무에 적합한지를 판단하는 것이다. 면접을 통해서 응시자에 대한 정보뿐만 아니라 회사나 조직 전반에 대한 응시자의 평가와 관련 정보를 어느 정도 가지고 있는지를 수집하여 회사의 정책 수립과 홍보에도 반영할 수가 있다. 면접은 구조화된 정도에 따라 비구조화된 면접과 구조화된 면접으로 분류할 수 있는데, 구조화된 정도란 모든 지원자에게 면접이 동일한 절차를 사용하여 이루어지는 정도를 말한다.

인사결정의 모델과 전략

인사결정의 기본 배경은 특정인에 대해 현재 가용한 정보를 토대로 그 사람에게 직무를 부여했을 때 개인의 직무수행 결과를 예측할 수 있다는 것이다. 그림 11.2는 인사결정과 관련된 요인들을 순차적으로 나타내고 있는 모델을 그린 것이다. 앞서 제시한 직무분석이 가장 먼저 이루어진다. 이 결과는 직무수행을 예측하는 데 유용한 예언변인의 개념에 대한 통찰력을 제공할 뿐만 아니라 직무수행의 준거를 결정하는 데에도 유용한 정보를 제공한다. 예언변인과 준거 간의 관계는 타당도로 표시되는데, 예언변인이 직무수행을 얼마나 잘 예측하는지를 결정한다. 근로자의 질이 조직의 성공에 아주 중요하다면, 근로자를 유지하는 것에 노력을 기울이는 것과 마찬가지로 근로자 모집과 선발에도 관심을 기울여야 한다.

그림 11.2. 인사결정과 결과에 영향을 미치는 요인

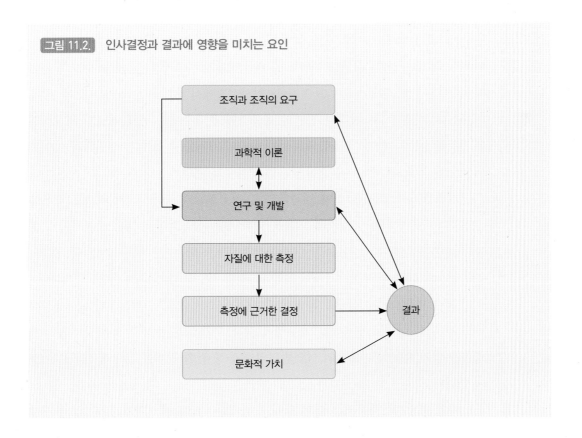

모집은 사람들을 직무에 지원하도록 끌어들이는 과정을 말한다. 유능한 근로자를 끌어들이고 유지하는 것은 조직의 성공을 위해 매우 중요하다. 모집한 지원자들 중에서 실제로 채용할 사람들을 결정하는 과정이 인사선발이다. 즉 선발은 지원자들 중에서 합격자와 탈락자를 구분해내는 과정이다. 새로 선발된 근로자들의 질을 결정하고 조직에 영향을 미치는 두 가지 중요한 요인은 예언변인의 타당도와 선발률이다. 또한 중요도는 상대적으로 떨어지지만 기초율도 노동력의 질을 향상시키는 데 있어서 예언변인의 가치에 영향을 미친다.

예언변인의 타당도란 예언변인이 측정하고자 하는 것을 제대로 측정하는가의 여부를 판별하는 것으로 일반적으로 예언변인 측정치와 준거 측정치 간의 상관계수로 표시된다. 예언변인의 가치는 합격한 사람들의 평균 수행과 전체 집단의 평균 수행 간의 차이로 측정한다. 타당도가 없는 예언변인은 두 값이 같아서 아무런 효용성도 갖지 못한다. 예언변인의 타당도가 클수록, 전체 집단의 평균적인 준거수행에 비해 합격한 집단의 평균적인 준거수행이 점점 높아지기 때문에 예언변인의 가치가 더 커진다.

선발률(selection ratio)은 직무에서 선발하고자 하는 사람 수를 지원자 수로 나눈 것이다. 선발률이 1.00일 때(선발하고자 하는 사람 수와 지원자 수가 같을 때)나 1보다 클 때(선발하고자 하는 사람 수가 지원자 수보다 많을 때)에는 선발도구의 사용이 아무런 의미가 없다. 그러나 대부분의 경우에 선발하고자 하는 사람 수보다 지원자 수가 더 많아서(선발률이 0~1 사이) 인사선발에서 선발률이 의미를 갖게 된다. 여기서도 마찬가지로 합격한 집단의 평균적인 준거수행과 전체 집단의 평균적인 준거수행 점수들 간의 차이에 의해 예언변인의 가치를 측정한다. 선발률과 예언변인의 가치 간의 관계는 선발률이 낮으면 낮을수록 예언변인의 가치가 더 커진다.

기초율(basic rate)은 현재 재직하고 있는 근로자들 중에서 성공적으로 직무를 수행한다고 판단되는 근로자의 비율을 나타낸다. 성공적인 수행과 성공적이지 못한 수행을 구분해 주는 점수를 준거 합격점이라고 하는데, 어떤 회사의 기초율이 99%라면(즉 100명의 현직자 중에서 99명이 그들의 직무를 성공적으로 수행하고 있다면), 이미 매우 만족스러운 상태로 되어 있기 때문에 어떤 새로운 선발방법을 사용하더라도 더 나은 상태로 향상시킬 가능성이 적다. 기초율은 준거 합격점에 의해 크게 영향을 받기 때문에 기초율과 예언변인의 유용성 간의 관계는 그렇게 신뢰로운 것이 아니다.

예언변인으로 사용되는 어떤 검사도 완벽한 타당도를 가지고 있지 않기 때문에, 하나의 선발검사를 사용해서는 완벽한 예측을 할 수가 없다. 단일 정보에 의존하지 않고 다양한 정보를 사용하게 되면 더 나은 인사결정을 내릴 수가 있다. 두 개 이상의 예언변인을 사용하면 준거에 대한 예측력을 향상시킬 수 있다. 두 개 이상의 예언변인과 준거변인 간의 관계를 다중 상관이라고 부르는데, 이를 R로 표기한다. 두 개 이상의 예언변인을 사용하여 예측의 정확도를 증가시키면 선발과정의 실수(잘못된 불합격자와 잘못된 합격자)가 줄어들게 된다. 그렇기 때문에 인사선발 결정을 위해서 실제로 많은 기업들은 능력검사, 성격검사, 대학교 성적, 자기소개서, 추천서와 같은 다수의 예언변인을 사용하고 있다.

11.4. 직무수행평가

'조직의 성공을 위해서는 사람을 최우선으로 해야 한다'라는 논문에서, 페퍼와 바이거(1999)는 우수한 인력을 보유하고 있는 조직이 성공가능성이 더 크다는 주장을 했다. 우리나라에서 '인재제일', '사람이 미래다'라는 경영이념을 도입한 기업들은 모두 인재의 중요성을 기업의 우선가치로 두고 있다는 것을 의미한다. 사실 구성원들이 좋지 않은 수행을 보이는 조직은 결코 성공할 수 없다. 그렇다면 조직의 경영자들은 구성원들이 얼마나 잘하고 있는지를 어떻게 알 수 있을까? 이 질문은 직무수행평가(performance appraisal)란 개념에서 찾을 수 있다. 직무수행평가란 직무와 관련된 개인이나 집단의 장단점을 체계적으로 기술하는 것이다.

직무수행평가의 전반적인 목적은 개인이 직무를 얼마나 잘 수행하는지의 정확한 측정치를 제공하는 것이다. 이 정보를 토대로 구성원 개인의 장래에 미치는 결정을 내리게 된다. 직무수행평가의 목적은 크게 세 가지 범주로 나눌 수 있다. 첫째, 임금 인상, 승진, 전보, 해임 등의 인사조치를 포함하는 인사관리 목적과 둘째, 직무수행에서의 약점을 확인하여 보완하기 위한 수행향상 목적, 그리고 마지막으로 인사선발과 훈련 절차의 타당성을 평가하는 준거로 사용되는 연구 목적이다.

직무수행을 평가하는 준거는 객관적인 것과 주관적인 것의 두 유형이 있다. 객관적인 준거에는 생산자료(판매액, 생산량, 불량률)와 인사자료(사고, 결근, 지각, 절도)가 포함된다. 하지만 객관적인 준거는 직무수행의 완전한 측정치가 되지 못한다. 첫째는 준거오염의 문제로 사람들 간의 수행 차이가 개인의 통제를 넘어선 요인들에 기인할 수 있다는 것이다. 예를 들어, 판매원의 판매량은 담당구역의 위치나 담당구역의 고객 수 등에 영향을 받고, 기계공의 생산량은 기계의 성능에 따라 달라질 수가 있다. 둘째는 준거결핍의 문제인데, 새로운 고객을 창출하는 것이 확보된 고객을 유지하는 것만큼 중요할 수 있으나 단지 판매량으로는 이에 대한 정보를 얻을 수가 없고, 질이 양만큼 중요하나 생산된 제품의 수를 세는 것으로는 질을 알 수가 없다. 이러한 객관적 준거의 단점 때문에 연구자들은 주관적인 직무수행의 준거에 관심을 갖는다.

주관적 준거는 근로자의 수행에 대한 주관적 판단을 말한다. 일반적으로 판단은 주어진 평정척도에 표시하거나 서열을 매김으로써 이루어진다. 예컨대, 직장의 상사가 자신의 부서에 있는 근로자들의 전반적인 수행에 대해서 '매우 우수'부터 '매우 열등'까지로 구성된 5점 척도상에서 평정할 수 있다. 이렇게 평정된 값이 직무수행의 준거가 된다. 주관적 준거들이 자주 사용되기 때문에 산업 및 조직심리학자들은 어떻게 하면 올바른 판단을 내릴 수 있는지에 대해 많은 연구를 하였다. 객관적 준거들과 주관적 준거 중에 어떤 준거도 완벽하지 않기 때문에 적절한 준거들을 설정하기 위해서는 수행과 관련된 다양한 측면들을 고려하는 것이 바람직하다.

평정의 오류

직무수행을 평가할 때 가장 흔히 사용하는 방법은 판단적 평가다. 판단적 평가를 할 때에 오류를 범할 수 있기 때문에 평정오류의 종류와 평가에 영향을 미치는 편파를 이해하는 것이 중요하다. 평가를 할 때에 평가자는 자신도 모르게 판단의 오류를 범할 수 있다. 이러한 오류들은 평가자 편파와 잘못된 지각에 의해서 발생한다.

순서 위치 오류(serial position error)는 연속된 순서에서 특정 위치에 있는 정보를 기억한 개인적 경향성을 반영한다. 사람들은 순서상 첫 번째(초두효과) 또는 마지막(최신효과)에 제시되는 정보를 더 잘 회상할 수 있다. 이는 평가자들이 맨 처음 혹은 맨 마지막에 관찰한 피평가자에 대한 정보를 회상하기가 더 쉽다는 것을 의미한다.

대비 오류(contrast error)는 평가자들이 평가할 때 어떤 사람과 다른 사람을 비교(혹은 대비)할 때 발생한다. 이것은 피평가자들을 사전에 정한 절대적 기준과 비교하기보다는 다른 사람과 비교하는 경우에 발생하는 오류다. 만약 한 관리자가

능력이 탁월한 부서원을 평가했다면, 그다음 차례에 평가받는 부서원은 앞선 사람과 비교되어 실제보다 더 낮게 평가받을 수 있다.

후광 오류(halo error)는 평가자가 근로자에 대한 전반적인 느낌에 기초하여 평가할 때 일어난다. 이것은 평가자가 피평가자의 수행에 대해서 제한된 지식을 갖고 있음에도 불구하고 다양한 수행차원 모두에서 획일적으로 좋거나 또는 나쁜 수행을 나타낸다고 평가하는 오류다. 후광 오류는 평가자가 일반적으로 특정 피평가자에 대한 모든 평가에 영향을 미치는 호의적인 태도를 지닐 때 발생한다.

관대화 오류(leniency error)는 평가자가 피평가자의 진짜 수행수준과는 달리 지나치게 많은 사람들의 수행을 높게 평가하든지(정적 관대화) 또는 낮게 평가하는(부적 관대화 또는 엄격화) 평정의 오류다. 이러한 오류는 일반적으로 평가자가 자신의 가치나 과거 경험으로부터 유래된 개인적 기준을 적용하기 때문에 발생한다.

중앙집중 오류(central-tendency error)는 평가자가 극단적으로 높거나 낮은 평정을 꺼리는 경향성을 말하는 것으로 지나치게 많은 사람들의 수행을 분포의 중간이나 보통이라고 평가하는 오류다. 피평가자들을 정당하지 않게 높거나 낮게 평가하는 관대화와 엄격화 오류와는 대조적으로 중앙집중 오류는 모든 사람을 '보통'이라고 평가하고 척도의 중앙 부분만을 사용하는 것이다. 이러한 현상은 정치적인 배려를 우선으로 하거나 평가자에게 친숙하지 않은 수행을 평가하라고 할 때에 일어난다.

이와 같은 평정오류를 줄이기 위해 다양한 방법들이 제시되고 있다. 첫째로 피평가자들을 거의 정상분포에 가깝게 배정함으로써 평정치를 강제 배분하는 것이다. 둘째는 평가하고자 하는 수행의 차원들에 대한 정의를 개선하거나 다양한 척도점들의 의미를 분명히 상술함으로써 평정척도 자체의 모호성을 감소시키는 것이다. 셋째는 평가자들이 피평가자들의 수행을 관찰할 기회가 많아져서 평정될 행동에 친숙하도록 하는 것이다. 마지막은 통계적인 방법으로서 여러 평정치들을 표준점수 형태로 전환하는 것이다. 평정오류가 없다고 해서 반드시 평정을 정확하게 했다고 말할 수는 없다. 직무수행평가에서 정확성은 측정하고자 하는 '진짜' 변인을 얼마나 타당하게 측정하고 있는지를 말한다.

평가자

직무수행평가의 목적에 비추어 볼 때, 평가를 누가 하느냐가 중요하다(박세영, 2001). 평가자들은 평가에 협조적이고 평가기법에 대한 교육을 받았어야 하며, 피평가자와 접촉이 있거나 그에 대한 정보가 있어야 한다. 판단적 수행평가에 대한 대부분의 연구는 윗사람(상사, 관리자)에 의한 평가를 다루고 있다. 하지만 수행평가에 관해 동료나 부하가 제공하는 정보도 있다. 또한 자기평가가 이루어질 수도 있다. 그 밖에 고객들이 근로자들을 평가하기도 한다.

직무수행평가의 대부분은 직속상사에 의해서 이루어진다. 직속상사가 평가를 하는 이유는 부하들을 관찰할 기회가 제일 많아 개개인의 수행을 잘 알고 있기 때문이다. 더욱이 상사는 조직의 전체 목적에 비추어 각 부하의 수행을 가장 잘 평가할 수 있다. 상사는 또한 임금, 승진, 상벌을 결정하는 책임이 있기 때문에 수행 결과를 인사에 반영한다.

동료평가에서는 집단구성원들이 자신의 동료들의 수행을 평가한다. 근로자들은 그들의 친구를 호의적으로 평가한다는 점에서 동료평가는 우정에 의해 편파될 수가 있다. 또한 많은 집단구성원들은 서로를 평가하는 것을 좋아하지 않는다. 따라서 동료평가가 적용되는 집단과 상황의 맥락에서 어떤 특성들을 평가해야 할지를 고려해야 한다.

부하평가는 부하의 입장에서 그들의 관리자를 평가하는 것이다. 부하들은 관리자의 수행에 대한 관점이 다소 다르다. 그들은 관리자가 위임하지 않는 정도, 관리자가 계획하고 조직하는 정도, 관리자가 의사소통을 잘하는 정도를 직접 알고 있다. 이 방법은 대학교(학생들에 의한 교수평가)와 한 관리자에게 부하들이 많이 있는 대기업에서 사용되고 있지만, 소규모 조직에서는 상당한 신뢰와 개방이 있어야 성과가 있을 수 있다. 임금관리나 승진을 위한 목적에 사용되는 평가는 자기개발의 지침으로 사용되는 평가와는 다를 수 있기 때문에 평가의 목적에 신중한 주의를 기울여야 한다.

자기평가는 각 개인이 스스로의 수행을 평가하는 것이다. 자기평가는 자신이 어디에 얼마나 많은 노력을 기울여야 하는지를 스스로 결정하는 데 도움을 준다(Bell & Federman, 2010). 대부분의 사람들이 타인의 수행보다 자신의 수행을 더 높게 평가한다. 따라서 자기평가는 인사 목적보다는 자기개발 목적을 위해 사용될 때 더 가치가 있다.

이렇게 직무수행평가는 다양한 사람들에 의해 이루어질 수 있다. 개인을 평가할 때 관점이 다른 다수의 평가자들을 사용하는 방식을 360도 피드백이라고 한다. 360도 피드백이라는 명칭은 다수의 평가자들에 의한 평가를 기하학적으로 나타낸 것으로부터 유래하였다. 개인을 둘러싼 여러 관점에서 평가가 이루어지기 때문에

360도 피드백을 다면평가라고도 한다. 360도 피드백은 다수의 평가자들이 해당 피평가자에 대해 각자의 평가를 실시한 다음에 그 평가 결과를 비교한다. 360도 피드백의 원래 목적은 피평가자들에게 그들의 강점과 약점에 대한 인식을 향상시켜 자기개발을 위한 피드백을 제공하는 데 있는데, 지금은 직무수행을 평가하여 인사관리의 목적으로 사용하는 경우가 증가하고 있다.

11.5. / 작업동기

당신은 수행을 잘하려고 애쓰거나 성공하려고 끊임없이 노력하는 사람을 본 적이 있을 것이다. 물론 당신도 이러한 부류의 사람일 수 있다. 이러한 사람들은 다른 사람들보다 더 능력이 있는 사람일 수도 있고 그렇지 않은 사람일 수도 있다. 하지만 이들은 다른 사람들보다 더 열심히 일하고자 하고 더 많은 노력을 기울인다. 조직을 경영하는 사람이나 조직 안에서 부하들을 관리하는 사람들의 입장에서는 구성원들이 맡은 직무에서 열심히 일하기를 바란다. 그러나 자신이 맡은 일을 열심히 실행하거나 열심히 하지 않게 만드는 요인들은 매우 다양하다. 여기에서는 산업조직을 중심으로 근로자들이 직무를 수행하기 위하여 열심히 노력하게 되는 배경을 알아보고자 한다.

작업동기의 개념

동기는 행동이 이루어지게 된 이유를 설명하기 위해 심리학자들이 고안한 개념이다. 노력을 하고자 하는 의지는 행동을 유발하는 동기적 요소다. 그런데 특정행동을 실행하도록 만든 원인들을 모두 동기라고 부르지는 않는다. 디펜도르프와 챈들러(2011)는 "동기는 난해하고 관찰할 수 없고 쉽게 변화하는 속성을 가지고 있어서 심리학에서 연구하기 가장 힘든 개념 중 하나다"(p.65)라고 언급하였다. 동기에는 세 가지 중요한 구성요소가 있다. 첫째는 행동을 촉발시키는 개인 내의 힘을 뜻하는 활성화이다. 둘째는 어떤 활동에 노력을 기울일지의 방향을 선택하는 통로화이다. 셋째는 일정한 강도와 방향을 지닌 행동을 유지시키는 지속성이다. 즉 특정한 행동이 강도 높게 활성화되고, 그 행동에 선택적으로 노력이 투입되며, 그 행동이 계속해서 지속되면, 그 행동을 실행하는 동기는 높다고 말할 수 있다.

작업동기는 작업에 대한 동기 과정을 말한다. 핀더(2008)는 작업동기를 "개인의 작업관련 행동을 일으키며, 작업관련 행동의 형태, 방향, 강도, 지속 기간을 결정하는 역동적 힘의 집합으로서 개인 내에서 자생적으로 발생할 수도 있고 외부자극에 의해 발생할 수도 있다"(p.11)고 정의하였다. 일반적으로 동기는 내적 혹은 외적으로 발생한다. 내적 동기는 하고 싶은 것들을 그저 하기 위해 동기화된 것이다. 반면 외적 동기는 어떤 도구적 결과에 대한 기대로부터 나오기 때문에 외부로부터 발생한다.

어떤 조직에서나 구성원의 작업동기에 관심을 갖게 되는 이유는 동기가 높아지면 수행도 높아진다고 가정하기 때문이다. 그렇지만 직무의 수행수준은 동기 이외에 수많은 다른 요인들의 영향을 받는다. 동기 이외에 직무수행의 결정요인으로 가장 자주 지적된 요인은 능력이다. 동기를 작업하려는 의욕과 노력 수준으로 정의한다면, 능력은 실제 작업할 수 있는 수준으로 정의된다. 직무수행에서 동기 이외의 결정요인으로 자주 언급되는 다른 요인들로는 성격특성과 역할 지각, 과제의 난이도, 그리고 상황 요인(도구, 절차) 등을 들 수 있다. 이 요인들은 수행을 촉진하거나 억제하는 방향으로 작용할 수 있다. 여기에서 한 가지 주목해야 할 점은 다른 요인들의 영향이 일정하다고 가정한 조건에서 동기가 높아지는 데 따라서 수행이 어떤 형태로 증가되는가 하는 문제다. 동기개념은 평소수행과 최대수행 간의 차이를 설명할 때 유용하다. 능력이 있는 사람들은 보통 수준의 평소수행을 유지할 수 있지만, 동기부여가 충분히 된다면 평소수행보다 훨씬 더 높은 수준의 최대수행을 나타낼 수 있다.

작업동기 이론들

작업동기를 설명하는 이론들은 역사적으로 조직행동을 다룬 초기부터 가장 발달된 형태로 제안되었다. 동기에 관한 이론들이 많이 있지만, 여러 이론들 가운데 중요한 이론들을 가려내어 제시하려고 한다.

성취동기 이론

매크리랜드와 액킨슨의 이론에서 성취동기(achievement motivation)란 우수한 수행 기준을 설정하고 이를 달성하고자 하는 동기를 말한다. 우수한 기준에 도달하고자 하는 활동은 개인의 생활 목표이든 조직에서 작업과 관련된 직무 기준이든 간에 실생활에서 매우 중요하다. 매크리랜드에 의하면 성취동기는 과거 성취 활동에서 경험한 쾌락이나 고통과 연결되어 있는 일정한 단서들에 의하여 발생하는 강한 감정적 연합이다. 그러므로 성취동기 수준이 높은 사람에게는 성취 상황이 자연적 유인과 유쾌한 감정을 일으키는 학습된 단서로 기능한다. 즉 학습을 통해서 성취 상황과 관련된 단서들이 자연적 유인의 획득가능성 및 이와 연결된 유쾌한 감정을 기대하도록 만든다. 따라서 성취동기 수준의 개인차가 수행 수준에 영향을 미친다고 주장한다. 한편 액킨슨의 성취동기 이론은 개인이 지닌 성취동기 수준과 환경요인과의 상호작용을 가정한다. 즉 개인의 성취욕구와 환경 내에서 개인의 성취를 통하여 유인을 획득할 수 있다고 지각하는 바에 따라서 성취행동의 경향성이 결정된다고 주장한다.

이요인 이론

작업동기에 관한 허츠버그(1966)의 이요인 이론(two factor theory)은 동기-위생 이론이라고도 부르는데, 산업조직에서 실증연구에 기반을 두고 제안된 최초의 동기이론이라는 점에서 역사적 의미를 지닌다. 허츠버그에 따르면, 근로자들로 하여금 일에 대해 만족을 느끼도록 하는 요인들과 불만족을 초래하는 요인들은 서로 다르다고 한다. 성취감, 인정, 작업 자체, 책임 등은 일 자체에 내재해 있는 요인들로 직무를 통해서 이런 것들을 경험할 수 있으면 근로자의 동기수준이 높아지게 되는 동기요인(motivator)으로 기능하게 된다. 반대로 임금, 회사정책, 승진, 감독 등은 일 자체와는 별도로 직무환경에 관한 외재적인 요인들로 이런 것들이 잘 갖추어져 있다고 해서 근로자의 동기수준이 높아지는 것이 아니고 다만 직무에 대한 불만족을 감소시켜 주는 위생요인(hygiene factor)의 역할을 한다.

이요인 이론의 관점에서 보면, 근로자들이 자신의 직무를 열심히 하지 않는 이유는 개인의 작업이 단순하여서 일을 통해서 성취감이나 가치를 느끼지 못하고 지루함과 피곤함만을 경험하기 때문이다. 따라서 근로자들이 열심히 일을 할 수 있도록 직무에 대해 자율성과 의사결정의 권한 등을 더 많이 부여하고 직무를 통해 자신의 성장 욕구들이 충족될 수 있도록 수직적으로 직무를 확대하는 직무확충(job enrichment)이 필요하다.

기대 이론

기대 이론(expectancy theory)은 브룸(1964)이 제안한 동기에 대한 인지적 이론으로, 근로자들의 직무수행 동기는 직무수행의 경험에서 얻어지는 기대에 따라서 보상을 얻을 수 있는 활동에 노력을 기울이는 합리적 의사결정자라고 가정한다. 이를 구체적으로 설명하면, 기대 이론은 첫째, 자신이 열심히 하면 높은 수행을 이끌어 낼 것이라고 믿는 기대(expectancy)와 둘째, 자신이 높은 수행을 보이면 상응하는 보상이 뒤따를 것이라고 믿는 도구성(instrumentality) 및 셋째, 그 보상들을 개인이 가치 있다고 여기는 유인가(valence)의 세 가지 믿음에 따라서 동기 수준이 결정된다는 것이다.

한 영업사원이 자신이 노력하면 할수록 판매량이 많을 것이라고 생각하고(높은 기대), 판매량에 따라 급여를 받으며(높은 도구성), 자신이 받는 급여에 높은 가치를 부여한다면(높은 유인가), 그 영업사원은 물건을 팔기 위해 더 많은 노력을 할 것이다. 반대로, 조립라인에서 생산을 담당하는 근로자의 생산량이 자신의 노력과 관계없이 라인의 속도에 의해 결정되고(낮은 기대), 생산량에 따라 승진이 되는 것이 아니라 연공서열에 기초하여 승진이 결정되며(낮은 도구성), 승진에 대해 별 매력을 느끼지 못하는 경우(낮은 유인가)에는 열심히 일을 해서 생산성을 향상시키려고 하지 않을 것이다.

형평 이론

사람들은 누구나 공정한 대우를 받기를 원한다. 아담스(1965)가 제안한 형평 이론(equity theory)에 따르면, 사람들은 일에 대해 자신이 투입한 것(inputs: 노력, 지식, 능력, 학력 등)과 일을 통해 자신이 얻은 성과(outcomes: 임금, 승진, 인정 등)의 비율을 타인의 그 비율과 비교함으로써 자신이 공정한 대우를 받고 있는지를 판단한다고 한다. 만약 개인이 이 비율이 동일하다고 지각하면 개인은 이 상황이 형평에 맞거나 공정하다고 여길 것이다. 반면에 개인이 투입에 대한 성과의 비율이 타인의 비율과 같지 않으며 불형평을 지각하게 되어 심리적으로 긴장을 느껴서 불형평을 줄이고 형평을 회복하기 위한 동기가 유발된다.

불형평에는 두 가지 유형이 있다. 자신의 비율보다 타인의 비율이 더 크면 과소지급의 불형평을 지각하여 화가 나므로 분노를 없애기 위한 행동을 하게 된다. 반대로 타인의 비율보다 자신의 비율이 더 크면 과다지급의 불형평을 지각하게 되는데, 이때는 미안함이 생기거나 죄책감이 들 수 있기 때문에 이를 피하기 위한 행동을 하게 된다.

불형평을 줄이고 형평을 회복하기 위한 방법에는 여러 가지가 있다. 첫째, 투입을 변경하는 방법을 선택할 수 있다. 과소지급의 경우에는 개인이 자신의 수행

을 낮춤으로써 불형평을 감소시키고, 과다지급의 경우에는 개인이 투입을 증가시
킴으로써 불형평을 해소하려고 할 수 있다. 둘째, 성과를 변경함으로써 불형평을
경감시키는 것이다. 그런데 현실적으로 성과를 제공하는 출처가 자신인 경우는 드
물고 자신의 성과를 극대화하려는 인간의 성향 때문에 투입을 변경시키는 것보다
성과를 변경시키는 것은 더 어렵다. 셋째, 투입이나 성과의 변경이 모두 어려운 조
건에서 개인의 투입과 성과에 대한 지각을 인지적으로 왜곡시킬 수 있다. 넷째, 자
신의 투입과 성과를 실제로 변경하거나 인지적으로 왜곡하기 어려운 경우에는 타
인의 투입이나 성과를 변경시키거나 인지적으로 왜곡할 수도 있다. 다섯째, 개인
이 비교하는 대상을 바꿀 수도 있다. 마지막으로 이런 방법들이 다 불가능하면 현
장을 떠나는 방도를 취할 수 있다. 특히 극단적으로 강한 과소지급의 불형평을 경
험한 조건에서 직무수행을 포기하거나 직장을 옮기는 현상이 이에 해당되는데, 실
제로 옮겨갈 대안조직이 없는 경우에는 실행하기가 어렵다.

목표설정 이론

로크(1968)에 의해 제안된 목표설정 이론(goal-setting theory)은 다른 동물과 달
리 인간은 목적을 지니고 행동하기 때문에 대부분의 인간 행동이 목표와 의도에
의해서 결정된다고 가정한다. 그러므로 의도적으로 설정한 목표수준에 따라서 동
기수준이 달라진다고 주장한다. 목표가 이렇게 과제 수행을 촉진시키는 효과를 가
지려면 세 가지 조건이 충족되어야 한다. 첫째, 목표가 달성 가능한 범위 내에서
가능한 한 어렵고 도전적인 목표일수록 효과가 크다. 너무 쉬운 목표나 불가능한
목표는 과제수행을 촉진시키지 못한다. 둘째, 단지 최선을 다하라는 모호한 목표
보다는 언제까지 무엇을 어떻게 끝마친다는 구체적인 목표일수록 바람직하다. 셋
째, 목표에 대한 수용이 전제되어야 한다. 자기가 스스로 설정한 목표는 당연히 목
표에 대한 수용 정도가 높을 것이며 목표가 어려울수록 수용 정도는 감소하는 경
향이 있다. 타인이 설정해 준 목표라도 그것이 일단 수용되기만 하면 목표설정의
효과가 나타날 수 있다.

정해진 목표를 달성하는 데 도움이 되는 요인은 자기효능감이다. 자기효능감
이란 어떤 구체적인 활동에 대해 자신이 그것을 충분히 해낼 수 있는 능력이 있다
고 보는 신념이다. 자기효능감은 저절로 생기는 것이 아니라 자신이 그 활동을 실
제로 잘해본 경험에 의해서, 또는 타인이 자신에게 충분히 할 수 있다고 설득해 줌
으로써 얻어진다. 따라서 관리자들이 부하직원의 직무수행을 촉진하려면 해야 할

일의 과제목표를 분명히 제시하고 그 일을 완수하는 방법을 구체적으로 알려주며 부하직원이 자기효능감을 가질 수 있도록 격려하면서 그에게 적당히 어려운 일을 제시해야 한다.

11.6. 직장에서의 태도와 행동

직장에 대해 구성원이 갖는 태도와 행동은 조직의 성공과 밀접한 관계가 있을 뿐만 아니라 개인의 행복과 발전에도 관계가 있다. 일과 관련한 태도는 구성원들이 자신이 속한 조직, 상사, 직무와 같은 다양한 면을 지속적으로 평가하며 형성된다 (Schleicher, Hansen, & Fox, 2011). 이렇게 형성된 태도는 직장에서 구성원들이 취하는 행동에 영향을 미치게 된다. 여기에서는 구성원들이 직장에 대해 갖는 태도 중에서 중요한 직무만족, 조직몰입, 조직 공정성을 알아보고, 직장에서 보이는 행동 가운데 조직시민행동과 반사회적 작업행동, 그리고 심리적 계약을 살펴보고자 한다.

직무태도

직무만족

직무만족(job satisfaction)은 근로자가 자신의 직무에 대해 느끼는 호감도에 대한 내적 평가다(Judge, Hulin, & Dalal, 2012). 다시 말해 근로자가 자신의 직무로부터 얻는 즐거움의 정도를 뜻한다. 만약에 어떤 사람이 자신이 능력이 있다고 믿고 있고, 자신이 하는 일의 대부분이 자신의 통제하에 있다고 느낀다면, 그 사람은 자기 직무를 좋아하고 자기 일에 만족할 가능성이 높다. 자기 일에 만족하는 사람은 일반적으로 실적을 많이 내며, 그 직장에 오래 남아 있을 것이다.

어떤 사람은 자신이 하는 일에 만족하며 의미를 발견하지만, 어떤 사람은 자신이 맡은 일을 지루하고 고된 것으로 여긴다. 왜 그럴까? 그 해답은 기대하는 바에 대한 개인적 차이, 즉 직무가 개인의 기대 수준을 충족시키는 정도에 대한 개인적 차이에서 답을 얻을 수 있다. 그렇다면 직무를 통해서 개인이 기대하는 것은 무엇인가? 연구에 따르면, 사람들은 그들의 직무에 대하여 전반적인 느낌을 가지고 있을 뿐만 아니라 그들의 상사, 동료, 승진기회, 임금 등과 같이 직무의 세부 차원이나 단면들에 대해서도 개인적인 느낌을 가지고 있다. 산업 및 조직심리학자들은 이러한 두 가지 수준의 느낌을 각각 전반적 직무만족(overall job satisfaction)과 직무 단면별 만족(job facet satisfaction)으로 구분한다.

직무 단면별 만족은 개인의 직무만족이 어디에서 비롯되는지를 알려준다. 첫째, 일 자체가 재미있거나, 도전할 만한 것이거나, 자신의 판단을 적용할 수 있거나, 자율적으로 일할 수 있을 때 만족이 높아진다. 둘째, 인정받을 기회가 많고, 보수가 형평에 맞고, 승진 가능성이 있고 자기존중감을 가질 수 있을 만큼 지각된 보상이 적절할 때 만족이 높다. 셋째, 상사나 감독자가 격려와 지원, 도움을 제공하는 등의 감독의 질이 좋으면 만족이 높다. 넷째, 동료직원과 상호작용할 수 있는 기회가 많고, 동료의 도움을 잘 받을 수 있는 등의 동료의 지원이 있으면 만족이 높다. 다섯째, 직무환경이 안전하고 편안하며, 일하기에 충분한 정보와 장비가 제공되며, 회사정책에 영향을 미칠 수 있는 기회가 있는 등 작업환경이 좋으면 만족이 높다. 사람들은 이런 요인들에 대해 자기 나름대로의 요구나 기대, 가치 수준에 따른 기준을 갖고 있는데, 직무의 여러 단면들이 이 기준에 가까울수록 만족을 느끼게 되며, 기준에 미달할수록 불만족을 느끼게 된다.

조직몰입

조직몰입(organizational commitment)은 자신이 속한 조직과 자신을 동일시하고 조직에 몰두하는 경향이다(Mowday, Steers, & Porter, 1979). 알렌과 메이어(1990)는 조직몰입의 세 가지 구성요소를 제안하였다. 정서적 요소는 대상 조직에 대한 구성원의 감정적 애착과 일체감을 나타낸다. 계속적 요소는 대상 조직을 떠나면 구성원이 지불하게 될 비용 면에 기초한 몰입을 뜻한다. 규범적 요소는 구성원이 대상 조직에 남아 있어야 한다고 느끼는 의무감을 나타낸다. 일반적으로 조직몰입은 구성원과 조직 간의 관계를 나타내는데, 구성원이 조직에 계속 남아 있겠다고 결정하는 데 영향을 미친다. 조직에 몰입하는 구성원들은 몰입하지 않는 구성원들보다 조직에 남아 있을 가능성이 더 많다.

브라운(1996)의 통합분석에 따르면, 조직몰입과 다른 직무관련 구성개념들 간의 평균적인 상관은 전반적인 직무만족과 .53, 이직과는 −.28, 성실성 같은 성격차원과는 .67이었다. 리키타(2002)는 통합분석 연구에 기초하여 조직몰입과 직무수행 간에 .20의 상관이 있다고 추정하였다. 이러한 결과들은 일반적으로 직무만족과 조직몰입은 서로 상당히 관련되어 있지만, 수행이나 이직과는 그렇게 큰 상관이 없음을 나타낸다. 이처럼 조직에 대한 태도들은 서로 상당히 관련되어 있다.

조직 공정성

조직 공정성(organizational justice)은 조직 구성원들을 공정하게 대우하는 것과 관련이 있다. 조직 공정성은 수행, 이직, 결근, 신뢰, 직무만족을 포함하여 산업 및 조직심리학이 다루는 많은 연구주제와 관련되어 있기 때문에 최근에 자주 연구되는 주제들 중 하나다. 조직 공정성은 크게 분배 공정성, 절차 공정성, 상호작용 공정성으로 구분된다(Colquitt, 2012).

분배 공정성(distributive justice)은 성과, 결과 혹은 성취한 결실을 분배하는 데 있어서의 공정성을 말한다. 분배가 공정한지를 판단하는 데에는 세 가지 규칙이 있을 수 있다. 첫째는 형평(equity) 규칙으로서, 누구나 기여한 만큼 그에 상응하는 보상을 받는 것이 공정하다는 견해다. 둘째는 동등(equality) 규칙으로서, 누구든지 능력과 같은 요소에 관계없이 동일하게 분배받을 기회가 있어야 한다는 견해다. 셋째는 필요성(need) 규칙으로서, 보상의 분배는 그것이 얼마나 절실히 필요한가 하는 개인의 요구에 기초해야 한다는 견해다. 어떤 규칙이 더 올바른지에 대한 사람들의 생각은 문화권과 상황에 따라 다를 수 있기 때문에 절대로 올바른 규칙이란 존재하지 않는다. 따라서 보상 배분의 목적에 따라 여러 규칙을 혼합하여 사용하는 것이 바람직할 수도 있다(서용원, 2001). 대학에서 장학금을 지급할 때 무조건 전교생 중에서 학점이 제일 높은 학생에게 지급하지 않고, 모든 학과와 학년에 일정한 장학금액을 우선 나누어 주고(동등 규칙), 그 내에서 학점이 높은 학생을 선택하거나(형평 규칙), 가정형편이 어려운 학생을 지원하는 경우(필요성 규칙)가 한 예이다.

공정성의 두 번째 중요한 유형은 어떤 결과나 결정이 이루어지는 과정에 사용된 절차가 얼마나 공정했느냐를 나타내는 절차 공정성(procedural justice)이다. 분배의 결과는 자신에게 유리할 수도 있고 불리할 수도 있다. 그런데 사람들은 분배 자체의 유리함과 불리함을 떠나 그 과정의 공정성에 대해 민감하게 따져보게 된다. 예를 들어, 어떤 사람이 승진을 했는데 그 과정에 잡음이 많았다면 다른 동료에게 미안하겠지만, 공정한 절차로 승진했다면 자부심이 들 것이다. 반대로, 어떤 사람이 승진에서 탈락했는데 절차에 아무런 하자가 없다면 겸허하게 결과를 수용하겠지만, 공정하지 않은 절차였다면 결과를 수용하지 않고 저항할 것이다. 사람들로 하여금 절차가 공정했다는 태도를 갖게 하려면 우선 의사결정 과정에서 이해당사자가 의견을 제시할 수 있는 발언기회가 주어져야 한다. 또한 사용된 절차가 일관성이 있고, 특정 대상에 대해 편파적이지 않으며, 가능한 많은 양의 정확한 정보에 근거해서 결정이 이루어져야 하며, 결정한 결과가 수정될 수 있다는 여지가 있어야 한다.

조직 공정성의 세 번째 유형은 상호작용 공정성(interactional justice)이다. 상호작용 공정성은 조직 내 구성원을 공정하게 대우하며, 정보를 적절한 시기에 제공하고, 정확하고 완전한 정보를 제공하는 공정성이다. 상호작용 공정성은 구성원에게 관심을 보이고 존엄성을 가진 사람으로 존중하는 대인간 공정성과 구성원이 관심을 갖고 있는 절차들에 대한 지식을 제공하는 정보 공정성의 두 가지 요소가 존재한다.

직무행동

조직시민행동

직장에서 사람들은 다양한 행동을 한다. 산업 및 조직심리학자들은 대부분 과업수행에 관한 행동에 관심을 두고 직무를 구성하고 있는 과업들을 설정하거나 과업들을 얼마나 잘 수행하는지를 평가하였다. 하지만 조직 연구자들은 구성원들 중에서 일부는 직무에 규정되어 있는 의무 이상의 것을 함으로써 조직의 발전과 효과성에 기여한다는 것을 밝혔다. 즉 구성원들은 자신에게 요구하거나 기대하지 않은 부가적인 일을 함으로써 조직에 자발적으로 공헌한다. 이러한 현상을 언급할 때 가장 자주 사용하는 용어가 조직시민행동(organizational citizenship behavior)이다. 이것은 친사회적 행동(pro-social behavior), 역할 외 행동(extra-role behavior), 또는 맥락행동(contextual behavior)이라고도 한다.

그랜트와 마이어(2009)는 조직시민행동을 하는 구성원들은 '선행을 하고자 하는 시민의식'과 '타인에게 잘 보이려는 인상관리'의 두 동기 중 하나의 동기에 의해 행동을 한다고 제안했다. 구성원들의 조직시민행동이 개인과 조직에 미치는 영향을 통합분석한 결과, 조직시민행동을 더 많이 하는 구성원들이 적게 하는 구성원에 비해 수행평가 점수를 더 높게 받고 임금인상률도 높으며 결근율은 더 낮았다(Podsakoff, Whiting, Podsakoff, & Blume, 2009). 조직시민행동에 영향을 미치는 것은 개인의 성향과 상황이다. 성격 5요인 중에서 원만성과 성실성이 높은 사람들은 다른 사람들보다 조직시민행동을 나타낼 가능성이 더 많다. 상황적 결정요인으로는 조직 공정성과 역할로 인한 스트레스를 들 수 있다. 공정하게 대우받는 구성원들은 교환관계를 통해 조직시민행동을 자발적으로 할 것이다. 역할갈등이나 역할모호성을 겪는 구성원들은 조직시민행동을 할 가능성이 적다.

반사회적 작업행동

반사회적 작업행동(counterproductive work behavior)은 조직은 물론 구성원에게 부정적인 영향을 주는 다양한 형태의 구성원 행동을 말한다. 반사회적 작업행동은 조직 내 일탈행동(organizational deviance)이라고도 한다. 반사회적 행동에는 무례함, 배척, 유언비어 유포, 빈정댐 등과 같은 언어적 행동, 괴롭힘이나 때리기와 같은 신체적 행동, 조직의 재산과 제품 및 고객을 대상으로 하는 고의적 파괴행동이 포함된다. 가장 심각한 형태는 직장에서의 살인이다.

산업 및 조직심리학에서 직장 내 괴롭힘은 상당히 많은 관심을 받고 있다. 직장 내 괴롭힘은 여러 사람, 다양한 동기, 배후에 가려진 사안, 오랜 원한관계로 인해 발생하는 복잡한 현상이다. 구성원들을 억압하고 깎아내리고 모욕하는 조직의 관행과 정책이 직장 내 괴롭힘을 부추길 수 있다. 조직 내 일탈행동은 조직의 좋은 분위기를 망치는 나쁜 사람들에 의해 발생하기도 하지만, 조직의 나쁜 분위기가 구성원들로 하여금 일탈행동을 하도록 만들기도 한다. 조직이 만든 규칙, 그리고 구성원이 조직과 자신을 얼마나 동일시하는가에 따라 괴롭힘이 증가하거나 감소할 수 있다.

심리적 계약

심리적 계약(psychological contract)은 조직과 개인 사이에 존재하는 상호 간의 의무에 대한 구성원의 지각이다(Rousseau, 1995). 이것은 조직과 개인 간의 공식적인 문서에 의한 계약이 아니라 상호 기여를 바탕으로 한 암묵적 교환관계다. 구성원들은 조직에 대한 자신의 의무뿐만 아니라 조직이 그들에 대해 가지고 있는 의무에 대해서도 믿음을 갖고 있다. 구성원들은 조직을 위해 열심히 일하고 충성하는 것에 대한 교환조건으로 조직이 직업안정성과 승진기회를 제공해 준다고 믿는다. 이처럼 심리적 계약은 미래지향적이다. 장래에 이루어질 교환에 대한 약속 없이는 어느 쪽도 다른 쪽이 기여하도록 하는 유인을 제공할 수 없으며 양자 간의 관계도 오래 지속되지 않는다. 그러나 심리적 계약의 내용에 관해서 양자가 반드시 일치하는 것이 아니며, 시간과 상황에 따라서 심리적 계약의 내용이 바뀌기도 한다.

심리적 계약에는 거래적 계약과 관계적 계약이 있다. 거래적 계약은 짧은 기간 동안만 지속되고 구체적인 의무사항을 포함하고 있는데, 자신의 전체 이득에 관심을 두어 주로 금전적 의무사항에 대한 지각이다. 관계적 계약은 오랫동안 지속되고 구체적이지 않은 의무를 포함하는데, 한쪽이 다른 쪽의 이득을 자신의 것보다 먼저 고려해 줌으로써 암묵적으로 그 자체의 가치에 의미를 두어 충성, 총애 등의 사회정서적인 면에 대한 지각이다.

양자 관계에서 다른 쪽이 약속된 의무를 이행하지 않았다고 지각할 때 심리적 계약이 깨진다. 고용주에 의한 위반은 근로자가 고용주에게 빚지고 있다는 생각에 부정적인 영향을 미칠 뿐만 아니라 근로자가 고용주에게 보답할 의무가 있다는 생각에도 부정적인 영향을 미칠 수 있다. 심리적 계약 위반에 대한 구성원의 전형적인 반응은 관계적 성격이 점점 줄어들고 거래적 성격이 더 늘어난다는 것이다. 즉 구성원들은 일에서 사회정서적인 면에 별로 관심을 두지 않고 계약에서의 금전적 이득에 관심을 더 둔다. 심리적 계약 위반은 구성원이 회사에 계속 머물려는 의도와 직무만족에 부정적인 영향을 미친다는 것을 발견하였다(Cavanaugh & Noe, 1999; Turnley & Feldman, 2000). 조직이 약속이나 의무를 이행하지 않았다고 구성원들이 느끼는 심리적 계약 위반에 대해 통합분석을 실시한 결과, 심리적 계약 위반은 높은 불신, 낮은 직무만족, 낮은 조직몰입, 낮은 친사회적 행동, 낮은 직무수행과 관련되어 있었다(Zhao, Wayne, Glibkowski, & Bravo, 2007). 인원감축, 아웃소싱, 오프쇼링은 근로자들의 직무 안정성을 낮춘다. 근로자들이 자신의 직무 안정성을 통제할 수 없다고 지각하면, 고용주에 대해 거래적 관계를 느끼고 고용주에 대한 몰입과 충성도가 낮아진다.

11.7. / 리더십

작은 팀조직에서부터 거대조직에 이르기까지 어느 조직이나 리더가 필요하다. 리더는 구성원들을 설득하고, 격려하면서 조직의 목표를 달성한다. 집단에서 리더십을 가진 사람이 없다면 집단은 혼란에 빠지고 결국 허물어질 것이다. 그러면 훌륭한 리더는 어떤 특성을 지니고 있는가? 왜 어떤 리더는 성공하고 어떤 리더는 실패하는가? 효과적인 리더십을 발휘하는 데 필요한 요인들은 무엇인가? 산업 및 조직심리학자들은 이러한 물음에 답을 찾고자 많은 노력을 기울여왔다.

리더십의 정의

리더십을 생각하면 여러 가지가 떠오를 것이다. 세력, 권한, 영향력과 같은 단어가 떠오를 수도 있고 또는 세종대왕, 이순신, 워싱턴, 처칠과 같은 실제 인물이 떠오를 수도 있다. 또한 효과적인 리더가 어떤 행동을 하는 사람인지를 생각할 수도 있다. 이러한 생각들은 모두 리더십의 원인, 현상, 효과를 어느 정도 설명해주고 있다. 베니스(2007)는 리더십의 개념에 세 가지 요소가 포함되어 있다고 하였다. "리더십은 관계에 기초하고 있다. 리더십을 구성하는 세 가지 요소는 리더, 부하, 그리고 리더와 부하가 성취하고자 하는 공통목표다. 이 세 가지 요소 중에 하나라도 빠지면 다른 요소들이 존재할 수 없다"(pp.3~4).

리더십에 대한 정의는 정의를 내린 사람 수만큼이나 많을 정도로 다양하다. 이는 리더십을 정의하는 것이 얼마나 어렵고 혼란스러운지를 말해준다. 하지만 여러 연구자들의 정의에서 공통되는 점을 찾아보면 첫째, 리더십은 최소 두 명 이상의 사람들이 상호작용하는 것과 관련된다는 것이다. 둘째, 어떤 목표가 정해져 있고 그것을 성취하려 한다는 점이다. 셋째, 영향력을 미치는 과정이란 점이다. 이러한 점을 토대로 리더십이란 집단이나 조직의 목표를 결정하고, 이러한 목표를 달성하기 위해 여러 가지 방법으로 집단이나 구성원에게 영향을 미치는 과정이라고 정의할 수 있다.

리더십에 대한 이론적 접근

리더십에 관한 다양한 관점이 존재한다. 어떤 연구자들은 강한 리더들이 어떤 능력, 성격, 특성, 기술 등을 가지고 있는지를 연구했다. 부하가 없다면 리더 역시 존재할 수 없기 때문에 어떤 연구자들은 리더와 부하 간의 관계를 연구했다. 강한 리더들은 약한 리더들이 하지 못하는 것들을 할 수 있기 때문에 어떤 연구자들은 리더십의 효과에 관심을 갖는다. 어떤 연구자들은 리더십이 발휘되는 상황에 관심을 둔다.

특성 접근

리더십을 이해하기 위해 초창기에는 훌륭한 리더와 그렇지 못한 리더를 구분하는 특성(trait)을 밝히려고 시도하였다. 초창기에 리더의 특성에 관심을 둔 이유는 훌륭한 리더는 타고난 것이라는 믿음이 강했기 때문이다. 리더 특성은 다양한 집단 및 조직 상황에서 일관된 리더십 행동을 나타내는 안정적이고 일관된 특성인데, 이러한 특성에는 성격, 기질, 동기, 인지능력, 기술, 전문성 등에서 다양한 개인차를 포함한다(Zaccaro, Kemp, & Bader, 2004). 리더십에 대한 특성 접근에 따르면, 효과적인 리더는 리더십 역량과 관련된 특성을 지니고 있는 사람이다. 이러한 특성은 단호한, 역동적인, 외향적인, 주장이 강한, 강력한, 용감한, 설득력 있는 등과 같은 광범위한 성격 특성을 포함한다. 리더가 지닌 또 다른 특성으로는 키가 큰, 잘생긴, 침착한, 조리 있는, 자신 있는, 권위 있는 것 등도 언급된다. 한 사람이 지닌 특성의 집합은 그 사람을 '리더가 되기 위해 태어난 사람' 또는 '타고난 리더'로 만든다.

리더십에 대한 특성 접근은 사람들이 왜 리더가 되려고 하는지, 그리고 리더가 되었을 때 왜 그렇게 행동하는지를 설명하는 데 많은 도움을 준다. 리더가 가지고 있는 특성이나 기술이 성공을 보장하는 것은 아니지만, 몇 가지 특성과 기술은 리더의 성공 가능성을 높여준다. 그렇지만 특성 자체가 추상적이기 때문에 리더십을 이해하기 위한 특성 접근의 효용성은 제한적이다. 특성은 리더의 행동에 영향을 미치는 기타 상황적 요인과 상호작용하며, 집단과정 변인은 집단의 수행에 영향을 미친다. 따라서 리더의 특성이 실제 행동으로 얼마나 표현되는지를 연구하지 않으면, 리더 특성이 부하의 동기나 집단수행에 어떻게 영향을 미치는지를 이해하기 어렵다. 리더십 연구에서 리더의 행동을 강조함에 따라 행동 접근이 나오게 되었다.

행동 접근

리더십에 대한 행동 접근(behavioral approach)은 리더가 지닌 특성이 아니라 리더가 나타내는 구체적인 행동에 초점을 둔다. 특성 접근은 리더는 태어나는 것이라고 주장하는 반면에, 행동 접근은 리더는 만들어지는 것이라고 주장한다. 1950년대에 오하이오 주립대학교에서 리더십에 대한 행동 접근의 대표적인 연구가 수행되었다. 이 연구에서 두 가지 중요한 리더십 요인이 밝혀졌다. 하나는 리더가 과업을 완수하는 것과 관련 있는데, 이 요인을 과업주도(initiation of structure)라고 부른다. 과업주도는 리더가 과업을 완수하기 위해 부하에게 지시를 하거나 부하를 주도적으로 이끄는 행동을 포함한다. 두 번째 요인은 타인을 배려하고 관계지향적인 리더십 행동을 나타내는 것으로 배려(consideration)라고 부른다. 배려 행동은 리더가 구성원들과 개인적으로 친하게 교류하는 행동을 포함한다. 과업주도 행동은 리더 효과성과 높은 상관이 있었고, 배려 행동은 리더에 대한 구성원의 만족을 가장 잘 예측하였다.

행동 접근은 오하이오 주립대학교 연구에서 처음으로 밝혀진 요인 이외에 추가적인 리더십 차원을 포함하는 것으로 확장되었다. 근로자의 작업을 모니터링하는 것과 모호한 문제에 대해 명쾌한 해결책을 제시하는 두 가지 행동이 효과적인 리더십과 관련된다는 것을 발견하였다. 구체적인 리더 행동을 찾아내는 행동 접근은 구성원의 기술 수준과 같은 다른 요인들과 복잡한 방식으로 상호작용한다. 다시 말하면, 행동 접근으로 중요한 리더 행동을 발견하더라도 효과적인 리더가 되기 위해서는 단순히 그러한 행동을 하는 것만으로는 충분하지 않다. 특히 리더가 부하에게 세력과 영향력을 어떻게 행사하는지를 이해하는 것이 중요하다. 이러한 인식으로부터 리더십에 대한 세력과 영향력 접근이 나오게 되었다.

세력 및 영향력 접근

세력 및 영향력 접근(power and influence approach)에 따르면, 리더십은 한 사람(리더)이 다른 사람들(부하)에게 영향력을 행사하는 것이다. 리더가 세력을 행사하는 방식은 부하들의 행동에 영향을 미치는데, 다양한 형태의 세력이 존재한다. 프렌치와 래이븐(1960)은 세력을 보상세력(reward power), 강압세력(coercive power), 합법세력(legitimate power), 전문세력(expert power), 참조세력(reference power)의 다섯 가지 유형으로 분류하였다. 보상세력은 부하의 바람직한 행동에 대해 보상을 제공해 줄 수 있는 세력이다. 강압세력은 부하가 바람직하지 않은 행동을 할 경우에 처벌할 수 있는 세력이다. 합법세력은 조직에서 정당하게 리더의 지위를 부여해 준 것에서 나오는 권한이다. 전문세력은 리더가 어떤 분야에 대한 전문성을 보유한 것에 근거한 세력이다. 참조세력은 리더가 부하들에게 존중받을 만큼 귀감이 되는 행동을 하는 데서 나오는 세력이다.

유클(1994)은 영향력 행사가 성공적인지 아니면 실패했는지는 영향력의 강도에 달려 있다고 지적하였다. 몰입(commitment)은 어떤 개인(영향력 수용자)이 다른 사람(영향력 행사자)의 요구를 내적으로 동의하고 그 요구를 효과적으로 이행하기 위해 많은 노력을 할 때 발생하는 결과다. 응종(compliance)은 영향력을 행사하는 사람의 요구는 수용하지만 요구의 이행에 열정적이지 않고 무관심한 편이고 단지 최소한의 노력만을 할 때 발생하는 결과다. 저항(resistance)은 영향력을 행사하는 사람의 요구에 반대하고 그 요구에 무관심한 반응만을 보이는 것이 아니라 요구의 이행에 적극적으로 거부할 때 발생하는 결과다. 사람들마다 세력을 사용하는

데 있어서 차이가 있다. 권위적인 관리자들은 주로 보상세력이나 강압세력을 사용한다. 참여적인 경향이 있는 관리자들은 전문세력이나 참조세력을 주로 사용한다. 효과적인 리더십을 발휘하기 위해서는 항상 새로운 지식을 획득하여 전문성을 쌓고, 부하에게 존경받을 수 있는 행동을 보여주는 등의 솔선수범하는 자세가 필요하다.

상황연계 접근

리더십에 대한 상황연계 접근(contingency approach)은 리더의 행동 및 영향력에만 초점을 두었던 것에서 벗어나 리더십이 발생하는 상황도 함께 고려한다. 이 접근에 따르면, 가장 효과적인 리더의 특성과 행동은 리더가 처한 환경에 따라 다르다. 상황연계 접근을 가장 잘 이해할 수 있는 리더십 이론은 피들러(1967)의 상황연계 모델(Fiedler's contingency model)이다. 피들러는 리더들이 그들의 성격에 기초해서 비교적 고정된 유형의 리더십을 가지고 있다고 주장하였다. 리더 성향은 과업 주도적 리더와 관계 지향적 리더로 나뉜다. 이런 리더의 성향이 효과적인지 아닌지는 상황에 따라 달라지기 때문에 리더 성향을 확인한 후에 상황의 호의성(favorability)을 고려하는 것이 중요하다. 상황의 호의성을 결정하는 세 가지 요인은 리더-부하 관계, 과업의 구조화 정도, 리더의 지위세력이다. 이 세 가지 요인이 모두 높을 때가 가장 호의적인 상황이고, 모두 낮을 때가 가장 비호의적인 상황이다. 피들러에 따르면, 극도로 호의적이거나 극도로 비호의적인 상황일 때 과업 지향적 리더가 더 효과적이다. 중간 정도의 호의적 또는 비호의적인 상황일 때는 관계 지향적 리더가 더 효과적이다. 피들러의 기본개념은 리더를 변화시켜서 상황에 맞추는 것이 아니라, 상황을 변화시켜서 리더에 맞추는 방법이 더 효율적이라는 것이다.

리더십에 대해 상황연계 접근을 하는 많은 이론들이 수년간 지지를 받아왔다. 그렇지만 연구의 주안점이 변화하였고, 연구자들은 점점 특정 접근법에 중점을 두지 않게 되었다. 상황을 이해하는 최근의 접근법은 리더의 적응력을 고려하는 것이다. 리더들은 이전보다 더 다양하고, 복잡하며, 역동적이고, 예측 불가능한 상황 속에 놓여있다. 최근에 강조되고 있는 것은 매우 다양한 상황과 환경에 적응할 수 있는 리더의 능력이다. 즉 적응력이 뛰어난 리더가 상황에 관계없이 더 효과적이라는 것이다.

요약

1. 산업 및 조직심리학은 심리학의 원리를 작업장에 응용하는 심리학의 한 분야다. 산업 및 조직심리학은 몇 가지 전문분야를 포함하고 있다. 전문분야에는 인사심리학, 조직심리학, 인간요인/인간공학, 작업 및 경력상담의 하위분야로 구성되어 있다.

2. 산업 및 조직심리학 분야는 1900년대 초에 시작되어 이후에 급속도로 성장하였다. 제1차 세계대전과 제2차 세계대전, 호손 연구, 시민권법 제정은 산업 및 조직심리학에 중요한 영향을 끼쳤다.

3. 준거에는 개념준거와 실제준거가 있다. 모든 실제준거는 개념준거를 측정함에 있어 오류를 포함하고 있다.

4. 직무분석은 직무에서 수행하는 일과 직무수행에 필요한 작업자 특성을 이해하기 위한 절차다. 직무분석을 통해 직무수행 준거를 설정한다.

5. 예언변인(심리검사, 면접, 추천서 등)은 준거변인을 예측하는 데 사용하는 변인이다.

6. 인사결정을 위한 예언변인의 효용성에 영향을 미치는 요인은 타당도, 선발률, 기초율이다.

7. 직무수행평가는 개인이 직무를 얼마나 잘 수행하는지의 정확한 측정치를 제공하기 위한 목적으로 직무와 관련된 개인이나 집단의 장단점을 체계적으로 기술하는 것이다.

8. 직무수행을 평가하는 준거에는 객관적 준거와 주관적 준거가 있는데, 주관적 준거는 근로자의 수행에 대해 주관적 판단에 기초하므로 평정에 오류가 발생할 수 있다. 평정오류에는 순서 위치 오류, 대비 오류, 후광 오류, 관대화 오류, 중앙집중 오류가 있다.

9. 직무수행평가는 다양한 사람들에 의해 이루어질 수 있다. 대부분의 평가가 직속상사에 의해 이루어지지만, 평가 목적에 따라 동료평가, 부하평가, 자기평가가 있을 수 있다.

10. 작업동기는 매우 복잡한 주제이기 때문에 사람들이 왜 특정한 방식으로 행동하는지를 설명하기 위해 많은 이론들이 제안되었다.

11. 성취동기란 우수한 수행 기준을 설정하고 이를 달성하고자 하는 동기를 말한다.

12. 이요인 이론에 따르면, 근로자들로 하여금 일에 대해 만족을 느끼도록 하는 요인들과 불만족을 초래하는 요인들은 서로 다르다고 주장한다.

13. 기대 이론에 따르면, 자신이 열심히 하면 높은 수행을 이끌어 낼 것이라고 믿는 기대와 자신이 높은 수행을 보이면 상응하는 보상이 뒤따를 것이라고 믿는 도구성 및 그 보상들을 개인이 가치 있다고 여기는 유인가의 세 가지 믿음에 따라서 동기 수준이 결정된다고 주장한다.

14. 형평 이론에 따르면, 사람들은 일에 대해 자신이 투입한 것과 일을 통해 자신이 얻은 성과의 비율을 타인의 그 비율과 비교하여 상황이 불형평하다고 지각할 때 형평을 회복하기 위해 동기가 유발된다.

15. 목표설정 이론은 사람들이 의도적으로 목표를 설정하고 바라는 목표를 달성하기 위한 방향으로 행동한다고 주장한다. 목표가 과제 수행을 촉진시키는 효과를 가지려면 목표가 달성 가능한 범위 내에서 가능한 한 어렵고 도전적이며 구체적일수록 바람직하다.

16. 직무만족은 가장 많이 연구된 조직 태도변인 중 하나다. 직무만족은 근로자가 자신의 직무에 대해 느끼는 호감도에 대한 내적 평가다

17. 조직몰입은 자신이 속한 조직과 자신을 동일시하고 조직에 몰두하는 경향이다. 조직몰입의 세 가지 구성요소는 정서적 요소, 계속적 요소, 규범적 요소다.

18. 조직 공정성은 조직 구성원들을 공정하게 대우하는 것과 관련이 있는데, 크게 분배 공정성, 절차 공정성, 상호작용 공정성으로 구분된다.

19. 구성원들이 자신의 공식적 의무와 책임 이외의 행동을 함으로써 조직의 복리에 기여하는 것을 조직시민행동이라고 부른다.

20. 반사회적 작업행동은 조직은 물론 구성원에게 부정적인 영향을 주는 다양한 형태의 구성원 행동을 말하는데, 모욕, 협박, 괴롭히기, 거짓말, 절도, 근무태만, 신체적 폭력, 직장 내 살인을 포함한다.

21. 심리적 계약은 개인과 조직 간의 교환관계이다. 문서로 작성되지는 않지만, 심리적 계약은 서로에게 기대하는 바에 기초하여 성립된다. 심리적 계약의 위반은 양자 간의 관계를 멀어지게 하는 여러 행동을 초래한다.

22. 리더십에 대한 특성 접근은 효과적인 리더는 그들을 효과적으로 만드는 특정 성격 특성을 가지고 있다고 주장한다.

23. 리더십에 대한 행동 접근은 리더십은 학습된 기술이고 중요한 행동을 나타내는 것이 효과적인 리더십의 기초가 된다고 주장한다.

24. 리더십에 대한 세력 및 영향력 접근은 리더십은 양자 간에 공유된 관계로부터 발생하는 과정이고, 리더십은 이러한 관계를 효과적으로 다루는 것과 관련되어 있다고 주장한다.

25. 상황연계 접근은 리더의 효과성이 리더가 처한 환경에 따라 다르므로 상황을 고려해야 한다고 주장한다.

추가 읽을거리

산업 및 조직심리학 전반에 대한 이해

- Aamodt, M. G. (2017). **산업 및 조직심리학** (박세영 외 역). 서울: 센게이지러닝. (원전은 2016년에 출판)
- Muchinsky, P. M., & Culbertson, S. S. (2016). **산업 및 조직심리학** (유태용 역). 서울: 시그마프레스.

인사결정에 대한 이해

- 탁진국 (2007). **심리검사**. 서울: 학지사.
- Guion, R. M., & Highhouse, S. (2010). **인사선발 및 평가** (최대정·이은정·정현선·이은경 역). 서울: 시그마프레스. (원전은 2006년에 출판)
- Wood, R., & Payne, T. (2003). **채용과 선발의 심리학** (오인수·임대열 역). 서울: 시그마프레스. (원전은 2002년에 출판)

직무수행평가에 대한 이해

- 한태영 (2015). **인사평가와 성과관리**. 서울: 시그마프레스.

작업동기에 대한 이해

- 한덕웅 (2006). **인간의 동기심리**. 서울: 법문사.
- Pinder, C. C. (2014). **조직의 직무동기** (이성수·김정식·신강현 역). 서울: 학지사. (원전은 2008년에 출판)

연습문제

A형

1. 산업 및 조직심리학에는 어떤 분야가 있는가?

2. 직무분석을 통해 나오는 결과물은 무엇이고, 어떤 용도로 활용되는가?

3. 인사선발을 위해 사용되는 예언변인에는 어떤 것들이 있는가?

4. 예언변인의 효용성에 영향을 주는 요인들은 무엇인가?

5. 직무수행평가의 목적은 무엇이라고 생각하는가?

6. 직무수행평가를 위한 주관적 판단에서 발생할 수 있는 오류에는 어떤 것들이 있고 평정 오류를 줄이기 위한 방안을 무엇인가?

7. 여러 동기 이론들 중에서 관리자에게 가장 유용한 이론은 무엇이라고 생각하는가? 그 이유는 무엇인가?

8. 직장에서 구성원의 조직에 대한 태도들은 서로 어떻게 관련되어 있는가?

9. 여러 리더십 이론 중에서 성공적인 리더십을 가장 잘 설명해주는 이론은 무엇이라고 생각하는가?

B형

1. 1차 세계 대전 동안에 군대 인력의 선발과 배치를 위하여 산업 및 조직심리학자들이 개발한 지능검사는?

   ① 군대알파 검사　　② 호손 검사
   ③ 테일러 검사　　　④ 군대일반분류검사

2. 준거에 대해서 바르게 설명한 것은?

   ① 현상을 체계적으로 설명하는 개념, 정의, 명제들의 집합
   ② 사물이나 사람에 대한 평가나 판단을 할 때 사용하는 기준
   ③ 대상의 속성으로서 조건에 따라 다른 값을 가지는 것
   ④ 독립변수의 영향을 받아 달라지는 결과

3. 직무분석 정보의 용도로 적합하지 않은 것은?

   ① 인사선발　　　　② 임금결정
   ③ 홍보　　　　　　④ 수행평가

4. 다음 중 작업자중심의 직부분석을 통해 도출되어지는 것은?

   ① 직무기술서　　　② 직무명세서
   ③ 작업일지　　　　④ 작업지시서

5. 지원자의 과거 활동, 흥미, 일상생활에서의 행동에 관한 정보에 기초하여 지원자를 평가하는 방식은?

   ① 전기자료　　　　② 성격검사
   ③ 추천서　　　　　④ 정서지능 검사

6. 다음 중 인사선발을 위한 검사에서 선발점수를 높이면 일어날 수 있는 현상은?

   ① 지원자 중에서 만족스러운 수행을 나타낼 사람의 수가 줄어든다.
   ② 검사에서 선발될 사람의 수가 늘어난다.
   ③ 검사에서 선발될 사람의 수가 줄어든다.
   ④ 검사의 타당도 계수가 증가된다.

7. 인사 결정에 대한 설명 중 옳은 설명은?

① 선발률이 1이 되면 선발도구의 사용은 아무런 의미가 없다.

② 타당도($r=.00$)인 검사라도 선발도구를 사용하면 그 효과가 있다.

③ 타당도가 높은 검사를 사용할수록 선발률을 높일 수 있다.

④ 기초율은 인사결정에 영향을 미치지 않는다

8. 인사선발에서 어떤 회사의 기초율이 99%라고 할 때, 다음 중 설명이 옳지 않은 것은?

① 현재 종업원들 중에서 성공적으로 직무를 수행한다고 판단되는 종업원이 100명 중에서 99명이다.

② 대다수의 종업원들이 매우 만족스럽게 직무를 수행하고 있다.

③ 새로운 선발 방법을 다양하게 적용할 수 있다.

④ 새로운 검사를 도입함으로써 유일하게 개선할 수 있는 점은 검사 실시 시간의 단축이나 실시 비용의 감소뿐이다.

9. 인사결정에 있어서 예언변인 검사에서는 불합격하였지만, 만일 이들에게 채용의 기회가 주어졌다면 성공했을 사람들을 무엇이라고 하는가?

① 올바른 합격자(true positive)

② 잘못된 합격자(false positive)

③ 잘못된 불합격자(false negative)

④ 올바른 불합격자(true negative)

10. 직무수행평가의 결과는 다양한 용도로 활용된다. 다음 중 직무수행평가의 용도에 해당하지 않는 것은?

① 인사교육　　② 조직평가

③ 배치　　　　④ 해고

11. 인사팀 홍길동 부장은 김대리의 창의적인 아이디어에 강한 인상을 받아서 김대리의 리더십,

협조성을 평가할 때도 앞에서 받은 인상을 가지고 평가하였다. 이와 같은 현상을 가장 설명할 수 있는 것은?

① 정적 관대화 오류

② 부적 관대화 오류

③ 중앙집중 오류

④ 후광 오류

12. 인사부의 김대리는 금번 과장인사에서 대상자들의 상사를 포함한 동료, 부하 및 평가 대상자 자신에게도 평가를 받아야 한다고 부장님께 주장하였다. 김대리는 다음 중 어떤 평가 방법을 주장한 것인가?

① 360도 피드백　　② 다중평가

③ 다자평가　　　　④ 멀티 피드백

13. 다음 중 동기의 개념을 설명하는 3가지 차원이 아닌 것은?

① 능력　　　　② 통로화

③ 활성화　　　④ 지속성

14. 기대 이론에서 직무수행성과와 보상(예, 임금인상, 보너스 등) 간의 관계를 의미하는 것은?

① 기대　　　　② 도구성

③ 유인가　　　④ 관련성

15. 다음 중 목표설정 이론에 대한 설명으로 옳은 것은?

① 노력한 정도와 노력의 결과로부터 얻어진 성과 간의 관계에 대한 지각에 기초하였다

② 개인적으로 얻으려고 하는 사물이나 상태를 성취하기 위하여 노력을 기울이는 동기 이론이다

③ 각자가 설정한 목표의 성취정도를 수시로 알아보는 자기감시 혹은 자기평가 활동을 한다

④ 열심히 노력하도록 만드는 직무의 차원이나 특성에 대한 동기이론이다

16. 김 대리는 회사를 떠나려는 마음을 먹었다. 그런데 심사숙고해 보니, 회사를 떠나는 스트레스가 새로 옮길 회사에서 얻게 될 이익을 넘어서는 것 같다. 이런 과정을 거쳐 김 대리가 회사에 대해 갖게 되는 조직몰입의 형태는 무엇인가?

① 계속적 몰입　　② 규범적 몰입
③ 정서적 몰입　　④ 강요적 몰입

17. 조직 내에서 사람들을 공정하게 대우해 주고, 그들에게 적절한 시점에 완전하고도 정확한 정보를 주는 공정성을 무엇이라고 하는가?

① 절차 공정성　　② 분배 공정성
③ 상호작용 공정성　④ 조직간 공정성

18. 종업원들이 자신에게 직무상 요구되지 않은 부가적인 일을 하는 행동과 관련된 것은?

① 직무관여　　② 조직시민행동
③ 조직몰입　　④ 직무충실

19. 다음의 심리적 계약에 관한 진술 중 옳지 않은 것은?

① 심리적 계약은 거래적 계약에서 관계적 계약에 이르는 연속선상에 존재한다
② 심리적 계약은 특정 상황마다 지속적으로 수정 가능한 것이다

③ 심리적 계약은 조직과 구성원들이 다르게 지각할 수 있다
④ 심리적 계약은 종업원 전체 집단과 조직 간의 교환관계를 나타낸다

20. 다음 중 프렌치와 래이븐의 다섯 가지 세력의 원천과 사용방법이 올바르게 연결되지 않은 것은?

① 전문세력－자신의 분야에 전문성이 있어 관련 정보를 부하에게 제공한다.
② 참조세력－부하들에게 귀감이 되는 행동을 해서 자신을 존경하게 만든다.
③ 합법세력－부하가 순종하지 않는 것에 대해 처벌을 가한다.
④ 보상세력－부하의 바람직한 행동에 보상을 제공한다.

21. 피들러의 상황연계 이론에서 리더와 부하관계가 좋은 경우 상황의 선호도가 가장 높은 경우는?

① 과업구조 구조화, 지위세력 낮음
② 과업구조 구조화, 지위세력 높음
③ 과업구조 비구조화, 지위세력 높음
④ 과업구조 비구조화, 지위세력 낮음

Chapter 12

소비자·광고심리학

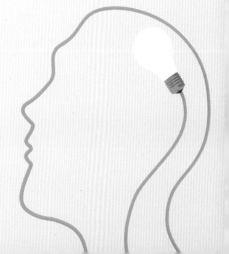

* 저자는 본 내용을 쓰는 과정에서 다양한 서적과 논문을 참고했다. 저자가 논문을 인용
한 경우에는 해당 인용 내용에 논문 출처를 밝히고 참고문헌으로 제시하였다. 그러나
저자가 본 내용을 작성하는 과정에서 참고한 서적은 독자들의 가독성을 높이기 위해
서 참고문헌으로만 제시했다.

지금 이 책을 읽고 있는 독자는 책이라는 제품을 소비하고 있다. 독자가 인식하지 못하더라도 앱의 자동 업데이트와 같이 자신의 휴대전화를 통해 365일 24시간 내내 전파를 소비한다. 또한 독자는 자신이 좋아하는 유명인이 광고에서 소개한 특정 브랜드의 옷을 사서 입기도 한다. 이처럼 현대인은 거의 매순간 제품이나 브랜드를 소비하고 광고에 영향을 받으면서 살아간다. 소비자·광고심리학은 한 개인이 왜 그리고 어떻게 특정 제품이나 브랜드를 소비하는지와 광고를 포함한 마케팅·커뮤니케이션 활동이 소비자에게 어떤 효과를 미치는지를 이해하기 위해서 탄생한 학문이다.

현대인은 자신의 욕구를 충족시켜줄 것이라고 기대하는 제품이나 브랜드의 구입 필요성을 느끼고 유관정보를 탐색하고 평가해서 하나의 제품이나 브랜드를 선택하고 사용한 후 처분하는 소비 행동의 다양한 과정을 밟으면서 살아간다. 소비자·광고심리학은 소비 행동의 다양한 과정에 영향을 미치는 (1) 심리 요인(예, 동기, 감정), (2) 인구통계 요인(예, 성별, 연령), (3) 경제 요인(예, 월평균 가구 소득 수준), (4) 행동 경향 요인(예, 라이프스타일), (5) 사회·문화 요인(예, 친구나 가족의 영향, 가치관) 그리고 (6) 마케팅·커뮤니케이션 활동의 효과를 과학적으로 연구하는 응용 심리학의 한 분야이다(그림 12.2. 참조). 이때 마케팅·커뮤니케이션 활동은 광고, 제품 디자인, 브랜드 명, 가격 책정, 가격 인상 및 가격 할인, 유통 채널 선정(예, 온라인 쇼핑몰 vs. 백화점), 판매촉진(예, 제품의 견본 제공) 등과 같이 매우 다양한 형태로 이루어진다. 본 장은 다양한 마케팅·커뮤니케이션 활동 중 광고를 중심으로 소비자·광고심리학을 소개할 것이다. 광고란 광고주(예, 기업-삼성전자, 정부-보건복지부, 비영리단체-유니세프, 개인-변호사나 정치인)가 특정 집단의 특정 행동(예, 브랜드 구입, 특정 대통령 선거후보에 대한 투표)을 촉진하거나 이들을 설득하기 위해서 비용을 지불하고 대중 매체를 통해 제품, 브랜드 또는 사회적으로 바람직한 아이디어(예, 금연, 기부)등을 전달하는 활동을 말한다.

12.1. 소비나 광고와 관련된 기초 개념

소비와 광고 대상: 제품과 브랜드

    사람들은 청바지, 휴대전화, 노트북 등의 재화나 계좌이체와 같은 은행 업무, 사설학원의 강의 수강 등과 같은 서비스를 구입하고 사용하면서 살아간다. 이처럼 소비 대상인 제품은 재화와 서비스로 구분된다. 재화와 서비스는 다음과 같은 네 개 차원에서 구분된다(Parasuraman, Zeithaml, & Berry, 1985). 먼저 휴대전화와 같은 재화는 제품 외관이라는 형태가 있는 반면 이동통신사의 서비스는 전파를 통해 전달되기 때문에 눈으로 확인할 수 있는 형태가 없다(유형 vs. 무형). 둘째, 노트북과 같은 재화는 일반적으로 공장에서 일정 규격에 맞추어 생산하기 때문에 표준화되어 있다. 그러나 서비스는 표준화하기 어렵다(표준 vs. 이질). 예를 들어서, 업무경력이 많거나 적은 은행원에 따라서 고객 응대 서비스의 품질이 달라질 수 있고, 같은 은행원이라도 그날의 본인 기분(예, 짜증이 난 날 vs. 기분 좋은 날)에 따라서 다른 품질의 고객 응대 서비스를 제공한다. 셋째, 냉장고와 같은 재화는 공장에서 생산하고 소비는 가정에서 이루어지는 것과 같이 생산과 소비가 분리되어 있다. 그러나 은행원의 계좌이체와 같은 서비스는 소비자가 은행원에게 계좌이체를 요구하면 은행원이 그 자리에서 이를 처리해주면(생산) 계좌이체가 즉시 완료된다(소비)(생산과 소비의 분리 vs. 생산과 소비의 동시 발생). 마지막으로 책과 같은 재화는 오랜 시간이 지나도 그 형태가 사라지지 않지만 블록버스터 영화는 관람 직후에 짜릿한 시각적 체험이 사라진다(비소멸 vs. 소멸). 이와 같은 재화와 서비스의 특징 차이는 소비자 심리에 다양한 방식으로 다르게 영향을 미친다. 제품의 품질에 대한 사람들의 평가를 예로 들어보면, 사람들이 냉장고나 TV와 같은 재화의 품질을 평가할 때는 그 재화를 얼마나 오래 사용할 수 있는가를 중요하게 생각한다(Garvin, 1984). 반면 이동통신사의 고객센터에서 제공하는 서비스는 사람들이 제기한 불만사항(예, 집의 화장실에서 휴대전화 통화가 자주 끊어짐)을 얼마나 빨리 해결해 주는가가 서비스 품질 평가에 큰 영향을 미친다(Parasuraman, Zeithaml, & Berry, 1988).

    추가로 사람들이 무엇을 소비하는가(소비 대상)를 이해할 때 다음과 같은 점을 고려해야 한다. 사람들은 스마트폰이라는 특정 제품군을 사용하거나 사용하지 않을 수 있다. 그런데 스마트폰을 사용하는 사람들 중에는 갤럭시 브랜드를 쓰는 사람도 있고 아이폰 브랜드를 쓰는 사람도 있다. 즉, 사람들은 재화와 서비스를 포함해서 특정 제품군을 소비하는 동시에 특정 브랜드를 소비한다. 여기서 브랜드란 생산자나 판매자가 소비 주체인 사람들이 특정 제품이 자사 제품인지를 확인하고 경쟁 제품과 차별화하도록 만드는 이름, 표식 또는 상징을 말한다.

사람들이 소비하는 대상인 제품과 브랜드는 광고의 대상이기도 하다. 제품과 브랜드뿐만 아니라 사회적으로 바람직한 아이디어도 광고 대상일 수 있다. 예를 들어서, 금연 광고는 '금연'이라는 바람직한 아이디어를 사람들에게 알려서 사람들이 금연하거나 흡연을 시작하지 못하게 하는 것이 목적이다. 코틀러와 잘트만(1971)이 처음 제안한 사회적 마케팅 분야에서 사회적으로 바람직한 아이디어는 매우 중요한 광고 대상이다. 그러나 본 장은 제한된 지면 관계로 사회적 마케팅 분야에 관한 소개를 더 이상 하지 않는다.

소비 혜택과 광고 소구 내용: 기능적, 체험적 그리고 상징적 혜택

소비 혜택이란 사람들이 기대하는 제품이나 브랜드가 제공하는 가치이다. 혜택은 크게 기능적, 체험적 그리고 상징적 혜택으로 세분화할 수 있다(Keller, 1993). 사람들은 특정 혜택을 얻기 위해서 제품이나 브랜드를 소비한다. 예를 들어서, 겨울 코트는 추위를 막아주는 기능이 있기 때문에 사람들은 이 기능적 혜택을 얻기 위해서 겨울에 코트를 입는다. 사람들은 옷감이 좋은 코트를 손으로 만지면 촉각적 즐거움을 느낄 수 있고 그 코트를 입을 때 좋은 착용감을 체험한다. 사람들은 이와 같은 체험적 혜택인 감각적 즐거움을 느끼기 위해서 옷감이 좋은 코트를 구입하기도 한다. 또한 어떤 사람은 유명 고가 브랜드의 겨울 코트를 사서 입고 다니면서 만나는 사람들에게 자신의 경제적 수준이 높다는 상징적 의미를 전달하고자 한다(상징적 혜택).

결국 사람들이 특정 제품이나 브랜드를 소비하는 이유는 기능적, 체험적 그리고 상징적 혜택을 누리기 위함이다. 따라서 성공적인 광고는 사람들이 특정 제품이나 브랜드를 소비하도록 해당 제품이나 브랜드가 제공하는 이와 같은 혜택을 효과적으로 소구(appealing)해야 한다. 광고로 특정 혜택을 소구하는 방법 중 하나가 리스와 트라우트(2000)가 제안한 포지셔닝이다. 포지셔닝은 기업이 사람들의 인식에서 자사 제품이나 브랜드를 경쟁 기업의 제품이나 브랜드와 차별화시키는 마케팅·커뮤니케이션 활동의 과정이다. 기업은 포지셔닝을 통해서 사람들에게 기능적, 체험적 그리고 상징적 혜택 차원에서 자사 제품 또는 브랜드의 차별적 이미지를 구축하고자 한다.

소비자의 다양한 역할과 광고 목표 청중

소비를 통해 제품이나 브랜드가 제공하는 기능적, 체험적 그리고 상징적 혜택을 얻고자 하는 사람, 얻는 중인 사람 그리고 이미 얻은 사람을 모두 소비자라고 부른다. 소비자는 소비 행동의 과정에서 다음과 같은 다양한 역할을 담당한다. (1) 소비자는 새로운 제품 범주의 필요성이나 기존 제품 또는 브랜드의 문제점이나 개선점을 기업이나 다른 소비자에게 제안한다(제안자). 이와 같은 제안자 역할을 하는 소비자는 소비하면서 동시에 생산 활동에 관여하는 프로슈머라고 불리기도 한다. (2) 소비자는 특정 제품이나 브랜드와 관련된 정보를 수집하고 평가해서 다른 소비자에게 알려준다(정보 수집자). (3) 소비자는 다른 소비자의 제품 또는 브랜드 구매 결정에 영향을 미치기도 한다(영향력 행사자). 특정 제품 범주의 다양한 브랜드를 직접 사용해본 뒤 평가 글을 지속적으로 온라인을 통해 제공하는 빅 블로거는 소비자의 역할 중 정보 수집자와 영향력 행사자에 해당된다. (4) 소비자는 제품이나 브랜드의 구매 여부를 결정한다(구매 의사결정자). (5) 소비자는 제품이나 브랜드를 구입한다(구매자). (6) 소비자는 제품이나 브랜드를 사용한다(사용자). 마지막으로 (7) 소비자는 제품이나 브랜드를 사용한 이후 폐기하거나 중고로 판매하기도 한다(처분자).

광고가 소구하려는 특정 소비자 집단을 광고의 목표 청중이라고 한다. 광고의 목표 청중은 어떤 역할의 소비자 집단에 주안점을 두고 광고를 기획하고 집행할 것인가에 따라서 달라질 수 있다. 예를 들어서, 카프리썬의 사용자는 10대 초반이지만 구매자는 10대 초반의 자녀를 둔 어머니 집단일 수 있다. 따라서 카프리썬의 국내 판매기업인 농심은 자사 매출 증진을 위해서 사용자와 구매자 중 어느 역할의 소비자 집단을 광고의 목표 청중으로 선정하는 것이 효과적인지에 대해서 고민할 필요가 있다.

12.2. / 소비 행동과 광고 효과

소비 행동과 광고 효과를 이해하는 데 보편적으로 활용되는 관점은 소비자 구매의사결정 관점이다. 이 관점에 따르면 소비자의 소비 행동은 구매의사결정과 관련된 총 6개의 순차적 단계로 세분화된다(그림 12.1. 참조).

소비자의 노트북 소비 행동에 소비자 구매의사결정의 6개 단계를 적용해보면 다음과 같다. 이때 각 단계에서 광고가 소비자의 소비 행동에 미치는 효과도 함께 소개할 것이다.

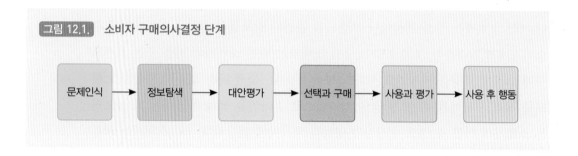

그림 12.1. 소비자 구매의사결정 단계

문제인식 → 정보탐색 → 대안평가 → 선택과 구매 → 사용과 평가 → 사용 후 행동

문제인식 단계

문제인식 단계는 소비자가 특정 제품이나 브랜드 구입의 필요성을 인식하는 단계이다. 이 단계에서 소비자는 자신의 노트북이 악성 바이러스 감염으로 완전히 고장이 나서 쓸 수 없는 결핍을 경험하거나(욕구 인식) 자신의 노트북이 고장 나지 않았지만 무거워서 더 가벼운 노트북 구입을 원할 수 있다(기회 인식). 욕구 인식은 소비자가 특정 제품이나 브랜드가 필요한데 소유하지 못해서 발생하지만 기회 인식은 소비자가 특정 제품이나 브랜드를 소유하고 있지만 더 좋은 것을 원할 때 발생한다. 소비자는 스스로 특정 제품이나 브랜드가 필요해서 문제인식을 할 수 있지만 경우에 따라서 외부자극인 광고(예, 무게가 매우 가벼운 엘지 그램 노트북 광고)를 보고 구매와 관련된 문제를 인식할 수도 있다.

정보탐색 단계

정보탐색 단계는 소비자가 새로운 노트북 구입의 필요성을 느끼고 필요한 정보를 탐색하는 단계이다. 정보 탐색은 소비자가 자신의 기억에 저장된 다양한 제품 범주(예, 노트북, 태블릿 PC)와 특정 브랜드와 관련된 정보를 떠올리는 내적 탐색과 노트북 광고, 인터넷 검색, 컴퓨터를 잘 아는 친구의 조언, 컴퓨터 매장의 판매원 이야기 등과 같이 외부로부터 정보를 찾는 외적 탐색으로 나누어진다. 특히, 브랜드에 대한 내적 탐색과 관련해서 소비자가 알고 있는 모든 노트북 브랜드의 집합을 인지군이라고 한다. 인지군 중 구매 시점에서 소비자의 기억에 떠오른 노트북 브랜드의 집합을 활성화군이라고 하며 활성화군 중 구매 고려 대상이 되는 노트북 브랜드의 집합을 구매 고려군이라고 한다. 소비자는 구매 고려군에 포함된 브랜드 중 하나를 살 가능성이 높다. 또한 소비자의 외적 탐색을 알아본 한 연구에 의하면 소비자는 광고가 제시한 브랜드의 특징이 자신의 기존 지식과 매우 유사하거나 매우 다른 경우보다 중간 수준으로 불일치한 경우에 광고로부터 가장 많은 양의 브랜드 특징과 관련된 정보를 탐색한다(강정석, 2015).

소비자는 정보탐색 과정에서 해당 제품이나 브랜드를 사용할 때 발생 가능한 부정적인 결과에 대한 신념인 지각된 위험도 탐색한다. 지각된 위험은 상대적으로 수입이 적은 소비자가 민감하게 생각하는 금전적 위험(잘못된 제품이나 브랜드 구매에 따른 금전 또는 재산상의 손해), 실용적인 소비자가 중시하는 기능적 위험(구매한 제품이나 브랜드가 소비자의 기대 수준 이하로 기능을 발휘함), 노약자나 질병이 있는 소비자가 민감하게 생각하는 신체적 위험(구매한 제품이나 브랜드가 몸에 해로움), 타인에게 매력이 없다고 생각하는 소비자가 중시하는 사회적 위험(구매한 제품이나 브랜드로 인한 사회적 체면이나 자존감 손상), 그리고 자신감이 낮은 소비자가 민감하게 생각하는 심리적 위험(구매한 제품이나 브랜드로 인한 자기 이미지 손상)으로 세분화할 수 있다.

대안평가 단계

대안평가 단계는 소비자가 정보탐색 중 또는 정보탐색 이후 선별한 대안인 여러 제품이나 브랜드의 속성, 신념 그리고 중요도를 비교하고 평가하는 단계이다. 여기서 속성이란 각 제품이나 브랜드가 가지고 있거나 가지고 있지 않은 물리적(예, 가격이나 크기) 또는 상징적(예, 프리미엄 이미지) 특징을 말한다. 예를 들어서, 노트북 A 브랜드와 B 브랜드는 화면 크기 속성은 15.6인치로 같다. 그런데 A 브랜드는 인터넷 판매가가 120만원대이고 무게가 980g이지만 B 브랜드는 인터넷 판매가가 80만원대이고 무게가 2.57kg로 두 브랜드의 가격 속성과 무게 속성은 다르다. 그러나 이처럼 소비자가 모든 제품이나 브랜드의 물리적 특징을 정확한 수치

Box 12.1.

소비자 정보처리 관점에서 제안한
광고 효과 발생 과정: 광고 정보처리 과정

소비자 구매의사결정 관점 이외에 소비자의 소비 행동과 광고 효과를 이해하는 주요 관점 중 하나가 소비자 정보처리 관점이다. 이 관점은 소비자를 적극적이고 능동적인 정보처리자라고 가정한다. 이때 소비자는 제품이나 브랜드 구입에 투자되는 시간, 노력(예, 다리품을 팔아서 여러 매장을 둘러보기)과 같은 비용을 최소화하면서 구입한 제품 또는 브랜드를 통해 최대의 만족을 얻고자 한다. 소비자 정보처리 관점은 다양한 구매 상황이나 마케팅·커뮤니케이션 활동 접촉 상황(예, 광고 노출 상황)에서 소비자가 어떤 정보를 어떻게 획득하고 처리하며 그 결과로 어떤 심리 또는 행동 반응을 보이는지에 대해서 주안점을 두고 있다(성영신·강정석, 2000). 소비자 정보처리 관점은 소비자 구매의사결정 관점에서 제안하는 정보탐색 단계 그리고 대안평가 단계와 밀접하게 관련된다.

소비자의 입장에서 광고도 하나의 외부 정보이기 때문에 많은 학자들이 광고 효과를 연구할 때 소비자 정보처리 관점을 채택해왔다. 여러 학자들 (예, MacInnis & Jaworski, 1989; Meyers-Levy & Malaviya, 1999)이 채택한 광고 정보처리 과정

을 도식적으로 정리하면 Box 그림 12.1.과 같다.

소비자의 광고 정보처리 과정을 구체적으로 살펴보면 다음과 같다. 먼저 소비자가 특정 신문, 잡지, TV, 라디오 광고에 자발적 또는 비자발적으로 노출되면 해당 광고에 주의를 기울인다. 이때 노출이란 광고 또는 광고 구성요소(예, 유명 광고모델, 배경음악)가 소비자의 감각 수용기(예, 눈, 귀)에 접촉하는 것을 말한다. 또한 주의란 소비자가 광고나 광고 구성요소에 자신의 인지적 자원을 할당하고 유지하는 모든 정신적 활동이다(성영신·강정석, 2016). 광고는 브랜드명을 중심으로 언어적(예, 헤드카피, 내레이션) 또는 비언어적(예, 유명 광고모델, 제품 패키지 사진, 배경음악) 요소로 구성되는데 이들 요소는 소비자에게 제시되는 정보이다. 소비자는 이런 정보를 파악하고 그 의미를 이해하는 인지적 정보처리를 한다. 또한 소비자는 언어적 또는 비언어적 정보가 유발하는 특정 감정을 기반으로 감정적 정보처리도 한다. 예를 들어서, 금연 광고에서 폐암에 걸린 흡연자의 썩은 폐 사진은 혐오와 공포라는 감정을 유발한다. 인지적 또는 감정적 정보처리 결과로 해당 광고 정보에 대한 반박 주장

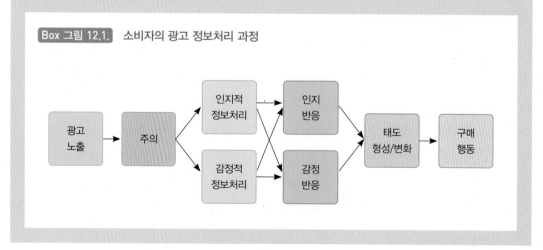

Box 그림 12.1. 소비자의 광고 정보처리 과정

이나 지지 주장이 떠오르거나 해당 광고 정보를 바탕으로 추론하는 인지반응이나 특정 감정을 경험하는 감정반응이 발생한다. 소비자는 특정 광고 정보에 대한 인지반응과 감정반응을 기반으로 광고 브랜드에 대한 태도를 형성하거나 기존 태도를 변화시킨다. 소비자가 광고 브랜드에 대해서 긍정적인 태도를 가지면 해당 광고 브랜드를 구입할 가능성이 높아진다.

로 알 수 없기 때문에 추정할 수밖에 없다. 더욱이 상징적 특징은 주관적인 것으로 수치화 자체가 어렵다. 결국 소비자마다 동일한 제품이나 브랜드라도 그 제품과 브랜드가 특정 속성을 가지고 있다고 믿는 정도인 신념은 다를 수 있다. 또한 소비자마다 해당 속성이 자신의 신념에 맞게 기능하는 것을 얼마나 중요하게 생각하는지의 정도인 중요도가 다를 수 있다. 소비자가 여러 대안의 속성, 신념 그리고 중요도를 비교하고 평가하는 방법은 크게 보상적 방법, 비보상적 방법 그리고 간편법(또는 휴리스틱스)으로 분류할 수 있다. 표 12.1.을 이용해서 각 방법을 소개하면 다음과 같다.

소비자·광고심리 연구 분야의 대표적인 보상적 방법은 다속성 태도 모형이다(Bass & Wilkie, 1973). 다속성 태도 모형에 의하면 특정 제품(예, 노트북)을 구입할 때 고려하는 속성들의 중요도와 해당 제품의 특정 브랜드에 대한 각 속성별 신념의 곱의 총합이 해당 브랜드에 대한 태도 추정치이다. 표 12.1.의 A 브랜드에 대한 태도 추정치는 (7점×7점)+(5점×5점)+(5점×4점)+(6점×5점)=124점이다. B 브랜드(123점)와 C 브랜드(118점)에 대한 태도 추정치도 동일한 방식으로 산출한다. 이때 세 브랜드 중 A 브랜드에 대한 태도 추정치가 가장 높기 때문에 소비자는 A 브랜드를 구매 고려군으로 선택한다. 다속성 태도 모형이 보상적 방법인

표 12.1. 노트북 대안평가에 대한 가상 사례

속성	중요도	A 브랜드	B 브랜드	C 브랜드
처리 속도가 빠르다	7*	7**	5	4
화면 크기가 크다	5	5	7	5
무게가 가볍다	5	4	7	7
A/S가 빠르다	6	5	3	5

* 소비자가 중요도를 1점(전혀 중요하지 않다)~7점(매우 중요하다)으로 평가함.
** 소비자가 신념을 1점(전혀 그렇지 않다)~7점(매우 그렇다)으로 평가함.

이유는 특정 브랜드가 특정 속성에서 낮은 신념 점수를 받더라도 다른 속성에서의 높은 신념 점수가 이를 보상하면서 최종 태도 추정치가 산출되기 때문이다.

다음은 특정 브랜드가 특정 속성에서 낮거나 높은 신념 점수를 받으면 다른 속성에서의 높거나 낮은 신념 점수가 이를 보상하지 못하는 대표적인 비보상적 방법에 대해서 소개하겠다. 사전체계 규칙(속성의 중요도 순으로 하나씩 비교하기 규칙)에 의하면 소비자는 가장 중요한 속성에서 가장 높은 신념 점수를 받은 브랜드를 구매 고려군으로 우선 선택한다. 만약 가장 중요한 속성에서 몇 개의 브랜드에 대한 신념 점수가 동일하면 다음으로 중요한 속성에서 가장 높은 신념 점수를 받은 브랜드를 구매 고려군으로 선택한다. 표 12.1.의 사례에서 가장 중요한 속성(7점)인 빠른 처리 속도에서 가장 높은 신념 점수(7점)를 받은 A 브랜드가 구매 고려군에 포함된다. 부분별 탈락 규칙(기준 신념 점수를 가지고 속성의 중요도 순으로 하나씩 비교하기 규칙)은 소비자는 가장 중요한 속성에 대한 최저 신념 점수를 정하고 이 기준점수를 넘긴 브랜드를 구매 고려군으로 선택한다고 제안한다. 몇 개의 브랜드가 가장 중요한 속성의 최저 신념 점수를 함께 넘기면 다음으로 중요한 속성에서 최저 신념 점수를 정하고 이 기준점수를 넘긴 브랜드를 구매 고려군으로 선택한다. 표 12.1.과 관련해서 어떤 소비자가 빠른 처리속도(가장 중요한 속성)와 빠른 A/S(두 번째로 중요한 속성)에서 4점을 최저 신념 점수로 정했다면 이들 속성에서 신념 점수가 모두 4점을 넘긴 A 브랜드가 구매 고려군에 포함된다. 결합 규칙(나쁜 대안 버리기 규칙)을 따르면 소비자는 각 속성별로 최저 신념 점수를 정하고 모든 속성에서 해당 기준점수를 넘기지 못한 브랜드를 제외하고 남은 브랜드를 구매 고려군으로 선택한다. 표 12.1.의 사례에서 어떤 소비자가 모든 속성의 최저 신념 점수를 3점이라고 정하면 모든 속성에서 신념 점수가 3점을 넘긴 A 브랜드와 C 브랜드가 구매 고려군에 포함된다. 분리 규칙(좋은 대안 남기기 규칙)은 소비자가 중요시하는 몇몇 속성 중 적어도 한 속성에서라도 최저 신념 점수를 넘긴 브랜드를 구매 고려군으로 선택한다고 제안한다. 표 12.1.과 관련해서 어떤 소비자가 노트북을 살 때 가벼운 무게와 빠른 A/S만을 중요하게 고려하고 두 속성에서의 최저 신념 점수를 5점이라고 정하면 최소한 한 속성에서 5점을 넘긴 B 브랜드와 C 브랜드가 구매 고려군에 포함된다.

마지막으로 다양한 간편법 중 몇 가지를 소개하면 다음과 같다. 먼저 가용성 간편법에 따르면 어떤 소비자가 노트북을 구입하려고 할 때 먼저 떠오르는 브랜드가 A 브랜드라면 A 브랜드가 구매 고려군에 포함된다. 또한 '싼 것이 비지떡'이라는 우리 속담처럼 소비자가 가격이 비싼 브랜드일수록 품질도 좋을 것이라고 추론하는 가격-품질 연합 간편법이 있다. 소비자가 특정 브랜드면 믿고 구매 고려군에 포함시키는 경우와 브랜드를 만든 국가가 어디인지를 따져서 구매 고려군에 포함시키는 경우도 다양한 대안의 속성, 신념 그리고 중요도를 비교하고 평가할 때 사용하는 간편법에 해당된다. 소비자는 과거 구입 경험과 특정 제품이나 브랜드의 반복 구입 경험에 의해서 습관적으로 특정 제품이나 브랜드를 구매 고려군에 포함시키는 경우도 간편법의 한 종류라고 볼 수 있다.

광고는 특정 속성의 중요도나 신념을 변화시켜서 소비자의 대안평가 단계에 영향을 미칠 수 있다. 독자가 표 12.1.의 사례에서 태도 추정치가 가장 낮은 C 브랜드의 광고를 제작한다고 가정하자. 독자는 C 브랜드의 신념 점수는 가장 높지만 (7점) 중요도가 낮은(5점) 가벼운 무게 속성의 중요도를 높이거나(5점 → 7점) C 브랜드의 신념 점수는 가장 낮지만(4점) 중요도는 가장 높은(7점) 빠른 처리속도 속성의 중요도를 낮추는(7점 → 2점) 광고를 제작해서 C 브랜드에 대한 소비자의 태도를 높일 수 있다. 중요도가 가장 높은 빠른 처리속도 속성에 대한 C 브랜드의 신념 점수를 높이는(4점 → 7점) 광고도 제작 가능하다. 또한 C 브랜드의 신념 점수가 높을 것으로 기대되는 새로운 속성(예, 가격이 싸다)이 노트북 브랜드 평가에 중요하다고 소비자를 학습시키는 광고도 제작할 수 있다.

브랜드의 특정 속성의 중요도나 신념을 변화시키는 광고 외에 광고 문구인 언어적 메시지를 이용해서 소비자가 특정 브랜드를 선택하거나 선택하지 않았을 때 발생하는 이익과 손실을 판단하는 기준을 변화시키는 프레이밍 효과를 활용할 수 있다. 카네만과 츠버스키(1979)가 제안한 전망이론에 의하면 소비자는 특정 구매행동에 의해 발생하는 같은 양의 이익과 손실 중 손실이 이익보다 더 크다고 판단하기 때문에 가능한 손실을 피하려고 한다. 예를 들어서, '75% 지방을 뺀'과 '25% 지방이 함유된'이라는 광고 문구를 붙인 소고기는 모두 동일한 지방 함유량을 가지고 있고 있다. 그러나 소비자는 '75% 지방을 뺀' 광고 문구가 붙은(이익 프레임을 이용한 메시지) 소고기를 '25% 지방이 함유된' 광고 문구가 붙은(손실 프레임을 이용한 메시지) 소고기보다 더 좋게 평가한다(Levin, 1987).

선택과 구매 단계

선택과 구매 단계는 소비자가 보상적 방법, 비보상적 방법 그리고 간편법을 활용해서 여러 대안의 속성, 신념 그리고 중요도를 비교하고 평가한 후 이들 중 소수 대안들을 구매 고려군에 포함시키고 최종적으로 구매 고려군 중 하나의 제품이나 브랜드를 선택하고 구입하는 단계이다. 그런데 소비자는 항상 보상적 방법, 비보상적 방법 또는 간편법을 활용해서 특정 제품이나 브랜드의 속성, 신념 그리고 중요도를 인지적으로 처리한 이후 해당 제품이나 브랜드를 구입하지 않는다. 소비자는 경우에 따라서 구매상황에서 즉흥적으로 특정 제품이나 브랜드 구입을 결정하기도 한다(성영신·강정석, 2000). 이와 같은 유형의 구매결정은 지각된 위험이 높은 노트북 구입 상황에서는 발생할 가능성이 낮지만 지각된 위험이 낮은 제품 범주에서는 자주 발생한다. 예를 들어서, 소비자는 매장에 설치된 특정 브랜드의 POP(point-of-purchase)물에 등장하는 음료수 광고모델에 마음이 끌려서 해당 브랜드를 구입하기도 한다. 또는 소비자가 길거리를 지나가다가 우연히 눈에 띈 매장에 진열된 예쁜 디자인의 값이 싼 악세사리를 즉흥적으로 사기도 한다. 이와 같이 사전 구매 계획이 없이 발생하는 즉흥적 구매결정은 소비자가 해당 제품이나 브랜드의 향후 필요성을 고려하고(예, '그래도 사두면 나중에 쓸 일이 있지') 구입하는 경우인 비계획적 구매와 소비자가 해당 제품이나 브랜드의 향후 필요성을 전혀 고려하지 않고 강한 감정적 경험 때문에 즉흥적으로 구입하는 경우인 충동구매로 구분할 수 있다.

한편 최근 온라인 쇼핑몰, 온라인의 제품이나 브랜드 정보, 스마트폰의 쇼핑 어플리케이션 등이 증가하면서 소비자가 정보탐색, 대안평가 그리고 선택과 구매를 모두 오프라인 매장에서 하는 소비 행동은 감소하는 추세이다(최경운, 2013). 대신 소비자가 오프라인 매장에서 정보를 탐색하고 대안을 비교하고 평가한 후 실제 구매는 온라인 쇼핑몰에서 하는 쇼루밍이나 온라인으로 정보를 탐색하고 대안을 비교하고 평가한 다음 최종 구매는 오프라인 매장에서 하는 역쇼루밍이 꾸준히 증가하고 있다(장흥훈·강상구·주연, 2014).

사용과 평가 단계

사용과 평가 단계는 소비자가 구입한 제품을 직접 사용하면서 또는 사용한 이후 제품이나 브랜드의 품질에 대한 평가를 내리는 단계이다. 평가 결과에 따라서 소비자는 제품이나 브랜드에 대해서 만족을 경험하거나 불만족을 경험한다. 여기서 만족이란 특정 제품이나 브랜드를 구입해서 사용하는 과정이나 사용 후 결과로 발생하는 구매 결정에 대한 전반적인 긍정 느낌이다. 소비자의 만족 또는 불만족은 다음과 같은 심리적 기제를 통해 발생한다. 먼저 기대 불일치 모형에 따르면 소비자가 제품이나 브랜드를 사용하기 전에 가진 속성 기대치와 실제 사용 중 경험한 속성의 실제수준 사이의 차이가 만족과 불만족을 결정한다. 예를 들어서, 소비자는 노트북을 구입해서 사용하기 전에 노트북의 속성(예, 빠른 A/S)에 대해서 기대치(예, 노트북 고장은 일주일이면 수리가 가능함)를 가지고 있다. 그런데 사용 경험(예, 노트북이 고장남)을 통해 확인한 속성이 기대치 미만이면(예, 수리에 한 달이 걸림) 소비자는 불만족을 경험하고, 기대치 이상이면(예, 수리에 4일이 걸림) 만족을 경험한다. 이때 광고의 역할은 제품 속성에 대한 소비자의 기대치를 만드는 것이다. 단, 광고에 의해서 지나치게 높은 수준의 기대치가 형성되면 소비자가 경험하는 속성의 실제 수준과의 큰 차이를 유발해서 소비자를 불만족하게 만들 우려가 있다. 반면 수행 기반의 만족 모형은 소비자가 노트북의 속성에 대한 사전 기대치를 가지고 있지 않고 실제 사용 중 또는 사용 후 경험한 속성의 실제 수준에 따라서 만족이나 불만족을 경험할 수 있다고 제안한다.

만약 소비자가 노트북 사용 과정이나 사용 후 자신이 선택한 노트북보다 대안 평가 단계에서 고려한 다른 노트북이 더 좋다고 생각하면 인지부조화를 경험한다(12.4.의 '동기'와 '태도' 참조). 이와 같은 인지부조화는 불만족을 유발한다. 반대로 소비자 자신이 선택한 노트북이 다른 대안보다 더 좋다고 생각하면 인지부조화가 없기 때문에 만족을 경험한다. 광고로 소비자의 인지부조화를 줄이는 한 가지 방법은 다른 많은 소비자도 동일한 제품이나 브랜드를 구입했다는 메시지를 전달해서 이 메시지에 접한 소비자가 자신의 선택에 대한 정당성을 확신하도록 만드는 것이다.

귀인 이론에 의하면 강한 불만족을 유발할 수 있는 노트북 고장이 발생하더라도 소비자가 그 고장의 원인을 어디로 돌리는가에 따라서 불만족을 경험하지 않을 수 있다. 예를 들어서, 소비자가 노트북 고장의 원인을 제품 자체가 불량품이라고 생각하면 불만족을 경험하지만 소비자 자신이 컴맹이라서 노트북을 함부로 다루었기 때문이라고 생각하면 불만족을 경험하지 않는다. 또한 형평 이론은 소비자가 판매자와의 거래가 공정하다고 생각하면 만족을 경험한다고 제안한다. 예를 들어서, 어떤 소비자가 온라인 쇼핑몰은 매장 운영비가 들어가지 않아서 오프라인 매장 보다 제품을 더 싸게 판매할 수 있다고 생각한다. 그런데 이 소비자가 온라인 쇼핑몰에서 노트북을 샀는데 오프라인 매장 가격보다 비싸게 구입했다고 생각하면 온라인 쇼핑몰 판매자와의 거래가 불공정하다고 생각하고 불만족을 경험한다.

이상에서 소개한 심리적 기제는 소비자의 인지 요소에 의해서 만족과 불만족이 결정된다는 관점이다. 그러나 소비자는 노트북을 사용하는 과정에서 경험한 긍정 또는 부정 느낌(구매 후 느낌) 때문에 해당 노트북에 대해 만족하거나 불만족할 수 있다.

한편 소비자는 내구성, A/S 등의 속성을 중심으로 노트북에 대한 만족과 불만족을 경험한다. 그러나 노트북과 같은 재화와 달리 서비스는 소비자가 신뢰성(약속한 서비스를 정확히 제공하는 서비스 제공자의 능력), 응답성(서비스 제공자의 고객을 도우려는 의지와 고객 요청이 있을 때 즉각적으로 서비스를 제공하고자 하는 의지), 확신성(서비스 제공자의 업무 지식, 정중함, 믿음과 확신을 심어주는 능력), 공감성(서비스 제공자의 고객 개개인에 대한 관심과 보살핌) 그리고 유형성(물리적 시설, 장비, 인력 등의 외양)을 중심으로 만족과 불만족을 경험한다. 예를 들어서, 소비자가 통장을 개설하기 위해서 은행에 갔는데 대기 의자가 불편하고 은행원의 유니폼이 지저분하면(유형성이 나쁨) 불만족을 경험한다.

사용 후 행동 단계

사용 후 행동 단계에서 소비자는 제품이나 브랜드에 대한 자신의 불만을 행동으로 표출하거나 자신에게 더 이상 필요가 없다고 생각한 제품을 중고로 되팔거나 아름다운 가게와 같은 곳에 기부하거나 분리수거해서 쓰레기로 버린다. 또한 소비자가 이전에 구입한 동일 제품이나 브랜드를 다시 구입하는 것도 사용 후 행동에 해당된다. 자신이 사용한 노트북에 불만을 느낀 소비자는 다양한 형태의 불평행동을 한다. 구입한 제품에 대해 불만족한 소비자는 제조사나 판매사를 대상으로 제품 교환이나 환불을 요구할 수 있다. 또한 소비자는 자신이 경험한 불만사항을 친구나 가족에게 구두로 이야기하거나 페이스북, 카카오톡, 블로그 등을 통해 글과 사진으로 알릴 수 있다(부정적 구전 정보). 혹은 소비자보호원, 신문사 등의 기관에 신고나 제보를 하거나 경우에 따라서 생산자나 판매자를 대상으로 법적 고발이나 고소를 할 수 있다. 기업이 소비자의 불만이나 불평행동을 낮추기 위해서는 소비자의 불평이나 불만족 사항을 실제로 개선하고 소비자에게 그 개선 결과를 적극적으로 알리는 광고가 효과적이다(Van Vaerenbergh, Lariviere, & Vermeir, 2012).

소비자는 자신에게 더 이상 필요가 없다고 생각하지만 고장이 나지 않은 노트북을 구입가보다 낮은 가격으로 오픈마켓을 통해 중고로 되팔거나 필요한 사람이 사용하도록 단체나 개인 소비자에게 무상으로 제공(기부)하기도 한다. 노트북이 고장 난 경우에 소비자는 노트북 부품의 일부를 재활용할 수 있도록 분리수거 원칙을 지켜서 처분하기도 한다. 소비자가 이전에 구입해서 사용한 노트북에 만족하는 경우에는 동일 노트북 브랜드를 다시 구입할 수 있다(재구매).

12.3. 소비 행동과 광고 효과에 영향을 미치는 요인들

　소비자의 소비 행동과 광고 효과에 영향을 미치는 요인은 크게 심리 요인, 인구통계 요인, 경제 요인, 행동 경향 요인 그리고 사회·문화 요인으로 구분할 수 있다(그림 12.2. 참조). 다음에 상세히 소개할 심리 요인을 제외하고 다른 요인에 대해서 간략히 소개하면 다음과 같다.

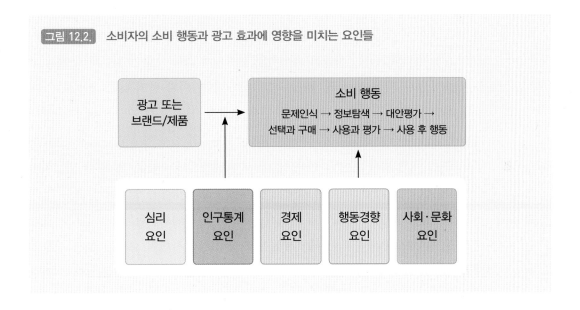

그림 12.2. 소비자의 소비 행동과 광고 효과에 영향을 미치는 요인들

인구통계 요인

　주요 인구통계 요인은 연령, 세대, 성별, 거주 지역, 종교 등이 있다. 인구통계 요인이 소비 행동과 광고 효과에 영향을 미친다는 점을 발견한 연구를 소개하면 다음과 같다. 주소현과 김정현(2011)은 X세대(1964~1974년생)는 N세대(1975~1987년생)와 유사하게 돈에 대해서 긍정적인 태도를 가지고 있지만 투자와 관련해서 위험 추구 경향이 약한 것을 발견하였다. 베이비부머세대(1955~1963년생)는 전쟁세대(1942~1954년생)와 유사하게 X세대나 N세대에 비해서 돈에 대한 긍정적인 태도는 낮지만 전쟁세대에 비해서 투자와 관련된 위험 추구 경향이 강한 것으로 나타났다. 또한 인구통계 요인 중 하나인 성별에 따라서 광고 정보인 광고 주장 내용을 처리하는 패턴이 달라진다. 달리와 스미스(1995)의 연구에 의하면 여성은 광고의 주장 내용을 꼼꼼하게 살펴보는 포괄적인 정보처리를 하는 반면 남성

은 광고의 세부 주장 내용에 주의를 기울이지 않고 주제 중심으로 광고의 주장 내용을 살펴보는 선택적인 정보 처리를 한다.

경제 요인

경제 요인은 개인 소득, 용돈, 월 평균 가구 소득 등이다. 소비자는 개인 소득 수준이나 월 평균 가구 소득 수준에 따라서 특정 제품을 소비할 수도 있고 하지 못 할 수도 있다. 특히 소득 수준에 따라서 새로운 혁신적인 제품이 소비 대중에게 퍼지는 과정인 확산 속도가 달라질 수 있다. 예를 들어서, 낮은 소득 수준의 가구는 높은 소득 수준의 가구보다 인터넷을 사용하는 비율이 낮다(Martin & Robinson, 2007). 즉, 인터넷이라는 새롭고 혁신적인 서비스가 소득 수준이 낮은 가구에서 소득 수준이 높은 가구 보다 확산되는 속도가 느리다. 이와 같이 낮은 소득 수준 때문에 해당 가구의 구성원이 인터넷과 같은 유용한 정보 통신 기술을 이용하지 못 하는 현상을 디지털 분할이라고 한다. 또한 개인 소득 수준이나 가구 소득 수준은 교육 수준, 직업의 종류, 취득한 자산 종류(예, 동산이나 부동산) 및 양과 밀접하게 관련되어 있고 한 개인 또는 한 가구의 사회 계층을 결정하는 중요한 기준이다. 소비자는 자신이 속한 사회 계층에 따라서 소비 품목, 라이프스타일, 가치관 등이 달라진다. 경우에 따라서 소비자는 자신이 지향하거나 자신이 소속된 높은 수준의 사회 계층을 타인에게 보여주기 위해서 대중적으로 잘 알려진 사치품 등을 구입하는 과시적 소비를 할 수 있다. 소득 이외에 용돈도 특정 제품의 소비에 영향을 미친다. 한 연구에 의하면 용돈을 많이 받는 청소년은 적게 받는 청소년에 비해서 청소년에게는 불법적이고 비윤리적 소비 행동인 담배 소비를 많이 하는 것으로 밝혀졌다(박선희·전경자, 2007).

행동 경향 요인

행동 경향 요인은 소비자의 라이프스타일이다. 라이프스타일은 소비자가 자신의 시간과 돈을 어떻게 사용할지를 결정하는 데 영향을 미치는 소비 행동의 패턴이다. 라이프스타일은 동질적인 특징을 가진 여러 소비자 집단을 분류하는 기준으로 많이 활용되어 왔다. 라이프스타일을 측정하는 대표적인 방법으로 AIO(activities, interests and opinions)와 VALS 2(values and lifestyles system 2)가 있다.

먼저 AIO 방법에 따르면 라이프스타일은 활동, 관심 그리고 의견으로 구성되며 연구 목적에 따라서 어떤 내용의 활동, 관심 그리고 의견을 질문할 것인지가 달라진다. 예를 들어서, 서성한(1994)은 대학생의 라이프스타일과 소비 행태를 알아보기 위해서 AIO 방법을 적용해서 대학생의 라이프스타일을 파악하였다. 이때 활동 관련 내용으로 동아리 활동과 같은 여가 활동 참여 여부 등을, 관심 관련 내용으로 교우관계, 독서에 대한 관심 등을 그리고 의견 관련 내용으로 대학생의 정치 참여 견해, 인생관, 통일관 등을 조사하였다. 한편 VALS 2는 두 가지 기준으로 소비자 집단을 세분화한다. 첫 번째 기준은 특정 소비자 집단이 소득, 교육, 건강 등과 같은 자원을 얼마나 많이 가지고 있는지의 정도이며 두 번째 기준은 이상추구 욕구, 성취욕구, 자기 표현욕구 등과 같은 소비자의 동기 수준이다. 소비자는 이 두 기준에 해당되는 질문(예, '나는 물건을 사는 것보다 만드는 것을 더 좋아한다')에 대해 '예' 또는 '아니오'로 대답한다. VALS 2 조사 결과에 의하면 미국에는 총 8개의 소비자 집단(예, 자아실현자/혁신자—자원이 많고 성취욕구가 높음)이 존재한다. AIO 와 VALS 2 모두 각 소비자 집단의 특징을 가시적으로 파악하기 위해서 인구통계 특징(예, 성별, 연령)을 함께 조사하였다.

사회·문화 요인

소비자는 대중매체를 통해 전달되는 광고 또는 판매 촉진 활동(예, 경품 이벤트)과 같은 마케팅·커뮤니케이션 활동과 뉴스나 소셜 미디어와 같은 비마케팅·커뮤니케이션 활동에 영향을 받는다. 또한 소비자는 개인 수준에서 접하는 판매원의 제품 소개나 추천과 같은 마케팅·커뮤니케이션 활동과 가족, 친구 등의 제품 소개나 추천과 같은 비마케팅·커뮤니케이션 활동에 영향을 받기도 한다. 한 연구(성영신·강정석, 2015)에서 다룬 20대 여성이 자신의 남자친구에게 특정 패션 스타일의 옷이나 신발 등을 추천하거나 비추천하는 간섭행동은 비마케팅·커뮤니케이션 활동에 해당된다. 이와 같은 다양한 활동이 소비자·광고 심리 분야에서 사회 요인으로 작용한다. 사회 요인과 관련된 몇 개의 개념을 소개하면 다음과 같다.

소비자는 제품 소비와 관련해서 평가, 기대 또는 행동을 할 때 참조하는 실제 또는 가상의 집단인 준거집단을 가지고 있다. 온라인과 오프라인에서 운영되는 브랜드 커뮤니티(예, BMW 오토바이 모임)가 준거집단의 한 사례에 해당된다. 준거집단은 크게 현재 자신이 속한 집단인 연관 준거집단, 자신이 속하고 싶어 하는 열망 준거집단, 그리고 자신이 소속되고 싶지 않은 분리 준거집단으로 구분된다. 이와 같은 준거집단은 소비자가 특정 브랜드에 대한 정보를 찾을 때, 특정 브랜드의 구입을 결정할 때 그리고 특정 브랜드가 자신의 자기 개념(12.4.의 '성격' 참조)을 고양시키는지를 판단할 때 영향을 미친다. 한편 의견 선도자는 대중매체에서 제공되는 소비 관련 정보를 다른 소비자에게 전달해서 그들의 태도와 행동에 영향을 미치며 소비 관련 문화를 만들고 주도하는 사람을 말한다. 예를 들어서, 의류 패션 영역의 의견 선도자는 의류 패션과 관련된 정보를 적극적으로 찾고 이 정보를 적극적으로 타인에게 제공하려는 사람이다. 따라서 의류 패션 영역의 의견 선도자는 새로운 의류 패션의 확산에 있어서 초기 수용 계층인 혁신자의 특징을 가지고 있다 (Schrank & Gilmore, 1973). 마지막으로 구전정보란 개인 소비자 간 의사소통 과정을 통해 만들어진 정보를 의미한다. 과거에는 가족이나 친구 등과 같이 주변의 소수 지인 중심으로 구전정보가 확산되었기 때문에 구전정보의 전파 속도나 전파 범위에 한계가 있었다. 그러나 최근 페이스북, 카카오톡 등의 온라인 미디어 이용이 증가하면서 구전정보의 전파 속도가 빨라지고 전파 범위가 넓어지면서 온라인 구전 정보가 소비자에게 미치는 파급력이 강해지는 추세이다.

소비자는 소비 상황에서 사회적 압력을 일으키는 규범에 의해서 영향을 받는다. 이때 규범이란 소비자에게 요구되는 적절한 소비 행동이 무엇인지를 규정하는 사회 구성원의 집단적 의사결정 결과라고 정의할 수 있다. 규범에 대한 소비자의 반응은 크게 세 가지로 구분할 수 있다. 규범은 특정 소비자가 자신이 소속된 사회가 기대하는 방식으로 소비 관련 신념을 바꾸고 이에 맞추어서 소비 행동을 하는 경향성인 동조나 소비자 자신이 소속된 집단이 요구하는 대로 겉으로 드러난 소비 행동만 변화시키는 응종을 유발한다. 또는 소비자는 자신이 소속된 집단이 원하는 방식과 정반대로 소비 행동을 하는 저항을 할 수도 있다.

소비자의 소비 행동에 영향을 미치는 문화 요인 중 하나가 의례적 소비이다. 의례적 소비란 미리 정해진 상황에서 반복적으로 실행되는 상징적인 소비 행동의 집합이다. 발렌타인데이 때 여성이 자신의 남자 친구에게 초콜릿을 선물하거나 화이트데이 때 남성이 자신의 여자 친구에게 사탕을 선물하는 행동이 모두 의례적 소비에 해당된다. 또한 수험생에게 면접이나 시험을 보기 전에 합격하라는 의미로 엿을 선물하는 것도 의례적 소비의 한 종류이다.

12.4. 소비 행동과 광고 효과에 영향을 미치는 주요 심리 요인

소비 행동과 광고 효과에 영향을 미치는 주요 심리 요인과 각 심리 요인과 관련된 주요 이론 또는 개념을 소개하면 다음과 같다. 여기서 소개하는 다양한 이론과 개념은 사회심리학(7장), 인지심리학(3장), 학습심리학(4장) 등의 기초심리학에 그 뿌리를 두고 있다. 따라서 저자는 각 이론과 개념에 대한 보다 정확한 이해를 위해서 본 서적의 다른 장을 먼저 읽어볼 것을 추천한다.

감각과 지각

소비자는 다양한 종류의 외부 감각 자극(예, 빛, 소리, 냄새)의 존재를 눈, 귀, 코, 입 그리고 피부라는 감각 수용기를 통해 감지한다. 이때 외부 감각 자극에 대한 소비자 감각 수용기의 즉각적인 반응을 감각이라고 하며 소비자가 감각 중 일부를 선택하고 이 감각이 제공하는 정보를 조직화하고 해석하는 과정을 지각이라고 한다. 감각과 관련해서 각 외부 감각 자극별로 소비자가 해당 자극의 존재를 감지할 수 있는 최소의 자극 강도인 절대역이 존재한다. 예를 들어서, 소비자는 약 7.6리터의 물에 녹아 있는 설탕 한 스푼의 맛을 느낄 수 있다. 보통 광고는 광고 효과(예, 브랜드 인지, 브랜드 구입 설득)를 유발하기 위해서 소비자에게 절대역을 넘는 수준의 강도로 시각 또는 청각 자극을 제시한다. 그러나 광고에서 소비자에게 절대역 이하의 강도로 감각 자극을 제시해도(예, 매우 짧은 시간 동안 광고 카피를 제시함) 소비자가 인식하지 못하지만 광고 효과가 있다는 주장도 존재한다. 이와 같이 소비자가 스스로 인식하지 못하지만 절대역 이하의 강도로 제시된 감각 자극을 감각 수용기로 감지하고 해석하는 정신적 활동을 식역하 지각이라고 한다.

소비자는 절대역 이상의 강도로 동일한 감각 자극을 제공하는 마케팅·커뮤니케이션 활동에 반복적으로 접하면 해당 자극에 더 이상 주의를 기울이지 않는 둔감화가 발생한다. 예를 들어서, 소비자가 특정 유머 광고를 처음에 볼 때는 재미있는 장면(시각 자극) 때문에 웃음이 나왔지만 같은 광고를 1년간 계속 본다면 소비자는 그 광고를 보고 더 이상 웃지 않게 된다. 그럼에도 불구하고 어느 정도 일정 기간 동안 동일한 광고를 소비자에게 제시해야 광고의 효과가 발생한다(누적 효과). 광고를 제작할 때 광고의 누적 효과를 유지하면서 소비자의 둔감화를 방지하는 방법 중 하나가 소비자의 차이역을 이용하는 것이다. 차이역이란 소비자가 두 감각 자극 사이의 차이나 변화를 감지하는 데 필요한 강도의 차이를 말한다. 특히, 두 감각 자극 사이의 차이나 변화를 감지하는 데 필요한 강도의 최소 차이를 최소 감지 가능 차이라고 한다. 특정 브랜드에 대해서 여러 편의 광고를 제작하는 경우, 광고 사이에 어느 정도 일관성을 유지하면서 소비자의 둔감화를 막는 방법은 최소 감지 가능 차이 내에서 여러 편의 광고를 제작하는 것이다. 예를 들어서, 포카리스 웨트 광고는 수년간 여성 광고모델을 바꾸었지만 청색 배경과 배경 음악은 일관성 있게 유지했다.

베버의 법칙은 차이역의 특징을 다음과 같이 공식화했다. 차이를 느끼기 위해 필요한 기준 자극의 최소 강도 변화량(ΔS)/기준 자극의 강도(S)=상수(K). 예를 들어서, 한 주부가 김치를 담그기 위해서 단골 야채가게에 가서 보니 배추 한 포기와 무 하나의 값이 모두 300원씩 올랐다. 이전에는 배추 한 포기가 3,000원이고 무 하나가 1,500원이었다. 이 주부는 같은 300원 인상이더라도 무 하나 값(300원/1,500원=0.2)이 배추 한 포기 값(300원/3,000원=0.1)보다 더 많이 인상되었다고 느낀다. 만약 야채가게 주인의 입장에서 이 주부가 배춧값 인상과 무 값 인상을 같다고 느끼게 하려면 무 하나 값을 150원만 인상하면 된다(150원/1,500원=0.1).

그런데 소비자가 절대역을 넘거나 차이역이 큰 외부 감각 자극인 마케팅·커뮤니케이션 활동(예, TV 광고)에 노출되더라도 이에 주의를 기울이지 않거나 주의를 기울이지 못할 수 있다. 왜냐하면 소비자는 인지적 정보 처리 용량의 한계 때문에 모든 외부 자극에 주의를 기울이지 못하고 자신이 스스로 주의를 집중해야 할 것과 주의를 기울이지 않을 것을 선택하기 때문이다(자발적 선택적 주의). 그런데 광고를 제작할 때 화려한 원색(시각 자극)과 빠른 비트의 배경 음악(청각 자극)을 활용하면 해당 광고에 대한 소비자의 비자발적 선택적 주의를 유발할 가능성이 높다. 일반적으로 광고가 제공하는 감각 자극의 현저성, 강도, 생동감, 구체성(상상하기 쉬운 정도), 참신함(새롭고 기대하지 못한 정도), 복잡함 등이 해당 자극에 대한 소비자의 비자발적 선택적 주의를 유발한다.

지각 과정의 마지막 단계인 해석은 소비자가 제시된 외부 감각 자극 또는 자신이 경험한 감각에 의미를 부여하는 활동이다. 그런데 해석은 제시된 감각 자극이나 소비자 자신이 경험한 감각을 있는 그대로 수용하는 과정이 아니다. 먼저 소비자는 제시된 낱낱의 외부 감각 자극에 통합된 의미를 부여하기 위해서 다양한 조직화 원리를 활용한다. 게슈탈트 관점에서 제안하는 대표적인 조직화 원리는 다음과 같다. 소비자는 자신이 주의를 기울인 자극(예, 음료수 광고에 등장하는 매력적

인 광고모델)을 전경으로 그 외의 자극(예, 음료수 광고에서 광고모델이 등장하는 편의
점 풍경)은 배경으로 이해하려고 한다(전경-배경 원리). 소비자는 형태가 유사한 자
극을 하나의 집단으로 묶어서 이해하는 경향이 있다(유사성 원리). 또한 소비자는
불완전한 자극을 완전한 것으로 이해하려고 한다(폐쇄성 원리).

소비자는 자신의 제품에 대한 기대에 따라서 동일한 감각이라도 다르게 해석
할 수 있다. 한 실험에서 동일한 와인인데 하나에는 5달러 가격표를 붙이고 다른
하나에는 45달러 가격표를 붙였다(Plassmann, O'Doherty, Shiv, & Rangel, 2008). 각
와인을 맛본 후 그 맛(감각)을 평가한 결과, 실험참가자들은 45달러 가격표를 붙인
와인을 5달러 가격표를 붙인 와인보다 더 맛이 좋다고 평가하였다. 즉, 가격에 따
른 맛에 대한 기대('비싼 와인은 더 맛이 있을 것이야')가 실제 동일한 맛임에도 불구
하고 실험참가자들이 다른 맛으로 해석하게 만들었다.

기억과 지식

소비자 기억은 소비자가 제품이나 브랜드 특징, 마케팅·커뮤니케이션 활동
(예, 광고) 등의 외부 자극이 제공하는 정보를 습득하고 이를 오랜 기간 저장해서
해당 정보가 필요한 경우에 이를 활용하는 과정이다. 소비자는 자신이 인식할 수
있는 방식으로 외부 자극을 받아들이고(부호화) 해당 자극과 이미 저장된 정보를
통합하고(저장) 필요한 경우에 해당 자극과 관련된 정보를 떠올리는(인출) 단계를
거친다. 소비자는 이와 같은 과정을 통해 외부 자극과 관련된 정보를 기억하거나
기억해낸다. 소비자는 이 과정을 거치면서 특정 제품이나 브랜드에 대한 신념을
형성하고 구매 시점에서 해당 신념을 떠올려서 구매 의사결정을 한다. 이때 광고
는 소비자에게 특정 브랜드나 제품의 존재(Rothschild & Gaidis, 1981)나 특징(Hoch
& Ha, 1986)을 알리는 역할을 한다.

한편 구조적인 측면에서 보면 소비자 기억은 감각기억(또는 감각 등록기), 단기
기억(또는 작업기억) 그리고 장기기억으로 분류할 수 있다. 먼저 감각기억이란 외
부 자극이 제공하는 비교적 많은 양의 감각 정보를 매우 짧은 기간 동안 저장하는
기억 체계이다. 감각기억에 저장된 여러 감각 정보 중 소비자가 주의를 기울인 일
부 정보만이 단기기억으로 전달된다. 이때 단기기억은 짧은 시간 동안 감각기억에
서 전달된 정보와 장기기억에 저장된 정보를 비교하거나 결합하는 정보 처리를 하
는 기억 체계이다. 단기기억과 관련된 부호화 종류는 다음과 같다. 삼성전자는 초
기에 소비자가 기업명을 쉽게 기억하도록 3개의 별 형태 묶음을 브랜드 로고로 사

용했다(시각적 부호화). 국민은행이 KB 국민은행으로 기업명을 바꾸면서 광고에서 K를 별 모양(✳)으로 형상화시키고 '금융업계에서 별이 되겠습니다'라는 TV 광고 내레이션을 이용하였다(의미적 부호화). 소염진통제 브랜드 케토톱의 경우, 소비자가 브랜드 명을 쉽게 기억하도록 '캐내십시오'라는 TV 광고 내레이션을 사용하였다(청각적 부호화). 이처럼 단기기억과 관련해서 광고는 다양한 부호화를 사용할 수 있지만 일반적으로 청각적 부호화가 소비자의 기억 촉진에 가장 효과적이다. 또한 브랜드에 대한 소비자의 청각적 부호화를 촉진시키기 위해서 많은 광고에서 징글을 사용한다. 징글은 브랜드 명을 짧은 멜로디 형태로 표현하거나(예, 야후~) 브랜드 명을 차별화시키기 위해서 짧은 사운드나 표현을 사용하거나(예, 인텔, 생각대로 T) CM송을 사용하는(예, 새우깡) 것을 말한다.

단기기억의 저장 단계에서는 정보가 입력되는 순서대로 저장되기 때문에 나중에 들어온 정보가 먼저 들어온 정보를 밀어낸다. 만약 소비자가 단기기억에 잠시 머무르고 있는 특정 정보를 반복해서 되뇌이는 유지 시연이나 해당 정보의 의미를 분석하는 정교화 시연을 하지 않으면 해당 정보는 소멸되어 인출되지 않는다. 대리운전 광고에서 광고모델이 전화번호를 반복해서 외치는 것은 전화번호에 대한 소비자의 유지 시연을 촉진시키는 사례이다. 나이키 농구화 광고에서 그리스 신화에 나오는 승리의 여신이며 나이키와 영문 철자가 똑같은 니케를 등장시키면 소비자가 '나도 나이키 농구화를 신으면 니케처럼 농구경기에서 이길 수 있다'라는 의미를 부여하는 정교화 시연을 촉진시킬 수 있다. 특정 정보에 대한 시연이 성공적이면 해당 정보는 단기기억에서 장기기억으로 넘어간다.

장기기억은 단기기억에서 전달된 거의 무제한의 정보를 영구적으로 저장하는 기억 체계이다. 의미적 부호화가 다른 종류의 부호화보다 소비자의 장기기억을 촉진시키는 데 효과적이다. 소비자가 장기기억의 정보를 인출하는 데 어려움을 겪는 이유는 장기기억에 저장된 정보들이 서로 인출을 방해하고 억제하는 현상인 간섭이 발생하기 때문이다. 예를 들어서, 고급 짜장라면 브랜드는 농심 짜왕(2015년 4월), 팔도짜장면(2015년 7월) 그리고 오뚜기 진짜장(2015년 7월)의 순서로 시장에 출시되었다. 만약 세 브랜드를 모두 알고 있는 소비자에게 고급 짜장라면 브랜드가 무엇인지를 물었을 때 농심 짜왕을 쉽게 떠올리는데 오뚜기 진짜장을 떠올리지 못하면 순행간섭이 발생했다고 볼 수 있다. 반대로 그 소비자가 오뚜기 진짜장을 쉽게 기억해내는데 농심 짜왕을 떠올리지 못하면 역행간섭의 발생 가능성이 있다. 특정 브랜드와 해당 브랜드를 사용하는 시간, 장소 그리고 상황 사이의 연상을 강화하는 TPO(time, place and occasion) 광고는 간섭을 줄이는 방법 중 하나이다(예, 'PC방에 갈 때 포테이토칩'과 같은 TV 광고 내레이션 활용). 또한 간섭을 줄이기 위해 매장에서 광고모델의 얼굴이 포함된 POP물을 제품에 부착해서 소비자가 해당 POP물을 보고 광고에서 본 해당 브랜드를 인출하기 쉽도록 하는 방법도 있다. 이와 같은 방법은 소비자가 광고모델의 얼굴이 포함된 POP물을 브랜드 인출 단서로 활용하도록 한 사례이다.

소비자가 기억하고 있는 지식내용이 무엇인지에 따라서 도식과 각본으로 구분된다. 도식은 소비자가 기억하는 특정 브랜드, 제품, 구입 장소 등과 관련된 연상내용의 집합이며 각본은 소비자가 기억하는 소비 상황에서 해야 하는 일련의 행동과 그 순서를 체계적으로 조직화한 지식을 말한다. 활성화 확산 모형에 따르면 도식은 특정 브랜드, 제품, 구입 장소 등과 관련된 연상 내용의 연결망 구조를 가진다(Box 12.2. 참조). 한편 소비자는 패스트푸드점에서는 음식을 주문하면서 동시에 돈을 지불하고 그 후 음식을 먹고 본인이 쓰레기를 버린다. 그러나 중국집에서는 음식을 주문한 후 음식을 먹은 다음에 뒷정리를 하지 않고 돈을 지불하고 중국집을 나간다. 이와 같은 패스트푸드점과 중국집에서 음식을 사먹는 서로 다른 과정에 대한 소비자의 지식이 각본이다.

BOX 12.2.

소비자의 브랜드 지식 구조: 도식

인지 심리학자들은 사람들이 지식을 저장하는 방식에 관한 하나의 이론으로 활성화 확산 모형을 제안하였다. 활성화 확산 모형에 따르면 사람들은 개념들(연상 내용들)이 서로 연결된 하나의 망 형태로 지식을 저장한다. 브랜드를 연구하는 학자들은 활성화 확산 모형을 수용해서 특정 브랜드와 관련된 지식은 다양한 연상 내용의 집합이며 연상 내용들은 서로 연결되어서 하나의 망을 구성하고 있다고 가정한다. Box 그림 12.2는 활성화 확산 모형에 기반을 둔 맥도날드의 가상 브랜드 연상망을 도식적으로 제시한 것이다. 이 연상망은 다음과 같은 시사점을 제공한다. 첫째, 소비자가 맥도날드라는 브랜드 이름을 떠올리거나 황금색 아치나 브랜드 로고를 보면 Box 그림 12.2와 같이 다양한 연상 내용이 활성화되고 이와 같은 활성화는 연결망을 따라서 확산된다. 이때 연결 거리가 먼 연상 내용(예, 빅맥)은 한참 뒤에 떠오르는 반면 연결 거리가 짧은 연상 내용(예, 가격)은 즉시 떠오른다. 둘째, 광고를 포함한 마케팅·커뮤니케이션 활동을 통해 기존 연상 내용 사이의 연결 거리를 좁히거나 새로운 연상 내용을 연상망에 포함시킬 수 있다. 예를 들어서, 빅맥이라는 브랜드를 반복해서 제시하는 맥도날드 광고는 맥도날드와 빅맥 사이의 연결 거리를 짧게 만들어서 소비자가 빅맥을 빨리 떠

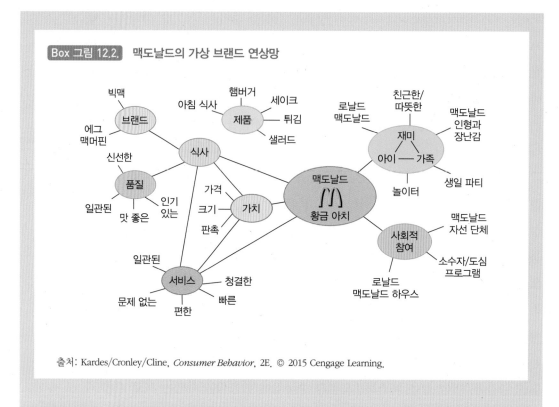

Box 그림 12.2. 맥도날드의 가상 브랜드 연상망

출처: Kardes/Cronley/Cline, *Consumer Behavior*, 2E. © 2015 Cengage Learning.

올리게 할 수 있다. 또한 현재 맥도날드의 연상망에 포함되어 있지 않은 배달 서비스를 강조하는 맥도날드 광고는 배달 서비스를 맥도날드 관련 연상망 안으로 포함시키는 데 도움이 된다. 셋째, 특정 브랜드에 대한 지식과 경험이 많은 소비자일수록 연상망에 포함된 연상 내용이 수적으로 많아진다(John, Loken, Kim, & Monga, 2006). 마지막으로 소비자는 자신의 기억에 저장된 브랜드 연상망을 이용해서 브랜드 확장이 좋은지 또는 나쁜지를 평가한다. 여기서 브랜드 확장이란 소비자에게 친숙한 브랜드가 새로운 제품을 출시하면서 동일한 브랜드 이름을 사용하는 것을 말한다. 예를 들어서, 스낵류 중심으로 판매를 하는 맥도날드는 커피라는 새로운 제품을 출시하면서 맥이라는 기존 브랜드 이름을 그대로 활용해서 맥카페라고 이름을 붙였다. 소비자는 시장에서 브랜드 확장을 처음 접할 때 해당 브랜드 확장과 본인이 기억하는 브랜드 관련 연상망을 비교한다. 만약 둘 사이에 유사성이 높다고 판단하면 해당 브랜드 확장(예, 맥카페)을 기존 브랜드(예, 맥도날드)의 새로운 사례라고 범주화시킨다. 이때 소비자가 기존 브랜드를 긍정적으로 평가했으면 이 긍정 평가가 브랜드 확장으로 전이되어 해당 브랜드 확장도 긍정적으로 평가하는 경향성이 있다(강정석, 2015).

학습

소비자 학습이란 소비자가 브랜드, 제품, 마케팅·커뮤니케이션 활동(예, 광고, 할인 이벤트) 등을 경험하기 때문에 발생하는 소비 관련 지식, 태도, 행동 등의 변화를 말한다. 소비자 학습이 일어나는 심리적 기제는 고전적 조건화, 조작적 조건화 그리고 관찰학습으로 설명할 수 있다. 고전적 조건화와 조작적 조건화는 두 사건(외부 자극과 외부 자극, 조작과 보상) 사이의 연결 강화를 통해 소비자의 지식, 태도, 행동 등에 변화가 발생하는 연합 학습에 해당된다. 반면 관찰학습은 소비자가 사건 사이의 관련성을 해석한 후 지식, 태도, 행동 등에 변화가 발생하는 인지 학습이다.

광고가 소비자의 지식, 태도, 행동 변화에 미치는 효과를 이해할 때 많이 활용되는 고전적 조건화는 다음과 같은 과정을 거쳐서 발생한다. 먼저 광고를 통해 긍정적 감정(무조건 반응)을 유발하는 경쾌한 광고 배경 음악(무조건 자극)과 특별한 감정을 유발하지 않는 신규 브랜드(조건 자극)를 짝지어서 반복적으로 소비자에게 제시한다. 이 과정을 거친 후 소비자가 신규 브랜드를 매장에서 보게 되면 경쾌한 광고 배경 음악이 없어도 긍정적 감정(조건 반응)을 느낄 수 있게 된다. 고전적 조건화의 결과로 소비자는 조건 자극과 유사한 다른 자극에 대해서 조건 반응을 경험할 수 있다(자극 일반화). 후발 기업이 국내시장의 선발 브랜드와 유사하게 자사 브랜드 명을 짓거나 패키지 디자인을 활용하는 이유가 소비자의 자극 일반화를 활용해서 자사 매출을 올리기 위함이다. 이때 국내시장 1위 브랜드는 마케팅·커뮤니케이션 활동(예, '부채표가 아닌 것은 활명수가 아닙니다'라는 TV 광고 내레이션 활용)을 통해 소비자가 자사 브랜드와 다른 경쟁 브랜드를 변별하도록 해야 한다. 그런데 어떤 기업이 광고의 시각적 또는 청각적 구성 요소를 활용했는데 그 기업이 기대한 소비자의 고전적 조건화가 발생하지 않는 몇 가지 경우가 있다(McSweeney & Bierley, 1984). 광고에서 긍정적 감정(무조건 반응)을 유발하는 경쾌한 광고 배경 음악(무조건 자극)과 신규 브랜드(조건 자극)를 함께 제시할 때 소비자의 눈길을 강하게 끄는 신인 광고모델(현출한 조건 자극)도 함께 반복해서 제시했다. 이 경우, 소비자는 신규 브랜드를 봐도 긍정적 감정을 느끼지 못하지만 신인 광고모델을 보면 긍정적 감정을 느낀다(차폐). 긍정적인 감정을 유발하는 매우 친숙한 개그맨(친숙한 무조건 자극)이 광고모델로 등장하는 경우, 광고에서 경쾌한 배경 음악(무조건 자극)과 함께 반복적으로 제시된 신규 브랜드(조건 자극)가 긍정적 감정을 일으키지 못한다(저지). 경쾌한 광고 음악(무조건 자극)을 배경으로 하는 신규 브랜드(조건 자극)의 런칭 광고가 집행되기 전 이미 많은 소비자가 해당 브랜드를 매장에서 접해서 알고 있다. 이 경우, 신규 브랜드의 런칭 광고를 반복적으로 집행해도 신규 브랜드가 긍정적 감정을 유발하지 못한다(잠재억제).

조작적 조건화는 소비자가 특정 소비 행동(조작)을 하면 그에 대한 보상이나 처벌을 받고 해당 소비 행동과 보상 또는 처벌 사이의 연결이 강화되면 소비자는 해당 소비 행동을 더 많이 하거나 적게 하게 되는 학습 원리이다. 소비자가 노트북을 구입할 때 프린터를 사은품으로 제공받는 것은 정적 강화이고 소비자가 진통제를 사서 먹고 편두통에서 벗어나는 것은 부적 강화이다. 정적 강화나 부적 강화 모두 프린터나 진통제 구입 빈도를 높인다. 반면 10대가 술이나 담배를 사다가 적발되면 학교에서 정학이라는 처벌을 받게 된다. 이와 같은 처벌은 10대의 술이나 담배 구입 빈도를 낮춘다. 한편 기업이 강화를 어떤 방식으로 소비자에게 제공하는가에 따라서 다양한 소비자 반응이 발생한다. 먼저 백화점에서 매년 봄에 정기 세일을 하는 것은 고정 간격 강화라고 하며 세일 직후 매출이 급격히 감소한다. 대형마트에서 깜짝 할인 이벤트를 여는 것은 변동 간격 강화에 해당된다. 중국집에서 음식을 주문하면 스티커를 주고 스티커 20개를 모으면 탕수육 한 그릇을 무료로 주는 경우는 고정 비율 강화이다. 반면 과자 봉지 안에 일정 비율로 꽝 스티커와 경품 당첨 스티커를 넣어두는 것은 변동 비율 강화인데 이 방법은 소비자로 하여금 해당 과자를 지속적으로 구입하게 만든다.

기업은 자사가 원하는 최종 소비 행동을 목표로 정하고 이 행동에 도달하는 중간 행동을 순차적으로 쪼개서 각 중간 행동에 보상을 주는 과정인 조형을 활용할 수 있다(Rothschild & Gaidis, 1981). 소비자가 카카오페이 카드를 사용하게 만드는 카카오의 실제 마케팅·커뮤니케이션 활동 내용을 조형 원리로 설명하면 다음과 같다. 먼저 소비자가 카카오페이 앱을 다운로드하면 야매요리 이모티콘을 무상으로 제공한다. 그리고 소비자가 카카오페이 카드에 처음 등록하면 카카오프렌즈 이모티콘을 무상으로 제공한다. 마지막으로 소비자가 카카오페이로 첫 결제를 하면 즉시 할인 혜택을 제공하다. 이 과정을 거친 소비자는 카카오페이 카드를 지속적으로 사용할 가능성이 높다.

소비자는 광고에서 치통으로 고통을 받던 광고모델이 진통제를 먹고 얼굴이 밝아지거나(대리적 부적 강화) 주부로 보이는 광고모델이 김치 냉장고에서 꺼낸 김치를 맛있게 먹고 만족하는 모습(대리적 정적 강화)을 보는 경우가 있다. 이와 같은 광고의 효과를 어떻게 설명할 수 있을까? 소비자가 광고모델의 소비 행동을 보고 그 행동으로 인해 광고모델이 받는 강화에 주목할 때 일어나는 관찰 학습(또는 사회 학습, 대리학습)으로 설명이 가능하다. 관찰 학습 과정은 다음과 같다. 소비자는 매력적이거나 자신과 유사한 광고모델이 하는 행동에 주의를 기울여야 한다. 그리고 소비자는 광고모델의 행동을 기억해야 한다. 소비자는 자신이 기억한 내용을 행동으로 옮길 수 있어야 한다(재생). 마지막으로 소비자는 자신이 필요한 경우에 광고모델의 행동을 실행해야 한다(동기화).

동기

소비자 동기란 특정 소비 목표(예, 배고픔 해결)를 달성하기 위한 특정 소비 행동(예, 밥 먹기)을 일으키고 그 행동이 일관되게 해당 목표를 향하도록 유지시키는(예, 집에 밥이 없으면 스스로 밥을 지어서 먹기) 개인의 내적 힘이라고 정의할 수 있다. 동기는 이상적인 상태(예, 포만감)와 현실 상태(예, 아무것도 먹지 않음) 사이의 괴리로 인해 발생하는 내적 결핍 상태인 욕구(예, 배고픔) 지각에 의해서 발생한다. 예를 들어서, 소비자가 늦은 밤에 라면 광고를 보면 소비자의 이상적인 상태를 자극해서 배고픔이라는 욕구를 발생시키고 소비자가 냉장고에서 먹을 것을 찾아서 먹도록 동기를 불러일으킨다.

동기이론은 크게 동기를 유발하는 욕구의 종류와 특징을 설명하는 내용이론과 동기가 특정 행동을 유발하는 과정을 설명하는 과정이론으로 구분된다. 먼저 내용 이론에 해당되는 매슬로우의 욕구위계이론과 프로이트의 정신분석이론을 소개하고 과정이론인 균형이론과 인지부조화 이론을 소개할 것이다.

매슬로우의 욕구위계이론에 따르면 소비자의 욕구는 생리적 욕구(예, 배고픔, 목마름), 안전 욕구(예, 신체적 편안함과 안전함), 사회적 욕구(예, 사랑, 소속감), 자존 욕구(예, 타인에게 존경받음, 성취감, 자존감) 그리고 자기실현 욕구(예, 자기 존재 가치의 확인)로 세분화된다. 이들 욕구는 최하위 욕구인 생리적 욕구에서 최상위 욕구인 자기실현 욕구 순으로 위계적으로 구성되어서 하위 욕구가 충족되지 않으면 상위 욕구가 충족되지 않는다. 각 욕구와 해당 욕구를 충족시키는 소비 제품 종

표 12.2. 매슬로우의 욕구위계이론의 활용

욕구 종류	소비 제품 종류	TV 광고 내레이션 사례
생리적 욕구	음료, 식품 등	갈증에는 역시 게토레이
안전 욕구	보안 서비스, 해충 방제 서비스, 보험 등	이제 홈은 세콤이 지킨다
사회적 욕구	의류, 주류 등	담 한잔 하자, 백세주 담
자존 욕구	자동차, 신용카드 등	대한민국 1%, 렉스턴
자기실현 욕구	취미, 여가/레저, 교육 등	너의 날을 세워라, 세종사이버대학교

류 그리고 해당 욕구를 자극하는 TV 광고 내레이션 사례는 표 12.2.와 같다.

프로이트의 정신분석이론에 의하면 동기는 고통을 최소화하고 즉각적인 만족을 최대화하려는(쾌락원리) 원욕, 도덕적이고 이상적인 기준을 충족시키려는 초자아 그리고 원욕과 초자아의 충돌을 조정하면서 현실적이고 합당한 생각과 행동을 통해 원욕을 충족시키려는(현실원리) 자아 사이의 상호작용 결과로 발생한다. 그런데 소비자는 자신의 진짜 동기를 자각하지만 이것이 외부로 표출되면 자아의 손상이나 처벌을 받을 수 있기 때문에 겉으로 드러나지 않도록 억제하거나 소비자가 자신의 진짜 동기에 대해서 스스로도 인정하기 힘들기 때문에 자신의 의식에 떠오르지 못하게 억압한다. 프로이트의 정신분석이론에 영향을 받은 1940년대와 1950대의 소비자 동기 연구는 소비자가 스스로 억제나 억압한 진짜 동기를 알아내려고 노력하였다. 이때 소비자가 억제나 억압한 자신의 진짜 동기는 소비자에게 직접 질문을 해서 알아낼 수 없기 때문에 소비자의 진짜 동기를 알아내기 위해서 투사법, 자유연상, 심층면접 등과 같은 간접적 방법을 이용한다(BOX 12.3. 참조).

다음은 동기의 과정이론에 해당되는 균형이론과 인지부조화 이론을 소개하겠다. 먼저, 광고모델의 효과를 균형이론으로 설명하면 다음과 같다. 소비자-광고모델의 감정적 관계, 광고모델-광고 브랜드의 감정적 관계 그리고 소비자-광고 브랜드의 감정적 관계는 긍정적이거나(➕) 부정적일 수 있다(➖). 세 감정적 관계를 모두 곱했을 때 긍정(➕)이 되면 소비자의 평가 요소는 균형 상태이지만 부정(➖)이 되면 불균형 상태이다. 따라서 소비자가 광고모델을 좋아하고(소비자-광

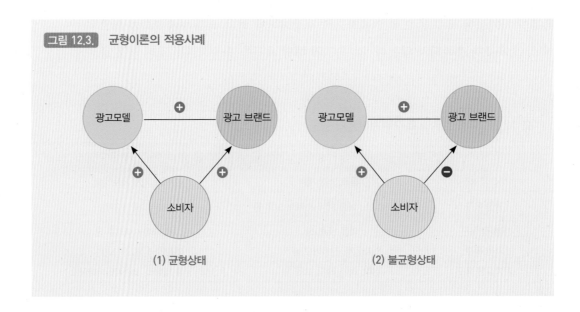

그림 12.3. 균형이론의 적용사례

(1) 균형상태

(2) 불균형상태

BOX 12.3.

소비자의 숨겨진 동기를 알아내는 투사법

미국의 전업주부 입장에서 매우 분주한 아침에 절차가 번거로운 원두커피를 준비하는 것보다 끓인 물에 인스턴트 커피를 타서 식탁에 올리면 매우 편하다. 그런데 미국에서 인스턴트 커피는 출시 이후 기대한 만큼 매출이 올라가지 않았다. 그 이유가 무엇인지를 알기 위해서 전업주부에게 질문하면 '인스턴트 커피는 맛이 없기 때문'이라는 상식적인 답만 얻게 된다.

반면 헤이어(1950)는 전업주부가 인스턴트 커피를 구입하지 않는 숨겨진 동기를 찾기 위해서 다음과 같은 연구를 진행했다. 그는 50명에게 Box 그림 12.3.의 쇼핑 목록 1과 쇼핑 목록 2를 보여주었다. 두 쇼핑 목록에서 다른 점은 쇼핑 목록 1에는 인스턴트 커피가 포함되지만 쇼핑 목록 2에는 원두커피가 포함되어 있다는 것이다.

연구에 참여한 50명은 해당 쇼핑 목록을 들고 식료품 가게에 가는 여성의 성격이 어떤지에 대해서 자유롭게 적었다. 50명이 적은 내용을 분석한 결과, 쇼핑 목록 1(인스턴트 커피 포함)을 들고 식료품 가게에 가는 여성은 게으르고 비계획적인 구매를 하는 사람이라고 평가하였다. 반면 쇼핑 목록 2(원두커피 포함)를 들고 식료품 가게에 가는 여성은 근검절약을 하는 좋은 주부라고 평가하였다. 이와 같은 평가과정에서 연구에 참여한 50명은 자신의 숨기고 싶은 이야기를 쇼핑 목록을 들고 식료품 가게에 가는 여성에게 투사시켜서 이야기하게 된다. 즉, 이들은 자신의 이야기를 마치 남(쇼핑 목록을 들고 식료품 가게에 가는 어떤 여성)의 이야기인양 편하고 솔직하게 하게 된다. 결국 전업주부들이 인스턴트 커피를 구입하지 않는 진짜 동기는 전업주부 자신이 인스턴트 커피를 구입하면 스스로 게으르고 비계획적인 여성이라고 인정하는 것이며 남들에게 그렇게 보일 것을 우려하기 때문이다.

Box 그림 12.3. 투사법에 사용된 쇼핑 목록

쇼핑 목록 1	쇼핑 목록 2
• 스테이크용 쇠고기 600g	• 스테이크용 쇠고기 600g
• 식빵 1봉지	• 식빵 1봉지
• 양상추 1개	• 양상추 1개
• 식용유 1병	• 식용유 1병
• 인스턴트 커피 1병	• 원두커피 1봉지
• 오렌지 주스 1병	• 오렌지 주스 1병
• 오이 3개	• 오이 3개

고모델의 감정적 관계: ⊕) 그 광고모델이 광고에서 특정 브랜드를 추천한다면(광고
모델-광고 브랜드의 감정적 관계: ⊕) 소비자는 광고 브랜드를 좋아하게 되는 것이다
(소비자-광고 브랜드의 감정적 관계: ⊕) (⊕×⊕×⊕=⊕)(그림 12.3.의 (1) 참조). 즉,
소비자가 광고모델을 좋아하면 그 광고모델이 추천하거나 소개하는 광고 브랜드
를 좋아하게 된다. 그러나 소비자가 광고모델을 좋아하고(소비자-광고모델의 감정
적 관계: ⊕) 그 광고모델이 광고에서 특정 브랜드를 추천하는데(광고모델-광고 브랜
드의 감정적 관계: ⊕) 소비자가 광고 브랜드를 싫어한다면(소비자-광고 브랜드의 감
정적 관계: ⊖) 소비자는 평가요소 사이에 불균형을 경험한다(⊕×⊕×⊖=⊖)(그림
12.3.의 (2) 참조). 이때 소비자는 광고모델을 싫어하게 되거나(소비자-광고모델의 감
정적 관계: ⊖) 그 광고모델이 해당 브랜드를 싫어하지만 광고 출연료 때문에 광고
에서 해당 브랜드를 추천했다고 생각해서(광고모델-광고 브랜드의 감정적 관계: ⊖)
불균형 상태를 균형 상태로 바꿀 수 있다.

　　인지부조화 이론을 흡연이라는 담배 소비 행동에 적용해보면 다음과 같다. 대
다수의 흡연자는 본인이 흡연을 하지만(행동) 흡연이 건강에 해롭다고 생각한다
(태도). 이와 같이 흡연에 대한 행동과 태도 사이에 괴리가 있으면 흡연자는 인지
부조화를 경험한다(Kang & Lin, 2015). 인지부조화는 유쾌하지 않은 긴장을 유발
하기 때문에 흡연자는 이 긴장을 낮추기 위해서 금연을 하거나 금연하기가 어려운
경우에는 흡연이 스트레스 해소에는 도움이 된다고 생각한다. 결과적으로 흡연자
는 금연이라는 행동 변화나 흡연이 스트레스 해소에 도움이 된다고 생각하는 태도
변화를 통해 행동과 태도 사이의 불일치를 해결하려고 한다.

　　동기에 대한 내용이론과 과정이론에는 해당되지 않지만 소비자·광고 심리 연
구 분야에서 중요하게 다루는 개념은 관여도이다. 관여도란 소비자 자신의 욕구,
가치관 그리고 흥미를 기준으로 지각한 제품, 브랜드, 광고, 매체, 구매 상황에 대
한 개인적 관련성이나 중요성의 정도이다(Zaichkowsky, 1985, 1986). 관여도는 그
대상에 따라서 제품, 브랜드, 광고, 매체, 구매 상황 관여도로 분류할 수 있다. 일
반적으로 고가 제품(예, 노트북)은 제품 관여도가 저가 제품(예, 음료수)보다 높고
신문을 읽을 때가 TV를 볼 때보다 매체 관여도가 높다. 또한 친한 친구에게 생일
선물로 줄 펜을 고를 때는 자신이 편하게 쓸 펜을 고를 때보다 구매 상황 관여도가
높다. 관여도가 높은 경우 소비자는 광고에 대해 반박 주장을 더 많이 하며 여러
제품이나 브랜드 사이의 차이점에 더 주목하고 정보 탐색을 더 많이 하고 더 많은
시간 고민한다(Zaichkowsky, 1986).

감정

소비자 감정은 제품, 브랜드, 광고, 구매 상황 등의 특정 자극에 의해서 유발되는 주관적 느낌이다. 감정은 특정 자극에 의해서 일시적으로 유발되는 강한 각성 수준의 정서(예, 기쁨, 공포), 특정 자극에 의해서 일시적으로 유발되는 약한 각성 수준의 느낌(예, 만족감, 불쾌감) 그리고 명확한 자극 없이 유발되는 매우 약한 각성 수준의 분위기(예, 편안함, 지루함)로 구분된다(Holbrook & O'Shaughnessy, 1984). 감정은 기업이 의도적으로 계획하거나 통제하기가 어렵고 쉽게 변하며 지속력이 약하다는 특징을 가지고 있다. 이와 같은 감정이 소비 행동이나 광고 효과에 미치는 영향은 다음과 같다.

먼저 감정은 소비자의 정보처리 과정(인지)에 영향을 미친다. 소비자가 새로운 소비 관련 정보를 저장하거나 필요한 소비 관련 정보를 인출할 때 긍정적인 감정 상태이면 긍정적인 정보를 더 잘 저장하고 더 잘 인출한다. 반면 소비자가 부정적인 감정 상태이면 부정적인 정보를 더 잘 저장하고 더 잘 인출한다. 이와 같은 현상을 설명하는 이론이 감정일치이론이다.

둘째, 감정은 소비 행동에 직접적인 영향을 미친다. 예를 들어서, 빠른 템포의 음악을 튼 식당에서 밥을 먹을 때가 느린 템포의 음악을 튼 식당에서 밥을 먹을 때보다 손님들이 식탁에 앉아 있는 시간이 짧다(Milliman, 1986). 이와 같은 결과가 나온 이유는 빠르거나 느린 템포의 음악이 소비자의 감정을 변화시켜서 소비 행동에 영향을 미치기 때문이다.

셋째, 특정 광고가 감정을 유발시킬 수 있고 이 감정은 광고 효과에 영향을 미친다. 광고가 긍정적 감정을 유발시키면 이 감정이 광고에 대한 태도와 광고 브랜드에 대한 태도를 긍정적으로 만든다(Brown, Homer, & Inman, 1998). 더 나아가서 해당 광고 브랜드에 대한 구입 의향을 높이거나(Machleit & Wilson, 1988) 구매 행동을 유발할 수 있다(Gorn, 1982). 감정을 유발시키는 주요 광고 종류를 소개하면 다음과 같다. 따뜻한 느낌을 유발시키는 광고인 온정성 광고(예, 고향의 맛, 다시다), 두려움이나 공포를 유발시키는 공포 광고(예, 흡연의 피해를 시각적으로 보여주는 금연 광고), 유머를 활용한 유머 광고, 성적 소구 광고, 호기심을 유발시키는 티저 광고(예, 이것은 어른들의 세계, 피망뉴맛고 런칭 광고) 그리고 이미 알려진 광고, 영화, 드라마 등을 변용시킨 패러디 광고 등이 있다.

마지막으로 선행 광고나 TV 프로그램(예, 무한도전) 등이 유발한 감정은 후속 광고나 후속 광고의 브랜드에 대한 평가에 영향을 미친다. 선행 광고나 TV 프로그램이 부정적인 감정을 유발시키면 소비자는 후속 광고나 후속 광고의 브랜드를 부정적으로 평가한다. 반대로 선행 광고나 TV 프로그램이 긍정적인 감정을 유발시키면 소비자는 후속 광고나 후속 광고의 브랜드를 긍정적으로 평가한다. 이와 같은 현상을 감정적 점화라고 한다(Yi, 1990).

성격

성격은 다양한 시간과 상황에 걸쳐서 일관되게 드러나는 행동패턴과 개인의 내적과정(감정적, 동기적 그리고 인지적 과정)을 결정하는 내적 특징이다. 성격은 중요한 개인차 특성에 해당된다. 다양한 종류의 성격이 있지만 소비 행동 또는 광고 효과와 관련된 몇 개의 성격을 소개하면 다음과 같다.

사람들은 각성 수준이 너무 높은 경우에 불안을 느끼고 너무 낮은 경우에 지루함을 느낀다. 불안이나 지루함은 부정적인 감정이라서 사람들은 긍정적 감정을 유발하는 최적 각성 수준을 추구하려고 한다(최적 각성 지향성)(Hebb, 1955). 사람들은 소비 행동과 관련해서 최적 각성 수준을 지향하지만 어느 정도의 각성 수준이 최적인지에 대해서는 개인차가 존재한다. 따라서 각 소비자의 최적 각성 지향성 정도에 따라서 어떤 소비자는 지금까지 구입했던 브랜드가 아닌 새로운 브랜드를 구입하거나 어떤 소비자는 매우 위험스러워 보이는 익스트림 스포츠 활동(예, 산악자전거 타기)에 참여하면서 자신의 최적 각성 수준을 추구한다.

또한 소비자·광고 심리 연구 분야에서 지금까지 자주 다루는 성격은 독단주의, 자기 감시 그리고 인지욕구가 있다. 먼저 소비자는 변화나 새로운 생각에 대해 저항하는 경향성인 독단주의를 가지고 있다. 예를 들어서, 독단주의가 강한 소비자는 새로운 제품을 구입하지 않고 새로운 형식의 광고를 싫어한다. 둘째, 소비자에 따라서 사회적으로 또는 대인 관계에서 자신을 적절하게 표현하기 위해 타인의 행동에 주의를 기울이고 자신의 행동을 관찰하고 통제하는 정도인 자기 감시 정도가 다르다. 자기 감시 정도에 있어서의 개인차는 소비 행동과 광고 효과에 영향을 미친다. 한 연구(Snyder & DeBono, 1985)에 의하면 자기 감시 정도가 높은 소비자는 이미지 중심의 광고를 좋게 평가하는 반면 자기 감시 정도가 낮은 소비자는 제품의 품질을 세세하게 구체적으로 소개하는 광고를 좋게 평가한다. 마지막으로 인지 욕구는 사람들이 생각하는 것을 좋아하는 경향성이다. 인지 욕구 수준은 광고나 제품 또는 브랜드에 대한 태도를 형성하는 과정에 영향을 미친다. 한 연구(Haugtvedt, Petty, & Cacioppo, 1992)에 의하면 인지 욕구가 강한 소비자는 인지 욕구가 약한 소비자보다 광고에 제시된 제품 속성 평가를 기반으로 해당 광고 제품에 대한 태도를 형성한다. 반면 인지 욕구가 약한 소비자는 인지 욕구가 강한 소비자보다 광고모델 평가에 기반을 두고 해당 광고 제품에 대한 태도를 형성한다.

자기 개념도 소비자·광고 심리 연구 분야에서 매우 중요하게 다루는 성격이다. 자기 개념이란 어떤 사람이 자기 자신을 하나의 대상으로 간주하고 자기 자신에 대해서 스스로 어떻게 생각하고 느끼는지에 관한 포괄적이고 개념적인 표상이다(성영신·강정석, 2015). 자기 개념은 영역(사적 vs. 공적)과 지향점(현실 vs. 이상)에 따라서 다음과 같이 세분화할 수 있다. 현실적 자기 개념(사적 & 현실)은 소비자 자신이 현재의 자신에 대해서 어떻게 생각하고 느끼는지를 반영하는 반면 이상적 자기 개념(사적 & 이상)은 소비자 자신이 되고 싶은 자신의 모습이 어떤지를 반영한다. 또한 사회적 자기 개념(공적 & 현실)은 소비자가 타인이 자신을 현재 어떤 사람으로 생각하고 느끼는지에 관한 것이다. 이상적·사회적 자기 개념(공적 & 이상)은 소비자가 타인이 자신을 어떤 모습으로 생각하고 느끼기를 바라는지를 반영한다. 소비자는 이와 같은 다양한 종류의 자기 개념을 특정 제품이나 브랜드 소비를 통해서 타인에게 표현하려고 한다(Sirgy, 1982; 박하연·강정석, 2015). 예를 들어서, 어떤 여성소비자의 현실적 자기 개념은 '날씬함'이고 이상적 자기 개념도 '날씬함'이면 이를 유지하기 위해서 '다이어트에 도움이 되는 시리얼'을 사먹을 것이다. 만약 또 다른 여성 소비자의 현실적 자기 개념이 '뚱뚱함'인데 이상적 자기 개념이 '날씬함'이면 현실적 자기 개념을 이상적 자기 개념에 맞추고자 하는 자기 고양의 동기가 발생해서 '다이어트에 도움이 되는 시리얼'을 사먹을 것이다. 유사하게 어떤 성인 남성 소비자의 사회적 자기 개념은 '폭 좁은 인간관계'인데 이상적·사회적 자기 개념은 '폭넓은 인간관계'라면 이상적·사회적 자기 개념을 표현하기 위해서 인간관계의 폭을 넓힐 수 있는 여가 모임에 적극적으로 참여하게 된다. 소비자는 본인뿐만 아니라 자신이 애정을 가진 사람(예, 연인)이나(성영신·강정석, 2015) 제품 또는 브랜드 등과 같은 소유물(Belk, 1988)로 자기 개념을 확장하기도 한다. 이와 같이 소비자 본인의 자기 개념이 사람, 제품, 브랜드 등으로 확장되는 것을 확장된 자기라고 한다.

소비자가 본인의 자기 개념에 맞는 또는 고양시키는 브랜드를 선택하여 소비하는 과정에서 브랜드 성격이 매우 중요한 역할을 한다. 브랜드 성격이란 소비자가 특정 브랜드를 하나의 인격체로 간주해서 해당 브랜드에 부여한 인간적 특성의 집합이다(Aaker, 1997). 브랜드 성격은 특정 브랜드와 관련된 여러 연상 내용에 대한 소비자의 도식인 브랜드 이미지의 하위 요소에 해당된다(성영신·박은아·김유나, 2003). 브랜드 성격을 소비자에게 인식시키는 가장 쉬운 방법 중 하나가 광고모델을 활용하는 것이다. 예를 들어서, 다시다는 오랜 기간 동안 배우 김혜자를 광고모델로 활용했다. 그 결과 소비자가 추론한 배우 김혜자의 성격인 '자상한,' '타인에 대한 배려가 깊은' 등이 다시다의 브랜드 성격으로 형성되었다. 만약 어떤 소비자가 광고를 통해 제시된 브랜드 성격을 매력적으로 생각하면 해당 브랜드를 자신과 동일시하려고 한다. 이 과정을 거치면서 소비자는 해당 브랜드를 의식적으로 반복 구입하려는 행동적 경향성인 브랜드 충성도가 형성된다(Kim, Han, & Park, 2001).

태도

소비자 태도란 소비자가 제품, 브랜드 또는 광고, 매장 등과 같은 마케팅·커뮤니케이션 활동에 대한 지속적이며 전반적인 평가를 말한다. 태도를 연구한 많은 학자들은 태도 형성과 변화가 감정 또는 인지에 기반을 두고 발생한다고 주장한다 (Gawronski & Bodenhausen, 2006). 따라서 소비자 태도 형성과 변화를 유발하는 심리적 요인이 감정인지 또는 인지인지에 따라서 다양한 태도 이론을 다음과 같이 분류할 수 있다.

먼저 제품, 브랜드 또는 다양한 마케팅·커뮤니케이션 활동이 유발하는 감정을 기반으로 해당 대상에 대한 소비자 태도가 형성되고 변화되는 대표적인 현상은 고전적 조건화(12.4.의 '학습' 참조)와 단순노출효과이다. 단순노출효과는 소비자가 제품, 브랜드 또는 다양한 마케팅·커뮤니케이션 활동에 대한 명확한 인식이나 인지적 분석이 없어도 해당 대상에 반복해서 노출되었기 때문에 그 대상을 호의적으로 평가하는 현상이다. 즉, 대상에 대한 인식이 없는 상태라도 반복 노출은 해당 대상에 대한 친숙도를 증가시키고 해당 대상에 대한 긍정적 태도를 형성한다 (Zajonc, 1968). 단순노출효과는 기업이 광고를 통해 자사 브랜드를 소비자에게 반복 노출시키는 경우, 해당 브랜드에 대한 소비자 태도를 긍정적으로 만들 수 있다는 시사점을 제공한다.

제품, 브랜드 또는 다양한 마케팅·커뮤니케이션 활동에 대한 소비자의 인지적 분석을 기반으로 해당 대상에 대한 태도가 형성되거나 변할 수 있다. 이와 같은 현상은 다속성 태도 모형(12.2.의 '대안평가 단계' 참조), 합리적 행위 이론 그리고 계획된 행위 이론으로 설명할 수 있다. 합리적 행위 이론은 다속성 태도 모형이 실제 행동을 정확히 예측하지 못한다는 한계점을 해결하기 위해서 제안되었다. 두 이론의 주요 차이점을 살펴보면 다음과 같다(Ajzen & Fishbein, 1970). 첫째, 다속성 태도 모형은 실제 소비 행동을 예측하기 위해서 특정 대상(예, 제품, 브랜드)에 대한 소비자 태도를 추정한다. 그러나 특정 제품이나 브랜드를 구입하는 행동에 대한 태도가 해당 제품이나 브랜드에 대한 태도보다 해당 제품이나 브랜드의 구입 행동을 더 잘 예측한다(Davidson & Jaccard, 1979). 따라서 합리적 행위 이론은 특정 제품이나 브랜드에 대한 태도(예, '나는 아이폰이 좋다')가 아닌 해당 제품이나 브랜드를 구입하는 행동(예, '나는 내가 아이폰을 사는 것이 좋다')에 대한 태도를 측정한다. 둘째, 소비자는 특정 제품이나 브랜드를 구입할 때 사회적 영향을 받는다(12.3.의 '사회·문화 요인' 참조). 합리적 행위 이론은 이 점을 반영해서 소비자가 지각한 사회적 규범(주관적 규범)을 이론에 포함시켰다. 이때 주관적 규범은 소비자가 자신의 준거 집단이 특정 소비 행동을 하거나 하지 말아야 한다고 생각하는 신념(예, '내가 생각하기에 내 친한 친구들은 내가 아이폰을 사는 것을 좋아한다')과 소비자가 해당 준거집단에 순응하려는 동기 수준(예, '나는 내 친한 친구들의 생각에 맞추어서 행동하려고 한다')에 영향을 받는다. 마지막으로 합리적 행위 이론은 소비자의 실제 소비 행동을 예측하는 요인으로 구입 의향(예, '곧 나는 아이폰을 사려고 한다')을 제안한다. 앞서 소개한 특정 제품이나 브랜드를 구입하는 행동에 대한 태도와 주관적 규범이 해당 제품이나 브랜드를 구입하려는 의향에 영향을 미치고 구입 의향은 실제 구입 행동을 예측한다. 합리적 행위 이론을 보다 정교화시킨 이론이 계획된 행위 이론이다. 계획된 행위 이론(Ajzen, 1991)에 의하면 특정 제품이나 브랜드 구입 행동에 대한 태도, 해당 구입 행동에 대한 주관적 규범 그리고 해당 구입 행동에 대한 지각된 통제감(예, '만약 내가 원한다면 나는 언제든지 아이폰을 살 수 있는 경제력이 있다')이 구입 의향에 영향을 미친다.

한편 이중매개 가설과 정교화 가능성 이론은 소비자가 광고에 노출되었을 때 감정 반응과 인지 반응을 모두 경험하고 이 둘이 어떻게 작용해서 소비자 태도를 형성하고 변화시키는지를 설명한다. 먼저 이중 매개 가설(MacKenzie, Lutz, & Belch, 1986)은 광고가 유발하는 인지 반응(예, '광고모델은 돈을 받았기 때문에 이 광고에 출연했어')이 광고에 대한 태도를 형성한다고 주장한다. 광고에 대한 태도는 광고 브랜드와 관련된 인지 반응(예, '내가 아는 바에 의하면 그 브랜드가 그런 강점이 있다는 것을 믿을 수 없지')과 광고 브랜드에 대한 태도를 유발한다. 또한 광고 브랜드와 관련된 인지 반응은 광고 브랜드에 대한 태도에도 영향을 미친다. 최종적으로 광고 브랜드에 대한 태도는 광고 브랜드 구입 의향에 영향을 미친다(그림 12.4. 참조).

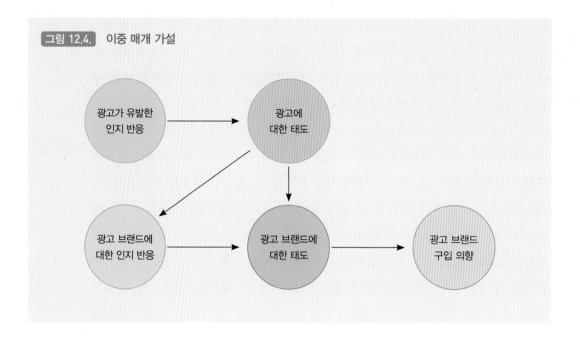

그림 12.4. 이중 매개 가설

정교화 가능성 이론(Petty, Cacioppo, & Schumann, 1983)에 따르면 소비자가 광고에 노출되었을 때 브랜드와 관련된 광고 주장 내용을 꼼꼼하게 분석해서 이를 바탕으로 광고 브랜드에 대한 태도를 형성하거나 변화시킨다(중심경로 처리, 인지 반응 중심). 또한 그 소비자는 매력적인 광고모델, 제시된 광고 주장 내용의 양, 광고 주장의 강도 등을 보고 광고 브랜드에 대한 태도를 형성하거나 변화시키기도 한다(주변경로 처리, 감정 반응 중심). 이때 소비자의 광고 정보처리 동기 수준과 능력 수준이 소비자가 어떤 광고 정보(예, 브랜드와 관련된 광고 주장 내용 vs. 매력적인 광고모델)에 주의를 기울이고 처리하는가를 결정한다. 예를 들어서, 어떤 소비자의 광고 정보처리 동기 수준과 능력 수준이 높으면 해당 소비자는 브랜드와 관련된 광고 주장 내용에 주의를 기울여서 광고정보처리를 한다. 그러나 동기 수준과 능력 수준이 낮은 소비자는 매력적인 광고모델에 주의를 기울여서 광고정보처리를 한다.

참고로 앞서 소개한 균형이론과 인지부조화 이론(12.4.의 '동기' 참조)은 특정 소비 행동을 유발하는 과정을 설명하는 동기이론이다. 그러나 이 두 이론은 소비자의 태도 형성과 변화 과정을 설명하는 태도 이론이라고도 볼 수 있다.

가치관

가치관이란 무엇이 도덕적, 사회적 그리고 심미적으로 좋고 바람직하며 중요한지에 관해서 한 개인이나 한 사회가 수용하는 원리이다. 소비 행동이나 광고 효과와 관련해서 지금까지 연구가 많이 이루어졌던 두 종류의 가치관을 소개하면 다음과 같다.

개인주의를 지향하는 사람은 개인의 독립성을 중시하는 반면 집단주의를 지향하는 사람은 내집단(예, 가족)에 대한 의무감을 중시한다(Oyserman, Coon, & Kemmelmeier, 2002). 이와 같은 개인주의와 집단주의가 광고 효과에 영향을 미칠 수 있다. 한 연구(Han & Shavitt, 1994)에서 연구자들은 특정 제품이 제공하는 개인적 혜택(예, '치약 – 당신을 상쾌한 경험으로 초대합니다')을 강조하는 개인주의 지향 광고와 동일한 제품이 제공하는 가족 혜택(예, '치약 – 당신의 가족과 함께 상쾌한 경험을 나누세요')을 강조하는 집단주의 지향 광고를 제작하였다. 이 연구에 참여한 개인주의 문화권에 속한 미국인은 집단주의 지향 광고보다 개인주의 지향 광고를 볼 때 광고 제품을 더 긍정적으로 평가하였다. 반면 집단주의 문화권에 속한 한국인은 개인주의 지향 광고보다 집단주의 지향 광고를 볼 때 그 광고 제품을 더 긍정적으로 평가하였다. 한편 물질주의가 강한 사람은 돈과 재화의 소유에 집착하며 타인과 공유하려고 하지 않으며 돈과 재화의 소유를 통해 만족을 경험한다(Belk, 1985). 이와 같이 물질주의가 강한 소비자는 투자 가치를 생각하거나 타인에게 과시하기 위해서 미술품을 구입하는 경향성이 있다(김미혜·전중옥, 2008).

12.5. 맺음말

본 서적은 심리학 입문자를 위한 심리학 개론서이기 때문에 본 장에서 소비자·광고 심리와 관련된 보다 심층적이고 다양한 이론, 개념 및 사례를 소개하지 않았다. 보다 심층적이고 다양한 지식을 쌓고자 하는 독자는 본 장의 내용 이해를 기반으로 추가 읽을거리에 소개된 서적을 읽어 볼 것을 추천한다.

요약

1. 소비의 대상은 유형의 재화와 무형의 서비스로 구분되는 제품과 브랜드이다.

2. 소비자는 기능적, 체험적 그리고 상징적 혜택을 얻기 위해서 제품이나 브랜드를 소비하며 광고는 특정 제품이나 브랜드가 제공하는 혜택을 소비자에게 포지셔닝하는 것을 목적으로 한다.

3. 소비자는 제품이나 브랜드와 관련해서 제안자, 정보수집자, 영향력 행사자, 구매 의사결정자, 구매자, 사용자, 처분자 등의 다양한 역할을 하며 광고는 다양한 소비자의 역할에 초점을 둔다.

4. 소비자 구매의사결정 관점에 의하면 소비 행동은 문제인식, 정보탐색, 대안평가, 선택과 구매, 사용과 평가 그리고 사용 후 행동 단계로 이루어진다.

5. 소비자의 심리 요인, 인구통계 요인, 경제 요인, 행동 경향 요인 그리고 사회·문화 요인이 소비 행동과 광고 효과에 영향을 미친다.

6. 소비 행동과 광고 효과에 영향을 미치는 소비자의 심리 요인은 감각과 지각, 기억과 지식, 학습, 동기, 감정, 성격, 태도, 가치관 등이 있다.

추가 읽을거리

소비자 심리 전반과 마케팅·커뮤니케이션 활동 전반에 대한 이해

● 박찬수 (2014). **마케팅 원리**. 경기도: 법문사.

● 양윤 (2014). **소비자 심리학**. 서울: 학지사.

● Jansson-Boyd, C. V. (2014). **소비자 심리학** (양병화, 김재휘, 이병관 역). 서울: 시그마프레스. (원전은 2010년 출판)

● Solomon, M. R. (2016). **소비자 행동론** (이지은 역). 서울: 경문사. (원전은 2015년 출판)

광고와 관련된 소비자 심리와 광고 활동에 대한 이해

● 김완석 (2008). **광고심리학**. 서울: 학지사.

● 김재휘·박은아·손영화·우석봉·유승엽·이병관 (2009). **광고심리학**. 서울: 커뮤니케이션북스.

브랜드와 관련된 소비자 심리와 마케팅·커뮤니케이션 활동에 대한 이해

● 우석봉 (2016). **브랜드 심리학**. 서울: 학지사.

● Keller, L. K. (2015). **전략적 브랜드 관리** (김준석 역). 서울: 시그마프레스. (원전은 2013년 출판)

연습문제

A형

1. 제품이 제공하는 기능적 혜택, 체험적 혜택 그리고 상징적 혜택이 무엇인지를 기술하시오.

2. 소비 행동과 관련된 소비자의 다양한 역할들을 기술하시오.

3. 충동구매와 비계획적 구매의 차이점이 무엇인지를 기술하시오.

4. 특정 제품이나 브랜드에 대해 불만족을 경험한 소비자는 다양한 형태의 불평 행동을 한다. 대표적인 불평 행동의 종류를 기술하시오.

5. 과시적 소비의 정의를 기술하시오.

6. 준거집단은 연관 준거집단, 열망 준거집단, 그리고 분리 준거집단으로 세분화된다. 각 준거집단의 정의를 기술하시오.

7. 응종과 동조의 차이점을 설명하시오.

8. 도식과 각본의 차이점을 설명하시오.

9. 활성화 확산 모형을 이용해서 '갤럭시'라는 브랜드에 대한 소비자의 지식 구조를 설명하시오.

10. 다속성 태도 모형, 합리적 행위 이론 그리고 계획된 행위 이론의 차이점을 설명하시오.

B형

1. 제품은 무형의 서비스와 유형의 재화로 구분할 수 있다. 다음 중 서비스의 전형적 특징에 대한 설명으로 옳은 것을 모두 고르시오.

> ㄱ. 표준화가 가능하다.
> ㄴ. 생산과 소비가 분리되어 있다.
> ㄷ. 시간이 지나면 소멸된다.

① ㄱ   ② ㄴ
③ ㄷ   ④ ㄱ, ㄴ

2. 소비자는 특정 제품이나 브랜드를 소비하는 과정에서 다양한 위험을 지각한다. 소비자가 특정 제품이나 브랜드의 소비가 자기 이미지를 손상시킬 수 있다고 지각하는 위험을 무엇이라고 하는가?

① 신체적 위험   ② 기능적 위험
③ 사회적 위험   ④ 심리적 위험

3~4. 다음은 어떤 소비자가 전세를 얻기 위해서 5개의 아파트를 둘러보고 자신의 생각을 정리한 표이다.

속성	중요도	A 아파트	B 아파트	C 아파트	D 아파트
전세 비용	5	5	3	4	4
평수	4	3	4	5	4
교통 편리성	3	5	5	5	2
조망	2	1	3	1	4
대형 마트와의 거리	1	3	3	4	3

3. 다속성 태도 모형에 의하면 이 소비자는 다음 중 어떤 아파트를 계약할 가능성이 높은가?

① A 아파트   ② B 아파트
③ C 아파트   ④ D 아파트

4. 만약 이 소비자가 사전체계 규칙으로 어떤 아파트를 계약할지를 결정한다면 다음 중 어떤 아파트를 계약할 가능성이 높은가?

① A 아파트   ② B 아파트
③ C 아파트   ④ D 아파트

5. 어떤 광고 기획자가 프레이밍 효과를 활용해서 금연 광고를 기획하려고 한다. 다음 중 어떤 것이 손실 프레임을 이용한 금연 광고 카피인가?

① 당신이 지금 금연을 하면 폐암에 걸릴 확률이 75% 감소합니다.
② 당신이 계속 흡연을 하면 폐암에 걸릴 확률이 75% 증가합니다.
③ 당신은 당신의 가족을 위해서 금연해야 합니다.
④ 식당에서 담배를 피우는 것은 법적으로 금지되어 있습니다.

6. 어떤 소비자가 휴가를 방콕에서 보내기 위해서 비행기를 탔는데 출발한 지 10분 만에 다시 비행기를 탔던 공항으로 회항했다. 이때 그 소비자가 비행기 회항 이유를 나쁜 날씨 때문이라고 생각하면 불만족을 느끼지 않지만 비행기 정비 불량 때문이라고 생각하면 불만족을 느낀다. 이와 같은 현상을 설명할 수 있는 심리학 이론은 다음 중 무엇인가?

① 형평이론   ② 균형이론
③ 인지부조화 이론   ④ 귀인이론

7. 소비자의 라이프스타일을 알아보는 방법 중 AIO가 있다. 다음 중 AIO에서 측정하지 않는 내용은 무엇인가?

① 태도   ② 의견
③ 관심   ④ 활동

8. 소비자가 어느 정도 일정 기간 동안 동일한 TV 광고를 계속 봐야 광고 효과가 발생할 수 있다. 그러나 소비자가 너무 오랜 기간 동안 동일한 TV 광고를 보게 되면 그 광고에 더 이상 주의를 기울이지 않게 된다. 이와 같은 문제를 해결하기 위해서 다음 중 소비자의 어떤 심리적 기제를 이용하는 것이 좋은가?

① 광고에서 절대역 이상의 매우 강한 시각적 또는 청각적 자극을 사용한다.
② 소비자가 최소한 감지 가능한 차이 내에서 광고를 계속 변화시킨다.
③ 소비자가 최소한 감지 가능한 차이 이상으로 광고에 변화를 준다.
④ 광고에서 식역하 시각적 또는 청각적 자극을 사용한다.

9. 광고에서 편두통에 시달리던 광고모델이 A 진통제를 먹더니 얼굴 표정이 밝아졌다. 평소 편두통이 심했던 어떤 소비자가 이 광고를 보고 A 진통제를 사서 먹어야겠다는 생각이 들었다. 이와 같은 현상을 설명할 수 있는 이론을 모두 고르시오.

> ㄱ. 대리적 조작적 조건화
> ㄴ. 고전적 조건화
> ㄷ. 관찰학습
> ㄹ. 조형

① ㄱ, ㄴ   ② ㄱ, ㄷ
③ ㄴ, ㄷ   ④ ㄷ, ㄹ

10. 어떤 맥주 브랜드에서 '우리는 하나'라는 광고 카피를 제작하였다. 이 광고 카피는 소비자의 어떤 욕구를 자극한다고 볼 수 있나?

① 안전 욕구   ② 자존 욕구
③ 사회적 욕구   ④ 자기실현 욕구

11. 특정 제품에 대한 관여도가 높은 소비자의 특징에 대한 설명 중 옳지 않은 것을 모두 고르시오.

> ㄱ. 제품을 구입하기 전에 관여도가 낮은 소비자에 비해 더 많은 정보를 찾는다.
> ㄴ. 제품을 구입하기 전에 관여도가 낮은 소비자에 비해 더 짧은 시간 동안 정보를 찾는다.
> ㄷ. 관여도가 낮은 소비자와 비슷하게 찾은 정보에 반박하거나 지지하는 생각이 별로 들지 않는다.
> ㄹ. 관여도가 낮은 소비자에 비해 제품을 구입한 이후에 인지부조화를 적게 경험한다.

① ㄱ, ㄴ, ㄷ   ② ㄱ, ㄴ, ㄹ
③ ㄱ, ㄴ, ㄷ   ④ ㄴ, ㄷ, ㄹ

12. 어떤 소비자가 8시 뉴스를 보는데 맨 마지막에 매우 불쾌한 사건 소식을 접했다. 8시 뉴스가 끝나자마자 바로 A 브랜드의 런칭 광고가 나왔다. A 브랜드의 런칭 광고는 객관적인 제품 특징을 나열하면서 소개하는 형식이었다. 그런데 그 소비자는 처음 본 A 브랜드의 런칭 광고를 별로 좋지 않게 평가했다. 이와 같은 현상을 설명하는 심리학 이론은 무엇인가?

① 감정적 점화   ② 단순노출효과
③ 최적 각성 지향성   ④ 감정일치 효과

13. A 의류 브랜드는 광고를 통해서 '자신감이 있는'이라는 브랜드 성격을 소비자에게 심어주고 있다. 회사원 B씨는 평소 자신이 '자신감이 있는' 사람이었으면 좋겠다고 생각했다. B씨가 A 의류 브랜드 광고를 보고 다음 날 바로 A 의류 브랜드를 구입해서 입고 다닌다. 이와 같은 현상을 자기개념으로 설명할 때 B씨의 어떤 자기개념이 A 의류 브랜드 구입에 영향을 미쳤는가?

① 현실적 자기개념
② 이상적 자기개념
③ 사회적 자기개념
④ 이상적·사회적 자기개념

범죄 및 법심리학

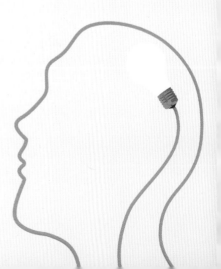

범죄란 사회의 질서와 구성원의 안녕을 위해서 정해진 법에 위배되는 행동을 저지르는 것인데, 오늘날 우리 사회가 복잡하게 변화되면서 범죄도 양적으로 증가 추세를 보이고 있다(그림 13.1.). 범죄의 양상 또한 흉포화되어 감에 따라 범죄에 대한 사람들의 두려움도 커지고 있다. 양적·질적 차이가 있기는 하지만 어느 사회든 다양한 범죄가 발생하고 있으며, 이러한 범죄는 사회 구성원들의 안녕을 저해하기 때문에, 범죄에 대한 학문적 차원의 연구가 여러 분야에서 행해지고 있다. 이 장에서는 범죄심리학과 법심리학이 다루는 영역, 범죄의 원인론, 공격성 및 사법절차에서 심리학의 활용에 대하여 살펴보기로 한다.

13.1. 범죄심리학이란 무엇인가

범죄심리학과 법심리학

범죄심리학(criminal psychology)은 범죄행동 혹은 범죄의 원인에 대한 심리학적 연구라고 할 수 있다. 한편 범죄행위 자체에 대한 심리학적 이해를 넘어, 수사, 범죄예측, 판결 및 교정 등의 영역에 심리학의 지식이 활용되고 있는데, 이처럼 사법체계 전반에 걸친 심리학의 전문적인 실무 적용을 법심리학(forensic psychology, 법정심리학이라고도 함)이라고 한다(Bartol & Bartol, 2004). 최근에는 범죄심리학이

그림 13.1. 한국의 범죄율 변화추이

(인구 10만 명당)

출처: 정태연 외 지음, 사회심리학, 2016, p.533, 학지사.

다루는 영역이 법심리학의 영역으로 점차 확대되어 가고 있다. 따라서 범죄행동 혹은 범죄의 원인에 대한 심리학적 연구가 협의의 범죄심리학이라면, 광의의 범죄 심리학은 형사사법체계 전반에 걸쳐 범죄자와 관련된 주제를 다루는 심리학의 분 야라 정의할 수 있다(이수정, 2015).

범죄 및 법심리학과 심리학의 관련 분야

범죄심리학은 기본적으로 범죄행위의 동기나 심리적 원인을 파악하고자 하 며, 여러 범죄행위의 근간을 이루는 공격성을 비롯하여, 청소년 비행, 사이코패스 에 의한 범죄, 살인, 성범죄, 가정폭력, 방화 및 화이트칼라 범죄 등 각종 범죄의 특징과 원인 등에 관하여 심리학적인 분석을 한다. 한편 법심리학은 사법적 절차 와 관련하여 판결 전, 판결 단계 및 판결 후의 단계별로, 목격자 진술, 신문과 자 백, 범죄자 프로파일링, 책임능력 판단, 교정교화, 재범위험성 평가 및 교정상담 등에 심리학의 전문적인 지식을 활용한다.

심리학의 하위분야들과의 관계 측면에서 보면, 범죄심리학은 특히 생물 및 신 경심리학, 발달심리학, 인지심리학 및 사회심리학 등의 기초심리학과의 관련성 이 크다고 할 수 있으며, 법심리학은 경찰심리학, 수사심리학, 법정임상심리학 및 교정심리학 등의 응용심리학과 연관성이 크다고 할 수 있다(Howitt, 2002; 이수정 2015, 그림 13.2.). 생물 및 신경심리학에서는 범죄의 원인에 관해 유전, 뇌 손상을 포함한 뇌 과정 및 신경생물학적 설명을 하고자 하며, 발달심리학에서는 공격성의 발달, 특정 범죄의 발달적 원인 및 청소년 비행의 발달적 특징 등을 연구한다. 인 지심리학에서는 목격자 증언의 정확성에 관한 심리학 연구 및 수사면담에서 범죄 피의자의 기억을 향상시키는 방법을 포함한 효율적 면담 기법 등의 개발에 기여를 하고 있다. 사회심리학에서는 매체폭력의 시청이 실제 폭력에 미치는 효과를 포함 하여, 미디어가 범죄에 미치는 영향에 관해 많은 연구를 하였으며, 배심원의 인적 구성 및 배심원들이 미처 의식하지 못하는 집단압력 등의 요인이 배심원 의사결정 에 미치는 사회심리적 영향 등에 관한 연구와 조언을 하고 있다. 한편 응용영역으 로서의 경찰심리학은 경찰인력의 선발 및 경찰 직무 스트레스 관리 등에 관해 심 리학적 도움을 제공하고 있으며, 수사심리학은 특히 수사기법 및 프로파일링 기법 의 개발에 기여하고 있다. 법정임상심리학은 피고의 정신감정과 범죄예측 등에 임 상심리학적 지식을 제공하며, 교정심리학은 교정교화, 교정상담 및 가석방 심사 등과 관련하여 상담 및 재범예측 평가 등의 지식과 실무를 제공하고 있다.

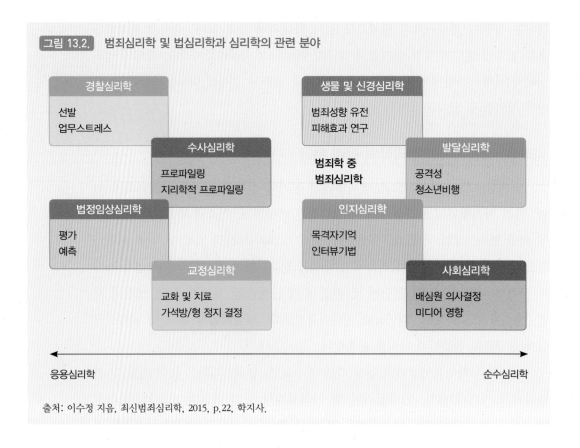

그림 13.2. 범죄심리학 및 법심리학과 심리학의 관련 분야

출처: 이수정 지음, 최신범죄심리학, 2015, p.22, 학지사.

13.2. 범죄의 원인론

범죄는 왜 발생하는가? 특정 개인들의 심리적 문제인가? 열악한 상황이나 환경 때문인가? 아니면 모든 사람들에게 기본적으로 범죄성향이 있어서 발생하는 것인가? 범죄가 발생하는 원인이나 이유를 파악하고 이해하는 것은 범죄의 예방이나 수정에 중요하며, 이러한 범죄의 원인을 설명하는 일반이론으로서, 크게는 고전주의 이론과 실증주의 이론의 둘로 구분이 된다. 고전주의 범죄이론은 18세기 유럽의 홉스, 벤담 및 베카리아 등의 철학에 토대를 두고 있으며, 실증주의 이론은 롬브로소, 케리 및 가로팔로 등의 범죄학자에서 시작되어, 생물학, 심리학 및 사회학의 관점에서 범죄를 설명하는 이론들을 포함한다. 이들 각각에 대하여 간략히 살펴보기로 한다.

고전주의 이론

고전주의(고전학파) 범죄이론은 범죄 행위와 관련된 구체적인 요인들을 해명하기보다는, 전반적인 인간관 혹은 철학적 범죄관을 설명한다. 이 고전이론에서는 범죄행위란 그 행위의 득과 실을 비교하는 합리적인 자유의지에 의한 선택이라고 본다. 즉, 인간은 자유의지에 따라 범죄행위를 선택할 수도 있고 선택하지 않을 수도 있다. 고전학파 이론의 주장에 의하면, 범죄행위를 포함한 모든 인간 행위의 지배원리는 고통을 회피하고 쾌락을 추구하는 쾌락주의이며, 범죄는 인간의 비정상적인 행동이 아니라 인간사에 상존하는 보편적인 행위로서, 누구나 범죄성을 소유하고 있고 단지 범죄성 정도에서 차이가 있다고 본다(박광배, 2002).

사람들이 범죄를 저지르는 이유는 무엇인가? 고전이론의 관점에서 보면, 개인이 목적달성을 위해 취할 수 있는 범죄 수단이 다른 비범죄적 수단보다 정신적 및 물리적 노력과 에너지를 적게 요구하고, 즉각적 결과를 주기 때문이라 할 수 있다. 고전이론은 또한 범죄행위의 촉진이나 억제에 영향을 주는 제재 체계로서 고통과 위험부담을 극대화하는 법에 의한 통제를 포함하는 정치적 제재를 강조하였다. 누구나 잠재적으로 범죄성을 소유하고 있지만, 범죄행위의 실행이 개인의 자유의지에 의하여 좌우될 수 있으므로, 법적 처벌이나 제재 체계를 통하여 범죄행위를 억제하도록 할 수 있다고 보는 것이다.

고전이론은 범죄인의 인권을 보호하면서 범죄를 최소화할 법체계의 구현에 관심이 있었으며, 범죄원인 이해의 이론이라기보다 범죄의 합리적 통제법을 강조하였고, 현재의 법제도나 교정행형 제도에 영향을 주었다(박광배, 2002). 그러나 고전이론은 상습적 범죄자와 비상습적 범죄자의 차이와 연령에 따른 범죄발생의 증감 현상에 대한 이유 등을 충분히 설명하지 못한다. 달리 말하면 범죄행위 유발의 구체적 원인을 설명하지 못하는 한계가 있다.

실증주의 이론

고전학파의 범죄이론이 인간성에 관한 기본 가정을 토대로 범죄 발생의 원인을 설명하고자 했다면, 실증주의 이론은 실제로 범죄행위 유발의 구체적 원인들을 제시하고 이를 증명하고자 시도한다고 볼 수 있다. 19세기 후반 유럽에서 과학적 방법의 중요성이 강조되면서 범죄 연구에도 영향을 미쳤는데, 롬브로소, 페리 및 가로팔로 등의 범죄학자에서 시작된 실증주의 이론의 전제는 인간의 행동은 개인이 통제할 수 없는 어떤 요인들에 의해서도 이루어진다고 본다. 실증주의 이론에서는 범죄행위의 이해에 생물학적, 사회적 및 심리적 요인 등의 역할이 중요함을 강조하며, 과학적 방법을 통해 이를 설명하고자 한다.

생물학적 범죄원인론

생물학적 관점의 범죄원인론은 범죄자의 체형이나 얼굴 생김새 등의 생물학적 특징에서 범죄의 원인을 찾으려 한다. 초기 범죄생물학의 대표자인 롬브로소는 사형이 집행된 살인강간범 등의 시체를 해부하여 분석한 결과, 그들의 소뇌 부근의 공간이 작고 턱이 크며 이마가 경사진 것과 같은 신체특징들이 있다고 보고하였으며 그러한 특징들은 유전의 결과라고 주장하였다(정태연 외, 2016). 그러나 롬브로소의 주장은 호기심을 유발하고 또한 범죄자의 특성을 실증적으로 관찰하고 연구하려 시도한 점에서는 높이 평가되지만, 실질적인 지지증거가 부족하고, 비교집단을 사용하지 않은 방법적 결함으로 인해 널리 인정받지 못하였다.

롬브로소가 범죄자의 얼굴이나 신체특징을 통해 범죄의 원인을 설명하고자 시도했다면, 셸던은 체형과 범죄성 간의 관련성을 설명하고자 하였다. 셸던은 인간의 체형을 비만형(내배엽형, 살찐 체형), 근육형(중배엽형) 및 두뇌형(외배엽형, 마른 체형)의 세 가지로 구분하였다. 셸던에 의하면, 비만형은 사교적이고 유쾌한 성격의 소유자들이며, 근육형은 열정적이고 대담하며 지배적인 성격자들인 경향이 있고, 두뇌형은 예민하고 내향적인 성격으로서 몸을 잘 움직이지 않고 혼자 있는 것을 좋아하는 경향이 있다. 그는 체형과 성격 간의 이러한 관련성 외에, 체형과 범죄성도 연관성이 있다고 보고 200명의 범죄자와 200명의 비범죄자를 비교 분석한 결과, 근육형이 범죄성향과 유관하다고 결론을 지었다(이수정, 2015에서 재인용). 그러나 근육형이지만 범죄자가 아닌 사람이 많으며, 체형과 성격 간의 관계에 대한 설명은 한때 인기가 있었으나 현재는 과학적 근거가 부족한 것으로 여겨지고 있다.

생물학적 원인론으로서 범죄의 유전 연구도 행해졌는데, 유전론은 범죄의 원인을 유전자의 결함에서 찾으려 하며, 범죄의 유전적 영향을 알아내기 위해 일란성 쌍둥이, 이란성 쌍둥이 및 일반 형제자매 사이의 행위 일치율을 비교하거나, 환경의 동일성 효과를 배제하기 위해 어려서 헤어져 자란 일란성 쌍둥이들의 범죄행동의 일치율을 조사하기도 하고, 입양아의 생부모와 양부모와의 범죄행위 일치율을 연구하기도 하였다. 이러한 연구들의 대체적 결과는 범죄에 미치는 유전의 영향이 있다고 주장하지만, 그 효과가 미미하고, 특히 연구사례가 매우 적어서 실증적 검증이 사실상 어렵다는 점과, 유전적 결함 자체가 원인인지 아니면 부모로 인한 열악한 환경이 원인인지 명확하지 않다는 비판을 받고 있다. 유전연구 이외에도 현대의 생물학적 접근에서는 염색체 이상, 뇌파 이상, 뇌 손상 및 특정 범죄자들의 혈액 속 생화학적 활동 수준 등에 관한 연구들이 진행되고 있다.

사회학적 범죄원인론

사회학에서는 범죄행동의 원인이 근본적으로 사회환경이나 사회구조적 문제에 있다고 보는 편이다. 사회학적 범죄원인론은 사회환경 자체가 범죄의 원인이라는 거시환경론과, 동일한 사회환경이나 사회구조 내에서도 사람들의 행동에 차이가 있다는 점에서 개인의 환경이 중요하다고 보며 부분적으로 심리학적 요소가 가미된 설명을 하는 미시환경론으로 나뉘어 발전되었다(박광배, 2002).

사회구조나 환경이 범죄의 원인이라고 보는 거시환경론은 사회해체론, 사회긴장론 및 범죄적 하위문화이론으로 구분이 된다. 사회해체론에 의하면, 전통적인 사회에서는 비공식적인 사회통제력이 비교적 잘 작동하는데, 산업화와 도시화로 인해 도시지역들에 많은 인구가 유입되고 사회환경이 급속히 변화하면서 기존의 사회질서가 해체되고 사회통제력이 약화되어 범죄발생이 증가한다. 이에 비해 사회긴장론은 사람들이 자신의 목표를 성취하기 위한 노력을 하지만 목표달성에 실패하거나 목표를 이루기 위한 합법적 수단이 없다고 느낄 때 긴장과 좌절을 경험하고, 그 결과로 범죄가 발생하게 된다고 주장한다. 한편 하위문화이론에 의하면, 사회적 하류계층은 교육이나 인간관계 등의 사회적 성공을 위한 승인된 수단에서 배제되기 쉽고, 이에 따라 중산층의 가치기준에 동조할 수 있는 능력과 이러한 기준에 의해 측정되는 지위를 달성할 능력이 결여되어 범죄적 하위문화를 형성하게 된다.

미시환경론은 동일한 사회구조 속에서 생활하는 사람들의 행동이 왜 다른가에 주목하면서, 개인이 처해 있는 미시적인 개인환경적 차원에 초점을 둔다. 여기에는 사회과정이론과 사회반응이론이 있는데, 사회화 과정을 중시하는 사회과정이론으로서, 차별접촉이론, 사회학습이론 및 사회통제이론이 있다. 이들 중 차별접촉이론에 의하면 범죄행위는 학습이 되며, 법위반에 호의적인 정의가 법위반에 비호의적인 정의보다 더 클 때 개인은 비행을 저지르게 된다고 한다. 달리 말하면, 범죄행위는 범죄를 자주 저지르는 또래친구들과의 차별적 접촉을 통해 학습하게 되며, 주로 법위반에 호의적인 정의를 지지할 때 범죄가 발생한다는 것이다(황성현 외, 2015). 차별접촉이론은 범죄를 사회구조의 부산물이 아니라 구성원 간의 상호작용의 결과로 보았는데, 이 이론이 경험적으로 검증되기 어렵다는 비판을 받게 되면서, 사회학습이론이 제시되었다. 사회학습이론은 차별적 접촉, (범죄에 대한) 정의, 차별적 강화 및 모방의 네 가지 요소를 중시하는데, 이 이론을 쉽게 요약하자면, 사람들이 비행 및 범죄친구와의 차별적 접촉을 많이 할수록(차별적 접촉), 범죄에 대한 본인의 부정적 생각이 적을수록(정의), 비행으로 얻을 수 있는 경제적, 정신적 보상이 경찰에 적발되어 처벌받을 확률보다 많다고 생각하거나 실제로 많을수록(차별적 강화), 주위의 친한 사람이나 매스미디어에서 범죄를 저지르는 것을 직접 보거나 관찰한 적이 많을수록(모방), 개인이 특정 범죄를 저지를 가능성은 높아진다(황성현 외, 2015). 또한 사회통제이론에 의하면, 사람들은 가족, 친구, 직장이나 조직의 동료 등과 적절한 유대를 가지고 생활하기 때문에 이러한 사회적 유대가 범죄행위를 하지 않게끔 통제력을 발휘하며, 사람들 간의 사회적 유대가 약화되거나 깨지면 통제가 느슨해짐으로써 범죄행위가 발생한다. 한편 사회반응이론에 속하는 낙인이론에서는, 어떤 행위 혹은 청소년기 등에 우발적으로 행해질 수 있는 작은 일탈 등에 대하여 범죄자, 혹은 비행청소년 등의 사회적 낙인을 찍게 되면, 이에 반응하여 개인의 정체성이 형성되고 이후에도 그 정체감에 맞게 범죄적으로 행동하게 된다고 본다.

심리학적 범죄원인론

심리학의 관점에서는 정신분석이론, 지능이론, 성격이론, 학습이론 및 사회인지이론 등의 관점에서 범죄의 원인을 설명하고자 하며, 이들 중 특히 학습이론과 사회인지이론의 설명이 중시되는 편이다.

정신분석이론

정신분석적 관점으로 보면, 인간의 본성은 원래 반사회적이라고 할 수 있다. Freud의 정신분석에 의하면, 성격은 원욕(id), 자아(ego) 및 초자아(superego)의 세 요소로 구성되는데, 원욕의 반사회적 충동을 자아와 초자아가 적절하게 통제하지 못할 때 범죄행위가 발생한다. 또한 유아기에 부모의 적절한 조력 부재로 초자아가 제대로 발달하지 못하여 선악구분을 제대로 하지 못함으로써 즉각적 만족추구, 타인배려 부족, 공격적 및 충동적 행동 경향성을 보일 수 있다. 한편 어린 시절

부모와의 애착형성이 실패하여 범죄가 발생할 수 있다는 주장도 있다. 애착이론을 발전시킨 볼비는 어린 시절에 부모와의 애착형성에 실패한 사람들은 이후 사회적 관계의 형성에 실패하고 따라서 범죄의 길로 빠지게 된다고 가정하고서 애착과 범죄와의 관계를 알아보기 위해 44명의 절도 소년들을 조사한 결과, 이들 중 14명이 자신의 가정을 확증해 주었다고 주장하였다(이수정, 2015).

지능이론

심리학의 관점에서는 지능도 범죄의 한 원인이라고 주장한다. 즉 범죄인들이 비범죄인인 일반인들보다 지능지수가 평균 8~10점 낮다고 한다. 그러면 실제로 낮은 지능 자체가 범죄의 원인일까? 지능지수(IQ)와 범죄와의 관련성은 직접적이기보다는 간접적 인과관계가 있다고 가정된다. 즉 IQ는 주로 학업수행을 잘 예측하는데, IQ가 낮으면 학업성적이 낮고, 학교에 대해 부정적 태도를 갖게 되고 결국 학교를 중퇴하게 됨으로써 교육기회와 취업기회에서 배제당하기가 쉽다. 이러한 결과로 범죄를 하게 될 수 있다는 것이다. 그런데 이러한 지능과 범죄의 상관은 .10~.20으로 낮으며, 그것도 동작성 지능에서는 차이가 없고 주로 언어성 지능에서 차이가 있다고 한다. 비행자나 범죄자들이 IQ점수가 낮다고 할 때, 이것은 그들이 주류사회의 생활에 대한 경험이 제한되고, 부적절한 부모, 제한적인 인지발달과 언어발달 및 학교경험의 부족 등을 갖는다는 것을 함축할 수 있다(Bartol & Bartol, 2015).

성격이론

특정 성격과 범죄의 연관성에 관해 비교적 주목을 받은 견해가 아이젠크의 성격이론이다. 그는 범죄행동의 이해를 위해 신경생리학적 특성을 중시한 성격이론을 제안하였고(Eysenck, 1964), 세 가지의 성격요인으로서, 외향성(E), 신경증(N) 및 정신증(P)을 제시하였다. 내/외향성은 생물학적으로 타고난 대뇌피질의 각성수준인데, 외향성자는 내적으로 각성수준이 낮기 때문에 외부로부터 부수적인 자극을 필요로 하는 사람이며, 내향성자는 이와 반대로 내적 각성수준이 높기 때문에 구태여 외적인 자극을 추구하지 않아도 된다는 것이다. 아이젠크에 의하면, 전형적인 외향성자는 사교적이고, 낙관적이고, 충동적이며, 화를 잘 내고, 쉽게 공격적이며 믿을 만하지 않은 경향이 있다(외향성과 내향성에 관한 다른 성격이론들의 분류와는 조금 다름). 또한 자극을 얻기 위해 외부적 활동에 몰두하고자 하며 지루함을 해소하려고 보다 높은 흥분과 자극을 추구하기 때문에 법에 저촉되는 행동을 할 가능성이 크다고 한다. 한편 신경증은 자율신경계의 기능으로서 성격과 범죄 간의 관계에서 중요한 변인이다. 일종의 정서성을 의미하는 신경증은 스트레스적인 사건에 대하여 생리적으로 반응하기 위해 타고난 생물학적 경향으로서 정서반응의 강도를 조절한다. 신경증이 높은 사람은 스트레스가 낮은 상황에서도 신경과민이 되거나 사소한 것에 민감하고 불안할 가능성 및 다양한 신체적 증상을 호소할 가능성이 크다. 스트레스에 과잉반응을 하는 이러한 신경증이 높은 사람들이 낮은 사람들에 비해서 범죄행위에 관여할 가능성이 크다고 한다. 또한 아이젠크에 의하면, 정신증이 높은 사람들은 냉담하고, 잔혹하고, 사회에 대해 무감각하며, 비정서적이고, 비정상적인 것을 추구하는 등의 특징이 있다고 하며, 상습적 폭력범죄자들에게 이런 특징이 있다고 한다(Eysenck, 1983).

아이젠크의 연구 이후, 성격과 범죄의 관계를 탐색하는 연구가 계속되고 있으며, 특히 반사회성 성격과 사이코패스의 성격이 많이 다루어지고 있다. 미국에서 교도소나 수용기관에 수감된 범죄자의 39~75%가 반사회성 성격자이며 이 중 1/3이 사이코패스(정신병질자)라는 보고가 있다(Hare, 1983). 미국 정신의학회의 진단기준에 의하면, 반사회성 성격은 다음과 같은 특징을 보여야 한다. 첫째, 나이가 18세 이상이어야 한다. 둘째, 18세 이전에 품행장애의 내력이 있어야 한다. 셋째, 한 가지 직업에 지속적으로 종사하지 못하거나, 사회규범을 지키지 못하거나, 공격적이고 안절부절못하거나, 금전적 채무를 제대로 갚지 못하거나, 계획성 부족, 진실과 사실을 존중하지 않음, 자신이나 타인에게 위험한 행동을 자주 함, 부모역할을 수행 못함, 한 사람과의 성실한 이성관계를 유지하지 못함 및 양심의 가책을 느끼지 못함 중, 네 가지 이상의 특징을 보여야 한다. 넷째, 조현병 등의 병리증상이 없을 때에도 반사회적 행동을 보여야 한다(이수정, 2016에서 재인용). 한편, 사이코패스의 성격특징으로서 자기중심성, 정서적 둔감성, 공감력 결핍, 이기성 및 죄책감이나 양심 부족 등이 알려져 있다(Cleckley, 1976).

학습이론

학습이론에서는 범죄행동을 학습의 결과라고 본다. 특히 범죄행동의 학습은 주로 강화학습과 모방학습으로 잘 설명될 수가 있다. 어떤 행동을 한 후에 보상이 따라오면 흔히 그 행동은 강화가 된다. 어떤 행동을 한 결과로 처벌이 수반된다면 그 행동은 사라지거나 감소될 것이다. 비행이나 범죄를 실행했는데, 처벌이 없고 이득을 얻게 된다면 그 행위는 강화될 것이다. 대체로 처벌을 받는 경우에는 그 행동이 감소할 것이기에, 법적 처벌은 범죄학습의 억제력을 발휘할 수 있다. 한편 어떤 행동을 학습하기 위해 반드시 강화가 필요한 것은 아니다. 다른 사람이 하는 것을 단지 봄으로써 어떤 행동방식을 습득할 수 있다. 모방학습(관찰학습, 사회학습)은 범죄행동을 부모, 가족, 동료 및 매체 등에서 관찰한 범죄행동을 모방하는 결과로 본다. 이는 특히 공격행동의 설명에 적합한데, 일부 연구에 의하면, 단 1회의 관찰을 통해서도 공격행동이 모방학습된다(Bandura, 1973). 공격 및 범죄행동의 관찰과 이를 모방학습하는 것 간의 관계에 대해서는 좀 더 자세한 과정의 설명이 필요하지만, 각종 범죄를 관찰할 수 있는 다양한 매체(TV, 영화, 인터넷 등)에 손쉽게 접속가능한 최근의 현실은 모방범죄의 가능성을 증대시킬 잠재력을 가지고 있다.

사회인지이론

사회인지(social cognition)는 사람들이 자신이나 타인의 행동을 지각하고 해석하고 평가하는 과정이다. 인지가 한 개인 내의 사고 및 정보처리 과정을 일컫는다면, 사회인지는 사람들 간의 인지과정을 중시한다. 타인에 대한 생각 혹은 자신이 지각하는 상황에 대한 해석이 어떤가에 따라서 개인의 감정과 행동은 달라질 수 있다. 어떤 사람의 동일한 행동에 대해서 지각자들의 행동이 공격적일 수도 있고 비공격적일 수도 있는데, 사회인지이론 특히 사회정보처리 모형(social information-processing model, Bandura, 1986)에 의하면, 이러한 차이는 정보처리 방식의 차이에 기인한다. 이 모형에 의하면 사회정보처리과정은, 사회적 단서의 인식, 사회적 단서의 해석, 목표 설정, 적절한 반응의 선택, 반응양식 결정 및 행동의 여섯 단계를 거치는데, 비공격적인 사람에 비하여 공격적인 사람은 사회적 단서를 잘 포착하지 못하거나 혹은 단서를 지나치게 폭력적인 것으로 해석하며, 갈등관계에서 적절한 반응양식을 잘 찾지 못하고 자신의 폭력반응이 사회적으로 용인되는 것이라고 잘못 판단한다(이수정, 2015). 그리고 그 결과로 범죄가 유발된다는 것이다.

또한 귀인편향도 폭력 등의 범죄에서 중요한 역할을 하는 것으로 알려져 있다. 즉 일부 범죄자들은 타인의 우연적인 행동을 적대감에서 나온 것으로 해석하는 적대적 귀인양식을 가지고 있다. 예를 들면 타인과 우발적으로 어깨가 부딪친 경우에도 그 타인이 고의적으로 자신에게 적대적 행동을 했다고 해석함으로써 폭력으로 앙갚음을 하는 식이다.

한편 타인의 관점에 대한 이해 부족 혹은 공감이나 감정이입의 결여가 범죄에서 역할을 한다. 공감은 감정적 공감과 인지적 공감의 두 차원이 있는데, 감정적 공감은 타인의 정서를 경험할 수 있는 능력이고 인지적 공감이란 자신의 관점이 아니라 상대방의 관점에서 그를 이해하는 능력이다. 지속적으로 공격적이고 반사회적인 사람들의 특징으로서 이러한 인지적 및 감정적 공감능력의 결핍이 지적되어 왔다(Cohen & Strayer, 1996). 감정적 공감능력의 결여는 초등학교 중간학년 아동들의 심각한 반사회적 및 폭력행동과 상관이 있는 것으로 보인다(Jolliffe & Farrington, 2007). 특히 감정적 공감능력의 결핍은 반사회성과 폭력행동에 관련된 사이코패스의 주요특징 중 하나인데, 이들은 피해자들의 정서, 즉 고통이나 슬픔을 느낄 능력이 매우 부족한 것으로 보인다. 또한 동물학대도 공감의 결핍을 보여주는 행동이며, 아동 청소년기의 동물학대는 심각한 폭력적 범죄행동의 강력한 예언요인 중의 하나이다(Stouthamer-Loeber et al., 2004).

13.3. 공격성

공격(aggression)은 전쟁, 테러, 길거리 폭력, 가정 폭력, 개인들 간 가벼운 몸싸움 및 언쟁에 이르기까지 그 범위가 매우 넓다. 유사 이래로 수많은 전쟁이 있어 왔고, 최근에는 세계 곳곳에서 테러가 증가하고 있으며, 우리 사회 내에서도 비면식 관계의 임의적 대상을 향한 무차별적 공격을 포함한 각종 폭력범죄가 증가하고 있어서 많은 사람들이 이에 대한 두려움을 느낀다. 다양한 종류의 범죄 중에서도 살인 및 상해 등을 포함한 폭력성 범죄에 대한 일반인의 공포가 큰 이유는 살인과 같은 극단적 형태의 공격은 그 결과를 되돌릴 수 없는 치명적인 것이고, 신체폭력도 즉각적인 고통과 아울러 자칫 심각한 부상으로 회복할 수 없는 결과가 초래될 수 있기 때문이다.

모든 사회에서 이처럼 공격이 끊이지 않는 이유는 무엇인가? 진화론의 관점에서는 공격이 인간에게 상당한 이점이 있었다고 주장한다. 거칠고 위협적인 환경의 원시사회에서는 적절한 공격성이 자신의 생존과 안전, 먹이 구하기 및 가족 보호 등에 큰 역할을 했을 것이다. 이러한 경험들로 인해 사람들은 공격적 행동이 자신과 가족을 보호하고, 부, 명예 및 권력 등을 얻는 데 어느 정도 도움이 된다는 것을 학습하였다고 한다. 이러한 공격의 이점이 주장되기도 하지만, 공격성은 개인적 및 사회적 차원에서 폭력을 포함한 무수한 범죄행동의 근원이기도 하다. 그런 점에서 공격성에 관한 관심과 연구가 지속되고 있다.

공격의 정의와 종류

공격이란 무엇인가? 공격은 타인을 신체적으로 혹은 심리적으로 해치려는 의도가 있는 행동 및 물건을 파손하거나 하려는 의도가 있는 행동이라고 정의된다. 그러나 어떤 학자들은 가해자의 유해한 행동과 피해자의 사회적 판단 둘 다가 고려되어야 한다고 주장한다(Bandura, 1973). 또한 공격도 그 유형이 다양해서 종류별로 정의가 조금씩 다를 수 있다.

공격은 몇 가지 유형으로 분류된다. 첫째, 적대적 공격(hostile aggression)과 도구적 공격(instrumental aggression, 수단적 공격)으로 구분이 된다. 적대적 공격은 분노 감정에 의해서 발생하는 공격이며, 가해자의 목표는 타인(피해자)에게 고통이나 상해를 가하는 것이다. 적대적 공격은 누군가로부터 모욕을 당하거나, 공격을 당하거나, 혹은 실패 등으로 유발되는 분노의 조건에 대한 반응으로 일어나는 경우가 많다. 이에 비해서, 도구적 공격은 타인을 해치려는 의도는 있지만, 그에 대한 분노 감정이 없고 그에게 고통을 주려 하기보다는, 특정한 보상을 얻는 것과 같은 다른 목표를 위한 수단으로 가해행위를 하는 것이다. 예를 들면 타인이 소유한 물건이나 지위, 혹은 금전 등을 얻으려는 욕구에서 발현되는 것으로서, 강도, 절도 및 화이트칼라 범죄 등이 여기에 해당된다. 둘째, 공격의 발현 형태에 따라 직접공격(overt aggression)과 간접공격(covert aggression)으로 구분이 될 수 있다. 직접공격은 피해자와의 직접대면이 보편적이고 대개 분노감정에 의하여 피해자를 직접 구타하거나 모욕을 주는 행위 등이 이에 속한다. 간접공격은 가해자의 적대적 의도나 속성이 잘 드러나지 않는 공격이며, 절도, 사기 및 횡령 등의 예를 들 수 있다. 나이가 들면서 직접공격은 감소하고 간접공격이 증가하는 경향이 있다. 셋째, 사회규범의 허용 여부에 따라 반사회적 공격(antisocial aggression)과 친사회적 공격(prosocial aggression)으로 구분이 된다. 폭행, 구타, 살인 등과 같이 타인들에게 해를 입히고 정당한 이유가 없는 범죄행위들은 사회규범을 위반하는 반사회적 공격이지만, 흉악한 범죄자를 체포하는 과정에서 보일 수 있는 경찰관의 공격행위는 사회규범을 지지하기 위한 친사회적 공격으로서 시민들의 칭찬을 받기도 한다. 한편 인정된 공격(sanctioned aggression)이 있는데, 이는 사회규범이 명시적으로 요구하지는 않지만 암묵적으로 허용되는 공격이다. 이러한 유형의 공격은 일반적인 도덕 기준을 위반하지 않는 범위 내에서 행해지는 부모, 교사 혹은 코치의 훈육성 체벌 등이 있으며, 자신에 대한 부당한 침해로부터 자신을 방위하기 위해서 부득이 행하는 공격과 같은 정당방위 공격도 여기에 속한다고 볼 수 있다. 그러나 인정된 공격은 인정의 범위가 모호한 측면이 있고, 문화의 차이도 있다.

공격성 이론

인간은 왜 공격성을 보이는가? 타고난 선천적 경향인가? 아니면 후천적으로 학습되는 것인가? 공격성을 설명하는 심리학 이론들이 몇 가지 있는데, 인간이 왜 공격성을 갖게 되는가, 즉 공격의 획득에 관한 설명으로는 크게 본능이론과 학습이론의 두 가지가 있다.

본능이론

본능이론은 인간의 공격성이 타고난 선천적 경향이라고 주장하는데, 여기에는 정신분석적 관점과 동물행동학적 관점의 설명이 있다. 대표적으로 프로이트의 정신분석에 의하면 인간은 삶의 본능과 죽음의 본능을 가지고 있는데, 공격은 죽음의 본능에 해당하며, 공격본능은 삶의 본능과 마찬가지로 그 에너지가 주기적으로 표출되어야 한다고 본다. 한편, 로렌쯔는 동물행동학의 관점에서 볼 때, 인간과 동물의 공격성은 유전된 본능의 일부라고 주장하면서, 공격의 목적은 생존율과 번식률을 증대시키는 것이며, 진화된 동물일수록 동종 간 공격을 억제하는 경향이 있다고 주장하였다. 한편, 인간의 공격성이 선천적이라는 주장의 타당성 여부를 해명하기 위하여 1986년에 스페인 세비야 대학에서 여러 분야의 연구자들이 연구결과들을 공유하면서 세비야 선언문을 발표하였다. 이에 의하면, 심리학, 생물학, 유전학, 인류학 및 생화학 분야에서 누적된 연구결과들을 종합할 때, 인간에게 폭력본능은 없다고 한다.

학습이론

학습이론은 인간의 공격성이 후천적으로 학습되는 것이라는 견해로서, 특히 강화학습과 사회학습의 역할이 강조되고 있다. 강화학습은 공격행위의 결과로 금전, 과자 및 사회적 인정 등과 같은 보상을 획득할 경우에, 그 행동이 유사 상황에서 반복출현된다는 것이다. 어떤 청소년이 어린 후배들에게 금품을 빼앗고도 처벌받지 않으면 이와 유사한 행동들이 반복되는 식이다. 공격은 또한 사회학습, 즉 관

찰과 모방에 의해 학습된다. 수많은 행동이 관찰과 모방에 의해 학습되듯이, 공격
성도 사회화 과정에서 부모, 동료 및 매체 등의 공격행위를 관찰하면서 습득되는
것일 수 있는데, 이에 대한 지지증거는 많다. 공격의 모방학습을 잘 보여준 대표적
인 연구로서, 반두라 등의 고전적 실험이 있다(Bandura, Ross, & Ross, 1963). 이 연
구에서는 한 성인이 커다란 비닐 풍선으로 된 보보인형(오뚝기처럼 넘어지면 다시 일
어나는)을 손으로 때리고 나무망치로 내려치고, 발로 차고, 소리를 지르는 등의 방
식들로 공격을 하는 모습을 아동에게 보여준다. 그런 다음 아동에게 그 인형을 실
제로 가지고 놀도록 하였는데, 아동들은 공격적으로 행동한 성인을 모방하였고 그
성인의 공격행동과 매우 유사한 방식으로 인형을 다루었다(그림 13.3.). 행동적으
로 공격적인 성인을 보지 않았던 아동들은 인형에 대한 공격성을 거의 보이지 않
았다. 이 연구는 공격적 행동의 사회학습에 대한 강력한 지지, 즉 타인의 행동을
보고 모방하는 것의 영향력을 보여준다.

공격유발의 요인

앞에서는 공격성의 획득에 관한 일반적인 설명으로서, 본능이론과 학습이론
을 간략하게 서술하였다. 그런데 실제로 공격행동은 개인적 요인 및 상황 혹은 환

그림 13.3. 반두라의 보보인형 실험 연구 아동이 공격적 성인 모델들을 쉽게 모방했음을 보여준다.

© Dr. Albert Bandura. Department of Psychology/Stanford university

경적 요인들을 포함하여 여러 요인들의 영향을 받는다. 이러한 요인들에 관하여 살펴보기로 한다.

좌절

좌절-공격 이론(frustration-aggression theory)에 의하면, 좌절의 경험은 항상 공격을 유발한다(Dollard 등, 1939). 즉 인간의 공격은 본능 때문이 아니라 어떤 좌절에 의해서 유발된 심적인 충동을 해소하기 위해 발생한다는 것이다. 예를 들면 결별을 선언한 애인에게 공격적 행동을 하는 사건들에 관한 뉴스가 간간이 보도되는데 이러한 사건들은 좌절-공격 가설을 어느 정도 지지하는 것으로 보인다. 그러나 실패 등으로 좌절을 경험한 사람들 중, 공격적 행동의 표출이 아닌, 비폭력적인 다른 방식의 행동이나 대처를 하는 경우가 많다. 이처럼 좌절에 대한 반응이 공격 만이 아니라 다양할 수 있다는 점과 좌절의 선행변인에 대한 설명이 부족하다는 등의 비판에, 수정된 좌절-공격 이론이 제안되었다(Berkowitz, 1989). 인지적 신연합 모델(cognitive-neoassociation model)이라고도 지칭되는 이 이론에서는 내적 요인으로서 개인이 가진 기대가 중요한 역할을 한다. 즉 개인이 어떤 목표를 성취하고자 하는 기대가 없다면 좌절이 없을 것이고, 기대한 목표의 성취가 좌절된 것에 대한 반응도 공격, 타협, 무반응 및 대안 모색 등 다양할 수 있다. 특히 좌절에서 공격으로 연결되는 데에는 인지적 해석(귀인)이 중요하다. 즉 인지에 따라서 좌절로 느끼는지의 여부가 달라진다. 타인의 의도적 방해로 인해 좌절되었다고 귀인을 할 때에는 공격이 발생하며, 또한 예상하지 않은 방해는 의도적 방해보다 더 불쾌해서 공격이 크게 유발된다. 한편 외부적 환경도 공격적 대응에 영향을 주는데, 예를 들어 주변에 무기나 흉기 등의 공격도구가 눈에 보인다면 공격성에 관련된 상상을 할 수 있게 된다. 또한 이 이론에 의하면, 개인이 혐오사건을 경험하면 불쾌나 불편감 등의 부정적 감정이 유발되는데, 부정적 감정은 육체적 고통이나 심리적 불쾌에서도 발생한다. 이 부정적 감정들은 분노 및 공포와 관련된 다양한 감정, 사고 및 기억을 자동적으로 불러일으키며, 이에 따라 공격반응이나 또는 도주 반응을 하게 된다.

타인의 도발

공격은 흔히 타인으로부터 모욕을 당하거나 타인이 먼저 자신을 해치려고 하는 등의 공격적 도발을 하는 것에 대한 보복욕구에서 비롯된다. 즉 공격은 타인으로부터의 언어적 혹은 신체적 공격이나 도발의 결과이기도 하다. 대인관계에서 사람의 행동은 상호주의 규범에 따라 행해지는 경향이 있고, 따라서 사람들은 공격에는 공격으로 되갚아주려 한다. 그런데 타인의 도발에 당면한다고 해서 항상 공격이 촉발되는 것은 아니다. 상대방의 행위가 고의적인 것으로 지각되는지의 여부가 보복 공격의 결정에 중요하다. 즉 상대방의 공격적 행위가 고의적인 것이라고 해석(귀인)되면 분노가 훨씬 상승하고 이에 따라 공격적 대응의 수위도 높아진다(Greenwell & Dengerink, 1973). 사람들이 분노를 경험했을 때, 10%의 경우에 신체적 폭력이 나타났다는 조사결과로 미루어, 공격행동은 타인의 행동에 대한 기계적 반응이 아니라 인지적 상황해석의 영향을 크게 받는 것으로 보인다(한규석, 2017).

흥분

질만의 흥분전이이론(excitation transfer theory, Zillman, 1988)은 생리적 흥분이나 각성은 한 상황에서 다른 상황으로 전이될 수 있다고 주장한다. 이 이론에 의하면 일단 생성된 생리적 흥분은 시간이 경과되면서 서서히 사라지는 경향이 있는데, 이 흥분이 완전히 가라앉기 전에 다른 상황에서 사소하게 짜증스러운 일이 발생한다면, 아직 소멸되지 않은 흥분과 더불어 분노감정이 증폭되어 공격적인 행동을 할 가능성이 높아진다. 운동, 약물복용, 밀집, 더위, 소음 및 악취 등과 같은 폭력과 무관한 요인들에 의한 흥분도 공격행동을 유발할 수 있다. 흥분전이에 의한 공격은 흥분의 원인이 불분명하거나, 자신의 흥분이 전이되었음을 인지하지 못할 경우, 더 쉽게 발생되는 경향이 있다.

미디어 폭력

오늘날 TV, 영화, 인터넷 및 비디오 게임 등은 사람들의 오락 수단으로 많이 이용되고 있는데, 특히 TV나 인터넷 이용에 소비하는 시간은 점증하고 있다. 이러한 매체의 이용이 교양, 재미 및 유용한 정보를 제공해 주는 등의 순기능을 하기도 하지만, 다른 한편으로 매체를 통해 전달되는 폭력은 현실에서의 공격성을 증가시킬 가능성이 있다. 미디어에서 보여지는 폭력이 실제 공격에 미치는 영향에 대해서는 논란이 많지만, 대체로 매체폭력에의 접촉이 많은 사람들의 폭력성이 증가한다는 결론이 인정되고 있다(Berkowitz, 1993). 즉, 매체폭력 접촉과 실제 공격성 간에 어느 정도 인과관계가 있다는 것이다. 미디어 폭력이 실제의 공격성에 영향을 미치는 작용과정은 다음과 같다. 즉 매체의 공격물을 접촉함으로써 공격행위나 방법을 모방하고 습득하게 되며, 반복적인 폭력물 접촉으로 인해 폭력에 대한 정서적 둔감화가 뒤따르고, 나아가 공격이 문제를 해결하는 좋은 수단이며 특정 상황에서는 폭력적인 조치를 하는 것이 긍정적이라고 생각하게 되는 것과 같이, 공격에 대한 태도 자체를 변화시킨다(한규석, 2017).

폭력적 비디오게임

최근에는 컴퓨터나 스마트폰 등을 이용한 폭력적 비디오게임이 아동과 청소년들에게 인기가 있어서, 폭력적 비디오게임이 실제 공격에 미치는 영향에 관한 연구가 활발히 진행되고 있다. 특히 비디오게임과 공격 간의 관계에 관하여 북미, 일본 및 서유럽에서 행해진 381편의 연구(상관연구, 실험연구 및 종단연구 포함) 결과들을 종합하면, 폭력적 비디오게임은 아동, 청소년 및 젊은 성인 모두에게서 확실히 공격을 증가시켰다(Anderson et al., 2010). 좀 더 구체적으로 그 효과를 열거하자면, 폭력적 비디오게임은 흥분(심박률과 혈압)을 증가시키고, 공격적 사고와 공격 감정 및 공격적 행동을 증가시키며 또한 타인을 돕는 행동과 공감력을 감소시킨다(Myers, 2013). 이런 점에서 볼 때, 부모들은 자녀들이 어떤 놀이나 게임을 하는지에 대해 관심을 가지고 건전한 매체 조절을 하도록 지도함과 아울러, 다른 대안적 놀이활동을 위한 시간을 제공하는 등의 노력을 하는 것이 필요하다.

포르노

포르노(음란물)들은 전형적으로 남성의 성적 강압을 여성이 처음에는 거부하고 저항하지만 마침내 수용하고 좋아하고 더 원하게 된다는 식의 내용을 암시한다. 이러한 포르노나 성폭력물은 여성이 남성에게 성적으로 당하는 것을 은근히 즐긴다는 강간통념을 남성들에게 강화시킬 수 있다. 이러한 강간통념을 수용하는 남성들은 수용하지 않는 남성들에 비해서, 여성에게 성적으로 적대적이거나 폭력적으로 접근할 가능성이 있다. 포르노와 관련된 연구들에 의하면, 포르노를 접한 사람들이 강간통념을 더 수용하고, 포르노는 남성들의 여성에 대한 공격의 원인임을 시사하며(Kingston et al., 2009), 미국과 캐나다의 성범죄자들은 다른 죄종의 범죄자들보다 포르노를 훨씬 더 많이 시청한 것으로 나타났다(Marshall, 1989; Ressler et al., 1988). 특히 포르노가 공격성에 미치는 부정적 영향은 정상인보다는 공격성향이 강한 사람들에게서 더 크다고 한다(Seto et al., 2001).

술

술은 가정폭력, 폭행 및 살인 등을 포함한 각종 폭력범죄와 특히 연관성이 많은 것으로 알려져 있다. 미국에서는 폭행, 자살, 총기살상 등의 사건 중 다수가 음주 중에 혹은 음주 후에 발생하며, 또한 살인 및 폭력과 약물의 연관성에 있어서 마약보다 술의 연관성이 더 크다고 한다(이수정, 2015). 경찰에 신고된 가정폭력 사건의 상당 수도 가해자의 음주상태에서 발생했음을 보여주는 국내의 통계도 있다(이영주 등, 2000). 술은 마시기 시작하면 일정 시점까지는 흥분작용을 하다가 점차 중추신경을 이완시켜 이성적 사고의 기능을 약화시킴으로써, 술을 마시지 않았을 경우라면 두려워 할 외부자극에 대해서도 불안이나 두려움을 잘 느끼지 못하게 하고 또한 충동을 조절하지 못하게 하여 공격행동을 하게끔 할 수 있다. 그러나 소량의 음주는 공격성을 높이지 않고, 다량의 음주가 공격성에 영향을 미치는 것으로 알려져 있다. 술이 공격성을 높이는 이러한 효과는 음주량에 어느 정도 달려 있지만, 술에 대한 기대의 영향도 작용을 한다. 즉 사람들은 술을 마시면 자제력이 줄어들고 난폭해질 수 있다는 기대를 가지고 있어서 그 기대대로 행동을 한다는 것이다. 또한 여럿이 술을 마시는 경우 등에서, 술에 취하면 의식의 초점이 자기에서 외부로 이동을 하여 자신의 내적 기준이나 사회규범을 잘 인식하지 못하는 경향이 있는데, 음주를 하더라도 자신에게 초점을 맞추도록 한 경우에는 공격성이 높아지지 않았다는 연구도 있다(Bailey et al., 1983). 이러한 결과는 술을 마셔도 어느 정도는 자신의 마음가짐에 따라서 적절한 사회규범이나 혹은 자신의 내적 규범에 따라 행동을 조절할 수 있음을 시사한다.

개인차

동일한 상황에 처하더라도 사람들의 공격성에 있어서 차이가 있다. 공격성의 차이에 영향을 주는 개인차 변인들로서, 자기애 성향, A유형 성격 및 공격성향의 차이 등이 있다. 자기애(나르시시즘)는 자신을 지나치게 중요하고 가치 있는 사람이라고 간주하는 경향이다. 자신에 관해 긍정적으로 느끼는 것은 바람직하다. 높은 자존감이 건강과 적응에 유리하다고 해서 자존감 구축하기 혹은 아동들의 자존감을 높여주려는 방안들이 제시되곤 한다. 그러나 자존감이 지나치게 높은 자기애 성향의 사람들은 자신을 늘 좋게 생각하려 애쓰고, 자신에 대한 비판에 민감하고, 자신은 특별대우를 받아야 한다고 생각한다. 이러한 사람들은 타인이 자신을 도발하지 않으면 공격성을 보이지 않지만, 자신의 자아가 위협받을 경우에는 공격적으로 반응한다. 자기애 성향의 사람들이 배우자 학대, 강간, 조직폭력, 증오범죄 및 정치적 테러 등과 같은 공격을 할 가능성이 높다(Weiten et al., 2009).

한편, A유형 성격자들은 경쟁적이고 조급하며 시간압박감을 많이 느끼는 유형의 사람들인데, 이 유형의 사람들이 더 공격적인 경향이 있다고 알려져 있다. 또한 공격성향 자체가 높은 사람들이 있는데, 이들은 주위 사람들로부터 공격적이라는 평가를 받으며, 상대방을 제압하는 데 공격적 행동이 매우 효과적이라고 생각하는 경향이 있다(Boldizar et al., 1989). 또한 폭력성이 높은 사람들은 다소 특징적인 인지양식을 보이는데, 즉 다른 사람의 애매한 행동에 대하여, 그가 나에게 적개심을 가지고 행동했다거나 혹은 악의를 가지고 행동했다는 식의, 적대적 귀인을 하는 경향이 있다(Lochman & Dodge, 1994). 이러한 적대적 귀인(인지)에 의해서 부정적 정서를 경험하고 이에 따라 상대방에게 공격행동으로 대응을 한다.

공격의 통제와 감소방안

이러한 공격성은 어떻게 통제할 수 있는가? 공격성의 적절한 통제는 범죄의 예방과 교정에 관련될 수 있다. 이를 위해 심리학에서 제안하는 방안들이 몇 가지 있다.

공격에 대한 처벌 공격행동에 대하여 처벌과 보복의 두려움을 느끼게 하는 것이다. 공격이나 폭력을 행사했을 때 반드시 처벌받는다는 것을 인지시키면 공격에 대한 억제가 발휘될 수 있을 것이다. 그러나 처벌의 역효과도 만만치 않다. 즉 공격행위에 대한 처벌은 즉각적으로는 공격행위 감소에 효과적일 수 있지만, 처벌자에 대한 증오감을 유발하고, 처벌받으면서 공격을 학습하게 되며, 처벌자에 대한 장차의 보복을 정당화하는 등의 부작용이 있어서 신중히 행해져야 한다. 그리고 처벌이 실제로 억제자로 작용하려면 처벌이 확실하게 그리고 일관성 있게 행해져야 한다(Berkowitz, 1993).

비폭력의 교육 비폭력을 교육하는 것은 공격의 예방이나 통제에 비교적 큰 효과를 발휘할 수 있을 것이다. 특히 아동기에 비공격적인 행동을 모델링하도록 하는 기회를 자주 제공하고, 의사소통과 문제해결 기술을 훈련하고, 공감능력을 키워주는 방식 등이 여기에 해당한다고 볼 수 있다. 실제로 초등학교에서 아동들에게 문제해결능력, 정서통제 및 갈등해결법을 가르쳐서 성공적으로 폭력을 감소시킨 사례들이 있다(Reading, 2008).

좌절의 최소화　공격이 좌절에 의해서도 발생하기 때문에, 좌절을 최소화하는 것은 공격의 잠재력을 감소시키는 데 효과적일 수 있다. 헬조선 등의 신조어가 출현할 정도로 다수의 시민들이 분배의 문제로 혹은 사회구조적인 문제로 좌절을 경험하기도 하기 때문에, 절대적 박탈감과 상대적 박탈감을 최소화하도록 분배를 조정하고 사회구조적 문제를 개선하는 것도 중요하다.

귀인 재조정과 사과　인지적 처방으로서, 공격적인 사람들의 한 가지 인지적 특징이 적대적 귀인 양식을 가지고 있는 것이기 때문에, 도발로 보이는 사건에 대하여 타인의 의도성에 귀인을 하지 않고 우연이나 혹은 실수에 의한 것일 수 있다고 귀인을 하도록 가르치는 것이다. 적대적 귀인양식으로부터 비적대적 귀인양식으로 인지양식이 변화되면 공격성을 훨씬 낮출 수 있을 것이다. 또한 적시의 사과를 하는 것도 공격을 낮추는 한 방법이다. 특히 상대방이 분노하기 전에 자신의 실수나 잘못된 행동에 대하여 사과를 하는 것은 상대방의 분노를 낮추어 공격적 상호작용이 일어나는 것을 막을 수 있을 것이다. 상대방이 이미 흥분하거나 분노한 경우에라도 사과를 하지 않는 것보다는 사과를 하는 것이 효과적이다.

미디어 폭력의 통제　많은 공격이 관찰과 모방에 의해서 학습되고, 특히 미디어 폭력에 접촉하는 시간이 많아지고 있는 현실에서, 폭력물 방영 시간을 통제하거나 폭력의 수위를 조절하는 것이 필요하다. 미디어 속의 폭력에 대한 무관심은 성장하는 아동에게 폭력의 사용을 정당화시키고, 많은 갈등 상황에서 폭력 사용을 점화시키는 효과를 가져온다(한규석, 2017). 특히 아동들에게는 미디어 폭력에의 접촉을 줄이는 것이 효과적이지만, 예컨대 아동이 폭력물을 시청한 경우라면, 부모나 교사 등의 성인이 그 폭력물에 관하여 피해자의 고통에 초점을 두거나 혹은 비폭력적 문제해결책 찾기 등에 관해 대화를 하는 식의 사후 조처가 권고된다.

방범적 사회환경 조성　범죄의 환경적 측면에서 볼 때, 상당수의 폭력성 범죄가 소위 우범지역이라는 곳에서 발생한다. 야간에 조명이 좋지 않아 개인의 정체가 드러나지 않고, 또한 건물이나 차량의 창문들이 깨진 채 방치되어 있고 지저분한 공간들이다. 이런 상황들에서 탈규범적 행동을 하기가 쉽고 따라서 범죄가 증가할 수 있다는 것이 상황론적 범죄발생이론이다(Kelling & Coles, 1996). 이를 방지하려면 거리의 조명을 환하게 함으로써 개인의 정체가 은폐되지 않도록 하고, 청결하고 질서있는 환경을 조성함으로써 누군가가 항상 이 환경을 관리하고 있다는 인식을 주는 것이 중요하다.

양성평등사회 지향 가정폭력, 성폭력 및 살인 등을 포함한 많은 폭력성 범죄들은 가해자가 남성이고 피해자가 여성인 경우들이 많다. 여성에 대한 신체적 학대의 비율은 전 세계적으로 높고, 그런 학대를 남성의 특권으로 간주하는 문화에서 가장 높다(Levy, 2008). 이러한 공격의 성차는 평균적으로 남성의 힘이 더 센 데서 부분적으로 연유하지만, 이와 같은 가해 남성-피해 여성의 양상은 여성을 약자로 취급하는 성불평등 사회에서 더 두드러지는 경향이 있다. 이런 점에서 양성평등 사회의 지향은 성에 의한 강자와 약자라는 차별적 인식에서 유발되는 공격을 낮추는 데 도움이 될 것으로 보인다.

13.4. / 사법체계에서 심리학의 활용

앞에서는 범죄의 원인론과 여러 범죄의 기저요인으로서의 공격성에 관해 살펴보았다. 심리학의 지식은 범죄의 원인을 설명하고 이해하는 데 적용이 되지만, 또한 사법절차의 여러 영역에 활용이 되기도 한다. 법적으로 어떤 행위가 범죄로 인정되려면 일정한 법적 절차를 거쳐서 판결을 받아야 하는데, 심리학의 전문적 지식은 이러한 사법 절차와 단계의 여러 영역에 활용이 되고 있다. 이러한 활용 영역에 관해 판결 이전의 단계, 판결 단계 및 판결 이후의 단계로 나누어 살펴보기로 한다.

판결 이전 단계

목격자 진술

범죄사건과 관련된 상황에 대한 목격자의 기억은 그 기억이 정확하기만 하다면 범죄수사에 큰 도움이 될 수 있다. 그러나 흔히 목격자들은 범죄상황의 일부만을 관찰하거나 일부 상황만을 기억하며 그 기억도 일정 시간이 경과하면 희미해지거나 심지어 왜곡되기도 한다. 또한 목격에 관한 질문이 어떤 방식으로 제시되는가에 따라 기억이 달라지기도 한다. 이와 관련된 한 연구(Loftus & Palmer, 1974)에서는 두 대의 자동차가 충돌하여 사고가 난 장면을 찍은 영상물을 참가자들에게

그림 13.4. 참가자들에게 교통사고 필름을 보여준 후, 다음과 같은 질문을 하였다: 이 차들이 (박살났을 때, 부딪혔을 때, 혹은 접촉됐을 때), 차들이 얼마나 빨리 달린 것 같습니까? 볼 수 있는 바와 같이, 질문에 사용된 언어가 속도 추정에 영향을 주었다(위). 질문에 사용된 언어는 또한 1주일 후 참가자들로 하여금 사고의 다른 측면에 대한 기억을 재구성하게 만들었다(아래).

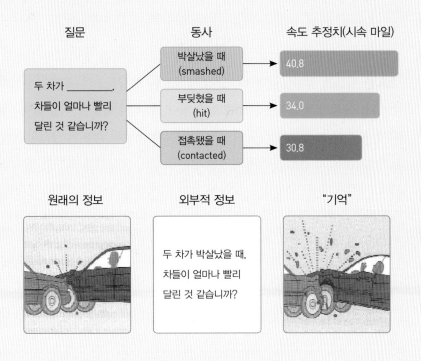

출처: Loftus, G. R., and Loftus, E. F., *Human memory: The processing of information*. Copyright © 1976.

보여주고서, 충돌과 관련된 동사만을 변형한 동일한 질문을 세 집단의 참가자들에게 제시하였다. 한 집단에게는 "두 차가 박살났을 때, 차들이 얼마나 빨리 달린 것 같은가?" 다른 집단에게는 "두 차가 부딪쳤을 때, 차들이 얼마나 빨리 달린 것 같은가?", 나머지 한 집단에게는 "두 차가 접촉됐을 때, 차들이 얼마나 빨리 달린 것 같은가?"라는 질문을 하였다. 그 결과, 질문에 사용된 언어에 따라 속도 추정이 다르게 나타났다(그림 13.4.). 이는 유도질문에 의해서 목격자의 기억이 왜곡될 수 있음을 시사하는 결과이기도 하다. 또한 이 실험을 마친 1주일 후의 기억검사에서, 질문에 사용된 언어가 사고의 다른 측면에 대한 기억을 재구성(왜곡)하게 하는 결과를 빚기도 하였다. 목격자 진술에 관련된 여러 연구들에 의하면 목격자 진술의 정확성은 50% 정도라고 한다(Bartol & Bartol, 2015). 목격자 진술의 정확도가 높지는 않은 편이지만, 인간의 기억에 관한 심리학 연구는 진술의 정확성을 저해하는 요인을 파악하는 데 활용되고 있으며 정확성을 보다 더 높일 수 있는 방법을 모색하기도 한다(이수정, 2015). 또한 목격자의 기억을 토대로 몽타주를 만들기도 하는데, 실제 범인의 얼굴을 정확히 재생하는 것이 어렵기는 하지만 경찰의 수사에 단서를 제공하거나 용의자의 범위를 좁히는 데 도움이 된다고 한다.

신문과 자백

수사관들은 용의자를 면담하고 신문하여 자백을 받아내거나 범죄와 관련된 중요한 정보를 알아내려 한다. 달리 말하자면 경찰취조의 목적은 용의자의 자백을 얻거나, 유죄판결에 유용한 정보를 얻거나, 범죄의 허술한 점을 밝히는 것이며, 능숙한 취조 또는 면담기법에 심리학적 원리와 개념의 적용이 필요할 수 있다(Bartol & Bartol, 2013). 한편 수사과정에서 용의자들은 자신에게 유리한 방식으로 허위자백을 하거나 혹은 수사관의 강압에 의하여 자백을 하기도 한다. 이러한 경우에 심리학자들은 허위자백으로 밝혀진 사례들을 분석하여 허위자백의 특징과 그러한 자백을 하게 되는 상황의 특징을 파악하려 한다.

범죄자 프로파일링

범죄자 프로파일링(criminal profiling)은 범죄의 특징에 기초하여 범죄자의 성격 특성과 행동 경향성, 지리적 위치, 인구통계적 혹은 신상명세적인 내용을 밝히는 과정이며, 범죄자 프로파일링의 주요 목표는 특정 인구집단 내의 수많은 용의자 중에서 용의자의 범위를 좀 더 합리적인 수준으로 줄이고 예측하는 것이다(Bartol & Bartol, 2013). 달리 말하자면, 프로파일링은 범죄 현장에 범죄자의 평소 습성이나 일상적인 행동 방식 등이 반영되어 있다는 전제하에, 범죄 현장의 분석을 바탕으로 범죄자의 인지적, 정서적 및 행동적 특성에 대한 포괄적인 이해를 통하여 수사 방향을 설정하고 전략을 제시함으로써, 범죄자의 유형을 밝혀내고 수사망을 좁혀 궁극적으로 범인 검거에 도움을 제공하고, 검거 이후에는 효과적인 신문전략을 제시하는 등 다각적 기능을 수행하는 수사기법을 일컫는다(박지선, 2012). 이 기법은 미국에서 1960년대~1970년대에 개발되었으며, FBI에서 수집한 범죄자 자료와 교도소에 수감된 연쇄살인범에 대한 면담을 토대로 범죄자 프로파일링의 대상이 되는 범죄유형은 체계적 범죄자와 비체계적 범죄자의 두 가지로 구분되었다(Hazelwood & Douglas, 1980). 체계적 범죄자들은 지능이 높고 사회성이 양호하며, 범죄를 체계적이고 계획적으로 실행하는 특징이 있는 데 반해, 비체계적 유형은 지능이 낮고, 사회성이 좋지 않고, 정신질환을 앓고 있기도 하며 무질서하고 우발적으로 범행을 하는 등의 특징이 있다(Holmes & Holmes, 1996; Kocsis, Cooksey, & Irwin, 2002). 한편, 프로파일러 제도 면에서, 국내에서는 경찰청이 주관하여 프로파일러를 선발하고 있으며, 현재 40여 명 정도의 프로파일러가 중앙 및 지방의 경찰청 등에서 일하고 있는데 이들 중 다수가 심리학 전공의 배경을 가지고 있다.

거짓말 탐지

수사과정에서 용의자의 진술을 바탕으로 그 진술의 진위 여부를 분석하는 것이 중요한데, 이 때 언어적 내용뿐 아니라 표정 변화, 음성의 떨림이나 고저, 제스처 등 여러 가지 비언어적 단서들을 함께 분석한다. 육안으로 관찰을 하여 분석에 참고하기도 하지만, 때로는 기계를 통해 육안으로 관찰하기 어려운 미세한 생리적 반응의 변화를 파악하려 한다. 일반적으로 사람들이 거짓말을 할 때에는 거짓말을 하지 않을 때에 비해서 불안해지고 이러한 불안은 자율신경계 반응의 변화를 유발한다. 이러한 원리에 의하여 폴리그래프(거짓말 탐지기)가 개발되어 사용되는데, 그 작동 원리는 가슴, 배 및 손가락 등 신체의 여러 부위에 감지기를 부착하고 자율신경계의 활동을 측정한다. 기본적으로 호흡, 심박률, 발한 및 피부전기반응의 변화를 측정한다(그림 13.5.). 그런데 이런 지표들은 대개 감정에 따라 유도되는 생리적 변화만

그림 13.5. 전형적인 폴리그래프는 심박률, 혈압, 호흡 및 피부전기반응을 측정한다. 기계의 끝에 부착된 펜이 종이 위에 선을 그리며 신체반응을 기록한다(그래프). 화살표로 표시된 영역의 변화는 정서적 각성을 나타낸다. 개인이 질문에 응답할 때 그러한 반응이 나타난다면, 그가 거짓말을 하고 있는 것일 수 있지만, 다른 이유들로 각성이 발생할 수도 있다.

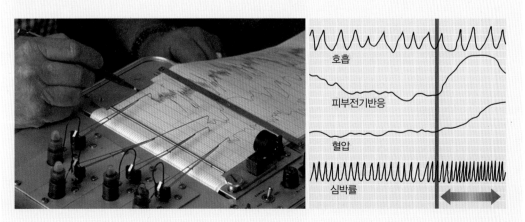

호흡

피부전기반응

혈압

심박률

출처: Coon/Mitterer, *Psychology*, 13E. © 2015 Cengage Learning.

을 증폭시켜 보여 주기 때문에, 사실상 거짓말 탐지기는 거짓말을 탐지한다기보다는 특정한 감정의 결과로 나타나는 생리적 변화만을 감지할 뿐이다. 폴리그래프 사용시 검사자는 피검자에게 범죄관련 질문과 범죄 무관련 통제질문을 던지고 이 두 가지 종류의 질문에 대한 생리적 반응의 차이를 비교한다. 폴리그래프 검사의 결과는 범죄자가 변호에 대응하여 사용하는 경우가 많고 법정에서 인정되지는 않지만, 어떤 법정에서는 범죄자가 범죄를 저지르지 않았다는 주장을 뒷받침하려 할 때 허용되기도 한다. 한편, 무고한 사람들도 이 폴리그래프에서 거짓말 반응이 나올 수 있고, 노련한 범죄자는 이 검사를 무력화시킬 수도 있다. 비판자들은 폴리그래프의 신뢰도에 다소 회의적이지만, 일부 연구자는 제한된 상황 속에서 숙련된 검사자가 수행을 한다면 폴리그래프를 사용해도 좋다고 본다(Bartol & Bartol, 2013).

판결 단계

책임능력의 판단과 위험성 평가

재판 및 판결 단계에서 재판 당사자들의 책임능력 유무를 판단해야 하거나 의사결정 능력 평가 및 정신장애 등에 관한 정신감정이 필요한 사건들이 있을 수 있다. 이러한 경우에 정신의학자 및 임상심리학자들이 평가에 관여를 하여 전문적인 의견을 제시할 수 있다.

배심원제도

배심원제도가 보편화된 미국에서는 배심원들의 인종, 성별, 나이, 직업 등의 인구통계학적 요인들이 배심원 판단이나 의사결정에 어떤 영향을 주는지에 관한 연구가 행해지고 있으며, 판사의 설시에 대한 이해 등에 관해서도 연구가 행해지고 있다. 국내에서도 2008년 이후로 배심제 형식의 국민참여재판이 부분적으로 시행되고 있다. 배심원단의 인적 구성, 편견, 고정관념 및 정서 등, 배심원 판단에 영향을 주는 사회심리적 및 인지적 과정에 대하여 심리학 연구들이 조언을 제공할 수 있다.

전문가 증언

심리학자들은 법정 등의 현장에서 다양한 사건에 관해 자신의 전문지식을 바탕으로 증언을 하기도 한다. 전문가의 증언은 판사나 배심원 등의 비전문가가 알기 어려운 문제를 결정하는 데 도움을 줄 수 있다. 예를 들면, 판사나 배심원들이 뇌의 영역이나 기능 등에 대하여 잘 알지 못하며 이런 상황에서 뇌 손상 등이 뇌기능에 어떤 영향을 미치는지에 관해 신경심리학자가 증언을 할 수 있다. 또한 대다수 판사나 배심원들은 지속적 신체학대나 강간 등의 외상사건 경험의 심리적 영향 등에 대하여 잘 모르지만, 심리학자들은 증인식별, 인간의 지각과 기억, 아동 증인의 신뢰성 및 부모의 이혼이 아동에게 미치는 영향 등과 관련하여 법정에 알려줄 만한 가치 있는 정보를 많이 가지고 있다(Bartol & Bartol, 2013). 이런 점에서 심리학자들이 법정에서 전문가 증언을 통해 기여를 할 수 있다.

판결 이후 단계

재소자 분류심사

재소자 분류심사는 교정처우의 시작이라 할 수 있다. 재소자 분류심사는 재소자의 인성, 행동 특성 및 자질 등에 대한 조사, 측정 및 평가라 할 수 있는데, 이를 통해 교육 및 작업의 적성을 판정하고, 재소자의 개별처우계획 수립 및 변경에 도움이 되도록 하고, 가석방의 결정에도 참고가 되도록 한다. 표준화된 인성검사 등을 비롯하여 여러 가지 심리평가 방법이 재소자 분류 심사를 위해 사용된다.

교정 교화

심리학자들은 교도소나 보호관찰소 등의 교정 현장에서 일을 하기도 한다. 교정정책의 목표가 죄에 대한 적절한 형의 집행과 아울러 범죄자의 치료, 재활 및 사회복귀를 돕는 것이기에, 재소자들에게 교정 교화와 상담이 행해진다. 특히 상담심리학자들이 다양한 교화 프로그램을 만들어 재소자들의 정서적 스트레스 완화, 자존감 고양 및 미래에 대한 희망을 갖도록 돕는다. 교정처우의 대부분이 상담 등 심리학적 처우에 기인한다고 할 때 이것이 교정의 관행에 가장 큰 공헌을 한 것으로 평가받고 있다. 재소자를 위한 직접 서비스로는 위기개입, 장기·단기치료, 집단치료 및 물질남용 치료 등이 있다. 또한 교정기관 직원에 대한 상담 서비스를 제공하기도 한다.

재범 위험성 예측

재범 위험성에 대한 판단은 양형결정에 중요한 요인이며 보석 및 가석방 결정, 치료감호 결정과 종료시점의 결정 등에서 필수적으로 이루어져야 하는 판단이다(이수정, 2015). 재범 가능성의 예측은 주로 개인의 과거사 및 심리검사 등에 기반한 통계적 방법에 의존한다. 그러나 최대한 정확성을 기한다 하더라도, 예측된 위험성과 실제 위험성이 완벽하게 동일하기는 어렵다. 예측 위험성 평가와 실제 위험성 평가 간에는 네 가지 경우가 가능한데, 예측 위험성과 실제 위험성이 둘 다 높거나 둘 다 낮게 평가되는 경우가 있으며, 이는 재범 위험성 예측이 성공한 경우이다. 이와 달리, 실제 재범을 할 사람을 재범 위험성이 낮은 것으로 예측하는 오류(부정오류)와 실제 재범을 하지 않을 것인데 재범 위험성이 높을 것이라 예측하는 오류(긍정오류)가 있다. 이 오류들 중, 범죄자에 대한 재범 예측에서 위험성 평가자들이 흔히 저지르는 오류는 재범 가능성이 높다고 판단된 사람들이 사실상 재범을 하지 않는 긍정오류이다. 인간의 행동은 가변적인 상황요인에 의해 영향을 받기 때문에 예측의 오류원을 세심하게 고려해야 한다.

13.5. 맺음말

이 장에서는 범죄 및 법심리학과 관련된 심리학의 분야, 범죄의 일반이론 및 여러 범죄의 기저요인으로서의 공격성에 대하여 살펴보았고, 심리학이 사법절차에서 어떻게 활용되는지에 관하여 대략적인 서술을 하였다. 어떤 문제의 원인을 알면 발생가능한 결과를 예방하거나 통제할 수 있다는 점에서, 범죄심리학 전반에 관한 이해는 범죄발생의 예방과 범죄피해의 예방, 둘 다에 중요한 의미가 있다. 또한 범죄 유관 기관들에서 일을 하고자 할 경우에도 범죄심리학에 대한 지식이 구축되어야 할 것이다. 이를 위해 여러 죄종별 범죄의 실태, 원인, 특징 및 예방책 등에 관한 충분한 이해가 필요하지만 이 개론서에서는 그러한 세부 내용을 구체적으로 다루지 못하는 한계가 있으므로, 관심이 있는 독자는 추가 읽을거리에 소개된 범죄심리학 서적들을 우선적으로 이용하기 바란다.

요약

1. 범죄심리학은 범죄행동의 원인에 관한 연구이며, 법심리학은 법률제도와 관련한 심리학적 지식을 연구하고 적용하는 분야이다.

2. 범죄의 원인에 관한 일반이론은 고전주의 이론과 실증주의 이론으로 구분된다. 고전주의 이론에서는 범죄행위를, 쾌락주의에 기반하여 행위의 득실을 고려하는 인간의 합리적 선택의 결과라고 본다. 실증주의 이론은 생물학 이론, 사회학 이론 및 심리학 이론이 있으며, 심리학 이론으로서 지능이론, 정신분석이론, 성격이론, 학습이론 및 사회인지이론 등의 설명이 있다.

3. 공격성은 여러 범죄와 관련이 되어 있으며 특히 폭력범죄의 기저요인이기도 하다. 공격은 분노감정의 표출 여부에 따라 적대적 공격과 도구적 공격, 공격표출의 직접성 여부에 따라 직접공격과 간접공격 및 사회규범의 위반이나 지지 여부에 따라 반사회적 공격과 친사회적 공격으로 구분된다.

4. 공격성의 획득을 설명하는 이론으로는 본능이론과 학습이론이 있다. 본능이론에서는 인간의 공격성이 타고난 선천적인 것이라고 보는 반면에, 학습이론에서는 강화학습 및 사회학습에 의해서 후천적으로 획득되는 것이라 설명한다.

5. 공격을 유발하는 요인들로 좌절, 타인의 도발, 흥분, 미디어 폭력의 접촉, 폭력적 비디오게임, 포르노 시청, 술 및 개인차 요인(자기애 성향, A유형 성격 및 공격성향 등)이 있다.

6. 공격의 감소방안으로 공격에 대한 처벌, 비폭력 교육, 좌절의 최소화, 귀인의 재조정과 사과, 미디어 폭력의 통제, 방범적 사회환경 조성 및 양성평등사회 지향 등이 제안되었다.

7. 심리학의 전문지식은 사법단계별로, 판결 이전 단계에서는 목격자 진술, 신문과 자백, 범죄자 프로파일링 및 거짓말 탐지 영역에서, 판결단계에서는 책임능력의 판단과 위험성 평가, 배심원 제도 및 전문가 증언에서, 그리고 판결 이후 단계에서는 재소자 분류, 교정교화 및 재범 위험성 예측 등의 영역에 활용되고 있다.

추가 읽을거리

- 박광배 (2002). **법심리학**. 서울: 학지사.
- 이수정 (2015). **최신범죄심리학** 3판. 서울: 학지사.
- 황성현, 이장한, 이강훈, 이완희, 한우재 (2015). **한국범죄심리학**. 서울: 피앤씨미디어.
- Bartol, C. R., & Bartol, A. M. (2015). **범죄심리학** 9판(범죄심리교재편찬회 역). 서울: 청목출판사(원전은 2011년에 출판).

연습문제

A형

1. 범죄심리학과 법심리학의 차이는 무엇인가?

2. 범죄의 원인에 대한 고전주의의 주장을 요약하라.

3. 범죄의 원인에 관한 거시환경적 관점과 미시환경적 관점의 차이는 무엇인가?

4. 지능과 범죄 간의 관계를 설명하라.

5. 사회인지이론에서는 범죄의 원인에 관해 어떻게 설명을 하는가?

6. 적대적 공격과 도구적 공격의 차이를 설명하고 각각의 예를 제시하라.

7. 공격을 유발하는 구체적 요인들을 제시하고 설명하라.

8. 미디어 폭력의 접촉이 실제 공격에 미치는 영향 과정에 대해 설명하라.

9. 공격행위에 대한 처벌의 효과를 설명하라.

10. 범죄자 프로파일링이 무엇인지를 약술하라.

B형

1. 범죄의 원인에 관한 고전주의 이론의 주장이 아닌 것은?
   ① 인간은 누구나 범죄성을 소유하고 있다.
   ② 범죄행위의 지배원리는 쾌락주의이다.
   ③ 사람들 간에 범죄성의 정도에서 차이가 있다.
   ④ 범죄는 자신의 이상과 현실의 괴리에서 발생한다.

2. 다음 설명 중 옳은 것은 무엇인가?
   ① 범죄행위에 미치는 유전의 영향은 크다.
   ② 신체특징과 범죄성 간의 상관은 실증적으로 지지를 받았다.
   ③ 사회통제이론에 의하면, 친밀한 사람들과의 사회적 유대가 범죄를 억제할 수 있다.
   ④ 지능은 범죄행위의 유발에 직접적인 영향을 미친다.

3. 다음 중 공격으로 간주될 수 있는 것은 무엇인가?
   ① 태호는 농구를 하다가 상대 팀의 선수와 우발적으로 몸이 부딪쳤다.
   ② 민주는 사무실에서 흡연하는 광수에게 화가 나서, 광수의 어깨를 손바닥으로 후려쳤다.

③ 준영이는 만원 버스 속에서 차가 급정거하는 바람에 옆 사람의 발을 밟았다.
   ④ 위 세 가지 모두

4. 공격에 관한 인지적 신연합 모델의 설명으로 옳지 않은 것은?
   ① 좌절 자체가 항상 공격을 유발한다.
   ② 육체적 고통에 의해서도 분노가 발생할 수 있다.
   ③ 총과 같은 무기가 눈에 보이면 공격에 관련된 상상을 할 수 있게 된다.
   ④ 혐오적 사건에 의해 유발된 불쾌감은 이와 관련된 사고와 기억을 불러일으킨다.

5. 다음 중 공격성과 관련이 있는 것으로 알려진 성격은 무엇인가?
   ① 낮은 자존감　　② 자기애
   ③ B유형 성격　　④ 내향성

6. 폭력적 비디오게임을 하는 것의 효과에 관해 옳은 설명들로 묶여진 것은?

> 가) 심박률과 혈압을 변화시키지는 않는다.
> 나) 공감능력을 감소시킨다.
> 다) 아동과 청소년의 실제 공격을 증가시킨다.
> 라) 타인을 돕는 행동을 감소시키지는 않는다.

① 가, 나   ② 가, 다
③ 나, 다   ④ 다, 라

7. 포르노 시청과 공격 간의 관계에 관한 다음 설명 중 옳은 것은?

① 조사에 의하면, 성범죄자들은 다른 범죄자들에 비해 포르노를 더 많이 시청하였다.
② 포르노 시청과 공격 간에는 상관관계가 없다.
③ 포르노 시청과 공격 간에는 U자형 관계가 있다.
④ 포르노 시청이 강간통념을 수용하게끔 하지는 않는다.

8. 흥분전이이론에 대한 설명으로서 옳은 것들로 묶여진 것은?

가) 생리적 흥분은 한 상황에서 다른 상황으로 이동될 수 있다.
나) 흥분의 원인이 분명한 경우에 흥분의 전이효과가 나타나기 쉽다.
다) 소음으로 인한 흥분이 무고한 타인에 대한 공격으로 이어질 수 있다.
라) 일단 발생한 흥분이 사라진 후, 다른 성가신 자극으로 공격이 행해진다.

① 가, 나   ② 가, 다
③ 나, 다   ④ 다, 라

9. 목격자 기억 및 진술에 관한 다음 설명 중 옳지 않은 것은?

① 목격자의 기억은 최면에 의한 복원율이 매우 높다.
② 목격자의 기억은 시간이 경과하면서 왜곡될 수 있다.
③ 목격자 진술의 정확성은 50% 정도이다.
④ 목격자의 기억은 유도질문에 의해서 달라질 수 있다.

10. 폴리그래프에 관해 옳은 설명들로 묶여진 것은?

가) 진술의 진위 여부를 가려낸다.
나) 폴리그래프 검사의 결과는 법적 증거로 자주 인정되는 편이다.
다) 자율신경계 반응의 변화를 측정한다.
라) 노련한 피검자는 폴리그래프 검사에서 생리적 반응을 조작할 수 있다.

① 가, 나   ② 가, 다
③ 나, 다   ④ 다, 라

11. 판결 이전의 단계에서 심리학이 활용되는 영역이 아닌 것은?

① 목격자 진술   ② 범죄자 프로파일링
③ 책임능력 평가   ④ 거짓말의 탐지

12. 재범 위험성 예측에 관한 설명으로 옳지 않은 것은?

① 재범 위험성 판단은 양형 결정에 중요하다.
② 재범 위험성이 높다고 예측했는데, 실제 재범을 하지 않았다면, 이는 긍정오류이다.
③ 재범 위험성 예측은 개인의 과거사와 심리검사 등에 기반하여 행해진다.
④ 범죄자에 대한 재범예측에서 위험성 평가자들이 흔히 저지르는 오류는 부정오류이다.

참고문헌

1장 심리학의 본질과 연구방법

김기중 (2014). **가설검증을 위한 통계의 기초개념**. 서울: 센게이지러닝코리아.

김수성, 이영순, 강정석 (2017). 초기 부적응 도식, 정서조절곤란 그리고 SNS 중독의 관계. **감성과학**. 20(2), 33-44.

김아영, 차정은, 이채희, 주지은, 임은영 (2016). **혼자 쓰는 연구 논문**. 서울: 학지사.

김완석, 권윤숙 (1997). 광고태도가 상표태도 형성에 영향을 미치는 과정에 대한 상표친숙도의 영향. **광고연구**, 34(1), 31-49.

남승규 (1999). 충동구매행동과 개인적 가치. **한국심리학회지: 산업 및 조직**, 12(1), 1-11.

노형진 (2015). **SPSS를 활용한 비모수통계분석 및 대응분석**. 서울: 지필미디어.

성태제 (2002). **타당도와 신뢰도**. 서울: 학지사.

성태제 (2015). **현대 기초통계학 – 이해와 적용**. 서울: 학지사.

양병화 (2013). **심리학 및 사회과학을 위한 조사와 통계분석**. 서울: 학지사.

최종후, 전새봄 (2015). **설문조사 처음에서 끝까지**. 파주: 자유아카데미.

한국심리학회 (1996). **한국심리학회 50년사**. 서울: 교육과학사.

Berstein, D. A. (2014). *Essentials of psychology*. Belmont, CA: Wadsworth, cengage Learning.

Churchill, G. A. (1992). *Basic marketing research*. Orlando, FL: Harcourt Brace Jovanovich College Publishers.

Coon, D., & Mitterer, J. O. (2016). *Introduction to psychology: Gateways to mind and behavior*. Boston, MA: Cengage Learning.

Guba, E. G., & Lincoln, Y. S. (1994). Competing paradigms in qualitative research. In N. K. Denzin & Y. S. Lincoln (Eds.). *Handbook of qualitative research* (pp. 105-117). Thousand Oaks, CA: Sage Publications.

Howell, D. C. (2014). **행동과학을 위한 통계학**[*Fundamental statistics for the behavioral sciences*] (도경수, 박태진, 신현정 역). 서울: 센게이지러닝코리아. (원전은 2012년에 출판)

McCall, R. B. (1995). **기초심리통계학**[*Fundamental statistics for psychology*] (김관용, 김기중 역). 서울: 법문사. (원전은 1975년에 출판)

Nunnally, J. C., & Bernstein, I. H. (1994). *Psychometric theory*. New York: McGraw-Hill.

Plotnik, R., & Kouyoumdjian, H. (2014). *Introduction to psychology*. Belmont, CA: Wardworth.

Schacter, D. L., Gilbert, D. T., & Wegner, D. M. (2015). **심리학 입문**[*Introducing psychology with* *updates on DSM-5*] (민경환, 김명선, 김영진, 남기덕, 박창호, 이옥경, 이주일, 이창환, 정경미 역). 서울: 시그마프레스. (원전은 2014년에 출판)

Trochim, W. M., Donnelly, J. P., & Arora, K. (2016). *Research methods: The essential knowledge base*. Boston, MA: Cengage Learning.

Williams, F. (1992). *Reasoning with statistics: How to read quantitative research*. Orlando, FL: Harcourt Brace Jovanovich College Publishers.

Zedeck, S. (2014). *APA dictionary of statistics and research methods*. Washington, DC: American Psychological Association.

2장 생리심리학

권혁철 (1999). 신경심리학적 평가의 모형과 신경심리검사. **한국심리학회: 생물 및 생리**, 1, 1-20

Thompson, R. F. (1985). **뇌: 신경과학입문**[*The brain: An introduction to neuroscience*] (김기석 역). 서울: 성원사. (원전은 1985년에 출판)

Carpenter, M. B. (1978). *Core text of neuroanatomy* (2nd ed.). Baltimore: Williams & Wilkins.

James W. Kalat. (2015). *Biological psychology* (12th ed.). MA: Cengage Learning.

Kolb, B., & Whishaw, I. Q. (2012). **뇌와 행동의 기초**[*Introduction brain and behavior*] (김현택, 김명선, 김재진 역). 서울: 시그마프레스. (원전은 2005년에 출판)

Thompson, R. F. (2000). *The brain-A neuroscience primer-*(3nd ed.). New York: Freeman & Company.

3장 인지심리학

Awh, E., Barton, B., & Vogel, E. K. (2007). Visual working memory represents a fixed number of items regardless of complexity. *Psychological Science*, *18*, 622-8.

Atkinson, R. C., & Shiffrin, R. M. (1971). The control of short term memory. *Scientific American*, *August*, *225*, 82-90.

Baddeley, A. D. (2000). The episodic buffer: A new component of working memory? *Trends in Cognitive Science*, *4*, 417-423.

Bartlett, F. C. (1932). *Remembering: A study in experimental and social psychology*. New York: Macmillan.

Broadbent, D. (1958). *Perception and communication*. London: Pergamon Press.

Brooks, L. (1968). Spatial and verbal components of the act of recall. *Canadian Journal of Psychology*, *22*, 349-368.

Chabris, C., & Simons, D. (2011). **보이지 않는 고릴라**[*The invisible gorilla*]. (김명철 역). 서울: 김영사. (원전은 2010년에 출판)

Cherry, E. C. (1953). Some experiments on the recognition of speech, with one and with two ears.

Journal of Acoustical Society of America, 25, 975-979.

Chun, M. M., Golomb, J. D., & Turk-Browne, N. B. (2011). A taxonomy of external and internal attention. *Annual Review of Psychology, 62*, 73-101.

Collins, A. M., & Loftus, E. F. (1975). A spreading activation theory of semantic processing. *Psychological Review, 82*, 407-428.

Conway, A. R. A., & Engle, R. W. (1996). Individual differences in working memory capacity: More evidence for a general capacity theory. *Memory, 4*, 577-590.

Craik, F. I. M., & Tulving, R. (1975). Depth of processing and the retention of words in episodic memory. *Journal of Experimental Psychology: General, 104*, 268-294.

Deutsch, J. A., & Deutsch, D. (1963). Attention: Some theoretical considerations. *Psychological Review, 70*, 80-90.

Ebbinghaus, H. (1885/1913). *Memory: A contribution to experimental psychology*. New York: Teachers College, Columbia University. [English, in 1913.]

Godden, D. R., & Baddeley, A. D. (1975). Context-dependent memory in two natural environments: On land and underwater. *British Journal of Psychology, 66*, 325-331.

Kahneman, D. (1973). *Attention and effort*. Englewood Cliffs, NJ: Prentice-Hall.

Klein, G. (2012). 인튜이션[*Sources of power*]. (이유진 역). 서울: 한국경제신문. (원전은 2008년에 출판)

Matlin, M. W. (2015). 인지심리학[*Cognitive psychology*, 8th ed.]. (민윤기 역). 서울: 박학사. (원전은 2014년에 출판)

Miller, G. A. (1956). The magical number seven, plus or minus two: Some limits on our capacity for processing information. *Psychological Review, 63*, 81-97.

Newell, A., & Simon, H. A. (1972). *Human problem solving*. Englewood Cliffs, NJ: Prentice-Hall.

Paivio, A. (1986). *Mental representations: A dual coding approach*. Oxford, England: Oxford University Press.

Penfield, W. (1975). *The mystery of the mind: A critical study of consciousness and the human brain*. NJ: Princeton University Press.

Peterson, L. R., & Peterson, M. (1959). Short-term retention of individual verbal items. *Journal of Experimental Psychology, 58*, 193-198.

Roediger, H. L., III, & Karpicke, J. D. (2006). Test-enhanced learning: Tasking memory tests improves long-term retention. *Psychological Science, 17*, 249-255.

Schacter, D. L., & Tulving, E. (1994). *Memory systems 1994*. Cambridge, MA: MIT Press.

Treisman, A. M. (1964). Monitoring and storage of irrelevant messages in selective attention. *Journal of Verbal Learning and Verbal Behavior, 3*, 449-201.

Treisman, A. M., & Gelade, G. (1980). A feature-integration theory of attention. *Cognitive Psychology, 12*, 97-136.

Tulving, E., & Thomson, D. M. (1973). Encoding specificity and retrieval processes in episodic memory. *Psychological Review, 80*, 352-373.

Tversky, A. (1982). *Judgment under uncertainty: Heuristics and biases.* In D. Kahneman, A. Tversky & P. Slovic (Eds.), New York: Cambridge University Press.

Tversky, A., & Kahneman, D. (1981). The framing of decision and the psychology of choice. *Science, 211*, 453-458.

Wickens, C. D., Hollands, J. G., Banbury, S., & Parasuraman, R. (2017). **공학심리학**[*Engineering psychology and human performance*, 4th ed.]. (곽호완, 박창호, 남종호, 이재식, 김영진 역). 서울: 시그마프레스. (원전은 2013년에 출판)

4장 학습심리학

Bandura, A., Ross, D., & Ross, S. (1963). Vicarious reinforcement and imitative learning. *Journal of Abnormal and Social Psychology, 67*, 601-607.

Breland, K., & Breland, M. (1961). The misbehavior of organisms. *American Psychologist, 16*, 681-684.

Brodgen, W. J. (1939). Sensory pre-conditioning. *Journal of Experimental Psychology, 25*, 323-332. (Chance, 2014에서 재인용)

Chance, P. (2014). **학습과 행동**[*Learning and behavior*, 7th ed.]. (김문수, 박소현 역). 서울: 센게이 지러닝. (원전은 2013년에 출판)

Ferster, C. B., & Skinner, B. F. (1957). *Schedules of reinforcement.* New York: Appleton-Century-Crofts.

Garcia, J., & Koelling, R. A. (1966). Relation of cue to consequence in avoidance learning. *Psychonomic Science, 4*, 123-124.

Gluck, M. A., Mercado, E., & Myers, C. (2011). **학습과 기억**[*Learning and memory*]. (최준식, 김현택, 신맹식 역). 서울: 시그마프레스. (원전은 2008년에 출판)

Jones, M. C. (1924). A laboratory study of fear: The case of Peter. *Pedagogical Seminary, 31*, 308-315.

Kamin, L. J. (1969). Predictability, surprise, attention and conditioning. In B. A. Campbell & R. M. Church (Eds.), *Punishment and Aversive Behavior.* New York: Appletion-Century-Crofts. (Chance, 2014에서 재인용)

Liberman, R. P. (2000). The token economy. *American Journal of Psychiatry, 157*, 1398.

Lorenz, K. (1998). **솔로몬왕의 반지**[*King Solomon's ring*]. (김천혜 역). 서울: 문장. (원전은 1949년에 출판)

Pavlov, I. (1999). **조건반사**[*Conditioned reflexes*]. (이관용 역). 서울: 교육과학사. (원전은 1927년에 출판)

Rescorla, R. A., & Wagner, A. R. (1972). A theory of Pavlovian conditioning: Variations in effectiveness of reinforcement and nonreinforcement. In A. Black & W. F. Prokasky, Jr. (Eds.), *Classical Conditioning II* (pp. 64-99). New York: Appleton-Century-Crofts.

Schwartz, B. (1982). Reinforcement-induced behavioral stereotypy: How not to teach people to discover rules. *Journal of Experimental Psychology: General, 111,* 23-59.

Seligman, M. E. P., & Maier, S. F. (1967). Failure to escape traumatic shock. *Journal of Experimental Psychology, 74,* 1-9.

Skinner, B. F. (1938). *The behavior of organisms: An experimental analysis.* New York: Appleton-Century-Crofts.

Skinner, B. F. (1948). "Superstition" in the pigeon. *Journal of Experimental Psychology, 38,* 168-172.

Skinner, B. F. (1953). *Science and human behavior.* New York: Macmillan.

Skinner, B. F. (1971). *Beyond freedom and dignity.* New York: Bantam Books.

Skinner, B. F. (2006). **월든 투: 심리학적 이상사회**[*Walden two*]. (이장호 역). 서울: 현대문화센터. (원전은 1948/1976년에 출판)

Tinbergen, N. (1951). *The study of instinct.* Oxford, UK: Clarendon Press.

Tolman, E. C., & Honzik, C. H. (1930b). Introduction and removal of reward and maze performance in rats. *University of California Publications in Psychology, 4,* 257-275.

Watson, J. B., & Rayner, R. (1920). Conditioned emotional reactions. *Journal of Experimental Psychology, 3,* 1-14.

5장 발달심리학

신명희, 서은희, 송수지, 김은경, 원영실, 노원경, 김정민, 강소연, 임호용 (2013). **발달심리학**. 서울: 학지사.

정옥분 (2014). **발달심리학 – 전 생애 인간발달 –**. 서울: 학지사.

Ainsworth, M. (1979). *Patterns of attachment.* New York: Halsted Press.

Baltes, Paul B. (1987). Theoretical propositions of life-span developmental psychology: On the dynamics between growth and decline. *Developmental Psychology, 23*(5), 611-626.

Bowlby, J. (1969). *Attachment and loss vol.1: Attachment.* New York: Basic Books.

Bowlby, J. (1989). *Secure attachment.* New York: Basic Books.

Ahadi, S. A., & Rothbart, M. K. (1994). Temperament, development, and the big five. In C. F. Halverson, JR., G. A. Kohnstamm & R. P. Martin (Eds.), *The developing structure of temperament and personality from infancy to adulthood* (pp. 189-207). Hillsdale, NJ: Erlbum.

Baumrind, D. (1991). Parenting styles and adolescent development. *The Encyclopedia of Adolescence, 2,* 746-758.

Case, R. (1985). *Intellectual development: Birth to adulthood.* Cambridge, MA: Academic Press.

Caspi, A., & Silva, P. A. (1995). Temperamental qualities at age three predict personality traits in young adulthood: Longitudinal evidence from a birth cohort. *Child Development, 66,* 486-498.

Chan, W. S. (1963). *A source book in Chinese Philosophy.* Princeton, New Jersey: Princeton Books.

Corey, G. (2003). **심리상담과 치료이론의 실제**[*Theory and practice of counseling and psychotherapy*]. (조현춘, 조현재 역). 서울: 시그마프레스. (원전은 2001년에 출판)

Dixon, J. A., Carpenter, R. A., Fallon, L. A., Sherman, P. B., & Manipomoke, S. (2013). *Economic analysis of the environmental impacts of development projects* (Vol. 1). Abingdon, UK: Routledge.

DiPietro, L. (2001). Physical Activity in aging: Changes in patterns and their relationship to health and function. *Journal of Gerontology Medical Sciences, 56*, 13-22.

Fischer, K. W. (1980). A theory of cognitive development: The control and construction of hierarchies of skills. *Psychological Review, 87*(6), 477.

Gottman, J. M., Katz, L. F., & Hooven, C. (1997). *Meta-emotion: How families communicate emotionally.* London: Psychology Press.

Lagattuta, K. H. (2005). When you shouldn't do what you want to do: Young children's understanding of desires, rules, and emotions. *Child Development, 76*, 713－733.

Levelt, W. J. M. (1989). *Speaking: From intention to articulation.* Cambridge, Massachusetts: MIT Press.

Marcia, J. E. (1980). Identity in adolescence. *Handbook of adolescent psychology, 9*(11), 159-187.

Nolen-Hoeksema, S., Fredrickson, B. L., Loftus, G. R., & Wagenaar, W. A. (2011). 애트킨슨과 힐가드의 심리학[*Atkinson & Hilgard's introduction to psychology*]. (이진환, 신현정, 정봉교, 이광오, 양윤, 정영숙, 최양규 역). 서울: 박학사.

Piaget, J., & Inhelder, B. (1969). *The psychology of the child.* New York: Basic books.

Papalia, D. E., & Olds, S. W. (1998). *Human development* (7th ed.). New York: McGraw-Hill.

Rothbart, M. K., Derryberry, D., & Posner, M. I. (1994). A psychobiological approach to the development of temperament. *Temperament: Individual differences at the interface of biology and behavior,* 83-116.

Salkind, N. J. (1985). *Theories of human development.* New York: John Wiley & Sons.

Santrock, J. W. (2016). 발달심리학[*Life-span development*]. (이지연, 임춘희, 김수정 역). 서울: 교육과학사. (원전은 2009년에 출판)

Selman, R. (1980). *The growth of interpersonal understanding.* New York: Academic Press.

Shaffer, D. R., & Kipp, K. (2014). 발달심리학 제9판 (송길연, 장유경, 이지연, 정윤경 역). 서울: 박영story. (원전은 2011년에 출판)

Slater, A., & Bremner, G. (2014). 발달심리학 제2판 (송길연, 장유경, 이지연, 유봉현 역). 서울: 시그마프레스. (원전은 2011년에 출판)

Sroufe, L. A. (1996). *Emotional development.* New York: Cambridge University Press.

Thomas, A., & Chess, S. (1977). *Temperament and development.* Levittown, PA: Brunner/Mazel.

Thomas, A., & Chess, S. (1984). Genesis and evolution of behavioral disorders: From infancy to early adult life. *The American Journal of Psychiatry, 141*(1), 1-9.

6장 성격심리학

Abramson, L. Y., Seligman, M. E., & Teasdale, J. D. (1978). Learned helplessness in humans: Critique and reformulation. *Journal of Abnormal Psychology, 87*, 49-74.

Allport, G. W. (1937). *Personality: A psychological interpretation.* New York: Holt, Rinehart and Winston.

Bandura, A. (1986). *Social foundations of thought and action: A social cognitive theory. Englewood Cliffs,* NJ: Prentice-Hall.

Bard, P. (1934). On emotional expression after decortication with some remarks on certain theoretical views. *Psychological Review, 41,* 309-329.

Beck, A. T. (1967). *Depression: Clinical, experimental, and theoretical aspects.* New York: Harper & Row.

Beck, A. T. (1976). *Cognitive therapy and the emotional disorders.* New York: International University Press.

Beck, A. T., Epstein, N., Brown, G., & Steer, R. A. (1988). An inventory for measuring clinical anxiety: Psychometric properties. *Journal of Consulting and Clinical Psychology, 56,* 893-897.

Block, J., & Block, J. H. (2006). Venturing a 30-year longitudinal study. *American Psychologist, 61,* 315-327.

Buss, A. H., & Plomin, R. (2014). *Temperament: Early developing personality* Traits. New York: Psychology Press.

Cannon, W. B. (1927). The James-Lange theory of emotions: A critical examination and an alternative theory. *The American Journal of Psychology, 39,* 106-124.

Cattell, R. B. (1946). *The description and measurement of personality.* New York: World Book.

Cattell, R. B. (1956). Validation and interpretation of the 16 PF Questionnaire. *Journal of Clinical Psychology, 12,* 205-214.

Cloninger, C. R., Svrakic, D. M., & Przybeck, T. R. (1993). A psychobiological model of temperament and character. *Archives of General Psychiatry, 50,* 975-990.

Costa, P. T., & McCrae, R. R. (1985). *The NEO personality inventory: Manual, form S and form R.* Florida: Psychological Assessment Resources.

Deci, E. L., & Ryan, R. M. (1985). *Intrinsic motivation and self-determination in human behavior.* New York: Plenum.

Dweck, C. S. (1986). Motivational processes affecting learning. *American Psychologist, 41,* 1040-1048.

Ekman, P., Levenson, R. W., & Friesen, W. V. (1983). Autonomic nervous system activity distinguishes among emotions. *Science, 221,* 1208-1210.

Ellis, A. (1962). *Reason and emotion in psychotherapy.* New York: Lyle Stuart.

Eysenck, H. J. (1990). Biological dimensions of personality. In L. A. Pervin (Ed.), *Handbook of personality: Theory and research* (pp. 244-276). New York: Guilford Press.

Eysenck, H. J., & Eysenck, S. B. G. (1975). *Manual of the Eysenck Personality Questionnaire (junior and adult).* London: Hodder and Stoughton.

Festinger, L. (1962). *A theory of cognitive dissonance* (Vol. 2). Stanford, CA: Stanford university press.

Fredrickson, B. L. (2001). The role of positive emotions in positive psychology: The broaden-and-build theory of positive emotions. *American Psychologist, 56*, 218-226.

Gabbard, G. O. (2000). *Psychodynamic psychiatry in clinical practice.* Washington DC: American Psychiatric Press, Inc.

Gratz, K. L., & Roemer, L. (2004). Multidimensional assessment of emotion regulation and dysregulation: Development, factor structure, and initial validation of the difficulties in emotion regulation scale. *Journal of Psychopathology and Behavioral Assessment, 26*, 41-54.

Hartmann, H. (1950). Comments on the psychoanalytic theory of the ego. *Psychoanalytic Study of the Child, 5*, 74-96.

Hathaway, S. P., & McKinley, J. C. (1943). *Manual for the Minnesota Multiphasic Personality Inventory.* New York: Psychological Corporation.

Higgins, E. T. (1987). Self-discrepancy: A theory relating self and affect. *Psychological Review, 94*, 319-340.

Hull, C. L. (1943). *Principles of behavior.* New York: Appleton-Century-Crofts, Inc.

John, O. P., & Srivastava, S. (1999). The Big Five trait taxonomy: History, measurement, and theoretical perspectives. In L. A. Pervin. & O. P. John (Eds.), *Handbook of personality: Theory and research* (pp. 102-138). New York: Guilford Press.

Lewis, M. (1990). Self-knowledge and social development in early life. In L. A. Pervin (Ed.), *Handbook of personality* (pp. 277-300). New York: Guilford Press.

Magnusson, D., Dunér, A., & Zetterblom, G. (1975). *Adjustment: A longitudinal study.* New York: John Wiley & Sons.

Magnusson, D., Stattin, H., & Dunér, A. (1983). Aggression and criminality in a longitudinal perspective. In K. T. Van Dusen & S. A. Mednick (Eds.), *Prospective studies of crime and delinquency* (pp. 277-301). Dordrecht, Netherlands: Springer Netherlands.

Markus, H. (1977). Self-schemata and processing information about the self. *Journal of Personality and Social Psychology, 35*, 63-78.

Markus, H. R., & Kitayama, S. (1991). Culture and the self: Implications for cognition, emotion, and motivation. *Psychological Review, 98*, 224-253.

Maslow, A. (1954). *Motivation and personality.* New York: Harper & Row.

McCanne, T. R., & Anderson, J. A. (1987). Emotional responding following experimental manipulation of facial electromyographic activity. *Journal of Personality and Social Psychology, 52*, 759-768.

Mischel, W. (1968). *Personality and assessment.* New York: Wiley.

Murray, H. A. (1938). *Explorations in personality.* London: Oxford University Press.

Peterson, C. (1991). The meaning and measurement of explanatory style. *Psychological Inquiry, 2*, 1-10.

Radloff, L. S. (1977). The CES-D scale a self-report depression scale for research in the general population. *Applied Psychological Measurement, 1*, 385-401.

Rosenberg, M. J. (1986). When dissonance fails: On eliminating evaluation apprehension from attitude measurement. *Journal of Personality and Social Psychology, 1*, 28-42.

Rothbart, M. K. (1986). Longitudinal observation of infant temperament. *Developmental Psychology, 22*, 356-365.

Salovey, P., & Mayer, J. D. (1990). Emotional intelligence. *Imagination, Cognition and Personality, 9*, 185-211.

Schachter, S., & Singer, J. (1962). Cognitive, social, and physiological determinants of emotional state. *Psychological Review, 69*, 379-399.

Spielberger, C. D., Gorsuch, R. L., & Lushene, R. E. (1970). *Manual for the state-trait anxiety inventory*. Palo Alto, CA: Consulting Psychology Press.

Thomas, A., & Chess, S. (1977). *Temperament and development*. Levittown, PA: Brunner/Mazel.

Watson, D., Clark, L. A., & Tellegen, A. (1988). Development and validation of brief measures of positive and negative affect: The PANAS scales. *Journal of Personality and Social Psychology, 54*, 1063-1070.

7장 사회심리학

정태연, 이장주, 박준성, 전경숙, 허성호, 김동수, 박은미, 손찬호, 전미연, 장민희, 안혜정 (2016). **사회심리학**. 서울: 학지사

한규석 (2017). **사회심리학의 이해** 4판. 서울: 학지사.

한덕웅, 성한기, 강혜자, 이경성, 최훈석, 박군석, 김금미, 장은영 (2005). **사회심리학**. 서울: 학지사.

홍대식 (1985). 삼자적 사회관계에서의 인지적-감정적 반응의 역학과 대인관계의 과정. **사회심리학 연구**, 2(2), 61-94.

Abramson, L. Y., Seligman, M. E. P., & Teasdale, J. D. (1978). Learned helplessness in humans: Critique and reformulation. *Journal of Abnormal Psychology, 87*, 49-74.

Ajzen, I. (1985). From intentions to action: A theory of planned action. In J. Kuhl & J. Beckman (Eds.), *Action control: From cognition to behavior* (pp. 11-39). New York: Springer.

Ajzen, I., & Fishbein, M. (1980). *Understanding attitudes and predicting social behavior*. Englewood Cliffs, NJ: Prentice Hall.

Anderson, N. H. (1968). Likableness ratings of 555 personality-trait words. *Journal of Personality and Social Psychology. 9*, 272-279.

Anderson, N. H. (1981). *Foundations of information integration Theory*. New York: Academic Press.

Aronson, E., Wilson, T. D., & Akert, R. M. (2015). **사회심리학** (박권생, 이재호, 최윤경, 김민영 역). 서울: 시그마프레스. (원전은 2013년에 출판)

Asch, S. E. (1946). Forming impression of personality. *Journal of Abnormal and Social Psychology, 41*, 258-259.

Asch, S. E. (1955, November). Opinions and social pressure. *Scientific American, 193*(5), 31-35.

Bartram, B. (2006). An examination of perceptions of parental influence on attitudes to language learning. *Educational Research, 48*(2), 211-222.

Baumeister, R. F., & Bushman, B. J. (2017). *Social psychology and human nature, brief version* (3rd ed.). Belmont, California: Wadsworth Publishing

Bem, D. J. (1967). Self-perception: An alternative interpretation of cognitive dissonance phenomenon. *Psychological Review, 74*, 183-200.

Brehm, J. W. (1966). *A theory of psychological reactance.* New York: Academic Press.

Brehm, S. S., & Brehm, J. W. (1981). *Psychological reactance.* New York: Academic Press.

Buss, D. M. (1999). *Evolutionary psychology: The new science of the mind.* Boston: Allyn and Bacon.

Cialdini, R. B. (2001). *Influence: Science and practice.* Boston: Allyn & Bacon.

Coon, D., & Mitterer, J. O. (2014). *Psychology: A Journey* (5th ed.). Belmont, CA: Wadsworth, Cengage Learning.

Deutsch, M., & Gerard, H. B. (1955). A study of normative and informational social influences upon individual judgment. *Journal of Abnormal and Social Psychology, 51*, 629-636.

Diener. (1980). Deindividuation: The absence of self-awareness and self-regulation in group members. In P. B. Paulus (Ed.), *Psychology of group influence* (pp. 209-242). Hillsdale, NJ: Earlbaum.

Epley, N., & Gilovich, T. (2004). Putting adjustment back in the anchoring and adjustment heuristic: Divergent processing of self-generated and experimenter provided anchors. *Psychological Science, 12*, 391-396.

Festinger, L. (1957). *A theory of cognitive dissonance.* Evanston, Ill.: Row, Peterson.

Fishbein, M., & Ajzen, I. (1975). *Belief, attitude, intention, and behavior.* New York: Wiley.

Fiske, S. T., & Taylor, S. E. (2010). **사회인지** (신현정 역). 서울: 박학사. (원전은 2008년에 출판)

Forsterling, F. (1989). Models of covariation and attribution: How do they relate to the analogy of analysis of variance? *Journal of Personality and Social Psychology, 57*, 615-625.

Gass, R. H., & Seiter, J. S. (2010). *Persuasion: Social influence and compliance gaining* (4th ed.). Boston: Allyn and Bacon.

Greenwald, A. G., & Banaji, M. R. (1995). Implicit social cognition: Attitudes, self-esteem, and stereotypes. *Psychological Review, 102*, 4-27.

Heider, F. (1958). *The psychology of interpersonal relations.* New York: Wiley.

Janis, I. L. (1982). *Groupthink: Psychological studies of policy decisions and fiascoes* (2nd ed.) Boston: Houghton-Mifflin.

Jones, E. E. (1990). *Interpersonal perception.* New York: Freeman.

Jones, E. E., & Davis, K. E. (1965). From acts to dispositions: The attribution process in person perception. *Advances in Experimental Psychology, 2*, 219-266.

Karau, S. J., & Williams, K. D. (1993). Social loafing: A meta-analytic review and theoretical integration. *Journal of Personality and Social Psychology, 65*, 681-706.

Kashima, Y., & Kerekes, A. R. Z. (1994). A distributed memory model of averaging phenomena in person impression formation. *Journal of Experimental Social Psychology, 30*, 407-455.

Kassin, S., Fein, S., & Markus, H. R. (2014). *Social Psychology* (9th ed.). Belmont, CA: WADSWORTH Cengage Learning.

Kelley, H. H. (1950). The warm-cold variable in first impression of persons. *Journal of Personality, 18*, 431-439.

Kelley, H. H. (1973). The process of causal attribution. *American Psychologist, 28*, 107-128.

Lea, M., Spears, R., & de Groot, D. (2001). Knowing me, knowing you: Anonymity effects on social identity processes within groups. *Personality and Social Psychology Bulletin, 27*, 526-537.

Ledgerwood, A., & Trope, Y. (2010). Attitudes as global and local action guides. In J. P. Forgas, J., Cooper & W. D. Crano (Eds.). *The psychology of attitudes and attitude change* (pp. 30-58). New York: Psychology Press.

Mahler, H. I. M., Beckerley, S. E., & Vogel, M. T. (2010). Effects of media images on attitudes toward tanning. *Basic & Applied Social Psychology, 32*(2), 118-127.

McArthur, L. Z. (1972). The how and what of why: Some determinants and consequences of causal attribution. *Journal of Personality and Social Psychology, 22*, 171-193.

Milgram, S. (1963). Behavioral study of obedience. *Journal of Abnormal and Social Psychology, 67*, 371-378.

Miller, D. T., & Ross, M. (1975). Self-serving biases in the attribution of causality: Fact or fiction. *Psychological Bulletin, 82*, 213-225.

Myers, D. G., & Lamm, H. (1976). The group polarization phenomenon. *Psychological Bulletin, 83*, 602-627.

Najdowski, (2010). Jurors and social loafing: Factors that reduce participation during jury deliberations. *American Journal of Forensic Psychology, 28*(2), 39-64.

Abelson, P. R., Aronson, E., McGuire, J. W., Newcomb, M. T., Roseberg, J. M. & Tannenbaum, H. P. (Eds.). (1968). *Theories of cognitive consistency: A sourcebook* (pp. 28-51) Chicago: Rand McNally and Company.

Olson, J., & Zanna, M. (1993). Attitude and attitude change. *Annual Review of Psychology, 44*, 117-154

Peterson, C., Maier, S. F., & Seligman, M. E. P. (1993). *Learned helplessness: A theory for the age of personal control.* New York: Oxford Press.

Peterson, C., Seligman, M. E. P., & Valliant, G. (1988). Pessimistic explanatory style is a risk factor for physical illness: A thirty-five-year longitudinal study. *Journal of Personality and Social Psychology, 55*, 23-27.

Postmes, T., & Spears, R. (1998). Deindividuation and antinormative behavior. *Psychological Bulle-*

tin, *123*, 238-259.

Reicher, S. D. (1984). The st. Pauls riot: An explanation of the limits of crowd action in terms of a social identity model. *European Journal of Social Psychology*, *14*, 1-21.

Robins, R. W., Mendelshon, G. A., Connel, J. B., & Kwan, V. S. Y. (2004). Do people agree about the causes of behavior? A social relations analysis of behavior ratings and causal attributions. *Journal of Personality and Social Psychology*, *86*, 334-344.

Rozin, P., & Royzman, E. B. (2001). Negativity bias, negativity dominance, and contagion. *Personality and Social Psychology Review*, *5*, 296-320.

Seligman, M. E. P. (1991). *Learned optimism*. New York: Knopf.

Sherif, M. (1935). A study of some social factors in perception. *Archives of Psychology*, *27*, 1-60.

Skowronski, J. J., & Calston, D. E. (1989). Negativity and extremity biases in impression formation: A review of explanations. *Psychological Bulletin*, *105*, 131-142.

Triplett, N. (1898). The dynamogenic factors in pacemaking and competition. American *Journal of Psychology*, *9*, 507-533.

Tversky, A., & Kahneman, D. (1974). Judgment under uncertainty: Heuristics and bias. *Science*, *185*, 1124-1131.

Uziel, I. (2007). Individual differences in the social facilitation effect: A review and meta-analysis. *Journal of Research in Personality*, *41*(3), 579-601.

Weiner, B. (1972). *Theories of motivation: From mechanism to cognition*. Chicago: Rand McNally.

Weiner, B. (1979). A theory of motivation for some classroom experiences. *Journal of Educational Psychology*, *71*, 3-25.

Weiten, W., Hammer, E. Y., & Dunn, D. S. (2009). *Psychology and contemporary life*. Belmont, CA: Wadsworth, Cengage Learning.

Wicker, A. W. (1969). Attitudes vs actions: The relationship of verbal and overt behavioral responses to attitude objects. *Journal of Social Issues*, *25*, 41-78.

Widmeyer, W. N., & Loy, J. W. (1988). When you're hot, you're hot! Warm-cold effects in first impression of persons and teaching effectiveness. *Journal of Educational Psychology*, *80*, 118-121.

Willis, J., & Todorov, A. (2006). First impression: Making up your mind after a 100-ms exposure to a face. *Psychological Science*, *67*, 592-598.

8장 임상 및 이상심리학

김중술, 이한주, 한수정 (2003). **사례로 읽는 임상심리학**. 서울: 서울대학교 출판부.

안정광, 권정혜, 윤혜영 (2014). 인터넷 기반 사회불안장애 인지행동 자가 치료프로그램 개발 및 효과검증. **한국심리학회지: 임상**, 33, 695-718.

이동훈, 김주연, 김진주 (2015). 온라인 심리치료의 가능성과 한계에 대한 탐색적 연구. **한국심리학회지: 상담 및 심리치료**, 27, 543-582.

American Psychiatric Association (2013). *Diagnostic and statistical manual of mental disorders* (5th ed.). Arlington, VA: American Psychiatric Publishing.

Beck, A. T., Rush, A. J., Shaw, B. F., & Emery, G. (1979). *Cognitive therapy of depression.* New York: Guilford press.

Benes, F. M. (2011). The neurobiology of bipolar disorder: From circuits to cells to molecular regulation. In H. K. Manji & C. A. Zarate, Jr. (Eds.), *Behavioral neurobiology of bipolar disorder and its treatment* (pp. 127-138). Berlin: Springer.

Chambless, D. L., & Hollon, S. D. (1998). *Defining empirically supported therapies. Journal of Consulting and Clinical Psychology, 66,* 7-18.

Comer, R. J. (2014). *Fundamentals of abnormal psychology* (7th ed.). New York: Worth Publisher.

Davey, G. (2014). *Psychopathology: Research, assessment and treatment in clinical psychology* (2nd ed.). Glasgow, Scotland: John Wiley & Sons.

Ellis, A. (1962). *Reason and emotion in psychotherapy.* Secaucus, NJ: Lyle Stuart.

Jones, M. C. (1924). A laboratory study of fear: The case of peter. *The Journal of Genetic Psychology, 31,* 308-315.

Kamali, M., & McInnis, M. G. (2011). Genetics of mood disorders; General principles and potential applications for treatment resistant depression. In J.E. Gredon, M.B. Riba & M.G. McInnis. (Eds.), *Treatment resistant depression: A roadmap for effective care* (pp. 293-308). Arlington, VA: American Psychiatric Publishing.

Kessler, R. C., & Wang, P. S. (2008). The descriptive epidemiology of commonly occurring mental disorders in the United States. *Annual Review of Public Health, 29,* 115-129.

Kessler, R. C., Adler, L., Barkley, R., Biederman, J., Conners, C. K., Demler, O., Faraone, S. V., Greenhill, L. L., Howes, M. J., Secnik, K., Spencer, T., Ustun, B., Walter, E. E., & Zaslavsky, A. M. (2006). The prevalence and correlates of adult ADHD in the United States: Results from the national comorbidity survey replication. *American Journal of Psychiatry, 163*(4), 716-723.

Lambert, M. J., & Ogles, B. M. (2004). The efficacy and effectiveness of psychotherapy. In M. J. Lambert (Ed.), *Bergin and Garfield's handbook of psychotherapy and behavior change* (5th ed.) (pp. 139-194). New York: John Wiley & Sons.

Minshew, N. J., & Williams, D. L. (2007). The new neurobiology of autism: Cortex, connectivity, and neuronal organization. *Archives of Neurology, 64*(7), 945-950.

Plante, T. G. (2011). *Contemporary clinical psychology* (3rd ed.). Hoboken, New Jersey: John Wiley & Sons.

Post, R. M., Ballenger, J. C., & Goodwin, F. K. (1980). Cerebrospinal fluid studies of neurotransmitter function in manic and depressive illness. In J. H. Wood (Ed.), *Neurobiology of cerebrospinal fluid 1* (pp. 685-717). New York: Plenum Press.

Ronald, A., Happe, F., Price, T. S., Baron-Cohen, S., & Plomin, R. (2006). Phenotypic and genetic overlap between autistic traits at the extremes of the general population. *Journal of the American*

Academy of Child & Adolescent Psychiatry, 45(10), 1206-1214.

Hiroto, D. S., & Seligman, M. E. (1975). Generality of learned helplessness in man. *Journal of Personality and Social Psychology, 31*(2), 311.

Shastry, B. S. (2005). Bipolar disorder: An update. *Neurochemistry International, 46*(4), 273-279.

Trickett, E. J. (2009). Community psychology: Individuals and interventions in community context. *Annual Review of Psychology, 60*, 395-419.

Trull, T. J., & Prinstein, M. J. (2013). *The science and practice of clinical psychology* (8th ed.). Belmont, CA: Wadsworth

Walderhaug, E., Varga, M., San Pedro, M., Hu, J., & Neumeister, A. (2010). The role of the aminergic systems in the pathophysiology of bipolar disorder. In H.K. Manji & C.A. Zarate, Jr. (Eds.), *Behavioral neurobiology of bipolar disorder and its treatment* (pp. 107-126). Berlin: Springer.

Wendland, J. R., & McMahon, F. J. (2010). Genetics of bipolar disorder. In H.K. Manji, & C.A. Zarate, Jr. (Eds.), *Behavioral neurobiology of bipolar disorder and its treatment* (pp. 19-30). Berlin: Springer.

Wolpe, J. (1958). *Psychotherapy by reciprocal inhibition*. Stanford, CA: Stanford University Press.

9장 상담 및 심리치료

문현미 (2005). 인지행동치료의 제3동향. **한국심리학회지: 상담 및 심리치료**, 17(1), 15-33.

윤가현, 권석만, 김문수, 남기덕, 도경수 (2013). **심리학의 이해**. 서울: 학지사.

윤호균 (2007). 온마음 상담. **한국심리학회지: 상담 및 심리치료**, 19(3), 505-522.

이동식 (2013). **현대인과 스트레스**. 서울: 한강수.

이동식 (2014). **도정신치료**. 서울: 한강수.

제석봉, 김춘경, 천성문, 이영순, 김미애, 이지민 (2014). **가족치료**. 파주: 정민사.

천성문, 이영순, 박명숙, 이동훈, 함경애 (2015). **상담심리학의 이론과 실제**. 서울: 학지사.

Beck, J. S. (2017). **인지치료의 이론과 실제**[Cognitive therapy]. (최영희, 이정흠 역). 서울: 하나의학사. (원전은 1997년에 출판)

Corsini, R. J., & Wedding, D. (2017). **현대심리치료**[Current psychotherapies]. (김정희 역). 서울: 학지사. (원전은 2004년에 출판)

Coon, D., & Mitterer, J. O. (2015). *Psychology*. Boston, MA: Cengage Learning.

Kottler, J. A., & Shepard, D. S. (2017). **상담심리학** [Introduction to counseling, 8th Ed.]. (이영순, 강연신, 권선중, 김장회, 민경화 역). 서울: 사회평론. (원전은 2014년에 출판)

Mitchell, S. A., & Black, M. (2000). **프로이트 이후−현대정신분석학**[Freund and beyond: A history of modern psychology thought]. (이재훈, 이해리 역). 서울: 한국심리치료연구소. (원전은 1996년에 출판)

Rogers, C. (2009). **진정한 사람되기**[On becoming a person]. (주은선 역). 서울: 학지사. (원전은 1995년에 출판)

Sharf, R. S. (2013). **심리치료와 상담이론: 개념 및 사례**[*Theories of psychotherapy and counseling*]. (천성문, 김진숙, 김창대, 신성만, 유형근, 이동귀, 이동훈, 이영순, 한귀백 역). 서울: 센게이지러 닝. (원전은 2012년에 출판)

10장 건강심리학

Arntz, A., & Claassens, L. (2004). The meaning of pain influences its experienced intensity. *Pain, 109*, 20-25.

Buffington, A. L., Hanlon, C. A., & McKeown, M. J. (2005). Acute and persistent pain modulation of attention-related anterior cingulate fMRI activations. *Pain, 113*, 172-184.

Chou, R., Qaseem, A., Snow, V., Casey, D., Cross, J. T., Shekelle, P., & Owens, D. K. (2007). Diagnosis and treatment of low back pain: A joint clinical practice guideline from the American College of Physicians and the American Pain Society. *Annals of Internal Medicine, 147*, 478-491.

Corstorphine, E., Mountford, V., Tomlinson, S., Waller, G., & Meyer, C. (2007). Distress tolerance in the eating disorders. *Eating Behaviors, 8*, 91-97.

Fairburn, C. G., Shafran, R., & Cooper, Z. (1999). A cognitive behavioural theory of anorexia nervosa. *Behaviour Research and Therapy, 37*, 1-13.

Fairburn, C. G., Wilson, G. T., & Schleimer, K. (1993). *Binge eating: Nature, assessment, and treatment*. New York: Guilford Press.

Fidler, J. A., & West, R. (2009). Self-perceived smoking motives and their correlates in a general population sample. *Nicotine & Tobacco Research, 11*, 1182-1188.

Field, A. E., Camargo, C. A., Taylor, C. B., Berkey, C. S., Roberts, S. B., & Colditz, G. A. (2001). Peer, parent, and media influences on the development of weight concerns and frequent dieting among preadolescent and adolescent girls and boys. *Pediatrics, 107*, 54-60.

Fredrickson, B. L. (2001). The role of positive emotions in positive psychology: The broaden-and-build theory of positive emotions. *American Psychologist, 56*, 218.

Friedman, M., & Rosenman, R. H. (1974). *Type A behavior and your heart*. New York: Knopf.

Gandini, S., Botteri, E., Iodice, S., Boniol, M., Lowenfels, A. B., Maisonneuve, P., & Boyle, P. (2008). Tobacco smoking and cancer: A meta-analysis. *International Journal of Cancer, 122*, 155-164.

Gotlib, I. H., Joormann, J., Minor, K. L., & Hallmayer, J. (2008). HPA axis reactivity: A mechanism underlying the associations among 5-HTTLPR, stress, and depression. *Biological Psychiatry, 63*, 847-851.

Hamer, M., Taylor, A., & Steptoe, A. (2006). The effect of acute aerobic exercise on stress related blood pressure responses: A systematic review and meta-analysis. *Biological Psychology, 71*, 183-190.

Harvey, A. G. (2002). A cognitive model of insomnia. *Behaviour Research and Therapy, 40*, 869-893.

Heatherton, T. F., & Baumeister, R. F. (1991). Binge eating as escape from self-awareness. *Psychological Bulletin, 110*, 86-108.

Helgeson, V. S., & Cohen, S. (1996). Social support and adjustment to cancer: Reconciling descriptive, correlational, and intervention research. *Health Psychology, 15*, 135-148.

Henschke, N., Ostelo, R. W., van Tulder, M. W., Vlaeyen, J. W., Morley, S., Assendelft, W. J., & Main, C. J. (2010). Behavioural treatment for chronic low-back pain. *Cochrane Database of Systematic Reviews, 2010*(7), Article No. CD002014.

Hughes, J. R., Higgins, S. T., & Bickel, W. K. (1994). Nicotine withdrawal versus other drug withdrawal syndromes: Similarities and dissimilarities. *Addiction, 89*, 1461-1470.

Hulbert-Williams, N., Neal, R., Morrison, V., Hood, K., & Wilkinson, C. (2012). Anxiety, depression and quality of life after cancer diagnosis: What psychosocial variables best predict how patients adjust? *Psycho-Oncology, 21*, 857-867.

Iribarren, C., Sidney, S., Bild, D. E., Liu, K., Markovitz, J. H., Roseman, J. M., & Matthews, K. (2000). Association of hostility with coronary artery calcification in young adults: The CARDIA study. *JAMA, 283*, 2546-2551.

Jorgensen, R. S., & Kolodziej, M. E. (2007). Suppressed anger, evaluative threat, and cardiovascular reactivity: A tripartite profile approach. *International Journal of Psychophysiology, 66*, 102-108.

Laaksonen, M., Talala, K., Martelin, T., Rahkonen, O., Roos, E., Helakorpi, S., Laatikainen, T. & Prättälä, R. (2008). Health behaviours as explanations for educational level differences in cardiovascular and all-cause mortality: A follow-up of 60 000 men and women over 23 years. *The European Journal of Public Health, 18*, 38-43.

Leventhal, H., & Cleary, P. D. (1980). The smoking problem: A review of the research and theory in behavioral risk modification. *Psychological Bulletin, 88*, 370-405.

McCallie, M. S., Blum, C. M., & Hood, C. J. (2006). Progressive muscle relaxation. *Journal of Human Behavior in the Social Environment, 13*, 51-66.

Melzack, R. (2008). The future of pain. *Nature Reviews Drug Discovery, 7*, 629-629.

Melzack, R., & Wall, P. D. (1965). Pain mechanisms: A new theory. *Science, 150*, 971-979.

Papas, R. K., Belar, C. D., & Rozensky, R. H. (2004). The practice of clinical health psychology: Professional issues. In T. Boll, R. Frank, A. Baum & J. L. Wallander (Eds.), *Handbook of clinical health psychology: Volume 3. Models and perspectives in health psychology* (pp. 293-319). Washington, DC: American Psychological Association.

Parrillo, J. E., & Fauci, A. S. (1979). Mechanisms of glucocorticoid action on immune processes. *Annual Review of Pharmacology and Toxicology, 19*, 179-201.

Penzien, D. B., Rains, J. C., & Andrasik, F. (2002). Behavioral management of recurrent headache: Three decades of experience and empiricism. *Applied Psychophysiology and Biofeedback, 27*, 163-181.

Shen, B. J., Avivi, Y. E., Todaro, J. F., Spiro, A., Laurenceau, J. P., Ward, K. D., & Niaura, R. (2008).

Anxiety characteristics independently and prospectively predict myocardial infarction in men: The unique contribution of anxiety among psychologic factors. *Journal of the American College of Cardiology, 51*, 113-119.

Silvette, H., Hoff, E. C., Larson, P. S., & Haag, H. B. (1962). The actions of nicotine on central nervous system functions. *Pharmacological Reviews, 14*, 137-173.

Stamler, J., Elliott, P., Appel, L., Chan, Q., Buzzard, M., Dennis, B., Dyer, A. R., Elmer, P., Greenland, P., Jones, D., Kesteloot, H., Kuller, L., Labarthe, D., Liu, K., Moag-Stahlberg, A. Nichaman, M., Okayama, A., Okuda, N., Robertson, C., Rodriguez, B., Stevens, M., Ueshima, H., Van Horn, L., & Zhou, B. (2003). Higher blood pressure in middle-aged American adults with less education—role of multiple dietary factors: The INTERMAP study. *Journal of Human Hypertension, 17*, 655-664.

Stice, E., Presnell, K., & Spangler, D. (2002). Risk factors for binge eating onset in adolescent girls: A 2-year prospective investigation. *Health Psychology, 21*, 131-138.

Sullivan, M. J., Thorn, B., Haythornthwaite, J. A., Keefe, F., Martin, M., Bradley, L. A., & Lefebvre, J. C. (2001). Theoretical perspectives on the relation between catastrophizing and pain. *Clinical Journal of Pain, 17*, 52-64.

Szapary, P. O., Bloedon, L. T., & Foster, G. D. (2003). Physical activity and its effects on lipids. *Current Cardiology Reports, 5*, 488-493.

Teo, K. K., Ounpuu, S., Hawken, S., Pandey, M. R., Valentin, V., Hunt, D., Diaz, Rafael., Rashed, W., Freeman, R., Jiang, L., & Zhang, X. (2006). Tobacco use and risk of myocardial infarction in 52 countries in the INTERHEART study: A case-control study. *The Lancet, 368*, 647-658.

Terathongkum, S., & Pickler, R. H. (2004). Relationships among heart rate variability, hypertension, and relaxation techniques. *Journal of Vascular Nursing, 22*, 78-82.

Wegner, D. M., Schneider, D. J., Carter, S. R., & White, T. L. (1987). Paradoxical effects of thought suppression. *Journal of Personality and Social Psychology, 53*, 5-13.

Whang, W., Kubzansky, L. D., Kawachi, I., Rexrode, K. M., Kroenke, C. H., Glynn, R. J., Garan, H., & Albert, C. M. (2009). Depression and risk of sudden cardiac death and coronary heart disease in women: Results from the Nurses' Health Study. *Journal of the American College of Cardiology, 53*, 950-958.

Yan, L. L., Liu, K., Matthews, K. A., Daviglus, M. L., Ferguson, T. F., & Kiefe, C. I. (2003). Psychosocial factors and risk of hypertension: The Coronary Artery Risk Development in Young Adults (CARDIA) study. *JAMA, 290*, 2138-2148.

Yusuf, S., Hawken, S., Ôunpuu, S., Dans, T., Avezum, A., Lanas, F., McQueen, M., Budaj, Andrzej., Pais, Prem., Varigos, John., & Lisheng, L. (2004). Effect of potentially modifiable risk factors associated with myocardial infarction in 52 countries (the INTERHEART study): Case-control study. *The Lancet, 364*, 937-952.

11장 산업 및 조직심리학

박세영 (2001). 직무수행평가. 성균관대학교 산업심리학과 (편). **산업 및 조직심리학** (pp. 131-162). 서울: 박영사.

서용원 (2001). 조직생활에서 심리학의 응용. 성균관대학교 응용심리연구소 (편). **인간의 마음과 행동** (pp. 472-491). 서울: 박영사.

Aamodt, M. G. (2017). **산업 및 조직심리학**[*Industrial/organizational psychology*]. (박세영, 김정남, 박형인, 서용원, 신강현, 이혜주, 정승철, 조영일 역). 서울: 학지사. (원전은 2016년에 출판)

Adams, J. S. (1965). Inequity in social exchange. In L. Berkowitz (Ed.), *Advances in experimental social psychology* (Vol. 2, pp. 267-299). New York: Academic Press.

Allen, N. J., & Meyer, J. P. (1990). The measurement and antecedents of affective, continuance, and normative commitment to the organization. *Journal of Occupational Psychology, 63*, 1-18.

Bell, B. S., & Federman, J. E. (2010). Self-assessments of knowledge: Where do we go from here? *Academy of Management Learning & Education, 9*, 342-347.

Bennis, W. (2007). The challenge of leadership in the modern world. *American Psychologist, 62*, 2-5.

Brown, S. P. (1996). A meta-analysis and review of organizational research in job involvement. *Psychological Bulletin, 120*, 235-255.

Carson, P. P., Lanier, P. A., Carson, K. D., & Guidry, B. N. (2000). Clearing a path through the management fashion jungle: Some preliminary trailblazing. *Academy of Management Journal, 43*(6), 1143-1158.

Cavanaugh, M. A., & Noe, R. A. (1999). Antecedents and consequences of relational components of the new psychological contract. *Journal of Organizational Behavior, 20*, 323-340.

Colquitt, J. A. (2012). Organizational justice. In S. W. J. Kozlowski (Ed.), *The Oxford handbook of organizational psychology* (Vol. 1, pp. 526-547). New York: Oxford University Press.

Diefendorff, J. M., & Chandler, M. M. (2011). Motivating employees. In S. Zedeck (Ed.), *APA handbook of industrial and organizational psychology* (Vol. 3, pp. 65-136). Washington, DC: APA.

Fiedler, F. E. (1967). *A theory of leadership effectiveness.* New York: McGraw-Hill.

French, J. R. P., & Raven, B. (1960). The basis of social power. In D. Cartwright & A. F. Zander (Eds.), *Group dynamics* (2nd ed., pp. 607-623). Evanston, IL: Row Peterson.

Grant, D. M., & Mayer, D. M. (2009). Good soldiers and good actors: Prosocial and impression management motives as interactive predictors of affiliative citizenship behavior. *Journal of Applied Psychology, 94*, 900-912.

Herzberg, F. (1966). *Work and the nature of man.* Cleveland: World.

Judge, T. A., Hulin, C. L., & Dalal, R. S. (2012). Job satisfaction and job effect. In S. W. J. Kozlowski (Ed.), *The Oxford handbook of organizational psychology* (Vol. 1, pp. 496-525). New York: Oxford University Press.

Kimbrough, A., Durley, J., & Muñoz, C. (2005). TIP-TOPics for students. *The Industrial-Organiza-*

tional Psychologist, 42(3), 107-114.

Koppes, L. L., & Pickren, W. (2007). Industrial and organizational psychology: An evolving science and practice. In L. L. Koppes (Ed.), *Historical perspectives in industrial and organizational psychology* (pp. 3-35). Mahwah, NJ: Erlbaum.

Locke, E. A. (1968). Toward the theory of task motivation and incentives. *Organizational Behavior and Human Performance, 3*, 157-189.

McCarthy, P. M. (1998). *Brief outline of the history of I/O psychology.* Retrieved from www.mtsu.edu/pmccarth/io_hist.htm.

Mowday, R., Steers, R., & Porter, L. (1979). The measurement of organizational commitment. *Journal of Vocational Behavior, 14*, 224-247.

Muchinsky, P. M., & Culbertson, S. S. (2016). 산업 및 조직심리학[*Psychology applied to work*]. (유태용 역). 서울: 시그마프레스. (원전은 2015년에 출판)

Olson, R., Verley, J., Santos, L., & Salas, (2004). What we teach students about the Hawthorne Studies: A review of content within a sample of introductory I-O and OB textbooks. *The Industrial-Organizational Psychologist, 41*(3), 23-39.

Pearlman, K., & Sanchez, J. I. (2010). Work analysis. In J. L. Farr & N. T. Tippins (Eds.), *Handbook of employee selection* (pp. 73-98). New York: Routledge.

Pfeffer, J., & Veiga, J. F. (1999). Putting people first for organizational success. *Academy of Management Executive, 13*, 37-48.

Pinder, C. C. (2008). *Work motivation in organizational behavior* (2nd ed.). New York: Psychology Press.

Podsakoff, N. P., Whiting, S. W., Podsakoff, P. M., & Blume, B. D. (2009). Individual- and organizational-level consequences of organizational citizenship behaviors: A meta-analysis. *Journal of Applied Psychology, 94*, 122-141.

Riketta, M. (2002). Attitudinal organizational commitment and job performance: A meta-analysis. *Journal of Organizational Behavior, 23*, 257-266.

Rucci, A. J. (2008). I-O psychology's "core purpose": Where science and practice meet. *The Industrial-Organizational Psychologist, 46*(1), 17-34.

Schleicher, D. J., Hansen, S. D., & Fox, K. E. (2011). Job attitudes and work values. In S. Zedeck (Ed.), *APA handbook of industrial and organizational psychology* (Vol. 3, pp. 137-190). Washington, DC: APA.

Turnley, W. H., & Feldman, D. C. (2000). Re-examining the effects of psychological contract violations: Unmet expectations and job dissatisfaction as mediators. *Journal of Applied Psychology, 84*, 594-601.

Yukl, G. (1994). *Leadership in organizations* (3rd ed.). Englewood Cliffs, NJ: Prentice Hall.

Zaccaro, S. J., Kemp, C., & Bader, P. (2004). Leader traits and attributes. In J. Antonakis, R. Sternberg, & A. Ciancola (Eds.), *The nature of leadership* (pp. 101-124). Thousand Oaks, CA: Sage.

Zhao, H., Wayne, S. J., Glibkwski, B. C., & Bravo, J. (2007). The impact of psychological contract breach on work-related outcomes: A meta-analysis. *Personnel Psychology, 60*, 647-680.

12장 소비자·광고심리학

강정석 (2015). Eye-tracking 연구: SPA 브랜드 확장에 대한 소비자 지각 과정. **감성과학, 18**(4), 87-98.

김미혜, 전중옥 (2008). 소비자의 미술품의 유형별 구매동기와 물질주의, 동일시, 구매의도와의 관계에 관한 연구. **소비자학연구, 19**(3), 187-213.

김완석 (2008). **광고심리학.** 서울: 학지사.

김원형, 남승규, 이재창 (2006). **신산업 및 조직심리학.** 서울: 학지사.

김원형, 남승규, 이재창, 우석봉 (2009). **심리학의 이해와 적용.** 서울: 학지사.

김재휘, 박은아, 손영화, 우석봉, 유승엽, 이병관 (2009). **광고심리학.** 서울: 커뮤니케이션북스.

박선희, 전경자 (2007). 중학생의 흡연시작 및 흡연빈도에 영향을 미치는 요인. **한국청소년연구, 18**(1), 5-27.

박찬수 (2014). **마케팅 원리.** 경기도: 법문사.

박하연, 강정석 (2015). 건강 위험 지각과 흡연자의 부정적 이미지가 흡연 관련 죄책감에 미치는 영향. **감성과학, 18**(4), 99-108.

서성한 (1994). 대학생 라이프스타일에 따른 소비행태에 관한 연구: AIO법을 중심으로. **사회과학연구, 20**, 45-85.

성영신, 강정석 (2000). 소비자광고 심리학의 새지평: 객관성과 보편성을 넘어서. **한국심리학회지: 사회문제, 6**(3), 121-139.

성영신, 강정석 (2015). 간섭권한과 패션감각이 남자친구의 패션스타일 통제에 미치는 영향. **감성과학, 18**(4), 109-118.

성영신, 강정석 (2016). 잡지 주제-광고 제품 일치도가 신규 브랜드의 광고 정보처리에 미치는 효과. **사회과학연구, 40**(2), 177-202.

성영신, 박은아, 김유나 (2003). 국내 및 해외브랜드의 브랜드성격이 구매행동에 미치는 영향: 제품관여도와 자기존중감의 조절효과를 중심으로. **광고학연구, 14**(4), 257-280.

양윤 (2014). **소비자 심리학.** 서울: 학지사.

우석봉 (2016). **브랜드 심리학.** 서울: 학지사.

장흥훈, 강상구, 주연 (2014). 온라인과 오프라인 유통시장의 새로운 소비행태에 관한 연구: 쇼루밍과 역쇼루밍을 중심으로. **전자무역연구, 12**(1), 29-51.

주소현, 김정현 (2011). 세대별 개인재무관리 관련 태도 및 행동 분석: N, X, 베이비부머, 전쟁세대를 중심으로. **소비자정책교육연구, 7**(3), 123-146.

최경운 (2013). 매장에서 보고 온라인으로 사는 쇼루밍족이 늘고 있다. *LG Business Insight, 1*(23), 34-38.

Aaker, D. A. (1996). *Building strong brands.* New York: The Free Press.

Aaker, J. L. (1997). Dimensions of brand personality. *Journal of Marketing Research, 34*(3), 347-356.

Ajzen, I. (1991). The theory of planned behavior. *Organizational Behavior and Human Decision Processes, 50*(2), 179-211.

Ajzen, I., & Fishbein, M. (1970). The prediction of behavior from attitudinal normative variables. *Journal of Experimental Social Psychology, 6*(4), 466-487.

Baron, S. J., & Davis, D. K. (2009). *Mass communication theory.* Boston, MA: Wadsworth, Cengage Learning.

Bass, F. M., & Wilkie, W. L. (1973). A comparative analysis of attitudinal predictions of brand preference. *Journal of Marketing Research, 10*(3), 262-269.

Belk, R. W. (1985). Materialism: Trait aspects of living in the material world. *Journal of Consumer Research, 12*(3), 265-280.

Belk, R. W. (1988). Possessions of the extended self. *Journal of Consumer Research, 15*(2), 139-168.

Brown, S. P., Homer, P. M., & Inman, J. J. (1998). A meta-analysis of relationships between ad-evoked feelings and advertising responses. *Journal of Marketing Research, 35*(1), 114-126.

Burger, J. M. (2015). *Personality.* Stamford, CT: Cengage Learning.

Darley, W. K., & Smith, R. E. (1995). Gender differences in information processing strategies: An empirical test of the selectivity model in advertising response. *Journal of Advertising, 24*(1), 41-56.

Davidson, A. R., & Jaccard, J. J. (1979). Variables that moderate the attitude-behavior relation: Results of a longitudinal survey. *Journal of Personality and Social Psychology, 37*(8), 1364-1376.

Fennis, B. M., & Stroebe, W. (2010). *The psychology of advertising.* New York: Psychology Press.

Garvin, D. A. (1984). What does "product quality" really mean? *Sloan Management Review, 26*(1), 25-43.

Gawronski, B., & Bodenhausen, G. V. (2006). Associative and propositional processes in evaluation: An integrative review of implicit and explicit attitude change. *Psychological Bulletin, 132*(5), 692-731.

Goldstein, E. B. (2014). *Sensation and perception.* Belmont, CA: Cengage Learning.

Gorn, G. J. (1982). The effects of music in advertising on choice behavior: A classical conditioning approach. *Journal of Marketing, 46*(1), 94-101.

Han, S., & Shavitt, S. (1994). Persuasion and culture: Advertising appeals in individualistic and collectivistic societies. *Journal of Experimental Social Psychology, 30*(4), 326-350.

Haire, M. (1950). Projective techniques in marketing research. *Journal of Marketing, 14*(5), 649-655.

Haugtvedt, C., Petty, R. E., & Cacioppo, J. T. (1992). Need for cognition and advertising: Understanding the role of personality variables in consumer behavior. *Journal of Consumer Psychology, 1*(3), 239-260.

Hebb, D. O. (1955). Drives and the C.N.S. (conceptual nervous system). *Psychological Review, 62*(4), 243-254.

Hoch, S. J., & Ha, Y. (1986). Consumer learning: Advertising and the ambiguity of product experience. *Journal of Consumer Research, 13*(2), 221-233.

Hoffman, K. D., & Bateson, J. E. (2011). *Service marketing: Concepts, strategies, & cases.* Boston, MA: Cengage Learning.

Holbrook, M. B., & O'Shaughnessy, J. (1984). The role of emotion in advertising. *Psychology & Marketing, 1*(2), 45-64.

Hoyer, W. D., MacInnis, D. J., & Pieters, R. (2013). *Consumer behavior.* Mason, OH: Cengage Learning.

Jansson-Boyd, C. V. (2010). *Consumer psychology.* New York: Open University Press.

John, D. R., Loken, B., Kim, K., & Monga, A. B. (2006). Brand concept maps: A methodology for identifying brand association networks. *Journal of Marketing Research, 43*(3), 549-563.

Kahneman, D., & Tversky, A. (1979). Prospect theory: An analysis of decision under risk. *Econometrica, 47*(2), 263-292.

Kang, J., & Lin, C. (2015). Effects of message framing and visual-fear appeals on smoker responses to antismoking ads. *Journal of Health Communication, 20*(6), 647-655.

Kardes, F. R., Cronley, M. L., & Cline, T. W. (2015). *Consumer behavior.* Stamford, CT: Cengage Learning.

Kassin, S., Fein, S., & Markus, H. R. (2014). *Social psychology.* Belmont, CA: Cengage Learning.

Keller, K. L. (1993). Conceptualizing, measuring, and managing customer-based brand equity. *Journal of Marketing, 57*(1), 1-22.

Kim, C. K., Han, D., & Park, S. (2001). The effects of brand personality and brand identification on brand loyalty: Applying the theory of social identification. *Japanese Psychological Research, 43*(4), 195-206.

Kotler, P. (2000). *Marketing management: Analysis, planning, implementation, and control.* Upper Saddle River, NJ: Prentice-Hall.

Kotler, P., & Zaltman, G. (1971). Social marketing: An approach to planned social change. *Journal of Marketing, 35*(3), 3-12.

Levin, I. P. (1987). Associative effects of information framing. *Bulletin of the Psychonomics Society, 25*(2), 85-86.

Loken, B., Barsalou, L. W., & Joiner, C. (2008). Categorization theory and research in consumer psychology. In C. P. Haugtvedt, P. M. Herr & F. R. Kardes (Eds.), *Handbook of consumer psychology* (pp. 133-163). New York: Psychology Press.

MacInnis, D. J., & Jaworski, B. J. (1989). Information processing from advertisements: Toward an integrative framework. *Journal of Marketing, 53*(4), 1-23.

Machleit, K. A., & Wilson, R. D. (1988). Emotional feelings and attitude toward the advertisement: The roles of brand familarity and repetition. *Journal of Advertising, 17*(3), 27-35.

MacKenzie, S. B., Lutz, R. J., & Belch, G. E. (1986). The role of attitude toward the ad as a mediator of advertising effectiveness: A test of competing explanations. *Journal of Marketing Research, 23*(2), 130-143.

Martin, S. P., & Robinson, J. P. (2007). The income digital divide: Trends and predictions for levels of Internet use. *Social Problem, 54*(1), 1-22.

McSweeney, F. K., & Bierley, C. (1984). Recent developments in classical conditioning. *Journal of Consumer Research, 11*(2), 619-631.

Meyers-Levy, J., & Malaviya, P. (1999). Consumers' processing of persuasive advertisements: An integrative framework of persuasion theories. *Journal of Marketing, 63*(special issue), 45-60.

Milliman, R. (1986). The influence of background music on the behavior of restauran patrons. *Journal of Consumer Research, 13*(2), 286-289.

Oyserman, D., Coon, H. M., & Kemmelmeier, M. (2002). Rethinking individualism and collectivism: Evaluation of theoretical assumptions and meta-analyses. *Psychological Bulletin, 128*(1), 3-72.

Parasuraman, A., Zeithaml, V. A., & Berry, L. L. (1985). A conceptual model of service quality and its implications for future research. *Journal of Marketing, 49*(4), 41-50.

Parasuraman, A., Zeithaml, V. A., & Berry, L. L. (1988). SERVQUAL: A multiple-item scale for measuring consumer perceptions of service quality. *Journal of Retailing, 64*(1), 12-40.

Petri, H., & Govern, J. (2013). *Motivation: Theory, research and application.* Belmont, CA: Cengage Learning.

Petty, R. E., Cacioppo, J. T., & Schumann, D. (1983). Central and peripheral routes to advertising effectiveness: The moderating role of involvement. *Journal of Consumer Research, 10*(2), 135-146.

Plassmann, H., O'Doherty, J., Shiv, B., & Rangel, A. (2008). Marketing actions can modulate neural representations of experienced pleasantness. *Proceedings of the National Academy of Sciences, 105*(3), 1050-1054.

Reed, S. K. (2013). *Cognition: Theories and applications.* Belmont, CA: Cengage Learning.

Ries, A., & Trout, J. (2000). 마케팅 포지셔닝[*Positioning: The battle for your mind*]. (에스앤씨 역). 서울: 십이월출판사. (원전은 1986년에 출판)

Rosenberg, J. M. (1995). *Dictionary of marketing and advertising.* New York: Wiley & Sons.

Rothschild, M. L., & Gaidis, W. C. (1981). Behavioral learning theory: Its relevance to marketing and promotion. *Journal of Marketing, 45*(2), 70-78.

Schater, D. L., Gilbert, D. T., & Wegner, D. M. (2015). 심리학 입문[*Introducing psychology with update on DSM-5*]. (민경환, 김명선, 김영진, 남기덕, 박창호, 이옥경, 이주일, 이창환, 정경미 역). 서울: 시그마프레스. (원전은 2014년에 출판)

Schrank, H. L., & Gilmore, D. L. (1973). Correlates of fashion leadership: Implications for fashion process theory. *Sociological Quarterly, 14*(4), 534-543.

Sirgy, M. J. (1982). Self-concept in consumer behavior: A critical review. *Journal of Consumer Research, 9*(3), 287-300.

Snyder, M., & DeBono, K. G. (1985). Appeals to image and claims about quality: Understanding the psychology of advertising. *Journal of Personality and Social Psychology, 49*(3), 586-597.

Solomon, M. R. (2011). *Consumer behavior: Buying, having and being.* Boston, MA: Pearson.

Sternthal, B., & Craig, C. S. (1982). *Consumer behavior: An information processing perspective.* Englewood Cliffs, NJ: Prentice-Hall.

Van Vaerenbergh, Y., Lariviere, B., & Vermeir, I. (2012). The impact of process recovery communication on customer satisfaction, repurchase intentions, and word-of-mouth intentions. *Journal of Service Research, 15*(3), 262-279.

VandenBos, G. R. (2015). *APA dictionary of psychology.* Washington DC: American Psychological Association.

Yi, Y. (1990). Cognitive and affective priming effect of the context for print advertisements. *Journal of Advertising, 19*(2), 40-48.

Zajonc, R. B. (1968). Attitudinal effects of mere exposure. *Journal of Personality and Social Psychology, 9*(2), 1-27.

Zaichkowsky, J. L. (1985). Measuring the involvement construct. *Journal of Consumer Research, 12*(3), 341-352.

Zaichkowsky, J. L. (1986). Conceptualizing involvement. *Journal of Advertising, 15*(2), (4-14+34).

Zeithaml, V. A., Bitner, M. J., & Gremler, D. D. (2013). **서비스 마케팅**[*Service marketing*]. (전인수, 배일현 역). 서울: 청람. (원전은 2013년에 출판)

13장 범죄 및 법심리학

박광배 (2002). **법심리학.** 서울: 학지사.

박지선 (2012). **범죄심리학.** 서울: 그린.

이수정 (2015). **최신범죄심리학** 3판. 서울: 학지사.

이영주, 이훈구, 박수애 (2000). 가정폭력범죄의 실태. 이훈구 (저). **사회문제와 심리학** (pp. 42-54). 서울: 법문사.

정태연, 이장주, 박준성, 전경숙, 허성호, 김동수, 박은미, 손찬호, 전미연, 장민희, 안혜정 (2016). **사회심리학.** 서울: 학지사.

한규석 (2017). **사회심리학의 이해** 4판. 서울: 학지사.

황성현, 이장한, 이강훈, 이완희, 한우재 (2015). **한국범죄심리학.** 서울: 피앤씨미디어.

Anderson, C. A., Shibuya, A., Ihori, N., Swing, E. L., Bushman, B. J., Sakamoto, A., Rothstein, H. R., & Saleen, M. (2010). Violent video game effects on aggression, empathy, and prosocial behavior in Eastern and Western countries: A meta-analytic review. *Psychological Bulletin, 136,* 151-173.

Bailey, D. S., Leonard, K. E., Cranston, J. W., & Taylor, S. P. (1983). Effects of alcohol and self-awareness on human aggression. *Personality and Social Psychology Bulletin, 9,* 289-295.

Bandura, A. (1973). *Aggression: A social learning analysis.* Englewood Cliffs, NJ: Prentice Hall.

Bandura, A. (1986). *Social foundations in thought and action: A social cognitive theory.* Englewood Cliffs, NJ: Prentice Hall.

Bandura, A., Ross, D., & Ross, S. (1963). Imitation of film-mediated aggressive models. *Journal of Abnormal and Social Psychology, 66,* 3-11.

Bartol, C. R., & Bartol, A. M. (2004). *Psychology and low: Theory, research, and application.* Belmont: Thomson/Wadsworth.

Bartol, C. R., & Bartol, A. M. (2013). 법정 및 범죄심리학 입문 2판[*Introduction to forensic psychology,* 2nd ed.]. (이장주 역). 서울: 학지사. (원전은 2008년에 출판)

Bartol, C. R., & Bartol, A. M. (2015). 범죄심리학 9판. (범죄심리교재편찬회 역). 서울: 청목출판사. (원전은 2011년에 출판)

Baumeister, R. F., & Bushman, B. J. (2017). *Social psychology and human nature* (4th ed.). Boston, MA: Cengage Learning.

Berkowitz, L. (1989). Frustration-aggression hypothesis: Examination and reformulation. *Psychological Bulletin, 106,* 59-73.

Berkowitz, L. (1993). *Aggression: It's causes, consequences, and control.* New York: McGraw-Hill.

Boldizar, J. P., Petty, D. G., & Petty, L. (1989). Outcome values and aggression. *Child Development, 60,* 571-579.

Cleckley, H. M. (1976). *The mask of sanity: An attempt to clarify some issues about the so-called psychopathic personality* (5th ed.). St. Louis: Mosby.

Cohen & Strayer (1996). Empathy in conduct-disordered and comparison youth. *Developmental Psychology, 32,* 988-998.

Coon, D., & Mitterer, J. O. (2015). *Psychology* (13th ed.). Boston, MA: Cengage Learning.

Eysenck, H. J. (1964). *Crime and personality.* London: Routledge & Kegan Paul.

Eysenck, H. J. (1983). Personality, conditioning, and antisocial behavior. In W. S. Laufer & J. M. Day (Eds.), *Personalty theory, moral development, and criminal behavior.* Lexington, MA: Lexington Books.

Greenwell, J., & Dengerink, H. A. (1973). The role of perceived versus actual attack in human physical aggression. *Journal of Personality and Social Psychology, 26,* 66-71.

Hare, R. D. (1983). Diagnosis of antisocial personality disorder in two prison populations. *American Journal of Psychiatry, 140,* 887-890.

Hazelwood, R. R., & Douglas, J. E. (1980). The lust murderer. *FBI Law Enforcement Bulletin, 49*(4), 18-22.

Holmes, R. M., & Holmes, S. T. (1996). *Profiling violent crimes: An investigative tool.* U.S.: Sage Publication, Inc.

Jolliffe, D., & Farrington, D. P. (2007). Examining the relationships between low empathy and bullying. *Aggressive Behavior, 32,* 540-550.

Kassin, S., Fein, S., & Markus, H. R. (2014). *Social psychology* (9th ed.). Belmont, CA: WADS-

WORTH Cengage Learning.

Kelling, G., & Coles, C. (1996). *Fixing broken windows*. New York: Touchstone.

Kingston, D. A., Malamuth, N. M., Federoff, P., & Marshall, W. L. (2009). The importance of individual differences in pornography use: Theoretical perspectives and implications for treating sexual offenders. *Journal of Sex Research, 46*, 216-232.

Kocsis, R. N., Cooksey, R. W., & Irwin, H. J. (2002). Psychological profiling of sexual murders: An empirical model. *International Journal of Offender Therapy and Comparative Criminology, 46*, 532-554.

Levy, B. (2008). *Women and violence*. Berkeley, CA: Seal Press.

Lochman, J., & Dodge, K. (1994). Social-cognitive processes of severely violent, moderately aggressive, and nonaggressive boys. *Journal of Consulting and Clinical Psychology, 62*(2), 366-374.

Loftus, E. F., & Palmer, J. C. (1974). Reconstruction of automobile destruction: An example of the interaction between language and memory. *Journal of Verbal Learning and Verbal Behavior, 13*, 585-589.

Marshall, W. L. (1989). Pornography and sex offenders. In D. Zillmann & J. Briant (Eds.), *Pornography: Research advances and policy considerations*. Hillsdale, NJ: Erlbaum.

Myers, D. G. (2013). *Social psychology* (11th ed.). New York: McGraw-Hill.

Reading, R. (2008). Effectiveness of universal school-based programs to prevent violent and aggressive behavior: A systematic review. *Child: Care, Health and Development, 34*, 139.

Ressler, R. K., Burgess, A. W., & Douglas, J. E. (1988). *Sexual homicide patterns*. Boston: Lexington Books.

Seto, M., Maric, A., & Barbaree, E. (2001). The role of pornography in the etiology of sexual aggression. *Aggression and Violent Behavior, 6*(1), 35-53.

Stouthamer-Loeber, M., Wei, E., Loeber, R., & Masten, A. S. (2004). Desistence from persistent serious delinquency in the transition to adulthood. *Development and Psychopathology, 16*, 897-918.

Weiten, W., Lloyd, M. A., Dunn, D. S., & Hammer, E. Y. (2009). **생활과 심리학** 9판[*Psychology applied to modern life*]. (김정희, 강혜자, 이상빈, 박세영, 권혁철 역). 서울: 시그마프레스. (원전은 2008년에 출판)

Zillman, D. (1988). Cognitive-excitation interdependencies in aggressive behavior. *Aggressive Behavior, 14*, 51-64.

찾아보기

저자 소개

박세영(11장 산업 및 조직심리학)

성균관대학교 산업심리학과 졸업
성균관대학교 대학원 심리학 석사
성균관대학교 대학원 심리학 박사

(현) 전북대학교 심리학과 교수(산업 및 조직심리학)
(전) 한국산업 및 조직심리학회 회장
　　한국심리학회 이사
　　전북대학교 사회과학대학 학장
　　전북대학교 행정대학원 원장

권혁철(2장 생리심리학)

고려대학교 심리학과 졸업
고려대학교 대학원 심리학 석사
고려대학교 대학원 심리학 박사

(현) 전북대학교 심리학과 교수(생물·생리심리학)

박창호(3장 인지심리학, 4장 학습심리학)

서울대학교 심리학과 졸업
서울대학교 대학원 심리학 석사
서울대학교 대학원 심리학 박사

(현) 전북대학교 심리학과 교수(인지 및 지각심리학)
(전) 한국인지 및 생물심리학회 인지학습심리사 자격관리위원장
　　한국인지 및 생물심리학회 회장
　　한국실험심리학회 편집위원장

강혜자(7장 사회심리학, 13장 범죄 및 법심리학)

전북대학교 심리학과 졸업
고려대학교 대학원 심리학 석사
성균관대학교 대학원 심리학 박사

(현) 전북대학교 심리학과 교수(사회심리학)
(전) 전북지역 경찰서 범죄심리전문가
　　전주 교도소 교정자문위원

이영순(5장 발달심리학, 9장 상담 및 심리치료)

전북대학교 심리학과 졸업
전북대학교 대학원 심리학 석사
전북대학교 대학원 심리학 박사

(현) 전북대학교 심리학과 교수(상담심리학)
　　전북대학교 부설 심리코칭연구소 소장
　　한국교육치료학회 회장
(전) 한국대학상담학회 회장

김호영(8장 임상 및 이상심리학)

서울대학교 심리학과 졸업
서울대학교 대학원 심리학 석사
서울대학교 대학원 심리학 박사

(현) 전북대학교 심리학과 조교수(임상심리학)
　　전주시 중독통합관리센터 센터장

강정석(1장 심리학의 본질과 연구방법, 12장 소비자·광고심리학)

고려대학교 심리학과 졸업
고려대학교 대학원 심리학 석사
미국 코네티컷 대학교 커뮤니케이션 박사

(현) 전북대학교 심리학과 조교수(소비자·광고심리학)
　　전북대학교 사회과학대학 부학장
　　한국소비자학회 이사
(전) SK텔레콤 고객중심경영실 부장
　　DDB Korea 마케팅연구소 차장

서장원(6장 성격심리학, 10장 건강심리학)

서울대학교 건축학과 졸업
서울대학교 대학원 심리학 석사
서울대학교 대학원 심리학 박사

(현) 전북대학교 심리학과 조교수(임상심리학)